臺灣抗日運動史研究

若林正丈

何義麟等——譯

導讀

我所認識的若林正丈
及其《台湾抗日運動史研究》

吳密察／臺大歷史系兼任教授、國立故宮博物院院長

　　老友若林正丈教授的《台湾抗日運動史研究（增補版）》將出版新版的中文版，由於是再次增補出版，因此，這個新版本可說是第二次增補版。出版社要我寫一篇「導讀」，我不能推辭，我就以近四十年來總是「先讀為快」地閱讀這位老友的研究論文的印象，寫一篇如同回顧我們兩人之間的學術友誼的「導讀」──這樣說來，這篇文章與其說是「導讀」，倒不如說是「回憶」。

一、若林正丈與1970年代臺灣史研究的展開

　　1970年代，是戰後出生的這一代人長大成人的二十餘年後的時代。日本、臺灣的戰後世代在這個時間點，一方面要面對自己的社會、政治經濟處境，一方面也想要理解自身處境的所來由。我當年所接觸來自日本的臺灣史研究者，不論是若林正丈，還是春山明哲、近藤正己、栗原純等人，莫不是想要知道戰前日本的殖民臺灣統治到底是怎麼回事？在臺灣方面，與我大致同輩的朋友（一般來說，似乎大多比我稍長幾歲），也想要了解到底臺灣的歷史是如何地一路走來的？

　　對應於上述的時代背景，不知是偶然，還是必然，1970年前後的日本和臺灣都開始有了對臺灣（史）研究相當重要的條件整備，也有了一些很明顯的展開。

　　首先，自1970年開始，日本方面連續出版了戰後早期即留學日本的臺灣學生研究臺灣史或與臺灣史相關的博士論文。例如，黃昭堂《台湾民主國の研究》（東大出版會，1970年）、戴天昭《台湾国際政治史》（法政大學出版局，1971年）、許世楷《日本統治下の台湾——抵抗と弾圧》（東大出版會，1972年）、江丙坤《台湾地租改正の研究》（東大出版會，1974年）、涂照彥《日本帝国主義下の台湾》（東大出版會，1975年）、劉進慶《戰後台湾経済分析》（東大出版會，1975年）。而在臺灣，自立晚報出版社也出版了葉榮鐘執筆的《臺灣民族運動史》（1971年）。關於史料方面，1920-1930年代日本殖民臺灣時代的「抗日運動」史料，也被復刻出版了。臺灣方面復刻了《臺灣青年》、《臺灣》、《臺灣民報》（東方文化出版社，1974年），日本方面復刻了殖民地警察的重要史料《總督府警察沿革誌（台湾社会運動史）》（龍溪書舍，1973年）。

　　其次，也可以看到臺、日雙方都有新世代年輕人意欲了解日本殖民時代臺灣歷史的動向。東京方面，1970年以戴國煇為中心集結了一批年輕人成立了「臺灣近現代史研究會」。同年，臺灣方面則有救國團比照「暑期戰鬥營」的方式，在強調「200萬年前臺灣與大陸相連」、「血濃於水」、「國民革命與臺灣」的內容框架下，與臺灣省文獻委員會、臺北市文獻委員會合辦「臺灣史蹟源流研究會」，提供大專學生、中學教師一些臺灣史地知識。相對於國民黨政府提供的「官製歷史」，一些與當時的政府保持著距離的年輕人，則用自己的方式去挖掘被遺忘的臺灣歷史。例如，林載爵等人在臺中東海花園「發現」了楊逵，並在該基礎上陸續於雜誌上介紹日本時代的文學家與文學作品。[1] 顯然，臺、日雙方上述的展開，有其完全不同的社會脈絡，其內容、性質與聚合目的也完全不同，但相同的是臺、日兩地都有年輕世代亟欲了解臺灣歷史。

　　1975年，我由鄭欽仁教授介紹，認識了王詩琅先生。當時，王詩琅先生身體不是很好，我幫他處理《臺灣風物》雜誌的各種雜務，經常出入王詩琅先生家。就像林載爵、林瑞明在東海花園「發現」楊逵一樣，王詩琅也是我當時想要了解日本時代臺灣史知識的活字典，透過與他聊天，我知道了很多日本時代的史事與人物，認識了很多日本時代曾經活躍的「文學運動」、「抗

日運動」前輩，以及和我一樣想要了解臺灣近代史的年輕人。

我之所以知道日本有個年輕的臺灣史研究者——若林正丈，應該就是王詩琅先生跟我說起的。大概在1980年初，王詩琅先生跟我說到，有幾個研究日本時代臺灣史的日本年輕人，其中一個名叫若林正丈的，寫信來說近期將要來臺灣，希望能夠拜訪他。王詩琅先生想要介紹我跟他認識。後來，過了不久，當時在臺大歷史研究所留學就讀的近藤正己，就帶著若林來臺大歷史系找我了（當時我在臺大歷史系擔任助教）。

自1980年我與若林正丈認識算來，到現在已經大約四十年。在此之前，若林已來過臺灣，但是現在回想起來，若林1980年的這次臺灣之行的確讓他很震驚吧。我記得他來臺的那段時間正好碰到林義雄家的滅門血案，他當時住在近藤正己的家就在林宅附近，在那個時候的我們共同面對了突如其來的悲傷、憤怒、恐懼、詭譎、茫然的複雜社會氣氛，每每無言，難以交談。此後，若林經常來臺灣，其中一項工作是來臺灣「看選舉」。我當年已經多少幫黨外跑腿，也在黨外雜誌寫文章，因此經常成為他來臺觀察選舉時的討論對象，偶爾也會在他報導選舉的文章中以代號出現。大概就是在1980年代中期以後，若林逐漸將他的研究重心轉移到臺灣當代政治研究，後來延伸到戰後政治史的研究。他對於臺灣當代政治的研究，幾乎成為日本社會了解臺灣的知識基礎，而且與臺灣的本土化、民主化、自由化同步，他的相關著作也多即時地在臺灣中譯出版。

但是，若林原來的學術研究生涯，是從研究日本殖民地時代臺灣人之抗日運動開始的，《台湾抗日運動史研究》就是他早期研究的結集。

二、《台湾抗日運動史研究》獨具的慧眼與特色

《台湾抗日運動史研究》初版於1983年，其基礎是若林正丈申請東京大學博士學位的論文，包括兩個部分：（1）臺灣議會設置請願運動、（2）臺灣抗日運動幾個不同流派的研究。

關於「臺灣抗日運動史」的研究，向來都極度受限於《總督府警察沿革

誌》所提供的史料與梳理架構。因此，初期的「研究」大致都是精要地摘述《總督府警察沿革誌》的既有內容，或只是對《總督府警察沿革誌》之記述做部分地「反讀」和補充。1970年代《臺灣青年》、《臺灣》、《臺灣民報》等史料復刻出版之後，情況也沒有多大的改變。即使當年國內最被廣泛閱讀的葉榮鐘所執筆的《臺灣民族運動史》，除了內文中偶爾表現出作者作為當年運動實際參與者的意見或評論之外，也未多少超越《總督府警察沿革誌》。所以，1970年代進入此領域進行研究的若林正丈，應該也難以完全避免這種困境。

但是，若林的「臺灣抗日史」研究，已經與同時代的一般研究有不一樣的展開。例如，他的關於臺灣共產黨的研究（本書第二篇第三章），就特別將焦點集中在其與「第三國際」的關係，尤其是第三國際的革命綱領與革命策略。而且，他特別對於各種不同流派（立場）的抗日運動，做出了類型性的定性。關於黃呈聰之研究（本書第二篇第一章）、關於臺灣抗日與中國國民革命關係之研究（本書第二篇第二章），分別以「待機」、「追尋遙遠的連帶」點明其抗日姿態的特性，都可謂是具有慧眼的類型定性。這種類型論的研究方法，常能以簡馭繁，一直是若林之臺灣研究的特色。由於第二篇各章分別處理了抗日的各種流派（立場），因此特別以序章「臺灣抗日民族主義的問題狀況」來對之做整體的鳥瞰分析，尤其是其中以座標軸的圖示方式，更清楚地標示了抗日各派別的立場位置。

本書第一篇的基礎是1980年若林正丈與春山明哲合著的《日本植民地主義の政治的展開 1895-1934：その統治体制と台湾の民族運動》。此書中春山明哲執筆的部分，追尋了自1895年以來就主張在臺灣採取「內地延長主義」的原敬，如何在1919年朝鮮三一獨立運動之後將「內地延長主義」落實下來。若林正丈所執筆的部分則是研究臺灣人如何在「內地延長主義」所開創出來的政治、法制條件下，展開循法鬥爭的帝國議會請願，要求設立臺灣議會。所以，若林除了梳理了臺灣人的運動之外，還用了不少篇幅來介紹當時日本國內的政治情勢、輿論思潮。如果我們注意到經過若林正丈整理分析之後的臺灣抗日運動，就會發現臺灣的抗日運動其實高度地與臺灣之外的因素相關聯，尤其是日本與中國的因素相關（本書第一篇、第二篇的標題，分別

為「大正民主與臺灣議會設置請願運動」、「中國革命與臺灣知識分子」，就說明了這種情況），而且除了臺灣共產黨之外，各派別的抗日運動基本上都是採取穩健溫和的立場。

三、2001年的增補版

本書第一版於1983年出版，基本上收錄了若林正丈在1970年代的相關研究成果。2001年所出版的《台湾抗日運動史研究（增補版）》，則新加入了1980年代以後的研究成果。如上所述，1980年代中期以後，若林將其臺灣研究轉向了臺灣當代政治研究，並在日本學界開拓了一個臺灣研究的新領域。但基於原本之日本殖民時代研究的延伸，或者因應學術會議之邀請，他還是偶爾發表一些有關日本時代臺灣史的研究文章。2001年的增補版所收入，列為「附篇」的四篇論文就屬於這種類型。

首先，1983年他利用了東大教養學部所藏的總督府教育官僚隈本繁吉之文書，寫成〈總督政治與臺灣本地地主資產階級〉。若林利用隈本文書，研究1910年代前期，總督府與臺灣人之間因為總督府需要臺灣人協力「理番」事業，而臺灣人需要高等普通教育機關，彼此之間有了一個妥協的結果，即成立公立臺中中學校。這個公立臺中中學校，一直被抗日運動右翼溫和派視為是抗日運動的重要里程碑（葉榮鐘所執筆的《臺灣民族運動史》即為顯著的例子），若林正丈則利用隈本繁吉文書具體研究總督府的政策決定過程，指出臺中中學校是在總督府與臺灣仕紳之間的交涉與妥協中所成立的。透過此研究，若林同時指出臺灣抗日運動中的主要力量來自本地地主資產階級，日文原文為「土著地主資產階級」。關於這個用詞或許有人覺得突兀，但此文的確掌握到了傳統名望家與殖民者如何「同床異夢」，並「相互需要」。

第二篇是關於1923年東宮臺灣行啟的研究，可以說是延伸前述1980年與春山明哲合著的《日本植民地主義の政治的展開1895-1934：その統治体制と台湾の民族運動》的研究。如上所述，春山明哲在該書中梳理了1895年至1919年間的原敬如何持續主張「內地延長主義」，並最終付諸實現。若林正

丈則將此研究推進至原敬「內地延長主義」在臺灣的具體落實完成，並以日本皇太子來臺灣視察（當時的用語是「行啟」）當成是對於此統治法制變革完成時的「權威性蓋章」（權威之肯認、認可）。[2]此文，同時導入了當年日本學術界中關於近代天皇制研究的儀式分析，也就是以另一種方式探討近代天皇制在殖民地的演示。[3]我認為這是一篇很有創意的文章，值得臺灣學術界仔細閱讀。[4]

第三篇〈試論如何建立日治時期臺灣政治史的研究〉，這篇文章是應邀參加臺灣大學歷史學系、中央研究院臺灣史研究所籌備處主辦的「臺灣研究百年回顧與專題研討會」的文章。為了配合該研討會回顧過往研究的性質，若林在他的抗日史研究的基礎上，將他所思考的抗日史（或者說是關於殖民統治以及對於殖民統治的回應），整理出了一個研究分析架構，指出日本之臺灣殖民統治的三種機制：（1）透過交換、仲介進行控制的機制，（2）透過規律、訓練進行控制的機制，（3）透過懲罰、威嚇進行控制的機制。我想如果重新編排本書，可以將這篇文章與接下來的第四篇〈臺灣的兩種民族主義〉編排成為全書的序章，建議讀者閱讀本書時，不妨從這兩篇文章開始。

第四篇〈臺灣的兩種民族主義〉，可以如前所述地當成是本書的序章之一部分，也可以當成本書的結論。這篇文章一方面是本書第二篇之序章「臺灣抗日民族主義的問題狀況」的補充，不過因為若林將對戰後臺灣政治史之發展也納入視野，因此另一方面也可以說是他對於臺灣當代政治問題的分析，只是他同時將分析的縱深延伸到歷史時期了。

四、中譯本與增補版的增補

若林正丈關於臺灣抗日運動史的研究成果，雖然早就已有個別的文章被翻譯成中文發表，但首度以書籍的形式在臺灣中譯出版，是由播種者出版公司於2007年將《台湾抗日運動史研究（增補版）》翻譯出版。2008年，若林正丈在日本出版了綜述戰後臺灣政治史的《台湾の政治——中華民国台湾化の戦後史》（東大出版會）後，朋友之間都期待他這位臺灣近代史（日本時代

史）研究的「逃兵」，可以再次歸隊，回到更早時期的歷史研究，甚至應該將研究領域上溯到清代的臺灣史。他也說：「那就先暖身一番，先回到日本時代吧！」

　　如今在《台湾抗日運動史研究（增補版）》之中文版出版十餘年後，屬於讀書共和國出版集團旗下的大家出版提議再次重新出版，並且藉由此一機會納入若林晚近寫就的兩篇文章，列為「補篇」，因此，此次出版的《臺灣抗日運動史研究》全新增補版，即可說是增補版的增補版。

　　新收入本書的兩篇文章：〈矢內原忠雄與殖民地臺灣知識分子——殖民地自治運動言論同盟的形成與解體〉，以及〈葉榮鐘的「述史」之志——晚年書寫活動試論〉，都是以臺灣抗日運動溫和右派陣營的重要人物為研究主題。前者以東京大學教授矢內原忠雄、蔡培火、林獻堂三人為對象，討論他們之間的交往，以及在對付戰前殖民統治之同化主義、總督專制及要求殖民地自治的言論同盟關係。但是戰前的這個言論同盟，戰後卻因為彼此所處的環境不同，立場也各自有所歧異了。後者則以戰前的林獻堂秘書，1930年代也積極參與臺灣自治聯盟運動的葉榮鐘為研究對象，探討葉榮鐘在戰後的晚年階段，如何為臺灣近代史（尤其是他所活躍過的1920-1930年代之自治運動時代）書寫歷史。這兩篇應該可以視為是日本殖民地時代的自治運動人物在戰後的「收尾」，也連貫了若林關於戰前臺灣政治社會運動的研究，以及戰後臺灣政治史的研究兩大領域。而透過若林教授娓娓道來的文筆，不免也讓人對於臺灣近代苦難的歷史唏噓不已。

註釋

1.　林載爵，〈台灣文學的兩種精神——楊逵與鍾理和之比較〉，《中外文學》第2卷第7期（1973年12月）。此外，1975年8月創刊的黨外政論雜誌《台灣政論》幾乎每期都刊登介紹日本時代政治、文學運動家的文章，包括葉榮鐘所撰寫的文章。1976年7月《夏潮》雜誌改版（第4期）以後，也於每期介紹日本時代文學、歷史的文章。

2.　關於此部分，在1984年發表〈1923年東宮台湾行啓の〈状況的脈絡〉——天皇制の

儀式戰略と日本植民地主義・その1〉（《東京大學教養學部教養學科紀要》第16號，1984年）時，即已完成。

3. 關於1923年東宮行啓的儀式分析，原發表於〈1923年の東宮行啓——天皇制の儀式戰略と日本植民地主義〉（平野健一郎編，《近代日本とアジア——国際関係論のフロンティア2》，東京大學出版會，1984年）。

4. 收入本書的這篇文章，是以上述1984年分別發表於《東京大學教養學部教養學科紀要》第16號及《近代日本とアジア——国際関係論のフロンティア2》的這兩篇文章爲基礎，改寫而成，收入《岩波講座：近代日本と植民地（2）——帝国統治の構造》（岩波書店，1992年），題爲〈一九二三年東宮台灣行啓與「內地延長主義」〉。

編輯說明

一、若林正丈教授本書之日文原著出版於1983年，第一篇、第二篇各篇章之原始出處請參見本書〈導言〉第20至21頁。2001年，本書出版增補版，增加四篇論文，列為「附篇」，四篇論文之原始出處請參見〈增補版後記〉第477至478頁。

二、本書中譯本原先由播種者出版有限公司於2007年出版，翻譯自2001年之增補版。詳細翻譯、編輯、出版之過程，請參見何義麟教授所撰〈2007年中譯本出版後記〉，收錄於本書第480至483頁。

三、承吳密察教授建議，此一新版收入作者晚近之兩篇論文，列為「補篇」。兩篇論文之原始出處為：〈矢內原忠雄と植民地台湾人──植民地自治運動の言説同盟とその戦後〉，《東京大學大學院總合文化研究科地域文化研究專攻紀要》第14號（2009年）；〈葉榮鐘的「述史」之志──晚年書寫活動試論〉，《臺灣史研究》第17卷第4期（2010年12月）。

四、此一新版沿用2007年中譯本之譯文，非常感謝各位譯者在前一版本良好之基礎上，重新修訂譯稿，並由何義麟、許佩賢教授審訂，期能更完善翻譯之品質。譯者群當初在翻譯本書時，多為臺灣史研究之年輕學者及研究生，其中數位更是若林教授的門生，從這群譯者的成長也見證了若林教授對於臺灣研究領域的貢獻，以及與臺灣親密的交往。

五、本次修訂以精確、可讀為原則。部分專有名詞，如「殖民地主義」改譯為「殖民主義」，「臺灣大」改譯為「臺灣規模」。日文原書中之少數筆誤，逕予更正，不另標出。前一中譯本之「譯註」、「譯按」統一列為「譯按」，並增列必要之「編按」。關於臺灣共產黨與共產國際的新近研究發展，特邀邱士杰教授補註，以求完備，參見本書頁165、259、265、268、296。

目次

導讀　我所認識的若林正丈及其《台湾抗日運動史研究》／吳密察　　　　2

編輯說明　　　　10

導言／何義麟 譯　　　　13

第一篇　大正民主與臺灣議會設置請願運動　　　　25
——日本殖民主義的政治與臺灣抗日運動

序　言／陳怡宏 譯　　　　26

第一章　時代背景／陳怡宏 譯　　　　31

第二章　內地延長主義與「臺灣議會」／李承機 譯　　　　58

第三章　大正民主與「臺灣議會」／顏杏如、陳文松 譯　　　　75

第四章　帝國議會的臺灣設置請願運動／鄭麗玲 譯　　　　128

總　結／鄭麗玲 譯　　　　152

第二篇　中國革命與臺灣知識分子　　　　155

序　章　臺灣抗日民族主義的問題狀況／葉碧苓 譯　　　　156

第一章　黃呈聰抱持「待機」之意涵　　　　166
　　　　——日本統治下臺灣知識分子的抗日民族思想／何義麟 譯

第二章　尋求遙遠的連帶　　　　223
　　　　——中國國民革命與臺灣青年／陳怡宏 譯

第三章　「臺灣革命」與第三國際　　　　275
　　　　——以臺灣共產黨的形成與重建為中心／鄭政誠 譯

附篇 303

一、總督政治與臺灣本地地主資產階級 304
　　——公立臺中中學校設立問題（1912-1915年）／許佩賢 譯

二、一九二三年東宮臺灣行啟與「內地延長主義」／富田哲 譯 337

三、試論如何建立日治時期臺灣政治史的研究 365
　　——戰後日本研究成果的一個反思／許佩賢 譯

四、臺灣的兩種民族主義 382
　　——亞洲的區域與民族／許佩賢 譯

補篇 403

一、矢內原忠雄與殖民地臺灣知識分子 404
　　——殖民地自治運動言論同盟的形成與解體／許佩賢 譯

二、葉榮鐘的「述史」之志——晚年書寫活動試論 438

後記／何義麟 譯 471

增補版後記／何義麟 譯 475

2007年版中譯版出版後記／何義麟 480

導言

一、

　　本書是筆者將以前發表有關日本統治下臺灣抗日運動史之論文加以修訂編輯而成的著作。

　　日清戰爭後，根據1895年的《馬關條約》，臺灣被清朝割讓給日本。割讓之初數年，日本當局遭到住民激烈的抵抗遠超乎想像，據說當時日本本國甚至曾經出現「臺灣賣卻論」。但明治時代的歷代政府在不斷摸索後，決定大量動員軍警，甚至巧妙地玩弄詭譎的計謀（後藤新平所謂的「土匪招降策」），鎮壓武裝游擊隊的勢力。之後一直到1945年日本帝國主義本身瓦解，不論內外，都未曾發生直接且根本地動搖日本臺灣統治之重大事件。從十九世紀末到二十世紀中葉橫跨半世紀的日本之臺灣統治，除了初期的幾年之外，大體而言都相當穩定。

　　但是，所謂的穩定當然是相對性說法，因為本來就沒有殖民地統治，可以讓被統治的民族因為穩定而安享太平。日本帝國的統治，在連農村末端都確立配置嚴密的警察網之後，臺灣住民仍然對殖民掠奪及壓制持續進行各種方式的抵抗。這些抵抗行動是向殖民地權力的挑戰，也是殖民地壓制下臺灣住民自我主張的最大限度之表現，同時也充分反映出他們的希求；反過來說，它也映照出日本帝國主義的殖民統治之實像。因此，臺灣抗日鬥爭史的研究不僅是臺灣近現代史研究重要的一環，同時對日本近代史研究而言，也

是不可或缺的一部分。而且，臺灣抗日運動與同時代中國的動向有內部深層的連結，故此研究作為中國近現代史研究的一部分，具有一定的重要性。

在此將簡單介紹漢族住民的臺灣抗日鬥爭史之概要，並且界定本書的研究對象，作為全書之導言。

二、

現今臺灣社會的骨幹，在清代已經形成。臺灣雖然原本就有屬於馬來系印度尼西亞種之人種、處於半農半獵生產力階段的原住民族（高山族＝戰後中國統治下的名稱，以下暫且使用這個名稱）散居全島，但是從十七世紀初開始，對岸的漢族正式移住進行開墾（首先是來自福建省南部，隨後廣東省北部的客家也移入）。荷蘭統治時期（1624-1661年），漢族移民之人數，在現在的臺南市附近為中心，大約是7萬人；鄭氏三代（鄭成功、鄭經、鄭克塽）的統治時期（1661-1683），約倍增為12萬人左右，擴大了農地之開墾，北至現在的新竹附近，南至鳳山附近。

清朝統治下兩世紀多之期間內（1683-1895年），漢族人口數從上述的12萬變成約257萬，增加了二十倍以上。耕地從1萬8千甲（1684年）增至75萬甲，分布區域擴大至北部以及東部海岸地方，並從平地部分往丘陵地帶移動。稻米生產很快就發展到超過島內需求，最遲在1820年代臺灣就成了大陸沿岸各省的穀倉之一，而砂糖也積極輸出至華北以及日本。

1860年淡水、安平、打狗（現在的高雄）開港以後，對於具有進入世界市場潛力的茶與樟腦進行大規模的生產，替臺灣帶來足以彌補吸食鴉片害處之財富。在清朝和大陸各省沒有餘力支援臺灣財政的情況下，臺灣的財富引發劉銘傳在臺灣正式推展洋務運動。此時在社會勢力關係方面，小租戶和直接生產者的現耕佃人之勢力增大，削弱了過去推動開墾的大租戶之勢力，瓦解土地支配關係的一貫基礎。而且，在中、北部茶和樟腦的集散地形成許多新興市鎮，臺灣社會的重心開始由南部往北部移動。

隨著這樣的社會經濟發展，清朝政府在1885年將臺灣改為獨立的一省，

其統治組織從原本隸屬於福建省的1府3縣，改為3府1直隸州6廳11縣。清朝政府有鑑於當初鄭氏勢力把臺灣化為「反清復明」之基地，為了不讓臺灣成為反清的據點（「以防臺而治臺」），故採取禁止或限制對岸移民之政策。然而，大陸地區特別是華南的人口壓力急遽增大，源源不斷的漢族移民潮很難阻止，隨著漢族尋求生存、發展而擴大開墾地區之腳步，政府不得不擴充其統治機構。十九世紀後半，外來壓力日益高漲，清朝終於在1870年代開始轉而採取加強將臺灣統合於本土的積極政策（「以防外患而治臺」），強化海防，建設為獨立的一省，並以臺灣本身之財源發動所謂的「劉銘傳新政」[1]——雖然來不及防止日本的占領。

另一方面，原住民族之高山族，因為人口原本就少，且生產技術低落，無法有效地抵抗漢族的侵入，生活空間逐漸地遭到剝奪而縮小，被吸納到漢族地區之後，生活習慣逐漸被漢族同化；土地被剝奪且又不願漢化者，只能被迫移往條件更惡劣的中央山地之附近（清朝稱前者為「熟番」，稱後者為「生番」。日本當局也因循此種稱呼方式，至1935年才改稱為「平埔族」、「高砂族」）。[2]隨著1860年代以降，茶與樟腦的生產擴大，在北部丘陵地的茶園急速擴大，當漢族為了尋求樟腦的原料木開始進入中、北部山區之後，所謂的「漢番衝突」也益加頻繁。結果，許多的高山族被趕到更接近深山的地方，因而也導致高山族的人口減少。[3]雖無正確的統計，鄭氏時期之高山族人口推定約15萬至20萬，而日本當局1905年進行的第一次組織性調查，人口卻減為11萬3千餘人，其變化與同一時期漢族之增加形成強烈的對比。[4]日本統治時期也是一樣，以1905年和1942年的數字來看，漢族大約增加兩倍，相對地高山族只不過約增加1.4倍。[5]

如上所述，清代移住的漢族在人口和社會力方面都勝過先住者之高山族，這種情況到現在都沒有改變。

在清代，臺灣成立了內含高山族的漢族社會。換個說法，因為漢族的移住、開墾與清朝的統治，臺灣可以說「內地化」（此處內地是指中國本土了。[6]亦即，在高山族族無法在文化和社會經濟方面有效地對抗新來者的情況下，來自對岸移民的漢族文化和社會結構，除了對島嶼環境適應之些許變化之外，大致上是整體性地移植到臺灣，而不是成為移住地的文化和社會結構

的一部分。結果，臺灣成為清朝這個大陸政權的直接統治地區（當然不是作為新的朝貢國），並統合於中華王朝體制之下。在中華體制之下，科舉制度當然逐漸地擴展（十九世紀後考中舉人、進士的人數急速地增加）[7]，與此同時地方勢力階層中士紳要素也明顯有所成長[8]，隨著漢族移民社會開始成熟——特別是十九世紀後半——王朝的統合力也同時急速地增強。

1895年，這樣的社會進入了日本統治之下，觀察臺灣住民對抗殖民統治之方式，漢族和高山族可以說幾乎是個別地進行，兩者的鬥爭並未出現直接合作的顯著事例。[9]此一現象之背後包括了前述兩者在歷史上與地理上之關係，以及日本在政策上企圖避免兩者之反抗相結合等因素。

因此，筆者認為漢族的抗日史和高山族的抗日史，理所當然地應該要分開來加以探討。本書的研究對象就是漢族的抗日鬥爭史。

正如先行研究[10]之論述，漢族的抗日鬥爭史是以第一次世界大戰為分界點，從鬥爭形態與主事者來區分，可以截然分為前後兩期。

前期包含下列三部分。

（1）為了引進列強的干涉以阻止割讓，臺灣官紳成立的「臺灣民主國」政權（臺灣省巡撫唐景崧出任總統、臺灣士紳丘逢甲（進士）出任副總統，前黑旗軍首領並擔任臺灣幫辦軍務一職的劉永福出任民主國大將軍等）[11]，其軍隊（在臺清軍）及各地民軍企圖阻止日本軍占領之戰爭。[12]時間為1895年5月至11月。

（2）在前述戰爭中，各地本土勢力（土豪和下級士紳率領農民）以日本軍的殺戮、狼藉、破壞等為契機，進行的頑強游擊武裝鬥爭。[13]時間為1895年12月至1902年。讓日本當局疲於奔命以致於本國內出現賣卻論，就是因為這個時期之鬥爭。經由這些鬥爭的鎮壓，日本確立了平原至丘陵地漢族居住地區之統治。

（3）統治確立後，伴隨強行進行殖民地開發之「基礎工程」（矢內原忠雄）而造成的掠奪，農民對此所發動的間歇性叛亂以及叛亂計劃。時間為1907年至1915年。日本方面稱其為「革命陰謀事件」。[14]

　　這些前期的抗日鬥爭，不是武裝鬥爭就是武力叛亂的企圖。而且，除了中國革命同盟會員的羅福星和其同志所組織的反日革命運動（1912-1914年）[15]之外，其領導者都是遲早會遭到日本勢力排除、淘汰或改造之舊社會要素（士紳、土豪），而參加之群眾則為農民。因此，誠如張正昌所言，前期抗日鬥爭延續清代以來「聚眾抗官」的色彩很強烈。[16]

　　另一方面，後期的抗日運動是由第一次大戰後留學東京的學生發起，其主要內容為：臺灣文化協會和臺灣民眾黨接替進行的臺灣議會設置請願運動、新文化運動，以及受到這些運動的刺激，從1920年代展開的農民運動（臺灣農民組合）、勞工運動（臺灣工友總聯盟等），還有受到日本、中國革命運動影響的社會主義運動、共產主義運動（文化協會的左傾、臺灣共產黨）。運動的舞台不僅限於臺灣，也擴及東京、廈門及上海等中國之各城市。運動的中心人物有本地地主資產階級（參照第一篇第一章）、受過近代教育的知識分子（醫師、律師、教師、新聞工作者）、勞工、農民等，不同於前期，這些人是臺灣社會在殖民地化的發展中新形成的社會要素。除了少數例外（林獻堂、林幼春等人），舊讀書人都未跟進參加，而且農民在激進知識分子所領導的組織下，也加入鬥爭行列。

　　鬥爭形態是採取由知識分子擔任領導者，透過組織性、持續性的政治運動、文化運動、社會運動之型態進行。整體而言，後期的抗日鬥爭中，改良主義式的民權運動、自治運動（由自由主義知識分子主導，本地地主資產階級當後援）所占比重較大。而農民運動、勞工運動、社會主義運動等，雖然在1920年代後半一度相當高揚，但是因臺灣總督府警察非常留意在日本及中國發動的革命運動，總是搶先進行有效的檢查，以致運動無法出現大幅地成長。前者的運動，因為日本方面巧妙地利用抗日運動內部的左右對立，採取分裂策略並進行恫嚇，以致再三倒退。後期的抗日鬥爭，因日本帝國主義加強對中國的侵略，及日本本國政治中立憲主義的後退，以致在1930年代前半就遭到封殺。

　　如前所述，第一次大戰後的臺灣抗日運動，因新的運動主導群加入而獲得再生，但經過十數年之後又再度被壓制。亦即，後期的抗日運動「民族運動是失敗了」。[17]換句話說，其作為對日本殖民主義的**政治性**挑戰，並未獲

得豐碩的成果。何以致此——在此容我提出歷史的後見之明——因為後期的抗日鬥爭，並未替日本帝國主義瓦解後隨即展開的新臺灣建設事業，留下充分之政治經驗與團結的基礎。

然而，當我們把後期的抗日鬥爭定位為，是以包括抗日活動家在內的臺灣漢族初代近代知識分子（經由殖民地教育及留學或其他臺灣人本身的教育努力而產生，在第一次大戰期間開始以範圍小而具有明確輪廓的中間階層身分出現在臺灣漢族社會）為中心的臺灣人（以下必要時對於臺灣漢族住民將如此稱呼）本身，所進行的臺灣社會自主近代化運動之政治頂峰，我們就必須指出，後期抗日運動儘管其政治性挑戰失敗了，但因此而留下的影響層面卻是既深且廣。

實際上，當我們用這樣的角度檢視後期的運動，這些臺灣知識分子極其多彩的活動將會映入我們的眼簾——東京留學生在《臺灣青年》雜誌上，或是回臺省親時進行的演講會上，呼籲個人的解放、戀愛自由與打破家族制度；臺北的「無產青年」團體進行的打破迷信、陋習之運動；黃呈聰、黃朝琴提倡的學習中國白話文，以及張我軍的批判舊文學、提倡新文學建設……等。翻閱陳少廷《臺灣新文學運動簡史》、謝里法《臺灣美術運動史》、呂訴上《臺灣電影戲劇史》等書[18]，即可了解到在抗日精神的鼓舞和影響下，臺灣的近代文學、美術、戲劇等，所有關於臺灣人精神文化方面的自覺性改革，都是在這段時期展開。[19]此外，處於總督專制和民族歧視的體制下，當時所展開的政治運動與社會運動，其實踐過程中，都自覺地行使了請願權、結社權、言論思想權等基於西歐近代民主主義理念的各項權利，這些都是臺灣史上首次出現的情況。如果我們將如此廣義的文化運動，納入後期抗日運動的影響層面來看，那麼當然可以斷言，這是臺灣人精神史上明確刻劃出近代形態之分水嶺。

本書是彙整以後期抗日運動為研究對象的論稿，當然並未直接論及上述文化影響之層面。但是，如果少了這樣的觀點與關心，那麼在臺灣近現代史的整體視野中，將無法替後期抗日運動定位，而且也無法釐清在現今亞洲社會中以高水準自豪的臺灣，其社會文化力量的歷史淵源，筆者必須先在此明白提出這項看法。

三、

　　矢內原忠雄在《帝國主義下之臺灣》（帝国主義下の台湾，1929年初版）中民族運動的章節裡點出，「臺灣處於日本與支那兩團火之間」。[20]同時代的傑出觀察者的這番話，將研究後期抗日運動時應採取的基本觀點，極具象徵性地表現出來。

　　如前所述，臺灣社會在清代就已經是「內地化」的社會，形成了與中國大陸本土性質相同的社會，然而因為「割讓」而被切割開來。而從整個中國開始進入近代的十九世紀末至1945年的半個世紀之間，臺灣與被切割開來的另一方——處於舊中國期間內兩者具有同樣的社會——雖然同時存在，卻經歷了個別的社會變遷過程。反過來看，也因為在這期間內日本的國力與半殖民地中國的國力有所差異，以致矢內原忠雄甚至提出：「我國（日本政府的）的臺灣統治在於將臺灣從支那割離，並與日本結合」[21]，這樣的日本當局隔離臺灣與大陸並統合於日本的國家與經濟之政策[22]，得以十分嚴格且一貫地執行，使得兩者的社會變遷處於「個別的過程」。

　　孫文將由單一帝國支配者稱為「殖民地」，以及由若干帝國支配者的「次殖民地」，此一區分在思考具有共時性卻又個別地變化的這兩個社會時，相當具有啟發意義。臺灣處於日本這個單一帝國的支配下，配合日本本國之國家的、經濟的需求，進行社會的近代化。然而，這是由日本啟動的自上而下的殖民近代化，對臺灣人而言，是畸形的近代化。為了與此進行對抗，臺灣人的自主性近代化運動被喚起了。從與日本勢力所推動的畸形近代化壓力之間的關係來看，這個運動被賦予如下之特色。亦即，在「同化主義」的名義下，將臺灣人形塑為日本帝國「二等臣民」的目的，巧妙地埋伏並且逐漸強化於殖民地教育等等之中，這個運動是為了對抗此種國民形成壓力[23]，而展開具有自主自覺之**抗日**的國民形成之戰鬥。

　　另一方面，中國本土在「次殖民地」的悲慘與混亂之中，民族主義逐漸成長，中國人自己發動的革命正在進行。此悲慘與混亂使臺灣的殖民地化易於進行，且加重臺灣人這種成為「二等臣民」的國民形成壓力——看到對岸

中華民國的混亂與建設落後，你們要慶幸身為日本統治下臣民，這種意識形態之攻勢——對於民族主義之成長，也讓臺灣的日本統治者起了嚴加提防之心。

從上述的對比，我們可以獲得另一種觀察角度。亦即，在抗日運動進行中呈現出來的日本統治下臺灣人之動向，可視為廣義的國際間、**民族間**之關係，也就是複雜日中關係之相關函數。臺灣處於日本帝國主義的單獨支配之下，因此抗日運動的展開方式與日本殖民主義的展開方式有相互制約的關係，同時統治國日本本國的各種思潮、運動之影響，也會特別強烈。另一方面，大陸的社會和臺灣社會處於舊中國期間內，都是同樣性質的社會，這表示在近代化方面也有共通之課題。這樣的共通性，也決定了臺灣人推動的自主性近代文化運動之形式。基於這樣的內在關聯性，以及臺灣和大陸之地理接近的特性，可以讓人預見，儘管日本貫徹實施隔離政策，但中國革命引起的波動，依然會對臺灣抗日運動的展開方式產生複雜的影響，而且應該會吸引部分臺灣人民族主義分子前往大陸——我們可以如此思考。

就結構而言，本書第一篇從與日本這團「火」的關聯，第二篇從與中國這團「火」的關聯，來探討後期臺灣抗日運動的各種面向。

雖說如此，各篇論文都是根據發表當時的關懷，以具體且又個別的觀點所撰述的。其次，上述基本視角而可能被要求的討論工作，並未全部完成。特別是後述「祖國」派之思想與行動，其相關資料未能蒐集完整，讓筆者甚感遺憾。

論文進行結集時，為避免重複及盡可能取得論述的一致，每章都加以修改。各篇論文首次發表以及修改狀況標示如下：

導　言　新撰

第一篇　與春山明哲共著之《日本植民地主義の政治的展開——一八九五～一九三四年》（アジア政経学会・現代中国研究叢書XVIII，1980年）第二篇，同題。僅第一章第一節大幅度修改。

第二篇

序　章　新撰

第一章　同題，《台湾近現代史研究》第2號，1979年8月。調整重複的
　　　　部分。

第二章　合併〈中国国民革命と台湾青年〉（《アジア経済旬報》第915、
　　　　916號，1973年10月21日、11月1日）以及〈台湾の抗日民族
　　　　運動〉（收錄於《講座中国近現代史》第6卷，東京大學出版會，
　　　　1978年）二文，並大幅度加以修改。

第三章　同題（《思想》第610號，1975年4月），修改若干。

註釋

1. 以上主要是根據：戴國煇，〈台湾略史〉，收錄於戴國煇，《日本人とアジア》（新人
　 物往來社，1973年）；以及戴國煇，〈清末台湾の　考察〉，收錄於《仁井田陞博士
　 追悼論文第三卷——日本法とアジア》（勁草書房，1970年）。【譯按】戴國煇之著作，
　 包括以下各篇均有中譯本，收錄於共十二冊之《戴國煇文集》（臺北：遠流出版社、南
　 天書局，2002年）。

2. 參照：黃富三，〈清代臺灣漢人之耕地取得問題〉，收錄於黃富三、曹永和編，《臺灣
　 史論叢：第一輯》（臺北：衆文圖書股份有限公司，1980年）。

3. 林滿紅，〈貿易與清末臺灣的經濟社會變遷〉，收錄於黃富三、曹永和編，《臺灣史論
　 叢》，頁258。

4. 黃富三，〈清代臺灣漢人之耕地取得問題〉，頁207-208。

5. 日本統治時期臺灣的人口變遷概況如下表：

年度	總人口	臺灣人	高山族	日本人	其他
1905年	3,123,302	2,942,266	113,195	59,618	8,223
1910年	3,299,493	3,064,499	123,106	98,046	14,840
1920年	3,757,838	3,436,071	130,310	166,622	24,836
1930年	4,679,066	4,259,523	140,553	232,299	46,691
1942年	6,427,932	5,827,857	160,031	384,847	53,197

出處：陳紹馨《臺灣的人口變遷與社會變遷》（臺北：聯經出版事業公司，1979年），頁 96-97，表一甲。

6. 參照李國祁，〈清代臺灣社會的轉型〉，《中華學報》第 5 卷第 2 期（1978 年 7 月）的用語方式。關於臺灣的「內地化」，同時也參照林滿紅，〈貿易與清末臺灣的經濟社會變遷〉，頁 261-262、頁 271。

7. 臺灣的科舉於 1686 年開始。中舉人、進士的人數增加趨勢如下表：

	總計（%）	1687~1735 年	1736~1795 年	1796~1850 年	1851~1894 年
舉人	251（100）	15（5.98）	56（22.31）	74（29.48）	106（42.23）
進士	29（100）	0（0）	2（6.90）	6（20.69）	21（72.41）

8. 培養出林獻堂的中部霧峰（舊名阿罩霧）林家，從土豪的勢力家轉型爲士紳的勢力家卽爲典型。林家的始祖林石於 1754 年移住到彰化縣大里杙開發土地，不久卽爬升爲當地的土豪，而後在 1786 年捲入林爽文之亂，家產被沒收。但第三代林甲寅購買阿罩霧的土地再興林家，一躍成爲當地土豪之雄，其子定邦被推選爲連莊總理。定邦之子文察具有軍事長才，在太平天國之亂時，奉閩浙總督之命，徵募臺勇兩千人，前往大陸立下戰功，獲賜騎都尉，自此以後林家進入士紳行列。承襲父之騎都尉官位的林朝棟，赴北京捐納而被敍用爲兵部郎中，歸臺後輔佐劉銘傳（臺灣巡撫）。從這時候林家的文風也已鼎盛，朝棟的族弟文欽以文才輔佐劉璈（分巡臺灣兵備道），於 1893 年中舉人，隨後同世代的朝宗、朝崧、朝璇中秀才。臺灣割讓時，包括獻堂在內的很多林氏家族子弟，皆爲了科舉考試正埋首於書籍之中。以上根據：張正昌，《林獻堂與臺灣民族運動》（臺北：著者發行，1981 年），頁 24-29。林家的變遷以及清代臺灣土豪的士紳化之詳細情形參考：Johanna M. Meskill, *A Chinese Pioneer Family: The Lins of Wu-Feng, Taiwan 1729-1895*, Princeton University Press, 1979。【譯按】此書有中譯本：王淑琤譯，《霧峰林家——臺灣拓荒之家》（臺北：文鏡出版社，1986 年）。

9. 帶給日本帝國主義極大衝擊的 1930 年霧社事件，當時起事之高山族僅襲擊日本人，除了誤殺之外，事先似乎考慮到不以漢族住民爲目標。但是，並沒有發現任何事前與漢族方面之個人或集團有聯合起事之跡象，因此兩者應該沒有任何合作關係，請參照：戴國煇，〈霧社蜂起と中國革命——漢族系中國人の內なる少數民族問題〉，收錄於：戴國煇編，《台灣霧社蜂起事件——研究と資料》（社會思想社，1981 年）。【編按】此書中譯本除《戴國煇全集》外，另可參見：魏廷朝譯，《臺灣霧社蜂起事件研究與資料（上）（下）》（臺北：國史館，2002 年）。

10. 代表性的有：許世楷，《日本統治下の台湾——抵抗と弾圧》（東大出版會，1972 年）；葉榮鐘等，《臺灣民族運動史》（臺北：自立晚報社，1971 年）；以及上述張正昌的《林

獻堂與臺灣民族運動》等。【譯按】許世楷的著作有中譯本：李明峻、賴郁君譯，《日本統治下的臺灣》（臺北：玉山社，2006 年）。

11. 黃昭堂，《台湾民主国の研究》（東大出版會，1970 年），頁 158-160。【譯按】此書有中譯本：廖爲智譯，《臺灣民主國之研究》（臺北：現代學術研究基金會，1993 年；臺北：前衛，2006 年）。

12. 參照：黃昭堂，《台湾民主国の研究》第 2 篇；許世楷，《日本統治下の台湾》第 1 部第 1 章。

13. 包含（2）在內的前期抗日武裝鬥爭之完整研究，目前僅有許世楷《日本統治下の台湾》之第 1 部〈統治確立過程における抗日運動（1895-1902 年）〉。

14. （3）尙無相當之研究成果，目前可參照日本學者的研究：寺広映雄，《中国革命の史的展開》（汲古書院，1979 年）第 3 部第 1 章〈台湾民族運動と中国〉，以及臺灣省文獻委員會刊行之同委員會收藏《臺灣總督府公文類纂》中有關事件裁判紀錄的中文翻譯：《羅福星抗日革命案全檔》（1965 年）；《余清芳抗日革命案全檔》全六冊（1975 年）；《臺灣前期武裝抗日運動有關檔案》（1977 年）。（以上資料也包括（1）、（2）的相關紀錄在內）。

15. 羅福星的革命運動，參照：寺広映雄《中国革命の史的展開》、戴國煇〈臺湾の詩と眞実──羅福星の生涯〉，收錄於《日本人とアジア》，以及羅秋昭《羅福星傳》（臺北：黎明文化事業股份有限公司，1974 年）。

16. 張正昌，《林獻堂與臺灣民族運動》，頁 3。

17. 張正昌，《林獻堂與臺灣民族運動》，頁 255。

18. 陳少廷，《臺灣新文學運動簡史》（臺北：聯經出版事業公司，1977 年）、謝里法，《臺灣美術運動史》（臺北：藝術出版社，年代不詳）、呂訴上，《臺灣電影戲劇史》（臺北：銀華出版部，1961 年）。

19. 關於近代學術、美術在臺灣的傳播，陳紹馨〈新學藝在臺灣的傳播與發展〉（收錄於陳紹馨《臺灣的人口變遷與社會變遷》）中有簡潔的概觀論述。

20. 《矢內原忠雄全集》第 2 卷，（岩波書店，1963 年），頁 376。【譯按】戰後臺灣此書出現三種譯本：（1）陳茂源譯，《日本帝國主義下之臺灣》（臺北：臺灣省文獻委員會，1952 年）。（2）周憲文譯，《日本帝國主義下之臺灣》（臺北：臺灣銀行，1956 年初版；臺北：海峽學術出版社，2002 年重刊）。（3）林明德譯，《日本帝國主義下之臺灣》（臺北：吳三連臺灣史料基金會出版，2004 年）。

21. 《矢內原忠雄全集》第 2 卷，頁 371。

22. 矢內原將這項政策歸納如下：「利用關稅法使臺灣的貿易路線由支那轉向日本，禁止清國人或本島人〔日本當局對臺灣人的稱呼〕自行設立株式會社，以及教育上的國語〔指

日本語〕政策等，都是讓臺灣遠離支那影響之制度。此外，對於支那人及本島人的渡航，也有特別的限制。亦即，本島人直接從臺灣前往外國時，必須攜帶依照臺灣總督府令制定的《外國旅券規則》所發給的旅券；違反規定前往外國或欲赴外國者，將遭受懲罰。關於支那人前來臺灣，明治二十八年（1895 年）日令第 22 號規定，支那人的上岸及居住受到特別限制，但大正七年（1918 年）時，根據總督府令制定之有關外國人入境規定，其待遇與內地相同。然而，對於支那勞動者來臺則有特別的取締規則……。此外，臺灣總督府一方面拒絕支那在臺灣設置領事館，但另一方面卻為居留對岸與華南地區的臺灣籍民設立學校，並派遣教師提供教科書，甚至讓派駐當地的帝國領事兼任總督府事務官，以及讓領事裁判歸總督府法院管轄等，此即所謂以對岸設施來防衛臺灣，這與朝鮮總督府和滿洲之關係相當類似」（《矢內原忠雄全集》第 2 卷，頁 371）。再者，「臺灣籍民」之中有許多惡棍，當地人相當厭惡，稱其為「臺灣呆狗」。這些人靠著不平等條約之特權與日本官吏的保護，從事鴉片館等經營不良職業，甚至還在日本官吏唆使下，在離間中臺工作上扮演一定角色。關於「臺灣籍民」，請參照：中村孝志，〈「台湾籍民」をめぐる諸問題〉，《東南アジア研究》第 18 卷第 3 號（1980 年 12 月）；戴國煇，〈日本の植民地支配と台灣籍民〉，《台湾近現代史研究》第 3 號（1981 年）。

23. 舉例說明如下：派翠西亞・鶴見（E. Patricia Tsurumi）在比較初等教育中臺灣人子女使用的《修身》和《國語》教科書與日本人子女使用的國定教科書之內容，認為：「應將他〔臺灣人學生〕視同日本人，不過他未必將自己視為日本人。他必須學習舉止像個順從又勤勞的日本帝國臣民，但不大被告知既然是日本人就可要求的權利或良機。」日本人的教科書中常出現憑自己的努力達到在社會上有所出息的兩性故事，但臺灣人的國語教科書將重點放在家族或村人的協調，或是兒子繼承父親工作的故事。E. P. Tsurumi, *Japanese Colonial Education in Taiwan, 1895-1945*,Harvard University Press ,1977, p.145.【譯按】此書已有中譯本：派翠西亞・鶴見著，林正芳譯，《日治時期臺灣教育史》（宜蘭：仰山文教基金會，1999 年）。

第一篇

大正民主與臺灣議會設置請願運動

日本殖民主義的政治與臺灣抗日運動

序言

　　1921年1月30日，以臺灣中部名望家林獻堂為首的178名臺灣住民，向第44回帝國議會提出請願，要求創設「臺灣議會」，以擁有臺灣總督的立法權（律令制定權）及對臺灣預算的協贊權[1]。此後，到1934年第65回帝國議會為止，共進行了15回的請願。這是臺灣議會設置請願運動的發端，眾所周知這項運動也是日本統治下殖民地臺灣漢族住民所進行的代表性政治運動。

　　由於米騷動導致寺內正毅內閣倒閣，在此之後成立的原敬政友會內閣，被迫面對處理內外的重大問題。內政方面，面對議院內外盛囂塵上的普選要求，於1920年2月斷然解散眾議院，以小選舉區制之利，執政黨大勝；但在都市部分，普選派的勢力明顯擴張，因此在第44回帝國議會，普選問題仍成為最大的政治焦點。在殖民地統治方面，面臨朝鮮全族行動的三一獨立運動，及其後在內外的殖民地政策批判下，因而進行了一連串的政策修正，如廢止殖民地總督的武官專任制與朝鮮的憲兵警察等，採行「文化政治」，並修改殖民地之地方制度，一定程度上擴充殖民地教育制度等。如後文也將提及的，為了因應第一次世界大戰結束後世界性民主與民族自決之風潮中，在殖民地展開的民族解放鬥爭，原敬內閣所採行的殖民地統治政策路線，借用第一任文官總督田健治郎臺灣總督的話來說，可以稱之為「內地延長主義」。這條路線體現於法制面，就是在第44回帝國議會中，由政府提出的「應該在臺灣施行的法令之相關法律」（「台湾ニ施行スヘキ法令ニ関スル法律」，

即所謂之法三號，參照本篇第二章），這是以敕令將內地法令延長施行為主，基於臺灣特殊情形由總督行使立法權為輔之法制。

上述米騷動之後，大正民主運動的昂揚擴大了社會影響之層面，在此背景下政黨在日本本國權力中樞地位上昇，臺灣議會設置請願運動就是在此時期，加上以朝鮮三一獨立運動衝擊為契機而開始修正殖民地統治體制的情況下所展開。概要性地敘述該運動的特色如下：這是建立在以臺灣本地漢族地主資產階級（後述）為主之支持基礎上，主要是以此階級出身且受過日本教育（留學東京或是臺灣島內的師範教育乃至醫學教育）的知識分子為推動者，提出要求參與殖民地政治之參政權運動，運動中潛藏著他們想要達到基於民族及政治自覺的殖民地自治之志向。該運動始自 1915 年的臺灣同化會，是採取近代政治運動、社會運動型態的後期臺灣抗日民族運動的重要一環。

本篇將焦點放在臺灣議會設置請願運動與提出時所在場域之關聯，亦即與大正民主期後半的日本本國政治情況之關聯，來探討此運動的展開狀況。

採取這種聚焦於與大正民主狀況相互關係的視角，其目的首先在於分析如下之重點。

由於同時代同樣處於日本帝國主義殖民地支配下的朝鮮，先行發生全族行動的三一獨立運動，所以可以認定具有民族運動意義之運動，於明於暗當然抱有「獨立」的志向。此外，朝鮮當然也存在以殖民地自治為志向的動向，但後代史家都避免將其納入民族運動的範疇。[2]因此，朝鮮殖民地自治運動在朝鮮民族運動史的地位，完全不能與臺灣抗日史上的臺灣議會設置請願運動的地位相比。朝鮮人進行過幾次向帝國議會要求賦予參政權的請願，但該請願並非要求設置朝鮮議會，而是要求中央參政，亦即要求《眾議院選舉法》於朝鮮施行。[3]亦即，在同時代的朝鮮，未見可視為抗日民族運動的一環，且相當於臺灣議會設置請願運動之活動存在。因此，臺灣議會設置的請願可以說是在近代日本政治史上，殖民地住民基於民族自覺的政治要求，而向帝國議會提出的稀有例子。臺灣議會設置的請願向帝國議會提出的期間，大致與戰前日本政治的政黨內閣制存續的時期相重疊。以天皇機關說聞名的美濃部達吉，在其憲法學說之中提出臺灣議會設置請願的問題，他也是論證設置殖民地議會絕非違憲的少數憲法學者之一。[4]眾所周知，美濃部達吉的憲

法學說構成明治憲法體制下政黨政治之理論基礎，但臺灣議會設置的請願在1934年的第65回帝國議會中劃下句點，隔年藉由美濃部達吉的學說而得到自己理論存在基礎的該政黨，開始極力抨擊美濃部學說，同時運動者也放棄再向1935年的第67回帝國議會（通常會）提出請願。此一情況極具象徵意義，並充分說明了臺灣議會設置請願要求與大正民主、政黨政治在深層所具有的對應關係。本文第一個目標是，藉由探討日本本國政治場域中臺灣議會設置要求的趨勢，來描繪出政黨內閣時期日本本國政治和殖民地統治的政治關聯──政黨內閣期的日本殖民主義政治史──的一個面向。但是受限於目前的資料，雖說是探討日本本國政治場域中「臺灣議會」要求的趨勢，也不得不依據帝國議會議事錄及已經刊行的臺灣總督府警察的文件，以及報紙、雜誌等的資料，並以帝國議會的審議為中心來探討。要釐清日本本國政治和殖民地統治的政治性關聯，必須推斷出與某議題相關聯的各個行動者，並釐清他們之間的相互關係。然而，必須先承認，本篇的探討在這點上並不充分。而且，要全面性地釐清此種關聯，還必須要有不同於本篇的研究角度。例如，政黨對殖民地政策及態度如何，以及殖民地的日本人社群的政治角色如何等研究成果的累積。

連署第1回臺灣議會設置請願書的參與者，除了林獻堂、蔡惠如等開明的資產家外，幾乎都是當時在東京的大學和專門學校留學的學生。他們在第一次世界大戰中及之後、日本學生間流行馬克思主義之前，受到吉野作造等民本主義知識分子所展開的民主運動的影響，這一點在先行研究中已經提及。[5]但是，請願運動與大正民主運動的關聯，則尚未被充分地釐清。本篇之中，儘管是以前述的第一目標為主，但也有如下的意圖：藉探討與此運動相關的民主主義者（democrat）的主張和行動，來描繪該運動也就是大正民主運動在殖民地的外延之面向。但是，在此必須先說明，由於與臺灣議會設置請願運動相關的日本人，主要是一些可以說是大正民主運動最右翼的自由主義者，因此對於大正時期的日本本國政治和殖民地統治之間的政治關聯中的另一項要素，亦即日本本國的社會運動及社會主義者與殖民地民族運動之關聯，在此並未加以探討。

從以上的視角，本篇的構成如下：

首先是考察臺灣議會設置請願運動的背景。先探討本地地主資產階級在殖民地臺灣的政治位置，以及成為運動推動者的本地地主資產階級知識分子的抗日思想。接著，針對該運動的前史進行若干考察（第一章）。

其次，第一次世界大戰後日本帝國主義對殖民地臺灣的統治方針和現實統治體制的關聯，以及所謂「臺灣議會」要求的內容為何？這是第三章、第四章的所謂理論準備的探討（第二章）。

再者，探討朝鮮三一運動後日本本國內民主主義者的殖民地統治論議、支持臺灣議會設置請願的日本人（請願的介紹議員及幾位殖民政策學者）之殖民地統治觀，以及他們與該運動的淵源。另外，再從提出第1回請願時帝國議會（第44回帝國議會，1921年）的議論來探究，對於該請願帝國議會中所瀰漫的氣氛。這些探討的目的在於釐清臺灣議會設置請願運動開始時，圍繞著該請願的日本本國政治環境（第三章）。

最後，將探討帝國議會針對臺灣議會設置請願所展開的議論，以及在帝國議會連續拒絕請願和臺灣抗日運動本身情況變化（臺灣文化協會的分裂、接著臺灣民眾黨內部對立的激化）之中，本地地主資產階級將其政治運動的重點轉為地方自治制度改善的方向（臺灣地方自治聯盟的成立），臺灣議會設置的運動徒具形式，最終遭到中止的經過情形（第四章）。藉此探討，將可釐清漸進的內地延長主義作為政黨內閣的殖民地統治路線，如何在帝國議會和臺灣住民動向的關聯之中，圍繞殖民地臺灣住民參政權問題，被貫徹執行的過程概要。

註釋

1. 【編按】即立法權和預算審議權，依日本帝國憲法之規定，立法權及預算審議權屬於天皇，議會僅是協贊天皇行使此權力，因而稱協贊權。
2. 例如：姜東鎮，《日本の朝鮮支配政策史研究》（東京大學出版會，1979年），參照第四章。
3. 參照：幼方直吉，〈朝鮮參政權問題の歷史的意義〉，《東洋文化》第36號（1964年6月）。

4. 美濃部達吉，《逐条憲法精義》（有斐閣，1927 年），頁 430-432。

5. 葉榮鐘等，《臺灣民族運動史》，頁 75；許世楷，《日本統治下の台湾》，頁 182。

第一章

時代背景

一、運動的中堅分子和其思想

（一）中堅分子

　　謝春木（後來的謝南光）認為，臺灣議會設置請願及文化協會運動的開始，使總督府感到震驚的是，臺灣總督府原本「對本地民眾對策的基調」，亦即歷來致力懷柔的「本地資產階級勢力中的一部份人舉起 ×〔叛〕旗，與新興知識階級結合」。[1]這個敘述，說明了兩件事情。其一，這兩項運動（在1920年代前半結為一體，主要的領導者大半為同一人物）的中堅分子是「本地資產階級」，即筆者所稱的臺灣漢族本地地主資產階級，和「新興知識分子」，即受日本教育，與以前的讀書人不同類型，受過近代的教養，能流利地使用日語（那也是都市知識分子的）的知識分子。另一則是，在殖民地臺灣的社會，本地地主資產階級是總督府為了順利地統治漢族住民而進行「懷柔」，並極力爭取其協力的社會階層。這兩件事情當中，關於前者，將以具體的資料數據進行確認；關於後者，將針對漢族本地地主資產階級在殖民地臺灣的政治、社會、經濟地位，提出一個試論。

　　首先，關於前者。表一（見頁34）是在總督府所進行的臺灣議會設置請願的請願書連署者學歷調查中，附加若干資料的表格。E是全部連署人中擁有中學校以上學歷者（包含中學中途退學者）所占比例，F是公學校（以臺灣人為對象的初等教育機關）以上（也包含中途退學）學歷者所占比例。第1回請願，「非學生」的項目沒有數據，無法算出E和F，但當時並沒有在臺灣進行連署，而是由主要居住於東京的留學生連署。光是留學生的比例（B／A）就占78.7%。

　　表二（見頁36）是從各資料中挑出不只是連署者，而且扮演一些積極角色的人物。[2]在可判明的範圍內，標示出其與各運動的關係，以及學歷、職業、「公職經驗」（與殖民地統治機構的關係）。所謂「臺灣議會期成同盟會（臺北）」是對抗後述總督府在第2回請願後策動分化瓦解請願運動，而在1923年1月30日根據《治安警察法》，向臺北北警察署提出結社申請的組織，但依據該法第8條第2項，被認為有害「安寧秩序」，而於2月2日遭到結社禁止。所謂「臺灣議會期成同盟會（東京）」係指把在臺灣遭到禁止的組織，本部移到東京，改換若干會員後，向早稻田警察署提出結社申請，在東京維持原樣被認可的組織。〔　〕內表示所謂「治警事件」的更審判決（駁回上訴）。此「治警事件」是總督府以違反《治安警察法》之名，拘捕從事在臺灣業已遭到禁止之同盟會活動的相關人士之事件。東京的結社並未遭到內務省禁止，同盟會在東京進行的政治活動不被視為違法，說明請願宗旨的小冊子等，其後也以同盟會發行的方式出版。在臺灣被用來作為鎮壓的法律依據的《治安警察法》，根據將臺灣統治的根本方針內地延長主義體現於立法制度的法三號，1923年1月才剛開始在臺灣延長施行。在東京被認為合法的結社活動，在臺灣卻能構成違法，這是由於臺灣形成一個有別於日本本國立法及司法制度的個別法域之故。然而，鎮壓卻明白地顯示出，臺灣人在臺灣只能享有不同於日本本國的政治自由。此一鎮壓乃透過與日本本國共通的治安法令來進行，這真是令人諷刺的事態。

　　從第2回的請願起，在臺灣進行連署，選出將已簽名蓋章的請願書攜往東京的請願委員，並以舉辦上京委員的送別會、送行會，乃至歸臺後的慰勞會等形式來嘗試進行示威。在東京則以請願委員為中心，進行相關議員、報

社以及政黨本部的訪問，以及記者與名士招待會等宣傳及遊說活動。

　　臺灣文化協會係於1921年10月，標榜「助長臺灣文化之發達」而創立的文化團體。但是，這個由新的民族及政治自覺所支撐之「新興知識階級」，他們所進行的活力旺盛之大眾啟蒙活動，遭受到臺灣官吏及在臺日人對此活動所進行的種種非難及妨礙，在此相互作用之中，文化協會成了「半自動、半他動的反官方諸運動的總機關」。[3] 由於1920年代中期農民運動的興起，社會主義思想對臺灣青年知識分子一定程度的滲透，以及第一次國共合作後中國革命昂揚的影響（此影響係由受文化協會運動影響而激增的中國留學生引入臺灣）等，幹部之間的思想對立轉為嚴重，1927年1月，左派掌握領導權，右派退出協會，於7月組成臺灣民眾黨（參照第二篇第二章第二節）。從表格來看，很快地可以瞭解到，如前所述，臺灣議會設置請願運動與臺灣文化協會，在1927年以前完全結為一體，而在該年之後則是以民眾黨為基礎。

　　在（11）備註之中，標示了文化協會—民眾黨—臺灣地方自治聯盟運動的機關誌發行所臺灣雜誌社，以及臺灣民報社、臺灣新民報社（皆為株式會社）的幹部關係；「林獻堂族系資本」的金融會社大東信託株式會社（社長林獻堂、1926年創立）的幹部關係；還有擔任過林獻堂秘書職務的《臺灣民族運動史》作者葉榮鐘所指出的請願運動之資金提供者等；以及被要求出席決定中止該運動的1934年9月2日會議者等。在可判明的範圍內，都予以注記。

　　從表一可看出，以連署請願書的方式支持此運動的人，是當時的臺灣社會中教育程度較高的人。例如，以1920年15歲畢業於公學校的男子，在五年後的1925年成年，贊同請願的宗旨並參與連署來看，將1920年的男子公學校就學率與1925年的第6回請願時連署總數中公學校以上學歷者的比例（F）相比較後，可知後者人數接近前者的兩倍。在第6回以前，因考慮到與臺灣官吏勢必發生摩擦，而沒有大肆地進行連署。[4] 但第3回請願時，因有議員在眾議院請願委員會中，以連署人數少為由發言主張不採擇（參照第四章），因此從第7回開始，將請願單設計為一個連署一張的樣式，採取利用講演會場廣泛地收集連署的方法。[5] 因此，從第7回開始，連署者總數增加，有學歷者的比例下滑，但儘管如此，公學校以上學歷者的比例（F），除了第

表一　臺灣議會設置請願連署者的學歷

請願回數（年）	1 1921	2 1922	3 1923	4 1924.1	5 1924.7	6 1925	7 1926	8 1927
連署者總數（A）	178	512	278	71	230	768	1,948	2,375
連署者中學生 專門學校以上	0[1]	0	0	36	0	0	82	0
中學校以上	0[2]	0	0	1	0	25	28	0
專門學校以上	71[3]	75	70	0	52	0	0	38
中學校以上	69[4]	73	76	13	17	95	0	1
不明	0	1	0	0	3	0	0	0
專門學校以上	0	0	0	0	1	0	0	0
中學校以上	0	0	0	0	9	0	0	0
小計（B）	140	149	146	50	82	120	110	39
非學生（第一回不詳） 專門學校以上卒業	-	42	32	7	47	89	109	97
專門學校中途退學	-	3	1	0	0	6	7	8
中學校卒業	-	75	27	3	22	66	97	89
中學校中途退學	-	9	6	2	0	32	67	48
小計（C）	-	129	66	12	69	193	280	242
小公學校卒業[6]	-	46	47	4	55	218	692	754
小公學校中途退學	-	10	3	2	24	38	139	165
小計（D）	-	56	50	6	79	256	831	919
漢文修學	-	0	11	0	0	71	386	587
無學歷	-	65	5	0	0	125	334	587
不詳	-	0	0	0	0	3	7	1
E＝（B+C）/A（%）	-	54.3	76.3	87.3	65.7	40.8	20.0	11.8
F＝（B+C+D）/A（%）	-	65.2	94.2	95.8[5]	100.0	74.1	62.7	50.5
公學校就業率[7] 年度	-	1917	1918	1919		1920	1921	1922
就學率	-	13.14	15.71	20.69		25.11	27.22	28.82
男子就學率	-	-	-	-		39.11	-	43.47

請　願　回　數 （　　　年　　　）	9 1928	10 1929	11 1930	12 1931	13 1932	14 1933	15 1934	總計
連　署　者　總　數（A）	2,031	1,905	1,314	1,382	2,415	1,773	1,348	18,528
連署者中學生　專　門　學　校　以　上	5	0	0	0	0	0	0	123
中　學　校　以　上	0	0	0	0	0	0	0	54
專　門　學　校　以　上	10	13	3	6	0	0	0	338
中　學　校　以　上	2	1	0	2	0	0	0	349
不　　　　　明	0	0	0	0	0	0	0	4
專　門　學　校　以　上	1	0	0	2	0	0	0	4
中　學　校　以　上	2	0	0	0	0	0	0	11
小　　計　（B）	20	14	3	10	0	0	0	883
非學生（第一回不詳）　專　門　學　校　以　上卒業	95	72	67	119	98	130	136	1,140
專　門　學　校　中途退學	12	7	10	8	13	12	8	95
中　學　校　卒　業	74	94	75	66	107	102	82	979
中　學　校　中途退學	28	33	32	29	29	27	24	366
小　　計　（C）	209	206	184	222	247	271	250	2,580
小　公　學　校　卒　業[6]	711	693	461	461	908	732	662	6,444
小　公　學　校　中途退學	148	109	95	54	0	96	35	918
小　　計　（D）	859	802	556	515	908	828	697	7,362
漢　文　修　學	298	390	221	0	470	252	227	2,913
無　　學　　歷	632	492	348	407	790	421	174	4,380
不　　　　　詳	13	1	12	0	0	1	0	28
E＝（B＋C）/A　　（%）	11.3	11.5	14.2	16.8	10.2	15.3	18.5	18.7
F＝（B＋C＋D）/A　（%）	53.6	53.6	56.5	54.1	47.8	62.0	70.3	58.4
公學校就業率[7]　年　　　　　度	1923	1924	1925	1926	1927	1928	1929	
就　　學　　率	28.60	28.69	29.51	28.42	29.18	29.79	31.11	
男子就學率	-	-	44.26	43.00	43.96	44.68	45.96	

出處：根據《台湾社会運動史》刊載的〈請願署名ニ關スル統計〉二一四（頁331-333）製作。

（1）～（4）根據〈請願署名ニ關スル統計〉三（頁332），（1）71，（2）69，（3）0，（4）0，但第1回請願連署者，大多數是東京留學生，此事由其他記載可明白，故加以訂正。（5）沒有變成100.0很奇怪，但根據〈請願署名ニ關スル統計〉三、四。（6）記載爲「小公學校」者，可以視爲因爲包含在日本內地從小學校開始留學者，以及在臺灣的小學校與日本人共學者。（7）出處：E. P. Tsurumi, *Japanese Colonial Education in Taiwan, 1895-1945*, Harvard Univ. Press,1977, p.148, Table 13.

【譯按】第10回（1929年）的中學校以上小計（C）原文寫爲176，應爲206，故E（原10.0）及F（52.1）亦應修改，今訂正之。此外中學校以上相關（C）、（D）、（F）之總計有誤，直接訂正之。

表二　臺灣議會設置請願運動相關人士一覽

	(1)居住地	(2)生年	(3)職業	(4)學歷	(5)公職經驗	(6)臺灣議會期成同盟會（臺北）的關係	(7)臺灣議會期成同盟會（東京）的關係〔治警事件更審（控訴審）判決〕	(8)上京請願委員的經驗（數字表示擔任委員時的請願回數）	(9)與臺灣文化協會之關係(-1927年1月)	(10)1927年以後參與的政治團體	(11)備註
蔣渭水	臺北市	1888年	醫師	臺灣總督府醫學校（以下略稱醫學校）	-	專務理事	同左（禁錮4個月）	3、5	專務理事	臺灣民眾黨	○△
石煥長	臺北市	1891年	醫師	東京醫專	-	主幹	理事（禁錮3個月）	-	有力會員	-	○
周桃源	臺北市	-	醫師	醫學校		會員	會員		理事		○
許天送	臺北市	-	文化協會書記	-	-	會員	會員		理事		○
鄭耀東	臺北市	-	運送業			會員	會員		會員		○
陳世煌	臺北市	-	鐵工廠事務員			會員	會員		會員		○
蘇壁輝	臺北市	-	貿易商		-	會員	會員		理事		○、世界語主義者
陳增全	臺北市	-	齒科醫生	東京齒專		會員	會員		會員		-
邱德金	基隆街	1893年	醫師	醫學校		會員	會員	6	有力會員	民眾黨	○×△※
林水來	大屯郡	1887年	醫師	醫學校		會員	會員		會員		-
林資彬	大屯郡	1898年	醫師	漢學教育	庄協議會員	會員	會員		有力會員		○△×
林幼春	大屯郡	1880年	出租土地業	漢學教育	庄協議會員	專務理事	專務理事（禁錮3個月）		評議員		○△
林根生	大屯郡	1900年	出租土地業	日本大學		會員	會員		會員		×
林梅堂	大屯郡	-	出租土地業			會員	-	6	會員		△
王傑夫	大屯郡		商業			會員	會員		會員		-
黃鴻源	大屯郡		藥商			會員	會員		會員		-
林子瑾	臺中市	1878年	藥商	漢學教育	（名望家）	會員	會員		評議員		-
林麗明	臺中市	1899年	醫師	臺北醫專（醫學校的後身）	街協議會員、嘉南大圳常務委員	理事	理事		理事		-
陳英方	臺中市	-	醫師	臺北醫專		會員	會員		會員		-
陳朔方	臺中市	1900年	醫師	醫學校		會員	會員		會員		※
林篤勳	彰化街	1883年	醫師	醫學校		理事	理事（罰金100圓）		有力會員		○△×
賴和	彰化街	1893年	醫師	醫學校		會員	會員		有力會員		○、被稱爲臺灣魯迅的作家

○：在治警事件中遭拘留、移送檢察機關。△：與臺灣雜誌社、臺灣民報社、臺灣新民報社（皆爲株式會社）的役員關係。×：運動資金提供者。◎：與大東信託會社之關係。※：於決定中止請願運動的1934年9月2日的相關人士會議中出席者，及其他。

	(1) 居住地	(2) 生年	(3) 職業	(4) 學歷	(5) 公職經驗	(6) 臺灣議會期成同盟會（臺北）的關係	(7) 臺灣議會期成同盟會（東京）的關係〔治警事件更審（控訴審）判決〕	(8) 上京請願委員的經驗（數字表示擔任委員時的請願回數）	(9) 與臺灣文化協會之關係(-1927年1月)	(10) 1927年以後參與的政治團體	(11) 備註
吳清波	彰化街	-	鞋商	-	-	會員	會員（無罪）	-	有力會員	-	○
許嘉種	彰化街	1883年	出租土地業	臺南師範	公學校訓導、臺灣舊慣調查會雇員、臺中州通譯	會員	會員	-	有力會員	民眾黨	○△※
施至善	彰化街	-	出租土地業	-	-	會員	會員	-	有力會員	-	後去大陸，認同中共，入蘇區
李應章	北斗郡	1897年	醫師	醫學校	-	會員	會員	-	理事	民眾黨	1925年二林蔗農事件領導者
林伯廷	北斗郡	1886年	出租土地業	漢學教育、公學校	（名望家）	理事	理事（罰金100圓）	-	理事	民眾黨	○※
蔡梅溪	大甲郡	-	出租土地業	-	-	會員	會員	-	會員	-	○
蔡年亨	大甲郡	1889年	出租土地業、帽蓆輸出業	臺灣總督府國語學校（以下略稱國語學校）	公學校訓導、清水街長、信用組合理事	理事	理事（罰金100圓）	7	有力會員	民眾黨	○△※
蔡江松	大甲郡	-	出租土地業	-	-	會員	會員	-	會員	-	-
蔡炳曜	大甲郡	-	臺灣雜誌社社員	-	-	會員	會員	-	有力會員	-	-
蔡培火	臺南市	1889年	臺灣雜誌社社員	國語學校、東京高師	公學校訓導（因參加臺灣同化會遭免職）	專務理事	專務理事（禁錮4個月）	3、5、7、9、12、15	理事	民眾黨、臺灣地方自治聯盟（以下略稱自聯）	○△※（召集者之一）
陳逢源	臺南市	1893年	出租土地業、臺灣民報記者	國語學校	-	理事	理事（禁錮3個月）	3、7	理事	民眾黨、自聯	○△◎※
簡仁南	臺南市	-	醫師	-	-	理事	理事	-	有力會員	-	-
吳海水	臺南市	1889年	醫師	醫學校	-	會員	會員（無罪）	-	有力會員	-	○※
莊海兒	臺南市	-	汽車司機	-	-	會員	會員	-	會員	-	-
陳端明	新營郡	-	-	-	-	會員	會員	-	會員	-	-
石錫勳	彰化街	1900年	醫師、經營製粉會社	臺北醫專	-	會員	理事（罰金100圓）	-	有力會員	-	○
吳闇寅	岡山郡	-	教員	-	-	會員	會員	-	有力會員	-	-

	(1) 居住地	(2) 生年	(3) 職業	(4) 學歷	(5) 公職經驗	(6) 臺灣議會期成同盟會（臺北）的關係	(7) 臺灣議會期成同盟會（東京）的關係〔治警事件更審（控訴審）判決〕	(8) 上京請願委員的經驗（數字表示擔任委員時的請願回數）	(9) 與臺灣文化協會之關係(-1927年1月)	(10) 1927年以後參與的政治團體	(11) 備註
林呈祿	東京	1890年	臺灣雜誌社社員	國語學校、明大法科	臺灣銀行雇員、公學校訓導、臺北地方法院統計主務	-	主幹（禁錮3個月）	-	有力會員	-	○△※（召集者之一）
鄭松筠	東京	1891年	律師	國語學校、明大法科	公學校訓導	-	會員（罰金100圓）	-	-	自聯	○※
王敏川	彰化街	1887年	臺灣民報記者	早大法科	-	-	會員（無罪）	-	有力會員	臺灣文化協會中央委員會委員長	○△
蔡式穀	臺北市	1884年	律師	國語學校、明大法科	公學校訓導	-	理事（罰金100圓）	6、9	有力會員	自聯	○△※
蔡惠如	中國福州（出生於臺中州清水街）	1881年	貿易商（家中是清水的大地主、名望家）	漢學教育	-	-	理事（禁錮2個月）	2	有力會員	-	○×
劉青玉	臺中	-	-	-	-	-	會員	-	有力會員		
謝廉清	臺中	-	-	-	-	-	會員	-	有力會員		
陳滿盈	彰化街	1896年		國語學校、明大政治經濟科			會員		會員		
黃呈聰	彰化街	1886年	出租土地業	早大政治經濟科	線西庄長、臺中州協議會員、信用組合長	-	會員	-	有力會員	-	△※
韓石泉	臺南市	1897年	醫師	醫學校	-	-	會員（無罪）	-	有力會員	民眾黨	○×
江萬里	臺南	-	-	-	-	-	會員				
劉虎	臺南	-	-	-	-	-	會員				
蔡先於	臺中	-	-	-	-	-	會員（無罪）	-	-	自聯	○※
劉崴和	高雄市	1898年	貿易業	高雄中學夜間部	-	-	會員				
謝文達	臺中	-	-	-	-	-	會員	-	有力會員		臺灣人最早的飛行員、後來進入中國軍隊
劉蘭亭	臺北	-	-	-	-	會員			有力會員		
林階堂	大屯郡	1884年	出租土地業	-	庄長	會員		-	有力會員	-	林獻堂的弟弟

	(1)居住地	(2)生年	(3)職業	(4)學歷	(5)公職經驗	(6)臺灣議會期成同盟會（臺北）的關係	(7)臺灣議會期成同盟會（東京）的關係〔治警事件更審（控訴審）判決〕	(8)上京請願委員的經驗（數字表示擔任委員時的請願回數）	(9)與臺灣文化協會之關係(-1927年1月)	(10)1927年以後參與的政治團體	(11)備註
楊肇嘉	清水街	1892年	出租土地業	早大政治經濟科	公學校訓導、清水街長、農會役員、公共埤圳組合役員	-	-	6	有力會員	自聯	△×※
楊振福	高雄市	1893年	倉庫會社員	國語學校	-	-	-	-	理事	-	○△×
葉清耀	臺中市	1886年	律師	臺中師範、明人法科	臺中地方法院書記	-	-	-	有力會員	自聯	
干鐘麟	臺南	-	-	-	-	-	-	10	有力會員	民眾黨	-
吳三連	臺南	-	-	-	-	-	-	*	-	-	△
林獻堂	大屯郡	1881年	出租土地業	漢學教育	總督府評議員、臺中州協議會員	-	-	1、2、6	總理	自聯	○×◎※（召集者之一）
洪元煌	南投郡	1883年	出租土地業	公學校	庄協議會員、保甲聯合會長	-	-	5	理事	民眾黨、自聯	△※
劉子恩	臺南	-	-	-	-	-	-	-	會員	-	-
曾圭角	新竹	-	-	-	-	-	-	-	理事	-	-
連溫卿	臺北市	1893年	南國公司書記	公學校	-	-	-	-	理事	文化協會中央委員會委員長	世界語主義者、社會主義者，上述皆私淑山川均
李山火	-	-	-	-	保正	-	-	5	-	-	-
葉榮鐘	鹿港街	1899年	-	日本中央大學	-	-	-	6	-	自聯	※林獻堂的秘書
王受祿	臺南市	1893年	醫師	醫學校	-	-	-	9、10	-	民眾黨	×
呂靈石	臺北市	1900年	臺灣民報社社員	明大法科	-	-	-	10	-	自聯	※
林柏壽	臺北市	1895年	出租土地業、實業家	留學東京、倫敦、巴黎	-	-	-	-	-	-	×林維源（板橋林本源家）的第四子
羅萬俥	臺北市	1898年	臺灣新民報社役員	明大法科、賓夕法尼亞大學	-	-	-	-	-	-	△×※埔里名家出身

	(1) 居住地	(2) 生年	(3) 職業	(4) 學歷	(5) 公職經驗	(6) 臺灣議會期成同盟會（臺北）的關係	(7) 臺灣議會期成同盟會（東京）的關係〔治警事件更審（控訴審）判決〕	(8) 上京請願委員的經驗（數字表示擔任委員時的請願回數）	(9) 與臺灣文化協會之關係(-1927年1月)	(10) 1927年以後參與的政治團體	(11) 備註
李瑞雲	屏東	1895年	出租土地業	同志社中學、早大政治經濟科	-	-	-	-	理事	-	△×
陳炘	臺中市	1893年	大東信託役員	慶應大理財科、哥倫比亞大學	-					民衆黨	×◎※
陳啓川	高雄市	1899年	出租土地業、實業家	慶應大經濟科	市協議會	-	-	-	-	-	△× 南部富豪陳中和的四子
高再得	臺南市	-	醫師		-	-	-	-	理事	-	×
吳秋薇	臺南市	1890年	醫師	醫學校	-	-	-	-			×※
楊良	新竹	1882年	製糖業	漢學教育	-	-	-	-	有力會員	民衆黨	△×
楊金虎	高雄市	1898年	醫師	臺北醫專、日本醫專	-	-	-	-	-	民衆黨	△
梁加升	臺南	1899年	-	廈門同文書院經濟專科	-	-	-	-	-	民衆黨	△
林糊	員林	1894年	醫師	臺北醫專	街協議會	-	-	-	理事	-	※
吳文龍	嘉義	-	-	-	-	-	-	-	-	-	※
沈榮	臺南市	1904年	律師	日大法科	-	-	-	-	-	-	※
莊垂勝	臺中	-	-	-	-	-	-	-	-	-	※
郭發	彰化	1900年	臺灣民報記者	臺北師範、早大政治經濟科	公學校訓導	-	-	-	-	-	※
楊基印	臺中	-	-	-	-	-	-	-	-	自聯	※
何景寮	高雄市	1903年	臺灣民報記者	臺南商業、廈門大學、上海大學	-	-	-	-	-	自聯	※
黃朝清	臺中市	1895年	醫師	大成中學（東京）、慈惠醫大	-	-	-	-	-	民衆黨、自聯	△◎※
張深鑐	臺中市	1901年	齒科醫生	大成中學、東京醫科齒科大	-	-	-	-	-	自聯	※
廖德聰	大屯郡	1891年	實業家	國語學校	公學校訓導、庄役場助役	-	-	-	-	-	※
丁瑞圖	鹿港街	1894年	實業家	-	彰化街役場職員、商工會役員	-	-	-	-	-	※
呂盤石	-	-	-	-	-	-	-	-	-	自聯	※
謝耀東	-	-	-	-	-	-	-	-	-	-	※
溫成龍	-	-	-	-	-	-	-	-	-	-	※

13回以外，並未低於50%。一如派翠西亞‧鶴見指出，如果考量到當時的臺灣是開發中地區，不論受教育的多寡只要受過近代教育，就可視之為知識分子，則請願運動可說是不僅領導者，連平民大眾（rank and file）也包含在內的知識分子的運動。[6]

從表二的學歷欄可以看出，這個運動是由臺灣漢族住民中教育程度最高的人所推動的。表格中的臺灣總督府醫學校及國語學校，在1919年之前是臺灣島內臺灣人能進入學習的最高教育機關。而就具留學日本經驗者來看，很明顯地，明治大學法科出身者很多。這或許是因為明治大學是專門學校之中對留學生最廣開門戶的學校，不過，跟對當局的方針進行批判的殖民政策學者泉哲（見後文），從第一大戰中到戰後於該校任教應該也有關聯。

再看他們的出生年，則他們幾乎都是在日本領臺前後的十年之間出生的，這些人到達學齡時，剛好碰到日本殖民地教育的滲透期。公學校學生人數超越傳統的教育機關書房的學生數，是在1904年。[7]思考到這一點，包含臺灣議會設置請願運動在內，點燃1920年代臺灣抗日運動之火的知識分子，可以說是臺灣漢族的第一代近代知識分子。

就職業欄來看，以在殖民地的不自由環境之下，生活上受到的威脅較少而有能力參加活動的醫生及律師居多，而出租土地業（指地主）和會社幹部等，屬於本地地主資產階級的人也多。運動的資金主要是由這些人提供，特別是林獻堂家族及其親戚為中心人物。[8]林獻堂家族涉入如此之深，或許也可從涂照彥所指出的「林獻堂族系資本」的特色來說明。根據涂氏所言，辜顯榮、林本源的族系資本「與日本資本相結合進行積極的投資活動」，在政治上也與日本當局關係密切；但是林獻堂族系的地主體質最強，最依賴地主的累積，「其投資活動主要是地主的土地出租業，與日本資本的關係也比較稀薄，與總督府的關係也沒有那麼深厚」，因此他們能夠與其他中小地主，以及幾乎都是地主資產家階層出身的知識分子攜手合作。[9]又，提供資金者中，也有屬於陳中和族系的陳啟川、林本源族系的林柏壽，但他們在該運動與總督府對抗比較嚴重的前半期並未積極地參與。

如同上述，臺灣議會設置請願運動得到一部分本地地主資產階級的支持，由臺灣漢族第一代知識分子進行推動。

推動公學校普及的方式，實際上是以把就讀於書齋的地主、資產家子女勸說到公學校就讀。[10]對日本教育的好處有所理解的本地資產家中，及富裕且又有**門路**者中，不喜歡與日本本國學制銜接不好的臺灣學校，從初等階段就把子弟送到日本本國學校的人數逐漸增加。[11]從這些情形來看，領導1920年代前半的抗日運動的知識分子，有一大半可以說是本地地主資產階級的出身（當然也有蔣渭水等例外）。[12]當然，接受高等教育的知識分子，其政治志向未必與其出身階層的志向一致。一如1927年文化協會左傾所導致的抗日運動分裂中所見的，他們之間也出現了分化。但是，就本篇的探討對象臺灣議會設置請願運動—地方自治改革運動（臺灣地方自治聯盟）的流派（抗日右派）來看，其領導階層是由第一次世界大戰期間開始留學東京，接受馬克思主義興盛之前的自由主義思想洗禮，在人脈上，與本地地主資本階級民族派的象徵人物林獻堂有密切接觸的自由主義知識分子（蔡培火、林呈祿等），或是本身也是地主資產家的知識分子（楊肇嘉、黃呈聰等）所形成。這個領導階層在1920年代前半的啟蒙階段，還能夠領導抗日運動全體，但是當以農民為首的大眾在他們影響下，對殖民地體制提出發自於殖民地現實生活的要求，並**具體進行挑戰**時，就無法予以領導了，而且相反地，還逐漸地強化其本地地主資產階級利害的代言人特性。因此，本篇探討的對象就是臺灣漢族本地地主資產階級的政治運動。

其次，本地地主資產階級在殖民地臺灣的位置也必須進行探討。本書把在日本權力統治漢族時，擔任政治、社會、經濟的中介者角色的漢族社會上層部分（地主、資產家），稱之為本地地主資產階級。以下，將從形成史的角度，針對這個概念提出過程的假設。

從形成史的角度來看，所謂臺灣漢族本地地主資產階級可以如此定義：他們是清末之前已形成的漢族移民社會的上層階級，在經過日本帝國主義確立殖民地統治的過程——日本權力、資本在臺灣社會由上展開的強制性殖民近代化基礎的各種過程——之後，演變形成的階級。

在殖民近代化基礎的各種過程當中，影響這個階級的形成最大的因素是：日本的軍事力、警察力排除激烈的抵抗，於領有七年後，終於真正確立臺灣社會的治安，以及進行土地調查事業，整理漢民族開拓的平地之複雜土

地所有關係。

　　清末的臺灣漢族社會的上層部分，可以分類為如下三種：

　　Ａ：土豪（大地主、開拓領導者。擁有私人武力，在與高山族進行抗爭
　　　　　及械鬥時，負責保護勢力下的住民。）

　　Ｂ：士紳（考試及格或是以捐納而獲得科舉頭銜或官位）

　　Ｃ：其他的地主、商人等資產家

　　當然，這些是理論上的區別，實際上一個家族擁有的資產越大，就越能
同時擁有Ａ和Ｂ，或是Ａ和Ｂ的一部分。剛開拓不久的邊區社會，擁有Ａ（土
豪）要素者的比例較中國本土為高，這點可以說是臺灣漢族社會的特色。

　　但是，如同導言中也曾指出的，隨著開拓的進展漢族的居住地區擴大，
清朝政府緊跟在後確立其行政權力，在這些地區可以看到土豪的士紳化現
象。又，地主、商人一般會讓子弟參加科舉考試，透過士紳化來保全家族，
這樣的傾向如所周知，是舊中國社會的通性。像這樣，來自對岸的移民進行
的所謂無政府的開拓，亦即定居先行的臺灣社會中，可以觀察到，以土豪的
士紳化為主軸，在舊中國意義上臺灣社會的政治社會中國化──中華王朝體
制的滲透。

　　可是，臺灣被割讓給日本一事，對臺灣的士紳而言，就是意味著失去了
他們權威的終極依靠。也有生員、貢生等下級士紳與土豪勢力結合，成為抗
日游擊隊的領導者，但與中華體制的關係越深，亦即越是擁有進士、舉人頭
銜者，就越厭惡日本的統治，很多人因而「內渡」。[13]日本當局，為了不讓
留在臺灣的士紳依然對地方社會具有的權威與影響力，轉化成反日的實力，
而進行嚴密地監視，同時也非常謹慎地施行籠絡政策，並且在去除掉民族性
意義後，宣揚儒教的價值，反過來想要利用他們的權威（如揚文會、饗老典、
紳章制度等）。[14]但另一方面，又嚴格地排除士紳在刑法、稅法上的特權。
另一方面，中國本土也在1906年廢止科舉制度，1911年王朝體制終於瓦解。

　　土豪在其勢力範圍的地區依然具有強大的影響力，臺灣民主國倒台後，
土豪勢力強大的地區，其對日軍的向背由土豪決定。在1902年之前，日本
本國甚至出現臺灣賣卻論，就是因為遭到武裝游擊戰非常頑強的抵抗，游擊
戰的主力，特別是在北部，就是這些土豪勢力。這些勢力大部分是因為幾近

於突襲的所謂「土匪招降策」以及討伐，才遭到消滅。

如此，在日本統治的確立過程中，割讓前臺灣漢族社會的領導階層，首先是土豪遭到物理性的消滅或被奪去武力，士紳的特權則遭到剝奪，權威的影響力遭到拔除，最終在日本權力面前，實質上成為與一般資產家、名望家無異。部分土豪雖然歸順被接受而免於物理性消滅，但其蓄養私兵之事完全不被允許，由鎮壓游擊隊過程中所舖設的警察網進行監視，以及保甲制度所規定的義務及相互監視原則上也不能免除。1902年以後，就未出現過去上層階級加入的反日起事或企圖了。從1907年至1915年之間間歇發生的事件，應可視作農民無法忍受「基礎工程」過程中的痛苦而進行的絕望性的反抗企圖。此後短暫的時間內，遭拔除力量後被迫轉型的舊領導階層＝本地地主資產階級，可以說只能專心一意地適應殖民地的近代化。

土地調查事業，整理歷來的一田二主制，對於開拓時的推動者「墾首」的權利殘餘，即大租權的所有者，給予臺灣事業公債券，進行收買使其消滅，對於實質上的地主小租權者（小租戶），則承認其土地所有權，對其課以地租。日本當局藉著上述措施再加上專賣事業的實施，獲得財政的安定；從小租戶的立場來說，這些措施讓他們的土地控制權得到靠山，獲得收取高比率地租的保證，在其後的殖民地開發的過程中，儘管臺灣漢族整體在流入的日本資本身上可獲得的利益悉遭壓制，但在農村其經濟地位並未動搖，在殖民地農業的發展中，能夠提高其累積。從社會經濟的方面來說，以上述方式成為殖民地體制一定受益者的地主階層，實質上占了筆者所說的本地地主資產階級的大部分。

日本當局儘管如上所述，奪取臺灣漢族社會中舊領導階層的權力和權威的實質，但這些人的經濟基礎──以收取處於不安定地位的佃戶的高比率地租為主要內容──並無法完全剝奪，而且是以其近代的法律制度及治安維持能力給予保證。在進行上述措施之後，日本當局利用這些「有資產有名望」人士對地方社會所擁有的影響力，來維持其統治的順利。也就是，配合他們的資產、名望、對日協力度的程度，小則給予扮演派出所警官的跑腿角色的保甲幹部（保正、甲長）或區長、庄長，上則給予達到廳參事的地方行政末端的職務。甚至於授與「紳章」（參照第二篇第一章），招待參加官方舉辦的

正式宴會及其他的榮譽，此時是由日本當局取代清朝成為權威的泉源來進行分配。當然，儘管這些人基本上已經無害了，但他們對地方社會所擁有的影響力也受到地方社會利害的制約，其影響力不知何時會朝向日本的統治。因此，當然也不例外地利用警察網對他們進行嚴密的監視與限制，以及從金融面加以管束、散佈專賣品（鴉片、鹽、煙草）的島內販賣權及其他制度性的手段來控制他們。同時，臺灣的日本殖民主義當局，也必須隨時把他們視為對臺灣人的**政治性**掌握的最優先對象。

但是到了1920年，「本地資產階級」「舉起 ×〔叛〕旗」。此一事態意味著，日本獨占資本越發擴張，近代思想對本地資產階級子弟有一定程度的滲透，以及新的民族自覺高昂，在這些條件之下，擔任日本帝國主義臺灣統治的政治、經濟統治的中介者之本地地主資產階級之間再度分化，亦即新買辦與民族主義派的分化開始進行了。雖說是民族主義派，那也是殖民地經濟的一定受益者，而且根據之前的武裝抵抗鬥爭是孤島中的孤立鬥爭，而遭到完全鎮壓的歷史經驗，他們不會支持革命鬥爭。但是他們在經濟活動方面從屬於日本資本，他們企業的發展只剩下劣等的機會，而且政治上在嚴厲的警察政治之下處於無權利狀態，和一般大眾並沒有什麼太大的差別，對於統治抱有強烈的不滿。作為被統治民族的一分子，在政治上雖然沒有權利，但他們在本地社會保有一定的社會地位和力量，因此日本當局也不能完全將他們的反抗當作單純的**治安**問題來處理（想想對臺灣議會設置請願運動進行的刑事鎮壓＝「治警事件」後，反而造成抗日運動的高漲）。因此，將臺灣議會設置請願運動中他們在新的條件所進行的反抗及他們這些人，再度誘導進入使他們作為統治本地社會的中介者這樣的殖民地統治結構的框架內，是第一次大戰後，重新面臨如何強化本國──殖民地結合的日本殖民主義當局之**政治**課題（要求是由本國中央所提出的，所以不只是現地總督府權力的課題而已）。

表三是總督府當局對臺灣議會設置請願連署者中「公職者」人數所進行的調查。留下這樣的調查本身，就是當局者對於統治的政治中介者的動向很敏感，強烈意識到上述政治課題的證據。首度在臺灣內部進行連署的第2回請願共65名（總數的12.7%），如謝春木所言，這個數字對當局而言也是非

常具震憾力的。以林獻堂家族的所在地臺中州為中心，街庄長當然不用說，專賣利權營業者、學校教職員、公共團體職員、銀行、公司職員等遭受到壓力後態度大多軟化。此外，又對林獻堂等有力之士進行分化瓦解策略，利用1922年8月北白川能久親王碑「王」字破損事件，在整個中部地區散布恐怖氣氛。[15]同時，以臺灣銀行以下的金融機關對林獻堂嚴格督促收回債務的方式，來促成林獻堂態度軟化。林獻堂在9月與其他七名有力者會見田健治郎總督，表明將脫離該運動（此次會見當時稱為「八駿馬之會」，但林獻堂、洪元煌、林幼春等人隨後不久即回歸該運動）。[16]

如第四章所示，本地地主資產階級的民族主義派，被迫在內地延長主義之高牆前妥協。1920年代末，把重點從臺灣議會設置請願運動移到地方自治制改善的方向，這一方面顯示了他們的政治運動的頑強，但另一方面意味著日本殖民主義當局在上述的政治課題中獲得成果。如表三所示，從第6回開始，再度出現公職者參與連署，且一直到最後都有人參與連署，這表示即便是在這些政治中介者之中，也存在著對統治的不滿，以及支持穩健的自治要求。但公職者連署人數超過第2回，則是從第8回開始，但此後抗日戰線也已經分裂，「臺灣議會」在臺灣已經不再是與當局最大的對抗點了。

（二）本地地主資產階級知識分子的抗日思想

在本書第二篇第一章，筆者受到1970年代臺灣知識分子在「保釣（保衛釣魚臺）運動」到「鄉土文學」中所呈現的新思想動向的刺激，嘗試探索日本統治下臺灣知識分子精神史上的問題點，因而選擇一位典型本地地主資產階級知識分子（黃呈聰）作為素材進行研究。這個研究同時還有另外一個目的，亦即探討他們的政治運動＝臺灣議會設置請願運動—地方自治改革運動之思想背景。關於此項主題，詳細請參照第二篇第一章，在此僅就理解「臺灣議會」要求之特性（第二章）的相關部分，整理並提出其論點。

1925年第6回請願時，總督府警務局分析臺灣議會設置請願運動者動向的文書中，針對運動領導者的基本志向，有如下的敘述：

現正從事本運動者當中，可視為其幹部者較為穩健，雖然現今並無立刻圖謀本島獨立，回歸支那之類的想法，但對於現在的總督政治抱持不滿，認為根本的改善，非依本島人自身之手，則不能有所期待，至少期望殖民地自治者對此有一致的認識。（《台灣社會運動史》，頁31）

表三　（臺灣議會設置請願書）連署者公職調查

公職別〔年度〕請願次數	總督府評議會員	州協議會員	市街庄協議會員	街庄吏員	公共組合委員	保甲役員	壯丁團員	公學校職員	公醫	合計
1（1921）	1	1	0	3	0	0	0	0	0	5
2（1922）	1	4	23	22	0	0	0	15	0	65
3（1923）	0	0	1	0	3	2	0	1	0	7
4（1924.1）	0	0	0	0	0	0	0	0	0	0
5（1924.7）	0	0	0	0	0	0	0	0	0	0
6（1925）	0	0	21	0	0	9	1	2	0	33
7（1926）	0	0	28	0	0	9	20	7	1	65
8（1927）	0	0	26	2	3	67	27	3	1	129
9（1928）	0	0	19	1	4	51	28	0	2	105
10（1929）	0	0	19	2	3	44	20	0	1	89
11（1930）	0	0	16	1	5	37	10	0	1	70
12（1931）	2	2	5	1	1	38	3	0	1	53
13（1932）	1	4	21	4	0	71	7	0	0	108
14（1933）	1	25	2	2	4	68	11	1	1	115
15（1934）	1	1	28	2	2	36	2	1	1	74
合計	7	37	209	40	25	432	129	30	9	918

　　總督府對外部的御用報紙上，採取將臺灣議會設置運動定位為「企圖獨立之陰謀準備行動」的論調。[17]但在內部的文書中，則比較正確地掌握了運動者之志向。該志向是：（1）不要求脫離當前日本的統治，但（2）追求自主的發展，在政治上要求自治以確保之。

　　關於不企圖脫離當前日本統治這一點，如先前所提到的，需要考慮到歷史與階級的因素。

　　所謂歷史的因素是指，從臺灣成為殖民地以來至1915年的西來庵事件為止，再三嘗試進行武裝起事以顛覆日本統治的企圖，在日本壓倒性優勢的軍事力方面前，全數孤立無助地遭到鎮壓。在海中之孤島進行孤立的革命企圖，只是流淌無益的鮮血。《臺灣民報》的某篇社論提到：「設使臺人三百餘萬盡是軍兵，雖得一時之勝，豈不知〔日本〕帝國大兵一到〔臺灣〕便成荒墟麼？」[18]針對臺灣同化會運動之後不久發生的西來庵事件（請願運動幹部者當時皆已經成年）所展開的嚴酷鎮壓，將全島捲入恐怖氣氛中，引發了對日本統治的憤怒，同時也強化了上述的認知。[19]順帶一提，1919年的朝鮮三一獨立運動，正如總督府警察的資料所指出，是更加促使東京留學生產生民族自覺並增強其採取行動意志之事件。[20]然而，該獨立運動所遭受到的嚴酷鎮壓，同時對臺灣人而言，不也足以使其回想起四年前的西來庵事件嗎？

　　所謂階級的因素是指，上述仗著日本的權力獲得高比率佃租的積累，儘管形態上是從屬於日本殖民者本位的開發政策，但也是屬於受益者階層。這一點如實地呈現在《臺灣青年》、《臺灣》等雜誌文章上經常出現的統治批判模式之中。亦即，對於日本統治帶來臺灣在「物質上」的發展，以及經濟開發上的各種成果，幾乎是無批判地予以接受；但是對於「精神上」或文化上開發的遲緩，則明確要求教育上、社會上、政治上之改善。

　　當前不尋求脫離日本統治的態度，可以歸結到兩個方向，其一是「祖國派」。所謂「祖國派」的立場是，將希望寄託於中國的將來，與其處於日人控制下無能振作力量的臺灣，不如赴大陸，為祖國的革命與建設盡力，藉由強大後之祖國力量，達成臺灣的解放，這才是捷徑（參照第二篇序章）。

　　另一個歸結則是，不離開臺灣，而想要做一些事情的改良主義態度。這種想法，有兩個與上述歷史因素與階級因素相關之面向。其中一個是也可稱

為「間接牽制主義」的行動模式。這個行動模式，依據運動者本身在戰後回憶，是源自祖國政治家對林獻堂的忠告。林獻堂久仰梁啟超之大名，1907年在梁啟超亡命日本時於奈良與其認識，又在1913年，透過板垣退助的介紹，與反袁鬥爭失敗而亡命中的戴季陶在東京會面。林詢問兩人解救日本統治下臺灣人困境的方策，得到相同的忠告。他們都認為，祖國中國暫時無法幫助臺灣人，因此當前或許可先與日本本國的朝野賢明之士相交，取得其同情，並藉此牽制總督府，以達到壓制的緩和。[21] 如許世楷所指出的，參與策劃後述板垣退助所發起的臺灣同化會，對於林獻堂而言，可說就是這個策略的實踐。[22] 亦即，利用板垣退助的名聲、一部分日本本國有力政治家的贊同，以及當局也無法正面反對的「同化」之名，謀求緩和差別待遇、減輕壓制等，這些是林獻堂參與策劃同化會時所思考的。臺灣議會設置運動也正面提出「民主」這種日本本國也正在進行準體制化的象徵（要求「依照立憲法治原則」的統治──「請願趣旨」），訴諸日本本國朝野以博取同情，並用以牽制總督府。在這一點上，請願運動可以說繼承了同化會的運動。前面提到與田健治郎總督會面的「八駿馬」，其中的洪元煌，在1924年7月的第5回請願時，放棄庄協議會員的職位，擔任上京請願的委員。他對臺灣議會運動，提出如下的評價：「僅期望將此運動作為本島人之政治教育機關，以一洗本島人之奴隸根性，使其成為政治性人物。故吾人之努力不僅企望真正目的或有形之成功，追求無形之成功亦屬重要。余以為吾人進行臺灣議會設置運動，給予本島人頭腦不少刺激，達到喚起其自重自愛之觀念，而且能使總督府見此運動，盡可能進行各種和緩之有益措施，漸次清除弊風。如此，則不可謂議會設置運動全然無功，毋寧應稱之為間接成功。」[23]

這個評價是，臺灣議會設置運動中也存在著所謂「間接牽制主義」態度的一項證據。「臺灣議會」的要求本身具有第二章中所談到的不徹底性存在，再加上積極運動者之中，有人的態度無寧是期待間接的效果，這件事可以說成為後來該運動名存實亡──與內地延長主義妥協的伏筆。

改良主義態度的另一個面向是，他們一方面提出後述之臺灣整體的相關願景，但另一方面又集中關心於保甲、水利組合、農會等公共組合等地方行政的末端，亦即可稱之為日本殖民地統治機關與臺灣一般民眾接觸的殖民地

政治基層的層級。在這個層級，本地地主資產階級正是扮演政治中介者的角色，本地地主資產階級知識分子對於殖民地體制的認識，可說是以這個層級的體驗，以及這個層級的觀點所進行的觀察為其認知素材。圍繞這個層級所產生的矛盾，隨著抗日運動的進展，便明白地反映出了本地地主資產階級的利害，並形成具體的要求而被提出來，在1927年的抗日運動戰線分裂之後，納入了臺灣民眾黨的政綱之中。

而在此期間，反映本地地主資產階級利害的各種要求之中，地方自治制度的實現，開始被認為是具有優先重要性的課題——當然，這裡面還存在著「臺灣議會」的要求持續遭到議會否決的事實——1930年，終於成立以實現地方自治制度為單一目標的臺灣地方自治聯盟。此時，臺灣議會設置運動已經名存實亡，同時本地地主資產階級勢力也自行脫離蔣渭水等之民眾黨主流。這時蔣渭水等人仿效孫文晚年路線，主張採用「以農工階級為中心，以農工商學為共同戰線」之「全民運動」路線，致力於勞動者的組織化。

然而，儘管內部往往會有將民族主義的態勢摧毀的要素存在，但以東京留學生為中心的本地地主資產階級知識分子，仍提出了他們基於新的民族的、政治的自覺要求。這項要求一方面繼承臺灣同化會運動，但也超越了該會的運動，亦即提出民族自主發展及保證此種發展的政治要求——總督專制的立憲限制與自治。而且，正式開始推展達成此一訴求之運動。他們展開臺灣議會設置請願運動，批判同化主義、內地延長主義（包括其方針與實際），展開要求轉換為自治主義統治方針的言論活動，同時也注意到漢族本身的社會文化，對其封建性展開批判。

關於本地地主資產階級知識分子的民族的、政治的自覺的形態，以及其所展開的統治批判，主張漢族文化改革的概要等，留待第二篇第一章討論。最後，要探討的是，作為他們這些自由主義知識分子批判統治體制之參照基準的英國意象，以及以此為依據所提出的適當的臺灣意象。對他們而言，英國是：（1）立憲政治的，也是自由主義的祖國；（2）殖民政策採取因應殖民地的特色承認其自治之國家。以（1）為榜樣，他們批判總督專制及官權萬能的臺灣政治；從（2）的角度，批判同化主義是想要滅絕臺灣個性之政策，因此期待加拿大、澳大利亞那樣的殖民地自治，在總督之下擁有責任內閣制

度。上述以英國意象為榜樣的議論，可以看到日本大正時期思想的影響。

　　在這樣的統治批判，以及對本身之民族文化社會的改革志向之中被意識到適當的臺灣意象，如果以黃呈聰的情況來看的話，則是「自治的」、「與歐美並駕齊驅的」及「有獨自文化的」臺灣。這樣的臺灣就是：（1）目前不追求政治上脫離日本帝國，但要獲得「自治」；（2）在其社會發展上，與歐美並駕齊驅；（3）而且在文化上堅持臺灣的自主性，不喪失臺灣固有性格。

二、前奏曲

　　臺灣議會設置請願運動的抗日運動史上的先驅，是1914年到1915年的臺灣同化會運動，以及第一次世界大戰結束時，在東京留學生之間萌芽的「六三法」撤廢運動。透過這些運動或動向，本地地主資產階級中的民族主義派（林獻堂、蔡惠如等）與留學生產生連結。而且，在他們之間，孕育了如下的認識：臺灣人痛苦的根源是總督的專制──總督之專制的法律依據是「六三法」，該法賦予總督在臺灣有特別立法權。這樣的認識，被臺灣議會設置請願運動所繼承，在此先簡單地回顧此一過程。

　　臺灣同化會是步入晚年的板垣退助，在接觸到林獻堂的訴求，得知臺灣總督政治的苛刻，並親自到臺灣視察之後所提倡設立的組織。其宗旨是在今後的國際關係上，面對歐美，亞洲人必須團結，其中「日支」親善特別重要。臺灣是日本的「南門鎖鑰，而且是日支兩民族的接觸地」，所以「該島的統治如何，不只是向世界展現我國殖民政策的成敗，也是維繫日支兩民族離合的關鍵」，然而過去住民卻苦於統治方針之不確定。對於「屬地中小者」、「島嶼或半島之地區」，應採取「渾然融合」之同化主義，不應擔心住民智識之發達。同化會作為「內地人與本島人」的「交際機關」，是推動共同事業、謀求相互親和的組織。[24] 林獻堂在板垣退助的安排下，得以遍訪朝野名士，提出設立宗旨，並且得到當時的大隈（重信）首相等人的贊同。回臺後，他也對臺灣人有力者進行勸告，得到許多的贊同者。

　　林獻堂贊同板垣退助的提議並且展開活動，這正是先前所提及，所謂

「間接牽制主義」的具體實踐。日後，林獻堂對其親近的留學生，針對同化會運動的意圖，有如下的談話：

> 因日本政府，竊據臺灣，實施殖民政策，種種壓迫臺人，待遇差別，人民享受權利不同，例如：臺灣學制與日本不同，臺人非經日本中學畢業，不能正式進入官立大學，戶籍法亦不同，禁止日人與臺人結婚，制定匪徒刑罰令，及保甲條例，適用連坐法，並施行笞刑，日本憲法亦不在臺灣施行，法律上更不平等，所以所謂同化，其實不與之同化，乃掩飾之名詞也，其目的是希望日本政府對臺人鬆弛壓力，能放鬆束縛，俾臺人得減輕痛苦而已。[25]

但眾所周知，同化會的代表人物板垣退助離開臺灣後，該會馬上就遭到總督府查禁，隨後發生的西來庵事件並遭受嚴酷的鎮壓，剛萌芽的臺灣人政治運動一時之間陷入困境。此事件依據林獻堂前引文章中也曾提及的匪徒刑罰令，因此設置了臺南的臨時法院（這也是依據臺灣總督制訂的律令，而且還是緊急律令，即1896年制訂的《臺灣總督府臨時法院條例》，為了迅速鎮壓抗日游擊隊而設置），僅僅審理兩個月，就判決死刑866名，有期徒刑453名。此外，在鎮壓過程中，在南部的噍吧哖（現在的玉井），警察隊為了報復起事者的襲擊，對住民進行集體屠殺。[26]此事件是日本統治下，臺灣漢族住民所進行的最後一次對日武裝抵抗，在此之前的起事也都是隨即輕易地遭到鎮壓。這次最後的起事遭到極為嚴酷的鎮壓之後，恐怖的氣氛籠罩全島，為後來1920年代的抗日運動帶來沉重的**陰影**，這一點先前已經提起。

林獻堂在成立同化會時，依照板垣退助的建議，遍訪日本本國名士告知**臺灣實情**，他當時說明的主旨如下：

> 自六三號法案通過後，對臺灣所有立法，皆由總督律令行使，臺灣幾成為總督府之臺灣，疑似與日本帝國無涉，若現在之總督政治，雖經二十餘年之久，始終以警察為政，既不足以佐百姓，徒使民畏懼，勿論為臺灣計，為日本國家計，終非良策。[27]

　　如林獻堂的發言所見，自從同化會以來，日本壓制臺灣的象徵，已有政治覺醒的臺灣有識人士想到的就是「六三法」。

　　所謂六三法（「應該在臺灣施行的法令之相關法律」〔台湾ニ施行スヘキ法令ニ関スル法律〕，明治29年法律第63號），是後述「三一法」及「法三號」的前身。領臺當初，以有必要在離本國遙遠的臺灣採取治安上的權宜措施，以及臺灣有與本國不同的「特殊民情」為理由，賦予總督在臺灣發佈「有法律效力之命令」的權限。該法是將帝國議會的部分立法協贊權委任給行政官總督，作為立法的變則，當初是以三年為期限。自此以後，每次期限到來時，要求延長的政府與希望早日結束立法變則的政黨勢力之間，形成了所謂的「六三問題」（由於三一法也沒有太大的差異，也統稱為六三法）。[28]「六三問題」在日本本國政府—政黨勢力之間，是圍繞著如何參與殖民地立法與議會之問題，但是在臺灣，這是關乎對他們所進行的壓制性統治體制的性質問題。如下所舉，對他們所施行的各種壓制性法規，全部是根據這部法律，以總督的命令（律令）制訂的。因此，六三法不得不被意識為臺灣的總督專制及臺灣人的政治無權利狀態的根源。

　　以律令所制訂的壓制性法規如下。首先，匪徒刑罰令（1896年），規定：「不問目的為何，以暴行或脅迫為達目的而進行多數集結，則為匪徒之罪」，這種以嚴刑鎮壓抗日武裝鬥爭的方式，發揮極大威力；其次，《保甲條例》（1898年），則是下級警察及下級行政補助機關活用舊慣，在住民互相監視、監視要視察人、徵集勞動力等方面發揮威力，並成為後藤新平引以為傲的臺灣警察政治之支柱；還有，《浮浪者取締規則》（1906年），可以將臺灣人流浪者送到遠地進行強制勞動，1920年代適用此條例者減少，但反倒是社會運動組織者遭此規則威脅居多。[29]此外還有《臺灣出版規則》（1900年），在本國不會受到任何處分的出版品，在臺灣可能被禁止發行，以及採取報紙發行許可主義（本國是申請主義）的《臺灣新聞紙條例》（1900年）、適用範圍較本國廣的《犯罪即決例》（1904年）等。還有，在漸禁主義之下，同意吸食鴉片的臺灣阿片令（1897年）等，以上對於具有新自覺的臺灣知識分子而言，都是難以忍受的部分。如後所述，自1923年開始，日本本國的《民法》、《商

法》除一部分例外，皆延伸施行於臺灣，但有關日本本國《刑法》的施行，卻又在1923年修改臺灣刑事令（律令），其中第1條規定，關於刑事之事項依據《刑法》及《刑法施行法》。採取此種不完整的形態，或許也與保留上述的匪徒刑罰令、臺灣阿片令等跟日本本國《刑法》抵觸的律令有關。[30]

由於六三法是這樣的法律，而且從第一次大戰中開始，在東京的臺灣留學生人數增加，隨著他們的民族意識、政治意識提高，他們當然因此會進行某種行動，要求撤廢象徵專制及壓制的六三法。宮川次郎在下文中所敘述的過程，特別提到這一點：

> 林獻堂也因為自己及親戚的子弟留學東京的關係，經常前往東京，每次都製造與留學生接近的機會。大正七年，在東京的支那料理店中華第一樓，招待專門學校以上的留學生數十名，在其請帖的內容提出「對臺灣如何努力」的方案，作為座談的資料。該招待會，除蔡式穀、蔡培火及林呈祿之外，約有二十名出席。……意見百出，非常盡歡。即出現同化論、非同化論、祖國論、大亞細亞主義論等各式各樣意見。有人主張實踐重於言論、有人主張先培養自己的實力、有人說對政治沒有興趣表現出自暴自棄的態度、又有一切不外乎要靠武力的武力派等，吐露出各式各樣的心情。此時擔任林獻堂秘書的施家本……提議：不管同化非同化如何，六三問題束縛著臺灣人，因此應該把它廢除，利用今晚的大好機會，首先關於六三問題在大正十年以後存續於否（三一法的期限到1921年為止——引用者）要斷然進行運動。會眾立刻表示贊同之意。[31]

但是，就筆者所看到的資料，找不到關於撤廢六三法所「斷然進行」的具體運動痕跡。到了1920年，三一法的延長於否確實成為在東京的臺灣人的關心焦點。當時除了林獻堂遍訪名士、說服撤廢之外，[32]留學生雖然計畫到臺灣總督府出張所進行示威，但並沒有付諸實行。[33]

以撤廢六三法為目標的運動為何沒有具體實施，由於資料不足，無法得

知詳細情況，但最大原因應該是留學生之間意見未能一致。因為他們雖然都反對六三法所象徵的總督專制，但打破此專制的策略，不僅限於六三法撤廢運動這個方法。1919 年的朝鮮三一運動、其後日本本國輿論展開一定程度的批判殖民地統治，以及中國五四運動的展開，在留學生眼前展開的普選運動等，無疑地都給予了他們強烈的刺激。根據葉榮鐘的說法，留學生的主張漸漸以「臺灣完全自治」論占主流。[34] 總督的意向是將六三法（三一法）延長（委任立法權繼續存在），留學生應該是在 1920 年 11 月左右得知消息。[35] 在要求「完全自治」成為留學生的主流意見的情況下，六三法又明顯將延長，因此六三法撤廢的意見雖然被提起，但並沒有走到實踐的方向，這樣的打破專制的運動可以說在當局的六三法延長意圖明確呈現出來的階段，即這一年11 月到 12 月間，急速地具體走到「臺灣議會」的方向。根據蔡培火的說法，此時「完全自治」派與「臺灣議會」派相對立，但該年底在臺灣青年雜誌社所召開的新民會（居住東京的臺灣人團體，1920 年 1 月成立，會長為林獻堂）主要人物的會議，林獻堂裁決：「照理想當然要主張完全自治，但是政治改革需要實力，不能徒託理想，依我同胞目前的實力，只好要求設置臺灣議會為共同目標來奮鬥」，因而確定了運動的方向。[36]

如上所述，同化會以來的打破專制的潛流與「新興知識分子」的新民族自覺相結合，加上獲得「本地資產階級」的支持，以及增添一些改良主義的想法之後，臺灣議會設置請願運動就此登上了歷史的舞台。

註釋

1. 謝春木，《台湾人の要求》（臺北：臺灣新報社，1931 年），頁 14。【譯按】此書有中譯本，收入謝南光著，《謝南光著作選》（上、下）（臺北：海峽學術出版社，1999 年）。

2. 臺灣總督府警務局編著，《台湾総督府警察沿革誌第二編：領台以後的治安狀況（中卷）台湾社会運動史》（臺北：臺灣總督府警務局，1939 年）（以下略稱為《台湾社会運動史》）；臺灣新民報社編，《臺灣人士鑑》（臺北：臺灣新民報社，1937 年）；興南新聞社編，《臺灣人士鑑》（臺北：興南新聞社，1943 年）；葉榮鐘等，《臺灣民族運動史》；許世楷，《日本統治下の台湾》。

3. 謝春木，《台湾人の要求》，頁 17。

4. 在第 2 次請願時，田川大吉郎的發言，《第四五帝國議会衆議院請願委員会第一分科会議録（速記）第五回·大正十一年二月二七日》，頁 1。

5. 《台湾社会運動史》，頁 376。

6. Tsurumi, *Japanese Colonial Education in Taiwan, 1895-1945*, p. 211.

7. 弘谷多喜夫、廣川淑子，〈日本統治下台湾·朝鮮における植民地教育政策の比較史的研究〉，《北海道大学教育学部紀要》第 22 號（1973 年），頁 22、頁 26。

8. 葉榮鐘等，《臺灣民族運動史》，頁 198。

9. 凃照彦，《日本帝国主義下の台湾》（東京：東京大學出版會，1975 年），頁 432。【編按】此書有中譯本，李明峻譯，《日本帝國主義下的臺灣》（臺北：人間出版社，初版 1992 年、重校版 2017 年）。

10. Tsurumi, *Japanese Colonial Education in Taiwan, 1895-1945*, p. 45.

11. 渡部宗助，〈アジア留学生と日本の大学·高等教育（2）──植民地·台湾からの留学生の場合〉，《アジアの友》第 124 號（1974 年 9 月），頁 11。

12. 蔣渭水的父親是算命師。黃煌雄，《臺灣的先知先覺者──蔣渭水先生》（臺北：輝煌出版社，1976 年），頁 27。【編按】此書有新版：《蔣渭水傳──臺灣的先知先覺者》（臺北：前衛，1992 年）、《蔣渭水傳──臺灣的孫中山》（臺北：時報出版，2006 年、2015 年）。

13. 許世楷，《日本統治下の台湾》，頁 68。

14. 關於這些，參照：王詩琅，〈日據初期的籠絡政策〉，《日本殖民地體制下的臺灣》（板橋：臺灣風物雜誌社，1978 年）。

15. 關於此事件，參照本書 176-177 頁，以及王詩琅，《日本殖民地體制下的臺灣》，頁 74。

16. 關於此事的經過情形，也請參照本書 213 頁的註 54。

17. 例如，《臺灣日日新報》1923 年 3 月 18 日的社論〈台湾議会の正体〉。

18. 〈對於臺灣人兵役義務問題〉，《臺灣民報》第 2 卷第 15 號，1924 年 8 月 11 日。

19. 例如，1927 年左右曾在廣東參加反日運動的張深切，在其回憶錄中，有如下的陳述：「尤其臺灣在噍吧哖（日本警察隊對於反日起事者進行報復屠殺的場所）的慘痛犧牲以後，不得不學乖了；白犧牲沒有用，反會使民眾沮喪失望，使革命志士意氣消沉。」參見：《里程碑》（臺中：聖工出版社），頁 168。【譯按】此書收錄於：《張深切全集卷 1：里程碑，又名：黑色的太陽（上）》、《張深切全集卷 2：里程碑，又名：黑色的太陽（下）》（臺北：文經社，1998 年）。

20. 《台湾社会運動史》，頁 24。

21. 許世楷，《日本統治下の台湾》，頁 176-177。

22. 許世楷，《日本統治下の台湾》，頁 177。

23. 《台湾人ノ台湾議会設置請願運動ト其思想（後篇）》（1922 年 12 月），頁 21。

24. 〈台湾同化会首唱に就いて〉，《台湾社会運動史》，頁 15-16。

25. 林獻堂先生紀念集編纂委員會編，《林獻堂先生紀念集：卷三追思錄》（臺中：林獻堂先生紀念集編纂委員會，1960 年），頁 95。【譯按】此書有重刊本，由海峽學術出版社於 2005 年刊行，此版本將卷一與卷三合爲一冊，卷二單獨爲一冊。又原文是劉明朝回憶林獻堂事蹟所言，若林所引頁碼有誤，據原文訂正。

26. 池田敏雄，〈柳田国男と台湾——西来庵事件をめぐって〉，《国分直一博士古稀記念論集》（新日本教育圖書，1980 年），頁 462，471-474。【譯按】本文有中譯，程大學譯，〈柳田國男與臺灣——西來庵事件的插曲〉，《臺灣文獻》第 32 卷第 3 期（1981 年 9 月），頁 180-202。

27. 林獻堂先生紀念集編纂委員會編，《林獻堂先生紀念集：卷三追思錄》，頁 63。

28. 關於在帝國議會的「六三問題」經過，請參照：春山明哲，〈近代日本の植民地統治と原敬〉，收入春山明哲，若林正丈，《日本植民地主義の政治的展開 1895-1934：その統治体制と台湾の民族運動》（東京：アジア政経学会，1980 年）。

29. 鷲巢敦哉，《台湾警察四十年史話》（臺北：鷲巢敦哉，1938 年），頁 223。【譯按】此書有重刊本（東京：綠蔭書房，2000 年）。

30. 矢内原忠雄，《帝国主義下の台湾》（東京：岩波書店，1929 年）（《矢内原忠雄全集》第二卷），頁 360。

31. 宮川次郎，《台湾の政治運動》（臺北：臺灣實業社，1931 年），頁 73-74。

32. 林獻堂先生紀念集編纂委員會編，《林獻堂先生紀念集：卷一年譜》（臺中：林獻堂先生紀念集編纂委員會，1960 年），頁 27。

33. 〈第四回帝国議会貴族院請願委員会第三分科会議事速記録・第四号・大正一〇年二月二八日〉，頁 8，田健治郎總督的發言。

34. 葉榮鐘等，《臺灣民族運動史》，頁 71、107。

35. 在這一年（【譯按】1920 年）的《臺法月報》11 月號（第 14 卷 11 號）的「彙報」欄，以〈今第四十四帝国議会に提出さるべき六三問題〉爲題，刊載田健治郎總督此主旨的談話（頁 187-188）。

36. 葉榮鐘等，《臺灣民族運動史》，頁 71-72。

第二章

內地延長主義與「臺灣議會」

　　所謂設置「臺灣議會」的要求，在當時的歷史情境中到底是何種要求呢？其形成之當時殖民地統治的政治情況之一端，將在第三章做檢討。本章做為次章以降歷史檢討的理論準備，將先行整理關於運動者是基於何種邏輯而提出此種要求？以及該要求與正值標榜內地延長主義而進行修正的統治體制之間，具有何種相關意義？

一、漸進式內地延長主義及其統治體制

　　首先，必須概觀「內地延長主義」的統治方針與基於此一方針所實施的各項政策，以及效果遭到修正後的統治體制之實際狀況。

　　先從「內地延長主義」的基本想法著手。「內地延長主義」就是明確地宣示，將以「自從得到臺灣以來不自覺地」[1]一直採行的「同化主義」，做為統治之「基本方針」。

　　如同春山明哲所指出，在針對朝鮮三一運動所做出的殖民政策修正過程中，當時首相原敬曾對於大方針至具體的內容發揮了很強的指導作用（同前章註28）。但是，如果觀察日後在朝鮮與臺灣的殖民政策之推行，則原敬提

示給在殖民地總督官制改革後新上任的齋藤實朝鮮總督之備忘錄〈朝鮮統治私見〉[2]，可稱為指導當時政策轉換的綱領性質之文獻。

在〈朝鮮統治私見〉的（上）之中，原敬說明他的基本想法如下。

首先，原敬認為朝鮮與日本合併之後，在制度「大體上是模仿臺灣」，因此若要討論朝鮮制度之「得失」，必須先討論臺灣的制度。臺灣的制度根據《馬關條約》割讓取得之時，「由於毫無統治新領土之經驗，不得已參酌歐美各國之殖民地制度，不能將其認定為我帝國對新領土之根本制度」。因此，「無論是臺灣或是朝鮮，認定現行制度永久不得改變者，自始即是誤解」。他（原敬）攻擊對統治改革抱持保守態度者，並針對現行制度有「根本上錯誤」的原因，提出如下之看法：歐美諸國與其殖民地之間，由於在語言、風俗、宗教、人種、歷史方面有根本上的差異，所以「不得不施行特殊制度」，「然而，……我帝國與新領土朝鮮之關係，雖語言風俗有若干相異，但若溯其根本，幾乎屬同一系統。於人種上來說，自古以來並無不同；於歷史上來說，若追溯至上古時期，亦幾乎是相同。」「針對如此擁有密切關係之領土，卻模仿歐美諸國統治遠離其本土，並在各方面皆具特殊性之領土的制度，是一項錯誤，不見績效實屬當然之結果。由此觀之，則此次騷亂事件即不足為怪。」

因此，「觀察當前朝鮮人所處的狀態，……不論何種層面，皆不可將其視為具有無法同化於內地人的基本性質之人群。」基於這樣的理由，「朝鮮統治之原則在於，必須以統治內地人民相同主義與共同方針，來決定基本政策」。但是，在實施方面，則主張「若文明之程度及生活之狀態等，無法立即達成相同」，則應漸進為之。

原敬日後曾在眾議院內明確指出，出任首位文官總督的第八任臺灣總督田健治郎，就是在接受其「內地延長主義」之下而就職。[3]每當提到「內地延長主義」時，田健治郎於臺灣上任時的施政方針訓示最常被引用，其基本想法大致如下：

> 臺灣既然是構成帝國領土的一部分，當然就是從屬於帝國憲法的
> 統治版圖，不應視同為與英法諸國所屬之領土，僅止於本國的政

治策源地，或者成為經濟上的利益來源之殖民地。從而，其統治方針皆應以此一大精神做為出發點，進行各種施設之經營，為了使本島民眾對我朝廷忠誠，必須涵養其對國家的義務觀念，將其當作純然之帝國臣民而教化善導之。雖然統治方針如此，當實施之際，關於施行的方法有必要完成慎重之查核，以期緩急順序之無誤。針對地勢、民情、語言、風俗有所不同之臺灣民眾，急進地全然實施與內地相同之法律、制度，將立刻導致齟齬扞格，反而有招來疾苦之虞。為了教化善導，應先致力於教育之普及，一方面啟發其智能德行，一方面使其感受到我朝廷撫育蒼生之精神與一視同仁之聖旨，使其能純化融合，並在與內地人之社會接觸時，達到無任何差異之地步，最終使其進入政治平等之域。[4]

簡而言之，以同文同種以及地理位置相近為依據，強調與歐美諸國支配下之殖民地的不同，將臺灣、朝鮮當作「帝國領土的一部分」。亦即，作為應施行帝國憲法統治的地域，先進行教育之普及、法律制度與日本本國的同一化，最終目的則是完全施行憲法，並使其達到得以完全施行臣民權利義務條款之地步。但是，現實上由於兩地的社會與日本本國仍然相異（此差異意指，在朝向日本本國方向發展過程中，兩地所呈現的「遲滯」），所有「施設」在實施之際，應採取慎重的漸進主義。

對於「內地化」政策實施之際的漸進主義，應該要特別注意的是，當時的當局者之思考方式。有關殖民地居民的「同化」，意即實現趨近所謂日本人化目標（由屬於支配者的日本人觀之，要賦予朝鮮人及臺灣人跟日本人同樣之權利，必須要有某些條件做擔保；這包括了在精神上或文化上的日本人化，以及必然被期待的是，有關強化對日本此一國家之忠誠）的實施手段，當時雖然言及了「教化善導」，但實際上當局者卻採取制度優先（亦即制度上的「內地化」先實施）的方式。其中一項證據就是，下述原敬在眾議院內的發言。正值臺灣議會設置的第1回請願提出的第44回帝國議會在審議法三號案之時，以日本人移住臺灣的困難與法國同化政策之失敗為例，永井柳太郎質問原敬是否對同化主義方針有信心，原敬回答如下：

吾人雖然未曾使用過同化主義一詞，……但若各種行政及其他制
度漸次朝該方向而行，則或許會變成與內地相同。至於與內地相
同程度的問題，侷限於人的因素，故很難回答。就算是在內地，
也有北海道或是九州這般的大差異。雖然無法變成一樣，但如果
在制度上，在人的教育上，完全朝向與內地同樣的方針進行的話，
或許最後會為與內地相同。……現今已變得與內地相同的例子即
是琉球。可是，到琉球去看過的人會問說：琉球的人是否完全與
內地的人相同呢？生活的形態是有多少的不同。這對於施行與內
地同樣的制度是不會有任何妨礙的。[5]

　　原敬做為一個政治人物，關於其對法律制度所抱持的態度被稱為工具主
義者[6]，他在「同化」的問題上也可如此稱之。即使同樣是在描述所謂的「同
化」，與中日戰爭期的「皇民化」政策取向（由行政直接介入殖民地民族的
風俗習慣，並明顯地將重點放在住民的「教化」）比較起來，原敬所採取（或
稱之為能夠採取的）的制度先行取向，明顯具有不同之處。畢竟在政黨內閣
時代，漸進主義的制度先行取向之下，在精神及文化上「同化」被統治民族，
實際上遲遲沒有進展。[7]在這種情況之下，到了「皇民化」時期，一方面受
到中國民族主義正面的挑戰，要強烈警戒背後的殖民地民族叛離，另方面卻
又不得不對殖民地民族進行戰爭動員。因而，必須採取如後之下策，諸如：
改日本式的姓名、家庭中採用日本式的生活習慣（採用稱為「風呂」的浴缸、
「榻榻米」的地板、穿著和服等），並勵行與強化對天皇象徵的膜拜行為，直
接壓抑民族之宗教信仰或生活習慣，以企圖在具體地製造出戰爭動員所必要
之忠誠。

　　本文將沿襲原—田[8]自身的宣傳口號，亦即原敬之言，將制度的「內地
化」視為重點之同化主義，稱之為「內地延長主義」。此種原—田的結合，
是以「新領土」的「特殊事情」之存在（從同化主義的邏輯來說，是殘存）
作為根據，而主張必須逐漸推進其政策，此一路線可稱之為漸進式的內地延
長主義。在第四章將會有所交代，這種漸進式的內地延長主義，不僅是原敬

的政友會內閣，也成為日後政黨內閣所採取的固定路線。

基於前述漸進式內地延長主義方針，在臺灣所實施的主要政策如下列：

（1）改革地方制度。亦即創設州、市、街、庄之類的地方公共團體，並在各層級設置（1920年7月）相應的官選諮詢機關（協議會）。

（2）改革特別立法制度。亦即制定法三號（1922年1月起施行），以依據敕令所公布之內地法延長施行至臺灣為原則，而以臺灣總督發布命令（律令）之立法形式為輔。

（3）設置臺灣總督府評議會，做為總督**行政上**的諮詢機關（1921年6月）。

（4）制定新臺灣教育令（敕令）。亦即除了在初等教育以「國語常用」做為標準，而分別就學之外，廢止日本人與臺灣人的分別就學主義，中等以上的學制完全與內地一致，並使升學管道可以相互銜接（1922年2月）

（5）依據法三號將《民法》、《商法》、《民事訴訟法》，以及其他附屬法律延長施行於臺灣（保留部分例外），同時也將《治安警察法》延長施行（1923年1月）。

原—田所推出的漸進式內地延長主義，其實就如同矢內原忠雄早在1928年所提出的批評，這是日本因應第一次大戰後「帝國主義殖民政策的世界性新傾向」之措施，實為「帝國主義的新衣裳」。亦即，「一方面壓抑或者是安撫殖民地內部的民族運動，一方面鞏固殖民地與本國之結合，更進一步策畫以殖民地作為根據地，而向世界經濟做帝國主義式的進出」，內地延長主義是面對這種第一次世界大戰後帝國主義國家所共通的課題時，日本殖民主義的回答。[9]（如同前揭春山論文所言，在此答案出現與政策化的過程中，當然與「大正民主」情境下，政黨在日本支配中樞內的勢力上昇，這種日本本國政治上的問題有所關聯）。至於以殖民地做為根據地，做出更進一步的「進出」這部分，將不在本書中做議論。[10]但是，可以將前述（1）至（5）的政策理解為，這是一種將壓抑、懷柔民族運動的課題，以及強化本國與殖民地結合的課題等兩個面向課題相結合，而採取的對應措施。

　　若是更具體的觀察後可以發現，（2）和（3）是搭配成一組的措施，（2）制定（法三號）的目的，是為了便於推進將法律統一於日本本國，（3）設立（評議會）則是為了對於以「特殊之民情」的「殘存」為理由，而把特別委任立法權保留在總督手中的狀況，卻又要表現出順應「時勢之進步」而「尊重民意」的姿態所設置。[11]

　　（4）則是透過統一學制，以強化日本本國與殖民地間人才交流及聯絡的政策，同時並具有懷柔並回應臺灣人上層即筆者稱之為本地地主資產階級的教育要求之企圖。[12]

　　（5）所具有的意義是，在重要的基本法律上實現與日本本國的統一。但是，例如《商法》的施行，卻也意味著單獨由臺灣人成立會社或會社組織所進行的企業活動獲得解禁。因為，先前的明治45年臺灣總督府令第16號禁止僅由臺灣人（或僅有臺灣人與「清國人」）設立「會社」，此時也被廢止。[13]所以，以林獻堂為中心的本地資產家們，得以在對抗總督府妨礙的情況下，籌組成立自己的金融機關（大東信託株式會社）。由於《商法》的施行，臺灣議會運動者之中，開始想到可以聚集臺灣人本身的資本組成「會社」，再用這種力量與日本人對抗的思考方式。此種思考方式所產生的抗日路線正確與否之問題，成為1920年代中期左右兩派論爭的主題之一（參照第二篇第二章第二節）。從這一層意義而言，《商法》的延長施行，結果也成為日後抗日陣營內部左右對立的原因之一。至於《治安警察法》延長施行的意義，在此就不再贅述。[14]

　　關於（1）的部分，則是被定位為最終實施與內地相同之府縣制、市町村制，以至達成廢止總督府，實現行政制度統一之第一步。與此同時，沿著相同方向進行的是漸進式的參政權之賦予，亦即表現在地方自治的逐漸實現（官選協議會之民選化、諮詢機關之決議機關化），到中央參政權（《眾議院選舉法》之延長施行）的展望。在這個賦予參政權方針之中應該要注意到，雖然「內地延長主義」的思維，納入了地方層級（州以下），以及久遠的將來參與國政之參政權。但是，以臺灣做為單一層級，亦即**臺灣規模**[15]之參政權賦與並未被認可。這一點與政府在三一運動之後，討論朝鮮問題時之議論有關。針對部分論者提出給予朝鮮「自治」的論點，原敬在前述〈朝鮮統治

私見〉之中，首先表示：「如同我國府縣制、市町村制一般之自治」並沒有問題，但是「如果同歐美諸國所屬新領土的一般性自治」，則絕對不可。此外，三一運動時，朝鮮軍司令官宇都宮太郎在其意見書中，也明確地表明了關於此點的看法。宇都宮太郎認為，所採取的基本方針「應以久遠之將來施行大略與內地同樣之府縣制，最終並以實施帝國憲法做為朝鮮統治之歸著點」，其辯解之理由如下：

> 將朝鮮整體劃分為一個特種行政管區，則朝鮮的國族思想將永遠得以保存，而於長久歲月之間，隨著母國之國運消長，將隨時可見獨立論或分離論之反覆，明顯地將徒留國家永遠之禍根。因此，即使可以將臺灣等其他領土視為另一問題，唯有朝鮮絕對必須使其化合為本國之一部分。[16]

宇都宮太郎似乎把臺灣當作「另一問題」來看待，但是當時的臺灣總督並非將此當作「另一問題」。田健治郎在審議法三號的眾議院委員會中斷言：「此（指1920年採行之地方制度）乃做為他日施行完全地方自治之基礎，而於今日實行者。因此，他日漸漸練習之後，應可具有與內地的地方自治相同之性質。但是，所謂臺灣全部都必須施行自治，並非將臺灣維持成一個整體。」[17]「所以關於讓臺灣全體進行自治一事，就帝國統治方針而言，絕對不能容許。」[18]這樣的發言，當然是充分意識到同一會期所提出之臺灣議會設置之請願。

在此將原─田結合之內地延長主義，以及該主義之下賦予殖民地住民參政權之進程整理之後，應該可用圖一表示。其特徵在於，在「地方自治層級」與「國政層級」之間，並未設計有臺灣全體或者是朝鮮全體這一個層級。在朝鮮方面，1931年的地方制度改正之前，於總督府內部曾檢討過「朝鮮地方議會」之構想（參照第四章），但當時的民政黨內閣（濱口、第二次若槻內閣）並不採行而未實現。[19]無法容許賦予「朝鮮規模」與「臺灣規模」層級之參政權，其原因正如前述宇都宮太郎與田健治郎之發言，具有民族規模之參政權賦予，正好可以成為突顯民族意識之契機，對於維持統治而言，具有相當

的危險性。其中的理由之一，正是朝鮮與臺灣的住民在民族上大抵是由同種族所構成，並不存在與朝鮮民族、臺灣漢族相抗衡，而可採取有效分而治之的民族集團（臺灣的高山族僅占極少數）。如此觀之，內地延長主義不只是第一次世界大戰日本殖民主義的一種反民族主義戰略，也可視為一種日本式的分而治之策略。亦即，分割其參政要求，使其不對應民族最大分布規模，分割後的個別規模，最適合用來控制被統治民族。

圖一　內地延長主義之賦予參政權程序圖

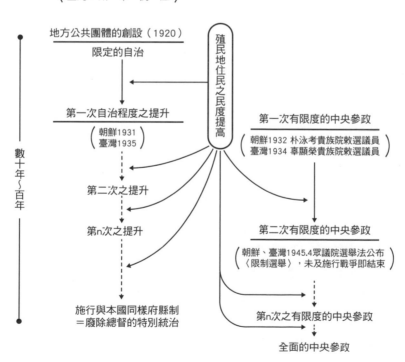

畫底線部分為1945年8月底以前實現的目標。

　　基於前述內地延長主義所制定的各種政策，1910年代末期到1920年代前半所修正後的臺灣統治體制，其實質為何？特別是有關被統治民族之人權與政治的自由層面，到底有何實質上之變化？

　　從結論而言，幾乎沒有任何變化。正如矢內原忠雄所言，除了依據1922年教育令所造成的教育制度之內地化，以及依據1923年《民法》、《商法》延長施行所造成的經濟制度之內地化，各有其進展之外，「有關政治方面，完全被內地延長主義排除在外」。[20]這種狀況，可以從以下兩方面看出來。

　　第一，乍看之下，總督的權限因1919年的官制改革與法三號的施行而有所限制，但是「對本國中央政府的關係上是如此，在臺灣內部則依然是實施總督專制政治」。[21]從法三號來看，即可提出以下之說明：法三號將之前實施的六三法及三一法中第4條：「法律之全部或一部分為需要於臺灣施行者，以敕令規定之」，改為第1條；而其第2項：「對於前項之場合，有關官廳或公署之職權，因法律上之期間及其他有關臺灣特殊事情而有必要設計特例之事項，得以敕令制定特別規定」，則是用來擴大內地法得以延長施行於臺灣的範圍，如此在形式上臺灣總督之委任立法權的範圍受到限縮。也就是說，在三一法中的第1條「對於臺灣需以法律規定之事項，得以臺灣總督之命令規定之」，法三號中變成第2條「於臺灣需以法律規定之事項，無所該當施行之法律者，或難以適用前條之規定者，得以臺灣總督之命令規定之」。至於第5條則與三一法一樣，定為：「臺灣總督依據本法所發布之命令，不得違反臺灣所施行之法律及敕令」。這樣的結果，有關臺灣須以法律規定之事項（憲法上所謂立法事項，亦即臣民自由權之限制、兵役與納稅之義務規定等），臺灣總督得以發布取代法律而與法律具有同等效力之命令（律令），此時必須符合以下三個要件：（1）不違反已於臺灣施行之法律及敕令者；（2）欲以命令進行規範之事項，必須為無內地法可以適用於臺灣者，或雖有內地法，但因第1條第2項所設之特例而難以延長施行者；（3）因**臺灣特殊事情**而有發布之必要者。[22]但是，在實際的適用方面，附則第2項首先規定：「依據明治29年法律第63號或明治39年法律第31號臺灣總督所發布之命令，於本法施行之時仍具有效力者，則仍依照前例。」因此，當時依據130餘項律令所確立的統治體制，並沒有大幅的改變。而且，是否基於特殊事情而需要

制定律令，還是屬於依照內地法律而制定律令，實質上還是由臺灣總督來判斷。所以，即使律令的制定屬於例外，法三號自身在實質上並未產生任何阻止總督立法權範圍擴大之作用。[23]此外，如同前述，法三號制定之時雖然高呼「尊重民意」而設置評議會，而且除官吏之外，總督也從臺灣住民之中，任命具有學識經驗者為評議會員，但這只是總督在**行政上的一般性**諮詢機關，而非立法上的機關。亦即，律令案被拿到評議會中接受諮詢，但這並非制定律令之要件（所以當然可以接受諮詢），無論開會與否、諮詢何事，以至於詢答申辯的採用與否，一切皆屬於總督的自由裁量。如此的評議會，「對於臺灣總督的專制政治，很明白地在制度上及實質上，都不會帶來任何特別的影響」。[24]

第二，在過去基於臺灣總督委任立法權所制定，明顯壓抑臺灣人之人權與政治上自由的律令（具體實例如第一章之二所示）並未廢止。依據前述附則第2項，這些律令於法三號制定的同時，並非當然廢止，而是若要廢止，必須以律令為之，或必須延長施行具有使該律令內容成為無效之法律（本國法）。實際上，這些帶有壓抑性質的律令，直到日本統治終了時，幾乎沒有採取任何處置而存續著。[25]

若從內地延長主義所揭示的理念來看，臺灣依據法三號的內地法延長施行優先之原則成為一個立法上的特殊法域，其特殊法域的性格，應該會逐漸減弱。然而，對於被統治民族的人權與政治上的自由而言，其**特殊性**並沒有任何的變化。反倒是如同前述，1923年《治安警察法》的延長施行，以及1925年《治安維持法》制定後，立即延長施行到臺灣。這種情形從被統治者的角度來看，內地延長主義可說是「不徹底的同化政策」，其實質上的結果就是：「對統治上較為便利部分模仿本國之制度，有所不利時則採用特別制度，成為臨機應變式本國本位主義。」[26]

從日本的利益觀點來看，矢內原忠雄就曾嚴厲地提出如下之批評：「做為新領土的殖民地，因為政治上及社會上的條件與本國相異，以致成為無法適用相同法制的社會性根據。然而，為了便於本國人殖民之方便，卻又要求盡量施行與本國同樣之法律。」[27]其結果是，「為了內地及內地人之利益，在經濟及教育方面要求同化，而維護這種利益的武器則是政治的不同化，以

及維持專制政治。從此處即可了解,臺灣政治結構中所具有的帝國主義之意涵。」[28]

二、「臺灣議會」的要求

臺灣議會的「請願之要旨」,從第1回至第5回是為,「乞願審議制定臺灣統治法,以設置從臺灣住民(日本人當然也包含在內)公開選舉之議員所組織之臺灣議會,而賦予審查**臺灣施行之特別法律及臺灣預算之協贊權**」。[29]在1925年第6回請願以後,前引文的重點號部分之語句改為:「**基於臺灣特殊事情所定之特別法規及臺灣的預算之議決權**」。[30]對照前述之統治方針及統治體制,此種要求具有什麼樣的意義呢?

「臺灣議會」的要求所具有的第一項意義在於,針對前述之總督專制與其所招致之臺灣人在政治上的無權利狀態,要求做出「立憲上的修正」。[31]

雖然沒有明確地被表達出來,「請願之要旨」中所言之「施行於臺灣之特別法律」,或者是「基於臺灣特殊事情所定之特別法規」,明顯地是指臺灣總督依據委任立法權所發布,具有法律效力之命令(律令)(第6回的「請願之要旨」以後即明記此點)。所以,此種要求就是針對臺灣總督的律令制定,要求在立法制度上必須以臺灣議會的議決為要件。除此之外,在立法方面,「要旨」中並未做任何要求。正如同田川大吉郎所言(參照第三章),請願中對於臺灣議會的權限之期望,可以解釋為只是與臺灣總督之權限並行而已。「請願理由」(第2回請願時分發給相關者)中也說明:「日本臺灣性質共通之立法事項仍屬帝國議會……」。如果對照於法三號之條文,對於依據第1條以敕令將本國法施行於臺灣這一點,等於沒有提出任何異議。如前所述,依照政府之解釋,第1條是將內地法延長施行原則具體化的條款。因此,請願的宗旨,在形式上並未與內地法延長施行優先、特別委任立法減少這種法三號所揭示的方針唱反調。因而,其訴求被認為是試圖與田健治郎所高呼之內地延長主義「避免正面衝突」,其原因即在於此。[32]但是,如同前節之分析,矢內原忠雄曾批評,構成政治上「不同化」——推動經濟與教育上同化以確

保日本人利益——的壓制性諸法規，卻都是由此而制定的律令。

至於由田健治郎的改革而施行的州、市、街、庄之協議會與總督府評議會，在臺灣人政治權利的伸張方面，幾乎都是毫無意義。此處可以借用在臺日人當中提出較合乎邏輯批判的今村義夫之言論來觀察，他說：「由於臺灣當局對言論與出版的取締干涉，是無所不用其極。某種意義上，在臺灣聽不到公論。即使偶爾有提出真正的議論者，大多會面臨種種的壓迫……這並不一定就是意味著身體上的拘禁……，而在這種狀況下，不得不停止議論。連操觚業者都是如此，做為被征服民族且在各個方面都受到限制的臺灣人，其政治方面的言論更加特別受到拘束，在臺灣社會這是不足為奇」之狀況。[33]

所以，處於這種「漸進式內地延長主義」體制下之政治現實，如果「臺灣議會」得以實現，至少能夠以某種形式讓匪徒刑罰令、保甲條例之類壓制性法規的廢止成為一項問題。這項要求，在形式上並沒有違反法三號所揭示之大方針，只是要求局部性地參與立法。如果得以實現的話，雖然還是在日本統治的框架內，但是實質上卻帶有變更其統治過程，具有稍微改善被統治者之政治自由與人權狀況的可能性。[34]如同第一章所述，「臺灣議會」設置要求的這個面向，可以說是繼承了臺灣同化會與六三法撤廢運動之路線。

「臺灣議會」的要求所具有的第二個意義，則是基於與漸進式內地延長主義之間存在著對決點而產生，因為這是「臺灣規模之自治」的要求，而內地延長主義試圖不以民族形態賦予殖民地住民參政權，這是反民族主義的戰略。從這層意義觀之，「臺灣議會」雖然是一種提出不徹底要求的運動，但是誠如蔣渭水所言：「臺灣議會請願出現之同時，臺灣人的人格於焉誕生」[35]。亦即，新興知識分子以此做為呈現民族自覺的焦點，而且不僅限於東京的臺灣留學生，臺灣內部也得以聚集了相當廣泛階層的支持，而成為1920年代前半臺灣抗日運動中，最具核心性質之政治運動。

這些意義在法理上，都是因為所要求的「臺灣議會」之立法權限與臺灣總督並行而產生。換言之，「臺灣議會」是總督制定律令之要件，除此之外亦無法有其他解釋。雖然「臺灣議會」所要求的權限僅止於此，但是只要由總督執行之特別統治的撤廢——田健治郎也承認這是內地延長主義之終點[36]——沒有實現，則這項要求就不會被納入內地延長主義框架之中的自治形

式,亦即無法變成當時日本本國地方行政制度之下的地方議會。依據法三號而委任給總督的立法權,雖然有著如下的限定,即適用於在其管轄區域內,基於臺灣特殊事情必要之事項,但這絕非僅限於適用事項之委任,而是在其管轄區域內與立法事項相關之一般性委任,也就是基於帝國憲法第5條之帝國議會立法權的一部分委任給總督。因而,牽涉到具有上述性格之總督律令制定權的臺灣議會,不得不說是一種與當時地方議會性質不同之組織。請願的介紹議員清瀨一郎為了澄清帝國議會中所出現,「此為製造出另一個帝國議會」之類的議論,也不得不承認這一點,而提出以下的說明:

> (臺灣議會在層級上乃屬帝國議會之下),但卻不是與北海道的道
> 會、府縣議會完全相同,還是有些許之相異。其主要的差異在於,
> 已經委任予總督的權限是屬於憲法有關與權利義務之立法事項,
> 所以才會有些許之不同。議會的名稱即是由此而來,但這只是個
> 「中間物」,這一點也希望能獲得諒解。[37]

當請願運動者為要求「臺灣議會」尋找根據時,都會以「臺灣特殊之事情」存在為理由,但這也是政府主張保留給總督特別立法權之根據。而且,這還可以轉換為特別統治制度還不消滅之依據。亦即,對政府方面而言,其所標榜的內地延長主義之下,臺灣的所謂「特殊之事情」乃是**殘存**下來的東西,將隨著教育的普及和法制度內地化之進行,逐漸地被消滅。可是,臺灣議會設置請願運動者方面則認為,依照當局之漸進主義,「特殊情況」的消滅還要「數十或數百年後」,如此才可獲得與日本本國相同之權利[38],實際上這就是要保留並合理化民族間差別待遇之策略。[39]所謂「特殊事情」,是根植於漢族固有歷史與文化中的事物,將會獨自發展,並不會就此消滅。第2回請願之後,發給相關人士的「請願理由」之中,對於這點也有如下之說明:「即使法律第三號特別立法的範圍縮小,但在歷史已根深蒂固之臺灣的種種特殊事情並不會因此減少,今後也絕無消滅之時期。所以必須認清,臺灣特別立法之根據只會愈加鞏固,決非經過一定時期後即可廢止之過渡性質的東西」。[40]由於「特殊事情」具有這樣的特性,所以必須呼應「現代的澎湃

民本思潮、民眾政治之觀念」[41]「隨著民智的進步與思想之發達」,「與其成為律令權維持之根據」[42],不如「做為應設立特別代議機關的理由」[43],以展開「依據立憲法治原則」之統治。[44]

　　強調漢族固有之歷史與文化,要求「特別代議機關」,其自身就是一種對當局同化主義─內地延長主義意識形態之批判。運動者們從後敘所介紹的山本美越乃與泉哲等批判性之殖民政策學者的論調中得到力量,頻繁地在他們自行創辦的《臺灣青年》與《臺灣》雜誌中撰文批判同化主義。[45]接續發展出來的白話文刊物《臺灣民報》之中,在社論之類的文章裡,也持續地要求統治方針必須由同化主義轉換至自治主義。[46]

　　但是,必須注意到「臺灣議會」所要求的權限,只要仍然限於以法三號中賦予臺灣總督之權限(從法三號的原則來看,隨著內地法延長施行立法權行使範圍將逐漸縮小)為前提,無論用何種角度解讀「臺灣特殊之事情」,請願宗旨在法律上的邏輯,根本無法否定內地延長主義以撤廢總督制作為歸著點之展望。

　　總而言之,「臺灣議會」之要求,並沒有在法理上針對統治制度的內地化之展望本身,提出任何的異議。而是基於判斷統治當局所採取漸進主義,似乎無意廢止以臺灣總督為主的特別統治,或者未提示廢止之具體性的時程(從法三號的永久法化運動者方面即可判斷應該沒有廢止之意。[47]根據矢內原忠雄所分析之「內地延長主義」體制的實際狀況來看,對運動者方面而言,在可預見的將來想要廢止特別統治──實現獲得等同於日本人權利這件事,當然是無法讓人期待)此一前提下,提出「臺灣規模之自治」,亦即帶有民族形態的參政權賦予之要求,而這正是原─田結合後所設定的漸進式內地延長主義所極力想要排除之部分。但是,正如第四章之分析,在理論上還是無法將內地延長主義邏輯全面否定,此乃這樣要求內在的弱點。

註釋

1.　　泉哲,《植民地統治論》(有斐閣,1921 年),頁 282。

2. 國會圖書館憲政資料室藏，《齋藤実関係文書》，929。

3. 此爲 1921 年 2 月 7 日於審議法三號案委員會之發言。外務省條約局法規課，《台湾ニ施行スヘキ法令ニ関スル法律（六三法、三一法および法三号）議事録（「外地法制誌」第三部付属）》（以下簡稱《法三号議事録》），1966 年，頁 457。

4. 田健治郎傳記編纂會，《田健治郎伝》，1932 年，頁 384-385。

5. 《法三号議事録》，頁 456。

6. Tetsuo Najita 著，安田志郎譯，《原敬——政治技術の巨匠》（讀賣新聞社，1974 年），11 頁。

7. Tsurumi Najita，《原敬——政治技術の巨匠》，頁 146-147。

8. 【譯按】卽原敬與田健治郎。

9. 矢內原忠雄，《帝国主義下の台湾》，頁 376。

10. 有關此點，矢內原已經注意到從臺灣從事「南支南洋」進出政策之部分，《帝国主義下の台湾》，頁 374。

11. 衆議院委員會審議法三號時田健治郎之發言，《法三号議事録》，頁 433。

12. 弘谷多喜夫、廣川淑子、鈴木朝英，〈台湾・朝鮮における第二次教育令による教育体系の成立過程〉，《教育學研究》第 39 卷第 1 號（1972 年 4 月），頁 55。

13. 矢內原忠雄，《帝国主義下の台湾》，頁 294。

14. 鷲巢敦哉，《台湾統治回顧譚》（臺北：臺灣警察協會，1943 年），215 頁。

15. 【編按】「臺灣規模」之日文原文爲「臺灣大」，直譯爲「臺灣等身大」，亦卽以臺灣爲規模、以臺灣爲範圍之意。下文之「朝鮮規模」亦同。

16. 〈朝鮮時局管見〉，《齋藤実関係文書》，930。

17. 《法三号議事録》，頁 444。

18. 《法三号議事録》，頁 467。

19. 姜東鎭，《日本の朝鮮支配政策史研究》，頁 358。

20. 矢內原忠雄，《帝国主義下の台湾》，頁 367。

21. 矢內原忠雄，《帝国主義下の台湾》，頁 365。

22. 長尾景德、大田修吉，《新稿台湾行政法大意》（臺北：杉田書店，1937 年），頁 34。

23. 在衆議院議員之中有清瀨一郎，在臺灣人之中有林呈祿皆指出此點。清瀨的發言參照第三章第二節之（2），林呈祿的部分參照〈改正台湾統治基本法と植民地統治方針〉，《臺灣青年》第 2 卷第 5 號（1921 年 6 月），頁 12。

24. 矢內原忠雄，《帝国主義下の台湾》，頁 366。

25. 外務省條約局法規課，《台湾の委任立法制度（「外地法制誌」第三部の一）》1959 年，

「附錄」，頁 7-22。

26. 臺灣議會期成同盟會編，《臺灣議會設置請願理由書》，1923 年，頁 16。

27. 矢內原忠雄，《帝国主義下の台湾》，頁 359。

28. 矢內原忠雄，《帝国主義下の台湾》，頁 367。

29. 《台湾社会運動史》，頁 341。

30. 《台湾社会運動史》，頁 370。

31. 今村義夫，〈専制から自治へ〉，《臺灣》第 4 年第 8 號（1923 年 8 月），頁 24。

32. 葉榮鐘等，《臺灣民族運動史》，頁 71。

33. 今村義夫，〈専制から自治へ〉，頁 23。【譯按】引用文中之「公論」於當時的日本或日文之中，可以視同爲「輿論」之意；「操觚業者」，亦卽當時新聞從業者的稱呼。

34. 對於臺灣議會設置運動的意義，矢內原忠雄有如下的評價：「在延長施行於臺灣的法律所在多有之今日，雖然臺灣總督律令權的範圍愈來愈小，但需要臺灣特殊立法之事項尚且不少，而具有財政獨立之臺灣人，因爲更加應該保有其協贊自身預算之利益與資格。所以，臺灣議會的請願運動實際上是具有十足之政治意義的。」（《帝国主義下の台湾》，頁 380）。

35. 《台湾人ノ台湾議会設置運動ト其思想（後編）》，頁 25。

36. 《法三号議事録》，頁 420。

37. 〈第六四帝国議会衆議院請願委員会議録・第十回・昭和八年三月三日〉，頁 13。【譯按】引文中之「中間物」，意卽具有「中介」、「中間」性質之意。

38. 林呈祿，〈改正台湾統治基本法と植民地統治方針〉，頁 20。

39. 例如，第 3 回及第 7 回請願時上京委員之一的陳逢源，卽有如下之發言：「同化政策是以撤廢對被同化者之特別待遇爲前提，擬訂一些有如人道主義的政策，但是在同化完成之前，可稱爲過渡期之期間，則設計出種種口實，以形成差別待遇，此乃周知之事實。卽使承認同化有其可能性，但所謂過渡期之時間，至少也要等上一兩百年，其間已有自覺之被同化對象，是否能永遠甘於忍耐而順從之，令人感到懷疑。」〈亞細亞の復興運動と日本の植民政策〉，《臺灣》第 4 年第 1 號（1923 年 1 月），頁 28-29。

40. 《臺灣議會設置請願理由書》，頁 6。

41. 林呈祿，〈六三問題の帰着点〉，《臺灣青年》第 1 卷第 5 號（1920 年 12 月），頁 39。

42. 林呈祿，〈六三問題の帰着点〉，頁 41。

43. 林呈祿，〈六三問題の帰着点〉，頁 41。

44. 《臺灣議會設置請願理由書》，頁 1。

45. 例如：蔡培火，〈吾人の同化観〉，《臺灣青年》第 1 卷第 2 號（1920 年 8 月）；以及蔡式穀，〈同化政策に就いて〉，《臺灣青年》第 2 卷第 3 號，（1921 年 3 月）等。

46. 例如：（社說）〈對護憲內閣的希望——要更新殖民地的統治方針〉，《臺灣民報》第 2 卷第 11 號（1924 年 6 月 21 日），以及（社說）〈尊重殖民地的國民性就不是同化主義了〉，《臺灣民報》第 3 卷第 6 號（1925 年 2 月 21 日）等。

47. 林呈祿，〈改正台湾統治基本法と植民地統治方針〉，頁 14。

第三章

大正民主與「臺灣議會」

眾所周知，1919年3月所發生的朝鮮三一獨立運動，對歷經米騷動、普選運動昂揚、勞工運動正式湧現的日本朝野，帶來極大震撼。報章雜誌中討論朝鮮問題的論說遽增，提高了對朝鮮的關注。「正是因為三一運動，才使朝鮮問題在『合併』以來，首次登上國族討論的場域」[1]，而這同時也表示對殖民地問題整體的關心升高了[2]臺灣在過往的歷史中是否形成獨立國家的這一點上，被認為與朝鮮不同，但在日本所謂的「新領土」中，臺灣作為歷史文化發展程度相近之異民族統治地區，理所當然被意識到與朝鮮擁有相似的問題，因此在討論朝鮮問題時，經常被一併提及。

如前所述，臺灣問題經常在所謂的「六三法」，即承認委任總督立法權的法令時效立法延長時，成為帝國議會的議論焦點。但這時候，在眾議院所形成的政黨勢力，與軍、官僚勢力兩相抗衡的背景下，問題的核心主要在於帝國議會對殖民地統治的參與方式。因而，儘管其形式是參照朝鮮問題，但統治政策本身是否恰當的討論，則早在臺灣「土匪猖獗」時期，亦即因漢族住民頑強桀傲的游擊抵抗感到棘手，甚至在領臺初期，出現放棄領有——賣卻論時，就已成為關注的焦點[3]

如同大英帝國的愛爾蘭問題、印度問題、埃及問題嚴重化後所呈現的情況，歷經第一次世界大戰之後，全世界的殖民主義都面臨重組。日本的殖民

主義也不例外。當下衝擊性展開的朝鮮民族解放運動、日本本國政治中政黨
—議會（眾議院）在統治機構的地位上昇、普選運動昂揚至普選的實施只是
時間上的問題，這些涉及全局的統治先決條件之變化，迫使當權者必須迅速
對應，並刺激了主張日本國內政治「改造」的諸勢力進行議論。可稱之為大
正民主人士的許多政治家、知識分子們討論殖民地統治問題。容我以比喻的
方式來說，以東京留學生為中心的臺灣住民之臺灣議會設置要求，就是在這
個磁場中提出來的。

　　由於朝鮮三一運動要求「獨立」，因而其後的殖民地統治問題自然著重
在日本本國與「新領土」的政治關係之層面，亦即殖民地與日本本國的結合
方式（其強化方策）應當如何，以及與此對應的被統治民族的政治待遇應當
如何等問題。關於這個問題，首先，整體的趨勢是將殖民地的獨立、分離排
除在問題之外，直呼朝鮮獨立運動者為「不逞鮮人」，肯定對這些人的鎮壓。
但是，在這樣的趨勢中，又集中批判歷來視嚴格的歧視體制為理所當然的
「武斷政治」[4]——這一點與日本國內政治要求民主化相連動的軍閥批判重疊
——其下所出現之對被統治民族明顯的政治性排除，無論在官吏採用上、教
育上，以及重點的政治參與上，都需要某種形式的緩和或紓解，關於這一點，
大半的論者想法是一致的。

　　然而，有關賦予權利的型態及與其相對應的殖民地—母國的結合關係之
意象，則有很明顯的分歧。

　　這個分歧，大致如下。

　　一是，其方向為推行殖民地行政的母國化，以此強化母國—殖民地的結
合，並以與其相對應的形式，賦予殖民地住民權利。配合被統治民族的「民
度」[5]，一方面顧慮那些不願失去軍事及特權的殖民地在留邦人（日本人）的
意向，一方面又要慎重且漸進地往此一方向推展，是當時的政府——原敬
政友會內閣的路線（漸進的內地延長主義）；而對於民族歧視的現狀採取較
為嚴厲的批評，認為在緩和殖民地住民的不滿上，當局所設定的步調不夠積
極，應更加快速地往往此方向推展，則是大多數民主之士的立場（激進的內
地延長主義）。

　　此外，另一方面也存在著這樣的方向：較前兩者更重視殖民地民族的民

族主體性，認為藉由母國化來強化結合關係，反而會有反效果，因此主張自治主義的統治方針。或者，儘管不是很徹底，但在承認民族主體性的理論延長線上，主張以民族自決原理來解決。儘管這個方向的論者在民主之士中亦屬少數，但吉野作造等極具影響力的知識分子即屬於此一方向的論者，這一點不容我們低估。

一、大正民主志士與殖民地問題

關於三一運動後，日本本國媒體針對該運動所開展的論調，已有松尾尊兊的研究。根據松尾的研究，運動發生後不久的報紙論調是將運動的原因「完全歸咎於天道教徒等極少數的朝鮮人，以及在他們背後煽動的美國宣教士之陰謀，對於該運動是基於民族自覺的全民族獨立運動」這點並不承認，因而攻擊的矛頭全部指向運動參加者，「到了4月，終於對歷來的總督政治展開批判，主張採用文官總督制、廢止憲兵政治、設置殖民地議會、尊重言論自由，或是主張『自治』。然而，這些幾乎都不承認民族自決的原則，因而雖說是殖民地議會，實際上只不過是諮詢機關，所謂『自治』只不過是〔批判武斷政治的〕形容詞罷了」。[6]因此，當運動減弱，原內閣開始出現總督政治改革動向時，立刻予以贊同。憲政會總裁加藤高明在4月12日該黨的東北大會上明白指出：「永久平定朝鮮動亂的方法，除了在於兵力之外，還在於使朝鮮人心悅臣服，為此不該不允許朝鮮自治，亦即不要以對本國的從屬關係來面對朝鮮，允許在十數年之後某種程度的自治。」而在之後的該黨關西大會上，他為闡明其所說的「自治」時又說：「獨立當然不是字面上的自治（self government）之意，其意思不過是透過從武斷政治中解放出來，及政治思想的善導，為了更加滿足朝鮮人的政治慾望而謀求的適當方法罷了。」[7]這樣的闡釋，可以說與上述媒體論調的開展如出一轍。

自此之後，當改革總督官制、廢止憲兵警察等一連串的「文化主義」政策開始實施，「言論界認為，不遵循文化政治的獨立運動是『不逞鮮人』所進行的，因而更加敵視之，加上近來關於朝鮮問題的言論壓迫日益強化，言

論界成為在國民之間扮演蔑視朝鮮人和渲染獨立運動恐懼感的角色。」[8]

這是新聞界的趨勢，但在此我要檢討的是，在這趨勢當中，民主主義知識分子在應對上有兩個思考方向，亦即，大多數所採取的方向基本上和政府的統治改革政策方向一致，主張在政治待遇的改革面上要激進；同時也有認同殖民地民族的主體性，認為要承認自治或獨立的思考方向。關於這個問題也已經出現了一些研究成果，但在此筆者根據自己的觀點，試舉出代表前者的中野正剛和植原悅二郎，以及代表後者的吉野作造和殖民政策學者山本美越乃及泉哲。

（一）激進的內地延長主義

1. 中野正剛

中野正剛，於1920年5月的第14回總選舉中首次當選（不久後同樣在眾議院以明星代議士之姿開始活躍的憲政會永井柳太郎、國民黨的星島二郎、清瀨一郎等自由主義代議士，都是此時首次當選），他在第43回特別議會中提出有關「尼港問題」[9]的決議案而首次登上議壇。此外，同年10月到12月之間，他前往朝鮮、「滿洲」視察，並將其感想以〈照映於滿鮮之鏡〉為題連載於《國民新聞》，隔年（1921）2月以單行本問世，時值有關臺灣立法的法三號提交議會，以及臺灣議會設置請願首次提出之際。[10]雖然中野正剛談論朝鮮及殖民地統治並非從這個時候開始，但其見解可以說集大成地呈現在這本讓德富蘇峰讚賞不已[11]的書上。其見解也可以視為高度代表當時民主志士們的觀點，松尾尊兊認為：「我們透過中野的著作，可以詳細地獲知自由主義知識分子無法認同朝鮮民族主義的普遍心情。」木坂順一郎亦在他的中野正剛論中認為，中野是「民本主義式的帝國主義者的一個典型」。[12]

關於這本書的內容，松尾和木坂已詳細介紹，故在此將焦點集中於憲法施行問題——參政權問題來討論。

中野認為：「朝鮮是連接日本和大陸的橋樑，如果這座橋被截斷了，將日本與大陸融合的經濟生活便無法成立。而且，讓朝鮮獨立，就是讓外來的野心國，得以在東亞的腹側插入鐵拳。不單只是對日本產生威脅，也是對支

那、朝鮮，亦即對亞細亞人的自由生活產生威脅。」[13]由此而駁斥朝鮮獨立論。但另一方面，他又費盡口舌極力批判那些在朝鮮毫不在意地踐踏弱者的「我同胞之醜態」和「卑劣思想」，他認為齋藤實的「文化政治」只不過是「官僚的遊戲」，認為「政府嘴巴說同化，卻連所有帝國臣民都享有之憲法規定的權利也不給朝鮮人。……若想要同化朝鮮，首先要讓最根本的憲法在彼地有效」，[14]因此主張要讓朝鮮人「獲得政治上的機會均等」。[15]而且，他認為賦予參政權才是防止「所謂直接行動」的最佳方策，讓不穩的人心在帝國議會公開發散反而是安全的，基於這樣的見解，他主張中央參政的方式。在貴族院方面，他認為應直接賦予朝鮮貴族和日本貴族一樣的出席權利；在眾議院方面，則認為在日本人和朝鮮人接觸頻繁的釜山、大邱、京城、仁川、平壤、元山等都市立即實施眾議院選舉法，舉行總選舉，並「應漸次擴及全道的都市鄉鄙」，[16]這才是「光明正大的日鮮融合秘訣」。[17]

這樣的主張，和後來我們看到（日本）政府對於憲法所訂定的國民權利、義務項目，在殖民地的適用與實施上所採取的謹慎態度相對比，可以說是站在相反的兩極，因此這個主張本身就代表了當時批判統治的一個樣態。但是，在以推進與本國法制同一化為其基本方針，假想在該同一化的彼岸，兩民族「同化」、「融合」、「融和」的這一點上，兩者則是一致的。正如中野所言，「讓該民族發揮所長，建設綠柳紅花的大帝國乃帝國之使命」，[18]「朝鮮的文化、鮮人的個性，這些都要讓它大力發展，以作為大帝國的珍貴要素」。[19]不過，在三一運動以前，他就已經說：「日本對朝鮮、臺灣的關係，與歐美諸國對殖民地的關係全然迥異。言語習慣可以完全相融合……」[20]，這和後來所看到的原敬、田健治郎以內地延長主義為依據的日—朝、日—臺關係觀並無不同。這是認定中野的議論為「激進的」內地延長主義之緣由。

接著，要再簡單地說明的是，這樣的殖民地統治改革論在中野整體政治思想中所占的位置。

中野的殖民地統治改革論，是作為他的大亞細亞主義之一環而提出來的。他在1918年末以《東方時論》特派員的身分前往巴黎採訪和談會議時，對於日本無論是在人種平等案、山東問題、舊德國占領的南洋群島割讓問題上，都陷入窘境而慷慨悲憤，遂於會議中途返國。之後，他把日本的困境視

為,「不過是彼等英美要將我國納入其世界支配之顯著例證的一半而已」,因此他乃倡導「極東門羅主義」,作為解決辦法。而且,以這樣的對外危機感為契機,他在1919年8月與長島隆二、馬場恒吾、鈴木文治等成立改造同盟,提出實行普選、打破官僚外交、樹立民本的政治組織、承認勞動組合、改造既有政黨等,做為組織之綱領。[21]木坂順一郎對中野這樣的行動有如下的說明:

> 中野的情況,對外的大亞細亞帝國主義要求與對內的民本主義要求,是以在國際上漸為孤立化的日本帝國主義之對外危機感為媒介而相連接。他那以「打破現狀」、「革新政界」為目標的民本主義,反映了第一次世界大戰後出現的和平主義、民主主義風潮,但是……〔同時〕為了實現大亞細亞主義的理想,他也主張用來作為國內改革體制的手段。亦即,實際上獨占政權的軍閥官僚,對外以武力外交破壞中國的統一,老是阻礙了他引以為理想之大亞細亞主義式的「日支親善」,對內則讓流露「維新精神」的大日本帝國憲法所擁有的立憲主義要素成為死文化,而且是實現立憲政體＝政黨內閣制之絆腳石,故非打倒不可。另外,毫無原則地與這樣的軍閥官僚妥協之既有政黨,也非「改造」不可。[22]

中野這樣的想法,木坂借用中野自己評論勞合‧喬治(David Lloyd George)[23]的話語,認為這是「民本主義式的帝國主義」;但是,中野的殖民地統治改革論也可以說是出自於,為了實現大亞細亞主義理想而調整本國─殖民地關係這樣的見解。而且,這個調整,透過立憲主義原則直線式地向殖民地延長而得以達成。前述改造同盟之綱領中也包含了「新領土統治的革新」這一項。中野的殖民地統治論,也可以稱為民本主義式的(或立憲主義式的)殖民主義統治論。順帶一提,與之後的臺灣人參政運動有關的人士當中,接下來將提到的植原悅二郎、對臺灣議會設置運動表示同情的永井柳太郎、請願的介紹議員神田正雄,以及在1931年的第59回帝國議會中提出在臺灣施行地方自治制建議案的斯波貞吉,也都是改造同盟的成員。[24]

2. 植原悅二郎

植原悅二郎，以在歐美習得的憲政論，經常在《第三帝國》、《東洋時論》展開辯論，是民本主義的論客之一。他獨到地提出基於國民主權論的君民同治論，以及包含修改帝國憲法在內的激進民主改革進程，而廣為人知。[25]1917年4月，他被犬養毅看好，成為立憲國民黨的候選人，與吉野作造的好友，被稱為「普選博士」的今井嘉幸等人，一同首次當選於眾議院。在議會內，與同僚清瀨一郎等人同為普選、裁軍的急先鋒，極為活躍，但在1925年5月的政革合併中隨犬養毅進入政友會，而與清瀨一郎分道揚鑣。從回國到當選代議士期間，他在明治大學講授比較憲法論及政治學，因此可以想見，明治大學出身的臺灣議會運動的理論家林呈祿、鄭松筠等人曾聽過他的課。

植原悅二郎在其有系統地論述日本政治的民主改革進程之著作《民主和日本的改造》（1919年11月）的其中一章，以〈新領土統治的根本改革〉為題討論了殖民地統治改革論。

在他的日本政治改革進程中，理所當然的，代表國民意志的帝國議會必須是政治的要角：而在其「新領土」統治中，當然也必須進行改革，而議會也是位居要角。

植原悅二郎首先認為，從現今的政治、經濟、社會組織邁向民主化之「世界大勢」來看，「姑且不論過去，在將來一國將他國當作永久屬地來統治之事，恐怕是不可能的」。[26]因此，首先必須訂定出解除「新領土」（植原在臺灣、朝鮮之外，加進樺太[27]一起思考）從屬地位之根本方針，但是「這些新領土本身並未具備將來可以成為我國聯邦的素質」，[28]因此不可以採取英國和加拿大那樣的聯邦制。所以，應採取的方針為內地延長主義，亦即「使其將來成為我國的一部分，以此方針，樹立統治的根本改革，此外別無良策」。[29]

所謂內地延長主義實施的具體內容，原—田[30]搭檔主張地方制度和教育制度的漸進內地化，中野主張政治機會均等之實現，而植原悅二郎則主張由「我國民亦即帝國議會」實現「新領土」的統治。在這個延長線上，設定的是藉由「新領土」住民參與帝國議會完全統合「新領土」。植原認為，「作

為立憲國的我國國民，已擁有決定我國國策的帝國議會。因此，這些新領土應經由帝國議會來統治」。[31] 然而，現實中卻是由獨立於議會的特別機關進行統治，因此，「新領土統治的根本改革，是使這些統治機關歸屬於帝國議會的管轄內」。[32] 為此，該如何做才好？植原要求撤廢現行的殖民地統治特別制度＝以總督為根幹，在預算制度上採用殖民地特別會計制，以及立法上的總督特別委任立法之制度。其原因在於，「舉凡有特別會計制存在之處，必定實現以長官為中心的某種專制政治」，[33] 且經由帝國議會的殖民地立法，才能達成彼地住民和日本帝國的真正統合。我們來看植原本人的論述。

> 新領土的法律如果是經由帝國議會制定，其法律必定更適合新領土人民的生活狀況。如此，現今新領土人民對總督府政治的不平與不滿，亦將自行消滅。不僅如此，新領土的人民還可將其欲求直接訴諸帝國議會。[34]

> 新領土如果是經由帝國議會來統治，新領土與本國之間的隔閡將自行消失。而後，新領土的人民一旦真正自覺為帝國臣民，就應儘速給予他們有自己的代表出席帝國議會的權利。如此一來，新領土的人民與本土人之間的差別將會完全撤廢，得以同為日本帝國的臣民。[35]

植原悅二郎這種反對總督專制特別統治、主張由議會統治、藉中央參政來統合殖民地住民的立場，亦表現在他對臺灣議會運動所持的態度。他應該是在請願的介紹議員，即國民黨—革新俱樂部的同僚議員清瀨一郎，以及田川大吉郎等人的要求下支持該運動，而且可能是受到當面的請託。清瀨、田川等人對於「治警事件」，在1924年1月22日向眾議院提出「關於阻止臺灣議會請願事實之質問主意書」（舉出臺灣議會期成同盟關係者在被檢舉之際，其準備向議會提出的請願書被總督府官吏收押的事實，質問政府對於憲法所保障的臣民權利被蹂躪的看法），植原也以贊同者之一的身分參與連署，表達他對臺灣總督府鎮壓該運動的抗議之意，[36] 但是，同年6月第49回帝國議

會時，當他被要求支持該請願時，他加以拒絕了。[37]沒有直接的資料顯示植原以什麼樣的理由拒絕，但我們可以推測應該是上述他的殖民地統治立場之關係。

（二）殖民地自治——民族自決容許論

三一運動爆發後，在容許殖民地自治—接受民族自決的統治批判—改革論的論者中，眾所皆知的包括有：最後甚至倡導全殖民地放棄論的《東洋經濟新報》（石橋湛山）；主張目前先採行殖民地自治，其後不得不容許獨立的京大教授末廣重雄；從殖民地政策學的立場力倡同化主義之不可行，主張統治的政策基調朝自治主義轉換的山本美越乃（京大）、泉哲（明大）；以及認同民族自決的原理，被評為「在當時合法框架中的日本論壇，站在批判帝國主義的立場上幾乎無人與之匹敵」[38]的吉野作造。關於《東洋經濟新報》和末廣重雄已有許多研究成果。[39]在此僅舉出吉野作造和山本美越乃、泉哲；關於吉野作造部分，主要是以他和東京的臺灣人留學生的關係為中心，關於山本美越乃和泉哲部分，則針對他們和臺灣議會設置請願運動的關聯，簡單地作說明。

1. 吉野作造

在東京的臺灣留學生接受本地地主階級的民族派（林獻堂、蔡惠如等人）之援助所發行的雜誌《臺灣青年》創刊號上（1920年7月），吉野作造以寄給「蔡學兄」（指蔡培火）之書信的方式，投稿了一篇「祝辭」。僅僅兩頁的這篇短文，是現今吉野的文章中，不是在朝鮮問題的相關討論中，而是專文討論臺灣的唯一一篇文章。[40]

1919年春天，東京臺灣青年會邀請與臺灣有關係的代議士鈴木梅四郎（當時隸屬於國民黨）和吉野作造演講，就目前所知，這是吉野和臺灣留學生最初的接觸。當時吉野無法出席，而是由「藤田文學士」代替其出席，由於鈴木做了「日本有南進的使命，而諸君即其先驅」這樣的「即席演講」，以致全體憤慨，「藤田文學士」也對鈴木進行批判。此後，留學生開始積極

謀求與以吉野作造為首的進步學者們的接觸。[41]吉野自己也在公開的文章中明言與臺灣的青年有往來。[42]

當時成為東京的臺灣留學生運動的中心人物、而且非常活躍者包括：林呈祿（明治大學政治經濟科畢業）、蔡培火（東京高等師範）、王敏川（早稻田大學政治經濟科）、黃呈聰（同前）、蔡式穀（明治大學法科）、鄭松筠（同前）、吳三連（商科大學）等人。其中，蔡培火、林呈祿與東京的中國留學生、朝鮮留學生有交遊往來，蔡培火曾經組織「聲援會」，而林呈祿曾在他們所發行的雜誌[43]上投稿。根據松尾尊兊的研究，1919年夏天，圍繞在吉野身旁，有個可稱之為「東亞細亞研究小組」的團體，由對中國、朝鮮、臺灣等諸問題感興趣的日本人學生和留學生組成，這個小組扮演了常態性地支持吉野關於中國、朝鮮的言論活動之角色。[44]臺灣留學生，至少蔡培火，應該也曾以這個小組一分子之身分與吉野有過接觸。一般認為，蔡培火得到吉野的知遇，應該是透過信仰上的老師植村正久。雖然同樣都是基督徒，吉野屬於組合教會派的本鄉教會（海老名彈正主持），而蔡則是日本基督教會派的富士見町教會，但是，植村將蔡介紹給本鄉教會的有力成員吉野，是極有可能的。在臺灣議會運動開始之際，蔡培火直接或間接地充分利用他的老師植村正久的人脈（後述），而有研究指出，該人脈中包含了吉野。[45]

那麼，這個「祝辭」的內容為何？吉野在寫這封信的時候，正值吉野對朝鮮問題之言論活動的高峰期。亦即，在〈朝鮮青年會問題〉（連載於《新人》1920年2、3月號）中，他指出，雖然「朝鮮人在法律上無疑地是日本臣民」，但他們「在那樣的狀態下被合併，又在那樣的狀態下被統治」，因此「從朝鮮人的立場來說，反抗日本的國法……，在法理上必須阻止。而在道德上，則大有理應給予諒解的理由。因此，把它冠上不逞兇暴這種道德上的汙名，是我們良心所不允許的。」[46]相對於此，當時的朝鮮總督府警務局事務官丸山鶴吉則批判道，「朝鮮和日本合併、一旦朝鮮人成為日本人，就必須遵守日本的國法、尊重國憲，這是法律上的要求，同時也是道德上的至善。」[47]吉野對此馬上提出反駁，在如下的敘述中，明確地肯定民族自決的原理。

我以多年的學術研究成果，在此斷言。同化幾乎是不可能的。如

果朝鮮統治的理想是使朝鮮人形式上成為日本人的話，那沒有比這更不科學的事了。那麼，朝鮮統治的理想，必須是在實質的最高原理上，實現日鮮兩民族的合作。在此，我等在面對他們時，不，在規範他們與我們之間的關係時，必須站在普遍的基礎上謀求共同的合作。在特殊的立場中是絕對無法融合的。不能違反日本的國法是日本的立場。而圖謀祖國的恢復，則無論是日本人、朝鮮人、還是支那人，是普遍認同的道德立場。在這裡談共通的或最高的原理，即是要找出日鮮兩民族應當真正合作的新境界，這是我的立場。[48]

　　這種發言所代表的吉野對朝鮮問題的論述方法，有一個特徵。亦即，吉野並非沒有觸及制度面上的殖民地統治改革──他在這一方面並沒有比當時一般的進步論調更形出色[49]──但是，透過在朝鮮的實際見聞以及與留日朝鮮青年們的往來，吉野對於在思想上該如何看待與應對日本統治下朝鮮人的憤怒，以及在精神上日本人和朝鮮人的關係應當如何等議題的論述，可以說有其獨到的見解。針對明治憲法秩序中政治變革所採取的態度方面，以該憲法的自由主義式解釋，提供政黨活動理論基礎的美濃部達吉，和原敬一樣，對法制度採取工具主義的態度，強調利用法律上的「機關」。相較於此，吉野則極力強調人類道德「意識」的重要性，一般認為他採取「著眼於個人道德創造出應有政治之可能性」的「理想主義」態度。[50]如上述引文所見，吉野的理想主義態度，亦在其殖民地問題的議論中表現無遺。吉野對問題的接觸方式，在某種意義上並不是政治性的。但是，由於採取了這種方式，面對殖民地民族的民族主義思想性挑戰，他強力批判向「同化主義」收斂的日本殖民主義之意識形態，這種意識形態最後還試圖灌輸偏狹的純正大和民族信條，甚至迫使朝鮮人、臺灣人放棄固有姓名等。因此，他可以說是當時代日本人中的第一級批判者。

　　投稿到《臺灣青年》的「祝辭」，必須和前面的引文以相同的基調來解讀。該文稱揚由臺灣人主導、主體的、徹底的自主性文化運動之推進，並主張必須在相互承認其主體性的前提下，正當地處理與日本人的關係。由於是

不甚為人所知的文章[51]，故省略若干部分後，如下幾近全文介紹：

蔡學兄：

此次，由仁兄計劃，在各界有力人士的聲援下，以臺灣的文化開發為目的，發行雜誌，誠乃適時宜之好計劃。特別是，此次計劃，完全以臺灣人之力完成，此乃最富意義之事。整個戰後世界，由於文化運動的潮流澎湃，臺灣諸君亦不落後於此潮流，不足怪矣。惟此種運動，無論於個人意識或於民族意識，若非自主性則不真實也。如斯，諸君之運動有實質之價值，從而，應亦可影響與感化多數島民同胞。（中略）

文化運動的真正成功，必須立基於深遠的歷史與民族性，因此，並非他民族可指導之事。他民族可做之事的最上限，僅是誘導乃至助長該民族之文化開發而已。此外之事，則必須交給該民族自身。吾等作為日本人，熱切期望臺灣諸君的文化開發，如可以，深切期望能夠給予啟發與助長。然而，吾等若以為應經常率先指導之，則不可不謂此乃極其僭越之行為。謂臺灣為日本之領土，故臺灣人為日本人，欲將日本內地生成之文化原封不動地移植至臺灣，此乃一大錯誤。因而，吾以為，臺灣應生成何種文化，臺灣人諸君非常清楚，諸君亦應致力而為之。

然，所謂諸君獨立進行此事，亦未必是完全不與內地人合作。視獨立為反抗乃淺薄之想法。諸君在文化上獨立，是為了能真正與內地人合作。不，是為了進而與世界上的許多人合作，為世界文化的進步做出貢獻。凡合作的基礎乃獨立。無獨立之合作是盲從的、隸屬的。吾等作為日本國民，不喜如斯之隸屬民族存在。臺灣人做為法律上的日本國民，在與吾等合作之前，吾等要求臺灣人首先要是獨立之文化民族。所謂獨立，並非只是反抗法律上的命令者。而是指獨立的人格者。於此意義上，吾等歡迎諸君此次

的計劃……（9-10頁）[52]（重點號 • 與 ◎ 是依照原文，應該是編輯蔡
培火加上去的）

　　而吉野寫這篇文章的 1920 年這一年，是大正民主期中，以吉野等民本
主義知識分子所推進的普選運動為基軸，而進行的改造運動最顛峰之一年。
而在這之後，在國內普選勢在必行的情勢中，合法無產政黨之形成開始胎
動，在國際上，華盛頓體制成立，美國的威爾遜政治失敗，在這樣的情勢中，
大正民主運動開始分化，知識分子所進行的啟蒙改造運動漸趨衰退。[53]

　　因而，從這樣時間上的落差來看，我們可以推想，儘管事前有人際關係
的聯繫存在，但實際上，吉野作造與臺灣議會設置運動之關聯極為薄弱。臺
灣總督府方面的一項文件，「與請願運動有關之重要內地人」中，雖然加進
了吉野的名字，但並未將其列入對運動「給予力量之有力人士」中，總督府
認為吉野雖然是「臺灣留學生崇拜之標的」，但認為他並未「大贊成」該運
動。[54]

　　然而，如果我們想到，發起臺灣議會設置請願運動的留學生們，曾適逢
吉野等民本主義知識分子的言論活動最盛期的政治覺醒時期，以及這個運動
中他們的民族自覺和政治權力伸張之要求，是分別由殖民地自治主義的理論
和立憲主義的理論所支撐，我們則可以說這個運動也是吉野等人的啟蒙活動
扮演產婆角色的一個實踐。

2. 山本美越乃和泉哲

　　日俄戰爭後，以吸收歐美業績為主軸，正式地在學術圈中成立的日本殖
民政策學，一般認為其集大成者，是 1914 年起在京都大學擔任殖民政策課
程的山本美越乃。而在第一次世界大戰後，以山本本人為魁首，在這門學問
之中出現批判日本本身的殖民政策之潮流。此乃以山本美越乃、泉哲，以及
稍後的矢內原忠雄、細川嘉六這樣的順序，批判性愈發強烈的潮流。[55]

　　如下節所述，若說田川大吉郎等自由主義代議士，從國內民主運動的經
驗給予政治運動在方法層面的建議，以及藉著他們自身根據議院法擔任請願
介紹的行動，參與了臺灣議會設置請願運動的形成與展開，那麼，我們可以

說，第一次世界大戰後的批判性殖民政策學者給予了該運動理論上的根據。雖 給予理論上的根據，但殖民政策學者的議論畢竟是以殖民地領有、統治為理所當然的前提，因此，這意味著，被統治民族的一方，借其理論在殖民地統治的框架內批判統治政策，並用來幫助他們**合法地**辯證內含民族要求之政治要求。

　　上述四者當中，被認為與臺灣議會設置運動有具體關聯的有山本美越乃、泉哲、矢內原忠雄等三人。其中，山本美越乃和泉哲批判同化主義的統治方針，主張「自治主義」，而透過援用其主張的林呈祿等該運動之理論家，參與該運動的形成與初期的開展。1920 年到 1923 年之間，為了殖民政策學的研究而被派往西洋的矢內原忠雄，其與臺灣議會設置運動的關係者有所接觸，應是 1920 年代中期左右之事。但是，如同本文的援引，他對日本帝國主義的臺灣統治，首次進行社會科學的分析，並進而確認了該運動的意義。關於矢內原忠雄和臺灣抗日運動的關聯已有戴國煇的評論文章，[56]因此在此僅舉出山本美越乃和泉哲二位。

　　山本美越乃，1874 年出生於三重縣鳥羽。同志社大學畢業後就讀於京都帝大法科，1903 年畢業，1905 年以山口高商副教授身分被派至歐美留學，他前往美國，進入威斯康辛大學研究所學習經濟學。在該大學政治學院中，有撰著 *Colonial Government*（1902）的芮恩施（P. S. Reinsch），而芮恩施被稱為「本國之這門學問〔殖民政策學─引用者〕實因芮恩施而開始系統化」[57]，山本美越乃本身也借重芮恩施的地方很多。可想知山本應該也親自上過他的課。山本 1906 年在該大學取得碩士學位後，又進入倫敦大學、柏林大學學習，之後便歸返國門，在山口高商擔任教授，於 1912 年就任京都帝大法科副教授，[58]1914 年開始擔任殖民政策的講座，一直到 1933 年退休為止。[59]在這期間，山本美越乃在 1920 年出版《殖民政策研究》以作為教科書，這本書後來被譽為「於此一學問〔殖民政策學〕可稱為國人著作中之最高位。這門學問實由山本博士完成。加之，這門學問亦因山本博士而確立其地位」[60]，輸入歐美成果為始的殖民政策學，至此達到顛峰。

　　山本美越乃和臺灣議會設置請願運動的關聯，首先是，朝鮮三一運動後，當局的殖民地統治方針之對錯遭到議論，而在大半主張徹底同化政策的

情況之下，山本在他「於此一學問可得國人著作中之最高位」的著作裡，主張統治方針的基調由同化主義轉換為自治主義。並且，在第一回請願後，他從所主張的殖民地政策學上的自治主義觀點表示，支持「臺灣議會」的要求在理論上是適當的。也許是因為他以京都為活動之地，他和以東京留學生為中心的臺灣議會設置請願運動者建立人際上的關係，應該是在表明支持這個請願之後的事。[61]

《殖民政策研究》中的同化主義批判—自治主義理論之概略如下。

殖民政策上「所謂同化主義乃母國對待殖民地恰如對待國內之一地方一樣，從而其內政也盡量使其與國內相同，基於此一要旨，殖民地的立法、司法、行政等諸般政務皆致力與母國實行劃一主義，以此圖謀其統一渾化」，[62] 過去法國的殖民政策為其代表例。此政策是站在「舉凡人類皆有共通之理性，故具有合理基礎之諸般制度，倘令一時遭受反對但也強行不休，終將能使每個人理解其真意，如斯便得以期望人類社會漸漸向上發展」[63] 這樣的前提上，但在現實上，「與其說人類是受理性支配，毋寧說是受本能、習慣、環境或是世傳的信念所左右為多」，[64] 因此，「真正影響到內部個人的習慣及信念，達到同化的效果」是很困難的，這種「徒勞而功少」[65] 之事，參照法國在阿爾及利亞和印度尼西亞的失敗經驗，已是很明確的了。

而且，同化主義者「認為殖民地的土著居民及其社會制度在先天上就是劣等的，應儘速移入母國的文物制度以改變之，而這正是文明國民應盡之義務」，但這樣的想法是錯誤的。因為，「如同所有文明國民皆各自依據其所認為正當的方法以享有生存的權利一般，殖民地的當地居民自不待言，也依據其所認為正當的方法以享有生存的權利。因此，殖民地的統治，首先應承認當地居民亦有此種權利，必須跳脫文明國民的母國人標準，從殖民地當地居民的角度，以正當應認同的正義觀念，作為施政的一貫基礎」。[66]

另一方面，所謂的自治主義，「由於母國及殖民地彼此的成立狀況不同，各有其特殊情形，因此母國不對殖民地濫加干涉或強制，盡可能讓殖民地自己處理內政，依據這樣的方針，母國只不過總攬其監督權而已」。[67] 具體而言，乃採取「研究各民族的特性、習慣、環境、世傳的信念以及諸種社會制度的實際狀況，在不破壞彼等社會的善良風俗及不阻礙其和平發展的範圍

內，漸次移入與其得以調和之文明制度，以此致力於逐漸改善彼等的社會生活」[68]這樣的方法，採取此種方針並且成功的殖民國代表，正是英國。

然而，儘管山本美越乃主張「殖民地統治的根本方針，與其將重點放在同化主義，不如放在自治主義」，[69]但是他反對「極端的自治主義」，亦即「把殖民地比擬為果實，一旦成熟應該離開母樹，亦即所謂的殖民地自由放任說」。本來，「殖民地領有的目的就在於，考量殖民地自身利益的同時，亦藉此保護母國的利益」，因此，「在某個程度上，必須給予自治的權能，承認其自由活動，但這種如同為將來獨立做準備的統治方法，與殖民地領有的目的不相容」，因而，山本認為「自治主義亦不可不適當地限制之」。[70]儘管後來金持一郎，相對於日俄戰爭後開始的「帝國主義學派」，把山本美越乃的殖民政策學稱作符合第一次世界大戰後思潮的「自由主義學派」，但是，他認為山本並未完成民族主義（作為統治民族的）和自由主義的統一，僅達到折衷主義[71]而已。這恰好 中了山本上述的論點。這一點與晚山本著作一年出版《殖民地統治論》的泉哲，在其卷末祈願「國際道德和正義觀念」的提升、全世界人口合理分配能夠實現，在實現這樣的條件之彼岸，「殖民地領有的必要不復存在」的時機能夠到來，提出使人聯想到後來的矢內原忠雄的觀點，[72]成絕佳對照。

「三一運動」後山本美越乃的朝鮮統治論可以說是這種同化主義批判—自治主義論的機械式運用。在發表於《經濟論叢》1919年9月號的〈朝鮮統治的根本問題〉（幾乎原文收錄於《殖民政策研究》第六章〈殖民地的統治〉）中，山本大致展開如下的議論。

首先，他論述同化主義之不可行如下：「或如印度或如朝鮮，儘管現今因其國力微弱以致被迫受到他國統治，然而對於過去擁有固有文化且又有多年獨立發展的國民，要使其民族脫去固有的思想、風俗、習慣而同化於他民族，畢竟是不可能的，若勉強實行，反而只會增加紛擾的機會，更何況由於此次的大戰，民族自決主義之新主張顯著地促進了各民族的自覺心，在這樣的時代裡，同化主義的政策終將失敗⋯⋯。」[73]

因此，採取自治主義的方針，「朝鮮的未來將如同英國對待加拿大、澳洲、南亞的關係，允許其自治，作為所謂的自治殖民地，圓滿地維持兩者的

關係」，[74]亦即，將來「應承認代議制度，給予其住民立法上的參予權利，同時，使其成立責任政府亦為適當」。[75]然而，「代議制度的實行以住民之教育普及，亦即其知識的啟蒙為先決條件，現今鮮人的知識程度由於不可避免地普遍極端幼稚」，[76]時下代議制度、責任政府的實行時機尚早，因此他認為，應將之前「所謂民可使由之不可使知之的姑息教育政策，應根本拔除」，[77]致力於教育的普及向上，並且為了進行邁向自治的訓練，必須改善中樞院使其名實相符成為總督的最高諮詢機關，進而於道、府、郡，最後於面的層級都設立由民選議員所組成的地方行政評議會。[78]

對於這個方策，山本設想了兩個批判以進行反駁。

第一，在母國人移民比例極低的現狀下，「隨便就允許自治，這就如同給予未成年者完全的法律上的能力一樣，是相當危險的」，對於這個論點，山本認為以這樣的理由而不給予訓練自治的機會，「永遠模糊現狀」的話，民族自覺將不由分說地出壯起來，反而危險。之後，他又兜圈子展開如下的朝鮮獨立不可能論：「如果認為同化政策不可行，最後就只得允許其自治，不然就得承認其獨立，儘管如此，如果承認朝鮮的獨立，其國力處於不足以維持一個獨立國之體面的狀況自不在話下，而假使即便是達成足以維持一個獨立國之體面的發達程度後，但由於我等日鮮兩國無論對內對外利害關係全然一致，無法發現彼此利害關係背反之處。因此，為了維持獨立國之體面而新設無益的陸海軍備、設置重複的行政機關、投資巨額的費用於其他諸種非生產性質的事業，其所得到的只不過是加重國民的負擔，以及為兩國多年的深交投下一種陰影罷了。與其做這種愚行，只要不以危害母國利益為目的，不如將其內政委交鮮人自治，母國將其視為只不過是掌有主權的自治領土，在共存共保的大目的下，策劃兩國民永久合作親善乃明智之舉。」[79]

有關承認朝鮮人之政治參與，其中一項方案是在朝鮮施行眾議院選舉法，選出代議士參加母國的議會，山本美越乃對這個議論，提出明確的反對意見。但是，從山本書寫這篇論文的隔年（1920年）開始，有人為了實現這項主張而展開請願運動，向帝國議會要求在朝鮮施行眾議院選舉，[80]但1921年2月26日，竟發生了第1回請願的中心人物閔元植，在東京車站被獨立派的朝鮮青年暗殺[81]的事件。

山本美越乃的批判如下：「選出代議員參加母國議會之制度，乃法國夙來所採用的，其成果絕無法稱之為良好，蓋採取此種方法之時，殖民地的議員通常與在母國內擁有選區的議員，在許多情況下會意見相左，因此，當母國國內產生問題糾紛時，彼等往往因此被利用，甚至成為收買的對象，很少能直接為自己的殖民地選區增進利益，這不僅是因為母國的議員一般對於殖民地的實際狀況缺乏智識及經驗，而且又不像殖民地議員那樣痛切地感受到其利害關係，因此，當產生殖民地相關的錯綜複雜問題時，毋寧是以政府當局的意見為重為依據，而因為這種風氣，只要沒有特別的關係或情況，人數較少的殖民地議員之意見，實際上極少被採用。如此一來，殖民地住民的參政權等於是只給其名而奪其實，這不得不說是，反倒遺留紛爭於後日。」[82]

山本美越乃的這種主張是否認獨立。而且，在當前朝鮮統治改革的具體政策方面，與原內閣所標榜採取的「文化政治」措施並沒有很大的差異。雖說如此，當時的一流殖民政策學者，把政府及大多數的統治批判者都是站在該立場之政策基調，從正面加以批判，並主張選擇自主度高的自治殖民地型態，這一點值得注目。[83]臺灣議會設置運動者，在主張其要求具有正當性的討論中，並非討論參政權要求本身的根據，而是討論參政權的型態，亦即主張自治主義的、特別參政權要求的正當性。這個議論明示地或非明示地援用了山本的《殖民政策研究》以及隔年1921年9月出版的《殖民地問題私見》，以及泉哲的《殖民地統治論》。

關於山本美越乃議論的援用，在此舉出二、三個例子。第2回請願開始，為訴求請願宗旨而製作用以宣傳的「臺灣議會設置請願理由書」，在論述同化主義之不可行時，引用法國同化政策的失敗作為例證的部分，以及說明為何不透過眾議院選舉法的施行以要求中央參政的部分，都是相當直接地援用前述山本的議論。再者，「臺灣議會設置請願理由書」從「臺灣特殊情況」存在，且將來亦不會消滅，力說同化主義之不可，然而卻又論述道，「況且既然已經承認臺灣有設置特別代議制度之必要，就會有論者百尺竿頭更進一步，要求如同英國的自治領地新愛爾蘭和澳大利亞等具有完全的立法議會和責任內閣的殖民地自治，根據歐戰後發達的民族精神，這在理論上未必是不當的言論，但依照臺灣實際上的現狀，吾人尚不能冒然偏護這樣進步的理

想論。」[84] 這一部分，當然，可以解讀為其反映了如同第一章所看到的，臺灣留學生們在實際運作時，分為「完全自治」派和「臺灣議會」派，經林獻堂的裁斷，後者壓倒了前者的過程，但是其理論恰為山本的朝鮮統治論之翻版。亦即，成為具備代議制度和責任政府的自治領地雖是理想，但以現狀而言時期尚早。臺灣的報紙（當時全由日本人發行）中，甚至有人臆測這份「臺灣議會設置請願理由書」是由山本所撰寫的。[85] 事實上並非如此，但這樣的臆測可以說是道出了山本學說和請願理論之關聯。如果要在殖民地統治的框架內組織有效的理論並提出自己的要求，則情況就迫使他們仿效山本。

接著，第44回帝國議會結束後，山本美越乃對殖民地住民在此次議會中所提出的兩項請願進行評論，即閔元植等提出的在朝鮮施行眾議院選舉法請願和林獻堂的臺灣議會設置請願，當然他認為後者為佳。其理由與前述的議論完全相同。其實，在這篇論文裡，山本認為無論是「臺灣議會」或是中央參政，這些都不是「當下的問題」，而是經過教育普及和地方小政務訓練後的將來問題，但是，「時期的問題姑且不提，臺灣議會設置請願運動於理論上於實際上，毋寧都是極為徹底的」。[86] 他這樣的評論，再加上另一方的閔元植被民族主義者暗殺，帶給戰戰兢兢挺身實踐運動的首腦者們極大的自信。[87]

而後，山本美越乃在這一年首次前往臺灣視察，他對在臺日本人的情況感到失望的同時，提高了對臺灣的知識階層的評價。[88]1925年，他在公開的論文中，拿掉「時期尚早」這樣的保留，表態對「臺灣議會」的支持。[89]

泉哲，北海道出身，曾經進入札幌農校學習，但於在學中渡美，從在洛杉磯大學學習農業經濟開始，據稱前後歷經了十六年的苦學，[90] 最後，在哥倫比亞大學學習的國際法成為他的主專攻。1921年作為教科書出版的《殖民地統治論》的前言裡，他寫道：「這本書借助於前美國威斯康辛大學政治學院長、其後數年擔任駐支那美國大使的恩師芮恩施的講課及著書之處甚多」，因此，在十六年之間，泉哲也和山本美越乃一樣，無疑地直接出席了芮恩施的講課。歸國後，他擔任明治大學教授，講授政治學和殖民政策學（至晚於1916年已持教鞭），[91]1922年以《國際警察權的設立》這篇論文取得東京帝大博士學位，[92]1927年以國際法教授身分赴任京城帝大。[93]

泉哲也和山本美越乃一樣，在「三一」後新聞界提高對殖民地統治批判，及殖民地政策進行修正的時期裡，透過批判同化主義─展開自治主義論，參與了臺灣議會設置運動的形成，但他與山本有兩點不同。一是，他與參加臺灣議會設置請願運動的臺灣留學生有直接的人際往來，曾經直接鼓舞他們邁向自治奮鬥；一是，泉哲的殖民地統治觀，在其理論的延長線上接受殖民地的獨立，是更加自由的。首先，我們來看他與臺灣學生的關係。

泉哲開始和臺灣議會設置運動關係者建立關係，乃如前章所述，是因為他曾在有很多臺灣留學生的明治大學講授殖民政策學。臺灣議會設置請願運動的理論家，也是起草向帝國議會提出之請願書[94]的林呈祿，他在1914年明治大學法科畢業後進入高等研究所，在學至1917年，從事殖民政策的研究。[95]該運動的指導人物中，蔡式穀、鄭松筠當時也在明大法科就讀。[96]明治大學在職時期，據稱泉哲每週一為客人開放自宅，因明大學生等的到來而非常熱鬧。[97]林呈祿等人大概也是透過這樣的機會而加深了和泉哲的往來。林呈祿等人是當時東京臺灣青年學生中的積極分子，透過他們，泉哲和東京的臺灣青年交流密切。林呈祿和蔡培火全力編輯發行的《臺灣青年》、《臺灣》中，泉哲以日本人身分投稿最為頻繁，而且泉哲取得東京帝大博士學位時，由林呈祿擔任編輯、鄭松筠擔任發行人的臺灣雜誌社邀集東京的臺灣青年四十數名，舉辦了一場祝賀會。報導此事的《臺灣》在刊文中，稱泉哲為「本社多年的有力指導者」，稱自己為「平素直接或間接地接受泉博士教導的東京臺灣青年」。臺灣議會設置運動開始後，泉哲也經常受邀出席訴求其宗旨的記者招待會。[98]

接下來我們來看泉哲的殖民地統治論。如前所述，山本美越乃的議論是有所保留的，其所謂殖民地統治，基本上是立足於母國自身的利益，其主張的自治主義亦不容許違反母國利益的脫離母國。但是在泉哲的議論中，所謂殖民地統治，是國際政治發展的現階段中不得已的現象，等到「國際道德和國際正義發展」，「全世界的人口分配達到適宜」時，其必要性就會消失。因此，在現今的時點上，去除「本國本位」的政策，採取「殖民地本位」的政策，「謀求殖民地人的幸福，指導殖民地的文化發達」，就是統治者「文明國」的使命。[99]換言之，今日於殖民地「謀求文化的普及，實行自治獨立的訓練，

以此為殖民國的任務」，此任務成功地達成，殖民地的文化提高後，若其期望獨立，那麼承認獨立亦無妨。[100]

這樣的想法，是出自於作為國際法學者，高度肯定國際聯盟的泉哲的理念。亦即，作為學者，泉哲的專業在於國際法研究，而其研究的理念依據乃是第一次大戰後國際聯盟所欲實現的「民主、進步、和平」的精神。[101] 因而，就泉哲而言，所謂應採取上述的「殖民地本位」政策，這是大戰後這種世界性的進步精神所要求的，具體而言，是規定委任統治的聯盟規約第22條的精神所要求的。亦即，「應注意的是，應稱為委任統治的大方針，即殖民地人民的幸福及發展乃文明國被委託的真正使命這一點。而此主義當然適用於委任統治地之內，擁有殖民地的聯盟各國在道義上不得採取違背此精神的殖民政策，同時，違背此精神，可以說就是違反文明國的真正委任。」[102]

站在這樣的觀點，很明確的，所應採取的統治方針乃自治主義，而同化主義，山本主要是以歷史上已經失敗，強行實施的話將會帶來統治的困難這樣的觀點來加以否決；而泉哲則是以其為「本國本位」的方針，並未顧慮殖民地本身的發展，認為應予以否決。泉哲在《殖民地統治論》中論述同化主義時，照例簡單地觸及法國在阿爾及利亞的政策，然後指出「我國在獲得臺灣以來，不自覺地採取了同化政策」，[103] 並在論述日本的事例之後，賦予同化主義如下的性格。

> 同化主義是無自覺的統治方針，因此主義沒有一貫之例。外在的形式模仿本國的制度時，內在的實際狀況或是採用殖民地特殊的制度，或是方便的時候就因循本國，不利的時候就依據殖民地的舊習，以此為常。往往對殖民地人民的義務採用同化主義，權利則否認之，以此為常例。加之同化主義有流於形式的傾向，呈現不顧慮精神的現象。換言之，同化主義乃無方針的統治政策，也可以說是臨機應變的暫時性方策。因此，其不具永續性質，所面臨的命運是，應在最短的時日內予以廢止。而且，同化主義乃本國本位的統治方針，不以殖民地的幸福安寧為主要目標。這是它作為現今的殖民地統治方針，被認為是極不合理的原因。[104]（重

點號為引用者所加）

前面引用的「臺灣議會設置請願理由書」，便是認為當局所採行的同化
政策實際上具有「統治上便利之時乃模仿本國的制度，不利之時則採用特別
制度之**臨機應變的本國本位主義**」（16頁，重點號為引用者所加）這樣的性
格。「臺灣議會設置請願理由書」發給相關人士是在1922年2月左右，而《殖
民地統治論》的發行是在1921年2月，林呈祿等在執筆「臺灣議會設置請願
理由書」之際應該參照了泉哲的著作，所以理由書中「臨機應變的本國本位
主義」這樣的掌握應該是受到了泉哲的影響。對「同化主義」的**表面方針**做
理念上的批判時就依據山本美越乃，批判「同化主義」的現實狀態時則借用
泉哲的用語。惟，泉哲和林呈祿之間的影響關係是更為相互性的，這樣的想
法應該比較接近實際狀況。臺灣總督府的一項文件中，認為泉的臺灣統治批
判議論是由林呈祿、蔡培火等提供材料的。[105]的確，在泉哲的臺灣統治批
判中，可以說是依據臺灣住民的訴求來下判斷，或是為其代辯的地方很多。
如同前述吉野作造和朝鮮青年學生之間的關係支撐了吉野對朝鮮關係的評論
活動，可以想見相似情形也發生在泉哲和林呈祿等人之間。「臨機應變的本
國本位主義」這樣的性格定位，也許可以看做是泉哲和林呈祿等人討論出來
的結果。

而泉哲在以這樣的觀點批判日本的殖民政策，主張實行以自治主義方針
為本的政策的同時，他提出發言，鼓舞臺灣住民邁向自治的自覺和自助努力。

為慶祝《臺灣青年》創刊而投稿的〈告臺灣島民〉中，儘管泉哲一方面
批判當局的政策不重視教育，在經濟開發上不給島民企業活動的方便，是本
國本位的，但他認為，「不使臺灣成為總督府的臺灣，而是臺灣島民的臺灣，
要有這樣的自覺」，[106]並且忖度「最終邁向臺灣島民自治臺灣之境界，以此
為島民諸君的目標」，為了獲得「教育普及」、「經濟自立」等所謂的「自治
民族的資格」，他鼓勵不能只等待總督府的措施，要自己奮鬥；他又激勵道，
作為國際聯盟加盟國的日本亦許諾前述的第22條精神，且從國民輿論來看，
統治方針於不遠的未來無疑地將被改善。因此，島民自身可以採取更大膽的
主導性。

　　另外，1920年地方制度改正施行時，他認為，作為官選諮詢機關的協議會儘管無法充分進行邁向自治的訓練，但協議會可以審議州、市、街、庄的預算，且透過島民的奮鬥，圖謀教育、社會事業的增進是可能的，而且也可以作為邁向「**臺灣全體**的自治制」之端緒，於是他再次催促島民自覺，要「不使臺灣為總督府的臺灣，使之為島民的臺灣」。[107]

　　臺灣議會設置的請願提出時，他寫了〈殖民地的立法機關〉表明支持，[108]而當該運動遭到鎮壓（「治警事件」），他撰文論述：「我相信臺灣島民的期待是合理的，手段是極其穩健的。我相信用穩健的方法達成合理的目的，終有實現的時候。需要的只是忍耐、努力和時間而已。去年底發生的事並非灑下悲觀的種子，相反的，它有使目的早日達成的傾向」，[109]促進了對運動的堅持。

　　泉哲這樣的言論行動當然招致當局的反感。最後，簡單地介紹這一點。

　　泉哲在三一運動後不久，於東洋協會的機關報《東洋時報》1919年4月號中寫了一篇題為〈臺灣統治政策變更之必要〉的文章，開啟臺灣統治批判之端。東洋協會（1915年改稱）是為了支援臺灣總督府的統治而創立的臺灣協會（1898年創立）之後身，其雜誌敢登載批判臺灣當局施政之「侃侃諤諤的議論」，[110]本身就說明了「三一」帶給日本殖民主義當局的衝擊之強烈，但關於這一點，東洋協會臺灣支部認為登載泉哲的論文不適當，向本部提出「辯明希望書」，並將之刊載於支部機關報《臺灣時報》的創刊號（1919年7月）上。但是，到了隔年，泉哲在《太陽》寫了〈敦促臺灣統治政策的根本變革〉（1920年7月號），以此為開端，如前所述，持續投稿至《臺灣青年》、《臺灣》。

　　總督府官房調查課長東鄉實對此批判道：泉哲無視臺灣統治的實情而加以批判（實際上對一兩件事實有所誤認）；統治順利地進行而且島民沉浸在和平幸福中；泉哲所指摘的教育、通婚問題也逐步進行改善。[111]東鄉實也是札幌農學校出身，相對於泉哲留學美國，東鄉則進入臺灣總督府，其後1909年3月起的三年間，被派至德國從事殖民政策的研究。事實上，東鄉亦基於其「民族心理」論，對同化主義採批判的態度，在標榜「內地延長主義」的田總督旗下他感到不舒坦，1924年辭去總督府工作，於政友本黨出任代議

士。[112]他亦是後藤新平「生物學原則」的追隨者，認為當局為了避免表明那種會自我束縛的統治方針而採取「無方針的方針」、「臨機應變的」統治──正是泉哲所批判之處──是得當的統治技術，站在給予高度評價的立場。[113]因此，泉哲主張「殖民地本位」的論點，無論是實際處於統治之局的當權者或是殖民政策學者，都難以接受吧！東鄉實在其對泉哲的批判中申斥：「不知殖民地的實情，僅以社會上的隻字片語為立論基礎，且試圖以激烈的言論玩弄煽動性的字句。如此除了將謬誤傳與一般世人，使殖民地民眾感到不安外，毫無益處。」[114]再來，他不忘捉住泉哲的部分用語加以威嚇，「顯現出以煽動性的語句暗地慫恿臺灣獨立的氣勢，是吾最感遺憾之處，不得不對作為日本人學者的泉哲的心態產生懷疑」。[115]順帶一提的是，對於東鄉實的這個批判，拓殖大學學生大橋正次於《臺灣青年》1921年1月號，投稿提出這樣的反駁：東鄉實雖說，泉哲的統治批判未實際目睹臺灣的狀況、實際情形是進行順利的，但根據我自身的實際視察，東鄉的議論欺瞞讀者。[116]

從東鄉實的威嚇性語句也可以想像，泉哲對臺灣青年的激勵，總督府方面認為是煽動民族自決的行為。例如，在第44回帝國議會的貴族院請願委員會中，臺灣議會設置請願的審議上，以政府委員身分出席的田總督就加以非難：「（起始請願運動的）學生所就讀的私立大學之中，有教師不僅在課堂上提出實際上臺灣是臺灣人的臺灣且必須是如此，而且還撰文公諸於世」。[117]並且在第二回請願前夕，總督府所製作的一項文件如此敘述：「不知道泉哲博士滔滔不盡之民族自決論是不是真的深切地弄昏了本島人的幼稚頭腦，雖說其文意大概不含危險或煽動的意思，但他不斷談論民族自決，縱令未加煽動，一知半解的青年仍會因此而犯錯。」[118]

隨著這些責難，不清楚總督府是否有任何具體的壓力加之於泉哲。不知道是否因在意被責難，泉哲試著辯白民族自決的真意不在於馬上要求獨立，[119]儘管如此，他並沒有撤回對臺灣議會設置運動的支持。可以確定的是，1926年以前他是表態支持的。[120]

只是，當臺灣人自己說出和泉哲相同的言論時，便馬上遭到鎮壓。彷彿呼應泉哲在〈告臺灣島民〉中鼓勵邁向自治的自覺與奮鬥，蔡培火呼籲作為臺灣島的主人公要努力自覺與自助，並撰寫主張「臺灣是帝國的臺灣的同

時，亦是我等臺灣人的臺灣」的文章（〈我島と我等〉）。[121]該文隨後因不穩當的言論，刊載此文的《臺灣青年》第1卷第4號遭到創刊後首次的禁止發行處分。[122]

二、帝國議會與殖民地問題

「臺灣議會」的設置要求提出之前，臺灣當局如前章所述，以拒絕「殖民地自治」（臺灣規模之自治）要求的漸進式內地延長主義為既定方針，已經將一連串調整統治體制的政策付諸實施階段；而另一方面，在「三一運動」後的殖民地統治議論當中，雖有部分論調主張應將統治的基本方針由同化主義轉換成自治主義，並容許民族自治，然而當時日本人對於統治的批判，包括主張國內政治改革的激進派論者在內，其焦點多半只是環繞在殖民地內地化進程的問題上。

這樣的情況對臺灣議會設置請願運動而言，使其一開始便處於不利之地位。然而儘管如此，在日本國內的政治領域裡，仍有一定的殖民地統治批判存在，而殖民政策雖無大幅修正，但也進行小幅度地調整；同時，三一運動所帶來衝擊，除了在議會之外，以普選運動為中心的「改造」運動正如火如荼地展開，對國民應享有之政治權利的關心日益高漲，且亦反映於議會殿堂內。因此當時三一運動衝擊和大正民主運動兩者不期而遇的情況，可以說正是臺灣議會設置請願運動得以展開，且得以持續推動之客觀因素。

為了解「臺灣議會」設置要求提出的所在即帝國議會內審議之情況，接下來本文將透過探討該請願案介紹議員的觀點，以及第1回請願案提出之第44回帝國議會中有關法三號案（「台湾ニ施行スヘキ法令ニ関スル法律」）於眾議院審議的情況，以檢視帝國議會內對於包括參政權問題在內的殖民地統治問題所瀰漫的氣氛。

（一）請願介紹議員

　　根據《議院法》的規定（第62條），向帝國議會兩院提出的請願，必須分別獲得兩院議員的介紹否則不予受理。因此，臺灣議會的請願若想要在帝國議會中被討論，在形式上於貴族院、眾議院兩院至少要各有一名的支持者或是認同者。然而眾所周知，眾議院選舉法在殖民地並未施行，且當時也尚未有殖民地住民被選為貴族院議員，因此，撇開糾纏在殖民地的利權問題，可以想見很少有議員願意與殖民地人民——而且是被統治之民族——的權利問題扯上關係。但是，當時日本國內政治普選運動高漲，普遍認為普選之實施只是時間上的問題，議會內外都對國民權利之伸張抱持關心，這種氣氛對臺灣議會設置請願運動而言，是一種解救。果然，運動在主張立刻實施普選的最強硬派，即在議會內之最左派中，找到了最真摯的同情者。

　　擔任第1回請願介紹議員，是眾議院的田川大吉郎和貴族院的江原素六兩位議員。這兩人都是透過蔡培火的宗教導師植村正久的介紹而同意擔任。[123]日後擔當此任務的介紹議員，在眾議院中除了田川之外，還包括其盟友清瀨一郎、神田正雄、中野寅吉（憲政會）、土井權大（政友會）、清水留三郎（民政黨，以上所記黨派皆為擔任介紹議員時之所屬），而在貴族院則除了江原之外，還有山脇玄、渡邊暢（詳細情形參照第四章表四）。除此之外，第1回請願展開時，貴族院的阪谷芳郎，眾議院的島田三郎、尾崎行雄、永井柳太郎、關直彥和大竹貫一等人，也發揮影響力。[124]

　　其中，只要保有議席即持續擔任介紹工作並且熱心支持的議員，有田川、清瀨和神田等三人。因此，下文將探討這三人成為介紹議員的過程，以及對於臺灣議會設置要求的看法。至於請願之相關活動及意義等，將留待下一章敘述。

1. 田川大吉郎和清瀨一郎

　　田川大吉郎出生於1869年，長崎縣人。他從普選運動到都市問題都有所涉獵，是一位非常活躍且範圍非常廣泛的自由主義政治家，同時也是一位

虔誠的基督教徒。他在明治30年代社會主義者和激進自由主義者合作成立普通選舉期成同盟會的時候，便投入普選運動，接著在《第三帝國》、《中央公論》、《東洋經濟新報》等鼓吹民本主義的代表性刊物上展開辯論，並在華盛頓會議和倫敦裁軍會議等議題上，扮演推動裁軍的極積分子而眾所矚目。此外，由於也曾擔任過尾崎行雄東京市長時代之東京助役[125]，對於都市行政和財政問題也都積極發表意見。所以在1890年當田川還是東京專門學校學生時便獲得尾崎的賞識，1908年首次當選眾議員後，兩人在政界大體上是同進同出。[126]

清瀨一郎出生於1884年，兵庫縣人。戰前，他以反對制定《治安維持法》的自由主義派議員而聞名，戰後則以強制表決通過1960年代的《日美安保條約》的眾議院議長而廣為人知。清瀨畢業於京都大學法科，在經歷司法官候補、留學英法德等國及擔任律師之後，在1920年5月的總選舉中，他提倡立即實施普選，代表立憲國民黨並首次當選，隨後和中野正剛、永井柳太郎、星島二郎等人「在老謀深算之議員和好發空論以騙誘國民之議員充斥的時代中，他以議會，同時也是社會上象徵清新氣象新時代的新人之姿，躍上政治舞台」。[127]從立憲國民黨到革新俱樂部，即使在1925年犬養派加入政友會時，他也未隨之加入，而是與尾崎、大竹貫一、關直彥等人留在革新俱樂部，此後在新正俱樂部、革新黨他也是如此，始終隸屬於小黨派，他是無產政黨議員登場之前，具有議會內最左派的理論家風格的議員，並且非常活躍。清瀨是「與其進入大政黨實踐自己的抱負理想，毋寧堅持理論和道義之立場來批判現實政治，適合小政黨之人」，而從與社會主義勢力的關係來看，「把打破現有政黨之藩籬和確立民眾政治做為自己奮鬥的使命的清瀨，正是民主主義和社會主義興起之際，能對此新興勢力抱持理解之自由主義者」，在議會裡他的存在別具意義。[128]第44回帝國議會時，田川和尾崎遭憲政會除名（因兩人在普選法案投票時，反對所屬憲政會之「自立謀生者」享有選舉權資格之提案，公然支持立憲國民黨案），而與其他同時退出憲政會之議員合流至立憲國民黨，並成立革新俱樂部。從這時開始一直到昭和初期革新黨的時期為止，清瀨和田川兩人行動亦步亦趨。田川雖不是清瀨那樣的理論派，但上述清瀨在議會內所扮演的角色，也可以套用在田川身上。如是，臺灣議會設

置的要求，便由政黨內閣期、無產政黨登場前的議會內最左派帶入帝國議會的議堂上。

而田川大吉郎與臺灣議會設置請願運動之所以產生關聯，是因為田川也是植村正久所掌理的富士見町教會之成員，且也是擔任假日傳教的長老級人物。[129] 植村因而將他介紹給蔡培火等臺灣人認識，後來田川又引介清瀨，從第2回請願起擔任介紹議員。[130] 根據神田正雄的說法，1920年間（大概是在12月底）為了臺灣議會設置請願案之提出所召開的「行前會議」，以島田三郎、植村正久為首，邀集了議員和報紙記者出席。[131] 田川應該也出席了這類準備性質的聚會。田川當時已是在議會內外民主運動中累積了許多豐富經驗的民主運動家。且如前所述，起草第1回請願趣旨書的林呈祿曾說過把草稿拿給田川過目，而田川應該也曾以其豐富之經歷，將他對帝國議會請願活動的一些心得和想法傳授給林呈祿吧。在第2回請願後遭到總督府離間，林獻堂暫時退出請願活動時，田川曾經幫上京的蔡培火加油打氣，他說：「如同在本運動一開始我就提醒林獻堂的那樣，靠著一兩次的請願是絕對不可能成功的，必須有組織地不斷運動，要有不達目的絕不罷休的毅力。」[132] 臺灣議會設置之要求以向帝國議會進行請願運動的形式提出，這個構想雖無史料可以證明是出自於田川，但如果這個構想被提出來了，它應該經過了田川的確認。1899年重建之普選期成同盟會從大正元年（1912）起，便每年向議會進行請願活動。[133] 且如前述，受到田川之激勵後，為推動運動而成立之團體命名為臺灣議會期成同盟會，如果我們思考到這一點，就可以更加確定這項運動的運作模式，其構想乃源自於明治末期開始的普選運動。

那麼，田川與清瀨是基於何種想法與信念而支持臺灣議會設置之要求呢？

其實，田川大吉郎與臺灣之淵源，並非從這個時候才開始。田川在進入東京專門學校之前，1883年14歲時便進入新成立不久的長崎外國語學校學習中文（該校於1886年廢校，故課程修完亦無法畢業），而後在日清戰爭時從軍擔任「支那語」通譯，1896年接受第三任臺灣總督乃木希典邀請來臺，並擔任一年左右的《臺灣新報》主筆。來臺之前，田川便撰寫〈臺灣統治策〉，參加當時由《大阪朝日新聞》主辦的「臺灣經營論」有獎徵文比賽，並獲得

第三名之成績。[134]他後來將〈臺灣統治策〉做了文字修正，收錄於他的遊記《臺灣訪問記》（台湾訪問の記，1925年）的附錄中。

〈臺灣統治策〉的內容已有專文介紹。[135]在此將從田川的論點之中，整理出一般認為影響其有關臺灣的主張與行動的兩項特徵來詳加論述。

第一項特徵是，認同英國式之殖民政策，主張由臺灣人來推動「自治」。田川的論點如下：即使臺灣已成為日本的領土，但臺灣住民的大多數將來還是「支那人」，日本人不會超過一成（實際上在1920年約17萬人，占4.4%），如果說政治的真諦在於追求最大多數人的最大幸福，日本的臺灣統治對象是「支那人」，統治的目的必定要是，讓他們順應日清戰爭中日本得以致勝的關鍵這股「世界潮流」，即「十九世紀之文明」。另一方面，他也認為「所有的政府都必須是自治的政府」，而且英國也因此在印度、香港得以統治成功，所以「由島民自治」是必須推動的。

田川所宣稱的「自治」，在這個時候其具體內容是大幅採用本島人官吏及由本島人的民兵進行臺灣防衛，這樣的主張即使到後來支持臺灣議會設置請願運動，我們發現田川的態度並未改變。在日後將〈臺灣統治策〉收錄在《臺灣訪問記》之際，田川便做了這樣的表示：「當時主張自治，現在也還是主張自治。而今天所倡議的臺灣議會，蓋受當時主張自治的影響，是順理成章、理所當然的方法」。[136]

第二項特徵是，如前所述，統治的目的乃要讓臺灣人同化於「十九世紀之文明」，而非採取偏狹的國家主義觀點來定義。這點應與田川是一位熱心的基督教徒有關吧。比如對於教育方針，田川即認為當前所欲推動的以「日本語教育」和「普通教育」來達成「日本人化」（應係指由「國家主義教育」的立場出發，第一任總督府學務部長伊澤修二所亟欲推動的初等教育，藉由日本語的普及來推動同化之立場）是不可能的，而且也違背臺灣統治的目的。總之，田川認為光是謀求日本人化是不夠的，他主張必須再加上「外國語（應指歐美語言）教育」和「世界性的高等教育」。

以上的這兩項特徵，令人聯想到田川日後對臺灣所採取的兩項行動。

第一項行動是，田川反對將「教育敕語」原封不動地套用到殖民地的民族教育中，主張應另行頒布臺灣人和朝鮮人個別之敕語。也就是在1924年

12月底，部分也是為了帶動臺灣議會設置請願運動之熱潮而訪臺的田川，隔年（1925）1月11日在臺北演講時指出，「教育敕語」是日本領有臺灣之前的1890年所頒布的，在制定之初並未考量到「新附之民」，因此讓專門教授漢族住民子女的公學校（另有在臺日本人子女之小學校）「奉讀」是不恰當的。特別是敕語中提到的「不足以彰顯爾祖先之遺風」的地方很不恰當，因此他主張「對於新附之民應頒賜新的敕語」。[137]

應該對朝鮮和臺灣個別頒布教育敕語的提案，與田川的另一項行動，也就是在昭和初年他和清瀨固守革新黨的時候，和清瀨一起主張把制定「臺灣憲法」訂定為黨的主張，是相互關聯的。雖然並未發現到該具體構想的史料，但該構想是頒布**欽定的**「臺灣憲法」（朝鮮是「朝鮮憲法」），實現自治統治。[138]

如將此點與田川的天皇觀併而觀之，就可知道田川的殖民地統治理念。不過在此之前，有必要先了解他對臺灣議會的看法。他對臺灣議會的看法充分呈現在《臺灣訪問記》之中。

田川贊成臺灣議會之設置，其首要理由乃基於臺灣也應實施立憲主義精神之主張。其次是，基於實行立憲主義之後，參與本國帝國議會就不適當。關於第一個理由——這是田川支持臺灣議會要求之基本理念——他做了如下的表示：

> 日本是立憲代議政治之國家，因此，臺灣也非實行立憲代議政治不可。……這與日本是否要實行無關，因為這是現今的人民所認為最佳的統治方法。被採取這種方法的政治所統治的人民比較感到滿足和進步，因此臺灣也必須要有採取這種方法的政治。[139]

而田川認為參與帝國議會的方式不妥的理由，除了議員數量增加將導致帝國議會混亂這種技術性的理由之外，更根本的理由是，他認為應尊重殖民地民族在歷史和文化上的獨特性使然。

> 朝鮮，有朝鮮的歷史和風俗；臺灣，有臺灣的歷史和風俗。政以自然為貴，以自治為貴。自治乃政治之最佳方式。在臺灣和朝鮮，

不也應給與自治？讓其自治有何弊害，將其統一有何利益，我認為應放大視野，更徹底地認清政治之意義、內容、目的以及世界局勢所趨。從臺灣……使其送代議士至內地，雖列議員之席，卻不能暢所欲言。因此，與其建立無法使其充分滿足之制度，倒不如讓臺灣有其獨立的議會，對其所需之處進行充分的議論、計畫和理解，賴其治而安其生，我認為這是最恰當與必要的政策。[140]

這樣的思考方式與前一節中野正剛的主張，也就是儘管宣稱要尊重朝鮮之獨特性，但在政治方面仍以徹底同化為依歸——這裡面有朝鮮人的文化與政治可以簡單地進行切割，這種日本人本位的認定——的想法相較之下，兩人雖然都是大正時期非常活躍的民主活動家，但卻有很大的不同。

依照這些理由所設置的臺灣議會又當呈現出何種面貌呢？田川以仍在研究中而持保留的態度，但他提出以下幾項之主張，即：

第一，要求實施兩院制。因此，和北海道議會與府縣議會並非同一層級。

第二，其中，也可以將上院編入國會的上院。

第三，臺灣議會的權限與臺灣總督的權限同等，如果總督擁有法律制定權，臺灣議會也要擁有審議法律之權限。如果總督之權能只限於律令所規定，則臺灣議會之權能也僅限於律令所規定。

第四，擁有預算之協贊權，因為有租稅的地方就一定有議會，是代議政治的通則。

第五，臺灣歷來無議會慣例，不可以馬上實施普通選舉，不妨先從實施限制選舉開始。[141]

《臺灣訪問記》的開頭，田川指出內地和臺灣是「同一棵樹木所生長出來的兄弟枝幹」，[142]他認同一位英國將軍所說大英帝國是透過英王室而結合的說法，並引以為例證，接著又提出以下的天皇觀，認為「日本未來仍應永遠仰賴天子之治，……對此若無異議，其他的事……都是小事」。[143]若將田

川的天皇觀與其臺灣議會之構想、「臺灣憲法」欽定頒布論，以及針對臺灣頒布新的「教育敕語」等想法併而觀之，即可發現，共同尊崇天皇為統治者，根據各自所頒布的憲法，透過各自的議會，以**立憲的**、**自治的**方式所統治的殖民地，乃是田川所認為的理想殖民地統治圖像。除去其對「天子之治」的偏愛，田川的這個構想可以說和穩健派的臺灣人所要求的構想相去不遠。在第1回請願之後，田川回顧自己以往針對臺灣所進行的議論，提出如下的看法：

> 總之，我是支持新領土自治方針的人，是肯定英國式殖民政策的人。經常被提到法國式，或是荷蘭、西班牙式等古老派的殖民思想，我認為終究與時勢不符而排斥之。因此，我得以輕易地理解林獻堂等人的意見並真誠地與之產生共鳴。[144]

清瀨一郎的臺灣議會設置支持論基本上也和田川相同，都是以擴展立憲主義為基本信條，同時亦承認殖民地擁有自治權。但田川所謂將立憲主義擴展至殖民地是強調「立憲代議政治」──參政權的一面，而清瀨則是著眼於「法治主義」的擴展──殖民地住民的人權擁護上。在1926年出版的《清瀨一郎政論集》一書中，清瀨表示：「國家的根本組織法治主義尚未徹底確立之故，導致封建式的強壓政治橫行〔為了革新日本的法制，在擴充社會性的各種立法之前〕，當務之急必須先貫徹法治主義」，[145]他並主張應廢除《治安維持法》及確立因免訴、誤審、官吏之不法行為所導致的損害應由國家賠償之制度等，同時亦將臺灣議會的設置列入改正事項之一，對此清瀨主張：

> 殖民地本來也就必須實施日本的憲法。既然已經實施憲法，日本臣民在此地也就應享有法治制度的恩澤。未依法律所進行的逮捕、監禁、審問和處罰皆不被許可，且在法律的範圍內必享有言論和集會的自由。因此，非依法律程序制定之律令（臺灣總督擁有制定權）所進行的逮捕、處罰，以及對言論自由和集會自由之限制，都是不恰當的行為。[146]

從這樣的議論角度來理解，當然無法將其逕行視為支持臺灣議會設置的要求。而誠如植原悅二郎所主張的，廢除總督的委任立法制，由帝國議會進行殖民地立法之方向也可以考慮。但是，清瀨卻認為：「只要土著民已經達到一定的文化水準以上，自應承認其自治權，保護其權利」，[147]因此他支持採取輔助總督特別立法權形式的臺灣議會之設置。

綜合以上之檢討，田川大吉郎和清瀨一郎兩人，可說相當符合伊東昭雄所提出的概括：「在對殖民地臺灣的現狀和請願者對民族自治的要求有所理解之下，基於立憲主義的原理，強烈主張臺灣議會設置之合理性。」[148]對此問題，作為議會內最左派之民主主義運動家，他們首要的信念就是主張立憲主義之精神也應在殖民地實施。這樣的信念，也引發前一節檢討的中野正剛與植原悅二郎不贊同設置殖民地特別議會的見解，因此縱使是根據和日本國內同樣仰賴天皇之治的自治殖民地構想，卻也必須表達出其對「民族自治之要求」有所理解。然而在議會（眾議院請願委員會）中，他們的討論卻著重於立憲主義的擴展——參政權賦予的這個層面。確實，在同化主義氣氛濃厚，政府當局有意無意地散布臺灣議會要求違憲論的議會氣氛中，從同情殖民地自治的角度高唱臺灣議會要求的合理性，並非上策。

2. 神田正雄

神田正雄出生於1889年，栃木縣人，是一位「支那通」的新聞工作者。東京專門學校政治經濟科畢業後，他短暫擔任中國四川省學堂教育顧問一職後便留學英美，並於回國後進入朝日新聞社，長期擔任北京特派員。他後來以政治為志，1924年5月於促成護憲三派內閣成立的總選舉中，在憲政會的推薦下首度當選議員。[149]

神田正雄與臺灣議會設置請願運動的關係如前所述，似乎是從出席1920年底所召開的「行前會議」開始的。「那時，我也列席在內。席間，深受蔡培火言詞激烈的主張，和林獻堂真切的態度所感動，雖然我不認為臺灣議會可以如諸位所期馬上獲得實現，但既然日本已是立憲政治的國家，新加入日本的臺灣和朝鮮，我認為將來也要頒行立憲政治才是，因此對於請願我寄予

同情。」[150]而「進入議員生活以來，站在與其說是為了本島人，毋寧說是為了日本的東亞利益的這個角度，我認為臺灣本島人在帝國議會沒有代表將會相當不便，所以在能力範圍所及，我將不負所託」。[151]

在此所謂「為了日本的東亞利益的這個角度」，其真意到底為何呢？神田正雄是「日支合作」論者，並且主張「東亞經濟聯盟」。根據神田之說法，「我國為承擔世界三大國之重任，必須兼備可匹敵美國的財富，以及英國以海洋國人自居的氣魄和修養。而且，為培植這樣的財富和實力，除了力圖對外大力發展之外，別無他途。」[152]然而，「在歐戰之後，全世界和平主義旺盛興起，武力之禁用成為自然的趨勢。」[153]因此，欲謀求「對外大力發展」，唯有依賴和平的、經濟的方法。而該和平的、經濟的方法之「王道」，就是以日本和「新興中華民國」相互合作為主軸的「東亞經濟聯盟」。而且，為了能順利地推動海外發展，必須調整殖民地和日本國內之間的關係，讓兩者間達到「通暢無阻的聯絡」。[154]欲達此目的，其關鍵在於對殖民地民族的不滿和要求，「應合理地加以考慮，並抱持同情之態度」，具體的方案，就是逐步地賦予殖民地人民參政權。[155]神田在其臺灣遊記《動きゆく台灣》一書開頭的部分，提到他擔任臺灣議會設置請願之介紹議員，以及向眾議院提出在臺灣和朝鮮實施地方自治制度建議案等行動之動機。他說：「這些並非揣測臺灣人和朝鮮人的期望而做的事，而是基於我認為滿足這些地方的統治要求，不久將可讓日本對外發展更圓滿地推動這樣的堅定信念。」[156]

另外，神田正雄亦認為，日本的殖民地位於日本得以大幅發展經濟的地區和日本本國之間，而且和這個地區有民族相近之特色（應是神田思考到臺灣和所謂「南支南洋」），而這樣的特色「對日本在海外發展上諸多便利」，[157]這也是神田認為本國─殖民地間的關係非進一步調整不可的緣故。早在當選議員以前，神田就已經如下陳述他的看法：

> 如果施行符合臺灣人所期望的政治，臺灣350萬的民眾真心服從日本之統治的話，則與臺灣來往密切的對岸福建省的支那人，將不期而然地歌頌日本之德治，兩國人民之融合自然是水到渠成。日本經常感到從生存上須與支那互相合作，在苦思其方法之際，

很幸運地，取得過去是支那領土的臺灣，擁有歸化我國的人民，而且透過這些人將很方便去和支那本國人合作。因此，我認為取得臺灣人民之完全諒解將是當務之急。[158]

這樣的看法，跟前面提到的，中野正剛所主張的從亞洲主義觀點出發之立憲主義的殖民主義觀點，基本上並無太大不同。不同的地方只有，在政黨內閣制的常規成立，普通選舉法即將成立的時期裡，對於較晚才在政界登場並以「支那通」為人所知的神田正雄來說，成為民本主義之意見領袖的條件已不復存在，而且有關這方面的輿論亦走向沒落一途。但反過來可以說，神田在所謂民主準體制象徵化的時期裡登場，[159]可令人聯想到他想要在論述帝國內的本國—殖民地之間的政治調整中，而不是在日本國內政治裡，找到自己做為媒體人的存在意義。神田主辦的月刊《海外》1931年新年號中，標題名為「新日本繁榮之道——對外邁向東亞民族之經濟大團結、對內邁向內鮮人及內臺人之完全融合」的社論，就精確扼要地表達了他的看法。

從神田正雄這樣的觀點當然可以預想到，他對於臺灣議會設置要求一定會抱持保留的態度。例如，1927年7月號的《海外》題為「臺灣議會之熱望」的時事評論中，神田就談到，臺灣議會設置要求「從身為立憲法治國家的本國立場來看，當然是必須被允許享有之權利」，不過，「唯政治上之變革，循序的進步在提昇民眾生活乃至增進福祉上，是重要的一環，因此，在通往臺灣議會的路途上，必須先經過自治的訓練。至於是創設臺灣議會，抑或參加本國議會，則仍有商榷的餘地」。[160]具體地說，神田的一套想法是，「首先將地方自治予以具體化是聰明的」[161]，待完成地方自治後經過「自治的訓練」，再實現臺灣議會的設置（且也不否定參與日本帝國議會的可能性）。因此，神田支持臺灣議會設置的請願，只不過是因為他認為「主義上贊成臺灣議會，政府採擇該請願後，應加強對臺灣統治的研究，找出增進臺灣人幸福之途徑」。[162]

而在議會內外的活動中，也可看出神田正雄對「實施地方自治制度」的熱心程度超過於「臺灣議會」之處。在1925年（第50回帝國議會）、1928年（第55回帝國議會）當中，神田向眾議院提出要求「臺灣朝鮮之地方自治應

儘速完成」（台湾朝鮮ノ地方自治ヲ速カニ完成スヘキ）之建議案，接著又於1931年（第59回帝國議會）單獨針對臺灣提出相同之建議案（朝鮮在1930年已實施部分改革），而1930年3月訪臺時，在臺灣民眾黨所舉辦的歡迎會上致辭表示，「對於本島人所摯望的地方自治之完成，本人由衷地表示贊成」，[163]但並未提及「臺灣議會」。在《海外》1930年7月號中，神田發言指出，「近來臺灣人之間也有愈來愈多的人認為應先完成臺灣地方自治，然後才是設置臺灣議會」，[164]讓人認為是勸告運動者轉換為地方自治要求運動才是上策。古賀三千人（他是從高雄一帶發跡的在臺日人資本家，也是在臺日本殖民者當中有力人士之一，曾於1920年至1924年間擔任眾議院議員，屬於憲政會）是當時被在臺日本新聞記者圈中公認為能夠體察總督府之意，並遊說議員進行反對臺灣議會設置工作的人，他曾提及，剛開始時和神田關係並不融洽，但後來雙方逐漸取得諒解。[165]箇中始末雖不清楚，但兩人間若真的取得諒解，那應該是在「地方自治」這點上的諒解，而不是在「臺灣議會」這點上。如同後面將提及的，把本地地主資產階級——臺灣抗日運動右派從臺灣議會設置運動轉換到地方自治改正運動，乃是「治警事件」後臺灣總督府之方針。依此來看，總督府—古賀—神田—抗日右派（楊肇嘉等）這條勸導路線應該曾經存在過。

最後，讓我們將田川、清瀨，以及神田三人進行一下比較。

田川和清瀨雖各有其曖昧不清之處，但他們皆主張殖民地自治；而神田則不然，甚至還反過來主張「在歷史上具有融合統一異族手腕的日本民族，將可在朝鮮和臺灣達成民族融合」。[166]田川和清瀨在昭和初期提倡「臺灣憲法」，而神田之所以積極提倡優先實施地方自治改革，可以說是為了呼應此一原已具有的基本想像。

但是，在議會內外有關「臺灣議會」問題相關的實際活動中，兩者間的差異並不大。一方面由於在議會內對於民族自治表示同情的言論無法大肆宣揚，再者，神田在請願委員會中支持臺灣議會之要求，而且田川和清瀨也贊成神田所提出之地方自治完成之建議案。當然，地方自治之完成（擴大地方層級的參政權）與臺灣議會之要求在理論上未必是相互矛盾的，然而田川和清瀨兩人對該建議案之贊成，客觀上不容否認地，有助於轉換為地方自治改

革運動的方向。當然，由於田川和清瀨兩人屬於議會內最左派之小黨派，不管對政府或是對既成政黨都抱持著批判的立場，對於臺灣人的不滿也有所理解，並且自始至終對於臺灣議會請願運動都給予鼓舞與支持，因此在主觀上，不可能協助總督府以懷柔的手段去籠絡抗日運動右派。

（二）帝國議會之氣氛

在第1回臺灣議會設置的請願之後，林呈祿回顧第44回帝國議會對於殖民地統治之議論時，曾經作如下的表示：

> 在本屆帝國議會中，有關殖民地統治之重要問題，……包括法律第三號的委任立法主義之變更，以及臺灣人的臺灣議會設置請願和朝鮮人的參政權要求，就如同國會議員選舉法施行請願一般，都屬相當難得地引起世人注目之聳動問題。因此，議會也該順應時勢之要求，不像以往只議論所謂六三問題，亦即究竟是否應貫徹臺灣總督之委任立法權，抑或繼續現行做法之爭議上，而是該更進一步地觸及新附民的統治根本方針，是否應讓殖民地住民參與立法，若要讓殖民地住民參與立法，其方式是讓其參與國會呢，抑或有無設置特別機關之必要，以及何時設置等此類更具徹底性問題之議論。[167]

誠如所指，第44回帝國議會中對於法三號的論議出現了變化。因為不同於1916年以前從頭到尾只針對「六三問題」進行議論，其爭論點還很明確地加進了被統治民族臺灣人的政治待遇應如何改善的問題。這是由於1916年最後一次審議「六三問題」的第37回帝國議會以來，其間歷經第一次世界大戰的結束與朝鮮三一運動，以及世界性民族自決和民主思潮的高揚，這些局勢的加入導致殖民地統治的條件明顯發生變化，而議員和政府雙方都體認到了這一點所致。例如，首次進行法三號案審議的第一次會議上，中野正剛與臺灣總督田健治郎的詢答，就如實地呈現了這種變化。中野指出，「臺灣

也開始吹起了一股新鮮的空氣」，有「吸收新文明並開始了解世界大勢」的日本留學生存在，這些「具有新思維的青年的感情」，已出現不久之後將「支配全臺灣的人心」的傾向，「示之以威」的「舊式政治，如今已不可行」。[168] 對於中野的這項認識，田健治郎則答覆：「因為時勢的發展，以及臺灣人民二十五年間接受我帝國的感化，事實上文化逐漸提昇，智識發達，地位也有所提昇，所以今後的統治方針必須予以順應，並讓臺灣人民更加提昇，必將使其達到與帝國臣民完全無所差異的境界不可」。[169]

以下將針對法三號案審議的兩大爭論點——其一是「六三問題」，也就是臺灣總督的委任立法權存續問題，換言之，即臺灣立法中帝國議會所擁有的權限問題，另一則是臺灣人政治待遇的問題——，整理政府、憲政會、政友會以及立憲國民黨之議論，從中來探討有關對於臺灣議會設置請願審議時帝國議會內部的氣氛。

有關政府方面，毋庸贅述是以內地延長主義來回應請願案。首先就「六三問題」上，法三號案第1條規定，擴大內地法延長施行之範圍，臺灣之法令以內地法延長施行為原則，總督之立法為例外。按照此一方針，臺灣之立法在實質上將逐步變成在帝國議會的協贊之下進行。並且，關於歷來所制定的律令，可以訂定成內地法延長之形態者承諾將加以整理。在眾議院的委員會審議中，原敬首相對於法三號案「精神」與「三一法」的不同，提出如下的說明，而這項說明就是政府方面所提出的「六三問題」已不復存在的宣言。

> 不只是更換條文，精神亦所有不同。以往所有的法律事項皆委任臺灣總督，但這次並不如此為之。在根本上有所不同的地方，首先將漸次導向與內地相同，然後再更進一步，所有在臺灣所施行之法律，將僅限於帝國議會所規定者。[170]

關於臺灣人政治待遇的問題，如同第二章所述，提出逐步擴充地方自治，以及逐步實現參加國政之藍圖，並且明確表示考慮設置「臺灣總督府評議會」，以作為「參酌民意」的總督諮詢機關。不過，這個評議會是總督行

政上的諮詢機關，並不被賦予律令諮詢之義務。而且，從評議會是根據法三號案之外的敕令所設置的這點來看，其中實暗藏著原—田陣線拒絕賦予「臺灣規模」自治的周到設想。

相對於此，儘管政友會占有絕對多數，最大在野黨憲政會仍提出以下之修正案——將政府原案之第3條，「前條之命令須經主務大臣之敕裁」改為「前條之命令須交付臺灣總督府評議會之諮詢後呈請主務大臣敕裁」，且在第2項後追加「臺灣總督府評議會之議員為民選，其組織依敕令訂定之」的條文，以及在附則中加上「至大正十五年十二月三十日止有效」的落日條款。[171]總之其目的乃在於，以頒布敕令的方式設置民選的評議會，並以此作為臺灣總督在立法上的諮詢機關，總督在制定律令時須將律令案送交該機關諮詢，且該法律之有效期限定為五年。

對於憲政會所提之修正案表示支持立場的議員有本田恒之、高木正年、永井柳太郎和古賀三千人。首先來看本田針對該修正案的宗旨說明時所進行的議論。本田在這之前的委員會質詢答辯當中表示：「將臺灣作為殖民地來統治，即便是以極為接近的地理性質來看，也是不恰當的，毋寧還是作為日本之延長，採行和日本內地同樣的方針來面對才是」，[172]並且對於政府的統治基本方針舉雙手贊成。而在修正案的說明上，本田儘管再度確認政黨勢力對「六三問題」所持的傳統立場，即「臺灣的文化水準已經達到今天這樣的地步，在臺灣所施行之法律也多數依照一般立法原則，採取議會決議之方式」，但隨即話鋒一轉，他指出：「聽了總督的說明後，對於一些臺灣的特殊情事，以一般原則來進行立法這點上仍感到幾分猶豫。」[173]他雖認同政府保留委任立法權之必要性的看法，但對於總督保留律令制定權則表示，「授以總督專權，實在不妥」，認為「總督雖自稱精通臺灣事務，但官吏對於臺灣事務之觀察未必正確，因此，總督在發布一項命令的時候，先聽取當地有智識有經驗有學識之士的意見，然後再制定命令是非常必要的」，[174]因此本田主張評議會諮詢是律令制定時的必要條件，且對於評議會之組成，他認為和六三法規定只能由官吏組成評議會的時代相較起來，「今天時代已相當進步」，主張採取民選方式（他認為具體上民選評議員可占半數）。此外，對於附加期限這點，本田所持理由為：第一，按照政府所說以內地法延長施行為

原則來進行法律之改善，但如不設期限而令其遙遙無期，首先不但「恐怕會失之於過緩」；更重要的是第二，「會在臺灣人民的統治上造成無法預期的後果」。[175]

在本田所提修正案中，評議會是諮詢機關，但過去曾支援沖繩縣民的參政權運動（眾院選舉法之施行）的高木正年，在修正案提案前之委員會審議中，便因主張當前為了「參酌民意」有必要設置決議機關，而與田總督發生爭辯。高木一開始就指出，1916年第37屆議會通過三一法延長法案時，當時的大隈內閣的內務省大臣一木喜德郎承諾從下次起將設置某種形式的律令諮詢機關，認為「毋庸贅言，現今諮詢機關這種半調子機關無法參酌在臺居留民的意志，時代已進步」，[176]要求「在某種名義下設置決議機關」，並且對於總督的委任立法權，他更主張從安撫臺灣住民的政治性考量來看，尤其有必要在時間上予以設限。高木的主張如下：

> 如繼續且不斷地持續下去的話，毋寧等於是沒有期限的，或許亦可解釋成隨時會被法律廢除。但是，設置期限與否，至少對於臺灣住民的思想會產生巨大的影響。……當前世界上任何國家都是依據國民的意思來處理國家政務，這已經是一般的常規。……然而臺灣自併入我帝國以來，經常在總督府令之下進行立法。雖然是合併，但因臺灣的特殊情況而給予總督在立法上的便利，這完全屬於暫時性的權宜措施，所謂短期間內可以接受，長時期則不然。就臺灣的政治來看，有人主張設置臺灣議會較為合適，也有人主張像琉球一樣，選出代議士至內地，臺灣也選出代議士，與母國一起進行所有事務的立法較為方便，即使在這點上暫時停留在問題研究處理的階段，……如果訂定期限，也許五年後可以成立臺灣議會，也許可以選出代議士到母國，使其在母國的議會內代表臺灣住民的意志，儘管這只是一絲希望，但這一絲希望在臺灣的施政上對於彼等住民的思想卻影響相當大。不設期限，意味著您大概認為這不具任何意義。但是，我認為在臺灣的統治上，參酌臺灣的民意以治之，在實施所謂的立憲政治上，對彼等住民

思想的影響是莫大的。[177]

　　當時憲政會的新進且衝勁十足的年輕議員永井柳太郎，據說受到林獻堂等人之策動，而對「臺灣議會」表達同情。[178]當時他也支持修正案，並滔滔不絕地呼籲應尊重民意。雖然永井的說法相當曖昧迂迴，但他主張必須容許住民實施一定程度的自治，且有其必要性，只是其論點和其他議員似乎有些許不同。

　　　　與臺灣的事情具有特別關係的事，讓臺灣人自治，對我們不僅毫無損失，我認為反倒可讓日本發揚光大。……（永井同時舉出臺灣住民的出身地中國也實施自治為例）這些國家都已經實施自治政治，卻唯獨臺灣非得接受總督府的專制統治不可。將彼等置於此種狀態，臺灣的統治者果真能實現讓全亞細亞人都迎合日本的大理想嗎？[179]

　　如前所述，古賀三千人是所謂具有臺灣關係背景的議員之一，並在日後進行反對臺灣議會設置請願運動的人物。他在這個時候，大概是因為憲政會內部因素而擔任為贊成修正案討論者總結護盤的任務，不過，他的議論卻令人感到矯情而做作。古賀首先稱讚田總督就任以來所施行的各項政策，並表示總督的委任立法權仍應予以保留，隨即就很虛情假意地表示從安撫民心的角度來看，附上期限是有其必要的，而從尊重民意的角度上來看，也應設置民選的評議會，如同虛應故事般講完這些話之後便步下發言臺。[180]對此，同樣是具有臺灣關係背景的議員並隸屬於政友會的坂本素魯哉（彰化銀行董事長）馬上起身指出，我和古賀君同樣都長期居住在臺灣，同樣也都對臺灣的情況有所了解，但「連我最親近的朋友古賀君剛才竟發表了反對意見，讓我此刻不得不站起來表達意見，對此本人感到相當的遺憾」，來揶揄古賀的發言。[181]其實，古賀在登臺發言之前，曾前往田總督處聽取說明。[182]因此，議場上這一幕令人強烈感覺到不過是在預期執政黨政友會占有壓倒性多數議席，原案勢將被表決通過的情況下所上演的一齣戲罷了。

憲政會修正案中的評議會，將其視為總督制定律令之際必須諮詢的民選協議機關為要件這點上，與「臺灣議會」設置請願的定位相同。至於高木正年所進一步提出的「決議機關」，在立法層面上，位階更等同於「臺灣議會」。因此，在與「臺灣議會」請願有所關聯的情況下，很顯然的高木─憲政會之修正提案是不可能被接受的。前引針對高木的議論所進行的答辯中，田總督即反覆地強調指出：「針對設置決議機關一事，等於讓臺灣本身達成其所謂的自治。……而非讓臺灣本身來實施自治不可的主張，絕非保有臺灣的目的所在。……若帝國政府在各方面都把臺灣視為內地之延長來進行統治，如同沖繩縣選出代表者一樣，有朝一日臺灣也將會產生自己的代表，因此對於在臺灣設置其自身的立法機關，絕對不可」。[183]

而執政黨政友會的議員，完全與田總督站在同一立場。在贊成原案之討論中，波多野承五郎首先就設置民選評議會這點上，認為臺灣不管在「教育程度」或「文化水準」都尚未有所進展，因此仍未具備為因應舉辦選舉所必要的「政治訓練」，所以如果要實施此一「政治訓練」並隨其進展達到賦予參政權之地步，首先應先從地方層級來進行（應是指州、市、街、庄的官選協議會逐步地實施民選），而直接跳過這些階段的議論，實為「非常薄弱的議論」。接著，他更進一步指出臺灣議會設置的請願案已經在同時向帝國議會提出，「像這些類似民族自決之各種議論相繼出爐，對當前的民心已產生極大動搖」的情況下，即使是「以半數為民選之協議會（評議會之誤）」，也「將開啟日後在臺灣設置民選議會正當性的開端」，因而持反對立場。[184]至於以五年為期限的附則，波多野則以「在立法機關的立場上，不用多說只要想廢除，隨時都可廢除，就算是這個月或是今天也可以廢除」，如此三言兩語來輕輕帶過這個話題。[185]

而立憲國民黨則提出法三號附上五年為期限之修正案。負責進行說明的議員正是從下屆議會起擔任臺灣議會設置請願的介紹議員，新人清瀨一郎。憲政會所展開的議論認為，政府自以為所揭示的法三號案的原則，也就是該法案與三一法相較，不單只是更換條文，而且具體展現了內地法延長施行優先之方針，「六三問題」將因此逐步獲得漸解決這一點。但清瀨則不以為然地指出，在何種情況下應依據第1條的規定實行內地法之延長，以及在何

種情況下應依據第2條「因應臺灣特殊的情況」制定律令等的判斷，「如果是由帝國議會進行判斷，都會出現將原則和例外（拿三一法來進行比較）前後錯置的情形，……更何況若進行判斷的人皆完全仰賴臺灣總督的情況下，即使是例外也會變成原則」，[186]因此這項法案可說是換湯不換藥的「欺瞞式立法」。再加上現今內地和臺灣之間通信往來已無不便的今日，還保留委任立法制的做法，將被解讀為「唯一的理由是只有臺灣總督才具有理解臺灣之能力，內地之立法議院無此能力」。所以，這項法案「就某種意義來說，帶有侮辱議院的意思存在」，[187]原本「理所當然應一刀兩斷迅速予以否決的」，但恐將因此造成困擾，而「酌以武士之情，同意給予五年的期限」。[188]

以上所述，是眾議院針對前述兩項爭議所進行的討論概要。憲政會和立憲國民黨的修正案，都在帝國議會中政友會占壓倒性多數的優勢下敗下陣來，不用說政府案當然是原案表決通過。然而，從議論的過程中，我們還是可以看出以下兩點關係到臺灣議會設置請願案審議時議會的氣氛。也就是：（1）對於殖民地住民的政治待遇問題給予肯定性回應的議員，乃出自於非政友會勢力；（2）包括這些議員在內（只有極少數之例外），大部分的議員都壓倒性地認同同化主義或內地延長主義。

林呈祿在本文一開始所引用的論文中，在介紹上述所引用的高木正年的發言之後，他忖度憲政會修正案背後的想法，表示「若詳究其根本思想的話，仍是從殖民政策上出發，無法遽然贊同內地延長主義，將來諮詢機關變成決議機關，從半數民選改成全部民選，而最後發展到設置特別的臺灣立法機關之途徑的傾向亦非無法預見」，[189]他並且提出以下之觀察：「眼前帝國的殖民地統治方針，政府的理想是採行所謂本國延長、同化主義。但實際上，這些主義很難迅速地被徹底執行，而且鑑於近年來思想潮流之激盪和民心之變化，對於新思潮有所理解的大多數朝野政治家學者等，開始逐漸傾向同情自治主義，這是無法否認的事實」。[190]在此亦可看出，在1926年憲政會的若槻總理直接地反對「臺灣議會」之前，臺灣議會設置請願運動的領導者們已經出現對憲政會抱持期待的態度了。但這樣的觀察，環視當時議會—政黨勢力的實際狀況來看的話，不得不說是一種太過於樂觀的想法了。

誠如前述春山明哲的論文中所指出的，從「六三問題」出現以來，議會

中便充滿著濃厚的同化主義氣氛。僅就第44回帝國議會來看,首先,憲政會最初的修正案討論中,高木和永井的發言都提到「自治」,但他們都認同根據內地延長主義所制定的法三號方針。而且,儘管永井曾談到「臺灣人的自治」,但「我不認為我們會像英吉利處理遠方的殖民地那樣,永遠不能讓臺灣和日本內地相同,在這一點上我和波多野君根本上是持相同看法的,將來臺灣必定會融入日本之中」[191],其殖民地統治的構想依舊是贊同同化主義的。

至於立憲國民黨,就像清瀨論述修正案提出之理由中所說的,雖不贊同法三號案在殖民地立法中具體呈現內地延長主義方針的這項主張,但對於殖民地住民的政治待遇的問題,卻很難令人分辨出和內地延長主義之方針有何不同。何以致此呢?因為儘管如前節所述,清瀨在日後有關臺灣議會請願的運動當中,應該是多少抱持幾分自治主義的統治構想。但他在法三號案審議時的發言,卻是追隨其立憲國民黨先進議員植原悅二郎由帝國議會進行殖民地立法之主張。植原的主張如前節所述,乃是由帝國議會實現「新領土」統治,在其延長上「新領土」住民參加帝國議會,並藉此達到穩固「新領土」的強固統合(但清瀨的發言中認為法三號乃是六三法的實質延長的觀點,此和林呈祿的立場相同)。

雖然說執政黨政友會在帝國議會中占有絕對多數,但結果仍讓當時的最大在野黨憲政會認同政府原案之「精神」,最後更將本身所提的修正案棄之不顧,這點確是原—田搭檔在政治上的一大勝利。在這種形勢下通過法三號,成了議會——換言之也就是既成政黨勢力,如同我們在第二章所看到的,對於原內閣所採取的漸進式內地延長主義的統治方針只能給予事後追認的窘態。

在法三號修正案上,我們也不宜過度誇大憲政會與政友會之差異。原來,憲政會在評議會設置案上如前所述,和設置「臺灣議會」論有其一脈相通之處。因此,遭受到田總督與波多野議員發言批駁此乃「散播自治之種子」。但即便是評議會,雙方所認知的也不過只是一個半民選的諮詢機關罷了。因此即便後來憲政會—民政黨政府取得了政權,既沒有打算廢止或修正法三號,並且如後所述,對於臺灣議會設置請願案也和政友會內閣時一樣,

一律全部予以駁回。因此我們可以說，原內閣所建立的漸進式內地延長主義的路線，不只是當時政友會的路線而已，也是往後既成政黨—政黨內閣的殖民地統治路線。

　　聳立在追求臺灣議會設置請願運動者前面的那道內地延長主義之高牆，可說一開始就極其厚實矣。

註釋

1. 松尾尊兊，《大正デモクラシー》（岩波書店，1974 年），頁 288。
2. 山本美越乃對於這一點指出：「（三一運動開始以來）朝野的視聽顯著地集中在殖民地問題上，以致向來較被閒置之該問題驟然間引起世人的注意，雖無不感到時機稍遲，但遠勝於至今尚不注意。」參見：山本美越乃，《植民政策研究》（京都：弘文堂，1920 年），頁 221。
3. 關於這一點，東京朝日的記者（當時）神田正雄敍述如下：「日本的臺灣統治方針向來就是和內地的制度全然區別開來，傾向於官僚式、武斷式，結果除了公式的報告外，傾向絕對禁止對外公開其統治內容。從而，言論機關對此，很少有可做成議論的材料，且對於某些東西，又禁止進行評論。因此，迄今臺灣問題還未能成爲一般性的研究」參見：神田正雄，〈王化的に台湾を統治せよ〉，《臺灣》第 3 年第 4 號（1922 年 7 月），頁 9。
4. 【譯按】藉由武力或威嚇所實施的專制政治。初期朝鮮總督由陸海軍大將擔任，掌握殖民地朝鮮的政治、軍事，三一獨立運動後的 1920 年，轉爲較柔軟性的「文化政治」之統治方式。
5. 【譯按】指文化水準的程度。
6. 松尾尊兊，《大正デモクラシー》，頁 289。
7. 松尾尊兊，〈吉野作造と朝鮮〉，《京都大学人文学報》第 25 號（1968 年 1 月），頁 134-135。引用亦同。
8. 松尾尊兊，〈吉野作造と朝鮮〉，頁 134-135。
9. 【譯註】尼港事件（中文爲廟街事件）：爲干涉俄國革命而出兵西伯利亞，占領黑龍江口的尼港（廟街）的日軍，在 1920 年 2 月 28 日被俄國游擊隊包圍而投降。3 月 11 日違反投降協定出奇反擊的日軍敗北，隊長、領事等全部陣亡，殘兵及居留民 122 人成爲俘虜。其後，得知日本援軍來襲的俄國游擊隊燒殺整個城市，殺卻日人俘虜後撤退。日本政府乃煽起國民的反蘇情感要求賠償，並以此事件爲藉口占領北薩哈林，但結果爲

撤回其要求。參照《日本歷史大辞書》（河出書房新社，1973 年）。

10. 松尾尊兊，《大正デモクラシー》，頁 290。

11. 木坂順一郎，〈中野正剛論（二）〉，《竜谷法学》第 6 卷第 2 號，1973 年 11 月，頁 46。

12. 木坂順一郎，〈中野正剛論（一）〉，《竜谷法学》第 3 卷第 2 號，1971 年 1 月，頁 180。

13. 中野正剛，《満鮮の鏡に映し》，頁 126。

14. 中野正剛，《満鮮の鏡に映し》，頁 135。

15. 中野正剛，《満鮮の鏡に映し》，頁 135。

16. 中野正剛，《満鮮の鏡に映し》，頁 137。

17. 中野正剛，《満鮮の鏡に映し》，頁 138。

18. 《法三号議事録》，頁 408。

19. 中野正剛，《満鮮の鏡に映し》，頁 139。

20. 〈時論〉，《東方時論》1918 年 3 月號，轉引自木坂順一郎，〈中野正剛論（二）〉，頁 31。

21. 木坂順一郎，〈中野正剛論（一）〉，頁 179。

22. 木坂順一郎，〈中野正剛論（一）〉，頁 180。

23. 【譯按】勞合・喬治（1863-1945），英國政治家，曾任自由黨黨魁。於一次世界大戰中高唱主戰論，在 1916 至 1922 年擔任自由黨與保守黨的聯合內閣之首相，活躍於戰後的巴黎和會。

24. 伊藤隆，《大正期「革新」派の成立》（塙書房，1978 年），頁 190-194。

25. 松尾尊兊，《大正デモクラシー》，頁 128-129。

26. 植原悅二郎，《デモクラシイと日本の改造》，頁 187。

27. 【譯按】日本稱庫頁島為樺太島，並於日俄戰爭後獲得庫頁島南部，至《舊金山和約》簽訂為止。

28. 植原悅二郎，《デモクラシイと日本の改造》，頁 188。

29. 植原悅二郎，《デモクラシイと日本の改造》，頁 188。

30. 【譯按】即原敬和田健治郎。

31. 植原悅二郎，《デモクラシイと日本の改造》，頁 189。

32. 植原悅二郎，《デモクラシイと日本の改造》，頁 189。

33. 植原悅二郎，《デモクラシイと日本の改造》，頁 189。

34. 植原悅二郎，《デモクラシイと日本の改造》，頁 188。

35. 植原悅二郎，《デモクラシイと日本の改造》，頁 190-191。

36. 《台湾社会運動史》，頁 364-375。

37. 《台湾社会運動史》，頁 366。

38. 松尾尊兌，〈吉野作造と朝鮮〉，頁 146。

39. 關於《東洋経済新報》，參閱井上清、渡部徹編，《大正期の急進自由主義》（東洋経済新報社，1972 年）第五章〈植民政策論——一九一〇年代の朝鮮政策を中心として〉（井口和起）；關於末廣，參閱小野一一郎〈第一次大戦後の植民政策論——朝鮮問題をめぐって〉，收綠於小野一一郎、吉信粛編，《両大戦間期のアジアと日本》（大月書店，1979 年）。

40. 其他還寫有〈愛蘭問題に就いて〉，《臺灣青年》第 4 卷第 2 號（1922 年 2 月），但未觸及臺灣。

41. 宮川次郎，《台湾の政治運動》，頁 76。

42. 吉野作造，〈いわゆる呂運亨事件について〉（《中央公論》1920 年 1 月號），松尾尊兌編，《中国・朝鮮論》（平凡社，1970 年），頁 251；〈朝鮮青年会問題〉（《新人》1920 年 2-3 月號），松尾尊兌編，《中国・朝鮮論》，頁 263。

43. 《台湾社会運動史》，頁 24-25。

44. 松尾尊兌，〈吉野作造と在日朝鮮人学生〉，收録於原弘二郎先生古稀記念会編，《東西文化史論叢》（関西大学出版部，1973 年），頁 467-469。

45. 葉榮鐘等，《臺灣民族運動史》，頁 194。

46. 《中国・朝鮮論》頁 265-266。

47. 《新人》1920 年 3 月号，轉引自松尾尊兌，〈吉野作造と朝鮮〉，頁 145。

48. 《中国・朝鮮論》，頁 286。

49. 松尾尊兌，〈吉野作造と朝鮮〉，頁 141-143。

50. Tsurumi Najita，《原敬——政治技術の巨匠》，頁 9-10。

51. 三谷太一郎，《大正デモクラシー論》（中央公論社，1976 年），頁 224。

52. 吉野作造，〈祝辭〉，《臺灣青年》創刊號（1920 年 7 月），頁 9-10。

53. 三谷太一郎，《大正デモクラシー論》，頁 36-37、頁 147。

54. 《台湾人ノ台湾議会設置運動ト其思想（後編）》頁 2-4。

55. 金子文夫，〈日本における植民地研究の成立事情〉，小島麗逸編，《日本帝国主義と東アジア》（アジア経済研究所，1979 年），頁 89-91。

56. 戴國煇，〈細川嘉六と矢内原忠雄〉，收入戴國煇，《日本人とアジア》。

57. 金持一郎，〈我国に於ける植民政策学の発達〉，《経済論叢》第 38 卷第 1 號（1934 年 1 月），頁 422。

58. 高木眞助，〈山本美越乃博士年譜及著書論文目録〉，同前，頁 457、459。

59. 金子文夫，〈日本における植民地研究の成立事情〉，頁 73。

60. 金子文夫，〈日本における植民地研究の成立事情〉，頁 433。

61. 黃呈聰 1923 年 6 月 3 日在臺中州員林街的演講中如下指出：「我等在京都時，關於臺灣議會設置之事，田總督明言違憲，然而以此請教於大學的博士，該博士則云雖不違憲，但獨立則應不能」（〈台湾議会期成同盟会中心人物ノ経歴思想言動〉，內田嘉吉文庫〔千代田圖書館蔵〕，《台湾議会設置関係書類》所收）。如同後述，山本在 44 回帝國議會後造訪臺灣，應該與議會運動相關人士有所接觸，故上文中京都的「大學的博士」指的也許是山本。

62. 山本美越乃，《植民政策研究》，頁 156。

63. 山本美越乃，《植民政策研究》，頁 159。

64. 山本美越乃，《植民政策研究》，頁 159-160。

65. 山本美越乃，《植民政策研究》，頁 160。

66. 山本美越乃，《植民政策研究》，頁 165。

67. 山本美越乃，《植民政策研究》，頁 156-157。

68. 山本美越乃，《植民政策研究》，頁 164。

69. 山本美越乃，《植民政策研究》，頁 164。

70. 山本美越乃，《植民政策研究》，頁 168。

71. 金持一郎，〈我国に於ける植民政策学の発達〉，頁 432-433。

72. 泉哲，《植民地統治論》，頁 377-378。

73. 山本美越乃，《植民政策研究》，頁 427-428。

74. 山本美越乃，《植民政策研究》，頁 429。

75. 山本美越乃，《植民政策研究》，頁 429。

76. 山本美越乃，《植民政策研究》，頁 429。

77. 山本美越乃，《植民政策研究》，頁 429-430。

78. 山本美越乃，《植民政策研究》，頁 431。

79. 山本美越乃，《植民政策研究》，頁 433。

80. 田中宏，〈日本の植民地支配下における国籍関係の経緯──台湾・朝鮮に関する参政権と兵役義務をめぐって〉，《愛知県立大学外国語学部紀要》第 9 號，1974 年 12 月，頁 72。

81. 幼方直吉，〈朝鮮参政権問題の歴史的意義〉，頁 6。

82. 山本美越乃，《植民政策研究》，頁 434。

83. 小野一一郎〈第一次大戦後の植民政策論──朝鮮問題をめぐって〉，頁 262。

84. 《臺灣議會設置請願理由書》，頁 13。

85. 《臺灣》第 3 年第 1 號，1922 年 4 月，頁 58 的補白。

86. 〈最近に於ける我が植民地問題〉，《外交時報》第 396 號（1921 年 5 月）。收入《植民地問題私見》（弘文堂書房，1920 年），頁 207。

87. 許世楷，《日本統治下の台湾》，頁 201。

88. 山本在他的臺灣訪問記〈台湾の土地と人〉，《太陽》第 28 卷第 1 號（1922 年 1 月）中，提出如下的觀察。「現在從其實際情況來推測亦是，在臺灣的內地人不僅在數量上爲本島人所壓倒，且就某種意義而言，在人格及思想上被壓倒或漸被壓倒者亦不在少數。比起數十年如一日，偏狹不知世界大勢、膠著於固陋思想的內地人，本島人之中眞正覺醒者較爲遙遙領先，此乃事實」（頁 103）。

89. 〈台湾議会設置請願問題と過去の総督政治〉，《外交時報》第 488 號，（1925 年 4 月）。

90. 泉貴美子，《泉靖一とともに》（芙蓉書房，1972 年），頁 40。

91. 明治大學政治濟經濟學部編，《学部創立七十年史》，1978 年，頁 47-49。

92. 〈雑録〉，《臺灣》第 3 年第 2 號（1922 年 5 月），頁 70。

93. 泉貴美子，《泉靖一とともに》，頁 323。

94. 田川大吉郎，《台湾訪問の記》（白揚社，1925 年），頁 119。

95. 許世楷，《日本統治下の台湾》，頁 182。

96. 《台湾社会運動史》，頁 24。

97. 泉貴美子，《泉靖一とともに》，頁 42。

98. 《台湾社会運動史》，頁 143；《東京日日》1924 年 6 月 30 日。

99. 泉哲，《植民地統治論》，頁 377。

100. 〈植民地の将来（二）〉，《南洋協会雑誌》第 5 卷第 2 號（1919 年 2 月），頁 18。

101. 泉哲，《国際法問題研究》（嚴松堂，1924 年），頁 321。

102. 泉哲，《植民地統治論》，頁 164-165。

103. 泉哲，《植民地統治論》，頁 282。

104. 泉哲，《植民地統治論》，頁 283-284。

105. 《台湾人ノ台湾議会設置運動ト其思想（後編）》，頁 4。

106. 泉哲，〈台湾島民に告ぐ〉，《臺灣青年》創刊號（1920 年 7 月），頁 7。

107. 泉哲，〈台湾自治制を評す〉，《臺灣青年》第 1 卷第 3 號（1920 年 9 月），頁 16。

108. 泉哲，〈植民地の立法機関〉，《臺灣》第 4 年第 4 號（1923 年 4 月）。

109. 泉哲，〈台湾の将来〉，《臺灣》第 5 年第 1 號（1924 年 1 月），頁 3。

110. 〈台湾統治策変更の必要〉的〈編者附記〉，《東洋時報》1919 年 4 月號，頁 13。

111. 東鄉實，〈植民地政策の批判に就て（泉君の所論を駁す）〉，《太陽》1920 年 11 月（之後旋卽轉載於同年 12 月之《臺灣時報》）。

112. 金子文夫，〈東郷実の年譜と著作〉，《台湾近現代史研究》第 1 號（1978 年），頁 127-129。

113. 參照東郷實、佐藤四郎，《台湾植民発達史》（晃文館，1916 年）。

114. 東郷實，〈植民政策の批判に就いて〉，頁 151。

115. 東郷實，〈植民政策の批判に就いて〉，頁 150。

116. 大橋正次，〈東郷実氏の〈植民政策批判に就て〉を読みて〉，《臺灣青年》1921 年 1 月號，頁 41。

117. 〈第四四帝国議会貴族院請願委員会第三分科会速記録・第四回・大正十年二月二十八日〉，頁 8。

118. 《台湾人ノ台湾議会設置運動ト其思想（後編）》，頁 4。

119. 泉哲，〈民族自決の眞意〉，《臺灣青年》1920 年 5 月號。

120. 泉哲，〈新移植民政策如何〉（アンケート），《植民》第 5 卷第 1 號（1926 年 1 月），頁 46。〈台湾議会と朝野の与論〉，《植民》第 5 卷第 4 號（1926 年 4 月）。

121. 蔡培火，〈我島と我等〉，《臺灣青年》第 1 卷第 4 號（1920 年 10 月）。

122. 《台湾社会運動史》，頁 30。

123. 葉榮鐘等，《臺灣民族運動史》，頁 193。

124. 許世楷，《日本統治下の台湾》，頁 200。

125. 【譯按】助役，相當於副市長。

126. 有關田川大吉郎之經歷，乃根據：成田龍一，〈田川大吉郎年譜〉，《民眾史研究》第 14 號（1976 年 5 月）、成田龍一，〈若き日の田川大吉郎〉，《民眾史研究》第 15 號（1977 年 5 月），以及成田龍一，〈立憲主義者──田川大吉郎の思想と行動〉，《早稲田大学大学院文学研究科紀要別冊》第 4 集（1978 年 3 月）。

127. 井上縫三郎，《現代政治家列伝》（要書房，1953 年），頁 117。

128. 井上縫三郎，《現代政治家列伝》，頁 117-118。

129. 成田龍一，〈若き日の田川大吉郎〉，頁 67。

130. 葉榮鐘等，《臺灣民族運動史》，頁 193。

131. 神田正雄，《動きゆく台湾》（海外社，1930 年），頁 4。

132. 《台湾社会運動史》，頁 355。根據田川自身之說法，在運動開始之前，他曾向林獻堂提出三項忠告：「第一、我贊成。從以前開始我就抱持這種想法。第二、雖然如此，由於日本不分朝野官民大都持反對意見，可想見不易成功。第三、也請林君事先能有此覺悟，如果一失敗就放棄的話，那乾脆一開始就不要進行運動較好。如果是請抱著百折不撓之精神，十年二十年都要繼續下去的想法，那就進行吧。而其間應會遭到種種意想不到的誤解和責難。」田川大吉郎，〈台湾の論議に関する回想〉，《臺灣青年》第 2 卷

第 3 號（1921 年 9 月），頁 2-3。

133. 伊藤隆，《大正期「革新」派の成立》，頁 151。

134. 成田龍一，〈田川大吉郎年譜〉，頁 122。

135. 參照伊東昭雄，〈田川大吉郎と台湾〉，《横浜市立大学論叢・人文科学系列》，第 28 卷第 2、3 號合併號（1977 年 8 月）。

136. 田川大吉郎，〈台湾統治策〉附言，《台湾訪問の記》附錄，頁 3。

137. 臺北師範學校，《教育勅語ニ関スル調査概要》，1925 年，頁 23。

138. 材子民，〈政策斯くべく民心欺くべからず〉，《海外》1927 年 7 月號，頁 74；以及針對該雜誌的問卷調查清瀬之回答，《海外》1927 年 7 月號，頁 65。這與田川一貫主張帝國憲法不可在臺灣施行之見解有所關聯，參見：田川大吉郎，〈台湾の論議に関する回想〉，頁 5。

139. 田川大吉郎，《台湾訪問の記》，頁 99-100。

140. 田川大吉郎，《台湾訪問の記》，頁 105。

141. 山川大吉郎，《台湾訪問の記》，頁 101-103。伊東昭雄，〈田川大吉郎と台湾〉，頁 103。

142. 田川大吉郎，《台湾訪問の記》，頁 8。

143. 田川大吉郎，《台湾訪問の記》，頁 10。

144. 田川大吉郎，〈台湾の論議に関する回想〉，頁 8。

145. 清瀬一郎，〈法制革新の綱目〉，《清瀬一郎政論集》，250-251 頁。

146. 清瀬一郎，《清瀬一郎政論集》，273 頁。

147. 清瀬一郎，《清瀬一郎政論集》，274 頁。

148. 伊東昭雄，〈田川大吉郎と台湾〉，頁 109。

149. 伊藤隆，《大正期「革新」派の成立》，頁 194。《議會制度七十年史・衆議院議員名鑑》，1962 年，頁 143。

150. 神田正雄，《動きゆく台湾》，頁 4。

151. 神田正雄，《動きゆく台湾》，頁 45。

152. 神田正雄，〈新日本繁栄の道〉，《海外》1931 年 1 月，頁 7。

153. 神田正雄，〈新日本繁栄の道〉，頁 6。

154. 神田正雄，〈海外発展を策する前に我が植民地の人心を収めよ〉，《海外》1928 年 12 月，頁 7。

155. 神田正雄，〈海外発展を策する前に我が植民地の人心を収めよ〉，頁 9。

156. 神田正雄，《動きゆく台湾》，頁 5。

157. 神田正雄，〈海外発展を策する前に我が植民地の人心を収めよ〉，頁 7。

158. 神田正雄，〈王化的に台湾を統治せよ〉，頁 13。島田三郎也持同樣的看法，參照島田三郎，〈台湾の政治について〉，《臺灣》第 3 年第 8 號（1922 年 11 月）。而且，這項議論常以「臺灣人是日支親善之棋子」的形式，被臺灣人在公開場合強調與民族的祖國中國之關聯時拿來借用。

159. 三谷太一郎，《大正デモクラシー論》，頁 254。

160. 神田正雄，〈台湾議会の熱求〉，《海外》1927 年 7 月號，頁 5。

161. 神田正雄，《動きゆく台湾》，頁 281。

162. 神田正雄，《動きゆく台湾》，頁 278。

163. 神田正雄，《動きゆく台湾》，頁 47。

164. 神田生，〈故意の誤解と宣伝に浮ぶ瀬のない「台湾議会」〉，《海外》1930 年 7 月號，頁 70。

165. 橋本白水，《台湾統治と其功労者》（臺北：南國出版協會，1930 年），第 5 篇，頁 13。

166. 神田正雄，〈重大性を孕む朝鮮の現状〉，《海外》1930 年 12 月，頁 11。

167. 林呈祿，〈改正台湾統治基本法と植民地統治方針〉，頁 12。

168. 《法三号議事録》，頁 402。

169. 《法三号議事録》，頁 404。

170. 《法三号議事録》，頁 456。

171. 《法三号議事録》，頁 475-476。

172. 《法三号議事録》，頁 448。

173. 《法三号議事録》，頁 475。

174. 《法三号議事録》，頁 475-476。

175. 《法三号議事録》，頁 476。

176. 《法三号議事録》，頁 432。

177. 《法三号議事録》，頁 442-443。

178. 許世楷，《日本統治下の台湾》，頁 200。

179. 《法三号議事録》，頁 492。

180. 《法三号議事録》，頁 487-488。

181. 《法三号議事録》，頁 489。

182. 國會圖書館憲政資料室藏，《田健治郎日記》，1920 年 12 月 3 日。【編按】中央研究院臺灣史研究所於 2001 年翻譯出版《臺灣總督田健治郎日記》（上）（中）（下）三冊，收錄田健治郎擔任臺灣總督時期之日記，並可於中研院臺史所臺灣日記資料庫閱讀。

183. 《法三号議事録》，頁 444。

184. 《法三号議事録》，頁 510。在法三號策定的過程中，原總理已將同樣的宗旨告訴田總督。根據《田健治郎日記》1920 年 11 月 15 日的記載，這天原向田表示：「關委任立法問題者……設定諮問機關、有誤認臺灣全島自治發端之虞……。」【譯按】參見：《臺灣總督田健治郎日記（上）》（臺北：中央研究院臺灣史研究所，2001 年），頁 527。

185. 《法三号議事録》，頁 511。

186. 《法三号議事録》，頁 504。

187. 《法三号議事録》，頁 504。

188. 《法三号議事録》，頁 505-506。

189. 林呈祿，〈改正台湾統治基本法と植民地統治方針〉，頁 18。

190. 林呈祿，〈改正台湾統治基本法と植民地統治方針〉，頁 21。

191. 《法三号議事録》，頁 498。

帝國議會的臺灣設置請願運動

在前章，我們概觀了帝國議會內外，在臺灣議會設置請願運動展開之初，對殖民統治的議論，並且也檢討了日本本國政治對於「臺灣議會」要求的**磁場**。接下來必須檢討的是，在帝國議會的審議中，該項要求在日本本國政治中如何被處理的問題。

首先，表四是全部15回請願的大概經過。

根據議院法，貴、眾兩院同樣規定，請願首先要「交付請願委員審查」（63條），該會議定期接受請願委員的報告並進行表決；再者，當「請願委員有特別報告之要求或議員30人以上之要求時」，必須以該項請願為議題（64條）。此外，該會議決議應予採納之請願（分為：請願委員的報告直接予以而採納者，及列為該會議的議題，經審議後而予以採納者）可「附上意見書將請願書送至政府，經判斷要求報告」（65條），但是也有僅為提供參考而送至政府的處理方式。[1]表四的「不採納」，是指請願委員會的報告未予採納者，「上呈未及」則是指因會期因素未能呈送請願委員會者（審議的順序，依照議院規則，由兩院提出順序來決定）。所謂「審議未了」是指請願委員會未予決議者。其中當然沒有因為是請願委員的特別報告而成為該會議議題者，也沒有由30名以上議員提出要求而成為該會議議題者。無論如何，15回都是在請願委員會的層級結束，連送付參考都沒有。在貴族院不是未提為議程就

是不採納，在眾議院則多是審議未了或不採納，遭受到嚴苛的對待。

這總共 15 回的請願運動，就其與整個臺灣抗日運動的關聯，以及在帝國議會展開的審議這兩點來看，可大分為兩個時期。

前期是第 1 回到第 7 回的請願（1921-1926 年）。主張「臺灣議會」的運動完成了對臺灣大眾民族的、政治的啟蒙工作，是臺灣抗日運動的核心政治運動時期。在日本本國政治方面，這一時期裡大正民主運動確立政黨內閣，並實現男子普通選舉。向本國議會提出的請願，從其形態來看，本來就不是以面向為其運動力量根源的殖民地大眾為其運動出發，且在殖民地支配的強力政治制約之下，其運動形式始終都未能改變。但是儘管如此，這個時期「臺灣議會」口號的有效性，是寄託在日本本國政治民主化及期待隨之而來的殖民地統治方針的白由化，據此推動了臺灣的民族、政治啟蒙，是政治互動確立的時期。然而儘管政黨內閣制確立，普通選舉法成立，但在治安維持法成立的形態下，日本本國政治民主化的能量枯竭，該運動在第 51 回帝國議會中，以當時首相議會發言的最高形式遭到否決，議會也予以追認，此一政治互動因之斷絕，運動至此實質上已告失敗。

後期是第 8 回到第 15 回（最終回）的請願（1927-1934 年）。在日本本國政治場域已經失敗的運動，又遭遇 1927 年臺灣文化協會分裂（左派掌握協會指導權，右派及蔣渭水等人成立臺灣民眾黨）、1930 年民眾黨分裂（蔣渭水等主流派加強重視勞農路線、右派成立以實現地方自治為單一目標的臺灣地方自治聯盟）及抗日運動的持續分裂（每次都是右派，即本地地主資產階級民族派從運動團體退出＝政治性後退的形式），支持基礎萎縮形式化，最終結束的時期。

在貴族院裡，有 8 次是不採納，7 次是未提上議程，而即使提為議程，也只是聽取政府委員說明加以了解，未見實質的討論。所以，以下就以眾議院請願委員會的議論為中心，檢視帝國議會中「臺灣議會」要求的結果。

表四　帝國議會之臺灣議會設置請願經過

請願回次	提出年月日	議會會次	內閣	連署者數（領銜請願人）	上京請願委員
1	1921.1.30	44 通常	原敬（政友會）	178（林獻堂）	（只有在京者連署）
2	1922.2.16	45 通常	高橋是清（政友會）	512（林獻堂）	林獻堂、蔡惠如
3	1923.2.23	46 通常	加藤友三郎	278（蔡惠如）	蔡培火 蔣渭水 陳逢源
4	1924.1.30	48 通常	清浦奎吾	71（林呈祿）	（只有在京者連署）
5	1924.7.5	49 特別	加藤高明（護憲三派）	230（蔡培火）	蔡培火、蔣渭水 洪元煌、李山火
6	1925.2.17	50 通常	同上	768（林獻堂）	林獻堂、楊肇嘉 林梅堂、蔡式穀 邱德金、葉榮鐘
7	1926.2.10	51 通常	第一次若槻（憲政會）	1948（林獻堂）	蔡培火 蔡年亨 陳逢源
8	衆 1927.1.19 貴 1927.1.20	52 通常	同上	2375（林獻堂）	請願書由在京之林呈祿送交
9	1928.4.25	55 特別	田中義一（政友會）	2031（林獻堂）	蔡培火、蔡式穀
10	衆 1929.2.16 貴 1929.2.18	56 通常	同上	1905（林獻堂）	王受祿 王鐘麟 呂靈石
11	衆 1930.4.28 貴 1930.5.2	58 特別	濱口雄幸（民政黨）	1314（林獻堂）	蔡培火
12	1931.2.12	59 通常	同上	1382（蔡培火）	蔡培火、楊肇嘉
13	1932.6.3	62 臨時	齋藤實	2415（林獻堂）	介紹議員送交
14	衆 1933.2.6 貴 1933.1.31	64 通常	同上	1773（林獻堂）	同上
15	衆 1934.3.5 貴 1934.2.6	65 通常	同上	1348（林獻堂）	蔡培火

出處：根據《台湾社会運動史》第三章政治運動，遠山、安達著《近代日本政治史必攜》及衆議院、貴族院請願委員會議事錄。

衆 議 院			貴 族 院		
介紹議員	發言政府委員	結果	介紹議員	發言政府委員	結果
田川大吉郎（2.10憲政會除名）	未出席	不採納	江原素六	田總督	不採納
田川（無所屬）清瀬一郎（國民黨）	同上	不採納	同上	賀來總督府總務長官	不採納
田川（革新俱樂部）清瀬（革新俱樂部）	同上	不採納	山脇玄	馬場法制局長官	不採納
同上		未上呈 1.31解散	同上		上呈未及
清瀬（革新俱樂部）神田正雄（憲政會）	未出席	審議未了	同上		上呈未及
同上	同上	審議未了	山脇玄 渡邊暢		上呈未及
清瀬（新正俱樂部）神田（憲政會）中野寅吉（憲政會）	黑金內閣拓殖局長	不採納	渡邊暢		上呈未及
清瀬（新正俱樂部）神田（憲政會）	未出席	審議未了	同上		上呈未及
清瀬（無所屬）[2] 神田（民政黨）	同上	審議未了	同上		上呈未及
神田（民政黨）土井權大（政友會）	河原田總督府總務長官、成毛內閣拓殖局長	審議未了	同上		不採納
田川（革新黨）清瀬（革新黨）	武富拓務參與官	不採納	同上		上呈未及
同上	未出席	審議未了[1]	同上	武富拓務參與官	不採納
清瀬（革新黨）清水留三郎（民政黨）	提拓務政務次官	審議未了	同上	提拓務政務次官	不採納
清瀬（國民同盟）清水（民政黨）	提拓務政務次官、生駒拓務省管理局長、平塚臺灣總督總務長官	不採納	同上	生駒拓務省管理局長	不採納
同上	提拓務政務次官 其他出席未發言	不採納	同上	同上	不採納

註1：其結果是「和不採納同樣意思」的審議延長之提案，終成未了。
註2：因就任副議長脫離革新黨。

一、內地延長主義的高牆

運動的前期階段尚可細分為兩個時期。第1期是從第1回到第4回，是毫不掩飾殖民地自治的要求，與內地延長主義對決較為明顯的時期。第2期是從第5回到第7回，運動在已達到啟蒙效果的臺灣內部及議會外部，氣勢高漲，而且在護憲運動勝利所帶來的政局轉換的契機之下，介紹議員也有相當的議會活動，但為了緩和請願委員會之氣氛，進行妥協，把請願宗旨拉近至內地延長主義體制來解釋、說服，暴露出「臺灣議會」要求的內在弱點，是敗北時期。

（一）對抗內地延長主義
——第1回～第4回請願

第1回到第3回請願提出的第44至46回帝國議會，是1920年5月第14回總選舉所組成的議會。眾所周知的，因為小選舉區制的因素，政友會佔絕對多數，政友會是執政黨（原內閣、高橋內閣）與準執政黨（加藤友三郎內閣）的立場。

在第44回帝國議會中，原內閣在臺灣議會設置請願第1次提至眾議院請願委員會（1921年2月21日）之前，2月18日就仗著政友會的壓倒性多數，否決憲政會所提出的修正案（設置民選評議會、5年期限），讓法三號在眾議院表決通過。21日，第1回請願雖然上呈至請願委員會第1分科會，但政友會的岡田伊太郎以「此事……依六三法已經很清楚」為由，主張不採納，無異議決定不採納；在25日的請願委總會也同主查報告一致決議不採納。[2]介紹議員田川大吉郎兩日均未出席，第1回請願就在沒有人辯護的情況下簡簡單單地被解決掉。岡田所言「依六三法很清楚」，其主旨不甚明確，但應可這樣理解：請願很明顯是要變更已表決通過的法三號，議會根據已確認的意志在同一會期中不得變更，即所謂一事不再議之原則，不應採納。[3]

岡田伊太郎自第14回總選舉當選以後便經常擔任請願委員會的委員，

除了因為1930年2月第17回總選舉落選，[4]在第11回請願（第58回帝國議會）與第12回請願（第59回帝國議會）沒能露臉之外，他都擔任請願委員，而且很多時候是擔任委員會理事，甚至是委員長，在委員會的議事舞台扮演重要角色。即使不是擔任委員長的時候，委員長也會特意請岡田發言以協助議事進行，是請願委員會中「領袖」級的有力議員。對於「臺灣議會」的請願，他在議題被提出時幾乎都會出席（非該分科會的委員時，就以「兼任」的形式兼任委員），主張不採納，或是不斷要求延期（所持理由為：重要問題需慎重討論，有詢問政府委員意見之必要，然政府委員不克出席，應予延期），扮演最後造成審議未了的推手。對於岡田的這些動作，清瀨一郎在第6回請願（第50回帝國議會）時，就曾發言批評這是政府與請願委員長事前協議好的行動，[5]而在總督府的帝國議會對策資料中則稱之為「岡田進行係」。[6]在到了第14回請願（第64回帝國議會），岡田在請願委員會的發言中，坦承在「臺灣議會」請願審議中自己的行動乃承政府——總督府之意：「委員會非常同情此請願而積極加以審議，但是臺灣當局、政府委員——政府不時表達無論如何都要暫緩通過此請願，因此雖在委員會予以審議，但結果仍是那樣（審議未了或是不採納）。」[7]

　　第2回，在1922年2月27日的分科會上，由田川大吉郎負責說明，他指在臺灣已實施二十七年的特別委任立法制度，其存續即是設立特別代議機關的根據。對此，庚申俱樂部的奧村安太郎以符合「時勢」為由，主張採納，但岡田主張不採納。經表決，結果除了奧村之外，全體持反對意見，不予採納。順帶一提，此分科會的黨派結構是：政友會：六、國民黨：二、憲政會：一，庚申俱樂部：一。據此，3月11日的請願委總會依主查報告，決定不採納。

　　此外，第2回請願時，請願運動者方面曾經拜託田川提出有關臺灣議會設置的建議案，[8]但實際上並未提出。因為無法找到提出建議案所需的30名贊成議員。

　　第3回提案到1923年3月12日的分科會，田川首先發言指出：把立法權委託給行政官的總督，有違現今日本的立憲政治精神，本國立憲政治的精神也要適用於臺灣，請願運動者雖對總督政治失望，但他們並無獨立之念頭。對此，岡田主張：請願是攸關總督政治根本的重大問題，除不採納之外別無

他法，今日暫且延期吧。同樣是政友會的吉良元夫也贊成，最後便延期。於是，沒有先提至分科會，就直接提至3月19日的請願委總會，岡田又發言，以下面的理由主張不採納，即刻表決確定。

（1）即使僅採納部分之請願宗旨也與法三號相矛盾。

（2）請願是成立「帝國議會之分局」，憲法上不能同意。

（3）逐漸擴充地方自治是政府的方針，如果是按照這個方針，「穩健地發展自治體」就沒有問題，但請願並非如此，而是要成立「帝國議會之分局」，因此不能同意。

（4）連署人數較前回減少。[9]

這四點中，（1）因為不是在通過法三號的第44回帝國議會，所以即便通過修改法三號的請願，也未違反會議中一事不再議的原則。之後，岡田便不再提出此一論點。（4）所提的連署人數減少，如同第一章所提到的，是因為第2回請願後總督府進行分化策略之故。如前所述，岡田的發言埋下為了增加連署人數而更改請願用紙樣式的伏筆。

（2）及（3）點的論點，也就是違憲論和內地延長主義論，才是岡田以及出席政府委員其後不斷主張與堅持的觀點。首先來談違憲論，根據議院法，議會不可以受理修改憲法的請願（67條）。因為已受理過3次，表示議會判斷臺灣議會設置請願不是變更憲法的請願。實際上，1921年2月左右，臺灣當局也以「認定即使不違法，也不符合憲法宗旨」的形式，認定不違憲。[10]我們再把時間稍稍往後推，第7回請願（第51回帝國議會）時，受理請願前因出現違憲論，眾議院事務局便予以檢討，但最後結論是不違法而受理請願。[11]實則如後所述，在該議會的貴族院預算委員會上，若槻首相雖然親自指出違憲，但既然議會都已經受理了，違憲論於法就不能阻止「臺灣議會」的請願。事實上，以違憲之名鎮壓該運動之事並未發生。而且還得到有才幹的律師清瀨一郎的同情，對於本來就通曉法律知識的臺灣議會設置運動者而言，違憲論也無法產生任何恫嚇之效果。

但是，因為其他議員接受，請願是成立「帝國議會之分局」之議論，並

對請願宗旨抱持懷疑，[12]再加上議會濃厚的同化主義氣氛，該論點成為請願運動的最大障礙。

第4回的請願因1923年4月的「治警事件」，無法由臺灣在住者繼續推動，在田川、清瀨等人的鼓勵下，以《臺灣民報》（此時尚不被許可在臺灣發行，於東京發行）的主要人物、住在東京的林呈祿為中心，[13]於1924年1月30日向兩院提出。然而，虎之門事件第二次山本內閣引咎辭職之後為清浦內閣，因對抗反對超然內閣的第二次護憲運動，在隔天31日解散眾議院，致使兩院都未上呈。

此時，與臺灣島內運動者取得聯繫的清瀨與田川，在請願提出之前，便獲得從植原悅二郎到革新俱樂部與無所屬的議員共29名的贊同，向眾議院提出「關於臺灣議會請願阻止事實之質詢」，抗議鎮壓。該質詢雖贊同者超過30人，政府有回答之義務，但因議院解散之故，與請願同樣半途而廢。該質詢書的贊成者共計31名，就所知，這是有關「臺灣議會」議題所集結的眾院議員最多數。不過，其中也有像植原悅二郎這種，批判總督府的鎮壓，但又不是支持「臺灣議會」的人物，所以支持「臺灣議會」的議員人數應該比這個數目更少。

（二）介紹議員的奮鬥及與內地延長主義的妥協
──第5回～第7回請願

第5回到第8回請願提出的議會，是由所謂的護憲三派勝利，政黨內閣制確立後的第15回總選舉所組成的議會。雖然有介紹議員之一的田川大吉郎落選的重創，但因護憲三派勝利，先前退回請願的政友會勢力大降，法三號審議時提出民選評議會設置修正案的憲政會成為執政第一大黨，田川和清瀨所屬的革新俱樂部雖然勢力衰減，但仍是執政黨。此外，普通選舉法案成立已是必然的情勢，普選實施後無產政黨的加入可望帶來政治的革新。臺灣議會設置運動者自然對日本本國政治這樣的變化抱持極大期待。1924年6月1日發行的《臺灣民報》對「日本護憲派大勝利」的報導指出，護憲三派的勝利展現了日本人民發達的政治自覺，期待殖民政策的轉換。當時他們仍然

記得法三號案審議時，憲政會曾提出民選評議會案，但也指出為首的加藤高明是對中國提出二十一條要求時的外相，對第一大黨憲政會的全面期待有所保留，但因普選法案將表決，從而期待「普選實施的話或許會出現勞動黨、勞動黨對殖民地的態度應該是很徹底的吧。」（11頁）該報21日的社論則相反的，認為加藤擔任多年的駐英大使，非常瞭解英國的立憲政治精神，立憲政治是以自由思想為根基，此一自由思想認可殖民地自治的政策，對加藤為首的三派內閣，毫不保留地表達期待統治方針從內地延長主義轉變到尊重臺灣特性的自治主義。第5回請願的上京委員蔡培火、洪元煌、蔣渭水等人在門司入港之際，告訴來訪記者，「內地政變由護憲派獲勝，我們同感喜悅。我們樂觀地認為，如果毅然實行普選的話，將可促進臺灣議會的出現。」更對使政變釀成「治警事件」的內田嘉吉總督更迭一事成為必然表示歡迎。[14]

　　像這樣地，臺灣議會設置請願運動者們，一方面把希望寄予大正民主運動成果的扎根——日本本國政治民主化的發展，一方面要對抗鎮壓、妨礙與不理解，持續為請願運動奮鬥。但以下我們要證實的是，因日本本國政治民主化不徹底地結束，未能及於殖民地的情況下，他們的期待一次又一次地落空，被迫在內地延長主義這道厚牆之前妥協，終至敗北的過程。

　　以護憲三派的勝利為契機，議會各勢力熱烈地議論反映院外民主主義風潮的各項民主改革（普選案、貴族院改革案、裁軍案、軍部機構改革案等）。雖然僅看到片斷的資料，但在這樣的氣氛中，請願的介紹議員們除了在請願委員會進行說服之外，也展開與該請願相關的議會活動。請願運動者方面則視此一時期為請願獲得採納的機會，第5回起採取緩和歷來屢遭請願委否定的氣氛之戰術。首先，修正發送給議員及報紙記者的「請願理由書」，稀釋先前對殖民地自治要求的色彩。具體做法是：（1）刪除辯駁臺灣議會設置反對論的部分（否定本國中央議會參政論、反駁違憲論、批判同化政策）。（2）針對「臺灣議會」要求是否是殖民地自治要求的一個階段或其部分表現（「既然已經承認臺灣有設置特別代議制度之必要，就會有論者得寸進尺更進一步，……要求一個完全的立法議會和責任內閣的殖民地自治。雖然根據歐戰後高漲的民族精神，理論上這並非不當言論，但依臺灣之現狀，吾人不能冒然擁護這樣進步的理想論」）[15]，改為較和緩的表達（「臺灣議會的設置目

的僅限於有關臺灣特殊事情之立法，雖稍有不徹底之嫌，但鑑於現況，吾人亟欲在不阻礙臺灣發展的最小範圍內達成」）。[16]並進而在請願委員會提出論點，主張所要求的臺灣議會是準同於日本本國府縣之地方議會。這是因為相關的介紹議員中，最能理解殖民地自治的田川落選，取而代之出任的是，同情「臺灣議會」，但主張要先擴充地方自治的新當選者神田正雄。此一戰術實際上是對議會內地延長主義氣氛妥協的產物，暴露存在於「臺灣議會」要求內部的弱點。下面將以上述兩點為中心，檢討第5回到第8回請願的經過。

第5回請願上呈的第49回帝國議會是特別議會，會期比較短，因此沒有在請願委員會設立分科會，一開始就上呈到總會。因為是在護憲運動勝利後，以及臺灣的「治警事件」發生之後（實際被檢舉起訴後釋放的蔡培火與蔣渭水，以上京委員的身分巡迴向各界說明旨趣，並且在「臺灣議會設置請願理由書」上附加「臺灣官憲對請願人之壓迫」新項目），所以雖然只有1924年7月14日與17日兩次審議，但未發生像過去岡田伊太郎一句話就下定奪的情形，與過去不同的是，出席議員有近半數發言，第一次「非常謹慎地交換意見」[17]（神田正雄）。

7月14日的審議中，一如往常，政友會的岡田伊太郎認為從臺灣議會＝帝國議會之分局的理論來看，有違法請願之疑慮，「該目的如照單採納……就表示將像加拿大和菲律賓那樣來處理」，主張不採納。但是，也有委員認為很遺憾發生「治警事件」，必須「緩和臺灣之事情」，主張採納或是送付參考較為妥當。報紙記者出身首次當選的石川安次郎（憲政會）認為：「每次都不採納，將會激怒臺灣的民心，近來屢屢與官憲發生衝突，希望至少可以送付參考。」[18]（他在發言之初就說明接見過臺灣人，直接聽取了狀況）。憲政會的吉原義雄、請願委員長八田宗吉（政友會）也都發言認為有「緩和臺灣狀況之必要」，但該日八田委員長提議，有必要聽取政府委員的看法，故予以延期。

該日以介紹議員身分第一次出席請願委員會的神田正雄說明，「事實上臺灣人的要求與府縣會的性質相同」[19]，希望予以採納。此乃第2回、第3回說明的田川大吉郎未曾提出的論點，加上前述「理由書」的改寫，這是不以訴求殖民地自治的正當性來說服請願委員會，在順從內地延長主義的方向

上，力圖改變議員間對成立「帝國議會之分局」的異議，以求獲得採納。對於神田的說明，雖然岡田持反對看法，認為請願宗旨實在無法解釋成要求的與府縣會相同，但另一方面它也導引出石川安次郎的贊成論，認為如果是與府縣會同樣的話就予以採納。或許是因為這樣，15日請願者方面以林呈祿與蔡炳曜之名，向介紹議員提出主旨為「準內地地方議會」要求的呈報書。[20]

7月17日，清瀨一郎首先發言，要求暫停會議記錄。根據旁聽的總督府官吏所留下的筆記，該發言強調運動性質是穩健的，對這種「穩健」的運動加以鎮壓反而會導致運動更為激化，同時也批判總督府在治警事件的強硬態度，強烈要求採納。[21]這也引發了接下來的議員發言表示「非常同情請願者」。

或許因為這樣，是日之審議會，同情的發言較前一次多。石川安次郎雖然缺席，但政友會的古川清從「緩和民心」的觀點，主張送付參考，清瀨的同事革新俱樂部的田崎信藏提出聲援：「日本現今之政治乃以民主為本，既然是現今的思潮，當然應有雅量」，「特別希望」[22]可以送付參考。憲政會的三橋四郎次接著提出：「議會的組成依其組織法，有符合臺灣現況的限制，不一定要像內地議會那樣龐大」，主張「從殖民政策以及現代民心來看」，「至少要送付參考，不應判定不採納」。[23]三橋的議論是站在，請願做為「將來與日本國民處於相同狀態的第一步，臺灣應設置議會」[24]這樣的宗旨的議論，這也是請願委員會上第一個指出，在順應內地延長主義的形式下依法可以成立特別議會的發言。自第6回請願起，清瀨接承這個構想，繼續支持請願。

但是另一方面，林呈祿等人提出的「呈報書」，反而引出與原意相反的議論。產生以請願原文與呈報書兩者主旨不同，為使主旨確立後再提出，應予延期——（審議）未了或是不採納，這樣的議論。首先，委員長八田強烈主張這一點，並且認為「這是文化程度低的地方……他們對請願之權能抱著很大的希望，送付政府參考」[25]恐怕會讓他們懷抱更大的期待而發生不好之事，反對送付參考，政友會的吉良元夫、憲政會的中野寅吉（在第7回出任介紹議員）、奧村千藏等也持相同論調。

如此，在同情論與呈報書之影響下，趁機主張延期，以及不採納的意見紛紛出現。然而其間岡田伊太郎反倒未發言，代之扮演「破壞」角色的是有

臺灣關係的議員松田三德（憲政會）。松田在1920年左右成立庚申俱樂部，經由田健治郎、松本剛吉牽線與山縣派連成一氣，[26]在1922年至1923年，亦即田總督任內晚期擔任總督官房秘書課長。[27]是日接著發言的松田斷言「臺灣議會」的請願「只不過是鑑於朝鮮露骨的獨立運動，包以華麗之金」，「出自於臺灣獨立陰謀」，並且進一步主張：有做為其「別働隊」的「臺灣文化協會」，以「文化啟蒙」之名鼓吹民族主義，但是大部分臺灣住民均期望伸張內地延長主義下的權利，該請願不過是東京留學生等少數激進者的運動，這樣的請願不應採納，且將來也不應受理。[28]

對此，先前的三橋四郎次認為如果是獨立陰謀的話則另當別論，要求介紹議員說明。神田、清瀨輪番上場強烈反駁，指責這是否定介紹議員的人格，踐踏國民的請願權利，議場氣氛緊張。不過，最後在八田委員長等延期派的主導下決議延期，以審議未了結束。

自第5回到第6回（第49回帝國議會到第50回帝國議會），可以看到以清瀨一郎為中心，介紹議員推動「臺灣議會」的情況。

第一，在第49回帝國議會中，革新俱樂部的林田龜太郎、植原悅二郎及清瀨提出設置臺灣人參政權問題調查會的建議案。根據7月11日的《東京日日》報導：該建議案提升臺灣議會設置運動的熱度，甚至造成今年東京的示威遊行有被逮捕者，「明治14年宣佈以十年為期開設國會，同樣地，今後以十年為期，先在臺灣公佈憲法，或是使其代表者擁有出席帝國議會之議席。總之先進行調查工作」，預定近日在執政黨三派交涉會提出。雖然詳細後續不清楚，但該行動並未具體化。此外，從帝國議會參政這個選項來看，所謂「在臺灣公佈憲法」意思大概是，在帝國憲法之外的臺灣統治基本法這個意義上，公佈針對臺灣的憲法。這是田川大吉郎向來抱持的看法，與後來的革新黨「臺灣憲法」發佈論相關聯（參照第三章第二節）。這個發展，可以說是也是由田川一人主導。

第二，在護憲三派內閣的重要施政之一，行財政整理案的決策過程中，曾經設法納入檢討殖民地住民參政權的統治改革。行財政整理案在第49回帝國議會結束後，各黨先各別著手原案製作，8月至9月再作成三派統一案。清瀨一郎以革新俱樂部案的起草委員身分參與策定，[29]關於殖民地改革，革

新俱樂部案最後在三派統一案中被刪除，但卻加入了原憲政會案、政友會案中所沒有的「臺灣準府縣特別自治制之實施」這一項。[30]該「準府縣的特別自治制」符合介紹議員自第五回請願起對「臺灣議會」請願的解釋所持的立場。革新俱樂部案裡加入這一項，顯然是清瀨意向的展現。

第三，第50議會開議期間，清瀨推動革新俱樂部「臺灣議會」請願應予採納的辯論。在會期逼近之時，1925年3月19日的《東京朝日》以「臺灣議會設置／革新派贊成採納該請願」的標題，報導18日在革新俱樂部代議士會，清瀨就「臺灣議會」請願的三派交涉會，希望交涉委員（秋田清）能朝採納的方向努力，其他代議士也贊同，「交涉委員決定強力遂行俱樂部之意」。這一點在三派交涉會的討論情況並不清楚，但因為請願結果是審議未了，可見革新俱樂部的主張並未達成。

革新俱樂部被評價是，無產政黨出現前「議會內政黨之最左派，其自由主義反政府派立場在政界具有特殊地位，將大正民主運動中民眾層級的民本主義風潮部分地反映在議會」。[31]還可以再補充的是，如前所見，革新俱樂部主要是透過清瀨一郎的活動（田川大吉郎、尾崎行雄可視之為側面支援），扮演在議會裡代辯殖民地統治下臺灣人（至少是上層）一部分政治要求的角色。革新俱樂部向來以「辯論而非拘束」為其黨規，職是之故，可以容許不受上層約束，像清瀨這樣的少壯自由主義政治家廣泛活躍。但是，第15回選舉小選舉區制帶來災難，議席減少（43→30），革新俱樂部失去作為政─憲兩黨間協調者，在三派間醒目存在之角色，從而失去黨的政策主體性。[32]而且，熱中於求官的右派＝犬養派向政友會「無條件投降」（「政革合同」，1925年5月），致使民主改革的推動力弱化。為此，其在議會裡擔任媒介殖民地住民政治要求的作用也變得極為有限，無法突破良心議員個人推動的形態。

第6回請願之際，就像第二章所提及的，請願者方面更改「請願要旨」的語句，把本來應付予臺灣議會的權限從「協贊權」改為「議決權」。這是鑑於第5回請願因宗旨不鮮明導致審議未了，為避免和憲法的帝國議會立法協贊權產生語彙混淆，而被批評為「帝國議會之分局」。

第50回帝國議會是通常會，會期較長，所以請願先上呈到分科會。清

瀨與神田說明請願宗旨是順應現行統治制度的最小限度改革，努力尋求議員的理解。亦即，「臺灣議會」所要求的權限僅是在立法面上，依據法三號所定帝國議會委任臺灣總督的審議權，完全不觸及帝國議會的權限；在預算方面，軍隊的費用與官吏俸給等所謂「官治行政」的費用除外，要求的是現今府縣會審議的土木、教育、衛生等範圍的預算審議權，並不是要求自全國的預算中單獨將臺灣分離出來的審議權。此一解釋如同第二章所看到的，在立法面上，只要是以臺灣總督的委任立法權為前提，就不可以視之為地方議會性質，但是在預算方面，如果是將之解釋為是要成立對臺灣規模的地方費、地方公共團體之設立的審議機關，就可以不抵觸現行的臺灣總督府特別會計制度。實際上在稍晚之後，朝鮮總督府在1920年代末期為緩和朝鮮民族運動，推動有限度給予參政權的政策，其中之一環便是檢討道、府、面層級的地方制度改正，以及與帝國議會參政權並列之「朝鮮議會」或「朝鮮地方議會」案。即：新設立「朝鮮地方費」的「特別財政主體」，其中包含教育、產業、土木營繕、衛生、社會設施等相關費用，而負責審議的是經有限制之選舉選出的半民選議會，該議會將在相關詔書發佈後的十年設立。[33]（結果，當時的民政黨內閣沒有採用「朝鮮議會」案，僅於1931年實現地方制度改正）。

　　前述這樣盡可能順應現行制度，從而只得與內地延長主義妥協的解釋，雖然不可能使臺灣議會和府縣會的性質相同，但也足夠讓「帝國議會之分局」的議論暫時和緩下來。請願委員長長田桃藏（政友會）說明這是「介於帝國議會與地方議會中間」。[34]此外，也是受到請願者事前的積極推動，[35]就連先前的岡田伊太郎也態度軟化，說：「個人認為這次應可以達到送付參考的程度」。[36]（重點號為本書所加）。但是，如前所述，岡田這時已接到臺灣當局──政府絕對不予採納的意向，他和長田委員長聯合起來，以邀請政府委員出席但無法得到其出席為由，主張延期，再提出審議未了。

　　如前所示，新的解釋排除了「帝國議會之分局」的議論，但在另一方面，卻引發了難以應付的反對意見。亦即，委員長長田在3月23日的委員會（其結果該日是請願最後的上呈日），雖然如前述認可「臺灣議會」不是「帝國議會之分局」，但批判請願既不先要求改善現行地方制度，或爭取中央參政權，卻追求介於中間性質的議會，是「不按照順序階段」。雖然從內地延長

主義的立場而言，這是給予參政權的正確言論。但構築「中間性質議會」正當性的議論，還是非從殖民地自治論不可，但因顧慮議會的同化主義——內地延長主義的氣氛，極力隱藏殖民地自治色彩，這樣的說服方式，將內地延長主義理論放在前面，注定是脆弱的議論。果不其然，在第7回請願時遭到重擊。

第7回請願時（第51帝國議會），為訴求請願宗旨而在東京進行的示威行動、宗旨說明會及演講等都達到空前的高潮。[37]此外，也對議會人積極進行活動，這次的請願也對請願委員會以外的議員提出「臺灣議會」的問題。然而諷刺的是，這件事造成當時的憲政會內閣把原內閣以來漸進的內地延長主義路線，以在首相會議中言明的形式再度確認，重重地打擊了運動。我們來看事情的經過。

先是在1926年2月2日的眾議院的大會中，牧山耕藏（政友本黨）在對國務大臣的質詢中，詢問首相對「臺灣議會」請願的看法。若槻首相的答辯是：對於在臺灣、朝鮮施行眾議院選舉法，或是設立特別議會，是「早晚必須慎重考慮的問題」、「我不認為這是永不可為之事」，[38]但現今兩者的時機尚早。接著，在12日的眾院預算委員會上對於坂東幸太郎（新正俱樂部）同樣的質詢，答以：「遲早會讓臺灣逐漸達成自治的狀態」，[39]但應該要循序漸進，現階段不打算馬上實行自治。這種回答方式對相關當局來說，是不恰當的說法。若槻這個時候恐怕尚未收到臺灣總督府或拓殖局有關「臺灣議會」要求之爭點所在的說明。他在牧山質詢的答辯中提出兩個選項並認為時機尚早，但在對坂東的答辯中就得解釋：就主義而言，首相我是贊成「臺灣議會」，只是認為時機尚早。果不其然，2月21日發行的《臺灣民報》報導該要旨，但該號被總督府禁止在臺灣島內發行，坂東因而認為這是打壓言論，在3月20日再度質詢首相的信念為何。對此，若槻的答辯是：先前所說的「自治」「與現今內地所說的自治是一樣的，先使之熟悉最下級的自治行政，然後再參與一般的自治行政，並在實施非常妥當之後再漸次及於更高層次的自治，接著派出代表參加帝國議會，必須循序進行。」[40]這無疑是再確認原—田這對搭檔所提出的漸進內地延長主義（參照第二章圖一）。坂東的質詢是在20日，想當然爾，若槻在此之前已經聽取相關當局的說明，在12日貴族

院預算委員會中答覆阪谷芳郎的質詢時，便陳述和前述對坂東答辯相同的方針，並且表明對於臺灣、朝鮮設置特別議會的立場是：（1）「即便從帝國統一的角度來說，有產生不良結果之疑慮」，如果是要求參政權的話，那就要求中央參政權（但實施的時機尚早）；（2）違反憲法，議會不應受理請願。[41]

這樣的發展對在請願委員會的討論也是不利。介紹議員以前回同樣的論法辯護，偶爾也讓準備不充分的政府委員（黑金內閣拓殖局長官）窮於答辯（3月10日），但審議依然在岡田伊太郎的主張下不斷延期，在3月12日若槻於貴族院的答辯之後，要求轉為明確依循內地延長主義方向的參政權要求的發言開始興起。亦即在17日審議中，憲政會的太田信治郎譏諷介紹議員：「提出數次如此不鮮明，且意義廣泛又容易產生誤解的請願，無疑是讓新附之民誤入歧途罷了」，「要使宗旨鮮明，就要先在臺灣公布自治制度〔指地方自治制度〕，在完全高度自治之後，再漸進地朝獲得本土議會參政權之途邁進，我認為誘導島民是政治家的責任」，他還主張「此時駁回此案，毋寧是希望在我國憲法之下，以適當的方法發展自治，在此意義上，提出不被誤解的請願毋寧是我等所樂見的。」[42] 結果，在第三天經過一番議論之後，森肇（政友本黨）與岡田贊同太田的看法，發言施壓要求請願者轉換方向，最後決議不採納。

二、本地地主資產階級的政治性退卻
　　與運動的形式化——終止

後期大致亦可區分出兩個時期。第一期是第8回到第11回。這個時期於第7回實質失敗之後，寄望普遍選舉實施後議會新興勢力興起的最後希望，亦告落空。加上抗日運動戰線的分裂，及面臨方向轉換（朝內地延長主義方向的參政權運動）的壓力下，本地地主資產階級選擇政治性後退，這是運動逐漸空洞化的時期。第二期是第12回到第15回。這個時期：由於本地地主資產階級完全轉向（臺灣地方自治聯盟組成），運動徹底空洞化，在「非常時期」呼聲日益昇高，因總督府實施地方自治改正而告終止的時期。

（一）本地地主資產階級的政治性後退
——第8回～第11回的請願

　　如前所述，臺灣議會設置的要求在帝國議會第51回議會，可以說遭受到致命的失敗，其背後是因為總督府下了深厚功夫。亦即，臺灣當局鑑於「治警事件」中壓制該運動造成反效果，轉而致力於誘導該運動的領導者，即穩健派（即本地地主資產階級的民族派）朝內地延長主義方向的參政權運動。在第6回請願之際起草的「警務局方針」認為，臺灣議會設置請願運動「帶有民族運動、反抗運動的色彩」，不可置之不理，但其非「僅靠嚴厲鎮壓就可以抑制」（完全按照合法的立憲程序，且透過積極巧妙的推動及中央新聞界與有識之士協助，這點早已被徹底了解，所以這個判斷是想當然爾），定出下列三個方針。（1）明確宣示「不應設置傾向殖民地自治的臺灣議會」；（2）進行相當程度的取締，但不是採取箝制言論的方式，而是「採取與其幹部懇談，逐漸使之停止的方法」；（3）承認「完全沒有違反帝國臣民本義的參政運動，即狹義的參政權獲得運動〔要求帝國議會參政的運動〕及地方自治制的改善」運動，「盡量表現出善意的態度，指引出結合島民希望且又是其應走之路。」[43]

　　第7回請願時，當時的政府最高責任者（若槻首相）強烈否定「臺灣議會」的要求宗旨，從上述方針（1）來看，是求之不得也。眾議院請願委員會贊成要求請願者遵循內地延長主義轉換方向的發言，決定不採納該請願，完全符合上述（3）。無疑的，這是總督府依循當時「警務局方針」，對首相與請願委員會運作的結果。

　　加之，總督府採取促使抗日運動戰線分裂，削弱臺灣議會設置運動的支持基礎，以使之喪失實質意義的策略。如果奪去其基礎，（2）的以談話勸告中止也就容易達成。亦即如前所述，第7回請願後，針對新的政治結社的組織方針，對一直是請願運動實質推動機關的文化協會改組問題，看到其領導者出現思想左右對立更加激烈的**徵兆**，即採取挑撥左派，使右派消極化的離間策略。[44]由於指導權由左派掌握，退出文化協會的右派和中間派組成新的

政治結社之時，巧妙地挑撥離間本地地主資產階級代言人蔡培火和信奉孫文晚年路線、提倡「全民運動」的蔣渭水，埋下未來對立激化的因子，之後同意臺灣民眾黨成立，使抗日運動的分裂確定。[45]

臺灣議會設置運動領導者大部分是本地地主資產階級，不論就其出身階級的性格，或是其自由主義者的思想層面來看，他們已無力領導於1925年前後、急遽在抗日運動中占據份量的農民運動等殖民地大眾運動。加以1927年以降中國國共合作失敗，國際共產主義運動極左路線乘機抨擊民族資產階級，受到這個影響，臺灣的左派也採取抨擊本地地主階級運動的方針。

因此情況在臺灣總督府─政府─請願委員會合作模式的壓力下，轉換方向，以及神田正雄懲惡戰術轉換，先獲得擴充地方自治制度（神田早在1925年2月第50回帝國議會中就提出「希望在朝鮮及臺灣盡速實施地方自治制度」的建議案，並獲得通過。受此一刺激，同年4月東京臺灣人團體新民會30人向上京的伊澤總督提出擴充地方自治的意見書）[46]，成為轉向內地延長主義的強烈誘因。1927年12月，民眾黨中央常任委員會決議進行地方自治改革運動以後，地方自治改革運動逐漸活潑化，雖然擋住了「臺灣議會」運動終止論繼續推動，但是幹部的關心開始轉移到地方自治運動。1928年起楊肇嘉在東京以地方自治改革為「單一目標」展開運動，他的主張為林獻堂等本地地主資產階級民族派領導層所接受。[47]結果，1930年8月臺灣地方自治聯盟成立，與民眾黨分道揚鑣，臺灣議會設置請願運動完全空洞化。

那麼，在議會的展開情形又如何呢？因為是在第7回的實質失敗之後，所以未見顯著的展開，以下就略覽各回的審議情形。

第8回請願，已經許久未談「帝國議會之分局」的岡田伊太郎，再度舊調重提，清瀨與神田雖然努力辯白，但再度遭到以政府委員不出席為理由所進行之延期作戰，最後在1927年3月23日第8回請願的第7度上呈時，通過岡田等同於不採納的延期主張，且最後就這樣審議未了。

第9回請願上呈的第55回帝國議會，是由日本首次的普通選舉所組成的議會。如前所述，臺灣議會設置運動者們期待普選為議會帶入新興勢力。該運動的中心人物蔡培火（此時運動由蔡培火全權負責）在第54回議會解散（1928年1月22日）後上京，以提供選舉資金等方式援助上次落選的田川大

吉郎，並在關注普選狀況的同時，執筆撰寫《與日本本國民書——解決殖民地問題之基調》，於4月10日出版。[48]如同該書「自序」裡所提到的，「我以我的信念〔雖然對在臺日本人失望〕，對日本本國的一般大眾，仍抱有很大的信賴與希望」[49]，他向日本本國國民揭露臺灣統治的現狀，同時也訴求臺灣議會要求的正當性。其統治批判非常激烈，因而在臺灣被禁止發行；另一方面，其選擇面對「日本本國國民」而非臺灣當地民眾，也說明了現況是：可以期待的只有日本本國政治局面的轉換，而非當地大眾的力量。臺灣內部的抗日運動左右分裂也波及到東京留學生之間，臺灣議會的請願運動自第9回起受到左派學生的抨擊，批判蔡培火等人這樣的態度果然「展開了我臺灣民眾與可憎的日本帝國主義的決定性鬥爭。拒絕、壓制對此鬥爭熱心的民眾的參與，所謂的名士連署的請願運動到底是什麼？沒有群眾鬥爭、群眾動員，運動所為何來。」「拚命哀求資產階級代議士的施捨，汲汲於與日本帝國主義者妥協……像這樣因為害怕臺灣總督府的壓迫而不敢進行群眾運動，是身為被壓迫民族的最大恥辱，卑怯的醜態完全暴露出來了。」[50]

但是，蔡培火等人的期待也落空了，普選結果，當選的無產派議員僅有8名，期待的議會政治局面轉換並未發生。因此，對於第9回請願運動的處理也沒有太大的不同，岡田伊太郎發表比前回語氣更強烈的不採納意見，最後以審議未了告終。請願委員會中有首次當選的社會大眾黨龜井貫太郎，但他完全沒有發言。

第10回照例由岡田伊太郎擔任請願委員長。政府委員再度出席，對於神田正雄的說明，他們不斷主張有違憲之疑慮、違反歷任內閣的內地延長主義方針，而政友會的山下谷次舊調重提（宗旨轉換為按照內地延長主義的參政要求），結果還是審議未了。

第11回是在接受政府委員的說明後，在分科會1回，總會1回，分別做簡單的應答，之後就乾脆決定不採納。

（二）做爲交換條件的繼續運動
——第12回到最終回（第15回）請願

　　如前所述，臺灣民眾黨的右派提出以實現地方自治制度改革爲「單一目標」，組成臺灣地方自治聯盟，脫離民眾黨。這是抗日運動本地地主資產階級的決定性後退，注定臺灣議會設置請願運動實質的形式化。從1930年起到隔年，臺灣共產黨員檢舉、受該黨影響的臺灣文化協會與農民組合遭到鎮壓、採納無產政黨綱領的臺灣民眾黨遭結社禁止（1931年2月18日），及黨的領導者也是傑出的抗日運動家蔣渭水突然死亡（8月5日），抗日運動在滿洲事變前後幾乎被逼到絕境。而自治聯盟的運動儘管有向來對抗日運動態度不鮮明的所謂「灰色紳士」參與其間，內部也有「哀求叩頭的請願、陳情運動」[51]之批判聲，但運動仍活躍地展開。

　　雖然，由於1931年以後所有的抗日政治運動都陷入窘境，在日本本國政治自由主義色彩快速減弱的情況下，「臺灣議會」請願運動的持續更顯出其珍貴的存在。但是，運動的實際情況呈現與自治聯盟的活動成反比例的空洞化。

　　第12回、第13回的請願在幾乎沒有實質性的回答下就直接以審議末了作結。第13回請願時，沒有選派上京的委員，連署的請願書以郵送的方式交給介紹議員，變成完全形式化的請願。第14回也是如此。

　　第14回請願在1933年3月3日上呈，介紹議員清瀨一郎（國民同盟）除了如往常一樣的以內地延長主義來解釋之外，也提出議論：「我日本民族成爲盟主提出亞細亞國際聯盟，聯合漢民族、印度民族等主導世界大勢」的時代趨勢已來臨；然而，「東京的議會很沒用。請願、繳稅金，但卻不給權利。如果臺灣人離心向背的話如何是好。」[52]清瀨極力提出上述這樣的辯護，但在政府委員發表若干意見後，一如往例，岡田伊太郎登場建議：「成立特設小委員會與政府當局好好的作成協議」，並決議通過。委員長山下谷次甚至連小委員會的人數都詢問岡田，[53]以及小委員會上的討論進行方式等來看，無疑這是岡田—山下委員長—政府當局早已排定的步驟。

　　小委員會在3月7日召開。出席者有：請願委員長山下谷次、小委員會委員岡田伊太郎等十名（包括擔任前回介紹議員的清水留三郎，以及由原任朝鮮總督警務局長、警視總監丸山鶴吉的支持下，前一年第十八回總選舉在東京四區〔本所區、深川區〕當選的首位朝鮮人代議士朴春琴等人）、[54]政府委員臺灣總督府總務長官平塚及拓務省管理局長生駒，以及介紹議員清瀨一郎。

　　小委員會的討論公開、沒有會議紀錄，但因有公認是總督府官員留下的筆記，收錄在總督府警務局編的《臺灣社會運動史》，[55]可一窺審議的情況。

　　會議從山下要求平塚說明 地方制度 開始，平塚詳述現行制度之後，又說明「自昭和九年度（1934年）起預定施行，目前正進行地方自治擴充之調查」。接著好不容易才開始討論請願之事，政府委員、介紹議員與委員之間交換若干質疑，最後各委員表明態度。結果，政友會的楠基道、清家吉次郎以請願是「民族獨立主義」的偽裝，如果予以承認，就是讓臺灣成為「第二個愛爾蘭」的見解，獲得多數支持（清水因為曾是介紹議員，不納入採決，朴則表示「依內地延長主義給予參政權才是穩當」），表決結果是不採納。這樣的論點被接受，意味介紹議員極盡可能地以自由主義解釋現行統治制度，以支援殖民地住民 自治的 參政要求的努力，終遭議會否定。

　　收到小委員會的結論，3月10日的請願委採納清家所提「更希望同樣的事情不要再重複」[56]的發言，決定不採納。這比以往的不採納更強烈，是所謂禁止性的不採納，設置小委員會就是要達成這個目的。小委員會一開始，委員長就特地邀請總務長官說明明年度起實施的地方自治改革。由此看來，臺灣當局為了要在地方自治改革實施前，停止臺灣議會設置請願運動，在程序上必須先在議會做出禁止性的不採納。請願委員會在總督府的運作下，而有這樣的計畫上演。實際上，因為地方自治制度改正的實施挪到1935年度，請願因之還可以再提一次。

　　第15回的請願在1934年3月23日上呈，岡田發言：「我認為請願今年不得提出」[57]，沒有必要審議，甚至連出席的政府委員的意見都未聽取，他就主張不採納，山下谷次贊成此主張，決定不採納。

註釋

1. 美濃部達吉，《逐条憲法精義》，頁 488。

2. 以下的議事經過因爲沒有特別記錄下來，是根據該議會的請願委員會，以及同分科會的會議錄。順帶一提，此時分科的黨派結構是政友會六，憲政會一。

3. 美濃部達吉，《逐条憲法精義》，頁 462-464

4. 《衆議院議員名鑑》，頁 113。

5. 清瀬一郎，《清瀬一郎政論集》（人文會出版部，1926 年），頁 119。

6. 〈台湾議会設置請願に関スル帝国議会請願委員会ノ状況〉，收入《台湾議会設置関係書類》。

7. 〈第六四帝国議会衆議院請願委員会会議録第十回、昭和八年三月三日〉，頁 16。

8. 《台湾社会運動史》，頁 352。

9. 〈四八議会・衆・請・第九回　大一二・三・十九〉，頁 2。

10. 《台湾議会設置請願運動ニ関スル当局ノ談》（天理圖書館藏《下村宏関係文書》所收）。

11. 《東京朝日》，1921 年 2 月 11 日。現今仍不清楚衆院事務局以何種理由認定不違憲，但是有必要簡單介紹一下對該事務局有影響力的美濃部達吉之學說。根據美濃部之學說，立法權是屬地性質，各殖民地成立不同於內地的個別法域，所以立法權的作用也自然有差異。據此，主張帝國議會立法協贊權的帝國憲法第 5 條的原則，當然不適用於殖民地。因此，朝鮮總督、臺灣總督的委任立法權因不適用第 5 條，故不違憲。同樣地，設立關於殖民地立法的特別議會，也不違憲。「關於預算，若將殖民地會計與本國會計分離，認可殖民地和地方自治體一樣，是使用自己費用處理自己的事務之團體，則殖民地的會計預算不提交帝國議會討論，而提交殖民地議會，這是當然的事。」（美濃部達吉，《逐条憲法精義》，頁 156、430-431。引用為 431 頁）。

12. 土井權大（第 52 回帝國議會衆議院請願委員長），〈台湾議会の請願を審査して〉，《海外》，1927 年 7 月，頁 70-71。

13. 《台湾社会運動史》，頁 363-364。

14. 《東京日日》，1924 年 6 月 20 日。

15. 《臺灣議會設置請願理由書》，頁 13。

16. 《臺灣議會設置請願理由書》（1925 年 2 月發行者），頁 12。筆者所用的原文是第 6 回請願時的文件，但根據《台湾社会運動史》頁 368 的記述，「請願理由」和第 5 回的內容沒有什麼不同。但如後所述，「請願要旨」的語句自第 6 回起有所改變。

17. 神田正雄，《動きゆく台湾》，頁 277。

18. 〈四九議会・衆・請・第三回　大一三・七・一四〉，頁 4。

19. 〈四九議会・衆・請・第三回　大一三・七・一四〉，頁 4。

20. 〈台湾議会設置請願運動ノ件二付上申（写）〉，收入《台湾議会設置関係書類》。

21. 〈清瀬一郎ノ委員会二於ケル説明（速記中止）概要〉收入《台湾議会設置関係書類》。

22. 〈四九議会・衆・請・第四回　大一三・七・一七〉，頁 3。

23. 〈四九議会・衆・請・第四回　大一三・七・一七〉，頁 4。

24. 〈四九議会・衆・請・第四回　大一三・七・一七〉，頁 6。

25. 〈四九議会・衆・請・第四回　大一三・七・一七〉，頁 4。

26. 金原左門，《大正期の政党と国民》（塙書房，1973 年），頁 281-282。

27. 原房助編，《台湾大年表》（臺北：臺灣經世新報社，1932 年），頁 131、138。

28. 〈四九議会・衆・請・第四回〉，頁 5-6。

29. 《東京朝日》，1924 年 8 月 2 日。

30. 木坂順一郎，〈革新倶楽部論〉，井上清編，《大正期の政治と社会》（岩波書店，1969 年），頁 324-326。

31. 木坂順一郎，〈革新倶楽部論〉，頁 345。

32. 木坂順一郎，〈革新倶楽部論〉，頁 332。

33. 〈朝鮮二於ケル参政二関スル制度ノ方策〉，《斎藤実関係文書》，488。

34. 〈五〇議会・衆・請・第一三回　大一四・三・二三〉，頁 2。

35. 同前〈第十回　大一四・三・一八〉，頁 332。

36. 〈五〇議会・衆・請・第一〇回　大一四・三・一八〉，頁 2。

37. 《台湾社会運動史》，頁 377。

38. 《第五一帝国議会衆議院議事速記録第十号》，頁 241-242。

39. 《台湾社会運動史》，頁 387。

40. 《台湾社会運動史》，頁 379。

41. 《台湾社会運動史》，頁 380-381。

42. 《第五一帝国議会・衆・請・第七回　大一七・三・一七》，頁 4。

43. 《台湾社会運動史》，頁 324-325。

44. 若林正丈，〈（資料紹介）台湾総督府秘密文書「文化協会対策」〉，《台湾近現代史研究》第 1 號，1978 年，頁 165-166。

45. 關於其中的經過，參閱許世楷，《日本統治下の台湾》，頁 298-302。

46. 原幹洲，《台湾地方自治制・自治要求運動》（臺北：勤労と富源社，1932 年），頁 6。

47. 《楊肇嘉回憶錄》（臺北：三民書局，1967 年），頁 241-242。

48. 《台湾社会運動史》，頁 384-385。【譯按】此書日文版爲《日本々国民に与ふ──殖

民地問題解決の基調》（東京：臺灣問題研究會，1928 年）。日文原文與中譯本已收錄於 2000 年出版之《蔡培火全集》卷三。

49. 蔡培火，《日本々国民に与ふ——殖民地問題解決の基調》，頁 24。

50. 《台湾社会運動史》，頁 388。

51. 《台湾社会運動史》，頁 560。

52. 〈第六四議会・衆・請・第十回 昭八・三・三〉，頁 9。

53. 〈第六四議会・衆・請・第十回 昭八・三・三〉，頁 16。

54. 關於朴春琴參見：大河內一雄，〈朴春琴の選挙費用〉，《不動産鑑定》第十七卷第八號，1980 年 7 月，頁 52。

55. 《台湾社会運動史》，頁 396-399。

56. 〈第六四議会・衆・請・第十二回 昭八・三・一〇〉，頁 7。

57. 〈第六四議会・衆・請・第十三回 昭九・二・二三〉，頁 18。

總結

　　1934年5月，被臺灣地方自治聯盟幹部認為具有地方自治制度改革熱情，而寄予期待的中川總督，帶著具體改正方案和總督府內務局長小濱一同上京，展開與拓務省、大藏省等相關各省實施協議。[1]具體改正方案的要旨是：州、市、街、庄的協議會員半數民選化，州、市協議會的決議機關化。

　　在稍早1934年4月，總督府向首相齋藤實提出題為「關於地方自治制度改正」的意見書，在論及改正之必要脈絡下觸及「臺灣議會」的問題。從內地延長主義的觀點來看，臺灣議會是絕對不被容許的；而今日施行地方自治制度改正，賦予若干公民權，可說是「將應該給予的東西，早日給予，而不可將它全部一直保留著」。[2]顯見這是以實施地方制度改正交換臺灣議會設置請願終止的方針。實際上約在1933年末，總督府石垣警務局長等人就對林獻堂等該運動領導人物，「懇談地指出其錯誤，以求早日解決」。[3]

　　受到如此「懇談式」之中止勸告，林獻堂停止運動的意志更堅定。他先是派遣蔡培火到東京取得東京方面支持者的理解，待蔡歸臺後，9月2日於大東信託株式會社會議室召集島內28名相關人士探詢其意見，結果大多同意中止，隨即向島內各報刊發佈結果。[4]自1921年起十四年間總計進行了15回的臺灣議會設置請願運動至此畫下休止符。

　　問題所在的地方制度改正，再加上實施費用後的臺灣總督府預算在議會通過後，於1935年4月以律令形式相關諸法公佈，10月開始施行。自治聯盟雖對改正之內容非常不滿，但在11月舉行的首次選舉中仍推薦許多候選人，

結果大致良好。[5]

　　隔年1936年9月，中川健藏卸任，現役海軍大將小林躋造成為下任總督。第一任文官總督田健治郎上任以來要實施的地方自治改革，及自田健治郎的時代起欲使臺灣議會設置請願運動停止的任務，成為最後一任文官總督最後的工作。臺灣議會設置請願運動雖然有內在的弱點，但卻是與內地延長主義相對決。職是之故，在1920年代前半它達成了民族的、政治的啟蒙運動之任務，是該時期臺灣抗日運動的核心政治運動，但其遊戲規則卻是徹頭徹尾的立憲主義。臺灣議會請願運動在日本本國所謂大正民主運動高漲中開始，其運動期間是臺灣文官總督期，且又碰上日本本國實施並維持文官總督制的政黨政治期，因此得以展開並不是什麼不可思議的事。

　　中川在達成將本地地主資產階級民族派徹底拉攏進內地延長主議架構的任務後去職。之後，不滿文官總督時代不嚴苛壓抑臺灣人，以及對開拓者特權保護不力的在臺日人法西斯分子蠢蠢欲動，結果他們所期待的武官總督上任，同時也開始狂暴展開眾所熟悉的「皇民化」運動。

註釋

1. 《東京朝日》，1943年5月11日，夕刊。
2. 《斎藤実関係文書》，1948。
3. 《臺灣日日》，1934年9月4日，夕刊。
4. 《臺灣日日》，1934年9月4日，夕刊及《台湾社会運動史》，頁402-403。
5. 許世楷，《日本統治下の台湾》，頁394-395。

第二篇

中國革命與
臺灣知識分子

序章

臺灣抗日民族主義的問題狀況

前言

　　第二篇集結的論文，係因對思想史的關心而展開的後期臺灣抗日運動與中國革命之間的關係研究。

　　這裡所說的**思想史的關心**，意思是指筆者對於參與抗日運動的知識分子們在各自所處的狀況之下，對於從殖民地統治中解放及臺灣的前途，是抱持何種構想來行動，有著強烈的關心。也可以說，這個關心引發了筆者的探究。

　　在進入本篇論文之前，臺灣抗日運動諸潮流所抱持的各種臺灣前途構想──暫稱為臺灣解放的構想──與限制臺灣抗日運動的幾個歷史的、社會的因素有何關係，筆者將對此提出一種假設。

　　這裡所說的臺灣解放構想，當然不是直接指共產主義、自由主義等狹義的意識形態，而是指與此關係密切，抗日運動家對於從殖民地統治解放後的臺灣要朝哪一個**方向**前進這個問題的構想──是回歸中國大陸的政權統治之下呢？而當時的中國政權又應該是個什麼樣的政權？還是應該在脫離日本統治之後，成立一個有別於中國的獨立國家？或者只要在經過變革的日本國家中取得特殊地位即可等。

臺灣知識分子在後期臺灣抗日運動中的行動軌跡，超乎想像的複雜與多樣。從其背後因素來看，這也反映了後期抗日運動無法大幅度地對日本統治提出政治性挑戰。依筆者迄今之研究成果來看，要將這些行動軌跡很順利地最後歸結為回歸中國的方向，或是臺灣獨立的方向，是不可能的。而可以含括這一切的，大概只有「抗日」一詞。如果硬要辯證歸結為其中一方，就會涉入形成意識形態的領域。

那麼，要如何解釋這個既複雜且看似不成熟與分散的抗日運動諸面貌呢？以下的議論是筆者對此所嘗試提出的一些解釋。

一、臺灣解放構想的座標軸

按照臺灣抗日民族主義的各種潮流，對於臺灣解放構想來分類的話，可以分成下列三種型態。亦即：A「待機派」、B「祖國派」、C「臺灣革命派」。A、B雖然都是以回歸中國為前提，但若以「光復」論來概括的話，A和B之間又可以再做細分。

首先，將探討關係著形成這些型態的臺灣抗日民族主義基本條件。換言之，也就是探討決定上述各種型態理論分布的座標軸。

（一）與殖民地體制的關係（受益度）
——改良、革命的座標軸

依臺灣解放構想的基本條件——形成座標軸的條件，和本書導言中所探討的形成臺灣抗日運動基本視角的歷史條件是相同的。第一個條件源自臺灣受日本帝國主義殖民統治。也就是，抗日運動者所代表的社會集團——不一定是個人的出身階層——與殖民地體制之間的關係是如何的問題。當政治性被啟動後，可以想見該集團從殖民地體制的受益度愈是相對提高，其對抗殖民地體制的態勢就會愈和緩。相反地，被壓抑度愈高，則其對抗的態勢也就會愈激烈。最好的例子就是：以蔡培火為中心的臺灣民眾黨右派和以蔣渭

水為中心的該黨主流派的情形。臺灣民眾黨是由一群退出臺灣文化協會的人所組成的，他們反對社會主義者和「無產青年」集團以及回臺中國留學生的「上海大學」集團掌握臺灣文化協會的指導權（參照第二章第二節）。但是民眾黨成立之後，右派意圖以本地地主資產階級為基盤，成為在地方行政上握有發言權的「權威團體」，他們與蔣渭水等信奉孫文晚年「扶助農工」路線，組織農民、勞動者以做為黨基礎的人產生對立。蔣派自1927年中開始積極組織勞動者，1928年臺灣工友總聯盟在其指導下成立。蔣派在該聯盟的支持下，掌握了臺灣民眾黨的指導權，並仿效日本的無產政黨，企圖修改臺灣民眾黨綱領，最後在1931年遭到「禁止結社」處分。另一方面，與此意見相左的右派，成立以實現**地方**自治（非「**臺灣規模**」，而是州、市、街庄層級）為「單一目標」的臺灣地方自治聯盟。1935年，以放棄臺灣議會設置請願運動所換取實施的地方自治的自治程度，並不符合地方自治聯盟的要求，地方自治聯盟雖然抗議此一結果，但許多成員紛紛參加這一年的第1回地方選舉，最後地方自治聯盟在1937年7月盧溝橋事件發生後不久就自行解散。

蔣渭水，出生於貧苦的算命師家庭，臺灣總督府醫學校畢業後，在臺北的臺灣人地區（大稻埕）開業，是極有名望的醫師。他的基本支持者剛開始時是臺北的青年、學生，然後是工友總聯盟旗下小工廠的職工和商店店員。[1]反觀右派的蔡培火，其本身雖非資產家，但曾經接受林獻堂資助留學東京，是被稱為「代表地主資產階級」[2]的人物。而地方自治聯盟的中心人物楊肇嘉，其本身則是中部清水的大地主。[3]

（二）對中國的期待度
——光復、獨立的座標軸

導言中提到，臺灣在殖民地化以前是「內地（中國本土）化」的地區，也就是中國社會（至少是舊中國時代）的一部分。因此，「如同住在臺灣的內地人（指的是日本人）在內地有據點，本島人將其故鄉設定在支那，言語及習慣與其相通」[4]，臺灣人普遍有把「中國當祖國」的感情憧憬（參照第二章第二節）。再加上，當時中國正發展民族主義，因而期待即將強盛的「祖國」

把臺灣從日本統治的束縛中解放出來。

　　導致臺灣被「割讓」的日清戰爭，暴露出清朝積弱不振，加速列強爭權奪利，使得十九世紀末中國陷入所謂「瓜分」的危機。此時如果「瓜分」成為事實的話，臺灣人的「祖國感情」也許將只是日本統治下被壓抑感之反面所形成的憧憬，而不致發展成為導引抗日行動構想的期待。然而，中國最後並沒有被「瓜分」。就像一般所說的，這是因為列強之間相互牽制與中國人強烈反抗之故。在日清戰爭戰敗的危機感中，展開稱為中國史上第一次近代民族主義運動的變法運動，後來又發生義和團的鬥爭。接下來，變法運動受挫後，革命運動高漲，1911 年終於推翻清朝成立中華民國。將臺灣割讓給日本的清朝倒台後，中國大陸代之而起的是漢族主體國家，這是最初臺灣人中出現「祖國派」的重要契機。[5]「祖國派」的主張就是：為了從日本統治中得到解放，與其採取直接跟日本戰鬥，不如回大陸去為祖國的建設效力，使祖國早日強盛起來，臺灣人的解救才有希望，因此要利用從日本的大學所學到的近代知識參與祖國建設。[6]

　　然而，因辛亥革命而成立的中華民國，隨即陷入軍閥割據的混亂狀態。但是，在較為廣泛的文化、思想變革中，五四運動興起，國民革命高漲。國民革命遭受挫折，並留下中國政治嚴重的意識形態分裂根源。然而，國民革命的結果、國家的統一、不平等條約的廢除、收回失地等等民族主義口號，不管實際情況如何，都是中國執政當局必須背負的工作，這也是其獲得正當性地位之依據。

　　五四運動層面廣泛的變革風潮，為一群臺灣第一代近代知識分子所發現，其批判傳統的各種論調，被援用於他們自身的臺灣社會的革新運動——以臺灣文化協會為中心的文化啟蒙運動。[7]而國民革命時期高漲的學生運動、勞工運動、反帝國主義運動，使得在文化協會的影響下民族意識覺醒的青年，將大多數活動移到中國大陸沿岸的各都市，擴大並進化了「祖國派」的隊伍。更進一步地，其中一部分人把國民革命的影響帶進臺灣抗日運動，種下了急進化與左右分裂的遠因（參照第二章第一、二節）。

　　然而，革命浪潮高漲的另外一邊是，持續開打的軍閥混戰、沿岸各都市的表層充滿著半殖民地的腐敗與墮落的現象。「祖國」的這種負面層面，恐

怕讓跑過了頭的「祖國派」熱情冷卻，甚至讓抗日的意志受挫，提供了接受日本方面與御用紳士「看到對岸中華民國的混亂與落後，回過頭來思考日本統治下的臺灣的安定與繁榮」，這類宣傳[8]的基礎！

　　這種「祖國」負面的情勢更進一步醞釀出，在不違背抗日職志之下，**暫時**對「祖國」不予期待的想法。這就是「待機派」。「待機派」等待中國強盛後再從日本統治下解放的想法，與「祖國派」相同（也就是都期待「光復」）。但是，他們對中國的期待程度相對較低，並且選擇在臺灣與日本統治的各種力量戰鬥。為什麼會做這樣的選擇呢？因為儘管臺灣解放必須等待「祖國」的強盛，但是日本統治所帶來的、從上而下的畸形近代化——對臺灣人而言將永遠是一種負面的國族形成壓力。因此，臺灣人一方面圖謀自我變革，同時也認為如果不加以抵抗的話，在待機的期間，將會喪失民族的活力。本篇第一章是從分析1920年代的抗日論述，論證1920年代前半的文化啟蒙運動與臺灣議會請願運動的主導者之中，有人是抱持「待機派」的想法。所舉的典型例子是經常在《臺灣民報》發表論點的黃呈聰，他在1920年代前半積極從事抗日活動，之後1925年開始至1930年前往大陸，是「祖國派」傾向強烈的人物。從這個人物的言論檢證「待機」的態度饒富趣味。

二、「臺灣革命論」的登場

　　與殖民地體制的關係，和對中國的期待度這個座標軸交叉形成的理論平面中，「光復」論的欄內有A「待機派」與B「祖國派」存在。後者對中國的期待度相對是較高的，而從殖民地體制得到的受益度則是相對低的，但是兩者涵蓋範圍都是比較廣泛，並且有重疊的部分。[9]這個部分可以用以下的圖一呈現。

　　然而，圖一所顯示的問題狀況只到1927年為止（起源就設定為追溯起來最大極限的「祖國派」出現的最初契機辛亥革命）。1927年是轉換點。之後，在「待機派」、「祖國派」之外，出現與「光復」論不同性質的臺灣解放構想，亦即「臺灣革命」論（有具體組織的「臺灣革命派」）。

所謂的「臺灣革命」論就是主張臺灣解放要用打倒日本帝國主義的臺灣革命來達成，並且認為不要在中國革命的範疇中加入臺灣解放的鬥爭，反而要加強與日本革命的關聯。當然，一如預料中的，這個想法明確出現的原因是，臺灣受到國際共產主義運動的影響。對於國民革命中赴大陸的「祖國派」急進青年中，很多逃離1927年國民黨和日本鎮壓的青年後來加入臺灣共產黨，以及民眾黨成立後謝南光等蔣渭水派的幹部赴大陸[10]等現象，1927年以後的問題狀況可以用以下的圖二來表示。[11]圖二顯示的問題狀況的終止時期，如果是以「臺灣革命」論的主導者實際存在於否來斷定，那就是臺灣共產黨遭鎮壓瓦解的1931年，但如果是以中國共產黨吸收該黨殘存黨員，在《開羅宣言》後第三國際解散的1943年為止，在教義上一直都維持「臺灣革命」論的立場來斷定，那就是到1943年為止（參照第三章以及補論）。

圖一　臺灣抗日民族主義的問題狀況：1911-1927

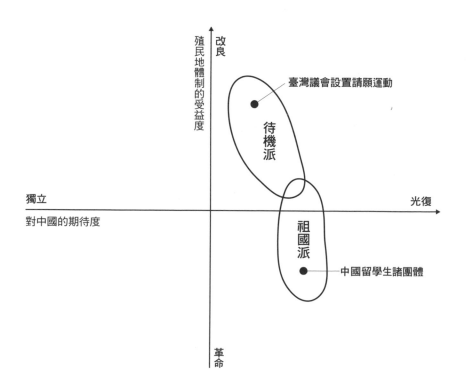

圖二　臺灣抗日民族主義的問題狀況：1927-1931（1943）

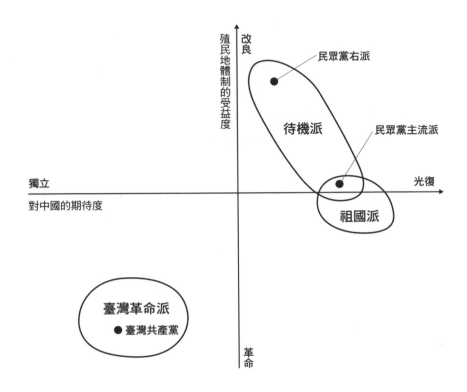

　　圖一的問題狀況轉移到圖二的原因，可以做如下的說明。

　　如前所述，「臺灣革命」論的實際主導者，就是高舉「打倒日本帝國主義」、「建立臺灣共和國」的臺灣共產黨（1928-1931年）。就像第三章的論述，該黨的「臺灣革命」論並非直接出自於臺灣抗日運動的內部發展，而是根據第三國際的殖民地解放戰略，當時的國際共產主義運動的權威體系，由上層（莫斯科→日共、中共→臺灣人共產主義者）所主導制定的。這是轉移的第一個重要原因。

　　另外一方面，臺灣抗日運動本身在1927年至1928年之間，產生容易接受「臺灣革命」論構想的環境。其第一點是：在這個時期之前，在日本以及中國的革命運動影響之下，臺灣抗日運動中（臺灣、東京、上海、閩南地方）有一定的左派隊伍形成，有較容易接受國際共產主義運動的權威和戰術的條件。這個時期裡，臺灣島內左派的活動非常頻繁，可以看到一定程度的反日群眾鬥爭昂揚。但相對的，臺灣總督府警察的盤查也更加強硬，如果要繼續堅持鬥爭，就必須在組織與戰術上有突破性的發展。

　　第二點是：中國情勢之轉換。1927年4月開始的蔣介石反共政變[12]，南京國民政府成立、武漢反共活動，以及對隨之而來的勞工運動、學生運動等的血腥鎮壓，可以說讓臺灣抗日左派感到失望，至少對國民黨統治下的中國的期待大幅降低。對大陸各都市的急進臺灣青年而言，原本是庇護者的立場的國民黨，搖身一變成為追捕他們的立場（例如廣東臺灣青年團的情形 ——參照第二章第一節）。此外，東京發行的《臺灣大眾時報》報導蔣介石政權是被帝國主義買收的「新軍閥」，1928年4月開始的第二次北伐，也不過是蔣介石發動的新舊軍閥的地盤爭奪，而在另一方面，中國勞農勢力正逐漸再次展現活力的論述。[13]

　　第二章、第三章論述的內容在此先提出總結：臺灣共產黨的構成分子，從其參加臺灣抗日活動前的經歷來分類的話，可以分成以下六類。

（1）莫斯科留學生（謝雪紅、林木順）。

（2）上海大學集團（翁澤生、蔡孝乾、洪朝宗、潘欽信等人）。

（3）廣東臺灣革命青年團的倖存者（吳拱照、張茂良、楊春松、郭德金等人）。

（4）中共——在翁澤生指導下，於上海加入反帝鬥爭者（以上海青年團為名。王萬得、王溪森、詹以昌等人）。

（5）與日本左翼維持關係的東京留學生左翼集團（以臺灣學術研究會為名。陳來旺、林兌、林添進、蘇新、蕭來福、莊守等人）。

（6）文化協會、農民組合指導者（王敏川、簡吉、趙港等人）。

筆者對於上述這些人是經過何種思考過程，才把「臺灣革命」論納入自己的臺灣解放構想，感到非常有興趣。其中又特別感興趣的一點是，（1）至（3）他們至少在國民革命期裡，應該是強烈把中國革命與臺灣解放放在一起思考的。不過，其相關資料，依筆者所知尚未出現。[14] 但如同上述的討論，我們可以說，當時存在著可以接受「臺灣革命」論構想的條件，而且這和國際共產主義運動的倡導有關。

註釋

1. 關於蔣渭水，係參考黃煌雄，《臺灣先知先覺者——蔣渭水先生》，以及簡炯仁，《臺灣民眾黨之研究》（臺北：臺灣大學歷史系碩士論文，1977 年）。

2. 張深切，《里程碑》，頁 302。

3. 關於楊肇嘉，參考《楊肇嘉回憶錄》。

4. 矢內原忠雄，《帝国主義下の台湾》，《矢內原忠雄全集》第 2 卷，頁 371。

5. 葉榮鐘等，《臺灣民族運動史》，頁 76。

6. 「祖國派」的稱呼在當時就已出現。葉榮鐘等，《臺灣民族運動史》，以及蔡培火，〈灌園先生與我之間〉，《林獻堂先生紀念集：卷三追思錄》，頁 2。蔡也稱其為「大陸派」。

7. 關於五四運動與臺灣新文化運動的關聯，係參考林載爵，〈五四與臺灣新文化運動〉，汪榮祖編，《五四研究論文集》（臺北：聯經出版事業公司，1979 年）。

8. 例如被視為頭號御用紳士的辜顯榮（1895 年引導日本軍進入臺北城後，變成官鹽賣捌人等，依附官方致富），1924 年出版以題為「臺灣思想問題」的宣傳小冊子，以宣傳此一觀點。參考《辜顯榮翁傳》（臺北：辜顯榮翁傳記編纂會，1939 年），頁 312-366，特別是第七章的部分。

9. 蔡惠如、黃朝琴等即為此例。蔡惠如是初期「祖國」派的中心人物。他在後期抗日運動之初，強力鼓舞與援助東京留學生，並奔走於大陸各都市以宣傳東京的情況，之後他又創造北京臺灣青年會、上海臺灣青年會等留學生反日團體結成的氣運。此外他本人也親自參加臺灣議會設置運動，在 1923 年 12 月的「治警事件」中被判刑禁錮三個月。關於蔡氏係參考：白慈飄，《啓門人——蔡惠如傳》（臺北：近代中國出版社，1977 年）。黃朝琴，留學早稻田大學期間，即加入東京留學生的運動，與黃呈聰同在《臺灣青年》改版後的《臺灣》中提倡學習中國白話文。他在赴美國伊利諾大學留學後，投入中國官

場，到 1945 年爲止都在外交界。參考：卜幼夫，《臺灣風雲人物》（香港：新聞天地，1962 年），頁 137-139。

10. 許世楷，《日本統治下の台湾》，頁 354。

11. 圖 2 的第二象限部分，即從殖民地體制得到的受益度高且又追求獨立的這種臺灣解放論實際上不存在。如要說的話，有在日本剛戰敗時曾跟在臺日本少壯軍人談過臺灣獨立的辜振甫（前述辜顯榮的兒子）、林熊祥（臺灣第一富豪林本源家中有力人士之一）、許丙（擔任林本源家帳房迅速累積財富，在 1945 年的小磯內閣中，與林獻堂、簡朗山同被敕選爲貴族院議員）、簡朗山（後改名爲綠野竹二郎）等人的動向可以放進這個範疇，但無論如何，這些都不能稱爲「抗日」活動。

12. 【譯按】即「上海四一二事件」。

13. 若林正丈，〈中国雑誌解題《台湾大衆時報》〉，《アジア経済資料月報》第 185 號（1975 年 1 月），頁 6-7。

14. 【補註】目前爲止，最能說明親歷國民革命期的臺共分子如何將「中國革命與臺灣解放放在一起思考」的公開史料是謝雪紅回憶錄《我的半生記》（臺北：楊翠華，2004 年），其次則是楊國光爲其父楊春松所寫的傳記《ある台湾人の軌跡：楊春松とその時代》（東京：露滿堂，1999）。除此之外，尙未正式發表的郭德金回憶錄、王萬得回憶錄、謝玉葉（翁澤生妻）回憶錄、詹以昌回憶錄，以及尙未重刊的廣東臺灣革命青年團《臺灣先鋒》原件（廣州，1927 年 1 月出版；中央研究院戴國煇文庫典藏），也能提供相關素材。值得注意的是，臺共在上海成立前八天，共產國際理論家瓦爾加（E.C. Bapra, 1879-1964）曾將其草擬的中共黨綱草案交由史達林、布哈林等共產國際領導人審閱，而這份未被採納的綱領提出中國革命須收復「臺灣與印度支那、滿洲等地」的主張，與臺共建黨綱領的「臺灣革命」思路正相反。在目前所知的共產國際文獻中，這是唯一明確從「收復」視角設想「臺灣革命」從而將中國革命與臺灣解放聯繫起來的材料。參見：《瓦爾加起草的中國共產黨綱領草案初稿（1928 年 4 月 7 日）》，收錄於中共中央黨史研究室第一研究部編譯，《共產國際、聯共（布）與中國革命檔案資料叢書》第七卷（北京：中央文獻出版社，2002 年），頁 406。【編按】本書之「補註」由邱士杰教授撰寫，參見第 10 頁之「編輯說明」。

第一章

黃呈聰抱持「待機」之意涵
日本統治下臺灣知識分子的抗日民族思想

前言——臺灣的「五四」精神

　　對當代臺灣年輕知識分子而言，所謂「釣運（保釣運動）以來」，是新時代精神的代名詞。由於日本政府聲稱尖閣列島（釣魚臺列嶼）是日本領土，美國國務院又發表聲明予以承認。因此，1971年4月臺灣的青年學生發動了全島規模的示威抗議運動。示威運動本身雖然很快地被國民黨政府鎮壓下來，但是此次運動對這些年輕人影響非常大。有不少知識分子走出象牙塔，開始積極摸索關心政治、社會之道，開始談論「國是」以及「民族主義」。在美中關係、日中關係急遽轉變，臺灣深陷國際孤立之時，他們開始談「全面的政治革新」問題。他們也關心在快速而不均衡之經濟發展下被犧牲的勞工、農民、漁民等大眾生活，透過實地調查（由臺灣的大學生組成「社會服務團」），揭發美、日企業對勞工的傷害、製造公害等問題。[1]

　　把焦點轉移到文化面，我們可以看到，進入1970年代後，臺灣的出版界突然充滿了活力，尤其是臺灣史研究出現空前的熱潮。[2]具有強烈改革意識的新文學潮流（所謂「鄉土文學」[3]）興起，積極關注並描繪臺灣各階層民眾的現實生活。這整個變化，都源自「釣運以來」追求政治、社會改革的氣氛。由此可知，「釣運」促使臺灣青年知識階層醞釀出一股新的民族主義思潮。這個世代中有一位代表性發言者，對「釣運」提出以下看法：

這個運動對長期生活在日本與美國表面似經濟合作，而實際則是在進行侵略的國內同胞而言，是個很具有刺激性與教育意義的事件，使我們看清了美國與日本互相勾結侵略中國的醜惡面孔，使我們長久在美日兩國的經濟下昏睡的民族意識遽然地覺醒了！……我和我的許多朋友們都是在這個運動中被教育過來的人，而今天社會上普遍高漲的民族意識，也正是當年的這個保釣運動所激發起來的。[4]

臺灣學生在「釣運」示威活動進行時，其口號包含了「外抗強權、內除國賊」這類五四運動的口號。知識階層在重新發動改革精神與民族精神時，會去回顧「五四」，這是因為五四運動的歷史性格，原本就是中國近代學生運動、知識分子改革運動的原點。不過，臺灣知識分子在這個新動向中還有一個特徵，那就是把「日據時代」（受日本帝國主義殖民統治的時代）抗日運動後半期的活動，特別是1920年代至1930年代所展開之新文化運動，放在整個中國近代史的寬廣視野中重新探討並給予肯定，亦即將這時期的文化運動視為「釣運以來」改革精神的原點。例如，在文學方面，「鄉土文學」派的評論家許南村（即陳映真）就認為：「日據時代」臺灣鄉土文學之特色就是把關心點集中在農村與農民，因為這是殖民統治下臺灣社會矛盾的焦點，其特色是「整個中國近代的反帝反封建性格中光輝且不可分的一環，與中國近代文學同時存在」。[5]基於此，他對於臺灣文學的將來，提出了如下的展望：

近二十五年來，新一代臺灣的中國文學作家，在暫時的受支配於傾銷而來的美日文學之後，在最近開始了對殖民地時代臺灣先輩作家之再評價和再認識的工作。先輩作家的歷史責任感；他們和野蠻而黑暗的現實毅然對決的氣魄；文學題材的社會性、民族性和現實性的傳統，揉和新一代作家對中國語言和方言語言的較為熟練的把握，我們可以十分樂觀的態度肯定臺灣的文學，必然會有更大的豐收，為整個中國文學貢獻出我們應有的貢獻。[6]

回顧中國的「五四」和日本統治下的反抗精神，並將兩者視為一種思想的原點，這時必然會重新認識到兩者精神上的相互呼應，特別是前者影響到後者的關係。有些人顯然是以自己對五四運動的理解去看待「日據時代」的新文化運動，認為該運動在於追求傳統革新與反日本帝國主義，而這兩項課題具有互補性又相互結合。[7]另外，有位臺灣新文學運動的研究者認為，臺灣的抗日運動不僅是一種反抗日本帝國主義殖民統治的運動，也是「臺灣同胞」「認同」（identify）祖國的民族主義運動。此外，他也認定，與抗日運動結合並進的新文學運動是中國五四運動的一環。[8]以上這些論點，不僅可以證明這個時期有如此這般的鬥爭存在，而且也可以明確地感受到，此類論述似乎認為，綿延至今之精神正要發展出一個新紀元，認清這個時代的意義將可掌握未來的方向。[9]

受到上述臺灣新動向的刺激，筆者將以後期臺灣抗日民族運動＝新文化運動初期（1920年代前半）的思想為對象，提出進一步的分析討論。

臺灣新世代知識分子重新評價臺灣抗日運動中之新文化運動時，他們所思考的五四運動，並非1919年5月4日因於北京學生示威而引發的愛國運動，因為這是狹義的五四運動。他們思考的五四運動，是在狹義愛國運動影響下，打開中國知識分子精神的新紀元，並且在政治、社會、文化層面對後代影響深遠的革命精神。

我們以五四運動代表性研究者周策縱的定義為例，周策縱認為五四運動是：包含了「新思潮」、文學革命、學生運動、商人與勞工之反日罷工和聯合抵制，以及知識分子所發起的社會、政治活動等複雜現象。這些現象是受到各方面刺激所引發，包括二十一條要求與《凡爾賽和約》山東問題決議後高漲的愛國心、知識分子吸收的西歐近代精神，以及意圖改造中國的思想等。結果，影響最深遠的是精神上的革命與社會的變革，例如在社會與精神層面上徹底打倒政治偶像。[10]

相對地，1920年代日本帝國下臺灣漢族知識分子的情況又是如何呢？

1920年7月，東京留學生創辦的《臺灣青年》雜誌，號召要對世界思潮、時代潮流打開眼界。該雜誌在經歷數次禁止發行處分和資金困難問題後，逐

漸發展成週刊白話文雜誌《臺灣民報》。1921年10月，臺灣文化協會在臺北成立，揭櫫「發達臺灣文化」之目標，展開設置報紙閱覽所，舉辦各種講習會、巡迴電影會、巡迴演講會等，經銷日本報紙、雜誌、書籍等各種文化啟蒙運動，並且提倡打破迷信，尊重人權、人格與個性，重視衛生，以及抱持民族自信心。為了推展這些**文化活動**，文化協會毅然反抗臺灣總督府警察的各種干擾，消除了殖民地大眾的無力感。為了啟發民眾，導入並普及中國白話文自始即被提倡（其中一項成果是發行《臺灣民報》）；隨著前往中國留學人數急速增加，部分留學生開始批判臺灣的舊文學者（漢文詩人）、介紹中國新文學，並提倡臺灣新文學。[11]為了反抗學校內的民族差別和嚴重干涉，部分臺北師範等學校之臺灣學生，發動若干次的「學潮」；[12]勞工與商人雖然沒有類似行動，但是仕職於殖民地統治機構末端的地主與資產階層，開始參與臺灣議會設置請願運動，他們不怕被免除保甲幹部和街庄長等公職之威脅簽署請願書，甚至也有人積極地擔任上京請願委員之職務（參照第一篇第一章）。主導這些運動的知識分子，都在某種情形下體驗過民族的歧視和壓迫，因而對日本的統治皆抱持鮮明的批判意識。另一方面，他們對於漢族社會的傳統也覺得不合理，因而抱有「改造臺灣」的使命感。這些知識分子在批判日本統治和臺灣傳統時，他們所使用的武器，都是從留學日本或中國五四時期文獻所獲取的西歐近代思想。他們批判總督府專制和啟發民眾的基本訴求，同樣是「民主」和「科學」。經過這段時期的運動，他們改變了知識階層的求知風氣，強化其對中國民族運動與日本社會運動之認知，並且消除民眾對殖民地警察的恐懼和無力感，也為1920年代後半激昂的農民鬥爭奠定了基礎。[13]另外，《臺灣青年》的創刊和發行也不能忽視，此時臺灣人建立了自己的言論機關（1927年7月《臺灣民報》獲准在島內發行、1932年4月《臺灣新民報》開始發行日刊）。

比較觀察之下，我們可以了解，1920年代前半日本帝國主義統治下臺灣的抗日運動、新文化運動與中國之五四運動，不論在知識分子的活動內容、鼓舞他們的動力，以及活動的影響等各方面都有類似之處。此外，在文學、思想方面，前者受到後者的直接影響。如果把這點一起納入考慮，那麼把前者視為後者一環的想法，也確實有其道理。

　　然而，承認某一時期臺灣抗日運動與中國五四運動可以相類比，或是認同臺灣新文化運動是中國五四運動一環之看法，還是不能展開任何具體的歷史分析。即使可以類比，或可視為其中一環，兩者的開展歷程還是有所不同。臺灣是單一帝國主義統治的殖民地，這一點的意義非常重要。臺灣海峽兩岸同樣是漢民族社會，同時面臨在帝國主義統治下如何展開近代化之課題。儘管有這樣的共通點，但是由中國大陸移民所建立的臺灣漢族社會，從1895年到1945年的半世紀期間，被迫接受日本帝國主義之直接統治，致使兩岸經歷了全然不同的社會變遷過程。

　　雖然如此，但是我們在談論臺灣近現代史之時，也不可以排除「中國」這個影響臺灣住民動向的內在因素。以1970年代新世代的民族主義者為例，他們的「民族意識」之形成，如前所述，是肇因於1949年以後的臺灣現實狀況，並非直接來自中國大陸之情況，但是若去除「中國」這個表徵，也就無法完全表現他們民族之指向，這一點與日本統治時期大致相同。臺灣近現代史之動向，還有一個重要意義，亦即它一直是廣義中日關係（包含國際關係及民族間關係兩個層面）裡面一項複雜之變數。因此，研究臺灣抗日運動史的重要視點是：第一，必須掌握臺灣住民的動向和特質，亦即了解其根源來自與中國本土社會、文化上的同一性，而其發展則是受到日本統治之衝擊；其次，需要掌握臺灣與中國本土發展之差異；最後，還要整合而提出統一的解釋。

　　有關臺灣抗日民族運動的思想，在目前抗日運動的政治史論述中，只有針對抗日分子個別發言的檢討，以抗日思想本身為分析對象的研究，除了伊東昭雄針對蔡培火和蔣渭水思想的研究之外，未見其他研究成果出現。[14]後期抗日史研究方面，史料已經很充分，負責鎮壓運動之臺灣總督府警察局所編纂《臺灣社會運動史》，內容極為詳細和完整，致使研究者很容易就被它的論述牽著走，但是這項缺點不難克服。1970年代，臺灣重新評價抗日史之動向中，從《臺灣青年》到《臺灣新民報》的抗日雜誌報刊被復刻，原本散佚的新文學運動成果被重新收集整理。我們可以不必再依靠日本官方觀點為媒介，接觸到當時臺灣知識分子的主張。雖然這些是在沒有充分言論自由之情勢下所產生的史料，但是對於日本統治下臺灣人的心路歷程及其抗日思

想，已經可以進行更深入的分析，相信這也是眾所期待的研究方向。

　　當然，由於筆者是過去殖民統治者的後裔，加上本身學問能力的限制，所以我必須承認，要解讀臺灣人的主張會有很多的障礙。筆者沒有直接的殖民地經驗，加上可能帶有一些不自覺而繼承的殖民者偏見，因此可能會影響到個人對被統治民族的思想、感情的觀察力。不過，因為現在我們可以直接聽到日本統治下臺灣人的發言，所以我想可以以此為線索，來探討他們過去的希求，這方面也是關心臺灣和臺灣住民未來將往何處去時的根本。如前所述，日本統治下的知識分子的思想、文化活動，現在在臺灣被重新發掘出來，並影響到了當代臺灣人的思想，所以這項研究企圖，應該是頗具時代意義的。

　　雖然本章是探討後期抗日運動的思想，但是總括性的分析非筆者所能勝任，也沒有這個意圖。本章將把焦點放在活躍於1920年代前半期的代表性知識分子，分析其主張和行動。具體而言，是以抗日運動史上知名的知識分子黃呈聰為例，他以提倡新文學運動、主張導入中國白話文而聞名。首先，將概述黃呈聰之經歷，分析他在殖民地臺灣的社會地位和抗日運動中擔任的角色；其次，說明以黃呈聰為例對抗日運動史研究有何意義；最後，還要分析黃呈聰抗日主張的具體內容。分析之焦點，其一是集中在所提的基層殖民地政治層次之言論，其二是談論他所提出有關臺灣在整個世界之位置和將來願景，針對這兩點將先分別敘述，最後再做一個小結。

一、黃呈聰的定位

　　如序論之分析可以確知，整體而言，日本統治後半期之抗日運動，本地地主資產階級的色彩濃厚，而且是以改良式的民權運動、自治運動為基調。因此，前述整合而「統一」的視點，勢必要用來分析本地地主資產階級之運動，才能得到印證。其中黃呈聰正是一個很好的素材。

（一）黃呈聰——本地地主資產階級的抗日家

黃呈聰，1888年3月25日出生於臺灣中部古老城市彰化近郊線西，是地主黃秀兩的次子。[15]臺灣中部的開拓是在進入十八世紀後才正式開始，彰化則是該地方開拓和行政的中心。1723年（雍正元年）彰化縣治設於半線社，而鹿港則為大陸移民和貿易的窗口。清法戰爭後臺灣建省，劉銘傳被任命為首任巡撫，當時省會選定彰化縣的橋仔頭（現在的臺中），1887年他曾打算將此地建設為新政之中心。[16]這時剛好是黃呈聰的幼年時代，因此他在一篇文章中驕傲地提到：彰化自古以來文物制度就很發達，故彰化人熱心教育，富於進取精神。[17]日本領臺之後，受中等以上教育的人很多，新進人物陸續出現。然而，彰化的「進取精神」勢必會與殖民體制相衝突，當地激進的社會運動家輩出。[18]因此，御用報紙上說：「彰化是思想惡化之地。」此外，彰化郊外的八卦山正是日軍攻占臺灣時，近衛師團和當地漢族義勇軍發生激戰的地方。[19]

1903年，黃呈聰畢業於公學校（以臺灣人為對象的殖民地初等教育機關，以教授日語為主），進入臺灣總督府國語學校實業部就讀。[20]公學校修業年限是六年，[21]以五年級考上國語學校來推斷，那麼他進入公學校該是1898年，亦即公學校開始設立的那一年。這一年創立的公學校全臺共有55校，黃呈聰所進入的應該是彰化辦務署管轄的彰化公學校，當時彰化地方只有這所學校而已。[22]

不過，臺灣割讓時，黃呈聰已經七歲了。我們可以合理地推斷，在這之前他應該已經受教於書房（由地方上的讀書人擔任教師，教授從《三字經》到四書五經、尺牘等教材），這是傳統的教育機關。殖民地教育的初期，臺灣漢人的「上流家庭稱公學校為番仔學校，不喜自己的子弟進入就學，大多數會選擇書房」。[23]直到1904年，公學校之學生數才超過書房的學生數。[24]因此，黃呈聰和同世代多數臺灣知識分子一樣，幼年時接受這兩種不同性質之教育，在自我形成期裡，無形地在精神上受到雙重的影響。亦即，一方面他接受進一步與中國科舉制度相結合的傳統讀書人教育；另一方面，他又轉

而進入以西歐教育為範本，且與科舉體制斷絕聯繫之殖民教育體系。

國語學校成立於1897年，分為師範部和國語部（以臺灣人為對象的普通教育），實業部則是在黃呈聰入學前一年（1902年）成立。根據1919年的臺灣教育令，該校改制為臺北師範學校。[25]該校在這之前與臺灣總督府醫學校並列為臺灣人在島內可以就讀的兩所最高學府。除了以進入日本之大學為目標，在小學、中學時期，即被送往日本的大資產家子弟（人數隨著日本統治的確定而逐漸增加）之外，全島的俊才都集中在這兩所學校。黃呈聰曾經將1919年教育令頒佈前的這兩所學校比擬為英國的劍橋大學與牛津大學，他說當時（1924年）臺灣社會的中堅分子且有廣大的影響力者，大多出身於這兩所學校。[26]不過國語學校的校園生活，對這些菁英子弟而言，似乎不是非常的愉快。當時發生的第二次臺北師範事件，是起因於臺灣人學生因聯合抵制修業旅行，結果導致37名學生遭到退學處分之事件。黃呈聰在評論該事件時，對照自己的經驗指出：「臺灣人在社會上向來受到內地人優越思想的壓迫，大家都抱持著難以言喻的怨恨，……而學生一方面在社會上受到這種優越思想的壓迫，另一方面在校園內又要受到專制教育者的歧視與蔑視，血氣方剛的青年怎麼能夠忍受這種蔑視的態度，更不可能屈服那些刻意的壓迫。」[27]這種看法剛好可以說明，後半期抗日運動的領導者大多出自這兩校的原因。發起創立臺灣文化協會的是蔣渭水等醫學校的畢業生；在二林庄組織第一個蔗農組合的李應章；以及被稱為「臺灣的魯迅」的作家賴和等，都是此一學校的畢業生。[28]推動臺灣議會設置運動最重要的人物蔡培火，出身於國語學校師範部；[29]為該運動提供理論架構並擔任《臺灣民報》負責人的林呈祿，也是出身於該校國語部，然後再留學明治大學。[30]總之，與殖民地當局設置兩校之意圖相反，這兩所學校成為了培育第一代臺灣漢族近代民族主義者之搖籃。

1907年3月，黃呈聰從國語學校畢業，《臺灣人士鑑》紀錄：畢業後「經營鳳梨罐頭業、輕便鐵道業、米糖業」。從這幾個行業可以得知，黃家是從地主資產的累積起家，轉而經營商品作物相關事業之資產家。

1914年，26歲的黃呈聰被任命為家鄉線西區長。[31]區是當時的末端行政機構。為配合後述之內容，在此補充一下保甲組織，它與區是不同系統，

保（10甲為一保，設保正）與甲（10戶為一甲，設甲長）才是真正最末端的
行政組織。最初，保甲雖然是在派出所巡查監督的警察補助機關，但是後來
逐漸被賦予行政上廣泛的上意下達、提供勞役之機能，成為臺灣惡名的警察
政治之支柱。1920年依照「地方自治制施行」之名，行政上改採市街庄制，
黃呈聰繼續被任命為線西庄長。[32] 從「26歲」之年齡來看，似乎有些奇特，
但如果我們知道日本當局那時候選任當地的區（庄）長、保甲幹部時，是選
「家」不選「人」，也就是選任當地的望族或有勢力之家族，就不會感到訝異。
[33] 這個現象與日本當局控制本地漢族社會的方式有密切關聯，從這裡我們也
可以理解，為什麼身為區長還可以去東京留學（見後述）。

　　1917年，臺灣總督府授予黃呈聰「紳章」。頒授「紳章」是懷柔漢族士
紳階級之政策，於1896年9月第二任總督桂太郎任內制定，規定授予對象是
「有學識資望的臺灣住民」。隔年1897年進行首次授予，至1906年底共授予
569名。[34] 1916年4月發行的《臺灣列紳傳》中，記錄了一千多名獲頒紳章者
之經歷。[35] 正如後來黃呈聰本人所言，「紳章」制度在制定初期，日本方面
正在討伐所謂「土匪」的抗日游擊隊，為了避免誤殺協力者或是沒有反抗傾
向的讀書人與鄉間有力者，它具有認證的功能（「紳章」必須隨時佩帶）。但
是，後來則不論是否具有「學識資望」，只要是日本統治的協力者皆可獲得。
[36] 到了1920年代，「紳章」被譏笑為「臭狗牌」，[37] 反倒成了御用紳士的象徵，
最後演變成獲頒者不願佩帶，1926年以後，總督府就不再將紳章授予任何人
了。[38]

　　政策性地授予的「紳章」，有時候則政策性地不授予，還有時候會被剝
奪。[39] 因此，被授予「紳章」一事表示，線西黃家黃呈聰具有重要的地位，
是日本統治的協力者，而且當局者對其印象也不錯。然而，青年黃呈聰本人
對於這種殖民地體制下的角色應該具有強烈的抵抗感，內心必然會有苦惱與
思索的過程。佐證之一是，他在1913年左右開始學習世界語。1913年底，
以三井物產的社員兒玉四郎為中心，加上連溫卿、蘇璧輝等人，共同在臺北
成立了世界語協會臺灣分部。黃呈聰和彰化地區的國語學校出身者組成一個
團體，以通信教育的方式向該分部學習世界語。[40] 後來，連溫卿談到當時學
習世界語之臺灣知識分子的心情時表示：「臺灣知識分子並不是為了與專制

體制鬥爭，只不過是以厭惡、逃避〔之心情〕，而對世界語的內在思想抱持著淡淡的憧憬。」[41]

具體的情形雖然不是很清楚，但是我們可以判斷，黃呈聰決定留學東京的思想背景，必然包括了上述內心摸索過程。或許他有其個人的計畫和野心，但是應該也有為了尋求突破「無法言喻的不滿」之論理而前往東京的心理。

到了東京以後，黃呈聰就讀早稻田大學（在法制上，1920年以前是專門學校）的政治經濟科。當時預科是一年半，本科是三年，從畢業年分推算，他應該是在1918年到東京。另外，還可以確認，最遲在1919年底他也參加了蔡惠如為了激勵東京留學生所組織的啟發會。[42]這一年他已經三十歲，應該是下了相當大的決心才到東京。他在早稻田大學政治經濟科求學時，也參加了留學生的聚會，1920年12月被選為新民會（啟發會無所作為結束後，經過檢討，為了展開具體行動重新組織之團體）的幹事。會長是林獻堂、副會長則是蔡惠如，接下來就是兩名幹事，另一位幹事是蔡式穀。[43]

隔年1921年1月10日，黃呈聰採取一項引人注意的行動。他和五名彰化郡的其他街庄長聯名，向總督田健治郎建議廢除保甲制度，[44]這項行動馬上牽連到他本人和他的家屬。不久之後，其父黃秀兩帶著家人移居中國福建漳州，「聲明一生永做支那人」。[45]同一時期，黃呈聰本人則卸任前一年（1920年）10月才剛被任命的線西庄長。[46]所謂卸任是被免職還是自行辭去，不得而知。其父帶走的家族成員有多少？財產如何處置？這些情形都不是很清楚。唯一可以確定的是，儘管面對來自日方無可避免的種種壓迫，黃家並未因此屈服。這個行動也讓我們確認，抗日家黃呈聰正式誕生。不久之後，他首次投稿《臺灣青年》，主張廢除保甲制度。[47]

1921年12月29日，黃呈聰在臺灣青年會的大會中被選為總務幹事（相當於會長）。[48]臺灣青年會是東京留學生的友好團體，當時它是新民會的實戰部隊，發行《臺灣青年》，並支援臺灣議會設置請願運動等。隔年1月，他在《臺灣青年》發表的〈年頭雜感〉文中，以臺灣青年會總務幹事黃呈聰的身分，向青年學生發表一段呼籲言論。在這篇文章中，他以披露悔改的決心的方式表示：「過去我的生活都是自我中心地消極度日，喪失人生意義，

為此深感恥辱悔悟，今年起要盡量過有意義的生活，以此年初為契機，想要開拓新局面，腦中頗為混亂，身心兩方面幾度激戰，百感交集……」；接著，他提倡新的「捨棄小我完成大我」的人生目標，也就是說，人生要在「社會服務」中尋求「個性發展」和「人格提昇」，進一步他又呼籲「仁人君子」要以奉獻的精神來「改造臺灣」，他說：「以最好的方法讓臺灣成為有意義的臺灣而努力吧！」

4月，《臺灣青年》改名為《臺灣》，黃呈聰從這時候就加入發行團體臺灣雜誌社，擔任東京本社的總務主任。該雜誌改名後的第一期，有一篇介紹新會員的文章，其中介紹黃呈聰的部分寫道：「他不僅是在京青年的中堅分子，去年春為止擔任七年臺中之區長與庄長，是一位具有經驗與手腕的活動家，未來將是眾所矚目前景看好的民黨政治家。」[49]從他被選為青年會總務幹事來看，可知黃呈聰和蔡培火、林呈祿等人都是領導東京青年活動的中心人物。

6月，他去中國旅行（林呈祿和早大同學王敏川也在同一時間到中國旅行）。[50]當時的見聞，成為他提倡將中國白話文引進、推廣到臺灣的強烈動機（後述）。

12月11日，黃呈聰和林呈祿一同拜訪到東京的總督田健治郎，對於北白川宮能久親王碑之「王」字破損事件中嫌犯遭到警察拷問一事，提出抗議。[51]該事件是指同年的8月4日，彰化八卦山山頂的北白川宮能久親王（日本軍占領臺灣時主力近衛師團之團長，1895年10月28日在臺南去世）遺跡碑之碑文中親王的「王」字被發現遭人毀損，經過一番搜查，檢舉了七名嫌疑人士。根據被檢舉人的「自白」，當局認為背後有大規模的臺灣革命軍募兵計劃，據傳其核心人物為林獻堂族人中回到大陸的林季商，東京的《國民新聞》還登出林獻堂全家族的相片，報導「募兵事件」。[52]同年，以2月發生的第一次臺北師範事件（臺灣人學生和警官的衝突）為理由，總督府開始對文化協會施壓。[53]另外，在8月時，以臺中州知事常吉德壽為中心，也開始策動瓦解臺灣議會設置請願運動之行動。[54]當局特別針對林獻堂下手，除了給予政治施壓之外，並且還利用總督府主導的臺灣銀行等金融機關施以經濟壓力（要求償還所有債務）。[55]由此可知，以「王」字被損壞為藉口所發動的

鎮壓事件，實際上是以林獻堂為目標所設定圈套。移送檢方偵辦後，七名被告否認募兵計劃，而檢察單位也無法提出證據，最後是以損壞遺跡和竊盜罪名予以起訴，但是在審判時，連這些罪名都找不到證據，最後全體獲判無罪[56]。

　　同年12月間，臺灣雜誌社展開發行中國白話文刊物的計畫，黃呈聰與林呈祿、黃朝琴、王敏川等人共同參與。[57]正如前述，隔年1923年1月發行的《臺灣》第四年第一號中，黃呈聰（〈論普及白話文的新使命〉）和黃朝琴（〈漢文改革論〉）同時發表文章，呼籲學習和普及中國話文，得到知識分子的共鳴。[58]

　　1923年2月16日，蔣渭水、蔡培火、陳逢源等人為了第三回的臺灣議會設置請願而前來東京，並且組織臺灣議會期成同盟會，黃呈聰也加入成為會員。[59]該會之成立，乃鑑於1922年間請願運動所受到打壓與分化，故大家都認為有必要在文化協會以外再成立一個團體，以推行議會請願運動。1月中，該會在臺北成立，然而日本當局立即以《治安警察法》第八條第二項為「維持安寧秩序」之理由，下令禁止結社，該法同年（1923年）1月1日才剛在臺灣延長施行。該會遭禁止後，將本部轉移到東京，以在東京有住所的林呈祿為主幹，向早稻田警察署提出結社申請，這項申請案立即被認可。總督府認為該會實體在臺灣，一旦被禁止結社者又再度結社，因此在12月16日清晨，開始檢舉該會全島各地之會員（此即所謂的「治警事件」[60]）。黃呈聰當時可能人在東京，所以沒有遭到被檢舉。[61]

　　3月，黃呈聰自早稻田畢業，這時他已經三十五歲了。

　　4月15日，發行白話文雜誌《臺灣民報》創刊號。黃呈聰擔任新成立的臺灣雜誌社發行人，並兼編輯主任。該報的創刊同仁還有：主幹兼編輯的林呈祿、會計主任鄭松筠、幹事兼記者的王敏川、黃朝琴、吳三連等九人。蔡培火則是擔任臺灣分社主任，他為強化該刊物的財政，主要致力於將臺灣雜誌社改為株式會社（股份公司）之工作。[62]從這時開始到1925年春脫離各項運動前往中國為止，黃呈聰和林呈祿等人經常發表社論以及各種評論。從版面的分配來看，黃呈聰的文章受到重視的程度僅次於主幹林呈祿。

　　同月30日，黃呈聰和王敏川一起回臺。從5月到6月，他們兩人在全島

各地舉辦巡迴演講，並兼做《臺灣民報》的宣傳和推銷工作，根據警察單位的紀錄，「其講述的民族主義和對臺灣統治的攻擊，得到地方民眾的熱烈的迴響，非常受到歡迎」。文化協會注意到巡迴演講的成功，於是開始頻繁地舉辦演講活動，以做為啟蒙民眾以及向官方示威之主要手段。在都市地方，他們利用週末在文化協會分部的讀報社（報紙閱覽所）舉辦定期演講會，在農村地區則舉辦巡迴演講。後者成為往後抗日農民運動之基礎。[63]

6月24日，臺灣雜誌社在臺中召開株式會社成立大會。黃呈聰和蔡惠如、蔡培火、蔣渭水等人一起被選為董事。該社以林幼春為董事長，林呈祿為常務董事。[64]

進入隔年1924年之後，文化協會以巡迴演講為中心，更熱烈地展開活動。[65]領導者之間開始有共識，共通的口號是「採取實際運動」，企圖以此測試啟蒙的成果。[66]這一年，黃呈聰除了言論活動之外，還進行了兩項引人側目的行動。

第一，該年夏天到秋天之間，他回到故鄉，嘗試組織臺灣第一個蔗農組合這類組織。他早在4月11日發行的《臺灣民報》（第二卷第六號）就撰寫題為〈改換糖業政策的急務〉社論，社論中批評總督府過去自稱「成功」的糖業保護政策是在壓搾臺灣人農民的血汗；他主張廢除該項保護政策之重心，即原料採取區域制度；並要求甘蔗的買收價格要由會社和蔗農協定，或是讓蔗農組合與會社共同討論決定。

所謂原料供給區域制度是根據1905年《製糖廠取締規則》所產生的制度。由於地主制早已普遍確立，日本資本採用新式機械設立製糖工廠後，如果只能利用會社用地之原料生產，將無法充分確保甘蔗原料。根據該項規則，對於使用新式機械的製糖廠，政府保證配合該工廠能力確實供應所需之原料，具體辦法就是規定固定區域為特定製糖廠之原料供給區；此外，在同一區域內不准設立其他製糖廠，未獲得政府的許可下，也不能將甘蔗搬離該區域，而且不可用於製作砂糖原料以外之處。亦即，該區域內的甘蔗種植業者只能把甘蔗賣給該工廠。在這種制度下，雖然種不種甘蔗是農民的自由，但是只要是種植甘蔗，其價格就由製糖會社單方面來決定。[67]

當時臺中州北斗郡二林庄的農民，因不滿收購之價格，透過庄長等人

要求林本源製糖溪州工廠發給臨時補助金，郡守參與協調後，一部分的要求
得以實現。另外，彰化地區農民開始種植新品種的蓬萊米，該品種比在來米
多一成的收穫量，價格也可以增加四成，因此形成不種甘蔗的風潮。[68]黃呈
聰看到這種情勢，認為時機已成熟，因此在8月16日故鄉線西庄保正的集會
中，他提議成立「甘蔗耕作組合」，此案獲得了多數人贊同。9月間進行再次
聚會，討論具體方案，10月間起草規約，開始勸導農民加入。這個「耕作組
合」之要求事項如下：

　　　蔗農參與決定甘蔗收購價格
　　　甘蔗秤重時蔗農必須在場
　　　承認組合與會社有交涉權
　　　由組合負責收割甘蔗[69]

　　從上述這些要求，還無法看出這個籌組中的蔗農組合之特性。但是，上
述社論中，黃呈聰的主張應該是蔗農和製糖會社之利益要「調和」、「共存」；
另外，在10月間發表的〈論蔗農組合設置的必要〉一文中，則主張設立「勞
資協調」的「蔗農組合」。從這篇文章中也可以看出，他認為蔗農自覺意識
高漲與種植蓬萊米者增加，已經迫使製糖會社和蔗農必須相互妥協，而且兩
者實際上也有妥協的可能。在這種判斷下，他才採取籌組團體之行動。由此
可知，他所成立的組合與日後極具戰鬥性格的臺灣農民組合不同，應該是比
較溫和而且是改良主義式的組織，其出發點是基於地主和地方菁英期待製糖
會社有「良知」，希望扮演調和農民和製糖會社之角色。不過，該團體具體
之特性還要留待日後之研究。再者，以線西庄為採收區域的新高製糖中寮工
場知道前述結社動向後，馬上對蔗農採取懷柔手段以阻止之。因此，這個組
合後來並未成立。[70]
　　黃呈聰在1924年間第二個引人注目的行動是，10月30日和林獻堂聯名，
向新上任的總督伊澤多喜男提出統治改革的建白書（建議書）。提出建白書
的具體過程不是很清楚，但是，當時臺灣議會設置運動和文化協會的幹部，
對伊澤多喜男抱持著能夠革新統治之期待（雖然不久之後即知道這只是個幻

想），[71] 應該是其主要背景。伊澤多喜男是第二次擁護憲政運動而成立的護憲三派內閣所任命之總督，他在從東京出發赴任前曾表示：「臺灣的統治對象是三百萬的本島人。」黃呈聰本人在加藤高明內閣成立時，曾撰寫〈對護憲內閣的希望〉（《臺灣民報》第二卷第十一號，1924年6月21日），[72] 表達其衷心的期待是，從原敬內閣以來的「帝國延長主義的同化政策」，轉變為「基於本國立憲政治，尊重殖民地個性，並協助其發展」之自治主義。

建白書的內容及其意義隨後再探討。在此要先特別指出，這份建白書是從《臺灣青年》發刊（1920年7月）、開始進行臺灣議會設置請願運動（1921年1月）、臺灣文化協會成立（同年10月）等後期抗日運動展開以來，臺灣人第一次直接向當局提出，包含政治、經濟等具體且定型化的全盤性要求。

誠如上述，黃呈聰從1921年開始極積從事抗日運動，但是進入1925年不久以後，抗日家黃呈聰突然不見蹤影。他在2月11日發行的《臺灣民報》（第三卷第五號）發表最後一篇文章〈由產業政策上觀察的芭蕉問題〉，[73] 其後在該刊物就不見黃呈聰署名的報導。不久之後，該刊第三卷第十號（4月1日）刊載他已經離開雜誌發行地東京、發行人已經換人的通告。

根據《臺灣人士鑑》記載，黃呈聰自臺灣雜誌社離職後，前往廈門。[74] 根據六年後黃本人所言，當時他也離開各抗日運動團體，途經廈門，然後在南京、上海等地停留，其間遇到「真耶穌教會」並受洗入教，往後即投入教會之活動。[75]

其突然離去的原因不明，筆者尚未發現可以說明具體理由之史料。總督府警察特務報告中提及，當其父黃秀兩在移居大陸時，他就曾表明：「本人將來打算定居支那。」[76] 但黃呈聰本人回臺後，卻只表示是因為「痛感世道人心墮落」。[77]

以上是筆者根據現有之史料，重新描繪出到1925年為止抗日家黃呈聰之行動軌跡。

正如謝春木所言：「一股本地資產階級勢力舉起 ×〔叛〕旗，與新興知識階級結合」，[78] 在1925年農民運動爆發以前，本地資產階級和新興知識分子之結合，實際上形成了以臺灣議會設置運動和文化協會為中心的臺灣抗日運動的社會內涵，兩者的意識形態就是該運動之意識形態。從以上可知，黃

呈聰一人可以說就是這種結合的代表。

如本書第一篇第一章所言，在統治確立期裡，日本當局同時推行的政策有：藉由土地調查事業，把本地地主階層掌控之生產關係納入日本資本主義的再生產結構；同時利用分配專賣產品銷售權，舉辦揚文會、饗老典以及紳章制度等，對知識分子的懷柔手段。透過這些政策塑造出的本地地主資產階級與抗日武裝游擊隊有明顯區隔，成為殖民統治之買辦階層。此後，1920年代「本地資產階級」「舉起 ×〔叛〕旗」之情勢乃是意味著，此時日本獨占資本入侵更加明顯，近代思想在本地地主資產階級子弟間有一定的普及程度，新的民族自覺也開始高漲。在此情況下，身為日本帝國主義的政治經濟支配中介者之本地地主資產階級又再度分化，亦即分化出新興買辦與民族主義派之勢力。雖然這個勢力在經濟活動上從屬於日本資本，政治上和一般大眾同樣處於無權利狀態，但是在本地社會裡卻保有一定的社會地位，因此日本當局無法把他們的反抗當作單純的治安問題的對象來處理（試看「治警事件」後其運動反而壯大即可得知）。換言之，面對第一次大戰後1920年代日本本國與殖民地結合關係再調整時，日本統治當局在殖民地臺灣所面臨的主要課題是，對於新條件下產生之此一反抗勢力，如何誘導他們留在殖民地統治體制的架構內，讓他們繼續擔任政治經濟上掌控本地社會的媒介者。1920年代末期，本地地主資產階級的民族主義勢力，把改革要求之重點從過去的設置臺灣議會轉移到地方自治之實現。這項轉變，一方面表示他們運動的**韌性**，另一方面也顯示，日本當局在維持統治上的努力，也達到一定的成果。

正如前述，所謂本地資產階級是，日本帝國主義在鞏固在臺灣的政治經濟支配過程中所形成的**殖民地式的**、**臺灣式的**上層階級。這個階級的重要性，在殖民地臺灣統治確立過程（亦即由上而下的政策、統治行為與當地民眾回應之相互作用過程）中清楚可見。探討黃呈聰的思想，也就是在探討擁有這種性格和重要性的本地地主資產階級之抗日民族思想。

（二）所謂「中國」之座標軸

在（一）的部分，我們回溯了**抗日家**黃呈聰正式誕生之經歷。雖然在史

料的限制之下，只能從外圍檢視的方法來掌握，但從這裡也可以看出，一位殖民地臺灣民族主義者在誕生的過程中所面臨的精神層面之衝突。黃呈聰出生於濃厚且又根深蒂固的本地漢民族文化環境，由於日本當局為了確立並維持其統治而不得不「尊重舊慣習」，所以他在幼年時受到這種文化之薰陶。但是，不久之後，他接觸到了滲透進來的殖民者之制度，以及讓自己形成早期世界觀之異文化——近代日本文化和西洋近代文化。同時，他也面對殖民地統治下產生之民族矛盾，因而經歷了強烈的精神緊張。如前所述，黃呈聰前往東京留學，可能就是為了解決這種精神的緊張而採取的行動。當然實際下決斷時，他對未來生涯發展等也可能抱有各種期待。但是，隱約地我們還是可以想見，他應該是想要透過留學，以便從獲取的西洋近代學術知識中得到解答。[79]

黃呈聰留學東京時已經三十歲了，這表示他所承受的衝擊非常深刻而強烈。不過，在後期抗日運動的醞釀期（第一次世界大戰期間到結束後不久），臺灣漢族知識分子精神史之特徵是充滿緊張和衝擊，而且這是加諸於整個世代。因此，了解加諸於黃呈聰身上的緊張和衝擊之背景，同時也可以普遍地理解全體臺灣青年所面臨的精神危機。在臺的日本新聞記者柴田廉，發表了以下的觀察紀錄：

> 臺灣近年出現熱心新教育，開始對曹洞宗和臨濟宗等日本佛教的教義感興趣，對於國語普及會和風俗改良會等會完全不反對，而且到處設置……。另外，還有極端自以為高尚，半調子地追求虛榮，為議會設置請願運動廢寢忘食等等現象。這些都可視為是，在新處境、新時勢之下產生的不具體且微弱之希望和要求。……真是可憐的迷途羔羊，尋求領導和救濟的寂寞至極之迷途羔羊啊！有位年輕人沉痛地告白：我們現在既不能退一步當純正的支那人，又不能進一步當純正的日本人，剛好在中間不上不下，請體察一下我這種內心的惶恐吧！要自然而然地把這迷途羔羊導向正途，除了順應民族心理，採取真正的同化政策以外，應該是別無他法了。[80]

　　這項觀察，確實地掌握了臺灣青年知識分子間所存在的一種危機。所謂「既不能退一步當**純正**的支那人，又不能進一步當**純正**的日本人」，這不單單是柴田的巧妙用語。如前面所言，這是殖民地體制下漢族知識分子之間，普遍存在的精神危機和問題狀況。因為，他們在自我形成期間，接受了兩種教育，精神上受到了兩個不同性質文化之薰陶。從十九世紀末到二十世紀中葉的半個世紀裡，臺灣正處於嚴重的漢族文化過渡期，知識分子在思想上面臨的問題，不僅是殖民地臺灣，同時也是全（半殖民地）中國的問題。如果我們了解到這一點，那麼就能體會他們精神層面上的情況。不過，把這「危機」說是進行「同化」的絕好時機，這是殖民者在父權心態下誤判了危機的性質。柴田並沒有察覺到，這時期臺灣知識分子的精神危機和對該危機的自覺，是來自於他們本身對近代的覺醒，亦即面對殖民地體制下的近代面向時的自我覺醒。[81] 由於臺灣青年知識分子在近代世界中的自我覺醒，是在殖民地體制下所發生，因此在發現自己是被殖民者之時，也必然是**悲劇性**的自我覺醒。柴田所引用臺灣青年之發言：「在中間不上不下」、「內心的惶恐」，正是這種情境，其痛苦甚至是比這種修辭表現更加嚴苛。但是，在這種痛苦的背後，不僅有著危機意識──讓殖民者誤以為是進行「同化」的好時機。另一方面，也產生了一種想要解決精神上的緊張和糾葛的**民族**自覺成分（決心「同化」也是暫時的解決之道）。柴田所列舉的危機意識之例子，如臺灣議會設置請願運動，它代表的不是單純的危機意識，該運動是有明確的民族自覺意識在支撐著。從參與這項運動的東京留學生所發表的文章來看，這個自覺後所進行的自我奉獻，在背後是一種「臺灣」和「臺灣人」的自我發現；換句話說，臺灣或臺灣人成為自己在倫理上、實踐思考上奉獻的目標。例如，黃呈聰在《臺灣青年》發表的〈年頭雜感〉裡對過去生活吐露悔改的心情，以及呼籲要為「臺灣改造」奉獻之發言（參照後敘：二之（一）內容），就明白地表示了這個「自覺」的存在。[82]

　　然而，漢族青年知識分子間出現民族自覺的時期，被認為是：「現今臺灣人除了特權階級以外，大部分人都醉心於中國，這是不容否認的事實。[83] 亦即同一時期，也是他們傾向中國的心志高昂的時期。

以下就列舉幾個例子：

根據《臺灣社會運動史》，第一次大戰結束後不久，東京的留學生之間就已經出現：「研究支那語、使用年號時採用支那年號、稱支那為祖國、排日風氣昂揚等值得注意之傾向。」[84]另外，根據《臺灣社會運動史》的編輯鷲巢敦哉所言，在1920年之前，報紙常看到有關臺灣人年輕人喜歡穿著和服走在街上之報導；但是，之後的知識分子，流行穿著叫做「上海服」的中國式套裝，據說很多人喜歡在文化協會的演講會上穿著也是流行的原因之一。[85]有關文化協會的影響，觀察時間可以再往後一些。例如，在1927年初所撰寫的總督府警務局文書裡，對於文協運動之後，民族意識興起的情況，有如下的描寫：

> （文化協會）經常議論殖民地問題，訴說愛爾蘭之自治，談論亞爾薩斯、洛林之復歸；舉出甘地的不合作主義，強調民族自決和弱小民族的解放，疾呼島民要自覺奮起。同時也提出臺灣是臺灣人的臺灣、我們中國或是我們中華民國等語，慫恿排斥內地人，妨礙國語普及，強調臺灣人經濟利益獨立之說，宣傳臺灣話羅馬字，並獎勵漢文。結果，出現了將主張同化主義和內地延長主義者視為賣國賊，稱紳章為臭狗牌，視語言風俗內地化是恥辱，對內地人態度變得傲慢不遜等現象。因此，經常發生壓迫內地人，阻礙內臺人之間融合之事件。最明顯的是，將本島始政紀念日稱為島恥紀念日或是恥念日，有人開始對此日不表祝賀之意。相反地，追慕支那之情緒日漸高漲，與支那人日益親密，並期待恢復國權，特別是對國民黨最近的發展感到興奮，祈禱統一之日趕快到來，而且留學中國學生人數有明顯增加的傾向。

此外，他也提到文化協會強調祖國的言行，非常受到民眾的歡迎。鷲巢敦哉是在臺中站在第一線「取締」文協的人物，他在事後的回想中表示：「以支那為祖國的人應該不少。……我在政治演講會上聽過這些發言，也在《臺灣民報》或是其他刊物上看過，我記得這時必然會下令停止這些演講，或禁

止刊物發行。若是有心想要成為日本人者，絕對不會出現這種言行。但是實際上情況恰好相反，而且聽眾對於這些言論還抱以熱烈的掌聲。」[86]對於這種情況，日本警察好像也變得很敏感。據說不僅這類演講會被下令「停止」，以及禁止發售《臺灣民報》，同時也禁止居留臺北的中國籍人士在雙十節時懸掛五色國旗，對於印有五色旗紀念用的火柴，也以此為革命旗之理由禁止販售。[87]

　　以上所確認的中國傾向之心理有何特色呢？這點將留待下一段再討論。在這裡可以預想到，在殖民地臺灣的民族主義者之思想中，中國的過去、現在、未來應該占有很重要的分量。例如，1925年2月左右，總督府警務局在分析臺灣議會設置請願運動相關人士動向之文書裡，有以下的觀察紀錄：

　　　　從事本運動之人士，其中被認為幹部者都是比較穩健的人士，並
　　　　沒有主張馬上要推動本島獨立或回歸支那之人物。但他們對現在
　　　　的總督感到不滿，認為根本的改善之道，必須仰賴本島人本身之
　　　　努力，而他們共同的基本目標是要求殖民地自治。但是，值得注
　　　　意的是，他們之間大多數人的觀念還是以支那為中心，由於對其
　　　　情勢之見解不同，所以他們的思想和運動的方向也有所差異。……
　　　　其中一派把希望寄託在支那之未來，其見解立足於支那不久將恢
　　　　復國勢，與世界同步雄飛，此時必定可以收復臺灣，在之前不能
　　　　失去民族特性，要涵養實力，等待時機。……相對於此，另外一
　　　　派則對未來的支那不抱太大期待，把重點放在本島人獨自之生存，
　　　　並且認為即使復歸支那，也會遭到比現在更嚴重的苛政，毫無益
　　　　處可言。……雖然後者對支那的現狀感到失望，而有上述的想法，
　　　　但不難想像，將來他們看到支那興盛，勢必又會回轉到和前者相
　　　　同的見解。[88]

　　以上敘述之內容，可以說已經看穿了殖民地臺灣的民族主義者之民族思想裡，必然存在著「抗日」座標軸和「中國」座標軸之情勢。因此，本文的第二項課題就是分析黃呈聰民族思想中「中國」之意義。

接下來將進入黃呈聰思想之分析。根據以上的探討，在進入下一個主題之前，必須再一次簡單地確認本文的具體課題。

第一，分析黃呈聰的抗日民族思想，就是探討殖民地臺灣漢族本地地主資產階級的抗日民族思想。這種本地資產階級是殖民地臺灣社會的上層階級，也是日本帝國主義對當地漢族進行政治、經濟統治的中介者階層。在此要解讀身為殖民地臺灣社會的「中介者」黃呈聰的意見，同時也必須分析出本地地主資產階級特有之觀點。

第二，前述所謂「黃呈聰的抗日民族思想」，事實上是將他視為殖民地被統治知識分子之民族主義思想來探討。所以，在此必須釐清黃呈聰思考的民族自覺的方式，以及其民族傾向的心志之內容。同時，如（二）部分中所言，在此必須探討與「中國」聯結的理想契機何在。

探討與「中國」聯結的契機時，應該是以分析黃呈聰中國觀之方式進行，但是如（一）所言，尚未發現他在1925年以後的史料。因此，有關黃呈聰中國觀的探討，其內容僅限於五四運動到國民革命氣勢高漲時期。所以，在這裡要先說明，本文沒有辦法很完整地進行有關在他民族思想中與中國聯結契機之實證性分析。

二、黃呈聰的抗日思想

（一）黃呈聰的言論活動

有關黃呈聰的資料，筆者尚未找到詳知其為人者所撰寫的傳記，或是他本人所寫的回憶錄與演講、談話等紀錄。因此，要知道他的思想的方法，目前只能利用他在《臺灣青年》、《臺灣》、《臺灣民報》所寫的四十多篇的報導和論文。[89]

以這些文章的內容來做大略的分類的話，可以分為下列三種：（a）對殖民地制度、政策的批判；（b）對臺灣各個事件的評論；（c）提出理想臺灣面貌之願景。

（ a ）針對殖民地實際發揮機能的制度、政策之現況，以及這些制度、政策對臺灣人的意義，他提出其獨到的見解與批判。這可以說是源自他過去擔任殖民地統治的政治的中介者——區長的經驗。（ b ）從臺灣人角度來釐清各個事件的過程，並且批評警察和學校當局缺乏誠意、忽視臺灣人的人格和利益，以及蹂躪人權。（ c ）談論臺灣應有的願景，並且提出要達到該願景，就必須進行文化和社會的改造，而要改造，就必須啟發民眾。我們就借用黃呈聰的用詞，暫時稱呼這些討論為「臺灣改造」論。（ a ）和（ b ）的焦點集中在各個制度、政策、事件；相對地，「臺灣改造」論，則是跟「日本帝國」做對比，用和「中國」的關係來掌握整個「臺灣」和「臺灣人」，在此可以明顯看出其民族角度觀點。比較起來，（ a ）和（ b ），特別是（ a ），論者的視角很明顯是從現實中所處的殖民地社會位置出發。

接下來就按照前章所提到的視角，介紹（ a ）和（ c ）。[90]

（二）本地地主資產階級的觀點

如前所述，1924 年 10 月 30 日，黃呈聰和林獻堂一起連署向新上任的伊澤總督，提出統治方針的建白書，後述建白書中的十二項內容，即為二人所提出之各項要求。這些要求項目的選定與提出之理由，幾乎都是黃呈聰在《臺灣民報》上批評殖民統治（屬於（ a ）的議論）言論之集大成。此建白書想必是由黃呈聰所起草。

依照黃呈聰觀點所草擬的建白書與林獻堂一起署名提出，林獻堂是當時文化協會和臺灣議會設置運動的最大後援者，也是抗日運動的象徵人物，中部大資產家、望族的霧峰林家之統領者；同時，該建白書全文馬上譯為漢文刊載在《臺灣民報》（第 2 卷第 24 號，1924 年 11 月 21 日）。由此可知，黃呈聰所提出的政治、經濟要求之內容，獲得以林獻堂為代表本地資產階級民族派之認可。如前所述，建白書的具體提出過程不是很清楚，但是從提出者的角度來看，黃呈聰似乎被期待成為「民黨政治家」，或是所謂的本地資產階級理論家。

以下將以建白書的內容為依據，分析黃呈聰之統治批判言論並探討本地

資產階級之觀點。

下列為「建白書」中所列舉之十二個項目，以及其提出之具體要求（〔〕內為其內容）：

1. 地方制度之改善〔民選街庄協議會員[91]、從協議會員中選出街庄長〕。
2. 教育的普及與內容之改善〔充實公學校教員的質與量、反對廢止公學校漢文課程、充實漢文授課內容、實施初等教育義務制、增設中等學校、與內地人（日本人）教育機會均等〕。
3. 警察的改善〔反對末端警察官對人民施以暴行、干涉、壓迫，以及濫用職權等，尊重人民人格和人權，廢除拷問〕。
4. 廢除內臺人之差別待遇〔採用有能力之臺灣人、許可開墾及其他事業經營權應採機會平等原則〕。
5. 廢除鴉片吸食特許制度。
6. 言論的自由〔現行報紙發行之許可制改為與內地人相同之申報制〕。
7. 廢除保甲制度。
8. 變更產業政策〔廢除原料採收區域制度、甘蔗收購價格必須與農民協議後決定〕。
9. 廢除中國渡航旅券制度。[92]
10. 改善水利組合〔廢除郡守兼任組合長、從直接關係者選出組合長〕。
11. 改正農會規則〔街庄層級的農會分部的設立與技術人員的配置，以及安插退休官吏成為冗員等，應予大力整頓以節省經費〕。
12. 廢除《浮浪者取締規則》和匪徒刑罰令[93]

以上這些改革要求，除了第3與第12項是有關人權要求之內容外，其他都是屬於站在本地資產階級的立場，所提出與其利害相關的政治、經濟要求。若要對所有項目一一加上說明，顯得太繁瑣。故在此將引用其他報導和論文，整體性地分析建白書中各項要求背後所代表之涵意。首先要檢討經濟面的統治批判言論，然後再檢討政治面的統治批判論述。

1. 經濟面

1921 年末，黃呈聰前後分兩次在《臺灣青年》以「臺灣經濟界的危機和救濟」為題發表論文。[94]

受到第一次世界大戰爆發的影響，給日本本國經濟帶來空前的榮景。相同地，從 1916 年開始，臺灣殖民地經濟也出現異常的好景氣。這種好景氣透過地價和農產品價格，特別是米價的暴漲，為本地資產階級帶來巨額財富，另外從 1918 年到 1920 年，也出現異常的投資和創業熱潮。但是不久之後，受到日本戰後恐慌的影響，臺灣經濟界也陷入了不景氣，黃呈聰的這篇論文就是針對這項不景氣所展開的統治批判。米價的暴跌和內地輸出額的驟減是從 1921 年才開始，[95]所以當時他的反應可以說非常迅速。

黃呈聰在這篇論文中，描述了臺灣地主、資產家在景氣好時醉心於投資企業熱潮，以致當股價和米價突然下跌時，一下子陷入窮苦之境況，同時他也說明因米價等農產品價格的跌落和地方制度修改後的增稅，導致農民的處境艱苦。特別是後者，根據實際上所做的家計調查數字（針對自耕田地一甲之中等農家所做的調查），他認為：「過著以鹽巴或醬油拌飯的悲慘生活，而比這低等的下層農家的生活狀態大概是遠超過我們所想像。為此，這些人每年賒借 100 元或是 150 元來充當生活費，以致逐漸消耗資本，再這樣下去，不到十年就會破產。」這段話表明了他對農家經濟的憂心（第 5 號 52 頁）。

基於這樣的現況認知，黃呈聰主張「民力休養」，向當局提出下列九項救濟政策：

（1）整頓行政官廳與公共組合之冗員以節省經費。

（2）廢除保甲制度，如此便可節省數百萬元的費用。

（3）廢除並嚴禁鴉片吸食特許制度，以免浪費國民體力和金錢。

（4）停止官廳也介入之營利會社股票強制推銷活動，同意臺灣人營業自由。

（5）停止強迫臺灣人在臺灣特產生產事業時必須設置同業組合，請勿以官方之規約，讓特定人士獨占特產品銷售權，並請「開放自由產業，

力圖振興之。」

（6）「非不得已之產業除外，皆應採自由之競爭」，故必須放棄對糖廠之過度保護，廢除原料採收區域制度，甘蔗的買收價格與農民以自由協議的方式決定。

（7）總督府的專賣品中，煙草、食鹽等日常消費用品銷售權請移交市街庄地方團體，其收益用來充當市街庄的行政費用。如此可以減輕市街庄稅。

（8）山林原野的開墾利權不應只開放給「內地人中之有力者政商與大會社」，也要開放給一般小資本申請者經營。

（9）放棄對「十餘萬生蕃」（高山族）壓迫之理蕃政策，採取漸進式的文化主義（意指以人道主義進行漸次開發指導）。如果可以減少理蕃費用，則一年可節省數百萬元（第6號，19-23頁）。

以上這些主張，一看就知道是後來的「建白書」的雛型，兩者比較後可知，黃呈聰在經濟面的統治批判，是立足於其現地地主、資產家的經驗。他的思想是在走過波動劇烈的景氣—不景氣之後，才意識到統治當局「徒然費盡心思要扶植母國人的利權，置臺灣人的經濟狀況於不顧」，完全是「母國本位的經濟政策」。由此可知，此一建白書內容符合了他所屬階級的不滿與要求。九個項目中的（4）、（5）、（6）、（8）和臺灣人的資本活動自由、利源開放等要求同時被提出；其他各項與「經濟節減」相關之事項，也可說是「不景氣對策」。但是，兩者都不能說是直接對策。從整個經濟營運實權被日本人掌握的本地人立場來看，即使從技術面談論不景氣對策，實際上也沒有意義。因為即使是討論不景氣對策，也必須強烈認識到自己在殖民地統治下所處不利地位，而這項不利又暗藏在不景氣下的臺灣人困境之中。

2. 政治面

如謝春木所言，1920年代前半的抗日運動的主軸由「糾舉警察政治」和「文化啟蒙」構成表裡兩面。[96] 在此讓我們先看一下所謂「警察政治」。

日本帝國主義統治臺灣的骨幹是從上（臺灣總督府）而下至州、郡、市、

街、庄的一般行政組織。另一項值得注意的是，從總督府警務局到末端派出所、駐在所等綿密分布的警察網。[97] 警察組織是在占領初期鎮壓抗日武裝游擊隊的過程中形成，由於它曾經協助因游擊隊的攻擊而延遲建立的行政機關，因此並非單純負責維持治安而已，從戶口事務到「鴉片行政、笞刑處分、蕃人蕃地取締工作全部承擔。它不僅僅只負責取締清國的勞工，而且還利用保甲制度，從徵稅、土木輔助、特別是糖業發展的各項殖產獎勵，一直到教育及救恤等設施，無不加以干預」。[98] 警察擁有「萬能」[99] 的權限，而末端的派出所巡查也被臺灣民眾畏稱為「草地皇帝」。[100] 就如同前臺灣總督府官僚也承認的，「這種警察的萬能制度，往往會壓迫人民，屬行苛政」[101]，「萬能」的警察也就成了眾人怨恨的對象。由於在這種警察制度之下，後期抗日運動剛開始的時候，經常受到過度的干涉與刺激，此種時代錯誤的情況，導致批判警察的聲浪特別高漲。

黃呈聰也對這個議題著墨甚多，他批判說：「（警察在搜查犯罪時）隨意進行告發，以拷問和威脅的方式強迫自白以做為證據，公然設置拷問室，備有各種刑具」[102]，這是「半開化國家才存在的警察萬能制度」[103]，表示其尚未進化為近代法治國家。如前所述，他同時也揭露警察在彰化八卦山北白川親王碑毀損事件等抗日運動中粗暴處置之情況。[104]

不過，黃呈聰不僅僅批評警察和正規的行政機關，同時他也批評這些單位的輔助機構（保甲），以及為協助行政業務而成立的公共組合（農會、農業組合、水利組合、埤圳組合等）。從這些批評中，我們可以知道黃呈聰在這些制度機構，具有非常敏銳的洞察力。這些機構和巡查、派出所、公學校相同，在農村（都市也編組保甲）是日本統治機關與臺灣人地主及農民階層的接觸點——可稱為殖民地政治基層部分。黃呈聰出身於地方上的地主家庭，本身也在末端行政機構工作，所以對於這些機構的實際情況，他應該有具體而豐富的見識。

黃呈聰分析指出，這些制度各自「參酌（自治）舊慣」（《保甲條例》，1898 年）而建立，其目的為增進「農業及林業的改良發展」（《臺灣農會規則》，1908 年）、「水災預防」（「臺灣水利組合令」，1921 年）等的公共利益。然而，對臺灣人而言，這些制度實際上的功能是替「警察萬能的制度」提供

背書；對人民而言，是在原本就是壓迫性之警察機構上疊床架屋，成為另一個壓迫與掠奪之裝置。

首先來看保甲制度之問題。

保甲是由各市街庄住民依保甲規約而成立。但是，各項規約是地方長官以總督府制定的《保甲條例》、《保甲條例施行規則》為基本，根據廳令所頒佈詳細標準規約而制定。各保甲區域內的家長（臺灣人而已）被強迫加入，保甲編成不是臺灣人住民的權利，而是被強制性賦與的義務。按照《保甲條例施行規則》，保甲幹部是由住民選出，然而卻沒有制定明確的選舉方法，實際上是由警察來決定。在管理方面，事實上是幹部「大小事都受警察官指揮監督，執行其命令」，沒有保甲自身的自主權。如果違反保甲規約，保甲幹部還要被徵收過失金[105]（沒錢者服勞役，而且採行連坐制）。如此，幹部們好像被授予很大權限，但是從實際管理來看，保甲幹部是被賦與痛苦之義務（幹部如果失職，還有其他罰則），真正權限毋寧說是在警察官身上。因此必須指出，這種情況下，「實際上保甲制度只不過是給予警察廣大的處罰權，因而導致警察濫用職權，保甲本身只是形式上的存在」。

此外，實際上保甲業務幾乎都是戶口調查、取締境內進出者、協助警戒搜查土匪和強盜等的保安警察工作，以及預防傳染病、矯正鴉片弊害，還負責有關道路、橋樑的小型毀損及清掃等輔助行政事務。由於幹部為此疲於奔命，保安自治團體最基本的保甲內自治與相互扶助工作，「完全虛有其表而毫無作用」。

順便一提的是，黃呈聰另外還指出，即便是保甲幹部也無法倖免於連坐責任制，「〔幹部〕是保甲的執行者，另一方面他又是被執行者，要接受處分」。他明白指出，這些人做為日本帝國主義在臺灣殖民地統治的政治中介者，其所處的位置充滿了矛盾。

除了提示出這些保甲制度的實際情況之外，黃呈聰還指出，1920年地方制度修改過後，市街庄改為地方團體，輔助行政事務已轉移到這些團體。但是令人感到矛盾的是，業務內容廣泛的保甲還是在警察管轄之下，「人民不會對這種兩頭制度感到厭煩嗎？」「人民在兩頭制度[106]之下，承受得住這樣的負擔嗎？」，因此他主張廢除保甲制度（以上詳見〈保甲制度論〉）。

接著來看對公共組合之批判。

農會、公共埤圳組合、農業組合等公共組合的情況是，它們在各自的本業上，「徒然增加費用，效果卻非常小」[107]、「人員眾多，但效率卻完全不見提昇」。[108] 農會過去在米種改良和肥料的共同購買方面稍有成就，但那些機構「設置在各州廳，在郡設分會，完全不跟街庄接觸，以極其散漫的方法運作，它們只不過是進行試驗，或是在紙上做些不確實的統計或報告，使用大批人力，浪費莫大的費用而已」。[109] 另外，在農會之外，在各巡查派出所的區域內，又設置執行部分農會業務的農會組合，而實際上其幹部人多由保甲幹部擔任，「萬事皆聽命於農會職員及警察官的指揮，宛如機器一般」，其實際情況「和保甲制度一樣，只不過是警察官的隨意處置的機關」，「組合費完全由農民負擔，並且拿米當作警察官及保甲幹部的慰勞金，或是警察官異動時的餞別費，或是警察與官吏派出所內的一些雜費使用，實際的農業改良則完全閒置沒有進行」。[110] 另外，「公共埤圳組合的實際情況則是，事務索亂，俸給和旅費逐年增加，但卻拿不出任何成績，埤圳損壞時，派遣毫無經驗的技術人員前來處理，在重要的植苗時期裡進行無法引水的工程計畫，這種實例非常多」。[111] 而且，農會、埤圳組合的職員過剩，且「酬勞性質僱用的低效率老人」，亦即為日本人的退休官吏（警察官、總督府、州、廳等的中下級官吏），以致「老百姓稱這些機構為退休官吏的收容所」。[112] 關於這點，黃呈聰明白指出，這些公共組合的費用被視同為稅租而強制徵收，但是臺灣人對這些機關的營運沒有發言權，必須甘心受他們的頤指氣使；表面上雖然沒有明講，但實際上是以極小的代價，要求臺灣農民（包含地主在內）負責奉養這些回內地也無依靠的退休老官吏。

黃呈聰以這些批判為基礎，在「建白書」的第10、11項中，提出加強冗員的淘汰和臺灣人在營運上具有發言權等要求。

在此要注意的是，這些議論中黃呈聰所反映的地主立場。他在《臺灣》發表的評論中，與「建白書」一樣，要求廢除農業組合，在街庄層級要設置農會分部；接著，他要求該分部的功能不應僅限於農業技術上的改良普及，「也要調查地方慣習，仲裁佃農和地主之間的紛爭，要是農業者利益的代表機關」，[113] 這一點是建白書中沒有提到的部分。如同前述「1.經濟面」所看

到的黃呈聰，他為農民在不景氣和增稅下的苦境擔憂。但是，這同時也可以解釋為，他是為了自己的財富累積基礎之農民——農村的動搖感到憂心。因此，他在批判原料採收區域制度——蔗農組合設置論之後，也反對「母國本位之經濟政策」，這一點同樣也可解釋為他擔憂自己的財富累積基礎有所動搖。

　　將以上的保甲制度和公共組合批判，以及街庄層級地方自治的實質化要求（「建白書第1項」）通盤檢討後，再來看看這些項目在黃呈聰的言論中所占的比例，如此可以發現，他在批判日本殖民統治時，其觀點是把「臺灣」、「臺灣人」當作一個整體來看，對日本統治提出整體之民族要求（殖民地自治）。另一方面，他又把關心的重點集中在筆者所說的殖民地政治的基層之部分。從上述的改革要求可知，黃呈聰想要藉著把日本統治軸心的警察力盡量限定在普通警察行政之範圍（廢除保甲制度和農業組合），以及改善公共組合的營運和確保街庄行政之參加，加強臺灣人在地方上的統治發言權，他認為這是殖民地政治基層部分的主要課題。彭華英反對蔣渭水等人重視勞工運動路線，並辭去臺灣民眾黨主幹（1928年8月9日）時，曾發表以下一段感想，其內容可以說是與黃呈聰觀點相呼應。

> 文化協會分裂後，我主張組織民眾黨，其主要的目標是網羅地方有資產有學識人望之士，成為有力之團體。當本島完全可以實施自治制時，這個團體就可以成為最具權威之組織，在本島施政上扮演重要角色。[114]

　　從文化協會運動分化出來的臺灣民眾黨，然後再從民眾黨分化出來的臺灣地方自治聯盟，該聯盟揭示「**實現可能的單一目標**」（即以民選議員組成地方議會）。這樣的分化過程，有必要另外撰文討論，但是對右派勢力而言，在這兩次分化進行的時候，「建白書」所呈現的黃呈聰定型化的政治、經濟要求，可能就是其原型。[115]「單一目標」之所以被提出來，與日本當局對抗日運動所採取的分化政策有關，也和左派的戰鬥姿態及對右派之批判有關。另外，「建白書」的第1項，對於他們的權利和利益的擴張而言，在戰略上

必定會列為最重要的目標。[116]

（三）民族主義者黃呈聰的觀點

前述「臺灣改造」的理論探討中所看到的啟蒙民眾和統治批判的使命感，不只是黃呈聰才有，而是當時處在民族自覺情境下的青年知識分子所共有，這種使命感也是支持當時文化協會的文化啟蒙運動的動力。

在這裡要再次詳細說明「臺灣改造」論的論點。它的訴求是，在新的民族自覺的情境下，透過一個理念[117]的媒介，批判臺灣的現狀（殖民政策和漢族文化、社會），並且提示臺灣應該有的立場，同時要由「先覺者」、「志士仁人」、臺灣社會的「中堅」（皆為黃呈聰的用語）青年知識分子來發動民眾啟蒙之運動。

黃呈聰所提起的臺灣應有的願景，借用他自己的話，簡而言之就是：「自治的」、「與歐美並肩的」、「有特種文化的」臺灣。亦即，他所指的臺灣是：（1）不馬上要求脫離日本帝國，但要取得某種程度的自治權；（2）在文化方面，要達到與歐美先進國並駕齊驅的水準，而且要堅持文化自主性，不失臺灣特質。

本節之課題除了介紹前面兩種觀點，同時也要探討（3）在這個變動之下的狀況如何看待「中國」。

1.「自治的」臺灣

黃呈聰曾在《臺灣》第4年第5號（1923年5月）發表〈臺灣評議會改造論〉，批判根據法三號所設置的臺灣總督府評議會（始自1921年6月）。所謂法三號是指1921年在第44回帝國議會被審議，隔年1月開始施行的「有關臺灣法令之法律」。有關臺灣施行的法律，當時已經以內地法延長適用為原則，但總督立法權＝律令制定權，還是有條件地被保留下來。這是總督專制的根源，不但一般民眾不滿，過去在帝國議會也遭到批判。臺灣總督府評議會設置之目的，可以說是企圖在保留律令制定權之後，避免仍可能被視為專制之批判意見。

根據黃呈聰所言，該評議會的聲明雖然是：「與時勢的進步同行，以及跟隨著臺灣本身的發展徵求民意，在政治上是非常重要的」[118]，但實際上它根本不代表臺灣人的民意。為什麼是這樣呢？首先，就權限而言，它是諮詢機關，諮詢事項完全由總督選擇，無法對總督的施政進行任何批評監督。其次，該機構的組織是：由評議員共29人組成，其中總督府高等官占9名（日本人），內地人民間人士占9名（在臺有日本人實業家），臺灣人占9名。高等官和日本人實業家理所當然不會代表臺灣人的「民意」，而9名臺灣人又「全是蒙受督府專賣事業特典的人物，或是因為事業關係，必須討總督府歡心」的「御用紳士」。因此，「臺灣人對於這些人怨嗟載道」，任命他們豈是民意暢達，相反地根本是阻塞民意，「只讓人覺得當局完全是站在自己方便的立場，論功任命奉承功德者」。所以，評議會代表的只是非民意的民意，「總督府對內外發表這就是民意，其亟欲粉飾總督政治不是專制之企圖，實質上跟以前並無不同」。

是故，如果要把它當作是真正代表民意的機構，就必須改造評議會。第一，為了要「明白表達確實的民意」，該會要改為議決機關；第二，議決事項中要包含臺灣總督府的歲入歲出預算，以及委任總督的特別委任立法事項；第三，評議會員規定為60名，其中40名按照地方分配，由民選的臺灣人出任。

黃呈聰認為這樣的評議會「在島民熱切期望的臺灣議會實現以前」是必須的。然而，正如黃呈聰本人引用的田健治郎發言，如果承認評議會有議決權，亦即形同立法議會，結果就變成了自治，違背了以「臺灣是內地的延長」來統治的「帝國臺灣統治的根本方針」。根據田健治郎總督所言，第一回請願的代表請願人林獻堂先向帝國議會提出設置臺灣議會之請願案，而在田總督召見的時候，林獻堂也表示臺灣議會的宗旨就是評議會由民選產生。[119] 由此可知，黃呈聰的評議會改造論，是藉此問題表達他自己的「臺灣議會」願景，也藉此提出他的自治要求。

那麼，為什麼反對「內地延長主義」而要求自治呢？根據他在該論文所述，是因為每個地方有各自的「特色」（在其他文章用「個性」），「用自治表現自己」是「現代政治的新傾向」，也是「世界的政治大勢」。把這個概念用

在臺灣的話，就是「臺灣住著350萬擁有四千年歷史的中華漢民族，其固有文化即為現在東洋的中心思想，其擁有高等的文化素養」，日本當局無視於此，「採取自家方便的方針」，「抹殺臺灣本身的特色」，打算「把臺灣逼入不徹底的形式」，這絕不是一種對「臺灣本身的發展」進行深入思考後的想法。

對日本帝國全體來說，各地方透過自治，發揮本身特色以求發展。因此，回想一下「英國做為全世界最大的殖民國，其最成功的地方在於給予各殖民地最大的自治，所以避免了殖民地的分離」。由此可知，提倡「在不破壞帝國全體利益的範圍內的自治，毋寧說是帝國利益的永遠保證所在」。所謂的「新友聯主義」，即現在所提倡的「未來的日本也劃比如說分九州、四國、北海道、關西、關東、臺灣、朝鮮等比較大的自治區，使其得以發揮特色，是該地方人民的利益」，剛好就是依據「現代政治的新傾向」而來的。

因此，在「帝國臺灣統治的根本方針」否定與自治不可分的各地方（可解釋為各民族）特色（個性）的背景之下，黃呈聰很清楚地意識到日本對周邊亞洲民族有偏狹的優越意識。黃呈聰在以下引文所提出的看法，是其自治論中不可忽視的地方。

> 日本自領有臺灣以來，經歷了日清及日俄兩場戰爭，明顯地表現出戰勝國之姿，態度儼然自負為征服者，至今還抱持著在東洋只有自己國人有優越性，其餘皆為劣等民族的錯誤偏見。好不容易近來才有一部分的有志之士頓悟到這點，但是一般國民因其強烈的自傲心態，而經常對朝鮮、臺灣進行威脅壓迫，這是其政治上根本的錯誤。[120]

不過，做為這樣的自治要求的根據，黃呈聰所引用的是自由主義的個人主義──主張「個性」伸張、尊重「人格」等，大致上是那時候的論者的共通點。如前面已提及，黃呈聰在悔改自己過去的生活方式的文章中，要在社會（民眾）的奉獻中力求「個性的發展」、「人格的向上」，提倡「捨棄小我完成大我」的新的生活方式（〈年頭雜感〉）。不久之後，他論述「個人主義」的意義，認為真正的個人主義是完全與利己主義不同的「個性主義」，他又針

對〈年頭雜感〉再做說明：「吾人應取的就是個性的個人主義，依個性自己表現，和社會人作共同的生活，自己的利害和社會人共通，沒有私有的觀念，十分表現自己的個性，和宇宙森羅萬象做一塊兒的生活，才有無限大的人生意義了。」[121]

所謂的「個性」和「人格」，原本是屬於**個人**層面的問題概念，而且是西歐近代學術的概念。但是，黃呈聰以及當時以東京留學生為首的臺灣漢族知識分子，借用了大正時期日本自由主義者引進的西方概念，[122] 把日本自由主義者專門用在談論個人時，可以構成問題的「人格」、「個性」等用語，拿來轉用在談論民族之問題。根據唐木順三之分析，對所謂「教養派」的大正時期日本知識分子而言，「問題在於人類和個性，普遍和個別。人類和個別中間的種、普遍和個別中間的種、普遍和個別中間的特殊……不是問題所在。作為種的國家、社會、政治、經濟、特殊的民族、氏族也不是問題所在。〔他們〕完全無視這個層面，想要把全體和個別、神和個性直接連結起來討論」。[123] 但是，日本人「教養派」在殖民地的信奉者，恰巧把他們的主要概念轉用在「教養派」不當作問題處理的地方，亦即「民族」的層面，以做為其論述民族的支撐。

在臺灣漢族社會裡，知道這樣的「人格」、「個性」的概念在「現代世界的大勢」的意義和詞語用法者，只有他們這些透過高等教育和接觸西歐近代學術而成為知識分子的少數人而已。因此，當我們要探討其民族自覺之內涵時，我們可以說，在某個層面上，前述概念的轉用，正是他們想要把其自我願景擴大到全體「臺灣人」之證據。在「捨棄小我完成大我」，提倡新的生活方式的時候，可以說黃呈聰就已經有了這個想法，他並且對同好鼓吹這樣的想法。

2.「與歐美並駕齊驅」、「有獨特文化」的臺灣

前面提到的「個性主義」對黃呈聰來說是如此，同時它也是漢族社會的自我改革——與批判和對抗殖民地政策無法區分——的參考基準。黃呈聰在總括1923年文化協會成立以來兩年間的運動，以及批判反對文協的辜顯榮等人的動向 [124] 的下列引文中，闡述了文化運動的目的。閱讀時請注意到，

對黃呈聰而言，個人的「個性」和「臺灣」的「個性」是隨時可以替換的概念。

> 想要以新的文化來改造我們不振的社會，使同胞得享新文化的幸
> 福，完成我們的人格，表現我們的個性，才能叫做有意義的文化
> 生活了。……從各方面崛起文化運動，趕緊改造我們的社會生活，
> 建設一種特別的文化，使我們社會發達可得與歐美並肩，是最要
> 緊的。[125]

如果把這段話換個方式表達，就是拒絕與統治民族同化——可以從上面
的引文中解讀出——，以歐美為模範，力求自主改革（近代化），這是文化
運動的目標。

那麼要如何實踐呢？黃呈聰提出兩種討論意見。其中一個意見是，如何
接受傳到臺灣的其他地方的文化影響，而接受該文化後，又該創造出何種文
化。另外一個意見是，為了要塑造出臺灣應有的型態，必須跟同時代的中國
文化聯絡。

前項的討論以〈應該著創設臺灣特種的文化〉為代表。

在該篇論文當中，黃呈聰首先提出，1895 年以前就成立了「臺灣的固有
文化」。所謂「臺灣的固有文化」，是跟著大陸移民一起進入的中國文化，在
二、三百年之間改良而適應臺灣自然環境者。然而，自從成為日本的殖民地
以後，不與中國大陸往來了；另一方面，因為與日本的往來變得頻繁，「臺
灣固有文化」受到了日本文化影響的結果，「臺灣現在的文化有兩個潮流，
一個是極端保守固有的文化，一個是極端模仿〔日本〕內地的文化」。前者
是已經過時的舊文化，後者則像是在臺灣服上披加日式衣物一樣，既是表面
性的，又是畸型的。

黃呈聰在〈應該著創設臺灣特種的文化〉這篇文章中利用二分法把文化
分為物質文化和精神文化，批評日本文化的影響。

> 臺灣自割讓帝國以來，移入日本的物質文化很多。過去的臺灣當
> 局採用同化的方針要將日本的物質文化移植於臺灣，對各地方極

力獎勵，如交通的整備、衛生的施設、產業的開發，這是有益於民眾的生活，我也是很贊成的。但是像日本式地名的改正、國語的強制、日本式衣食住行的獎勵、漢文的制限、學術研究的束縛等——這是不利於民眾的生活，阻害文化的進展了。[126]

　　從這裡可以看到，黃呈聰對外來文化設置了一個過濾器，而且是防衛性的過濾器。黃呈聰的這個過濾器，接受其分類的物質層面文化，但阻絕精神或個性層面的文化。換言之，殖民地統治與殖民地開發的物質成果是可以被接受。但是，根據同化主義的統治方針而建構的「教化」政策，其強迫灌輸的是根植於日本民族個性的文化，必須予以拒絕。

　　如此，「若有優秀的文化就採用來和本來固有的文化調和，建設特種的文化，始能有益於社會生活了」，所以我們「要努力建設」「適合臺灣自然的環境，如地勢、氣候、風土、人口、產業、社會制度、風俗、習慣等」的「臺灣特種的文化」。

　　以上是黃呈聰的臺灣文化建設論，我在這裡再加上兩點看法：

　　第一，在上述黃呈聰的論述中，為了建設臺灣獨特的文化，臺灣人必須設定的過濾器，理論上應該適用於所有的外來文化。臺灣人應該建設適合臺灣條件的獨特文化，但是「如不這樣努力，只憑著東西各種的文化所翻弄，或有傾於中國，或有傾於日本，或有傾於西洋，為二重生活、三重生活，這是無利益的」。「偏向」中國文化卻屬於無用的文化這點，與下面「3.『與中國聯絡的』臺灣」所探討的議論，意思上有些不同，但是從上述所列舉的可以接受的和應該拒絕的例子，以及接下來將談到的對於未來自己的民族文化的危機感來看，上述的過濾器是針對日本文化而設定的。而所謂「臺灣特種的文化」，實際上是為了民族文化防衛而提出的議論，可以說是假借這種形式的同化主義批判。

　　第二，黃呈聰的思想中，是如何看待前述的精神的—物質的，這種二分法過濾器的意義？如前面已提及的，黃呈聰一方面批判臺灣糖業的「成功」建立在搾取臺灣人農民的膏血之保護政策上；但是，在另一方面，他很早就肯定的日本統治（「物質開發」）的項目中，加入「糖業等的發展」這一項。

[127]在這篇論文中，他承認殖民地統治在基本物質建設之成果。

相對地，日本的民族文化，亦即流入到殖民地的統治者文化，對統治民族而言是有個性的東西，應該要強烈拒絕。這種態度的背後，存在著黃呈聰對於未來健全的臺灣民族文化之危機意識，這種危機意識在他的文章中隨處可見。例如，他認為，有勢力的臺灣人在日本當局舉辦的典禮上，把日式外套加穿在臺灣服上而遭到日本人嘲笑，雖然可以當成一個笑柄而一笑置之，但是在教育問題上就不可以這樣。在此，他把這件事拿來作為象徵未來文化危機意識產生之例子，以批判部分殖民地教育。黃呈聰認為，其實當局之心理是，很想把本地人之教育定位在愚民教育、低級實業教育，「但是在具有傳統文化的新領土若不施行教育，不論是新領土之人民還是列強，都會提出人道上的批評」，因此，「不得已而採用不完整的教育方針來處理」。[128]他不相信殖民當局，又用繼母—繼子的關係做比喻，批評道：「教養親生子女時，充滿愛心真心對待，心理期望他成為有用之人。而繼母則是相反，嘴巴上說愛孩子，但缺少真心，學人給與教養，其實根本是隱瞞世人」，[129]針對本地人而施行的公學校教育之初等教育，即為這種教育方針的具體實例。對於這一點，黃呈聰提出下面的質疑：

> 〔公學校的課程〕總是用日本語做中心用語，自七歲入學堂，每天就教他兩三句日本話、日本音的漢文讀法和最淺的算法而已。經過到五、六年的時候，方纔曉得幾句普通的日本話，到這個時候，纔教他多少的科學和一般的智識，不上一兩個年就卒業了。所以現在公學校的卒業生雖是多的，還沒有器用，也是難怪得。這是臺灣統治的方針，要用日本固有的文化來同化我們的緣故，這豈不是我們社會不發達的原因麼？[130]

從引文中也可以輕易地發現到，黃呈聰對公學校教育的批判，其出發點是對未來民族文化的危機意識。對具有深厚漢文化的本地人實施公學校教育，不可能培養出道地的日本人，這點黃呈聰應該是已經很清楚預想到了。然而，黃呈聰更擔心的是，殖民者所進行的繼母式教育，把「不徹底的樣式」

強加在臺灣人身上，其結果會對健全的民族文化發展造成負面影響。臺灣青年這樣的精神的危機不僅出現在，「我們現在既不能退一步當純正的支那人，又不能進一步當純正的日本人，剛好在中間不上不下」之現象。如前所述，最基本的應該是發自於他們本身對近代的覺醒。這種危機的產生之原因在於，殖民地統治在心理層面之意識形態是對被殖民者建立一種「不徹底形貌」（殖民地教育是其中心過程）。因此，對被殖民者而言，不主動採取某種反應的話，將無法克服這個危機，而且民族文化會失去個性，同時被殖民地化之病侵噬殆盡。

所以，黃呈聰對於流入的日本文化，設定了筆者所說的過濾器。這個過濾器對於傳進來的物質性日本文化，讓其通過；但是，對日本民族而言是精神性的，或有個性的文化，就不能讓其通過。這樣的過濾器在思想上有何意義，應該如何思考呢？有關這一點之論證，筆者尚未做好準備。但是，有一點可以確定的是，對已經對近代之面向有了自覺——自我發現之黃呈聰而言，這個過濾器即便是保守主義式的（為了自我維持為前提而進行有限度的變化、變革），也應該只是最低限度而已（實際上把他的過濾器納入「保守主義」範疇亦可）。但是，這不會是傳統主義，亦即他決不會採取對於流入的日本文化全面地且毫無篩選地拒絕，或抗拒自我的變化與變革之態度。例如，日本領臺時一部分舊中國的讀書人繼續留著辮髮，以做為否認日本統治的象徵等之情形。

但是，再進一步分析可知，黃呈聰過濾器思想的特性是，對於日本文化整體並非毫無篩選，但是對於日本統治的物質性成果卻是全面接受。這種思想在整個臺灣人知識分子之抗日民族思想思潮中，占了什麼樣的位置呢？如前所述，筆者準備還不夠充分，無法給予完整的評斷。但再加上前述第二節「黃呈聰的抗日思想」之「（一）黃呈聰的言論活動」所做的整理，在此可以指出，這點與黃呈聰是殖民地經濟發展的受益者階層（同時也是從屬的）一員有密切的關聯。

3. 「與中國聯絡的」臺灣

我們應該檢討的第二項議題，也就是主張要與同時代的中國文化聯絡之

意見，是出現在〈論普及白話文的新使命〉（《臺灣》第4年第1號，1923年1月）一文。這篇文章和黃朝琴的〈漢文改革論〉同時發表，是**白話文刊物**《臺灣民報》實際上的發行宣言，也是往後張我軍等人所發動的新文學運動的先聲。先前已指出，這篇文章是在當時知識分子大多具有中國指向之背景下所撰寫的，其提倡普及白話文得到了廣大的迴響。從這兩點來看，這篇文章可以說具有助長當時中國指向心理之作用。因此，從這篇文章可以倒回去看當時的中國指向之心理。

　　首先來討論其論旨。在前述「2.『與歐美並駕齊驅』、『有獨特文化』的臺灣」中要開宗明義地先指出，這篇文章和〈應該著創設臺灣特種的文化〉在意思上有些不同。〈應該著創設臺灣特種的文化〉是專門針對臺灣本位，對外來文化設定過濾器的議論，照埋說對於中國文化也很絕情地主張，必須通過此一過濾器（雖說如此，但實際上該文是假藉這種形式進行同化主義批判，如前面所述，要用過濾器來防範的是日本文化的影響）。而〈論普及白話文的新使命〉這篇文章同樣是具有「臺灣改造」之理念，[131] 與〈應該著創設臺灣特種的文化〉相近之處是，可以看出對於外來文化是採取折衷主義的態度。[132] 但是，其主要的主張在於，要在日本統治下的臺灣普及中國白話文，藉此讓臺灣文化與同時代且又是推進革新、即將進入先進領域的中國文化相聯結（黃呈聰如此認為），然後透過這聯結以促進「臺灣改造」。該論文中主張與同時代中國聯絡的熱度，把原本稍微提到的臺灣本位式、折衷主義式引進中國文化的保留態度完全放棄。

　　在下文中，包括了對白話文的普及狀況的說明在內，他表明了對中國發展的期待：[133]

　　　　中國未革命以前，清朝把中國民眾留住做一個世界舊文明的老大
　　　　國，單守舊來的文化為頂好，國民沒有活氣，也沒有革新的氣象，
　　　　任從世界的潮流翻弄，所以遲了世界的文化有一百五十多年了，
　　　　遲了日本有三十多年了。到了革命後建設民國以來，由外國回來
　　　　的留學生和其他青年的志士政客，看中國這樣守舊不合現代的生
　　　　活，遂起了社會上各種思想革命，其中文學的革命如白話文這一

種是最顯著的，也最打動人心，比像南北的戰爭更是激烈了。現在風行全國做文化普及的一種媒介的國文，不論新譯外國各種的書，或是新著的書，每日發刊的報紙和每月的雜誌，沒有不用這種白話文記的，大多數的人不論男女老幼都喜歡讀這個容易的文，所以現時中國文化的進行有一日千里之勢，民心的活動如像大明全盛的氣慨，漸漸進入文化國的境界裏面去了。[134]

在這裡除了有對中國未來的期待，同時強調了臺灣和中國過去的歷史的、心理的關係，以及文化的同一性。

回想我們臺灣的文化，從前也是由中國的文化而來，做就現在社會的基礎，不論風俗人情社會的制度都是一樣，如言語的方面音聲雖是有多少的差異卻也極接近，然而言語的語根和語法的排列，以及一般言語的系統，大概都是一樣，比學日本的話更是容易了。比喻我們到中國不論甚麼地方，住了兩個多月，大概就是可以會意沒有甚麼難的。這是怎樣呢？中國就是我們的祖國，我們未歸日本以前是構成中國的一部分，和中國的交通很密接，不論中國有發生甚麼事情很容易傳到臺灣，若就文化而言，中國是母我們是子，母子生活的關係情濃不待我多說，大家的心理上已經明白了。[135]

因為這種關係和同一性的存在，所以可以引進並普及中國白話文，並且也可以以普及為根本，在臺灣社會發動和中國一樣的改革。黃呈聰這樣定義白話文普及的「新使命」：

我們的同胞若是曉得白話文，便可以向中國買得現代的新書和報紙雜誌來啟發我們鬱積沈迷的社會，喚醒我們同胞的大夢，這就是改造臺灣新的使命了！因為中國的社會和我們的社會是一樣，中國要革新的事，我們也是一樣，所以中國的新人對中國希望革

新的事，無異也是對我們一樣的希望了！[136]

　　正如上述，他熱烈提倡學習中國白話文，並主張引進其他在大陸急速普及之狀所象徵的「五四」時期的改革。他企圖透過這項學習來達到臺灣社會改造，把臺灣定位為「世界的臺灣」，以做為「和全世界的人一起進入共同生活」的捷徑。

　　以上是〈論普及白話文的新使命〉論旨的大要。要注意的是，〈應該著創設臺灣特種的文化〉所提出的對日本文化防衛觀點，在這篇論文中也可以很清楚地看到。正如在下面的引文，我們可以看到，白話文所象徵的是接受同時代的中國文化，也代表臺灣社會之改革，以及對日本文化的防衛。[137]

> 假如我們同胞裏面，要說這個中國的白話和我們的話是不同的，可以將我們的白話用漢文來做一個特別的白話文，豈不是比中國的白話文更好麼？我就說也是好，總是我們用這個固有的白話文，使用的區域太少，只有臺灣和廈門、泉州、漳州附近的地方而已，除了臺灣以外的地方，不久也要用他們自國的白話文，只留在我們臺灣這個小島，怎樣會獨立這個文呢？我們臺灣不是一個獨立的國家，背後沒有一個大勢力的文字來幫助保存我們的文字，不久便就受他方面有勢力的文字來打消我們的文字了，如像我們的社會文化不高，少數人的社會更容易受多數人的社會推倒了。所以不如再加多少的工夫，研究中國的白話文，漸漸接近他，將來就會變做一樣，那就不但我們的範圍擴大到中國的地方，就是有心到中國不論做甚麼事也是很方便，大家若是這樣想，就我們的臺灣雖是孤島，也有了大陸的氣慨了。……就可以永久連絡大陸的文化了。[138]（頁20-21）

　　毫無疑問地，「大陸」指的是中國，「一個大勢力的文字」指的是中文，「他方面有勢力的文字」指的是日文。透過與同時代正在進行革新的中國文化的「聯絡」，可以抵抗侵略進入的日本統治者的文化。即使不能馬上顛覆

其優位，但可以實質性地保衛民族的文化自律性，而普及中國白話文是有效的方法。

在日本統治下的臺灣應該要普及中國白話文的「新使命」，一如硬幣有正反兩面。一面是，藉此啟蒙民眾，改造臺灣，讓臺灣成為「世界的臺灣」，另一面則是，藉此與正在進行革新的「祖國」聯絡，以保衛臺灣的民族文化。是故，我們可以在黃呈聰的臺灣應有的願景裡，加上「與中國聯絡的」臺灣。

最後，針對前已提出若干次的臺灣的「五四」時期＝1920年代前半期裡臺灣人知識分子的中國志向的歷史性格做一些考察，以總結本章的討論。問題不只包含了論理──想法的層次，也包含了情感層次的在內，因此在做充分檢討時，必須用與本章的議論不同的方式進行，以從前面的議論做最低限度的推論。

這個中國志向的根本是，臺灣漢族住民因為是對岸移民的子孫而「產生了思慕父祖墳墓之地」的祖國憧憬的面向，和反抗異民族統治的心理反作用的面向加起來的「難以排除的」（當然是從日本統治者一方來看）「把支那視為祖國的感情」。[139] 下面引用的故臺灣作家吳濁流在其自傳小說中所做的描述，即為例證。

> 臺灣人具有……熾烈的鄉土愛，同時對祖國的愛也是一樣的。思慕祖國，懷念著祖國的愛國心情，任何人都有。但是，臺灣人的祖國愛，所愛的決不是清朝。清朝是滿洲人的國，不是漢人的國，甲午戰爭是滿洲人和日本人作戰遭到失敗，並不是漢人的戰敗。臺灣即使一時被日本所占有，總有一天會收復回來。漢民族一定會復興起來建設自己的國家。老人們即使在夢中也堅信漢軍會來解救臺灣的。臺灣人的心底，存在著「漢」這個美麗又偉大的祖國。……清朝已亡，民國興起，臺灣人對祖國的思慕又深了一層。……眼不能見的祖國愛，固然是一種觀念，但是卻非常微妙，經常像引力一樣吸引著我的心。正如離開了父母的孤兒思慕並不認識的父母一樣，那父母是怎麼樣的父母，是不去計較的。只是以懷戀的心情愛慕著，而自以為只要在父母膝下便能過溫暖的生

活。……這種感情，是只有知道的人才知道，恐怕除非受過外族
的統治的殖民地人民，是無去了解的吧。[140]

　　但是，就像我們所看到的黃呈聰的情形，進入1920年代以後，隨著臺
灣知識階層的民族自覺的高漲而出現的中國志向，即便在感情的層次是根源
於上述的祖國憧憬，但早已不是一般單純地莫名心向「祖國」，而是看出祖
國中國對近代國家建設的胎動而心嚮往之。如果要提出跳躍性的大膽論述，
我們可以說1920年代的知識分子，已經看到了與傳統讀書人的「中華」印象
和移民式質樸的「唐山」印象不同次元的中國，並且懷抱著和近代性的中國
民族主義共同奮鬥的精神。

　　如所周知，中國的近代國家的形成過程，既非直線性的，亦非單線性的。
在不同的歷史情境下與何種潮流產生共鳴（或是感覺被背叛），會因為臺灣
人知識分子的各種條件──不同意識形態的志向、做為中國現狀認識基礎的
情報的不同、臺灣抗日運動的動向、個人機會等，而有所不同吧！

　　黃呈聰的情況是，把「五四」時期的文化革新的狀況做為評價中國的基
礎，在透過印刷媒體而急速普及的白話文中找到該革新的象徵，並且把它當
做「臺灣改造」的萬能藥一般，提倡要將其導入。但是，他在理解中國白話
文運動的時候，他無法掌握文學運動中還具有培養國族意識的側面。他沒有
認清，白話文是具有歷史性基礎的產物，它不是單純由上而下的啟蒙道具，
不能把它當作既成的東西直接導入臺灣。這種不完全的改革理念，從黃呈聰
本身對臺灣本身的文化、社會改革未充分論辯也可以看得出來，[141]而儘管
他對於「五四」時期的其他改革曾表示：「中國的新人對中國希望改革的事，
無異也是對我們一樣的希望了」。關於效法「五四」精神進行**臺灣本身**文化、
社會的改革，黃呈聰本身並沒有更進一步的**具體**議論。但是往後有關這方面
的論述，轉移到一群因文化協會影響下而增加中國留學生來擔任。例如，《臺
灣民報》發行後，張我軍等開始展開新文學運動。還有，在國共合作到五三
○事件時期，有人直接投身於中國革命，還有更激進的人士則企圖將革命思
想直接運用於臺灣抗日運動。在這樣時代潮流中，黃呈聰以其最保守的特
質，站在一個原點的位置。

三、「待機」的狀態——代結語

如前所述，1925年黃呈聰前往中國，參加由中國人所推展的基督教革新教派「真耶穌教會」，1930年再回到臺灣。1925年到1930年，正是確立中國現代史方向最嚴峻的時期，黃呈聰當時所居住的南京、上海等都市正是巨變時期的舞台，他如何看待這些導致中國現代史轉折之歷史事件？又採取怎樣的行動？這一點令人關注。黃呈聰曾經解釋，所謂「真耶穌教會」是對歐洲人來中國傳教事業墮落之反彈而成立的，因為外來的教團常因政治因素介入，而成為帝國主義經濟侵略的走狗。[142]這個解說似乎有某種暗示，但是卻沒有具體的內容可以說明什麼。

回臺後，他擔任線西庄之信用組合長，同時也繼續從事基督教傳教工作。更讓人意外的是，過去積極批判統治者的黃呈聰，同年10月竟然被任命臺中州協議會協議員。依照協議會的慣例，會議大多是形式性地召開，但是在12月的協議會之會議上，他一反常態進行比較長時間的實質性發言，提出下列各項要求。

- 改革被視為「御用紳士集會」之協議會議事運作。
- 廢除內地人官吏的殖民地加給，錄用臺灣人官吏以節省經費、涵養民力。
- 發行州債建設產業道路——減輕街庄住民之負擔。
- 充實公學校漢文課程，採用中國白話文體的教科書。
- 認可書房教育。
- 擴大對農民的低利融資。
- 改革農會（內容與「建白書」相同）。
- 革新街庄行政——選任該街庄住民為街庄長，錄用具有新知識之人才，充實街庄基本財產。
- 反對放領官有地（實際上是農民河床開墾之農地）給退職的內地人官員。[143]

對於「採用中國白話文體的教科書」這一點，他表示：「中國現在正充滿著新興的氣象，將來與中國的關係必漸親密起來，所以臺灣人學習漢文，比較內地中學校教授英語，更或覺著必要的。」[144] 以上雖然是打破慣例的發言，但是擔任官選協議員之緣故，其發言內容之尖銳性還是降低不少。儘管如此，從他在協議會發言，我們還是可以看出，他將關注焦點集中在殖民地之基層政治，是企圖要確立這個層次的政治、經濟要求，進而與中國文化取得聯繫，達成保衛民族文化之目標。換言之，黃呈聰對統治體制批判的基本態度，與前述所討論從 1921 至 1925 年為止的態度，基本上沒有什麼改變。

1932 年 4 月，黃呈聰出任臺灣新民報社編輯局論說委員兼社會部長，隔年 5 月辭去臺中州協議會員。他加入新民報社主要是因為《臺灣新民報》獲准發行日刊，報社擴充編制。這時編輯局主要成員是主筆兼局長林呈祿、政治部長吳三連、經濟部長陳逢源、學藝部長黃周（以上皆兼任論說委員），[145] 這些人都是《臺灣青年》時代以來與黃呈聰同時出道的筆陣，他可說是回到老地方。[146]

根據以上的論證，臺灣本地資產階級知識分子黃呈聰的抗日理念，在前述的「中國」座標軸中的相關位置，其最大的特色是所謂「待機」的心理狀態。亦即，只靠臺灣人的力量根本無法脫離日本帝國主義的控制，[147] 企圖從日帝統治中解放出來，唯有等待祖國之強大。在等待祖國強大這段期間，面對日本統治者強勢導入並灌輸給被支配者的日本文化，以及長期培養且不斷滲透的殖民主義價值觀，臺灣人必須與「五四」以後的中國新文化維持「聯繫」，透過自我的改革維持民族文化的活力。同時，透過獲取殖民地基層政治的發言力，緩和「待機」期間在政治、經濟上處於從屬狀態的痛苦，並涵養實力。

日本統治者在推動支配控制政策時，其意識形態上的進展，大致上整理起來可說是：「以懷柔的方式，不強調日本大和民族的優秀性，『清國奴』民族的劣等性，再以『經濟開發』的成果滲透到臺灣人的深層心裡，進而採取強力的誇示與宣揚姿態。」[148] 如前所述，本章僅止於概觀黃呈聰的抗日思想，並分析其基本理念，遺憾的是由於個人能力有限，關於其抗日思想對前述日

本統治政策是否有抗拒力等問題，並不能進行充分的討論。亦即，對於黃呈聰接受日本殖民地統治的物質性「成果」，卻又抗拒強勢導入、灌輸的日本固有文化，這種折衷主義式的理念是否有效等問題，在此無法進行評估。日本統治者比漢民族早一步，利用近代的科學技術、官僚制以及天皇制意識形態進行武裝，並且企圖將臺灣住民隔絕起來，阻止外界思想的干擾。

另一方面，中國方面也處於巨變的時期，致使身處其中的中國思想家也常迷失了方向。這是因為中國革命的課題，是所謂拖著舊中國落後社會結構之沉重鎖鍊，同時被逼著不得不隨著近代前進，由此可知其情勢之嚴峻。巨變與混亂的產生，正顯示出這項課題並非那麼容易解決。對於臺灣漢族知識分子而言，基於民族自覺理念追求自我解放的課題，和中國知識分子是共通的，但是形成這種自覺的近代精神水準卻有所不同。因為臺灣知識分子的精神理念的**物質**基礎是來自於**殖民地化**，也就是「敵人」帶來的近代化——儘管對他們來說這是畸形的發展。這種弔詭的情勢到今天依然持續，臺灣知識分子還是處於這種嚴重孤立的情勢。在這種情勢下，「待機」還是一種相當冒險的思想活動。「待機」的表面上平穩，對殖民者是「安定」，也是「成功」，如果這種平穩可以滲透到被統治民族的深層，基本上就不會有太大的衝突。但是，「待機」的理念可以這麼容易進入平穩的狀態嗎？一般而言，待機可能會陷入停滯不前的狀態，也可能從民族自覺的心理出發，走向民族精神自立的方向。今天，「釣運以來」所要重新釐清改革志向，應該是屬於後者。要探討日本統治下臺灣知識分子的苦悶的心境，當然也就必須繼續探討黃呈聰以後，1920年代以後文學運動中這些知識分子的精神歷程，這是本章所未能完成的部分。

註釋

1. 關於臺灣青年知識分子的動向，參照芝加哥「釣魚臺快訊」編，《釣運以來臺灣的青年人》（香港：七十年代雜誌社，1974年）。

2. 陳芳蓉，〈勃發新氣象的省文獻委員會〉，《出版與研究》第 27 期（1978 年 8 月），

頁 42。

3. 關於「鄉土文學」的動向，參照尉天聰主編，《鄉土文學討論集》（臺北：遠流、長橋聯合發行，1978 年）；馮偉才主編，《從現代主義到現實主義——當前臺灣鄉土文學論戰論文集》（香港：一山書屋，1978 年），以及陳正醍，〈台湾における鄉土文學論戰（1977-1978 年）〉，《台湾近現代史研究》第 3 號（1981 年 1 月）。

4. 王拓，〈是「現代主義」文學〉，不是「鄉土文學」〉，《民衆的眼睛》（臺北：長橋出版社，1978 年），頁 235。

5. 許南村，〈「鄉土文學」的盲點〉，尉天聰主編，《鄉土文學討論集》，頁 95-96。

6. 許南村，〈「鄉土文學」的盲點〉，頁 99。

7. 陳烈，〈日據時代臺灣知識分子的奮起——「臺灣文化協會」的精神〉，《夏潮》第 5 卷第 4 期，1978 年 10 月，頁 62。

8. 陳少廷，《臺灣新文學運動簡史》（臺北：聯經出版社，1977 年），頁 1。

9. 例如可以參照陳少廷的下列說法：「五四運動是中國近代思想啓蒙運動上一個重要的里程碑；同樣的，臺灣新文學運動是臺灣近代化過程中一個重要的階段。從臺灣新文學運動開始至今已經歷經了半個世紀，緬懷這個偉大的時代，我們有喜悅，也有感嘆。」陳少廷，《臺灣新文學運動簡史》，頁 2。

10. Chow Tse-tsung, *The Muy Fourth Movement：Intellectual Revolution in Modern China*, Cambridge, Massachusetts, Harvard University Press, 1960, p.5.【譯註】此書有中譯本：周策縱原著、楊默夫編譯，《五四運動史》（臺北：龍田出版社，1984 年再版），頁 5。

11. 關於新文學運動的經過情形，請參照陳少廷前揭書，以及河原功，〈台湾新文學運動の展開——日本統治下台湾における文學運動（1）〉，《成蹊論叢》17 號，1978 年 12 月。

12. 關於臺北師範的「學潮」，黃呈聰的分析扣緊了其精神所在，其文章包括：〈關於臺北師範休校事件的一考察〉，《臺灣民報》第 2 卷第 26 號（1924 年 12 月 11 日）；〈關於北師事件處分上的諸考察〉，《臺灣民報》第 3 卷第 2 號（1925 年 1 月 1 日）。

13. 關於臺灣的農民運動，目前可參考：淺田喬二，《日本帝国主義下の民族革命運動——台湾・朝鮮・「満州」における抗日農民運動の展開過程》（未來社，1973 年，第二章）。

14. 伊東昭雄，〈蔡培火と台湾議会設置運動〉，《横浜市立大学論叢・人文科学系列》第 27 卷第 3 號（1976 年 3 月）；伊東昭雄，〈蔣渭水と台湾抗日運動〉《横浜市立大学論叢・人文科学系列》第 30 卷第 2、3 號（1979 年 8 月）；伊東昭雄，〈蔣渭水と台湾民衆党〉，《一橋論叢》第 83 卷第 3 號（1980 年 3 月）。

15. 臺灣新民報社編，《臺灣人士鑑》（臺北：臺灣新民報社，1937 年），頁 134。

16. 伊能嘉矩，《台湾文化志》上卷，1928 年，頁 262、306-307。【編按】此書之中譯本參見：國史館臺灣文獻館編譯，《臺灣文化志》全三冊（臺灣書房，2011 年修訂版；大家出版，

2017 年全新審訂版）。

17. 〈關於彰化思想問題的考察（上）〉，《臺灣民報》第 2 卷第 17 號（1924 年 9 月 11 日），頁 4。

18. 例如，留學莫斯科中山大學之後，在東京留學生中組識社會科學研究團體的許乃昌，在左傾後的文化協會，繼連溫卿之後擔任中央委員長的王敏川，以及在上海大學成爲瞿秋白的門生，1928 年加入臺灣共產黨，爾後赴大陸進入蘇維埃區，加入中共產黨軍的長征，光復後擔任中共臺灣省工作委員會的負責人的蔡孝乾。

19. 王詩琅，〈臺灣武裝抗日史序說〉，《日本殖民地體制下的臺灣》（板橋：臺灣風物社，1978 年），頁 108。

20. 《臺灣人士鑑》，頁 134。

21. 臺灣教育會編，《臺灣教育沿革誌》（臺北：臺灣教育會，1939 年），頁 229。

22. 臺灣教育會編，《臺灣教育沿革誌》，頁 224、247。

23. 臺灣教育會編，《臺灣教育沿革誌》，頁 238。

24. 弘谷多喜夫、廣川淑子，〈日本統治下台湾・朝鮮における植民地教育政策の比較史的研究〉，《北海道大學教育學部紀要》第 22 號（1973 年），頁 22、26。

25. 《臺灣教育沿革誌》，頁 603-604。

26. 〈關於臺北師範休校事件的一考察〉，頁 4。

27. 〈關於臺北師範休校事件的一考察〉，頁 4。

28. 臺灣總督府警務局編，《臺灣總督府警察沿革誌第二編——領臺以後の治安狀況（中卷）》，1939 年，頁 143-144。以下簡稱《台湾社会運動史》。

29. 《臺灣人士鑑》，頁 151。

30. 《臺灣人士鑑》，頁 459。

31. X 書生，〈《台湾》の発行を祝す〉，《臺灣》第 3 年第 1 號（1922 年 4 月），頁 66。

32. 《臺灣人士鑑》，頁 134。

33. 例如根據楊肇嘉所言，1917 年其養父楊澄若擔任牛罵頭（後改爲清水）的區長，但實質工作由其代理。之後不久，其本人正式被任命爲清水街長。蔡家在牛罵頭原本與楊家同爲名望家，蔡家向來獨占區長一職，但自 1917 年起，改由楊家擔任，參見：《楊肇嘉回憶錄》（臺北：三民書局，1967 年），頁 139-142、163-166。由蔡家改爲楊家，其原因可能是因爲蔡家的中心人物蔡惠如在擔任區長的時候，站在住民一方，經常違抗官方命令之故。而且他移轉大部分的資產到福州經營事業，此事也具有遠避日本當局之表示。

34. 臺灣總督府警務局編，《臺灣總督府警察沿革誌第二編——領台以後の治安狀況（上

卷）》，1938 年，頁 693-696。

35. 據小林英夫之研究，這一千多名當中，具有街庄長經驗共計 375 人，參見：小林英夫，〈初期台湾占領政策について（一）〉，《経済学論叢》第 8 卷第 2 號（駒澤大學經濟學會，1976 年 9 月），頁 52。

36. 〈紳章制度撤廢〉，《臺灣民報》第 2 卷第 22 號（1976 年 9 月），頁 4。

37. 臺灣總督警務局，〈文化協会對策〉，《台湾近現代史研究》創刊號（1975 年 4 月），頁 162。

38. 《臺灣總督府警察沿革誌第二編——領台以後の治安狀況（上）》，頁 69。

39. 《臺灣紳士列傳》之卷末，刊載了 1897 年至 1913 年 25 名「紳章褫奪者」的姓名。

40. 連溫卿，〈台湾エスペラント運動の回顧〉，《La Revuo Orienta》（1936 年 6 月），頁 72；松田はるひ，〈緑の蔭で——植民地台湾エスペラント運動史（2）〉，《La Revuo Orienta》（1977 年 7 月），頁 26。

41. 連溫卿，〈台湾エスペラント運動の回顧〉，頁 73-74。

42. 葉榮鐘等，《臺灣民族運動史》，頁 81。

43. 葉榮鐘等，《臺灣民族運動史》，頁 81。

44. 鷲巢敦哉，《臺灣保甲皇民化讀本》（臺北：臺灣警察協會，1941 年），頁 131-132。

45. 《台湾社会運動史》，頁 169。

46. X 書生，〈《台湾》の発行を祝す〉，頁 66。

47. 黃呈聰，〈保甲制度論〉，《臺灣青年》第 2 年第 3 號（1921 年 4 月）。

48. 《臺灣青年》第 4 年第 1 號（1922 年 1 月），頁 51。

49. X 書生，〈《台湾》の発行を祝す〉，頁 66。

50. 《臺灣》第 3 年第 3 號（1922 年 6 月），頁 60。

51. 謝春木，〈臺灣社會運動年代記（一）〉，《臺灣新民報》322 號（1930 年 7 月 16 日），頁 19。

52. 《台湾社会運動史》，頁 916-917；許世楷，《日本統治下の台湾》，頁 245。

53. 在學校當局的施壓之下，已加入文化協會的 205 名臺北師範學校學生以及 73 名臺中商業學校學生退會；此外，加入該會的學校職員、官公廳、銀行、會社職員、鴉片專賣品販賣業者等，也都遭受到壓力，會員因而一時減少了一半。參見：許世楷，《日本統治下の台湾》，頁 213。

54. 跟對付文化協會一樣，官方給予街庄長、街庄協議會員、學校職員等公職人員壓力，要他們放棄連署，並且屢次透過林獻堂的妹婿楊吉臣（擔任彰化街長，並於 1921 年 1 月和黃呈聰等人連署建議保甲制度撤廢，曾經擔任文化協會的協理，但在 1922 年 7 月辭去），勸告中止臺灣議會設置運動，同時還組織御用團體向陽會，由林獻堂擔任幹部，

安排八名臺灣議會設置運動的相關名士與田總督會面，田總督當面勸告中止請願運動。結果不久之後，林獻堂即表態脫離臺灣議會設置運動（但在 1924 年又加入），1923 年進行的第三回請願中，公職相關人員的連署驟減，而 1924 年所進行的第四回、第五回請願，則變得一個公職人員也沒有。另一方面，協助策動變節的楊吉臣，其子獲得恢復鴉片仲買人的利權，而其本人則在 1923 年 3 月林獻堂被免去總督府評議會員之後，被任命替代該職，並在 4 月獲頒五等勳章。許世楷，《日本統治下の台湾》，頁 213-215；《台湾社会運動史》，頁 334。

55. 許世楷，《日本統治下の台湾》，頁 214。

56. 田川大吉郎，《台湾訪問の記》（東京：白揚社，1925 年），頁 93；黃呈聰，〈關於彰化思想問題考察（上）〉，頁 4。黃呈聰指出：負責搜查的警官威嚇民眾，說該事件是臺灣議會設置運動相關人士所計劃的，可能會進行號稱第二次西來庵事件的大鎮壓。甚至還宣稱，如果沒有臺灣議會設置的請願活動大概就不會有該事件。

57. 《臺灣民報》創刊號，頁 29。

58. 「綜合最近的許多投書，我們臺灣青年會似乎很熱衷研究『白話漢文』。如此，以白話文為日常通用文的時代果真就會到來嗎？」。參見：〈編後報導〉，《臺灣》第 4 年第 2 號（1923 年 2 月），頁 64。

59. 《台湾社会運動史》，頁 339。

60. 許世楷，《日本統治下の台湾》，頁 218-219、223-226。

61. 葉榮鐘等，《臺灣民族運動史》，頁 206-209。

62. 《臺灣民報》創刊號，頁 30。

63. 《台湾社会運動史》，頁 151。引文亦同。

64. 《臺灣民報》第 4 號（1923 年 7 月 15 日），頁 11。

65. 1923 年及 1924 年全島舉辦的演講次數（解散處分次數）、演講者總人數（中止處分次數）、聽眾總人數如下所示：（順序同上）23 年 =36 次（5 次）、214 名（19 名）、21,086 名；24 年 =132 次（12 次）、432 名（36 名）、44,050 名，參見：《台湾社会運動史》，頁 151-152。

66. 謝春木，《台湾人の要求──民眾黨の發展過程を通じて》（臺北：臺灣新民報社，1931 年），頁 26。【編按】此書有中譯本，參見本書 55 註 1。

67. 矢內原忠雄，《帝国主義下の台湾》，收錄於岩波書店刊《矢內原忠雄全集》第 2 卷，頁 407。

68. 《台湾社会運動史》，頁 1027；黃呈聰，〈論蔗農組合設置的必要〉，《臺灣民報》第 2 卷第 20 號（1924 年 10 月 11 日），頁 4。

69. 《台湾社会運動史》，頁 1029-1030。

70. 《台湾社会運動史》，頁 1030。

71. 許世楷，《日本統治下の台湾》，頁 231-232。

72. 黃呈聰，〈對護憲內閣的希望〉，《臺灣民報》第 2 卷第 11 號（1924 年 6 月 21 日）。

73. 這是對臺灣青果株式會社的批判，該會是總督府精心成立的臺灣香蕉委託販賣會社，也是臺灣香蕉輸往日本內地唯一的窗口，文中同時也批判其高薪雇用退休的日本人職員。

74. 《臺灣人士鑑》，頁 134。

75. 〈於官選協議會的質問要項和感想（四）〉，《臺灣新民報》第 349 號，頁 11。

76. 〈台湾議会期成同盟会中心人物ノ経歴思想言動〉，收入內田嘉吉文庫〔千代田圖書館藏〕《臺湾議会設置関係書類》。

77. 〈於官選協議會的質問要項和感想（四）〉，《臺灣新民報》第 349 號，頁 11。

78. 謝春木，《台湾人の要求》，頁 14。

79. 以蔡培火為例，他先是負責《臺灣青年》的幹部，而後成為初期運動的中心人物。他在 1910 年國語學校畢業後即擔任公學校的訓導，卻因在 1914 年參加林獻堂組織的臺灣同化會而遭到免職。同化會是為了減輕官方對臺灣人之歧視和壓迫，而假借板垣退助的名聲和其平等主義傾向的思想所組織的團體。失業後的蔡培火接受林獻堂的學費補助前往東京（1915 年 12 月，26 歲時），並在補習一年之後，進入東京高等師範學校（1920 年 3 月畢業）。他立志留學的動機是因為：「自覺非再充實力量，不足以服務同胞對付日人。」參見：蔡培火，〈灌園先生與我之間〉，《林獻堂先生紀念集：卷三追思錄）》，頁 4。

80. 柴田廉，《台湾同化策論》（臺北：晃文館，1923 年），頁 50-51。

81. 殖民者之一的柴田所提出之錯誤看法，讓我想起研究法國統治下的馬達加斯加社會的學者 O. Mannio 所提出的著名觀點。他表示：就社會心理學而言，殖民地之統治「基本上是在誤解和缺乏相互理解」情況下所確立。（O. Mannio, *Prospero and Caliban*, tr. by Pamera Powesland, 1956, p.31）。

82. 蔡培火，〈我島と我等〉（第 1 年第 4 號，1920 年 1 月）是造成《臺灣青年》第一次被禁止發行的主要原因，文中表明要為「臺灣」、「臺灣人」奉獻的激昂使命感。蔡培火在該文裡首先就讚美「白浪拍打岩石的海岸，蝴蝶飛舞百花爛漫的原野，鳥鳴蒼綠盎然的溪谷」、「中央山脈高聳入青雲的壯嚴偉觀」等臺灣美麗又多樣的自然，然後又一一列舉各種物產，「我們的島嶼真是地球上稀有的寶庫」，並盛讚臺灣的得天獨厚。接著他又誇稱，「就天賦的地理關係」來說，如果能維持和平，那麼在豐饒的物產之下，「將來一定可以通商貿易地聞名於全世界」，「就像瑞士是西歐的公園一樣，我們的島嶼也有做為東亞樂土的充分資格」。他並且主張「我們」理應接受了這個寶庫臺灣的自然和物產的啟發和刺激。然而，身負保護這個寶庫之責的「我們」的實際情形則是，「我

們過去好比粗線條沒有自我想法，缺少進取精神，失去計劃創造的風氣，以致陷入現今的境遇」。從這點認知出發，蔡培火主張「臺灣是帝國的臺灣，同時也是我們臺灣人的臺灣」（此處忤逆了當局），強調臺灣人是「寶庫」主人的自覺，呼籲要爲實現「東亞樂土」奉獻。

83. 林東崗，〈中国旅行の所感（一）〉，《臺灣》第 3 年第 7 號，1922 年 10 月，頁 40。

84. 據說鼓舞這種傾向的有祖國派的蔡惠如。《台湾社会運動史》，頁 25。

85. 鷲巢敦哉，《臺灣統治回顧譚》（臺北：臺灣警察協會，1943 年），頁 303-304；鷲巢敦哉，《臺灣保甲皇民化讀本》（臺北：臺灣警察協會，1941 年），頁 228。

86. 《臺灣統治回顧譚》，頁 343。

87. 黃朝琴，〈中華民国に就て〉，《臺灣》第 4 年第 7 號，1923 年 7 月，頁 39-40。

88. 〈台湾議会設置請願運動の眞相〉，《台湾社会運動史》，頁 318。

89. 以下就簡單地說明，這些文章和報導是在何種言論不自由的狀態之下所發表。《臺灣青年》、《臺灣》在東京發行，而《臺灣民報》到 1927 年 8 月爲止，也是在東京發行。因此，這些刊物必須先在東京經過內務省的檢閱，然後再經過臺灣總督檢閱，才可以送到讀者手中。就內容來說，臺灣總督府被賦予「假若報紙上所載事項有違安寧秩序、妨害風俗……，將禁止發刊、戒告發行人」之權限（臺灣新聞紙令，第 14 條，1917 年 12 月施行）。它可以自由取締「誹謗臺灣統治根本方針、對各種政策故意展開惡意宣傳、讚賞民族運動或革命運動者，或進而暗示獨立運動者」，以及「激發民族意識、阻害內地人和臺灣人融合」和「有打擊總督威信之虞者」等。《臺灣新聞總覽》（臺北：國勢新聞社臺灣支社，1936 年），頁 16-17。此外，在末端則有派出所巡查於保甲會議上訓示，不要閱讀《臺灣民報》，而且也直接對讀者、廣告主施加相當大的壓力（〈社告〉、《臺灣民報》第 3 卷第 6 號，1925 年 2 月 21 日，頁 3）。

90. 在此必須探討黃呈聰文章的影響力。首先是該文在《臺灣青年》等雜誌受到重視程度，雖然很難提出《臺灣青年》、《臺灣》二雜誌的全體統計資料，但就刊登在《臺灣民報》的文章和報導來看，全部 31 篇中，被放在封面或是第一頁相當於社論的專欄的有 9 篇；放在第一頁或新聞報導欄之後評論欄的第一條評論也有 11 篇。正如前面的指出，黃呈聰撰寫的文章、報導，受到的重視僅次於主筆林呈祿。其次，這些文章、報導有何影響呢？如下一節的詳細敍述，他的文章包括：提出政治、經濟方面的各項要求後，彙整成爲他和林獻堂聯名提出的建白書。針對第二次北師事件等引起島民深度關心的事件所撰寫的評論等，我們似乎無法找出對當時造成影響的實例。整體而言，到 1925 年爲止，在抗日派之中他應該還具有相當大的影響力。

91. 協議會是 1920 年地方自治實施之後，在州、市、街、庄等層級所設立的諮詢機關，具

有預算審議權，但無決議權，且協議會員全爲官選，非眞正的地方自治，參見：長尾景
德、大田修吉，《臺灣行政法大意》（臺北：杉田書店，1937 年），頁 199。

92. 從日本渡航到中國的話可以不用旅券（簽證），但臺灣人從臺灣直接前往中國大陸，根
據「外國旅券規則」（總督府令第八十六號）必須要有旅券。旅券的發行是根據居住地
所轄巡查對當事人的身分、操行、資產等所做的調查來決定。因此，許可於否、得到許
可所需要的時間，完全受制於負責的巡查，這項制度是臺灣人與對岸往來的一大障礙。
黃呈聰，〈支那渡航旅券制度の廃止を望む〉，《臺灣》第 3 年第 9 號（1922 年 12 月）。

93. 前項法令制定於 1906 年。授予廳長（其後爲廳長或知事）下列的權限：「爲使其有一
定的住所及維生職業，對於有妨害公安、違害風俗之虞的本島人，得加以告誡」，對於
已遭到告誡卻仍不改其行者，則「移送全強制就業地（設於臺東、火燒島等收容所）」。
浮浪者移送人數在 1920 年前半，或許因爲臺灣人對警察政治的批判而減少許多。但是
到了 1920 年代末期，隨著社會運動的高揚，此項權限被利用做爲取締藉口，移送人數
因而激增，許多農民組合的幹部因爲這項規則而遭到處分（鷲巢敦哉，《臺灣警察四十
年史話》，頁 208-223；《台湾社会運動史》，頁 1163）。後項法令制定於 1898 年，
其中規定：「不問其目的爲何，爲達成目的而以暴行或脅迫結合群衆者，以匪徒罪定
之」，處以嚴刑。這項法令在兒玉──後藤武裝抗口游擊隊的鎮壓上發揮很大的威力。
此項刑罰令最後一次被拿來使用，是在 1915 年的西來庵事件時，臺南設立臨時法院，
在僅僅爲時二個月的公審中，判決了 866 名死刑、453 名有期徒刑（矢內原忠雄，《帝
国主義下の台湾》，頁 360；王詩琅，〈余清芳事件的全貌〉，《日本殖民地體制下的
臺灣》，頁 134）。二者同是根據臺灣總督的特別委任立法權所制定的律令，雖然遭到
包含帝國議會在內的內外批評，但和保甲條例一樣地，在日本帝國主義的殖民地統治結
束之前都沒被廢止外務省條約局法規課編，《台湾の委任立法制度（「外地法制誌」
第三部の一）》，1959 年，頁 8、13。

94. 黃呈聰，〈台湾経済界の危機と其の救済〉，《臺灣青年》第 3 卷第 5 號（1921 年 11 月），
以及第 6 號（1921 年 12 月）。

95. 該年米價與最高點的 1919 年相比，下降了 36%，輸出額與最高點的 1920 年相比，則
下降了 29%。涂照彥，《日本帝国主義下の台湾》（東京大學出版會，1975 年），頁
413、425。

96. 謝春木，《台湾人の要求》，頁 25。

97. 1920 年代的派出所數、駐在所數的動向，前者 1920 年有 969 處、1930 年有 980 處，
增加不多，但最末端的後者，則從 1920 年的 343 處增加到 516 處。臺灣省行政長官公
署統計室編印，《臺灣省五十一年來統計提要》，1946 年，頁 1322。

98. 持地六三郎，《臺灣殖民政策》（東京：富山房，1912 年），頁 81。

99. 持地六三郎，《臺灣殖民政策》，頁81。

100. 《楊肇嘉回憶錄》，頁144。

101. 持地六三郎，《臺灣殖民政策》，頁82。矢內原忠雄也引用持地的文章，認爲這是臺灣警察制度的特色（《帝国主義下の台湾》，頁364）。

102. 〈國家的意思與犯罪的檢舉〉，《臺灣民報》第2卷第26號（1924年12月11日）（社論）。

103. 〈法律的社會化〉，《臺灣民報》第9號（1923年11月1日），頁3。

104. 〈關於彰化思想問題的考察（上）〉以及〈關於彰化思想問題的考察（下）〉，《臺灣民報》第2卷第18號（1924年9月21日）。

105. 黃呈聰舉例中提到的保甲規約中規定：保甲民如有下列行爲，保甲內各家長須負連坐責任，包括：私自開墾、增與或藏匿鴉片、破壞埤圳、盜用圳水，以及損壞鐵道線路、輕便鐵道線路、電信電話電燈等電線、標識和郵件等（〈保甲制度論〉，頁17-18）。

106. 在「建白書」中，黃呈聰批判保甲制度中適用連坐制的行爲（例如前一註釋中所提之事項），屬於警察取締範圍，但也遭受相關法規之處罰。因此，對民衆而言，保留保甲會造成「雙重處罰」（〈保甲制度論〉，頁11）。

107. 〈台湾農会規則の根本的改正を望む〉，《臺灣》第3年第3號（1923年6月），頁37。

108. 〈台湾経済界の危機と其の救済〉，《臺灣青年》第6號，頁19。

109. 〈台湾農会規則の根本的改正を望む〉，頁35。

110. 〈台湾農会規則の根本的改正を望む〉，頁38。

111. 〈台湾経済界の危機と其の救済〉，頁19。

112. 〈台湾経済界の危機と其の救済〉，頁19。

113. 〈台湾経済界の危機と其の救済〉，頁35-36。在總督府的指導之下，自1927年起對照農民運動的展開，成立了調停地主與佃農紛爭的組織名爲業佃會，以做爲「佃農改善團體」。關於業佃會，參照茂野信一、林朝卿，《台湾の小作問題》（臺北：吉村商會出版，1934年）。

114. 《台湾社会運動史》，頁458。

115. 1927年7月民衆黨成立當初的政策主要是：「甲、政治方面」主張：州市街庄自治機關民選並賦予議決權、許可島內臺灣人發行報紙雜誌、實施義務教育、公學校漢文必修科目化、撤廢保甲制度、實施警察制度、施行行政裁判法、撤廢渡華旅券制度等；「乙、經濟方面」，主張改革稅制、節約經費、改革金融制度、擁護生產者權利、撤廢搾取機關、改革農會和水利組合、改革專賣制度等等（《台湾社会運動史》，頁429）。另外，不滿意「單一路線」的臺灣地方自治聯盟臺中支部，在支部大會決議的自聯改組案中之

「政策案」，提出下列 12 項主張：確立完全的地方自治制、改革學制、撤廢保甲制度、實施行政裁判法、撤廢渡華護照制度、官吏的任命內臺人機會均等、廢止內地人官吏的殖民地加俸、擁護生產者的權利、撤廢搾取機關、改革農會和水利組合、臺灣島內所收取的契約保險金可以在臺灣島內放貸、臺灣銀行內的存款可以在島內放貸、設立產業組合的中央機構（《台湾社会運動史》，頁 561）。

116. 矢內原忠雄在《帝国主義下的台湾》所做如下的敍述，可能也帶給右派抗日家一些啓示。他說：「臺灣的地方團體當然不能稱爲自治，而且協議會員選任的方法比朝鮮更不民主，但跟臺灣總督府評議會比較起來，它的政治效果很大。因爲，再怎麼說地方協議會是每年開會，諮問事項又是以預算爲主。……然而，如何去運用則還要加以改善並熟習其制度，因爲一旦制定制度以後就會有其固定性，不太會被廢止。」（矢內原忠雄，《帝国主義下の台湾》，頁 366）。

117. 以東京留學生的情況來說，大抵上都是自由主義者。以黃呈聰爲例，他對英國的印象特別引人注目。對黃呈聰來說，英國是應該追趕的西歐先進社會代表，是自由主義的祖國，也是「紳士」之國，大家都擁有獨立人格支撐一個民主的社會。而且，它給人的印象是，採取傾向於自由主義式殖民政策並容忍自治之殖民國。在他的議論中，他提出了「臺灣改造」後社會之想像，他用這種想像之內容，做爲批判總督專制和「封建未開化之國」的依據，也當做批判內地延長主義——要求自治之依據，同時也是批判臺灣人御用紳士行爲之理由。

118. 田健治郎，〈台湾総督府評議会の性質〉，《臺灣時報》第 24 號（1921 年 7 月），轉載自黃呈聰〈臺灣評議會改造論〉，頁 6。

119. 第 44 回帝國議會，〈貴族院請願委員会第三分科会議事速記録〉第 4 號，1921 年 2 月 28 日，頁 8。

120. 黃呈聰，〈臺灣評議會改造論〉，頁 21。

121. 黃呈聰，〈論個人主義的意思〉，《臺灣民報》第 3 號（1923 年 5 月 15 日），頁 2。

122. 例如，陳逢源在〈人生批判原理としての文化主義〉（《臺灣》第 4 年第 2 號，1923 年 2 月）和〈文化の創造と普及〉（《臺灣》第 4 年第 7 號，1923 年 7 月）等文中，直接從標榜「文化主義」的左右田喜一郎、桑木嚴翼的論述，以及提倡「人格主義」的阿部次郎的論述，借用專門術語，以給自己所從事的文化協會文化啓蒙運動賦予意義。

123. 唐木順三，《新版・現代史への試み》（筑摩書房，1963 年），頁 23。

124. 當年 6 月 24 日，被臺灣人視爲典型的御用紳士的總督府評議會員辜顯榮，爲了對抗黃呈聰等人在臺中公會堂舉辦演講會，22、23 日也在同一地點進行時事演講。辜顯榮在演講中讚美日本統治下的臺灣生活比起目前中國的混亂，是多麼地太平幸福，並且又說「我們寧願當太平之狗，也不願當亂世之民」，而遭到批評。之後，辜顯榮邀請林熊徵

等人，組織與文化協會對抗的團體公益會（11 月）。不過，聽說是因爲辜顯榮當時受高額負債所苦，總督府警務局長竹內友次郎乘虛而入，慫恿所致。參見：許世楷，《日本統治下的台灣》，頁 221-222。

125. 黃呈聰，〈文化運動（新舊思想的衝突）〉，《臺灣民報》第 5 號（1923 年 8 月 1 日），頁 3。

126. 黃呈聰，〈應該著創設臺灣特種的文化〉，《臺灣民報》第 3 卷第 1 號（1925 年 1 月 1 日），頁 7。

127. 最早把日本統治的影響二分爲「物質的」、「精神的」的是〈臺灣教育改造論〉。《臺灣青年》第 3 年第 1 號、第 2 號，1921 年 7、8 月，其所舉的「物質方面」的成果有：「鐵道、築港完備、市區改正整然、建築物美麗、學校宏大、糖業發達。」（第 1 號，頁 27）

128. 黃呈聰，〈臺灣教育改造論〉，第 2 號，頁 23。

129. 黃呈聰，〈臺灣教育改造論〉，頁 20。

130. 黃呈聰，〈論普及白話文的新使命〉，頁 22。

131. 〈論普及白話文的新使命〉中「臺灣改造論」的展望大致上內容如下：環顧臺灣的現狀，大多數民眾只知道拼命工作，不然就是媚於權勢，愚弄同胞，過著醉生夢死的生活。在政治上，民眾就像專制特權階級的奴隸，也像蜜蜂一樣，不知尊貴的人權和天賦的使命，不知道現代世界中人生的眞正意義。這是因爲民眾沒受教育，不能啓發自己的個性，不能知曉世界文化之故。是故，今日當務之急是普及文化和敦促民眾要覺醒。如果民眾有所自覺，那麼歐美先進國家革新所需要的一百餘年，「縮少做十年或是二十年的短期間來革新我們的社會，就可以和他們的社會一樣了」。如此一來，我們臺灣就可以名副其實成爲「美麗島」（Formosa），過著和世界的人相同的生活，臺灣才能叫做世界的臺灣。

132. 〈論普及白話文的新使命〉的折衷主義態度見下面的引文：「我們知道臺灣是一個最小的島嶼，將來自己要獨創一個特別的文化傳出他的地方是很難的，所以就地理上而論，很接近中國，而以國的區劃上卻是屬日本的，兩個地方的文化都可以容易移入我們的社會上，簡單說，就是我們臺灣的文化，總要受中國和日本內地的影響，建設一個適合於我們日常生活的便宜，就是折衷的文化來做我們的社會利用。」（頁 18-19）

133. 黃呈聰對中國發展抱持期待的背景因素，除了有他本人在中國旅行時的實際見聞之外，似乎還受到當時羅素的中國論影響。黃呈聰在〈論普及白話文的新使命〉中，引用羅素的話：「中國不上三十年就會現出一個最強的國，可以驚動世界的人。」他認爲這是對中國內部有所研究的人會給予肯定的評語（頁 18）。當年，《臺灣》和《臺灣青年》介紹了一部分羅素的 *The Problem of China*, 1922，如下所示：王鐘麟譯，〈支那と西方の列強〉（原書第三章），《臺灣》第 4 年第 5 號，1923 年 5 月；王鐘麟譯，〈支那

文化と西洋文化との対照〉（原書第十章），《臺灣》第4年第8號（1923年8月），《臺灣民報》第1卷第10-12號也有刊登；羅素著，紫峰譯，〈中華之將來（上）〉、中華之將來〈（下）〉（原書第十五章），《臺灣民報》第1號、第2號（1923年4月15日、5月1日）；羅素，〈中國國民的幾個特點〉、〈中國國民的幾個特點（續）〉（原書第十二章），《臺灣民報》第77號、第81號（1925年11月1日～29日）。

134. 黃呈聰，〈論普及白話文的新使命〉，頁17-18。

135. 黃呈聰，〈論普及白話文的新使命〉，頁17。

136. 黃呈聰，〈論普及白話文的新使命〉，頁20。

137. 王育德也指出，黃呈聰的白話文導入論中有民族文化保衛的觀點。王育德，〈文学革命の台湾に及ぼせる影響〉，《日本中國學會報》第11集，1959年10月，頁147。

138. 黃呈聰，〈論普及白話文的新使命〉，頁20-21。著重號爲本書所加。

139. 《台湾社会運動史》，頁2。

140. 吳濁流，《夜明け前の台湾》（東京：社會思想社，1972年），頁18-19。【譯按】中譯文引自：吳濁流，《無花果——臺灣七十年的回想》（臺北：前衛出版社，1988年），頁39-40。

141. 黃呈聰以「反封建」爲題的代表性文章有〈家族制度的將來〉（《臺灣民報》第2卷第7號，1924年4月21日），但是他只是從頭到尾並列中國的「新人」陳獨秀、高一涵、易白沙、吳虞、李大釗的議論，給予表面上的介紹，從個人主義的觀點指出家族制度下的家庭矛盾，認爲家族制度必將瓦解乃是大勢所趨，他並未深入探討臺灣漢族社會中家族制度的具體情形。這點與我在前面所提及黃呈聰所探討的殖民地政治基層部分的觀點，是很好的對比。

142. 黃呈聰，〈基督教的革新運動（下）〉，《臺灣民報》第295號（1930年1月11日），頁8。

143. 〈於官選協議會的質問要項和感想（一）〉、〈於官選協議會的質問要項和感想（二）〉、〈於官選協議會的質問要項和感想（三）〉，《臺灣新民報》第345號、346號、347號（1931年1月1日、10日、17日）。臺灣新民報社的主導權掌握在以地方自治改革爲「單一目標」的臺灣地方自治聯盟派手中。該報非常注意黃呈聰的這項行動，並迅速報導其發言內容。

144. 〈於官選協議會的質問要項和感想（二）〉，第346號，頁5。

145. 〈臺灣新民報小史〉，《楊肇嘉回憶錄》，頁434。

146. 其後的經歷只能知曉到1943年。1934年離開臺灣新民報社，之後經營名爲益豐商事的商事會社，1936年擔任昭和信託株式會社社長，1937以降出任該會社神戶辦事處。興南新聞社編，《臺灣人士鑑》，頁157。

147. 關於這點，可參考以下洪炎秋（1923 年留學北京大學，畢業後在北京任教職。光復後回臺，並發行《國語日報》，致力於普及普通話）所介紹的小故事。根據洪炎秋所言，1923 年左右，北京的臺灣留學生和流亡該地的韓國學生提議組織「韓臺革命同志會」，但因爲意見不同而告流產，最大的爭執是：「〔韓臺革命同志會對〕行動綱領的擬定，韓國同志列暴動、暗殺爲主要手段，而臺灣同志則以爲兩地情況不同，韓國毗連大陸，舉動失敗，容易逃亡，而臺灣四面環海，日人可以甕中捉鱉，不該做無謂的犧牲，因而引起很大的爭論。臺灣同志經過集議，認爲要解救臺灣，除了要參加祖國的建設，等祖國的強大起來，由祖國來收復以外，自求擺脫，是十分困難的。」，洪炎秋，〈序〉，《楊肇嘉回憶錄》，頁 1、5。黃呈聰在〈對於臺灣人兵役義務的問題〉（《臺灣民報》第 2 卷第 15 號，1924 年 8 月 11 日）中也提及：「設使臺人三百餘萬盡是軍兵，雖得一時之勝，豈不知〔日本〕帝國大軍一到〔臺灣〕便成荒墟麼？」林獻堂等人在日本政治家面前，似乎也沒有極力提出獨立的打算（例如，第 44 回帝國議會中田川大吉郎〔臺灣議會設置請願介紹議員〕之發言。參閱〈請願委員会議録（速記）第五回〉，1923 年 2 月 25 日，頁 6）。從這裡可以看出，他們嚴肅認知到臺灣人現今所處的孤立狀態，不求獨立是他們當前的心聲。但這與對未來中國抱以期待並不相矛盾。

148. 戴國煇，〈中國—臺灣〉，アジア經濟研究所編，《日本における発展途上国の研究》（1969 年），頁 70。

第二章

追尋遙遠的連帶[1]
中國國民革命與臺灣青年

「臺灣處於日本與支那兩團火之間。」

──矢內原忠雄

　　對於臺灣與臺灣人而言，「中國」這團「火」具有什麼樣的意義呢？相反地，臺灣與臺灣人，和中國這團「火」是如何產生關聯，該經驗具有什麼意義呢？要接近這個問題，或許就必須提出如下的一連串問題──畫出中國民族主義發展的各項歷史事件，帶給日本統治下的臺灣什麼樣的影響呢？特別是，代表中國民族主義的各種勢力或個人，如何與殖民地臺灣產生關聯呢（要如何承擔臺灣解放的課題或是如何不承擔）？另一方面，殖民地下的臺灣人是如何看待中國的各個事件、如何產生關聯呢（在中國民族主義發展的各個階段，對中國抱有什麼樣的期待，或是怎麼樣地不抱持期待）？與中國的各勢力之間維持什麼樣的關係呢？或是不具關係嗎？等等問題。

　　釐清「中國」這團「火」與殖民地臺灣有何關係之研究，在全面落後的臺灣近代史研究之中更是被忽略。其原因：第一，不易發掘可信賴的史料；第二，由於戰後的臺灣政治緊張，因此經常站在相反政治立場，在史料證據不充分的情況下，就進行非常果斷的議論。這樣的政治情況讓相關人士不願意公開發表回憶錄，使得史實的確定延遲，這應該也是研究落後的原因。[2]

　　因此，對於中國革命與臺灣之間的關聯這個問題的釐清，不論從課題本身面對的政治情況或是史料面上，都很難說已達到了能夠推進具有充分學問密度研究的階段，然而在考察臺灣抗日運動史上，這又是不可逃避的問題。因此，本章在整體而言缺乏史料的情形下，以相對而言可以找到完整史料的國民革命時期為中心，試著探討後期臺灣抗日運動和中國革命的關係。整體性的研究可說是處於初始的階段，而且既然史料也相當不充分，光是國民革命時期也不可能做到完善的檢討。因此先聲明，本章的議論並未脫離試論的性質。

　　思考「中國革命與臺灣」的時候，應著眼的歷史事件或歷史時期有如下五者：（1）「清末期」、（2）「辛亥革命」、（3）「五四運動」、（4）「國民革命」、（5）「抗日戰爭」。

　　本章以（4）為中心探討但也會稍微提及（5），在進入探討之前，先說明筆者對於（1）至（3）所抱持的問題觀。這是為了明示筆者探討本章全體的前提，也是為了摸索今後研究的線索。

　　（1）清末中國民族主義各勢力的主要任務，毫無疑義當然是：打倒清朝——建設民國（革命派），或是改良清朝體制——確立立憲君主制（改良派）。為了達成此主要任務，雖然他們的運動一方面受到帝國主義侵略引發的亡國危機感所刺激，但現實的運動實行上，卻不得不依賴帝國主義，特別是日本帝國主義——臺灣的統治者。因此，在此時期，中國民族主義各勢力的行動和發言之中，無法看到想要以某種形式承擔解放臺灣任務的態度，如果從1943年《開羅宣言》以後，中國方面向內外表明的「臺灣光復」立場來看，甚至使人聯想到可說是採取與此立場相反的行動。客觀地來看，那是為了完成當前的主要任務，在戰略上不得已為之？或是應以當時的認識模糊不清，所謂「思想的界限」來理解？還是兩者皆有？這些還有待今後的研究，在此先舉二例說明：

　　其一是，孫文——興中會及其後的革命同盟會在臺灣的活動。1897年和1898年，陳少白依孫文的指示來到臺北，在臺北的商人之中得到五、六位的同志，組織了「興中會臺灣分會」。[3]1898年時進行募捐，作為在香港創刊《中國日報》之費用。[4]1900年，義和團的排外運動帶來中國北部動盪不安，孫

文認為「時機不可失」，與廣東的會黨勢力結合，計畫在惠州起義，透過日人志士居中斡旋，為了尋求臺灣總督府的支援，於9月渡臺。因此，孫文與當時的臺灣總督兒玉源太郎締結密約，約定如果起義軍進攻到廈門，能夠製造日軍出動之藉口的話，那時兒玉源太郎就會將孫文和武器彈藥一起送到起義軍那裡。當惠州起義開始的消息傳來，孫文便立刻打電報給起義軍指揮者鄭士良，將進軍目標由廣州變更為廈門。[5]當時，海軍陸戰隊和駐臺陸軍的占領廈門計畫才剛在中途受挫（廈門事件），如宮崎寅藏後來的發言所指出，兒玉源太郎即使是身為占領廈門計畫的急先鋒，對於政府（第2次山縣內閣）屈於英國抗議而發出中止命令，感到滿腹憤懣，但他不可能會判斷在事件結束之後實際上還可以馬上再挑起爭端。實際上，他將孫文視為「奇貨可居」而試探性地提案支援，但孫文接受此提案。[6]

當時，臺灣島內的武裝集團的抗日游擊鬥爭依然持續著，又孫文與兒玉源太郎協議援助問題正好是在那時候，日本方面為了找到廈門出兵的藉口，正在陰謀策劃，想要把自己編造的廈門東本願寺布教所燒毀事件的責任，轉嫁給逃避總督府軍警追捕而來到廈門周邊的前抗日領導分子集團。[7]與此對照，對當時的抗日勢力而言（當然當時他們並不知道孫文這個人物，也不知道他的行動），孫文的行動可以說是超過了「對臺灣的日本殖民者不切實際的幻想」、「對兒玉、後藤口頭支持的輕信」[8]這樣的形容。

總而言之，清末革命派在臺灣的活動，或是利用這個位於中國附近，而且不受清朝統治的島嶼作為避難所，[9]或是將臺灣人富豪當作為了打倒清朝的革命運動資金來源。[10]如陳在正所指出的，既沒有揭櫫「恢復臺灣」的口號，也和臺灣武裝抗日勢力沒有任何的關係，可說看不到對臺灣反日課題的努力。[11]

能夠找到與後來抗日運動有關聯的，只有王兆培在臺灣總督府醫學校內的活動。1910年春，在廈門救世醫院學醫的王兆培（革命同盟會員，當時19歲）因為革命活動被揭露而逃到臺灣，進入總督府醫學校，在臺灣人學生之間秘密進行宣傳，獲得翁俊明等同志。同志在1912年增至30餘人，又另外以「光復臺灣」為宗旨組織了「復元會」，在1914年獲得了會員76人。[12]這些在醫學校內的團體，「復元會」雖然以「光復臺灣」為宗旨，但能夠確認

的實際行為是民國成立後不久，響應黃興發起的「國民捐」，以及翁俊明與杜聰明的毒殺袁世凱行為（未遂）等，[13] 無法確認在臺灣內曾經組織抗日鬥爭。與 1912 年末開始的羅福星等人的反日組織運動（後述）也沒有關係。但是在團體之中，有後來的臺灣民眾黨領袖蔣渭水與翁俊明，翁俊明不久之後便前往中國大陸（1915 年）定居，而後成為抗日戰爭後期所設立的中國國民黨直屬中央臺灣黨部主任，[14] 由此可見，這個醫學校可以說形成了辛亥革命後「祖國派」的一個有力起源。

另一個清末的例子是梁啟超與林獻堂的交往。

林獻堂於 1907 年在奈良認識久仰大名的梁啟超，就對付日本壓迫的方法，接受梁啟超的忠告，此事在本書第一篇第一章也曾提及。根據林獻堂當時的秘書甘得中在戰後的回憶，梁啟超當時的發言如下：

> 三十年內，中國絕無能力可以救援你們，最好效愛爾蘭人之抗英，在初期愛人如暴動，小則以警察，大則以軍隊，終被壓殺無一倖存，後乃變計，勾結英朝野，漸得放鬆壓力，繼而獲得參政權，也就得與英人分庭抗禮了……你們何不效之？[15]

在此，梁啟超預測中國在未來很長時間內應無法挑戰日本統治臺灣，在此情況下，如前所述，勸告對於日本權力，應採取也可稱為「間接牽制主義」的改良主義態度。梁啟超對林獻堂的發言內容，至今沒有其他可確認的史料，甘得中在戰後的回憶也有將林獻堂系統的抗日運動改良主義態度係因來自當時「祖國」名士之忠告，予以正當化的意味。但是從後來的國民黨系政治家中，也有對於臺灣解放問題採取與梁相同的「中—日」國力對比觀（戴季陶的情況——後述），以及林獻堂個人也非常景仰梁啟超等來看，[16] 梁啟超當時的判斷與其發言相近，而該判斷透過林獻堂影響了臺灣本地地主資產階級的政治運動，這個定說 [17] 筆者認為可以直接採用。

又，在清末期視臺灣人富豪為政治資金來源一事，梁啟超也跟革命派相同。1911 年春，梁啟超接受林獻堂的邀請訪臺，但其目的如梁啟超自己所提及的，想親眼看看當時在日本被宣傳為成功的臺灣總督府施政，以及為了籌

募計畫中的《北京日報》及《上海日報》的資金。[18]毋庸置疑當時梁氏最期待的是，取得霧峰林家的金援。[19]

關於（2）辛亥革命和殖民地臺灣的關係，應提及的重點有三項：

第一，辛亥革命後，首次在革命派之中出現了想要直接承擔臺灣反日任務的人物——即所謂苗栗事件的羅福星和吳覺民等。

羅福星是廣東省鎮平縣出生的客家人，在南洋與胡漢民等一起在華僑間進行革命運動，是也曾參加黃花崗起義（1911年3月）的革命同盟會員。羅家在1895年以前住在苗栗，羅福星本人也跟著祖父，從1903年開始約有三年時間住在當地並進入公學校就讀。[20]辛亥革命成功，中華民國成立後，羅福星馬上返歸故鄉並擔任中學校校長，但他在1912年末渡來臺灣，在臺北和苗栗，組織以驅逐日本、復歸中國、實現共和政治為目標的革命團體。隔年，同鄉的吳覺民也來臺灣，他一方面與羅福星聯絡，一方面於大湖地方建立組織，於10月遭到揭露。最後，拘捕之手也伸進羅福星系統的組織，到1914年1月為止，有535人遭拘捕[21]，羅福星本人也於1913年末遭到逮捕，且被認定適用匪徒刑罰令，於隔年3月3日與五名幹部一同被處刑。[22]

第二點，羅福星等人在臺灣進行的果敢革命運動，並不是在與大陸內勢力保持組織性合作的情形下進行的。革命同盟會—國民黨主流「當時的確忙於內事，是否敢於冒與日本決裂的風險，決定正式派羅福星赴臺組織起事，也是值得懷疑的」[23]，辛亥革命後，革命同盟會與前述梁啟超發言相同，也以日、中國力對比觀點來看待臺灣問題。根據甘得中戰後的回憶，可得出類似上述的判斷，1913年反袁的二次革命失敗後，與孫文一同亡命日本的戴季陶，曾對透過板垣退助介紹來求見的林獻堂說過如下的話：

> 祖國現因袁世凱行將竊國，帝制自為，現為致力討袁無暇他顧，滅袁以後，仍須一番整頓，故在十年以內無法幫助臺人，而日本乃未經民權思想洗禮之國家，視革命運動如洪水猛獸，絕無同情，君等與革命黨人來往，必受壓迫。……為君等計，可先覓門徑，與中央權要結識，獲得日本朝野之同情，藉其力量，牽制臺灣總督府之施策，以期緩和其壓力，俾能減少臺灣同胞之苦痛。[24]

戴季陶的這個態度，在「十年」後的國民革命時期裡稍稍變化，關於這點將在本論中說明。但不僅止於戴季陶，中國主要政治勢力對臺灣問題所採取的消極態度——不敢挑戰日本的臺灣統治，基本上可以說是持續至抗日戰爭時期。

第三點是，儘管有第二點的情形存在，但整體上，「辛亥革命—中華民國的誕生」帶給臺灣人的影響可以說是很深的。

首先可以指出的就是「民心的變調」。總督府的一名官員留有如下的觀察：

〔關於1911-12年的情況〕在外，支那革命新成，其中堅之南清一帶意氣頓振，島民之心理也隨之起了一種變調。爾後一、二年間急革辮髮纏足之弊風，與其說是全體皇化使然，毋寧說受到彼等腦海中潛在的母國，即對岸支那，於革命後，迅速勵行之斷髮放足影響居多。[25]

又，根據陳文彬等的回憶，辛亥革命後臺灣的商人大量輸入在上海大量發行的革命領導者的肖像圖、武昌起義的戰後畫，及以革命為主題的「新三字經」、「通俗小說」這一類的物品。而且這些在島內也被翻刻，據說各地大量購買，熱烈地討論其內容，講古師和街頭藝人等也以上海出版的《孫逸仙演義》、《辛亥革命演義》等為底本熱烈地進行說書或是積極推出節目。又，一般家庭的婦女對孩子說明革命為：「唐山（指中國大陸）發生了革命，漩桶（即尿桶，指宣統帝）已經退位，孫逸仙做了大總統。」[26]

如此，將臺灣割讓給日本的滿洲人王朝倒台，誕生了漢族中心的國家，這可以說讓臺灣人再度對「唐山」懷抱新的期待，以及贊同該地的風俗改革，在一定的範圍內接受了中華民國的人格象徵。前述「祖國派」的登場背景也可從這一點來思考。

（3）一如在第一章中所看到的，廣義的「五四運動」——作為精神革命的、中國人思想及文化分水嶺的——與臺灣知識分子在1920年代前半所進

行的文化啟蒙運動，同樣是起因於漢族社會的近代化這個共同課題，而且可以看到前者對後者有顯著的思想影響。又，就與這之後的歷史時期的關聯言之，臺灣漢族青年知識分子的民族的、思想的覺醒，以及他們藉由對一般大眾的巡迴演講會等方式所進行的文化啟蒙運動，形塑了1920年代後半至1930年代初期的農民運動、勞工運動、民眾反日運動可以有一定高潮的前提的主要部分，在這點上，1920年代前半期可視為臺灣抗日史的五四時期。[27]不過如後所述，儘管有回臺留學生以及蔣渭水等人的奮鬥，但接續五四時期之後為了「國民革命」所建立的統一戰線——「國民黨」——在臺灣並未實現。

　　以上述的問題意識為前提，以下將開始進入本論。首先，探討國民革命時期在中國的臺灣人留學生的抗日運動，並且也討論中國人方面的對應。其次，將焦點置於上海大學集團與蔣渭水，以文化協會左傾（由左派掌握領導權）—抗日運動左右分裂的局面為中心，探討國民革命對臺灣抗日運動的實際影響。最後，將提及國民革命後中國新聞媒體看待殖民地臺灣的觀點，以及抗日戰爭時期在中國的臺灣人所進行的抗日運動，同時試著針對中國民族主義的對臺灣問題態度作初步考察。

一、國民革命時期在中國的臺灣留學生之抗日運動

（一）文化協會與在中國的臺灣留學生

　　如序論中的概觀，在日本統治臺灣的前半期，出現以農民為中心的激烈武裝抵抗。但是這些鬥爭遭到軍事力量，及漸次完成整備的警察力量各個擊破，此後留下在壓制鬥爭時完成整備擴充的監視、壓抑本地人民的體制。尤其是對1915年西來庵事件所進行的殘酷鎮壓，帶給臺灣人很深的恐怖感，其後數年間，產生了日本官吏[28]所說的情況：「是一時本島人期望於我統治下所允許之範圍內享樂，唯官命是從，顯示出不敢有反抗態度的時代。」[29]
　　但是第一次世界大戰後，本地資本出現一定程度的成長，以殖民地教育

為媒介形成新知識階層，在這些背景之下，受到在中國、朝鮮的民族解放運動高漲，以及來自日本國內的民主自由主義的潮流刺激，抵抗鬥爭以新的組織性運動形態復活了。首先，本地地主資產家子弟出身的東京留學生，發行主張民族自決主義的雜誌《臺灣青年》（1920年7月）。其後，發展成《臺灣民報》、《臺灣新民報》，成為臺灣人所辦的言論機關的濫觴。又，留學生和支援他們的開明資產家林獻堂也向帝國議會進行了第一回的臺灣議會設置請願運動（1921年1月）。而且，這些運動帶給臺灣島內的知識分子階層很大的衝擊，之後，作為殖民地臺灣獨特的抵抗運動組織，扮演顯著角色的臺灣文化協會設立（同年10月）。

臺灣文化協會以揭舉「助長臺灣文化之發達」（會則第2條）為目標，作為文化啟蒙團體而開始的。不能說在最初沒有想要把民族主義的政治意圖以文化啟蒙之名隱蔽起來的意圖。但是，最初的運動實際上也是設置讀報處、各種講習會、舉辦講演會、巡迴播放電影、演出演劇等，如同文字上所說的文化啟蒙運動。但是，這些運動毅然決然對抗總督府官吏和日人殖民者的阻礙與猜疑以及御用紳士的中傷等。而且扮演向大眾推動的主力的「文化講演會」[30]，也變成了是辯士與聽眾結成一體對官吏進行的示威運動，[31]如同這裡所呈現的，在比起日本本國被更嚴格檢查的殖民地環境之中，被殖民者的自主活動，必然扮演了促使遭到壓制的民眾覺醒其抵抗意識的觸媒角色。曾經親身擔任取締文化協會運動的鷲巢敦哉（《臺灣社會運動史》的編著者）如下描述這種狀況：

> 文化協會創立、臺灣議會設置請願運動開始後，號召臺灣民眾的這些活動，就馬上再度使彼等所持之民族意識覺醒，對革命抱持期待，以致使民心的趨向完全改變。……（中略）……特別是憧憬著理想的青年、學生的影響極為深刻，視文化協會幹部如民族的英雄般，群集於其勢力下受其領導。在社會運動的初期，經常看到不經思慮製造紛擾事件，徒然地反抗權勢，蔑視有權威者，憑空喋喋不休地談論五千年的民族文化，不做深刻的反省就說壓迫榨取，不問施政之善惡，就亂加非難攻擊，不止企圖排斥一般內

地人，對於向來都無異議的官吏處置，也持續固執地反對，事情
每每處於平地起風波的狀態。因此，造成與日常人民接觸的警察
官、街庄吏員及學校職員等執行職務時趨向萎靡保守的風氣。……
全體憧憬著支那，如本島始政紀念日（紀念 1895 年 6 月 17 日於臺
北設立總督府之日——引用者）的祝賀會也是本島人的出席者顯
著減少，進行不滿的亂寫或非法演說者顯著地增加。[32]

　　如此，文化協會帶給民眾具體抵抗的勇氣，使末端的支配呈現一定的停
頓。民眾可以說是從西來庵事件以來的恐怖與無力感中慢慢地恢復過來。臺
灣議會設置請願運動剛開時也是在上述的情況之中，能夠擁有與該要求的改
良性質的、微溫性質的內容不相稱的民族主義主張。而且，文化協會本身也
獲得殖民地民眾一定的信賴與尊敬，產生「各地大小事件愈發以文化協會及
臺灣民報為中心而被訴說、被解決、被領導」[33]的情況。在此種情況中，其
必然成為扮演「反官反政府諸運動的總機關」[34]的角色。

　　在這種情況之中，受到這些運動最強烈影響的，還是以當時就讀於島內
的中學校或專門學校學生為中心的青年們。以世代來說，是在東京創刊《臺
灣青年》他們這些人的晚輩。

　　其明顯的現象是經常發生「學校騷擾」（以1922、1924年的「臺北師範學
校事件」為典型），以及往島外，特別是去中國各都市的留學生急速增加。
官方的紀錄提到：「文化協會開啟啟蒙運動後，最受到影響的是本島人青年。
初期的影響首先是知識慾望變得旺盛，導致留學內地（指日本）與支那的學
生增加，又對於民族問題和社會問題的關心異常高漲。」[35]關於前往中國的
留學生增加，則又指出：「其最大的原因是文化協會的活動所帶來的民族覺
醒的影響。即彼等將支那作為民族的祖國而思慕之，誇耀支那四千年的文化
傳統且憧憬之。期待文化協會、臺灣議會設置請願運動的發展和成功，充斥
著認為臺灣脫離日本統治下的日子已不遠的見解，毫無疑問地這是彼等的言
論與行動所致，這樣的風氣為其最有力之原因。」[36]

　　就這樣，使殖民地官吏困擾的風氣在臺灣青年之間興起，出奔至島外，
特別是前往中國各都市的青年增加。在戰後臺灣所寫的抗日運動史，有如下

的記述：「至民國十一年（1922年）以後，臺灣失學之青年日多，而求學之心益切。有經由日本而回國者，有得船員幫助而潛渡者。其後逐漸增加，國內（指中國）各大商埠，均有臺灣青年，留學於各級學校。」[37]前往中國的留學生人數沒有詳細的數字，僅以總督府警察所掌握的而言，1920年末19名，1923年10月273名，[38]1928年344名，[39]呈現急遽增加。如果偷渡者也很多的話，實際人數應該比這個數目多更多。絕對數目比不上同時期前往日本留學生人數，[40]此一時期留學生數目的增加，雖然也有一元的匯兌比率有利的經濟要素，但臺灣內部的上述情況是很大的要因吧。他們的留學從一開始就不可能是單純的留學。

（二）在革命的昂揚與挫折之中

整理《臺灣社會運動史》書中記載，從受到1920年代初期再生的抗日運動影響，前往中國大陸的留學生增加，到中國國民革命高揚及其挫折之間，在中國的臺灣青年的抗日運動，可分為以下三個時期：

第一期：原封不動完全地支持、支援以臺灣島內及東京為舞台的運動，即文化協會的啟蒙運動、臺灣議會設置請願運動的時期（1922年左右至1924年左右）。就組織而言，雖說反日的氣氛一致，但還帶有同鄉會的色彩，北京、上海的臺灣青年會（模仿東京的相同組織）及廈門的臺灣尚志社的活動則相當於此類。

第二期：脫離同鄉會組織的框架，與中國人或亡命的朝鮮人活動家組成小的聯合組織，並有人加入中國方面的革命組織之時期（1924至1926年）。對於自豪一直都受到臺灣人普遍支持的臺灣議會運動，從更激進的立場開始表明反對。組織則有上海的平社、臺韓同志會，以及南京、廈門的中國臺灣同志會。

第三期：在廣州受到於此地樹立勢力的中國革命勢力一定的庇護，能夠公開的活動，與中國方面的接觸也是直接的，開始對臺灣推動的時期（自1926年至1927年6月左右）。首先有廣東臺灣學生聯合會，其次有廣東臺灣革命青年團。

自第二期開始，在中國的臺灣青年受到中國共產黨的影響，可說開始產生共產主義者或其預備軍。廣東臺灣革命青年團由於國民革命的挫折與日本官吏頑強的拘捕而瓦解之後，臺灣青年在中國的運動轉為由與中共有所聯絡的左翼所掌握，剛好為1928年4月成立的臺灣共產黨提供人才。

日本官吏對於留學中國的學生在臺灣社會運動所扮演的角色，有如下的描述：

> 已獲得民族覺醒機會的青年，於島內學校屢屢出現不滿的行動，
> 如發生受到處分之事態時，則立即至支那留學，於支那參加種種
> 學生團體，深入運動，回到島內則將其研究與見聞的理論戰術傳
> 入社會，在臺灣社會運動的發展扮演了重要角色。[41]

第一期的臺灣青年活動，參照日本官吏所指出的來看，或許可說還是被動的。但即使在這個時期，他們把在中國所學所思到的，大量地書寫刊登在《臺灣青年》的後身《臺灣》和《臺灣民報》，從這個時期開始，他們的文章在這些雜誌版面占有重要的比重。顯著的活動則有：1923年12月臺灣議會期成同盟會幹部違反《治安警察法》而遭拘捕的所謂臺灣治警事件時，各地一致進行抗議的集會（1924年1月，上海的臺灣人大會，廈門的學生大會，3月北京的華北臺灣人大會）。他們在這個時期一致支持的臺灣議會設置請願運動，雖然只是提出殖民地自治的要求（那也是極為保守的），但支持該運動的他們所進行的發言中，經常出現在臺灣（以及東京）不可能發表的對日本帝國主義殖民統治的激烈抨擊。例如，在〈華北臺灣人大會宣言〉中，[42]也公然地列舉1915年西來庵事件之際屠殺噍吧哖的住民。

第二期，發出聲音反對臺灣議會設置請願運動的是平社（1924年3月成立），以及被認為成員與其重疊的臺韓同志會（被認為與平社同時期成立）。平社是住在上海法國租界的中國人共產黨主義者羅豁這個人物，網羅在其領導下的朝鮮革命青年（卓武初、呂運亨、尹滋英等）及臺灣青年會幹部而組成的。其揭舉「研究現代學術，介紹世界思潮，圖謀人類互助之實行」為宗旨。[43]平社發行機關報《平平》，[44]創刊號中沫雲的〈從臺灣議會到革命運動〉，

以「今後雖以幾百個頭顱叩頭，其結果只是相同，對於日本資本帝國主義即使我等欲得些許之幸福，則即如欲於水中掬月」，[45]排斥臺灣議會運動，主張斷然實行「革命的鬥爭」。他們似乎認為：臺灣人由於日本資本家的榨取，整體處於邁向無產階級的沒落路途上，民族運動與階級運動是一致的，刊載於當時的中共中央理論雜誌的《新青年》（季刊第4號，1924年12月）。沬雲的另一篇文章〈黎明期的臺灣〉，在前述的分析之後，斷定臺灣已經不需要資產階級革命。該論文有「記者」——編輯瞿秋白——[46]的「附志」，裡面的評論是：「現在的臺灣應該是進行從日本帝國主義的支配下脫離的國民革命的時期。」

臺韓同志會在其規約中規定：「不贊同無意義的自治運動」。[47]關於臺灣情況所指出的理由，也與平社的情況相同。

中臺同志會（1926年3月）較平社等晚很多成立，其活動中受矚目的有：第一個在臺灣內部進行設置分部的行動，以及在中國大陸進行的抗日運動中，第一次遭受到日本官吏的拘捕。在這點上，其為以下所述廣東臺灣革命青年團的先驅。由於這是在中國的留學生從對臺灣內部運動聲援的被動姿態，轉變為積極推動的姿態。中臺同志會的瓦解是由於總督府注意到該會在南京、廈門所進行的反對「六一七始政紀念日」的宣傳活動而進行秘密調查，1926年7月返臺，計畫開始從事組織活動的吳麗水、李振芳等為中心的成員遭到拘捕。與翁澤生一同加入該會的上海大學學生蔡孝乾也在此時返臺而遭到調查，但以證據不充分而獲得釋放，[48]如後述蔡孝乾是為了構建文協內的左派而進行活動。

第二期的另一特徵是：出現了加入中國方面革命組織者。例如：上海臺灣青年會的幹部中，上海大學社會科學系（主任瞿秋白）的學生許乃昌，據說是獲得陳獨秀的推薦，而得到留學莫斯科的機會，[49]同是上海大學社會科學系的蔡孝乾成為中國社會主義青年團員，[50]翁澤生則成為中共黨員。[51]同樣成為中共黨員，在中國從事抗日運動的臺灣青年萬綠叢中一點紅的謝雪紅，於五三〇運動當時以謝飛英之名在上海、杭州活躍，並獲得重視，在1925年末被派遣到莫斯科的KYTB（東方勞動者共產主義大學），[52]從中國班轉入日本班。[53]同時間在日本班的林木順（1924年的臺灣師範學校事件退學

學生），在前往莫斯科之前應該就跟中共有若干的關係。[54]由於是第一次國共合作最密切的時候，可以推測另外還取得國民黨籍的人也很多。[55]

接著將舞台轉移到廣州。

曾在上海臺灣青年會活動的張深切，1926年冬去到廣州。此時，以黃埔軍官學校的十多名學生為首，已有不少臺灣人青年就讀於中山大學、嶺南大學。[56]他們一面勤學，一面參加革命運動，加入中國方面的政治黨派者也不少。據張深切所言，他們多屬國民黨，但臺灣學生間也有黨派的爭鬥，[57]因此也有成為共產黨員者。[58]

儘管國共對立處於檯面下並且還在升高之中，但聚集於廣州的臺灣青年們可說是現在已經處在中國革命正激烈的時候。與在上海早已展開的臺灣青年與中國革命勢力的結合，當然是直接的，他們以臺灣解放為目的的企圖，雖說正面受到國民革命挫折的牽累而中途失敗，但開始具有具體性了。他們明確地提倡臺灣革命，甚至考慮到要採取仿效國民黨及其領導下的大眾團體的鬥爭組織形態。[59]而且，實際上，1926年12月在中山大學成立廣東臺灣學生聯合會，隔年3月更進一步創立了具有明確主張的廣東臺灣革命青年團。根據張深切在戰後所主張的，據說廣州的臺灣人學生中的激進分子，最初考慮過要組織以民族革命為目的之「臺灣革命黨」。[60]

那麼，在如上所概觀的抗日運動之中，臺灣人青年們是如何看待中國國民革命？如何思考臺灣的將來呢？以下整理他們留下的文書中（雖然是因為日本官吏的鎮壓而殘留於今日的文件）所能夠看到的主張。

毋庸諱言，殖民地臺灣民眾最根本的要求在於脫離日本帝國主義的統治。在留學生撰寫的對中國民眾的呼籲等的文章中，對於日本帝國主義壓迫臺灣民眾的激烈譴責，首先就占了最大比重。除了這些譴責外，整理他們的主張後，其主張可以說有如下的特徵（以中臺同志會、廣東臺灣革命青年團的文書為中心）：

第一個特徵是：使用「同胞」、「祖國」、「臺灣的中華民族」等的詞彙，強調中國—臺灣間的同一性。其根據是：兩者現在因為日本帝國主義的壓迫而受苦，要求排除此壓迫，而且更往前追溯，從歷史的、地理的自然關係來解釋中—臺的密切關係。在〈中臺同志會為六一七紀念告民眾〉中，有以下

的說法：

> 臺灣與中國之關係就人種上言之，臺灣人中之絕對多數為中國人，
> 彼等之語言為福建土語之一種。至於彼等之風俗習慣便是與中國
> 內地相同。就地理上言之，臺灣與中國是一衣帶水，交通上實則
> 可以一葦航之。故不知不覺中，臺灣有史以來便與中國大陸產生
> 極為密切之關係，兩地之經濟、政治、文化皆為同一系統，兩地
> 遂處不可不離之勢。[61]

臺灣住民的民族多數與中國大陸的相同，不過是極為理所當然的事實，但必須特意強調這點，則有其相應的理由。日本官吏所沒收的中臺同志會議事錄，就該會的組織動機，有如下的說明：「本會大抵依何而生也？……中國及臺灣之感情甚為疏隔，甚至中國方面對臺灣人是持對待外國人之態度。有感於此，以至認為有組織本會之必要……。」[62] 這樣的中—臺間感情疏隔的事態，應該說是肇因於日本帝國主義統治政策整體是要「將臺灣從支那割離與日本結合」（矢內原忠雄），但在中國，總督府等也刻意使用離間策略。而這點也被清楚地指出：「彼等（日本帝國主義者）又使許多的流浪漢渡至中國各地，使其進行惡事而紊亂中國之治安，努力使中國視臺灣人恰如仇敵，因此對臺灣人失去同情。此係彼等之一種政策，有理智之我等青年一向完全理解此事，必須注意勿中彼等之此計謀。」[63]（〈受日本管轄後臺灣的慘狀〉）

第二，大致上是以「中國國民革命的勝利→中國的對日力量關係變化→臺灣自日本帝國主義統治脫離的可能性增大」的邏輯，對中國國民革命寄予強烈的期待。在先前的中臺同志議事錄中記載著：「中國之革命正應贊助之。即中國成為強國後，吾臺灣自然能獨立」，[64] 又在反對 6 月 17 日臺灣始政紀念日的主張中呼籲：「中國的國民革命，應直接或間接地給予東亞各弱小民族的解放不少影響。故我等希望臺灣民眾視中國國民革命不單是中國問題，而應視為與我等本身有迫切關係的一個條件……」。[65] 在廣東臺灣青年革命團的文書中，則更強烈主張中—臺的同胞關係（「臺灣的民族是中國的民族，

臺灣的土地是中國的土地」）[66]，同時甚至斷言：「設若中國革命不成功，日本帝國主義鐵蹄下的臺灣民眾解放絕對無望」（「濟案宣言」）。[67]

在與期待國民革命的連結上，對思考著從日本帝國主義統治下成功脫離後的中—臺關係（此事本身顯示對國民革命成功的強烈期待），但在這一點上，中臺同志會與廣東臺灣革命青年團想法不同。後者呼籲：「要求國民政府實行收回臺灣！」[68]（反逆兒，〈臺灣農工商學聯合起來〉），相對於此，中臺同志會的文書則主張：「自日本成功脫離後，中國不可採用帝國主義政策將臺灣作為殖民地，關於臺灣與中國是否合併，臺灣民眾應保有自決權」（〈為六・一七紀念告民眾〉）。[69]不過，這不是否定合併，並且與前述中臺間密切的自然關係的強調，同時在〈中臺同志會成立宣言〉中如下陳述：脫離日本帝國主義的羈絆之後，「希望中臺兩地民眾再度產生密切的政治關係」。[70]保留自決權的主張可以視作是：先行表明對於成功統一中國的政權，在（被解放的）臺灣再度進行軍閥統治的恐懼。

不管如何，以臺灣本身的力量無法達到從日本帝國主義中單獨解放，臺灣解放的可能性與反帝國主義的中國革命成功程度呈正比例函數，在這一點的認識可以說是共通的。

（三）中國革命家的對應

對於如上所概觀的臺灣人留學生活動，中國方面的革命組織或其領導人物是如何對應的呢？

首先來看前項第二期（1924-1926年）。此時期，處於黨內合作關係的國共兩黨開始接納一些臺灣青年作為黨員，或是將其作為領導下的青年組織等之一員。但是關於臺灣青年加入兩黨的方式，在內部的地位和實際的活動等等的具體情況幾乎完全不清楚。臺灣人有必要冒充中國籍嗎？（在得到中國方面的信任之前，是否必須如此做）他們是作為在日本統治下受苦的同胞而被接受呢？抑或准許作為一般東方被壓迫民族之一的地位呢？[71]他們被期待或不被期待扮演什麼角色呢？足以探討這些問題的資料還未看到。[72]在這個時期，國民黨也好，共產黨也好，以黨的立場或多或少公開地表達出對殖民

地臺灣的認識，以及基於此種認識所執行的政策，明白地顯示出上述事情的
證據現今還未出現。前述「記者」（瞿秋白）對於沫雲論文所添加的「附志」，
與其說是中共中央正式的對殖民地臺灣的認識，不如說是中共理論指導者剛
好認識自己在上海大學的學生中有臺灣出身者，因此寫下當時的感想而已。
革命的主要課題沒有直接關涉到臺灣，反帝國主義的焦點也還不在臺灣。

　　但與這些臺灣青年接觸的中國革命活動家之中，傾聽他們的訴說，提
供建言，將殖民統治下的臺灣實情訴諸正日漸升高反帝國主義感情的中國輿
論，有人提供這些援助，這點在前面已經提過了。瞿秋白將沫雲的論文刊載
於《新青年》，以及中臺同志會是由於被認為是中共黨員或國民黨左派的南
京中山中學堂教師給予留學該學堂的吳麗水等人建議與援助而組成的，[73]等
等即為其例。

　　關於第三期（1926-1927年6月左右）比起第二期也稍有具體的主題，且
實際上，中國方面的態度也稍微明確化了。如前面已經觸及的，在廣州，反
日臺灣青年的活動比較活潑而且公開化。廣東臺灣革命青年團的成員張深切
（1927年4月歸臺，遭到逮捕，過了三年半的獄中生活）在戰後的回憶錄中
有如下的說法：

> 廣州是中國革命的發祥地，同時也是策源地，所以革命團體的組
> 織，和實踐運動方式都和別地方不同，這裡比較熱烈而且更有具
> 體行動，上海租界內的政治活動，雖然也相當自由，但只許秘密
> 的消極行為，不許公開積極活動。我到了廣州，頓覺解除了全身
> 的束縛，……[74]

　　就結果來說雖是極短的時間，但對臺灣青年而言，廣州是自由的天地，
是由於他們以解放臺灣為目標的政治活動受到當時國民黨的公認。其明顯的
證據是臺灣革命青年團的機關誌《臺灣先鋒》的封面，由北伐軍出發後留守
廣州的國民軍總司令部參謀長李濟琛題字，中山大學校長戴季陶與教授施存
統將在臺灣青年面前演講的筆記投稿雜誌，韓麟符（中共黨員，在國民黨第
二次全國代表大會出任中央執行候補委員）也投稿了題為「勗臺灣」的詩。

這種「公認」是怎樣的形式呢？這點還不能明確瞭解。不過，當時的廣州有亞洲各殖民地的革命家群集於此，成立了朝鮮青年同盟、越南青年會等組織。[75]臺灣革命青年團應該也是被認定為此類的組織。

那麼，當時的革命勢力是如何看待殖民地臺灣的呢？在此一時期的廣州，確定有幾個著名人士與臺灣青年交流，以下將介紹戴季陶與郭沫若在其中的發言。

前述戴季陶的演講是1926年12月19日，在中山大學所舉行的廣東臺灣學生聯合會成立大會席上所發表的。或因為筆記的不完整，文意不明確的地方很多，但其要點可以整理歸納為如下三點：

第一，臺灣應該納入中國民族主義範圍的認識：

> 臺灣民族是我們中國的民族，臺灣的領土亦則是中國的領土，日本以強權武力奪取了我們的土地，拿我們的同胞當作奴隸。……臺灣的民族是我們中國的民族，臺灣民眾的團結，便是等於我們民族的力量，臺灣民眾愛祖國的熱誠，就是發揮了我們民眾革命的精神！[76]

第二，舉1918年孫文順道到臺灣的情形和晚年關於臺灣的言論，[77]來強調「總理」孫文對「臺灣同志」的「愛顧」。

第三，又再從孫文晚年提及臺灣來引申，在大略肯定臺灣議會設置請願運動的同時，主張那不過是第一步，更要團結弱小民族，組成聯合戰線，打倒帝國主義。

關於第三有說明之必要。戴季陶在演講中提及，逝世前二十日已經病重的孫文曾對他表示三點對日本的最低限度要求：（1）日本廢棄與中國所締結的所有不平等條約；（2）對臺灣與高麗兩民族至少允許自治；（3）停止敵視（蘇維埃）俄國的政策，允許臺灣和高麗與俄國接觸。實際上距此近兩年前，戴季陶寫一篇文章於日本雜誌《改造》（1925年2月號），以表達前年孫文於神戶進行的所謂「大亞洲主義」演講的真正意涵的形式，在議論中提出與如上（1）、（2）、（3）幾乎相同的對日要求。[78]如果考量到戴季陶作為秘書兼日

文口譯（「大亞洲主義」演講之際也是由他擔任口譯）這個與孫文的關係，及自國民黨第一次全國代表大會宣言以來孫文的反帝國主義、聯俄的政策，即使暫且不論是否真是逝世之前對戴的直言，（1）到（3）所顯示的，應可以視為是孫文晚年的臺灣認識吧。自孫文死後，在經過五三〇事件約一年半時期的這個對臺灣青年的演講，臺灣議會設置請願運動符合孫文所說的自治要求，大致給予其肯定的評價，另一方面關於（3），提出俄國革命也是被壓迫民族的解放運動的解釋，把聯俄政策拉到自己的右派立場，以透過被壓迫民族的聯合來打倒帝國主義這種極為一般性的呼籲，作為演講的結束。他提到：「我等中國民族的同志必須與臺灣同胞和高麗的諸君共同奮鬥」[79]，但以上，在不過是第一步的「臺灣議會」的下一階段，應該做什麼，及那時「中國民族的同志」應該做什麼呢？關於這些，從戴季陶所給予的印象，還無法得到整體的具體形象。

在此值得注意的是：（2）的要求，與《改造》的論文「如能實行此點的話，則日本的鞏固統一，可藉由各民族的平等所締造等等」，[80]以及「放棄帝國主義殖民之改革」，和（1）相輔相成，更可取得東方各民族的信賴，反而成為強化日本立場之理由；這是以「不是勸告日本外交當局或政府，實際上是勸告日本的全體人民」的脈絡下所提出的。[81]這與同時期臺灣議會設置運動者對日本人的議論有相同的結構。他們也又解釋：殖民地統治方針從日本本國本位的同化主義轉換到殖民地本位的自治主義，反而成為日本壯大的理由，[82]期待在日本本國政治中的自由主義勢力。投稿到《改造》雜誌表達（1）到（3），可以說表明了戴季陶為了迴避中國民族主義與日本決定性的正面衝突，對於大正民主運動抱持一些期待，希望日本方面在最後還有改變態度的可能。再者，僅就自治要求來看，在臺灣議會設置運動的背後，原本似乎就存有根據當時中—日國力關係來判斷而採取「待機」之態度，或許可以說就連戴季陶在這個時候，對臺灣問題也是以彼此這樣的力量關係，而採取相同的判斷。在如上1926年底的發言也是，儘管使用將臺灣問題包含於中國民族主義範圍的用語，卻抽象地呼籲被壓迫民族的聯合。或許這也表明了戴季陶還沒有大幅地改變這個判斷，或是說根本還沒擁有進行改變的展望吧！

郭沫若的發言，以短篇序文的形式收入組成廣東臺灣革命青年團中心人

物之張月澄（別名張秀哲，當時就讀於嶺南大學）所編寫題為《毋忘臺灣》的小冊子。[83]其要旨是：聽聞朝鮮、印度獨立運動的消息，獨不曾聽見割讓後三十餘年「我們嫡系的同胞」的臺灣人革命鬥爭的消息，但另一方面聽聞在廈門地方臺灣人借著日本人威勢對同胞進行粗暴的「不愉快的事實」，從此我們認為臺灣人不革命，忘記了祖國。但是讀明心君（張月澄的筆名）的一文，則瞭解到這些是誤解，不是不革命，而是言論被日本人壓制。革命的消息並沒有傳達到，在廈門施暴的是日本人收買來的無賴，感佩明心君不畏壓迫，暴露這些事實的勇氣，希望以後也努力宣傳和介紹，「以蔚成臺灣民眾的徹底的革命」。作者率直地承認，自己是透過張月澄文章而開啟對於臺灣的認識，而且也成為激勵作者的內容。

但反過來說，從郭沫若率直的說法，也能夠看到：就連政治意識比較高的中國人，也有著不知道臺灣實情而誤解臺灣人的傾向，以及也直截了當地顯示其誤解的結構。亦即，由於日本方面的封鎖政策以及情報管理，除了統治「成果」以外，臺灣人受到壓迫與抵抗的實情幾乎沒有傳達。另一方面，在福建「臺灣呆狗」所為的消息，卻充分地被傳達。後者當然使中國人對臺灣人產生反感，當中國人反帝鬥爭愈興盛，前者的情況也會愈加成為對臺灣人產生輕蔑感的溫床。如後所述，經過國民革命，在「反帝國主義」的口號成為國家方針的情況之下，由於日本出現山川均及矢內原忠雄等對殖民地臺灣的社會科學分析，加上引起世界矚目的1930年秋霧社高山族武裝反抗事件等之刺激，中國新聞界也開始出現一定程度的臺灣報導，但另一方面，隨著日本日益擴大的侵略行動，以及中國人反日情感逐漸增強，對臺灣人的反感及輕蔑也有增強的傾向。圍繞臺灣問題的矛盾，就是中國民族主義本身的矛盾，無疑地這裡面也夾雜意圖歸咎日本帝國主義之政策的部分。戰後各種討論之中，經常將臺灣和臺灣人定位為，因受日本的統治而成為中國民族主義中的一種「毒素」，而且認為他們還沒有被解毒。如郭沫若所指出的，其「手段」實不可不說是「惡劣的」。

然而，最後能談的都是歷史的後見之明。在1926-1927年的階段來看的話，推動中國革命勢力的臺灣青年的努力，如前述戴季陶、郭沫若的發言所見，可說開始零星地但也成功地溝通了已經產生「疏隔」的「中—臺」。如

果給他們更多時間，或許1930年代以後「中—臺」間矛盾情況會變得更不一樣，但時間太短了。不久到來的中國民族主義，因具有極為激烈的意識形態與政治分裂的浪潮，結果將他們初步成果完全抹殺。在廣州也是一樣，在4月15日，只比上海晚三天，開始展開「清黨」。臺灣革命青年團並沒有立刻受到鎮壓，因此成為立即遭受鎮壓的朝鮮人團體之避難處。但6月初旬，終於被視為左傾團體，官方開始進行拘捕，殘留的臺灣青年們不得不四散各地，[84]寫題字於他們雜誌的參謀長，這次將他們從廣州驅離。

根據張深切的說法，日本官吏從1927年春左右就開始準備拘捕他，因此這時已經派遣間諜（據稱叫做林文龍）到廣州[85]。6月，日本官吏如同在等待國民黨對臺灣革命青年團的鎮壓一般，在臺灣、往臺灣的船上、在上海，或是在日本的門司，開始拘捕四散的革命青年團成員。到了8月，又同時再度進行拘捕。此時的被拘捕者，據說共有64名。[86]

由於此廣東臺灣青年團的崩潰，在中國的臺灣人抗日運動開始出現變化。以後，直至1932-1933年為止（1934-1937年左右的事情現在幾乎不清楚），在中國的抗日運動都是在沿岸都市於中共的領導下所進行。[87]然後，他們採取與先前不同的戰略，也就是序章所提到的「臺灣革命」論的登場，他們的直接敵人變成，不止是日本的領事警察，連國民黨官吏也一塊加進來。

二、國民革命和文協左傾

（一）上海大學集團和文協左傾

那麼，轉移目光至臺灣島內吧！如前所述，雖然由於運動的進展，必然不得不成為「反官反政府諸運動的總機關」，文化協會卻也不是自動地獲得符合那種型態的組織性。形式上依然是「文化團體」，組織也相當鬆散。因此隨著抵抗鬥爭的多樣性，需要一些蛻變。

1926年5月，在文化協會幹部之間產生了想要組織政治結社的議論，反映了這樣的內情。

但是，在往後數次討論之後，幹部間的思想對立迅速變得相當明顯。10月的文化協會例行大會上，決定將在1927年1月召開臨時大會進行會則修正，這樣的對立就轉化成文協的領導權爭奪，以致在1月3日的臨時大會上，發生了左派掌握領導權，而舊幹部退出文協的情況。又，7月由舊幹部組成臺灣民眾黨（蔣渭水派和蔡培火派的同床異夢。關於兩者的差異稍後敘述），抗日運動戰線發展到分裂的地步。

首先，試著探討在此種局面上海大學集團的主張和行動。

自1926年8月至1927年2月，前面出現的沫雲即許乃昌，與保守派的文協理事陳逢源（筆名芳園），在《臺灣民報》上展開大論爭（途中只有一次蔡孝乾加入批判陳逢源）。論爭時，在詞彙上一面緊盯中國國民革命的進展，一面爭論中國有無資本主義發展的可能性。但是，如前述的臺灣抗日運動的情勢中，這不僅反映了抗日陣營內濃厚的左右對立色彩，同時也被認為是事實上的抗日路線論爭。

1936年蔡孝乾在保安遇見埃德加・斯諾（Edgar Snow）時提到，1926年12月，「為了在臺灣進行中國革命革命的宣傳活動而回去，也曾為了在文協內樹立左翼組織而努力」，此時由留學中國的回臺學生十名組成的指導部。[88]無疑此十名的大半是上海大學留學生。謝春木也證實，文協的「改組工作中，上海大學派的學生扮演重要角色」。[89]在中國國民革命時期，上海大學在傳播馬克思—列寧主義方面扮演一定的角色，[90]在該大學念書的臺灣青年，除了先前提及的許乃昌、蔡孝乾、翁澤生、謝雪紅之外，還有洪朝宗、李曉芳、莊泗川、陳玉瑛、潘欽信。[91]上面的「十名組成的指導部」的實際狀況不明，但此時期蔡孝乾、李曉芳、陳玉瑛在臺灣。[92]許乃昌在東京，翁澤生可能在上海，被認為與蔡孝乾等保持通信。[93]謝雪紅在莫斯科，與此時期的動向沒有關係。

說明返臺的上海大學集團各個成員在此形勢下具體行動的資料，目前仍未發現，但從蔡孝乾等在改組後的文化協會中占著重要地位來看，[94]蔡孝乾的回憶與謝春木的觀察都可視為正確的資料。許乃昌本人此時自莫斯科返回後赴東京，對留學生進行策動。[95]這個以他為中心所進行的論爭，成為是對上海大學集團回臺活動的一種掩護。又從此種掩護，反過來也可以推知他們

在此情勢下的想法。

首先，試著考察陳逢源的議論。他援用河上肇剛成為馬克思主義者時較僵化的社會發展理論來說明，封建社會不可能跳躍發展到社會主義，必須經過資本主義社會之階段，資本主義在先進國弊害百出，但是在初期是進步的，不只資本家，也可以增進一般人民的幸福。由於現在的中國社會大致上是封建社會，為了進步當然必須先進到資本主義社會的階段。因此，應當增長商工階級等資本主義領導者的力量，使中國的實業發展，這才是必要的策略（國家的不統一，以及國權喪失的情況下，無法保護幼稚產業，這樣的障礙唯有國民革命才足以克服，因此我們必須給予高度的評價）。那麼如何增加商工階級的力量呢？有妙法，由於即使中國人個別零散地發展實業，也無法贏過外國的大資本，所以獎勵大家共同出資的株式會社，就是一個好辦法。

此時，一部分如林獻堂等抗日派的本地資產家，為了創立他們自己的金融機關（大東信託株式會社），正與以臺灣銀行為大本營的日本資本展開激烈競爭。1923年1月，作為田健治郎「內地延長主義」政策的集大成，帝國《民法》、《商法》與《治安警察法》一起被延長施行到臺灣。隨著此項變化，禁止僅由臺灣人設立株式會社的總督府令遭到廢止，在法律上設立全部由臺灣人共同設立株式會社成為可能，但實際上想要興辦企業，在金融方面將會面臨很大的障礙。林獻堂等的企圖就是想要對這種情況投石問路。[96]陳逢源自己也直接參與此事，[97]如許世楷也指出，[98]陳逢源上述獎勵株式會社的主張，直接地表現在他參與設立大東信託的實際情況。

對此，許乃昌的反駁大致如下：中國社會在資本主義的最後階段，即帝國主義的時代中世界資本主義的殖民地，是一個既非封建社會亦非資本主義社會之中間型態社會，有可能不經過資本主義而跳躍發展。中國資產階級的發展是在第一次大戰中帝國主義暫時性後退之時期，在今日帝國主義已經重返，中國資本主義發展的可能性不大。正如在五三〇事件中之情形，中國資產階級對帝國主義具有妥協性，如果由他們領導，國民革命終究無法徹底，大多數人民的利益受損。與此相反，如由無產階級領導，將可爭取人民的利益，再與帝國主義國人民的革命相結合，即可推進到社會主義。

許乃昌在反駁之中，揭露陳逢源的主張與中國的國家主義者張東蓀在先

前一段時期的社會主義論戰中的主張，極為相似。許乃昌的反駁本身也是呼應當時的情況下，提出類似中國共產黨批判這類主張之意見。具體說來，許乃昌的議論是大量援用瞿秋白在五三〇事件以後的情勢中所寫的〈國民革命運動中之階級分化——國民黨右派與國家主義派之分析〉一文中或隱或顯的立論（但或許因考慮檢閱問題，而隱藏文章標題及刊登的雜誌名）。[99]

在「論爭」的最初階段，各式各樣意識形態的立場已明顯地顯露。即使如此，大略還是就中國革命的問題進行討論。但陳逢源對許乃昌的反駁中，指控許乃昌主張在中國立刻實行俄國式的無產階級革命，這種指控可以說是以通俗的反共論來進行攻擊；因而許乃昌也順勢以相對稍微教條式的馬克思主義的原則論予以回應。因此，「論爭」一直保持平行線，雙方都不願再確認承認國民革命反帝、反軍閥意義上的共同點，而是以意識形態對立更為突顯的方式結束。

在以上「論爭」中，許乃昌的主張大量地援用瞿秋白的看法，強調在民族解放運動的階級鬥爭，以及無產階級領導的意義。他主張的內容可以說代表臺灣島內左派的見解，亦即對於不願意從其階級基礎而推展社會運動，企圖維持文協之現狀，不想讓抗日總路線超過臺灣議會設置請願運動的界線等，此種以林獻堂為首的蔡培火等改組前文協主流派之路線不予認同，同時也表露對其「行動的紳士氣、主張言論的不徹底」之不滿。[100]

但是，如果從文協召開臨時大會時，曾慰留林獻堂辭去臨時中央委員等事來看，掌握新領導權的左派並非有完全排除右派的意圖。[101]從這件事，加上先前「論爭」中許乃昌所強調的意見來看，文協改組時，上海大學集團的意圖是，文協將模仿容共的國民黨，在其中確立左派陣營，分享領導權，藉此利用文協的組織與威信，以促進勞農大眾的鬥爭。但實際上，右派對文協失去熱情而退出，因此也與採取調停左右立場的蔣渭水形成對立之局面，如此成為沒有國民黨的國共合作之情勢。不久之後，又發生蔣介石發動反革命政變與國共合作的崩潰，隨後共產國際路線也開始左傾。對於左派而言，如此結果正足以將其理論正當化，加上學習孫文晚年容共政策，並以此政策構築運動路線的臺灣民眾黨，對於中國情勢之變化表示支持蔣介石的國民黨，因此左派與蔣渭水派（後述）之隔閡也被固定化。[102]

雖然說政治上有這樣的問題點，但是在文化協會中取得一定基礎的左派，還是展開積極果敢的鬥爭。隨後，由於與左派分道揚鑣的蔣渭水派，跟新文協開始展開組織勞動組合和領導抗爭之競爭，加上藉由1926年成立的臺灣農民組合而實力大幅增加，因而出現大眾性抗日運動一定的昂揚局面，這種情勢以1927、1928年為最高峰，而至1931年為止。

如前所述，一定限度的大眾性昂揚並未成長到，使本地資產階級在政治上完全地無力化，而必須放棄改良的基調。但如果不指出如此有限的昂揚，是在對抗加重鎮壓的情況下所出現之結果，那似乎也欠缺平衡！

日本官吏基於分裂政策的立場，對於在文協左傾之後放逐左派記者的《臺灣民報》，允許其在臺灣島內發行。然而，給予右派一定的甜頭嚐，對於採用戰鬥性戰術的左派則進行無情鎮壓。這包括以其領導下的大眾跟官吏的衝突為藉口，以破壞組織為目的，而多次拘捕文化協會及農民組合之幹部（1927年11月的新竹事件、第一次中壢事件、1928年8月第二次中壢事件等），以及對左派活動家進行日常性監視，屢次的事前管束，[103]對言論極力的干涉等，這些都是家常便飯之事。在東京得到內務省許可所發行的左派宣傳誌《臺灣大眾時報》無法獲准在臺灣販售，因而不得不密送至臺灣進行非法散發，這是最具象徵性的情況。該雜誌的版面上也充斥著對官吏日常的妨害、鎮壓譴責的聲音，甚至使人預感到地下運動不久將登場。然後，似乎與此情況若合符節地，在日本國內與在總督府警務局內同時設置了特別高等課（1928年7月）。[104]

如下章所述，1928年4月在上海組成臺灣共產黨的主動權，是由國際共產主義運動方面所發動。臺灣島內左派之中到此時為止，表明以組成共產黨為目的，而主動想要與共產國際聯絡的資料，目前則還沒有看到。[105]但以上勞農運動的昂揚與鎮壓加重的情況，顯示接受外來的主動權的條件，在一定程度也已經成熟。為了排除鎮壓而必須推動運動領導體制在質方面的躍升，這應是很多左派活動家都已經領悟到的了。組黨之後立即受到鎮壓，以致臺灣共產黨之謝雪紅等人，必須在準備極為不充分的情況下，在島內展開活動，這一點充分顯示在其試圖在短期內將影響力延伸到文化協會、農民組合一事之上！

上海大學集團接下來成為臺灣共產黨員，扮演著臺灣左派跟國際共產主義運動的中介之角色（反過來說，在當時的情況下，他們還未成長為臺灣內部革命鬥爭之組織者），關於這點將在第三章中討論。

（二）孫文信徒蔣渭水的鬥爭

蔣渭水從臺灣總督府醫學專門學校畢業後，在臺北的臺灣人地區開業，是在民眾之間具有人望的醫師。如前已述，他是自就讀醫專期間就對孫文有所共鳴的熱血男兒。[106] 蔣渭水本人有意成為「臺灣的孫中山」之事，在其後引用的遺囑中充分顯露，從客觀情勢看來，其所表明的政治思想中顯示出了也可稱之為無原則的折衷性，但在其基底則看得到強固的主體性與一貫性，這一點與孫文確有相似之處。以下將概觀1926年抗日陣營左右對立明確化以後，蔣渭水的政治立場。

1927年7月，關於對抗左派之新文協而組成的臺灣民眾黨內，蔡培火派和蔣渭水派的差異，《臺灣社會運動史》的作者說明如下：

> 大體上，蔡培火無疑是以民族自決主義為理想，並以此為基礎考慮內外情勢之推移，不敢妄想自我（日本）統治下脫離，主要從事訴諸內外輿論，並啟發島民，以此為背景，將殖民地自治置為終極目標，藉由合法政治運動，欲徐徐達到共同目標。與之相比，蔣渭水一派受中國國民黨之革命運動極大影響，欲將全臺灣人組織化，主張民族運動與階級運動同時並行，世界弱小民族和無產階級相提攜，與帝國主義國家展開鬥爭，以實現殖民地民族解放。即以臺灣之民族獨立為目標……。[107]

引用中的所謂「中國國民黨之革命運動」，指國共合作、聯蘇、容共及扶助農工的政策。蔣渭水在1926年7月於臺北開辦文化書局，致力於「中國名著」和「日本勞農問題諸書」的普及運動。從這個時候開始，他集中地學習孫文著作及國民黨的文獻，為因應急進青年及農民大眾的興起所呈現的新

情況，他積極摸索開展臺灣抗日運動的道路。[108]但諷刺的是，蔣渭水在抗日新情勢及中國革命昂揚的刺激下，超越單純的共鳴而開始學習孫文、國民黨，積極地提出其後被說是他抗日路線代名詞的「全民運動」論，以建立抗日戰線，竟同樣也是在1927年初文化協會臨時大會後，與左派的對抗競爭中產生。

在1926年5月開始的政治結社問題討論，蔣渭水大致追隨左派的連溫卿，[109]但在文協改組過程中的態度則是折衷而搖擺不定的。[110]此搖擺可以認為是有意的表現，亦即設法緩和當時抗日陣營內變得鮮明的左右對立，以避免運動的分裂。蔣渭水的文協改組案（在中央委員會制之上，設置擁有駁回中央委員決定之權的總理）是蔡培火案（在代議員會、理事會制之上，設置擁有駁回議員決定之權、否決理事會決定之權的總理），以及連溫卿案（中央委員會制，中央委員長不過為其議長）的折衷，這是基於上述的苦心。[111]此時，蔣渭水的主觀當中可能將文協比擬作國共合作的國民黨。但此時，蔣渭水的主張還沒有出現反對「左」的非現實主義及「右」的妥協主義的「態度論」，[112]如此是否可說，他是主張要有稍微「合作」形式的政治路線，這一點目前還無法確定。

結果，在「許乃昌—陳逢源」論爭所象徵的左右對立之中，他的意圖遭到挫折。如同〈左右傾弁〉的態度論中所言，不能拉攏住急進的左派之同時，又想結合如實地表示「名士」的體質且冷靜打算自己利害而漸趨後退的右派。在此之前是運動象徵性人物，並在廣大階層有威信也有資金能力的林獻堂，其體質就是屬於右派。面對此局勢，作為「臺灣的孫中山」的蔣渭水，當時的他還是欠缺威信，而明顯受梁啟超影響的林獻堂又太保守。[113]

如前所述，蔣渭水在與臨時大會後的新文協的論爭、民眾黨成立的過程中，逐漸確立並全力推展「全民運動」論之政治路線。然後在臺灣民眾黨第二次黨員大會（1928年7月15日）時，民族運動和階級鬥爭同時並行、民眾黨領導下的農工商學運聯合、扶助農工、為推動全民運動等，以調節階級利害，如此表明黨對於階級問題的態度，終於成為民眾黨公認的路線。[114]

雖然該路線已相當程度被蔡培火派所淡化，然而毋庸置疑地，該路線仍是想使民眾黨成為國民黨。蔣渭水後來將其歸納為「以農工階級為中心，以

農工商學為共同戰線」。[115]實際上，先不提包含蔡培火派全體的民眾黨全體，該路線對蔣渭水派而言則是不折不扣的方針。在1927年，勞工運動還是未開拓的領域，所以蔣渭水等人與新文協競爭推動勞工團體的組織，並在1928年2月成立擁有29個團體、6367名成員的臺灣工友總聯盟，這是比左派更早成立的全島性勞工團體。[116]但在農民運動方面，已經存在受日本勞農黨影響顯著的臺灣農民組合，民眾黨系的農民協會很難推展。[117]

另一方面，對民眾黨別有企圖的蔡培火派，相當厭惡蔣渭水等人如此的作為。其對立從第二次黨員大會之前開始表面化，大會後不久，蔡培火派與黨主幹彭華英發表聲明辭職：

> 予等……計畫民眾黨組織的意志，係廣泛網羅地方上有資產、有學識、人望的眾人，成為有力團體，在實現本島完全自治制施行之前，應使其成為權威性團體，以達成本島施政上之重心為理想。然而，見其以無知蒙昧之農工階級為中心，欲行魯莽且無思慮之舉，實感遺憾至極。[118]

往後，蔣渭水派以工友總聯盟為後盾，順利地掌握黨的實權，到了1929年，同黨中央執行委員會完全歸諸蔣渭水派之手。[119]對此蔡培火派認為應策畫與民眾黨不同的運動，有必要也拉攏「灰色紳士」（指與「御用紳士」相比，對總督府的態度不明確者），組成以地方自治為「單一目標」的臺灣地方自治聯盟（1930年8月）。[120]民眾黨對於加入此聯盟的黨員，不得不予以除名（1930年12月5日）。[121]由於右派的後退，「合作」也就崩潰了。

「右派＝本地地主資產階級分子」離去後的民眾黨，為了將黨調整為以農工階級為主體的態勢，1931年2月18日召開第四次黨員大會，通過採用類似歌頌擁護「勞工、農民、無產市民及一切被壓迫民眾利益」的日本無產政黨綱領，立即遭在現場臨監[122]的臺北市北警察署長宣告禁止結社。[123]

對此，民眾黨幹部並沒有試圖以較第四次大會綱領後退的綱領再建合法政黨。根據參加臺灣共產黨的蕭友山（來福）的說法，蔣渭水藉由結社禁止，充分瞭解到帝國主義壓制下合法鬥爭的界限之後，企圖轉與臺灣共產黨聯

絡。[124] 但正當此時，他竟遭傷寒之疾所擊倒，由於十年來激烈鬥爭與屢次入獄，患肺病的蔣渭水的肉體不能渡過難關，8月5日終於去世。23日所舉行的大眾葬，根據御用報紙的報導，有4,000人參加喪禮。[125]

蔣渭水仿效他相當尊崇的孫文，對同志留下遺囑如下：[126]

> 臺灣社會運動既進入第三期，無產階級勝利迫在眉睫，凡我青年
> 同志極力奮鬥，舊同志要加倍團結，積極的援助青年同志，切望
> 為同胞解放而努力。

三、中國民族主義與臺灣問題──代結語

（一）中國輿論與臺灣問題

在同時代中國的各報紙雜誌等等，對日本統治下的臺灣與臺灣人，表達怎樣的、多少程度的關心呢？如果瞭解此事，或許可成為一種重要的線索，以探討中國民族主義思考臺灣問題的樣態。

無法期待對於自1895至1945年半世紀間一網打盡的調查，故以臺灣省文獻委員會陳漢光的調查做為參考。陳漢光將在戰後臺灣所能掌握的1928至1945年各雜誌（除了報紙及中共刊行的雜誌）中，所有有關臺灣論文、報導（僅列入標題有臺灣乃至其地名、相關人物名），製作成145本的書目。[127]現在試著自其中除掉《外交部公報》的報導19本（幾乎為貿易統計之類），加上著者（若林）個別掌握，陳漢光之書目所遺漏的19本來看，[128]自中國國民革命後至抗日戰爭終了的各年有關臺灣報導數的分佈如下──1928年：2，1929年：3，1930年：25，1931年：17，1932年：9，1933年：4，1934年：13，1935年：15，1936年：16，1937年：13，1938年：2，1939年、1940年：0，1941年：□，1942年、1943年：0，1944年：6，1945年：0（包含以臺灣始政四十週年紀念活動為藉口，臺灣總督府與福建省政府有往來的1935年

前後在內，《外交部公報》報導有8、9本，相當引人注目。在1943年12月的《開羅宣言》後，國民政府內正式展開接收臺灣的準備工作，為此在重慶出版的調查書類數量甚多）。[129]

該調查書的各個數值本身當然什麼也沒講，但或可視為顯示了各雜誌所發行或閱讀的中國各都市中之知識階層其大略的傾向。亦即，除去全面抗戰開始後，日軍占領沿岸各都市的時期，整個1930年代，中國民族主義或許可說存在一定程度對臺灣的關心。

揣測其主要原因，大致浮現以下三點，以下試著介紹並討論代表性論調：

第一，經過國民革命之後，中國輿論的反帝國主義意識高漲，加上對於日本帝國主義威脅感的擴大。

經過對北伐的兩度干涉，炸死張作霖事件等，以及國民革命時期反帝鬥爭高揚，中國民族主義者開始意識到，日本帝國主義已經成為正面之敵，而且是主要的威脅。接著，滿洲事變與日軍的侵蝕華北行動，如實地顯示了：「眼看臺灣、朝鮮的境遇對中國民眾而言，也變成非局外事了。」在如此的情況中，可以看到中國大陸的知識分子們不僅從滿洲問題，也向臺灣、朝鮮尋找排日的素材。[130]在如此情況下，臺灣問題在沒有以標題揭示「臺灣」的文字，而主張撤廢不平等條約和排除列強在華權益的文章，以及敘述並批判日本殖民政策全體的文章之中，當然也會順便提及。如果加上此類，以上有關臺灣報導的文章，其數目必然會變得更多。

那麼對於中國作為近代國家的再生（不是回復中華帝國）而言的，承認臺灣與朝鮮、越南等在意義上有所不同的想法——後來這種想法透過決定臺灣戰後地位的《開羅宣言》（1943年11月27日）而為國際所認知——，而且是明確地以提及臺灣的方式表達，這到底是自何時開始的呢？確定其起源是困難的，但最遲可追溯至五四新文化運動的時期。北京大學學生所發行的《國民》（學生救國會實際上的機關報）上面，曾刊載黃日葵（後中共黨員）的〈亞東永久和平之基礎〉一文，其中提到關於構成第一次大戰後東亞長期和平的要件時，[131]對日本提出五項要求，其中之一揭示臺灣歸還中國、朝鮮恢復自由，內容如下：

臺韓之地原為我（中國）領土或屬國，日本以陰謀或武力奪取之。
基於此次和平之基本條件，以及法國於1871年割讓亞爾薩斯及洛
林給德國，丹麥回收西雷吉亞的先例，各國於和平會議上，應有
權利對日本要求歸還臺灣、朝鮮恢復自由。亦即，以民族自決的
問題來思考，臺灣五百萬人民是我最親近之血族，所以不能同列，
是例外，而朝鮮則可仿巴爾幹半島的南斯拉夫，以及波蘭、捷克
及菲律賓之例，對日本要求其恢復自由。然後，基於其自由意志，
或與他國組成聯邦，或自己建國。[132]

　　作為後者之例，則有沈底〈日本帝國在遠東的情勢及其前途〉。[133]在此
論文，介紹日本該國經濟資本主義發展的概略之後，介紹並批判日本在朝
鮮、臺灣的殖民政策及對中國的擴張勢力。關於臺灣，則指出：由少數日本
人對多數的「臺灣人」（附註以「即華人」）及「生蕃」進行壓迫榨取，被利
用作為日本帝國的海軍根據地及經濟發展上的延命藥（「續命湯」）。

　　第二個主要原因是，將以上的反帝反日趨勢視為好機會，「祖國派」臺
灣知識分子進行將臺灣實情向祖國同胞呼籲的努力。此時，正是1920年代
後半期，對本國殖民政策有所批判之日本知識分子而言，剛好是可以發表關
於臺灣情況的社會科學分析的好時機。他們的呼籲首先是以介紹、引伸這些
著作為中心而展開的。而北京「東方問題研究會」（以亞洲被壓迫民族革命
運動的連帶為宗旨，朝鮮、臺灣的亡命革命家也加入）所編輯的《新東方》，
就成為其據點。

- 山川均著、宋蕉農譯、[134]許華山（地山）序、譯者序，〈日本帝國
  主義鐵蹄下的臺灣〉（第1卷3、4期，1930年3、4月），即山川均，《殖
  民政策下の臺灣》（1926年プレブス出版社初版）的全譯[135]，9月以
  《臺灣民眾的悲哀》為名，由北京的新亞洲書局刊行單行本。
- 沈底（書評）矢內原忠雄，《帝國主義下的臺灣》（第1卷8期，1930
  年8月）。
- 永瑞，〈日本資本在臺灣的發展〉（第1卷11期、12期，1930年11、

12月），即《帝國主義下の臺灣》第一章的抄譯再編成。

- 君山，〈日本帝國主義下的臺灣農民〉（第1卷12期），依據山川均著、矢內原忠雄著。

這些是《新東方》上由「祖國派」之手所進行的工作。

第三個主要原因是，在這些「祖國派」的呼籲活動開始之後，爆發臺灣霧社高山族的反日武裝行動，一時之間吸引世界注目，中國的輿論也因此事之關係，相對地提高了而對臺灣的關心。關於此點已有戴國煇的研究，詳見其論著。但有一點與本章有關之課題，必須在此提出，儘管顯露出：「清末以來統治階級把臺灣當作『生蕃之地』、『化外之地』根深蒂固的印象，以及受中華思想的桎梏束縛的漢族知識分子所抱持的深刻偏見，不是能簡單克服改變的」，[136] 但在圍繞著霧社事件的討論當中，也出現明確指出有關中國民族主義對臺灣問題的責任問題。例如，國民黨系的亞洲與中國邊疆問題研究雜誌《新亞細亞》，陳表發表〈臺灣蕃族的研究〉，最後反省自己的考察後，提出以下的總結：

> 臺灣在亞洲所占的地位極低，民智薄弱且文化衰落可能是最大的原因，但也因為我國昏庸、懦弱，不懂得運用統一戰線，才會交給日本。這樣的結果，造成他們現在還輾轉於帝國主義的鐵蹄下，忍受水深火熱的痛苦。若追問其禍根，中國應負其責。試想臺灣是中國本部的同胞，將他們趕到帝國主義下遭到蹂躪，當時若割讓遼東，這些地方也可能同樣遭受日本人的壓迫和虐待，以及非人道的處遇。因此，我們要正確認識，臺灣是中國的領土，臺灣被奪去，是中國史上的一大污點，對於臺灣民族的解放，番人的開化，我們當然也必須承認有很大的責任。本黨（國民黨）素以解放支援弱小民族為職志。（中略）縱然是愚頑的番族，聽說也不能忍受日本人的壓迫，而屢次集體發起暴動。我們應該在清楚地觀察臺灣人民和番族之後，領導臺灣革命團體，喚起臺灣人民的民族意識，擴大臺灣民族革命勢力，讓昏迷的東亞覺醒。而且更進一步，要啟蒙領導番人，在「兄弟們啊！拔起刀來，為民族而

戰吧！」的口號之下，加以合理的統率，使其參加臺灣革命的戰線，共同為民族而奮鬥，非達成解放的目的不可。然後，才可能建設自由平等的新臺灣。[137]

　　從以上的探討，可以整理出以下要點：一個是自從國民革命後，中國輿論對臺灣的關心雖然沒有非常強烈，但具有一定的程度，其關心是一種反帝國主義的民族主義，也就是站在呼籲必須恢復遭帝國主義所奪之國權——達成中國民族真正獨立的立場，其內容對臺灣都是抱持收復失地主義式（irredentist）的傾向。而在南京國民政府所編纂的學校用教科書的文章中，也是以上述同樣的脈絡提及臺灣，這顯示對臺灣抱持收復失地主義式的認識雖只是中國輿論的一部分，卻逐漸地固定下來。收集所謂「支那排日教材」的日本調查機關觀察到：「〔從教材中一貫的排日根基如此深厚來看〕為了使現代及今後的支那人滿足，必須以某種方式補償鴉片戰爭以後支那一切損失，關東州當然要歸還，朝鮮、琉球也要放棄，至少必須做到歸還臺灣的地步。」[138]

　　這種收復失地主義式的傾向，在思考自《開羅宣言》前後國共兩黨的臺灣政策如何開始出現、形成時，雖然是一項不容忽視的重要因素，但是在考察同時代的抗日運動和中—臺關係之際，則必須小心不可過度評價。日清和議之際，割讓臺灣的問題在清廷內部曾引起短暫的爭議，但往後臺灣並沒有成為日中關係的直接爭論重點。如許地山所描寫的：「加之中國本部的事情太多……，自顧還有些來不及，何況能夠顧到三十多年前放棄底姊弟們？」[139]中國方面還沒有力量對日本提起臺灣問題，不能成為全國對日問題的焦點，對此問題之認識的擴散以及深化程度，當然相當有限。在如此的狀態之下，直到（中國）本部受到直接侵略而展開對日的全面戰爭。

　　如前節郭沫若〈《毋忘臺灣》序〉的介紹中所指出，中—臺關係疏離的情況，國民革命後並未改善，當日本強化對中國的侵略時，被視為走狗的臺灣人數量也不斷增加，在某種層面上甚至可以說矛盾更加地深化。在宋蕉農〈日本帝國主義鐵蹄下的臺灣〉的譯者序中，如下痛切地申訴：[140]

臺灣自從甲午年割與日本以來，本國同胞對於臺灣問題簡直是不過問的。彷彿是父母因為一時窮債的迫逼，把老二賣給別姓，老大就拿他當「外人」看待。事實上，老二——臺灣——也祇是替遼東的老幾做了犧牲品，形式上就變成外國人，亡國奴罷了。蓋因甲午的和議，日本的本意在於遼東。犧牲過的物品，就說不必特意「寶重」，但總還是值得「顧惜眷念」。

然而本（中）國同胞對於臺灣事實上毫無眷念之意，「寶重」更提不到了。縱使偶爾談及臺灣人，也祇有拿外國人，日本奴等刺心的言詞相酬應。尤其是到實際上老大和老二的活動相衝突的時候，老大更利用這些所謂外國人，所謂日本奴等刺心的名詞，作黨同伐異，排除外派的武器。唉！所謂外國人，所謂日本奴啊！我曾為你們洒了不少的熱淚！[141]

（二）國民黨、共產黨與臺灣問題

首先看執政黨的國民黨。

第一，如前所見，國民革命以後，國民黨在一定範圍內，容許新聞界發表對於臺灣有收復失地主義傾向的議論，例如在「排日教材」中所見之例，甚至還可以說是要讓它廣為傳布。但是，當時的「國民黨—國民政府」當然沒有將「恢復臺灣」列為正式的政策。不僅如此，甚至採取與收復失地主義立場相反的措施。舉能夠確認的例子，從福建事變後到日中戰爭爆發為止，福建省政府（主席陳儀）與臺灣的日本當局間，往來相當頻繁，包括進行實業視察團及派遣高官等。由此可以推知，陳儀是想以日本治臺政策作為自己治理福建的參考，同時他也是被當作藉由「福建—臺灣」管道而可以與日本溝通的人物之一，而受重視，這一點似乎被高漲的抗日輿論所隱蔽。[142]此外，在日中戰爭前一年與日本所謂「調整國交」交涉中，由於情勢毫無進展，在日本方面沒有提出要求的情況下，竟然提案要取締在中國進行抗日運動的

「不逞臺灣人」。[143]

　　如所周知，「國民黨—國民政府」直到西安事變為止，採取重視「剿共」甚於抗日的所謂「攘外必先安內」政策，對於滿洲事變後更進一步侵略的日本持續讓步，對於在都市高漲的抗日運動採取壓制方針，再加上前述中國輿論本身的問題。因此，在國民政府統治下的新聞界中，雖然「恢復臺灣」的聲浪高漲，但不得不說政治上還是受到很大的侷限。

　　儘管如此，在中國輿論中反帝國主義意識擴大、抗日輿論高漲之下，對於臺灣提出收復失地主義式的主張，已開始被納入《新亞細亞》等國民黨系雜誌及教科書，這顯示了臺灣問題在戰前是隨著日中關係進展情形而逐漸表面化，成為一個潛在的民族間之爭論點。實際上，隨著日本侵略深入本土，中國本土自身直接面臨「全面的臺灣化」的危機，臺灣作為日中關係爭論重點而浮現後不久，即進入了全面戰爭的形態，而後在1943年11月的《開羅宣言》，「收復臺灣」獲得國際承認，隨著日本戰敗進一步實現復歸祖國的目標。

　　那麼，再將話題稍微移回前面。由於決心全面抗戰，因顧慮對日關係而必須抑制對臺灣政策的需求也消除了。接著，「七七」事變以後，在中國南部各地，臺灣人「祖國派」志士相繼組成「臺灣同胞抗日復土總聯盟會」（廈門，張邦傑等）、「中華臺灣革命黨」（上海）、「臺灣民族革命總同盟」〔廣東，謝南光（春木，原臺灣民眾黨幹部）〕、「臺灣獨立革命黨」〔浙江省金華，李友邦（肇基）〕、「臺灣義勇隊」（浙江省金華，李友邦）等抗戰團體。[144]關於這些團體成立的經過及活動實態，具體的情況現在還不清楚，但從其後的動向看來，無疑可視為是在各種的地方的國民黨乃至其系統的團體的承認之下，甚至獲得其援助而成立的組織。

　　但是，就筆者所知，國民黨的中央層級對臺灣問題採取具有明確輪廓的動向，應該是要到美國對日參戰可能性逐漸具體化的1940年之後。似乎在這一年，國民黨決定設立臺灣黨部，7月臺灣出身的前中國革命同盟會員翁俊明（在廈門開設醫院，但由於日軍占領移往香港，在當地臺灣人中創建反日組織）訪問重慶，組織部長朱家驊決定設立中央組織部直屬臺灣黨部籌備處於香港，請求翁俊明擔任該處主任，該籌備處於9月成立。[145]又，隔年2

月10日，重慶的臺灣抗日團體聯合組成臺灣革命同盟會（主席謝南光），根據翁俊明的年譜，這是從1940年中開始在朱家驊的指示之下，對各團體要求統一的結果。[146]臺灣革命同盟會的宗旨是：「本會在中國國民黨領導之下，以集中一切臺灣革命力量，打倒日本帝國主義，光復臺灣，與祖國協力建設三民主義新中國為宗旨。」。[147]

　　隨後，1942年5月，國民黨在廣東省北部的曲江成立中央組織部直屬臺灣黨務工作人員訓練班，[148]此事可視為國民黨作為黨，在預測戰後將接收臺灣之後，正式開始進行準備工作。隔年1943年4月，中央直屬臺灣黨部執行委員會在福建省漳州正式成立，當時在中國大陸有689名臺灣黨員。[149]還有，1944年4月17日，在重慶國民政府中央設計局內設置了臺灣調查委員會，陳儀被任命為主任。[150]這件事顯示政府開始正式展開接收準備之工作。日本投降後，1945年9月1日，《臺灣省行政長官公署組織大綱》公布（給予行政長官與日本的臺灣總督同程度的獨裁權限，後來遭到批判），陳儀被任命為行政長官，負責實際的接收工作。[151]

　　如前節所見，國民革命時期的中國共產黨接納一部分來到中國大陸的臺灣留學生進入自己的隊伍，並接受訓練，透過他們，間接影響了臺灣島內的抗日運動。但此一時期，在中共的動向中，看不到中共作為黨對臺灣表示明確態度之資料，亦無法看出其有意影響臺灣抗日之企圖。臺灣總督府警察的《臺灣社會運動史》是出自特務人員之手，應該相當熟知島內的抗日運動，根據該書關於此時期的記述，確定並未提及這一點。

　　在國民革命時期，中共有一段時間參與臺灣共產黨組成及援助活動，在黨的正式文獻和領導者的發言之中，也可以發現屢屢提及臺灣或臺灣人——至1943年為止在對外政策、國內少數民族政策的論文之中——，由此可以推測中共對臺灣（人）的**態度**（臺灣問題成為實際的對**臺政策**，對中共而言要到1943年才是一項具體性的課題）。對於這個問題，包括筆者的臺灣共產黨研究（本書第二篇第三章）在內，已有若干研究論文出現。[152]在這些論文成果的基礎上，關於戰前中共對臺的態度，可確認以下兩點：

　　第一，1928年以降到1943年的《開羅宣言》後，臺灣是在中共**對外政策**中被處理，被視為與過去的「藩屬」、朝鮮、越南是相同範疇的區域。也就

是說，臺灣和臺灣人沒有被放進由中共領導的中國革命所應該形成的中國國家要素之中，中國人民如同對朝鮮、越南一樣，支持臺灣人民對日本帝國主義展開獨立鬥爭。[153] 相對地，**對內**而言，住在中國的臺灣人也被承認為擁有自決權的少數民族之一。[154]

這種想法如果從打倒日帝支配的戰略論觀點來看，可以整合到在序章所見的「臺灣革命」論的思考方式。與臺灣解放鬥爭有更強關係的不是中國共產主義者，理論上是支配臺灣的日本本國的共產主義者。如此想法的起源，無庸諱言當然是共產國際的影響（參照次章）。

第二，但是在將 1943 年 11 月的《開羅宣言》（宣稱朝鮮獨立、臺灣歸還中國）作為自己政策的前提而接納的過程中，中共逐步地放棄以上對臺灣的態度，變成將臺灣當作中國領土的一部分，且將臺灣人（肯定地說明是漢族，同時也認識到其他屬於少數民族高山族的存在）[155] 視為中國人。以本章至此為止的議論為基礎而言，中共在不得不接納《開羅宣言》的情況下，對於臺灣政策，開始靠近國民黨這一邊（原已存在中國民族主義中關於臺灣的收復失地主義傾向，國民黨將臺灣人「祖國派」志士納入勢力下之後，在《開羅宣言》前已提出對臺灣政策）。關於此方針轉換（關於臺灣 180 度的轉換），中共當時對外並沒有任何說明，至今也未說明，避免提及關於 1928 至 1943 年間的對臺灣態度。

反映以上中共對臺灣的態度及其變化最好的例子，就是之前所舉的蔡孝乾之經歷。

蔡孝乾（1908 年生，彰化人）1924 年因父親及臺灣文化協會的援助到上海，在上海大學念書兩年，其間加入中國社會主義青年團，如先前所述，1926 年 12 月返臺，後來成為左派的有力活動家之一。1928 年 4 月臺灣共產黨在上海一成立，他就被選為中央委員之一，因有遭拘捕之虞（組黨大會後在上海參加大會的全體成員遭拘捕），同年 8 月逃至廈門，[156] 之後移至漳州，1932 年 4 月工農紅軍第一軍占領漳州，因受到同軍政治部主任羅榮桓的關照，與同鄉施至善（文化協會，曾參加臺灣議會設置運動）一家等一起進入蘇區。[157] 在蘇區擔任列寧師範學校及反帝同盟主任等，在 1934 年召開的中華蘇維埃第二次代表大會，被選為作為**少數民族**代表之一的臺灣代表，而加

入大會主席團。[158]

　　在長征期間，他擔任紅軍的中央縱隊政治部工作員從軍，1936年與埃德加・斯諾在保安相會時，出任西北蘇維埃政府內務部長。抗日戰爭一開始，他成為八路軍的總政治部敵軍工作部部長，[159]並負責日本軍俘虜及擄獲文書的管理、對敵宣傳等工作，[160]後因中央的「幹部保存政策」而回到延安。到延安之後，參加於1941年10月所召開的東方各民族反法西斯代表大會，當時他以蔡前的名義作為臺灣代表參加，被選為主席團的一員，在29日與越南、西藏、蒙古、回族及荷屬東印度的代表一起進行報告。[161]大會參加團體之中，有於1941年6月17日組成，擁有二十多名社員的「臺灣獨立先鋒社」，[162]蔡孝乾或許可視作是其首領者。在大會之前，寫了以〈臺灣的今昔〉為題的介紹文章，刊於《解放日報》（10月23日）。在此文章中，蔡孝乾將「臺灣人」（也稱作「臺人」、「臺灣民族」）界定為講廈門語或客家話，以前用「漢文」，但自從日本殖民統治以來遭強制使用日文的人們。他為了避免稱呼「漢族」、「漢人」，以費盡苦心地說明的方式來介紹，當然是因前述中共對臺灣的態度在邏輯上的要求所致。[163]

　　但臺灣「光復」之後，他卻以中共臺灣省工作委員會書記秘密回到臺灣，領導地下鬥爭（1951年遭國民黨當局拘捕，後轉向）。[164]

註釋

1. 【譯註】關於「連帶」一詞，日文中有兩個意思，一個是「連繫結合」，另一則是「承擔責任」。日文與中文的「連帶」一詞意義其實相當接近。如果譯成聯繫或連繫則似乎跟原作者所要表達的承擔責任及連繫的雙重意義不太相符，故直譯為「連帶」。

2. 【補註】相關人士的回憶錄未發表仍是目前為止最大的研究障礙。已有回憶錄問世的臺共參與者僅有莊春火（〈我與日據時時期的臺共──前臺共中央委員的回憶〉，《五月評論》，1988年第2號；《一位老臺共的心路歷程──莊春火訪問記錄》，張炎憲、高淑媛訪問，《臺灣史料研究》，1993年第2號），以及謝雪紅回憶錄《我的半生記》（臺北：楊翠華，2004年），楊克煌回憶錄《我的回憶》（臺北：楊翠華，2005年）。其餘在戰後參與了臺灣民主自治同盟的臺共參與者回憶錄大多尚未出版，或只能內部發

表和內部部分發表，例如：謝玉葉回憶錄、王萬得回憶錄、詹以昌回憶錄。（這些未公開材料被引用時甚至多以其他標題代稱，可參見臺盟所編《臺灣共產黨抗日史實》，臺北：華品文創，2015。）此外，戰後並未前往中國大陸的郭德金（郭德欽）也有回憶錄，但未能出版。由參與者下一代代爲撰寫的傳記則有林友彥，《我與我父親林殿烈：臺共家屬紀實》（臺北：獨立作家，2013 年）與楊國光，《ある台湾人の軌跡：楊春松とその時代》（東京：露滿堂，1999 年）。參與臺盟的臺共參與者極可能留下大量的傳記材料。比方曾經親自閱讀謝雪紅檔案的中共中央統戰部官員胡治安就指出謝雪紅有「百萬字的檔案，其中近百萬字是她和楊克煌的親筆文字」，參見：胡治安，《統戰秘辛：我所認識的民主人士》（香港：天地圖書公司，2010 年）。然而，這些檔案在可見的將來似仍無法公開。

3. 陳在正，〈台湾與辛亥革命〉，《廈門大學學報（哲學社會科學版）》，1981 年 4 期（廈門，1981 年），頁 16。

4. 陳在正，〈台湾與辛亥革命〉，頁 17。

5. 藤井昇三，《孫文の研究：とくに民族主義理論の発展を中心として》（東京：勁草書房，1966 年），頁 34。

6. 〈宮崎滔天氏之談〉，《宮崎滔天全集》第 4 卷（東京：平凡社，1973 年），頁 295。陳在正，〈台湾與辛亥革命〉，頁 18-19。

7. 佐藤三郎，〈明治三三年の廈門事件に関する考察〉，《山形大學紀要（人文科学）》第 5 卷第 2 號（1963 年 2 月），頁 268-269。

8. 陳在正，〈台湾與辛亥革命〉，頁 18。

9. 例如，章炳麟與戊戌政變有關而受到追究，1898 年到 99 年暫時到臺灣避難，曾擔任《臺灣日日新報》漢文欄的特聘編集員，參見：黃玉齋，〈章太炎與本市操觚界〉（《臺北文物》5 卷 4 期，1957 年 6 月），頁 40，及湯志鈞編，《章太炎年譜長編》上冊（臺北：中華書局，1979 年），頁 73-82。又，在同書的頁 73 引用馮自由的《中華民國開國前革命史》，稱「充《臺北日報》記者」，但當時沒有叫做《臺北日報》的報紙，《臺灣日日新報》才對。【譯按】馮自由的《中華民國開國前革命史》，有上、中編，上海：革命史編輯社，1928-30 年（臺北：世界書局，1954 年影本）；以及續編，上海：中國文化服務社，1946 年（上海：上海書店，1990 年影本）。

10. 作爲 1911 年 3 月黃花崗起義的準備資金，與中部霧峰林家並稱的臺灣大資產家林本源家的林熊徵曾以日本圓獻金 5 千圓，陳在正，〈台湾與辛亥革命〉，頁 18。

11. 陳在正，〈台湾與辛亥革命〉，頁 18。

12. 陳在正，〈台湾與辛亥革命〉，頁 17。

13. 陳在正，〈台湾與辛亥革命〉，頁 18。又參照：黃敦涵編著，《翁俊明烈士編年傳記》

（臺北：正中書局，1977 年），頁 29-30，頁 127-128。

14. 黃敦涵，《翁俊明烈士編年傳記》，頁 35、92、105。

15. 甘得中，〈獻堂先生與同化會〉，《林獻堂先生紀念集：卷三追思錄》（臺中：林獻堂先生紀念集編纂委員會，1960 年），頁 28。許世楷，《日本統治下の台湾》，頁 176。

16. 葉榮鐘等，《臺灣民族運動史》，頁 9-11。

17. 葉榮鐘等，《臺灣民族運動史》，頁 5。許世楷，《日本統治下の台湾》，頁 176-177。張正昌，《林獻堂與臺灣民族運動》（臺北：著者發行，1981 年），頁 44。

18. 梁啓超，〈遊臺第一信〉，收入黃得時，〈梁任公遊臺考〉，《臺灣文獻》第 16 卷第 3 期（1965 年 9 月），頁 12-13。

19. 梁啓超，〈遊臺第一信〉，頁 13。

20. 戴國煇，〈台湾の詩と眞実──羅福星の生涯〉，《アジア》第 6 卷第 10 號，頁 142。

21. 【譯按】作者原文中之日文字彙「檢舉」，中文似應翻做「拘捕」爲宜。日文「檢舉」一詞係法律用語，指警察針對察覺到（不管是由於被害者的申請告訴告發，或由於其他的端緒而確認犯罪的發生）的犯罪鎖定嫌疑者，對於函送、移送或微罪處分進行必要的搜查。參見：金子宏等編，《法律學小事典》（東京：有斐閣，1996 年新 3 版），頁 271。中文的檢舉則係單指被害者或知情第三者之密告。

22. 陳在正，〈台湾與辛亥革命〉，頁 19-20。

23. 陳在正，〈台湾與辛亥革命〉，頁 23。

24. 《林獻堂先生紀念集：卷一年譜》（臺中：林獻堂先生紀念集編纂委員會，1960 年），頁 15。

25. 隈本繁吉，〈台湾教育令制定の由來〉（1922 年筆，手稿本，原著東書文庫藏），復刻於《アジアの友》第 14 號（1976 年 4-5 月），頁 8。

26. 根據寺廣映雄，〈台湾民族運動と中國〉，《中国革命の史的展開》（東京：汲古書院，1979 年），頁 198-199 的概要。資料收於陳文彬，〈記臺灣余清芳的反日武裝起義〉；王文德，〈辛亥革命前後臺灣的一麟半爪〉，《辛亥革命回憶錄四》（北京：中華書局，1962 年）。【譯按】「漩桶」一詞，若林原作「遊桶」，譯者查對原文後應作「漩桶」才對，因漩桶才與宣統諧音，也才與臺語的尿桶同音。

27. 林載爵，〈五四與臺灣新文化運動〉，收入汪榮祖編，《五四研究論文集》（臺北：聯經出版公司，1979 年），頁 247。

28. 【譯按】「官吏」，日文爲「官憲」，特別指警察官吏或官廳。

29. 《台湾社会運動史》，頁 168。【譯按】此即臺灣總督府警務局編著，《臺灣総督府警

察沿革誌第二編：領台以後の治安狀況（中卷）》（臺北：臺灣總督府警務局，1933-1942年），本書略稱爲《台湾社会運動史》。該書臺灣有復刻本：臺灣總督府警務局編，吳密察解題，《臺灣總督府警察沿革誌》共五冊（南天復刻，1993年，1995年2刷），其中第三冊卽爲《台湾社会運動史》，該書由警察單位蒐集，資料相當豐富，但站在日警角度來觀察。第三冊有中譯本：王乃信等譯，《臺灣社會運動史》（臺北：創造出版社，1989年；海峽學術出版社，2006年）。

30. 總督府紀錄這些講演會的次數、辯士總計人數、聽衆總計人數。以順序來記錄的話，1923年：36次，214人，21,086人；24年：132次，432人，44,050人；25年：315次，1,165人，117,880人；26年：315次，1,180人，112,965人。《台湾社会運動史》，頁151-152。

31. 在這些講演會時，必有會本地語（閩南語、客家語）的警官臨監，加諸從「注意」到「中止」的過敏的檢查，儘管聽衆不能理解頻出日語結構用語之辯士的話本身，由於這些檢查，反倒能夠瞭解辯士意思的某部分。又，隨著講演會舉辦時鳴放爆竹，歡迎辯士等的遊行，民衆對於在眼前的自民族俊秀甚至與官吏頂撞，堂堂正正地交鋒，心中大叫快哉。參見：葉榮鐘，《臺灣民族運動史》，頁304。

32. 《台湾社会運動史》，頁168-169。

33. 謝春木，《台湾人の要求——民衆黨の發展過程を通じて》（臺北：臺灣新民報社，1931年），頁24。【譯按】此書有中譯本，謝南光（春木），《謝南光著作選》（上、下冊）（臺北：海峽學術出版社，1999年），該書收入下冊。

34. 謝春木，《台湾人の要求》，頁17。

35. 《台湾社会運動史》，頁166。

36. 《台湾社会運動史》，頁174。

37. 臺灣省文獻委員會，《臺灣省通志革命志：抗日篇》（臺北：臺灣省文獻委員會，1970年），頁98。

38. 《台湾社会運動史》，頁174。

39. 謝春木，《台湾人は斯く見る》（臺北：臺灣民報社，1930年），頁152。

40. 只看高等學校、大學預科、專門學校、大學的層次，留學日本者數：1918年100名以上未滿200名，1923年238名，以後則如下的一貫增加，1924年：222，1925年：266，1926年：299，1927年：528，1928年：570，1929年：533，1930年：718（渡邊宗助，〈アジア留学生と日本の大学——植民地台湾からの留学生の場合〉，《アジアの友》124號，1976年8-9月，頁12）。

41. 《台湾社会運動史》，頁175。

42. 《台湾社会運動史》，頁93-94。

43. 《台湾社会運動史》，頁 76。

44. 在《台湾社会運動史》，譯載其創刊號的目次及報導的一部分。目次如下（頁 78）：
    發刊辭（同人）／朝鮮的民族運動（尹蘇野）／過上海（佐野學）／從臺灣議會到革命
    運動（沫雲）／臺灣如何？（眞一）。

45. 《台湾社会運動史》，頁 79。

46. 丁景唐、文操合編，《瞿秋白著譯系年目錄》（上海：上海人民出版社，1959 年），
    頁 27。

47. 《台湾社会運動史》，頁 84。

48. 《台湾社会運動史》，頁 115-117。

49. 《台湾社会運動史》，頁 184。

50. Edgar Snow 著，小野田耕三郎、都留信夫譯，《中共雜記》（東京：未來社，1964 年），
    頁 170。蔡孝乾在中共內名爲蔡乾或蔡前。【譯按】《中共雜記》的英文原著爲 Edgar
    Snow, *Random notes on Red China, 1936-1945*, Cambridge, Mass.：Distributed by Harvard
    University Press, c1957. 此書有簡體中譯本：黨英凡譯，《紅色中國雜記，1936-1945》
    （北京：群衆出版社，1983 年）及奚博銓譯，《紅色中華散記，1936-1945》（南京：
    江蘇人民出版社，1991 年）。

51. 《台湾社会運動史》，頁 588。據蔡孝乾稱，翁是上海大學社會學系中最受愛戴的學生，
    參見：蔡孝乾，《江西蘇區・紅軍西竄回憶》（臺北：中共研究雜誌社，1970 年），
    頁 160。【譯按】蔡孝乾的回憶錄已有重印版：蔡孝乾，《臺灣人的長征紀錄：江西蘇
    區・紅軍西竄回憶》（臺北：海峽學術出版社，2002 年）。

52. 【譯按】KYTB，日譯爲東方勤勞者共產主義大學，謝雪紅簡稱爲東方大學，全名爲東
    方共產主義勞動大學，參見謝雪紅口述之《我的半生記》，頁 193，該書並有謝雪紅在
    東方大學的見聞。又據《中華民國史辭典》，將該大學稱爲「東方勞動者共產主義大
    學」，簡稱勞大。

53. 外務省アジア局編，《現代中國人名辭典》（東京：霞山會，1966 年版），頁 380。

54. 《台湾社会運動史》，頁 508。

55. 洪炎秋在《楊肇嘉回憶錄》的序，頁 6。

56. 張深切，《里程碑》，頁 216。【譯按】張深切全集已出版，陳芳明等主編，《張深切
    全集》12 卷（臺北：文經社，1998 年）。《里程碑》分兩冊收於該全集第 1、2 卷。
    參見本書第 56 頁註 19。

57. 張深切，《里程碑》，頁 221。

58. 因此，1927 年 6 月被認定爲「左傾團體」而受鎭壓的吧。後參加廣東公社而戰死者有
    楊春錦。收錄於〈台湾学術研究会ニュース〉，1929 年 3 月 25 日、警視廳特別高等課

內鮮高等係，〈日本共產党台湾民族支部檢挙顛末〉（1929 年 5 月），山邊健太郎編，《現代史資料 22・台湾 2》（東京：みすず書房，1971 年），頁 207。

59. 載於廣東臺灣革命青年團機關報《臺灣先鋒》創刊號（1927 年 4 月）的反逆兒（張月澄）〈臺灣農工商學聯合起來〉發起、說明可認爲是仿效國民政府的「全島農工商學聯合會」的組織案（頁 53）。同是張月澄，於革命青年團組成以前的 1926 年 6 月，投書〈臺灣痛史、一個臺灣人告訴中國同胞書〉到《廣東民國日報》（其梗概在《台湾社会運動史》，頁 118-119），其主張儘管是譴責日本帝國主義壓迫的激烈言詞，但卻是促進「臺灣議會」的東西。在廣州臺灣青年的組織一開始時，這種見解就被克服了。參見：張深切，《在廣東發動的臺灣革命運動史略》（臺中：中央書局，1947 年），頁 10。【譯按】又收入陳芳明等主編，《張深切全集卷 4：在廣東發動的臺灣革命運動史略・獄中記》（臺北：文經社，1998 年），頁 90。關於《廣東民國日報》，若林又曾將該報稱爲《國民日報》，但當時應該是只有《廣州民國日報》或《廣州國民日報》，筆者查對《廣州民國日報》1926 年 6 月的版面並未查到此篇投書，或許該投書係刊登在《廣州國民日報》上，存疑。

60. 張深切，《在廣東發動的臺灣革命運動史略》，頁 8。【譯按】又收入陳芳明等主編，《張深切全集卷 4：在廣東發動的臺灣革命運動史略・獄中記》（臺北：文經社，1998 年），頁 89。

61. 《台湾社会運動史》，頁 113。

62. 《台湾社会運動史》，頁 108。

63. 《台湾社会運動史》，頁 100。又，此爲 1924 年 11 月，在廈門所召開的閩南臺灣學生聯合大會中，郭丙辛的演說。

64. 《台湾社会運動史》，頁 109。

65. 《台湾社会運動史》，頁 114。

66. 〈孫中山先生逝去二週年紀念日之際，敬告中國同胞〉，《台湾社会運動史》，頁 122。

67. 〈孫中山先生逝去二週年紀念日之際，敬告中國同胞〉，頁 123。

68. 《臺灣先鋒》，頁 55。【譯按】此段無法找到原文，係按日文翻譯。

69. 《台湾社会運動史》，頁 113-114。

70. 《台湾社会運動史》，頁 104。

71. 1926 年秋，擔任廈門大學教務主任的魯迅記載了在出席的會議中，有著「如何處理由於親戚在臺灣，自己是『臺灣人』，要求應該受到作爲『被壓迫民族』優待的學生」的議論。魯迅，〈在鏡樓上〉，《三閒集》，收入《魯迅全集》第 4 卷（北京：人民出版社，1981 年），頁 34。【譯按】該篇文章應爲〈在鐘樓上——夜記之二〉，原文是：「還

有因爲有族人在臺灣，自己也可以算作臺灣人，取得優待『被壓迫民族』的特權與否的辯論。」

72. 【補註】目前能探討這方面問題的典型材料之一是謝雪紅回憶錄以及郭杰與白安娜在共產國際臺灣檔案中發掘的謝雪紅旅蘇信息。謝雪紅指出：她在 1925 年曾主張中國大陸上的臺灣人應改變「不敢坦承自己是臺灣人，只好說是福建人或閩南人」的情況，只有「公開表明自己是臺灣人」才能在當地建立起同胞感情，進而開啓了自己加入青年團、國民黨、中共，最終被推薦前往莫斯科東方大學的過程。回憶錄對於參與各種組織的過程有詳盡的說明，並予讀者「臺灣人身分與同胞身分並不衝突」的印象。但據共產國際臺灣檔案，她不是作爲中國人而是做爲臺灣人被編入東方大學的日木班，顯然又是從被壓迫民族的角度把握臺灣人身分的安排。因此，同胞身分、臺灣人身分，以及被壓迫民族的身分之間出現了多重且尚待解答的疊合。參見：謝雪紅回憶錄《我的半生記》，頁 165-210；郭杰與白安娜，《臺灣共產主義運動與共產國際（1924-1932）研究・檔案》（臺北：中央研究院臺灣史研究所，2010 年），頁 41-44。

73. 《台湾社会運動史》，頁 103。

74. 張深切，《里程碑》，頁 216-217。【譯按】另收入陳芳明等主編，《張深切全集卷 1：里程碑 ── 又名黑色的太陽（上）》（臺北：文經社，1998 年），頁 313-314。

75. Nym Wales 著、安藤次郎譯，《アリランの歌──朝鮮人革命家の生涯》（東京：みすず書房，1965 年），頁 108。根據口述者朝鮮人革命家金山，由朝鮮青年同盟、印度支那民族黨（是否爲越南青年會？）、臺灣島民、個人身分的印度人等等，1926 年在廣州召開組成東洋民族聯盟的大會。「臺灣島民的代表者一歸島，他們就被日本方面逮捕，其中一人林孫記現在還在獄中。他們在臺灣組成『無產階級農民解放同盟』。」我認爲這個「臺灣島民」係指廣東臺灣革命青年團的成員，林孫記和無產階級＝農民解放同盟也都不能確認。

76. 《臺灣先鋒》，頁 5。【譯按】此段無法找到原文，係按照日文翻譯成中文。

77. 1917 年 9 月，孫文對抗北方政府標舉護法，於廣東組織軍政府，擔任大元帥，但隔年 5 月，由於西南軍閥與政學系政客的背叛，辭去大元帥離開廣東，6 月經汕頭途經日本往上海的途中，與戴季陶、廖仲愷及朱執信等一起順道至臺北。在此時臺北市內稱爲「梅屋敷」的料亭（【譯按】料亭指高級日本料理店），據說「與本島人同志一同聚餐」。臺灣的日本當局此時「對支那政府國際禮讓，又由於本島治安的關係給予特別的注意」，參見：井出季和太，《南進臺灣史考》（東京：誠美書閣，1943 年），頁 402。戴季陶所說的是此時之事，孫文「想和臺灣同胞見面，發表他的意見，宣傳他的主義。⋯⋯臺灣同胞雖然十二萬分誠意要歡迎總理，但受了日本政府的阻撓，終於未能達成目的」（《臺灣先鋒》，頁 5-6）【譯按】此段無法找到原文，按日文翻成中文。

78. 〈日本の東洋政策に就いて〉,《改造》,1925 年 2 月,頁 121-122。但在此沒有（丙）的臺灣與高麗的接觸等部分,反而有與德國的恢復邦交。又,此文章的存在從藤井昇三,《孫文の研究：とくに民族主義理論の発展を中心として》,頁 229-230 而知。

79. 《臺灣先鋒》,頁 10。【譯按】此段無法找到原文,按日文翻成中文。

80. 〈日本の東洋政策に就いて〉,《改造》,1925 年 2 月,頁 122。

81. 〈日本の東洋政策に就いて〉,頁 123。

82. 例如陳逢源,〈亞細亞的の復興運動と日本植民政策〉,《臺灣》第 4 年第 1 號（1923 年 1 月）。

83. 《毋忘臺灣》是加上張月澄在廣州《國民日報》所寫的〈臺灣痛史、一個臺灣人告訴中國同胞書〉（1926 年 6 月 16-18 日）,以及張月澄的中國人友人楊成志（民族學者,當時中山大學學生）的〈看了《一個臺灣人告訴中國同胞書》以後〉,並附上郭沫若序的小冊子,是對島內「密送頒佈」的東西（同年 6 月 28 日發行）。此後,由於只有張月澄的文章被譯載於《台湾社会運動史》,頁 118-119,其他不明;但在 1955 年中山大學圖書館發現了小冊子原件,到了 1979 年,郭序被發表於《中山大学学報（哲学社会科学版）》（1979 年,第 3 期,頁 26）。根據同期的林飛鸞〈讀郭沫若同志《毋忘臺灣》序〉,預定收錄於將來出版的郭沫若全集（《中山大学学報（哲学社会科学版）》,1979 年,第 3 期,頁 27）。【譯按】《郭沫若全集》已經出版,郭沫若著作編輯出版委員會編,《郭沫若全集》（北京：科學出版社,人民文學出版社,人民出版社,1982-1985 年）。全集共分三編,I 考古編,II 文學編,III 歷史編。又此序也收入：郭沫若著,《郭沫若集外序跋集》（四川：四川人民出版社,1983 年）,頁 46-48。該序係郭沫若於 1926 年 6 月 25 日作於廣州。

84. 《台湾社会運動史》,頁 123-124。《アリランの歌》,頁 125。

85. 張深切,《在廣東發動的臺灣革命運動史略》,頁 22。【譯按】另收入陳芳明等主編,《張深切全集卷 4：在廣東發動的臺灣革命運動史略・獄中記》（臺北：文經社,1998 年）,頁 101。

86. 《台湾社会運動史》,頁 136。

87. 例外的是,受到丘念台（「臺灣民主國副總統」丘逢甲之子）影響的劉邦漢,在廣東省北部的客家與臺灣有關的人之間,組織了臺灣民主黨（1932 年 3 月）,劉邦漢不久死亡,1934 年 7 月幹部遭到拘捕,臺灣民主黨沒有表現出顯眼的活動就崩潰了（《台湾社会運動史》,頁 944-986）。

88. 《中共雜記》,頁 170。【譯按】簡體中譯本：奚博銓譯,《紅色中華散記 1936-1945》（南京：江蘇人民出版社,1991 年）,頁 119。

89. 謝春木,《台湾人の要求》,頁 52。

90. 1923 年創立，校長于右任，採取國共合作形式的大學，教授除了瞿秋白之外，還有鄧中夏、任弼時、蔡和森、張太富、沈雁冰等，中共的影響力是壓倒性的。在五三〇事件，遭英租界當局暫時封鎖，1927 年，因蔣介石的「清黨」而遭封鎖以後，沒有再復校，參見：張靜廬輯註，《中國現代出版史料（甲編）》（北京：中華書局，1954 年），頁 67。

91. 關於洪、李：《台湾社会運動史》，頁 213-14。關於陳：《台湾社会運動史》，頁 244。關於莊：興南新聞社（係臺灣新民報社因應國策而強制改名）編，《臺灣人士鑑》（臺北：興南新聞社，1943 年），頁 216。關於潘：黃師樵，《臺灣共產黨秘史》第一輯（桃園，1933 年），頁 34。【譯按】黃師樵著作有重刊本，黃師樵，《臺灣共產黨秘史》（臺北：海峽學術出版社，1999 年）。

92. 《台湾社会運動史》，頁 213-214、244。

93. 翁氏成為《臺灣大眾時報》駐上海記者，參見：若林正丈，〈中国雑誌解題《台湾大眾時報》〉，《アジア經濟資料月報》185 號（1975 年 1 月），頁 2。可以視為他與東京、臺灣的左派團體保持密切的聯絡。

94. 蔡孝乾、洪朝宗、莊泗川成為臨時大會選出的臨時中央委員（《臺灣民報》141 號，1927 年 11 月 23 日，頁 8），洪、李曉芳成為第一次全島大會選出的中央委員（《台湾社会運動史》，頁 208），蔡、莊等遭《臺灣民報》排斥，因而成為左派所創刊的宣傳誌《臺灣大眾時報》（東京發行，由於受到嚴厲打壓，只能於 1928 年 5-7 月間發行 10 號）之記者（該刊創刊號記載翁澤生為駐上海記者）。【譯按】該雜誌已有復刻本出版：大眾時報社編，《臺灣大眾時報》（臺北：南天書局，1995 年）。

95. 《台湾社会運動史》，頁 39-40。

96. 矢內原忠雄，《帝国主義下の台湾》，頁 294-295。葉榮鐘等，《臺灣民族運動史》，頁 333-37。

97. 任同社調查課長及信託課長（興南新聞社編，《臺灣人士鑑》，頁 267）。

98. 許世楷，《日本統治下の台湾》，頁 283。

99. 《新青年》第 3 號，1926 年 3 月 25 日。

100. 蔡孝乾，〈轉換期的文化運動（三）〉，《臺灣民報》第 144 號，1927 年 2 月 13 日。【譯按】查對蔡孝乾原文，此段原文為：「都是不滿文協在來組織的不完備，幹部行動的紳士氣、主張言論的不徹底等等。」

101. 許世楷，《日本統治下の台湾》，頁 283。

102. 關於圍繞中國情勢見解的對立，參見：若林正丈，〈中国雑誌解題《台湾大眾時報》〉。

103. 【譯按】事前管束的日文原文是「事前檢束」，而「檢束」似翻成中文的管束為宜。「檢束」係指行政權將人強制逮捕至警察署等一定場所，暫時留置。行政法學上即時強制的

一種。日本舊行政執行法（明治 33 年法 84 號，1900 年），概括承認爲了保護酒醉者等的保護檢束和對有妨害公安之虞者的預防檢束。但屢屢遭濫用，有欠缺保障人權之處，戰後日本的警察官職務執行法廢除預防檢束，同時保護檢束也去除「檢束」二字，用保護二字在嚴格定義下限定使用。參見：金子宏等編，《法律學小事典》（東京：有斐閣，1996 年新 3 版），頁 279。又，謝雪紅口述，楊克煌筆錄之《我的半生記》書中頁 297，也有關於檢束詳細的說明。楊克煌認爲「檢束」原先是「保護」用意，但後來被警察拿來對付革命群衆，事先把積極分子逮捕，叫做「預備檢束」，楊氏用語跟法律用語稍有不同。

104. 關於《臺灣大衆時報》的發行狀況、論調等，參照若林正丈，〈中国雜誌解題《台湾大衆時報》〉之內容。關於特別高等課設置，於《臺灣大衆時報》（第 9 號，1928 年 7 月 2 日），有所報導。

105. 【補註】據臺共東京特別支部黨員陳來旺交給日共中央的報告，臺籍中共黨員曾在 1928 年 10 月 18 日在臺北形成了「中國共產黨臺灣支部」並有臺北和臺中兩個集團。其運動目標是成立臺灣共產黨（顯然不知道臺共的成立）並與中共聯絡。陳來旺主張臺共將來應將這個支部吸收。雖然「中共臺灣支部」沒有下文，而且也沒有直接與共產國際聯絡的主張，但這個曇花一現的組織可能是 1920 年代臺灣島內左派自發組織共產黨並企圖向更高級的黨組織建立聯繫的唯一案例。參見：〈台湾の党に関する状況〉、〈台湾の党組織活動方針及びその組織状態〉，山邊健太郎編，《現代史資料 22・台湾 2》（東京：みすず書房，1971 年），頁 164-165、273。

106. 黃煌雄，《臺灣的先知先覺者——蔣渭水先生》（臺北：輝煌出版社，1976 年），頁 27-29。杜聰明，〈蔣渭水君之學生時代及臨終病狀〉，《杜聰明言論集》（臺北：杜聰明博士還曆紀念獎學基金管理委員會，1955 年），頁 412-13。

107. 《台湾社会運動史》，頁 456-57。

108. 黃煌雄，《臺灣的先知先覺者——蔣渭水先生》，頁 48-50。

109. 蔣自己也提「臺灣自治會」案，但加上一些要求於連的「臺灣平民黨」之後，可說是大致贊成（連溫卿，《臺北市志初稿社會志——政治運動篇》稿本，頁 107）。【譯按】連溫卿此書已出版，參見連溫卿著，張炎憲、翁佳音編校，《臺灣政治運動史》（臺北：稻鄉出版社，1988 年）。

110. 在 1926 年 11 月的文協新會則起草委員會，外表是支持蔡培火方面，在 1927 年 1 月 2 日的臨時理事會最初支持連方面，最後與之決裂（許世楷，《日本統治下の台湾》，頁 275）。

111. 許世楷認爲，藉由假定繼續以林獻堂爲總理乃至委員長的情況，而三改組案與林獻堂的相對距離，能夠理解這三個改組案。或許如他所述（許世楷，《日本統治下の台湾》，

頁 277）。

112. 〈左右傾弁〉，《臺灣民報》132 號，1926 年 11 月 21 日。

113. 關於梁啓超、林獻堂的交流經過，黃得時，〈梁任公遊臺考〉記載詳細。

114. 謝春木，《台湾人の要求》，頁 100-101。

115. 〈第三次全國黨員大會宣言〉，1929 年 10 月 17 日，《蔣先烈遺集》，頁 28。【譯按】蔣渭水文章已蒐集成書：蔣渭水著，王曉波編，《蔣渭水全集》（臺北：海峽學術出版社，1998 年；2005 年增訂版）。

116. 謝春木，《台湾人の要求》，頁 230。

117. 謝春木，《台湾人の要求》，頁 285。

118. 《台湾社会運動史》，頁 458。

119. 《台湾社会運動史》，頁 485。

120. 謝春木，《台湾人の要求》，頁 295-96。

121. 蕭友山，《台湾解放運動の回顧》（東京：龍溪書社，1971 年），頁 64。【譯按】該書據 1946 年臺北市三民書局初版復刻，現已有中文翻譯本：蕭友山、徐瓊二著，陳平景譯，《臺灣光復後的回顧與現狀》（臺北：海峽學術出版社，2002 年），此書上篇爲蕭友山著《臺灣解放運動的回顧》，下篇爲徐瓊二著《談談臺灣的現狀》。

122. 【譯按】臨監，根據二戰前日本本國明治 33 年（1900 年）法 36 號制訂的《治安警察法》（1923 年 1 月延長適用至臺灣）第 11 條第二項規定：警察官署得派遣著制服警察官臨監關於政事會同公衆之集會。其集會雖無關政事，但認有妨害安寧秩序之虞時亦同。又早在明治 23 年（1890 年）制訂的集會及政社法中（後被此治警法取代）即已規定此警察臨監權力。

123. 《台湾社会運動史》，頁 64。

124. 蕭友山，《台湾解放運動の回顧》，頁 68。

125. 《臺灣日日新報》，1931 年 8 月 24 日，朝刊，頁 2。

126. 蕭友山，《台湾解放運動の回顧》，頁 68 有原文，《台湾社会運動史》，頁 520 有譯文。相關人士欲將此遺囑揭示於民衆黨大衆講座、蔣渭水自宅、臺灣新民報社，但即刻遭禁止（《台湾社会運動史》，頁 520）。【譯按】譯者係參照蕭友山的原文，蕭版的遺囑還有羅萬俥、杜聰明、賴金圳、李友三、蘇竹南、蔣渭川作見證人。該遺囑有數種版本存在。

127. 〈光復前內地雜誌刊載臺灣文獻輯目〉，陳漢光，〈開羅會議後重慶出版臺灣圖書彙目〉，《臺灣文獻》第 20 卷第 2 期（1969 年 6 月）的附錄。

128. 探錄雜誌名稱如下（不依順序）：《革命公論》、《世界知識》、《邊疆半月刊》、《大道》、《新東方》、《中東經濟月刊》、《錢業月報》、《瓊農》、《臺灣先鋒》、《外

交評論》、《申報月刊》、《獨立公論》、《新亞細亞》、《國聞週報》、《福建呼聲》、《南洋研究》、《農聲》、《日本評論》、《工商半月刊》、《國際貿易導報》、《中行月刊》、《實部業月刊》（原文如此）、《安犬季刊》（原文如此）、《中華農學會報》、《浙江省建設月刊》、《商業月報》、《教育與職業》、《農報》、《中國農村》、《礦業週報》、《女聲》、《日本研究》、《東方雜誌》、《科學畫報》、《國立中央研究院月報》、《民俗季刊》、《南開大學週刊》、《生活週刊》、《民意》、《時事月報》、《汗血週刊》、《社會新聞》、《正風半月刊》、《藝風月刊》、《史地週刊》、《人文月刊》、《圖書副刊》、《民族雜誌》、《時代動向》、《現代青年》、《北平圖書館館刊》、《逸經半月刊》、《中國新論》、《中華教育界》、《教育雜誌》、《中央時事週報》、《史料旬刊》、《民俗週刊》、《新生命》、《讀書生活》。

129. 參照陳漢光，〈開羅會議後重慶出版臺灣圖書彙目〉。【譯按】日文原書在 1941 年部分並沒有載明件數，或許有所闕漏，故以□代替。

130. 戴國煇，〈霧社蜂起と中国革命——漢族系中国人の內なる少數民族問題〉，頁 226，引用文也是。【譯按】戴國煇的部分作品已經中譯出版，參見戴國煇，《戴國煇文集》（12 冊）（臺北：遠流出版社、南天書局，2002 年）。此文收入戴氏《台湾霧社蜂起事件：研究と資料》（東京：社會思想社，1981 年）。該書中譯收入《戴國煇文集》第 9 冊，魏廷朝譯，《臺灣霧社蜂起事件：研究與資料》，頁 314；該翻譯也收入《臺灣霧社蜂起事件：研究與資料（上冊）》，國史館臺灣史研究論叢 5（臺北：國史館，2002 年）。

131. 關於《國民》及黃日葵，參見：《五四時期的期刊介紹》第一集（人民出版社，1958 年），頁 63-74。【譯按】《五四時期的期刊介紹》似有新版：中共中央馬克思恩格斯列寧斯大林著作編譯局研究室編，《五四時期期刊介紹》（北京：三聯，新華發行，1978 年）。但此段無法查到原文，此處係按照日文翻譯成中文。

132. 黃日葵，〈亞東永久和平之基礎〉，《國民》第 1 卷第 2 號（1919 年 2 月），頁 16。

133. 沈底，〈日本帝國在遠東的情勢及其前途〉，《新東方》第 1 卷第 5、6、7 期（1930 年 7 月）。

134. 認為是宋斐如（文瑞）（蕉農如果有意義的話，是指生產臺灣農業大宗甘蔗的農民吧，是寓意與臺灣農民大眾結合的筆名）。宋斐如在 1920 年代前半期留學北京大學，與洪炎秋辦《少年臺灣》雜誌，又似乎也加入國民黨。其後，就學於京都大學經濟學部。抗日戰爭時期，進入重慶的國際問題研究所，擔任日本問題研究雜誌《戰時日本》的總編輯。戰後與陳儀一起歸臺，就任臺灣省行政長官公署教育處副處長的要職，但不滿陳儀一黨的腐敗而辭職，由於創刊《人民導報》，批判惡政，在 1947 年的二二八事件遭殺害。身染從抗戰期所見的國民黨腐敗體質，附於陳儀一黨驥尾從事壞事的臺灣人被輕蔑

爲「半山」之事甚多，在從中國歸來的「志士」中是例外的良心派（戴國煇，〈植民地體制と「知識人」〉，《日本人とアジア》，頁 111-112，及洪炎秋前揭〈序〉，頁 6）。附帶一提，爲宋之譯書寫序的許地山（許贊堃，筆名落華生）1893 年出生於臺南。父親許南英是擁有進士頭銜的官吏，並以詩人聞名於世。1895 年當時爲臺南籌防局統領，日軍進攻南部時是臺南守備軍的指揮者，臺南開城後，受日軍的追究而自安平脫逃，三兄贊元也是曾參加黃花岡起義的同盟會員。《窺園留草》〔原著 1993 年於北京刊行〕（臺北：臺灣銀行經濟研究室編印，1962 年），臺灣文獻叢刊 147 種，頁 225-238。及陳在正，〈台灣與辛亥革命〉，頁 18。

135. 此山川均論文係由與其交流甚深的抗日左派領導人物之一連溫卿（文協左傾的中心人物，後臺灣共產黨開始滲透左派，則作爲山川一派而遭排斥，遭文協除名）提供資料等的協助，參見：《山川均全集》第 7 集（東京：勁草書房，1966 年），頁 258。

136. 戴國煇，〈霧社蜂起と中国革命〉，頁 227-228。

137. 陳表，〈臺灣蕃族的研究〉，《新亞細亞》第 1 卷第 6 期（1931 年 3 月），頁 111。【譯按】此段無法找到原文，係按照日文翻譯成中文。

138. 東亞經濟調查局編譯，《支那排日教材集》，（東京：東亞經濟調查局，1929 年），頁 4。

139. 許地山對〈日本帝國主義鐵蹄下的臺灣〉的序，《新東方》，1930 年 4 月，頁 127。

140. 許地山對〈日本帝國主義鐵蹄下的臺灣〉的序，頁 128-129。

141. 臺灣作家吳濁流在長篇小說《アジアの孤兒》中，描寫主人翁——臺灣出身的知識分子遭受中國人排斥的一個片斷。根據其描寫，留學東京的主人翁出席訪日的中國要人講演會，會後向人介紹自己是臺灣出身，周遭的中國出身留學生竟嘀咕地說：「臺灣人」、「也許是間諜」，如波浪般的擴大，致使他無以自容地一個人離開了（《アジアの孤兒》（東京：新人物往來社，1973 年），頁 88。這當然是小說，但從宋蕉農的慨嘆看來，應該有不少臺灣知識分子在中國有同樣的體驗。【譯按】吳濁流的小說有中文本：吳濁流，《亞細亞的孤兒》（臺北：草根出版社，1995 年），頁 96-97。

142. 戴國煇，〈郁達夫と台灣〉，《日本人とアジア》（東京：新人物往來社，1973 年），頁 130-131。

143. 〈（一九三六年）九月二十三日川越張群会談に於て張群が読上けた書物〉，《現代史資料 8》（東京：みすず書房，1964 年），頁 292。

144. 〈在華鮮臺人に關する調査〉，《情報》第 38 號（1939 年 12 月），頁 92。【譯按】有關 1945 年前在中國活動的臺灣人（戰後被稱爲半山）動向之研究，中文期刊論文有：Jacobs, J. B. 原著，陳俐甫、夏榮和合譯，〈臺灣人與中國國民黨（1937-1945）〉——臺灣「半山人」的起源〉，《臺灣風物》第 40 卷第 2 期（1990 年 6 月），頁 17-54；何義麟，〈被遺忘的半山——謝南光（上）〉，《臺灣史料研究》第 3 期（1994 年 2 月），

頁152-170；何義麟，〈被遺忘的半山——謝南光（下）〉《臺灣史料研究》第4期（1994年10月），頁119-135。關於李友邦及其臺灣義勇隊，其中李友邦1940年左右所創辦的《臺灣先鋒》已有復刻本問世。參見：臺灣義勇隊秘書室編，《臺灣先鋒》（浙江金華，臺灣義勇隊，1940-1942年），復刻本（臺北：世界翻譯社，1991年），共10冊。

145. 黃敦涵編，《翁俊明烈士編年傳記》（臺北：正中書局，1977年），頁91-92。

146. 黃敦涵編，《翁俊明烈士編年傳記》，頁91。又以1940年3月29日（黃花岡起義紀念日）爲期，李友邦與謝南光合作，成立「臺灣革命團體聯合會」。革命同盟會或許可視爲是藉由國民黨中央當局介入，其他團體也加入，以大同團結爲目標的團體。

147. 黃敦涵編，《翁俊明烈士編年傳記》，頁96。

148. 黃敦涵編，《翁俊明烈士編年傳記》，頁98。

149. 黃敦涵編，《翁俊明烈士編年傳記》，頁104-105。

150. 《情報》第27號（1944年7月），頁34。

151. 笹本武治、川野重任編，〈「台湾戦後経済史」年表〉，《台湾経済總合年表：資料編》（東京：アジア經濟研究所，1968年），頁898。【譯按】關於戰後臺灣年表，臺灣方面已編輯更全面的年表，參見：李永熾監修，薛化元編，《臺灣歷史年表——終戰編》（臺北：國家政策研究中心，1990-1998年），共有五卷，收錄1945-1994年的年表。

152. 今堀誠二，〈少数民族問題と台湾問題〉，《中国の民衆と權力》（東京：勁草書房，1973年）的第二章IV、Akio Moriyama, *The Issue of Formosa and the Chinese Communist Party*, Social Science Research Institute, ICU, Tokyo, 1974, Frank S.T. Hsiao and Lawrence R. Sullivan, "The Chinese Communist Party and the Status of Taiwan," Pacific Affair, Fall 1979.（吳新義譯，〈中国共産党と台湾の地位（1928-1943）〉，《富士大学紀要》第14卷第1、2號（1981年3月、12月）。

153. 清楚地呈現此一觀點，而經常被引用的是，毛澤東對斯諾的發言。1936年在保安回答斯諾的訪問時，毛有如下的發言：「不僅是捍衛長城以南的主權，收復我國所有的失地也是目前的工作。亦即必須收復滿洲，但不會收復中國以前的殖民地朝鮮。但是，爲了確立中國失陷領土的獨立，如果朝鮮人希望從日本帝國主義的鎖鏈中脫逃，我們也會對他們的獨立鬥爭會給予熱烈的援助。對臺灣也是如此。」斯諾著，宇佐美誠次郎譯，《中國の赤い星》（東京：筑摩書房，1964年），頁76。【譯按】英文原著爲：Edgar Snow, *Red Star over China*, New York：Garden City publishing Co., 1937. 上述日譯本「中國以前的殖民地朝鮮」一句，應爲「中國以前的藩屬國朝鮮」。關於此書有多種中譯本：最早的翻譯本爲愛特伽·斯諾著、王廠靑等譯，《西行漫記》（不詳：復社，1938年4月，1939年），香港廣角鏡出版社曾於1975年重印。簡體中譯本：埃德加·斯諾著、董樂山譯，《西行漫記》（北京：三聯書店，1979年），據1937年版翻譯。宋久等譯，《斯

諾文集》（北京：新華，1984 年）。李方准等譯，《紅星照耀中國》（河北：河北人民出版社，1992 年），頁 703。胡愈之，《胡愈之譯文集》第二冊（西行漫記）（南京：譯林出版社，1999 年）。繁體中譯本則有：陳雲翻譯，《西行漫記：新譯本》（香港：南粤出版社，1975 年）；《西行漫記：紅星照耀中國》（臺北：一橋，2002 年）。日文另有增補譯版：松岡洋子譯，《中國の赤い星》（東京：筑摩書房，1985 年）。

154. Moriyama, *The Issue of Formosa and the Chinese Communist Party*, p.15,　Hsiao and Sullivan, "The Chinese Communist Party and the Status of Taiwan," p.448.（吳新義譯，〈中国共産党と台湾の地位（1928-1943）〉，頁 50-51。）

155. 例如尹光，〈臺灣的土著民族──爲霧社暴動十五週年紀念而作〉，《解放日報》，1945 年 10 月 28 日，頁 4。

156. 《台湾社会運動史》，頁 668；蔡孝乾，《江西蘇區‧紅軍西竄回憶》，頁 3。

157. 蔡孝乾，《江西蘇區‧紅軍西竄回憶》，頁 12、22，及收入〈共產軍ニ加入セル要注意台湾人ノ動靜ニ関スル件〉（在廈門領事→臺灣總督府總務長官，1932 年 6 月 3 日），《日本共産党関係雑件：台湾共産党関係》（收入《外務省文書》）。根據後者，則蔡氏與其妻劉月蟾、施至善（當時 53 歲）及其三男施懷清、沈西東、林志輝、侯朝宗（原臺灣農民組合幹部之一）等，被配屬在「閩南工農革命委員會」的政治部及宣傳部。

158. 蔡孝乾，《江西蘇區‧紅軍西竄回憶》，頁 147。

159. 蔡孝乾，《江西蘇區‧紅軍西竄回憶》，葉翔之的序，頁 1。

160. 作爲敵軍工作部部長的蔡孝乾（蔡乾）的情況，艾格妮絲‧史沫特萊（Agnes Smedley）在其紀錄文學中有描寫。見 Agnes Smedley 著，高杉一郎譯，《中國は抵抗する──八路軍從軍記》（東京：岩波書店，1965 年），頁 106、126。【譯按】Agnes Smedley（1892-1950）之英文原著爲：*China Fights Back: an American Woman with the Eighth Route Army,* London：Victor Gollancz, 1938. 此書簡體中譯本有二：史沫特萊著，陳文炳、苗素群譯，王聘余校，《中國在反擊》（北京：新華出版社，1985 年），以及史沫特萊著，江楓譯，《中國在反擊：一個美國女人和八路軍在一起》（長沙：湖南人民出版社，1987 年）。根據江楓譯本的頁 114 及 116，曾提及敵工部一個名爲 Tsai Chen 的人（江楓誤譯爲蔡誠），應該就是蔡乾。

161. 安井三吉，〈延安における東方各民族反ファッション代表大会（1941 年）について〉，《歷史評論》第 327 號（1977 年 7 月），頁 18-19。

162. 安井三吉，〈延安における東方各民族反ファッション代表大会（1941 年）について〉，頁 15。今堀，〈少数民族問題と台湾問題〉，頁 154。

163. 如 Moriyama, *The Issue of Formosa and the Chinese Communist Party* 及 Hsiao and Sullivan, "The Chinese Communist Party and the Status of Taiwan," 所闡明的，1943 年以前提及

臺灣人的中共文獻，幾乎所有場合不將臺灣人明示爲漢族，反而被認爲可解釋作不是漢族。在此情況之邏輯就是，如果是漢族就是中國人，臺灣人不是漢族，因此不是中國人，蔡孝乾的文章卽遵從此一邏輯。但這也有例外，被認爲是臺灣出身所起草的相關文書中，將臺灣的主要居民當作漢人（漢族）者，作者所知就有兩項。〈臺灣共產黨政治大綱（1928年）〉，《台湾社会運動史》，頁600；〈「霧社事件に關する」社論〉，《紅旗日報》1930年11月2日，《現代史資料22‧台湾2》，頁602譯載。其中在後者以「建立臺灣的蘇維埃共和國、實行澈底的民族自決、實行臺灣國內番漢日本勞動者之間的絕對平等！」的形式來敍說，當然是沿著「臺灣革命」論架構的說法。【譯按】《紅旗日報》有影印本：中國共產黨中央委員會編，《紅旗日報》（北京：人民出版社，1982年）。又，經譯者查對《紅旗日報》原文後，該社論名爲〈臺灣番人的反對帝國主義鬥爭〉，前述引文之日文翻譯與原文有些許出入，現按原文改正。

164. 蔡孝乾，《江西蘇區‧紅軍西竄回憶》，葉翔之的序，頁1。

第三章

「臺灣革命」與第三國際
以臺灣共產黨的形成與重建爲中心

　　從1928年到1931年，即使在日本帝國主義下的臺灣也有小規模的共產主義運動，此即臺灣共產黨。該黨以「打倒日本帝國主義」、「建設臺灣共和國」及「建立（臺灣）工農民主專政的蘇維埃政權」爲口號，在後期抗日運動諸潮流中，對日本統治採取最徹底的對決姿態。如前所述，抗日左派運動家們在1927年以降的高昂群眾運動中，及對此所施行的鎮壓與分裂陰謀中，不斷摸索深化鬥爭方策，藉以獲得與其規模和實力不相稱之威信及影響力。

　　但在日本帝國主義單一直接支配下，殖民地臺灣的條件與次殖民地中國有所差異。臺灣共產黨儘管掌握左派的大眾團體──文化協會與農民組合，但卻未能植基於殖民地大眾，尚未點燃「小煙火」之火種，便在鎮壓前與文化協會和農民組合運動一起垮臺。這是由於總督府在鎮壓前期抗日運動中所形成的綿密警察網，及快速引進日本國內取締社會運動經驗，進行有效率的監視及檢查，阻止了該黨的運作。而當時黨的方針執意走上共產國際極左路線，可以說也帶來了災難。

　　就殖民地的抵抗運動而言，取締與鎮壓此運動的統治方資料[1]（由警察所觀察與沒收的反抗者方文獻所構成）往往是多數且重要的研究材料，惟參與反抗運動當事者之回憶錄等，也應視爲是同等重要的材料。就非法活動爲其主要內容的共產主義運動情形來說，要究明運動的「真實」，當事者回憶

錄之類的文獻，毫無疑問地也具有特別重要意義。[2]

然而，國共兩黨隔著臺灣海峽對峙三十餘年，臺灣和大陸都不見真正的臺灣共產黨研究，原黨員回憶錄之類的文件除蔡孝乾的《江西蘇區·紅軍西竄回憶》（如書名所示，大部分為蘇區內及參加長征之經驗，幾乎未曾提及以臺共黨員身分在臺灣內部之活動）之外，據筆者管見，尚未有人公開發表著述，此乃臺灣與大陸各有不同原因所致。這些原因顯示出臺灣共產黨的問題對相關人士而言，一直都有著複雜微妙的政治性及難以處理的問題。

在臺灣，眾所周知國民黨的一貫策略是——從反共的觀點統治學術與言論——1947年的二二八事件及之後徹底對共產黨的鎮壓，使得原臺共黨員不是被殺就是逃到海外，被迫全然沉默。

即便在共產主義是正統的大陸，其背後原因雖與前述有所不同，但碰到的情形卻是相似。如至1950年代中葉前，在抗日鬥爭史的敘述中，僅簡單論及與表彰臺灣共產黨，之後就幾乎未再提及。[3]其理由可從下列幾方面加以探討。首先，一般說來，在所謂重複打「左」、打「右」大陸反右派鬥爭後的政治中，包含過去有臺灣關係在內之臺灣出身而住在大陸者，其處境較他省出身者更為艱困。「統一」雖為一貫方針，但對如何定位住在大陸的臺灣人，就不能說僅維持著中共一貫方針即可，光是這點就足以構成妨害因素。在此情況下，要原來相關人士虛心回顧過往，留下並進而公開可以刺激國內外研究的歷史證言，確有其難處。

此外，中共亦有不得不抑制有關臺共言論的歷史要因，此中最要者乃前章所討論，中共從1928年至1943年止取採的立場與戰後相反，對於立場的變更未做澄清說明——至少在外界可以覺知的範圍內。另外，也是因為戰後數年臺灣對中共本身鬥爭的總結與定位臺灣民主自治同盟的問題。臺灣共產黨在中共的思想體系中並未獲得穩固地位。

無論如何，臺灣過去對於共產主義運動的評價是盤錯在「臺灣問題」背後的一個重要歷史課題。外國研究者雖持續此等研究，但也有必要將戰後臺灣情勢與中共關係、在這當中所出現的臺灣共產黨員活動，及其間渡海到大陸者的位置等問題納入視野考量。但即便如此，這些過程無論已留下或可能已留下之證言，對歷史家來說仍是相當新穎的材料。無論如何，未來如有相

關人士發表回憶資料，研究者將會懷抱著最大的敬意，翻閱這些在極端坎坷環境中憑藉堅強意志所書寫的歷史證言。

　　本文將從臺灣共產黨與第三國際、中國共產黨及日本共產黨之關係，實證地釐清臺灣共產黨的形成與再組織的過程，並檢討存留在臺灣共產黨各種文件中的革命戰略特徵。換言之，本文將釐清前述作為臺灣解放意象之「臺灣革命」論與第三國際的淵源，並說明其具體化形成臺灣共產黨、該黨瓦解逐漸失去實踐立足點的過程。最後，對臺共瓦解後之「臺灣革命」論與中共關係也試著提出若干展望。

一、「臺灣共產黨」的建立

（一）緣起

　　佐野學是著名戰前日本共產黨最高領導者之一，在1933年戲劇性轉向前的1930年1月，其在與初審法官間的一問一答過程中，被問及有關臺灣共產黨之事。他首先便回答，正式「存在」的是「日本共產黨臺灣民族支部」，以下為其回答大要：1927年11月，渡邊政之輔以日本共產黨代表團一員身分與國際共產指導部結束協議後，從莫斯科返國，佐野在東京與其取得聯絡，渡邊向佐野報告「決定暫時把臺灣共產主義者組織作為附屬於日本共產黨的民族支部」。不久後，從上海來的「臺灣同志」到達東京，渡邊與佐野從該同志中聽取臺灣各種情況，而後由兩人一起起草「政治大綱」，渡邊又另行起草「組織大綱」，後由渡邊交給「臺灣同志」，指示先組織「團體」。[4]

　　如後所述，這兩份「大綱」成為上海成立大會中議決案之草案，另根據其他資料，這兩份大綱也是經由當時日本共產黨中央常任委員會議決的。[5]另根據其他幾項官方資料，在此所提到的「臺灣同志」即是KYTB（東方勞動者共產主義大學）日本人班出身之臺灣人謝雪紅與林木順。[6]這兩個人和結束與第三國際協議之德田球一等日本共產黨領導者在同一時間離開莫斯科後，先回到上海。[7]根據謝雪紅本人所述，直接和渡邊見面拿上述兩份「大綱」

草案的人就是她。[8]當時她還接到渡邊的指示，謂日本共產黨因普選緣故，在第1回選舉競爭中會非常忙碌，不能再給予更多援助，故組黨一事請接受中國共產黨的援助。[9]

在此之前的1927年7月，第三國際執行委員會幹部會對山川主義與福本主義之「有關日本問題的決議」（即所謂「二七大綱」）採取強烈批判，其中對於日本殖民地問題，還提起較歷來更深入之任務。[10]此即在第三國際第四次大會（1922年）中所完成的「日本共產黨綱領案」，原做為日本共產黨「國際關係領域要求」之一，只提出「從朝鮮、中國、臺灣與樺太撤退軍隊」，但在「二七大綱」中卻規定，日本共產黨應提出之行動綱領之一是完成「殖民地的完全獨立」、「日本共產黨與日本殖民地的解放運動要保持密切聯絡，給予一切思想的、組織的支持」。[11]自列寧提出「有關民族、殖民地問題的綱領草案」以來，殖民地本國（乃至先進國）的共產黨（或者是無產階級）主張國際主義[12]的實踐應是援助殖民地革命運動，故日本共產黨也應該被清楚地交代如此做。就兩位出身於東方勞動者共產主義大學的臺灣人，帶著具體任務回到極東此一事實觀之，前述渡邊告訴佐野的話語，所謂「決定暫時把臺灣共產主義者組織作為附屬於日本共產黨的民族支部」，可以解釋為：是按照「二七大綱」的規定，在莫斯科的第三國際指導部與日本共產黨領導者間的某種協議之下所做成的決定。佐野學在初審調查書中提到，他以日本共產黨代表身分，赴莫斯科參加共產國際第六次大會（1928年7月），「關於此事，在『共產黨』日本共產黨相關文件中並沒有任何資料」。[13]這句話說明了這個「決定」是非正式的，或者說，是在做日本共產黨相關決定時附帶決定的。但無論是非正式或附帶的，重要的是這個決定是先設想好的，以及問題在於這個決定包含著，或者說，成為殖民地臺灣解放戰略的輪廓。

（二）成立於上海

從日本共產黨領受到「大綱」後，謝雪紅與林木順便以臺灣共產主義者最初的組織者身分前往上海。限制彼等的客觀條件包括：即便在所謂次殖民地中國的都市上海，日本政府也利用帝國主義的特權進行極盡嚴格的監視

（此點於組黨後隨即進行鎮壓暴露出來），以及前一年蔣介石發動政變後，中國共產黨也被迫轉入地下活動等。此外，彼等本身所受的限制還有以下幾點。

第一、謝雪紅與林木順最遲也是在1925年末前往莫斯科，因此他們對臺灣與中國當時所發生的**運動實情並不瞭解**，且在任何地區都沒有基礎。從莫斯科回來之後，他們雖在上海與東京兩地馬上蒐集情報（林木順實際在東京這樣做），[14]但到底還是有一定的限制。上海自五三〇事件後革命運動高漲，至歷經北伐後突然進入白色恐怖局面，而臺灣也因1927年臺灣文化協會左傾、農民運動的成長展開及右派成立臺灣民眾黨等，使抗日運動戰線因而分化。

第二、彼等雖為組織者，但共產國際所賦予的權限與權威並不大。儘管他們是訊息傳遞者，參與部分策畫，但「大綱」本身是由日本共產黨員起草而交予他們，且具體組黨的準備被指示要仰賴中國共產黨的領導。

第三個限制則為：設若謝、林二人有第一、第二個限制，則彼等所領受的「大綱」草案大可成為彼等權威來源。但該「大綱」草案如後所提，卻有含混不清之處。此事當然與做為臺灣情況報導者的謝雪紅本身的第一限制有所關聯。不僅如此，實際負責起草之佐野等日本共產主義者對殖民地問題的認識水平，以及籠罩在他們之上且規定他們的第三國際本身對殖民地實際情形的認識程度也有所關聯。日本共產主義者應用馬克思主義的方法研究日本歷史與做情勢分析，在當時可以說還處於起步階段。提到第三國際，自第二次大會列寧提出大綱以來，對抗帝國主義的民族解放運動已成為國際共產主義運動重要任務一環，然而負責領導的共產主義者們，對於東方殖民地實際情形的知識並不那麼充足。自1922年，荷蘭共產主義者斯內夫利特（Henk Sneevliet，馬林）開始創造實質性的第三國際東方工作算起，也只不過五年而已。在1927年的前幾年，即使是關於第三國際東方工作的集中地，情報應不致於不充足的中國，也強烈受到第三國際指導者內部抗爭的影響，在革命的決定性時刻，發佈背離實情的指令，此乃眾所周知之事。

還有，共產國際到底提供彼等多少資金援助也不清楚。不過，官方資料對於彼等行動中有關資金部分均未提及，故可推測彼等在旅費之外的資金所得不多。

以下，將從這樣的限制與關聯著手，探討臺灣共產黨，或說日本共產黨臺灣民族支部（關於名稱問題，後文將提及）成立的過程。

從東京回到上海的謝雪紅與林木順，立刻進行組黨的前置作業（回到上海應是在1928年1月中旬或者是2月上旬）。準備過程大致是二項作業同時並行。其一是人員的召集，即選定成立大會出席成員與物色適合的創始黨員。另一則為政策決定，此即「大綱」草案審議與各項運動方針的制定。從莫斯科回來的謝與林，在此過程中，特別是前項作業，不得不相當依賴當時活躍於上海卻出身於臺灣的中共黨員翁澤生。翁是臺北人，自廈門集美中學的留學時代開始，即透過休假回臺之活動等，擔任臺北激進青年團體（之後以「無產青年」自稱，影響文化協會的左傾）之領導者，[15]其後於就讀上海大學社會科學系（為瞿秋白門生）時加入中共。此外，他還扶植國共合作失敗後從廣東等地逃至上海的臺灣人左翼分子團體，[16]同時也擔任臺灣島內左派宣傳雜誌《臺灣大眾時報》（1928年5月至7月，週刊）的上海駐派記者，[17]與臺灣島內的左翼團體保持相當聯繫。

具體言之，彼等首先透過翁澤生與中共中央取得聯繫，拉翁的人脈，召集林日高、洪朝宗、蔡孝乾（在臺灣）、潘欽信（在廈門）等人（其中蔡、洪因不能離臺，未參加成立大會）。[18]在此當中，洪、蔡、潘等人與翁同為上海大學出身。[19]林在1925年時，曾在廈門船員組合活動中加入中國共產黨。這些人在蔣介石發動上海政變前，都曾參加過中共或其下游組織，與翁直接或間接保持聯絡。此外，在翁的周邊，曾參加過中共指導下所進行的非法群眾鬥爭而住在上海的臺灣人左翼先進分子，也被介紹給謝雪紅與林木順，[20]他們應該也被預定為創始黨員。相較於此，謝、林方面，僅在林木順前往東京之際，與留學東京的臺灣人左翼分子接觸，返回上海時，僅有其中一員陳來旺隨行而已。[21]

另一方面，在綱領運動方針的制定作業上，首先將翁澤生及謝雪紅等人所領受的「大綱」草案翻譯成中國白話文，接下來在3月上旬，謝雪紅、林木順及翁澤生成立建黨籌備會，進入審議「大綱」之階段。草案經部分修定後[22]做為在建黨大會中所提出的「大綱」[23]，並且據此起草各項運動方針。以下即為《臺灣社會運動史》翻譯與收錄的六項文件。[24]

「勞工運動對策提綱」

「農民問題之重要性」

「青年運動（對策？）提綱」

「婦女問題議決（決議？）案」

「紅色救濟會（赤色救援會）組織提綱」

「國際問題（對策？）提綱」（括弧內為筆者所加）

　　在審議起草過程中，有自稱彭榮[25]的中共黨員（所謂中央委員）加入，在其領導下於4月13日結束準備作業，並隨即召開臺灣共產主義者積極分子大會，[26]15日即進行成立大會。場地設在彭榮選定的上海法國租界霞飛路照相館二樓。與會者有以下九名。

謝雪紅（組黨籌備委員）（大會議長）[27]

林木順（籌備委員）

翁澤生（籌備委員）

林日高（在臺灣積極分子代表）

潘欽信（在廈門積極分子代表）

陳來旺（在東京積極分子代表）

張茂良[28]（在上海積極分子代表）

彭榮（中共代表）

呂運亨（朝鮮共產主義者代表）[29]

　　沒有日本共產黨的代表參加，也沒有該黨傳來的訊息。

　　在彭榮總括報告五四運動以來的中國革命經驗（其以對民族資產階級妥協要有所警戒做總結）後，大會審議與採用「政治大綱」、「組織大綱」及各項運動方針。根據留下來筆記之類的簡單議事錄所示，除了「勞工運動對策提綱」是得到彭榮指示，由中央委員再行決定外，其餘都是彭榮稍做評論後即無異議通過。[30]

大會在選出中央委員五名及候補委員二名後閉幕，不久，在18日與20日召開中央委員會（謝與翁代理不克出席的中央委員），決定任務的分配，並起草「臺灣共產黨組黨宣言書」及「致中國共產黨中央之信」（問候狀）。根據上述決定，預定以下佈局進行臺灣共產黨最初的組織活動。[31]

中央委員

林木順（中央常任委員會書記長、負責組織部）

林日高（中央常任委員、負責婦女部）

蔡孝乾（在大會中缺席）（中央常任委員、負責宣傳煽動部）

莊春火[32]（在大會中缺席）（負責青年運動部）

洪朝宗（在大會中缺席）（負責農民運動部）

候補中央委員

翁澤生（駐上海對中共聯絡員）

謝雪紅（駐東京對日共聯絡員）

其他

陳來旺（東京特別支部負責人）

謝玉葉、潘欽信、林木順、林日高（「潛入」臺灣預定者）

此一佈局有二點引人注意。第一點是，包含成立大會中缺席的三名在內，全體中央委員都被指定「潛入」臺灣；而另一方面，被指定擔任與日共、中共聯絡工作的謝雪紅與翁澤生，雖然在籌組過程中各自扮演重要角色，但僅被指派為中央候補委員而已。另一點是，決定了與日共、中共雙方的聯絡員。關於後者容後再述，而關於前者，大致可以理解為，其呈現出此一剛成立的黨，採取把下次鬥爭的直接現場＝臺灣的實踐活動列為最優先的姿態。關於這點，第一，應該是因應前述渡邊政之輔指示謝雪紅「先組織『團體』」所為。渡邊在給予此項指示之時，或許想起自己是1926年12月日本共產黨在再造前所成立的組織，即根據「上海大綱」成立所謂「聯絡社團」（中央局）的成員之一。第二，這是因應「政治大綱」中所提到的，當前黨建設之展望。

> 臺灣共產黨當前的緊急任務是儘速吸收散佈在臺灣各地實際參與
> 運動的共產主義者，以這些革命的先·進·知·識·分·子·（依大會議事錄，
> 中共代表彭榮評論說只要稱之為「先進分子」即可）[33]為中心，首
> 先著手準備組織的召集。在準備會議之後，努力吸收從事戰鬥員
> 之勞動者及農民黨員，然後，才能以勞動階級和貧農為基礎，開
> 始建立一個嚴密堅固的共產黨。[34]

如前所述，臺灣共產黨在國際共產主義運動組織體系中，可說是由上·層·組織成立的，從1927年至1928年，左派雖然在臺灣抗日運動中成長，但其因應上層動向而做的改變卻相當薄弱。正因如此，有必要立刻強化與臺灣運動的實際關聯，而以臺灣內的實踐為優先姿態，此也是黨所處的情況使然。

然而，加之在「政治大綱」最後部分附記要求可即早召開「第一次大會」。上述引文中提及的「籌備會」是指在4月15日成立的，抑或是指今後應努力成立的，這點並不清楚，但無論如何，這表示4月15日所誕生的組織，是「真正的」或是「正式的」黨之前的過渡性質組織。然而在另一方面，「臺灣共產黨組黨宣言」在開頭地方中就斷言「工人階級解放運動的唯一武器臺灣共產黨業已成立」。[35]做為躲避官方監視網而秘密成立的一個反體制組織，有這種曖昧的地方存在毋寧是項慣例，在不斷改變的情勢當中，以運動體來看這個組識之時，討論「真正的」或是「正式的」黨，以及其準備組織所達之程度，並無太大意義，但這卻是臺灣共產黨成立時，文獻中出現的幾個矛盾點中值得注意的部分。

如此，臺灣共產黨成立了。在最初佈局中可以看到實踐意志，但仍遭到日本官方先發制人的攻擊。[36]組織因而暫時呈現毀壞狀態，1928年秋天，在恢復與窮途末路之日本共產黨聯絡時，把林木順放在首位的最初佈局全然崩潰。而因證據不足獲得釋放，並且一個人毅然展開組織活動的謝雪紅，升格為中央委員，掌握黨的實權。[37]

然而，之後黨組織的擴大與陣容整備皆不順利。在1928年中群眾運動高昂之時，黨處於崩壞狀態，而在勉勉強強建立組織時的1929年2月，又因官方以農民組合為主要對象所進行的鎮壓（二一二事件）[38]，致群眾運動陷

入低迷狀態。有鑑於此，就不難想像，為避免官方破壞組織，謝雪紅自身也對黨的組織與政治活動展開採取極其慎重的態度。在謝的領導下，除了從東京回來的留學生（蘇新、莊守、蕭來福等），與翁澤生從上海帶來的王萬得、吳拱照（本名乾水，後死於獄中）等人之外，吸收到的黨員與支持者只有採取既有左翼團體（臺灣農民組合、文化協會）路線的重要活動家而已。

二、「臺灣革命」論

1927至1928年對東亞共產主義運動而言，是混亂與再形成的時期。中國大陸的共產黨與民族資產階級因同盟政策失敗，致第三國際戰略出現動搖，在現實運動中重複出現造成流血的錯誤試驗。所謂第三國際戰略乃是以蘇聯共產黨內史達林完全掌握實權與實施反富農政策，以及世界恐怖的爆發等等為契機，決定走現今稱之為極左的、分離主義的方向（在1930年末臺灣也受波及，此容後再述）。另方面，在錯誤試驗的過程中，共產主義者現實實踐所要求者與第三國際公開政策所要求者，二者間的乖離愈見擴大。接下來將檢討臺灣共產黨革命論之特色，但在此前，須先證實此革命論乃該時代歷史產物。從臺灣共產黨組黨時的各項文件看來，此革命論的第一特色為，殖民地臺灣解放的戰略不設定為中國革命或是日本革命的一部分，而是以「臺灣革命」構思，且該構思以一種奇特的「臺灣民族形成論」做為理論的修飾。

首先，日本共產黨領導者指示要把臺灣共產主義者的團體以「附屬於日本共產黨民族支部」來組織（前已提到，其背後有第三國際的指示存在），其在「組織大綱」中有如下明示：

> 臺灣共產黨在相當時間中組織為第三國際之一支部日本共產黨的民族支部。因而，必須遵守日本共產黨執行委員會的指令，此即希望臺灣共產黨將來透過日本共產黨，成為世界無產階級革命的一支隊伍。[39]

另外，在「臺灣共產黨成立宣言」中提到：

> 臺灣共產黨為以馬克思‧列寧主義為武裝行動的革命政黨，與各
> 國共產黨同為第三國際的支部……。[40]

在「組織大綱」中，4月15日成立的組織被視為共產國際支部（日本共
產黨）的支部。「宣言」一開始就被視為「共產國際的支部」，乍看之下似有
矛盾，如把重點放在前文「相當期間中」來看，二者就不是相對立的想法。
我們也可以想像其想法是：「散於臺灣各地」（「政治大綱」）的組織活動，有
一定成果出現後，才被認為可以升格為第三國際的一個獨立支部。

另一方面，「政治大綱」在開頭地方亦提出稱之為「臺灣民族形成論」
的討論，該文說道：

> 臺灣最初的住民為野蠻人生蕃。……其後生蕃逐漸受到壓迫，土
> 地逐漸遭受剝奪，最後竟完全被漢人趕至深山。此後，土地反被
> 鄭氏一族及其部下分割占有。之後由中國南方移住臺灣之漢人快
> 速增加，所謂臺灣民族乃這些南方移民渡臺所組成者。[41]

即便我們在這裡暫且不問「野蠻人生蕃」此種自以為是的表現，「臺灣
民族形成論」也是太過形式主義與急切躁進。從華南來的漢人移民後裔如果
可稱之為「臺灣民族」，則此處所說的「漢人」是以何種概念獲得的？「政治
大綱」本身也在「三、民族獨立運動的形勢」該文中表示，「我們留意臺灣
歷史的事實後發現，原來臺灣民族的傳統及獨立國家的傳統和歷史是非常薄
弱的」。[42] 如同這裡所看到的，「臺灣民族」的論述讓人覺得牽強附會，是上
層硬加上去的議論。大綱以上述的「臺灣民族」論為出發點，對「臺灣革命」
戰略 [43] 算是做了完整論述，但其出發點的論理中有此種不自然的形式性，讓
人覺得在製作大綱草案時構思得很混亂。稍微跳躍性地說，當時佐野和渡邊
沒有餘力從殖民地臺灣的解放戰略為何來思考臺灣共產主義者的組織形態又

因為何，故他們不得不採取「一開始便有第三國際的指示」的想法。另方面，當時第三國際指示將臺灣共產主義者組織做為日本共產黨民族支部，這個指示並無法順理成章到可以導引出「臺灣民族形成論」的**理論性**內容。也就是說，第三國際指示的重點是從帝國主義統治所形成的政治、經濟的既成事實來構思，是非常政治性的。換句話說，這個「大綱」在選擇戰略時的著重點，與其說是臺灣和中國本土在地理位置上接近，以及臺灣被殖民地化的歷史因緣，毋寧說是更看重目前的事實，也就是臺灣完全從屬於日本帝國主義，被獨立於中國本土之外的另一權力所統治的事實。可以說，屬第三國際的蘇聯共產黨指導部選擇把**從中國派遣來**的謝雪紅與林木順放在東方勞動者共產主義大學日本人班時，[44]就已有與上述相聯結的判斷或念頭存在，其後並在大綱裡具體呈現出來。

對於這個戰略，我們暫且不談從莫斯科返回的謝雪紅與林木順。現時拿著中國共產黨黨籍在中國本土從事活動，同時也在思考臺灣解放的翁澤生這些人，其反應又是如何呢？我對這個問題非常感興趣，但依個人管見，現今尚未有足夠探討的資料被發掘。此外，組黨時的各種文件中也沒發現抵觸「臺灣革命論」的字句。但是，中央委員會起草的「致中國共產黨中央之信」中提到：參加組黨大會之臺灣共產主義者幾乎都「曾加入中國共產黨，接受過中國共產黨的領導訓練」，「故臺灣共產黨的成立與中國共產黨有非常密切關係，臺灣革命與中國革命有很多地方相關聯。因此，希望中國共產黨對臺灣共產黨可以給予極力的領導與援助。這也是大會全體同志對中國共產黨的熱切要求」。[45]「必須遵守日本共產黨執行委員會指令」「（組織大綱）」的這個新生組織，除了駐東京對日共聯絡員（謝雪紅）之外，還刻意去找駐上海的中共聯絡員（翁澤生）。如果我們一併思考這點，就會發現相較起其他文件，特別強調與提起與中共的關係，這裡面是有些許不融洽的味道。如果還思考到對日本共產黨並未起草相同文件，則至少在這個強調的背後，可以設想到針對下列問題所持的意見不同。亦即，這個新成立的組織，其要求領導的最重要對象是日本共產黨抑或是中國共產黨？以另種形式來說，就是這個新組織對於共產國際所發出的指令與情報，是以日本共產黨組織為媒介，以日本（東京）—臺灣的線來確保？抑或是以中國共產黨的組織為媒介，在臺灣與

對岸中國本土沿岸地區（廈門、上海等）原有的交通線中來確保（臺灣人直接渡航上海、廈門，於法於實際面都非常困難）？從前述謝雪紅、林木順作為組織者的制約來推測，這條對立線可以在謝雪紅、林木順與翁澤生集團之間畫出來。

當然，經由渡邊政之輔—謝雪紅、林木順所傳達的第三國際指示路線，是直接貫徹的。即使是中共代表彭榮，也不可以脫離這條路線進行領導（不，相反地，「臺灣革命」論在臺灣失去實踐基盤後，中共在1943年以前，都還墨守該架構）。當時，蘇聯共產黨與第三國際上演托洛斯基派的放逐劇，史達林並掌握實權，在這過程中，第三國際的荒謬神話更為滲透，如果我們意識到這點就可了解到，指示即使是用極細微的線傳達，對相關人上而言，有意識地挑戰第三國際的指示，是絕對不可能發生的事。

臺灣共產黨（日本共產黨臺灣民族支部）組成時其革命論的第二個特色為，反映了1927年至1928年第三國際殖民地革命戰略的動搖。依照松元幸子的分析，一般說來，中國國共合作關係瓦解所帶來的衝擊，改變了民族資產階級的評價，因而使第三國際的殖民地、次殖民地革命戰略產生變化，並以1928年2月的執行委員會的決議（推崇1927年12月的廣州暴動是無產階級在中國組織蘇維埃政權的英雄式嘗試）為分界點，「第三國際第五次大會（1924年）以前的理論，同時也是在中國進行的（以民族資產階級的結盟為主）反帝統一戰線與農業問題及農民運動試驗實踐，也就是被壓抑國中民族課題與階級課題的結合及與此相關之命題」被廢除了。[46]之後，經過第六次大會，民族資產階級靠向帝國主義，以致變成強調階級問題更甚於民族課題，改採取「不站在統一戰線的觀點，來達成以（勞農）蘇維埃為基礎的資產民主主義革命，以及往社會主義革命成長與轉化」[47]的這種方針。

對照上述第三國際戰略架構的變化來看，臺灣共產黨組黨時的戰略可說是非常過渡性的。儘管在「政治大綱」及個別提出農村階級分析的「農民問題的重要性」中被非常嚴格地限制，但臺灣的民族資產階級對帝國主義仍保有革命性。[48]不過，並未因應這種革命性評價提出任何與民族資產階級間的協力政策，且在1927年中臺灣抗日運動戰線分裂後，主張「臺灣革命運動的主力……已漸次往無產階級與農民同盟軍的方向移動」[49]，認為當前的革命

性質雖是民族、民主革命，但極具轉化為「社會革命」之展望，[50]在一定的時期中，應該提出「工農政府」、「無產階級專政」等口號。[51]組黨雖然是在第三國際第六次大會以後，決定轉換為具戰略特色的執行委員會於第九次決議之後進行，但組黨時的戰略架構仍屬之前的性質。不過，往下個階段前進就僅差一步而已。

三、臺灣共產黨（新中央委員會）的重建 與新政治大綱的戰略

　　因1929年的四一六事件與其後所進行的逮捕，日本共產黨在第一次大戰後勞工運動興盛期、馬克思主義萌芽期中擁有豐富經驗的領導者幾乎都身陷囹圄，黨因此受到嚴重打擊。在臺灣共產黨組黨最初給予援助的領導者之一渡邊政之輔，早在1928年11月，即離奇地被追剿至位於臺灣北端的基隆碼頭自殺。佐野學也於隔年6月在臺灣共產黨組黨之地上海遭到逮捕。

　　臺灣共產黨的東京特別支部也因四一六事件而解體，組黨當初以接受日本共產黨領導以強化組織的主體政策（至少對謝雪紅而言是如此），也失去了根基。因此對臺灣共產黨而言，做為確保上級指令與情報基地的華南沿海地區，特別是中共中央與共產國際東方局所在地上海的重要性就相對地提高。

　　四一六事件後，因久久無法恢復與日本共產黨聯絡，謝雪紅決定透過上海的翁澤生與中國共產黨聯絡，派遣林日高到上海擔任訊息傳遞者（1930年5月），從此出現臺灣共產黨再組成的動向。

　　1930年12月，在李立三發動冒險攻勢後趨於緩和之際，共產國際東方局與中共中央（實際上代表中共中央給予指示者乃翁澤生上海大學時代的老師瞿秋白），透過翁澤生、潘欽信，指示臺灣共產黨進行改革。此一指令大意為：相較於世界恐慌後客觀情勢的好轉，臺灣共產黨陷於機會主義之中；黨的組織還很稚嫩脆弱（此黨內情況的認知，確實是沿用翁澤生的主張），要儘速克服這項缺點，使黨布爾什維克化，掌握現已到來的革命情勢。[52]王萬得的團體接受指示，組織了號稱黨中之黨的臺灣共產黨改革同盟，但中央

委員謝雪紅卻將這項指示視為是翁澤生等人的分化陰謀而拒絕接受，而謝氏與改革同盟的對立，不久即擴大到左翼陣營中的相互排擠運動。但，最後由有共產國際東方局權威當靠山之改革同盟派獲得勝利，在潘欽信以共產國際東方局派遣員身分參加的臨時大會上（1931年5月31日至6月2日），謝雪紅被除名，採行新的政治大綱，組織新的中央委員會。[53]

對此，謝雪紅幾乎無法採取任何有效的反擊，僅把出席無產階級國際第五次大會（1930年8月）在1931年5月經上海返臺的劉纘周（新竹出身的船員，透過日本共產黨路線前往召開地莫斯科），因表態對自己的支持而視為珍寶，將他派遣至日本，再確認日本共產黨與臺灣共產黨的關係，要求該黨中央派遣指導員以求挽回兩黨間的關係而已。但是，劉從日共得到指示回到臺灣的時候（8月中旬），謝雪紅已身陷獄中，新中央委員會則遭到逮捕，幾乎瀕臨解體。[54]

然而從1928年7月至9月所召開的共產國際第六次大會，有關殖民地革命運動的討論中，認為殖民地地區的活動是第三國際活動中最弱的一環，強調應予強化。結果，在9月1日決議的「有關殖民地與次殖民地的革命運動大綱」（庫辛尼〔kuusinen〕起草，以下簡稱庫辛尼大綱）認為：「除去客觀的革命情勢與主體要素孱弱之間極端顯著的不均衡，乃共產國際的最重要任務之一」（共產國際東方局對臺灣共產主義者正是在此脈絡下所做的指示），主張「殖民地與次殖民地共產黨的樹立與發展」乃「共產主義者當前任務」之首要。[55]以1930、1931年為中心，共產主義者在亞洲殖民地區進行激烈的運動，應是第三國際這項方針的具體化展現。越南在1929年，於北圻、中圻、南圻等地分別成立共產主義組織，競相爭取第三國際的承認，但1930年2月，第三國際派遣阮愛國（之後的胡志明）至香港，統一這三個組織。統一後的共產黨最初命名為越南共產黨，但至該年10月，遵循第三國際的指示，改稱印度支那共產黨。[56]在新加坡所組織的中國共產黨新加坡支部（南洋共產黨），在1930年中時，遵循第三國際的指示，改組為馬來亞共產黨，相對於印度支那共產黨負責法國統治底下的越南、柬埔寨及寮國活動，該黨則負責馬來亞及泰國地區的活動。[57]

臺灣共產黨（新中央委員會）的再組成，可以說是採納第六次大會的方

針，進行上述第三國際在亞洲殖民地地區創設及改組共產黨活動之一環，或可說是該活動對臺灣造成的影響。而臺灣共產主義者內部的反謝雪紅運動與此連成一氣。前面我們假想翁澤生與謝雪紅在臺灣共產黨組黨時彼此對立，在這裡因該項對立被延續下來，自然也就容易想像會引起各種糾葛。

臨時大會採納的新政治大綱所展現出的戰略，忠實地反映出「庫辛尼大綱」的方針，就上述重建運動的性質來看，這是理所當然的。對此可有二點說明，第一點為革命戰略整體略微往極左方向純化，第二點是殖民地共產主義者的組織原則產生變化。

第一點無需贅言。相較於組成會大綱有過渡性質的曖昧存在，實際上對於民族資產階級的評價，已認定彼等已公然與帝國主義妥協，成為革命的障礙物；[58]進而必須接受無產階級領導，「在農村及工廠進行激烈的階級鬥爭與武裝暴動」，號召「建立工農民主專政的蘇維埃政權」。[59]而黨當前的口號[60]，是該大綱中所提出的中國共產黨當前口號的翻版，也反映了其對「庫辛尼大綱」的忠誠度。[61]

至於第二個重點，歌頌在殖民地創設共產黨的「庫辛尼大綱」，在陳述共產主義者於法國北非殖民地的任務之時，規定「積極立足於本地資產階級的共產黨，在名義與實質上均必須成為國際共產的獨立支部」。[62]這點在討論「大綱」時，起草者庫辛尼有以下的論述：

> 我想喚起同志諸君注意以下各點，比如，法蘭西共產黨犯了不視突尼斯與阿爾及爾共產黨為獨立之黨而視之為法蘭西共產黨支部的錯誤。同志諸君，此種狀態不可持續下去。關於克服當地勞動者——至少是革命氣氛中的勞動者——之不信任的必要性，列寧指示我們要極其慎重，要給予殖民地國家的黨完全的自主性。當然，資本主義國的同志對殖民地各國的同志，在彼等黨的建設、對帝國主義及殖民地民族資產階級的鬥爭上，有透過建言和活動予以援助之義務，但是，也必須給予這些黨在政治的自主性。[63]

此番議論很清楚地指出，把臺灣共產主義者組織視為是日本共產黨支

部（民族支部）的方針是項謬誤，並加以否定。在新政治大綱及再組成時的文獻中，全然沒有提到第一章所討論的，儘管臺灣共產黨在一定的時期內將成為獨立之黨，但仍應組織「日本共產黨臺灣民族支部」。儘管組織大綱尚未起草，主要的文件中也未有明白闡述，但對照上述第六次大會方針，其實是放棄組黨時把臺灣共產主義者的組織定位為第三國際支部的支部。眾所周知，指示翁澤生與潘欽信要進行黨改革的瞿秋白，曾以斯特拉霍夫之名代表中共參加「庫辛尼大綱」的討論。

　　以上二點，雖是對組黨時的戰略與新政治大綱的戰略加以區別，但從把臺灣共產黨視為是一獨立之黨此點，也可明確了解其是判定臺灣為一個國家（或應正確地說是革命第一階段已完成之區域），也就是說採取「臺灣革命」論的這點立場並未改變。如所周知，在出現臺灣共產黨組黨徵兆的1927年後半至1928年初，對第三國際而言，是其領導體制與戰略同時做重大轉折的時期。臺灣共產黨的二個大綱，可說是國際共產主義運動史上不同時期訂定出來的。儘管如此，二者皆採取「臺灣革命」論的立場，表示此一立場是第三國際對日本帝國主義下殖民地臺灣解放的基本立場。如上所述，於1930年2月統一的越南共產黨，同年10月即依照第三國際指示，改名為印度支那共產黨，而且不單是越南，也把同為法國統治的柬埔寨、寮國包括在防守範圍內，其所持理由為越南、柬埔寨與寮國的無產階級，其語言、習慣與種族固有所差異，但「在政治面向上，這三個地區均受法蘭西帝國主義壓迫，處在統一印度支那帝國主義權力的支配下。其中一地發動革命，其他二地若未參與，就無法打倒法蘭西帝國主義的權力」[64]。

　　此番議論的背景原則應是，受殖民地支配而應予以解放之民族的前提條件中，較重視的是帝國主義所形成的政治、經濟之既成事實面向，而非帝國主義支配前所形成的自然、歷史條件。臺灣在帝國主義支配前所形成的自然、歷史條件，其屬性與中國大陸相同，而印度支那雖在同一區域，但各民族間的自然、歷史條件卻有差異，二者儘管在此點有所不同，但都受到帝國主義支配，處於政治、經濟既成事實之下級地位，因此，二者皆可判定適用於前述原則。但如前述，對臺灣的判斷並非是第三國際對殖民地臺灣的實際情形加以深思熟慮後所做成的結果，反倒是在欠缺周延考慮下形成。此結果

所產生的「臺灣革命」論的架構，在臺灣未成為東亞政治情勢之重要焦點情況下，隨第三國際「顛撲不破的神話」而成為固著的意識形態。

四、結語

最後，以「臺灣革命」論之後的發展情況做結論。

第三國際東方局給予臺灣的主要指令被認為是，由改革同盟派的黨員呼籲革命情勢的到來與黨的布爾什維克化。特別是後者，要求打破過去的「閉門主義」，以求黨組織的加速擴充。此事又因當時中日關係趨於緊張，以致從1931年初開始成立的改革同盟派，獲得許多激進黨員並積極發動鬥爭。另方面，臺灣總督府當局自1928年7月開始，也在臺灣設立和日本國內一樣的警察特別高等課，加強監視左翼及民族主義運動。在左翼運動急速活絡化的背景下，臺灣共產黨的動向與該黨召開臨時大會，很快為官廳所查知。在大會召開後不久，官廳對相關共產黨人士展開全島大規模的舉發。在此鎮壓下，新中央委員會早在滿洲事變發生前不久即告瓦解。[65]剩餘黨員以文化協會與農民組合的組織為基礎，以十人為一班，五班為一隊的原則，積極組織赤色救援會。他們透過救援會組織，力圖黨的再造，當然此一運動也非得以地下運動進行不可。臺灣共產黨的存在除左翼知識分子之外，也為一般大眾知悉，而尋求大眾支持黨的展開運動，似乎也是從此時開始。然而，為時已晚，此一再造運動在12月再度遭到全島檢舉而告挫敗。同一時期裡，剩餘黨員企圖聯絡上海的第三國際東方局，但訊息傳遞員卻無法離開臺灣。[66]

對臺灣共產黨採取嚴厲鎮壓的當局，同年也解散臺灣民眾黨。而相關人士對解散重創還記憶猶新之際，該黨的傑出領導者蔣渭水卻因傷寒而壯志未酬倒下，重重打擊僅對蔣個人抱持信望之剩餘黨員。民族主義者因失去結合中心而導致離散，臺灣抗日運動在此情形下，幾乎被趕至完全封閉退縮的狀況。剩下來的就只有本地中、上層地主推動的溫和改良運動，要求實施朝鮮那樣的地方自治制，以及反對米穀統制運動，再加上知識分子在幾個藝文雜誌推行文學活動而已。在這些運動中，前者很難冠上「抗日」二字，至於

後者也未有政治性實踐活動，說起來是類同於「消極作戰」。而且，這些活動在1937年蘆溝橋事件爆發及在「皇民化」運動的狂熱氣氛中，甚至都不被允許存在。另方面，在這之後，日本、中國本土與臺灣島內，都未進行臺灣共產黨的再造。文獻上雖散見各種形同臺共再造的活動，然最終未見任何成果。[67]至此，第三國際的「臺灣革命」論全然失去實踐場域，最後終至煙消雲散。

在組織受到日本當局全面鎮壓而遭破壞後（在上海的組織，也因翁澤生被租界工部局警察逮捕遭押解回臺灣而瓦解），[68]逃至對岸福建的部分剩餘黨員就像蔡孝乾一樣，被吸收到中共的行列中。

如前章所述，中共吸收臺共殘餘黨員後至1943年以前，採取支持「臺灣民族」「獨立運動」的立場，而如本章所述，這就是第三國際交付臺灣共產主義者的立場，亦即呼應「臺灣革命」論的對臺態度。

中共何以這樣做？又為何至1943年時改變其立場？這些還有待累積中共黨史研究後做正式探究，故關於此點，筆者僅簡單提及展望後就擱筆。

如本章所述，中共從1928年至1931年，兩度援助臺灣共產主義者進行組織化。然而，如前所述，這似乎不是中共本身先有臺灣政策，然後再依此執行的結果，而應該說是做為第三國際支部之一的中共，在執行第三國際的既定方針時，所不得不採取的型態。中共在可作為臺灣工作據點的沿岸都市無法獲得立足之所（從1931年8月開始，中共中央開始往江西蘇區移動），在中國大陸內部又須與國民黨軍隊、日本軍隊進行軍事對抗，對他們而言，臺灣的問題實際上不能形成**直接具體的**政治課題。在此情形下，在中共領導者的想法裡，臺灣問題不能就中共自身政治利害進行現實衡量之「實行上的意識形態」來判斷，而是依馬克思主義、列寧主義的正式基本原則，也就是依「教義上的意識形態」來判斷[69]（蘇維埃時期的少數民族政策，可說是當時蘇聯憲法機械式的翻版）[70]。我們可以說，第三國際交付臺共的架構，在中共自身未有餘力充分檢討臺灣問題的情況下，被視為**無可厚非地**加以承襲（參照文末補記）。

然而，中共在抗日戰爭中實力飛躍擴展，在戰勝後開創出足以左右整個中國動向的勢力，在《開羅宣言》之際，中共作為擔負全中國政治責任勢力

的一方之霸，必須獲得國內的、國際的（聯合國的）承認，為此，有必要全面接受《開羅宣言》。此時，第三國際因遭到解散（1943年5月），對中共而言，放棄淵源於第三國際的「臺灣革命」論立場，可說已無顧慮教義之障礙。然而在延安，中共尚未做好接受包含臺灣問題在內的《開羅宣言》之理論準備。因此，中共未予說明即對臺灣態度做一百八十度的大轉變，這應該是輿論及與國民黨收復失地立場採取同一論調之故。

補記

　　有關1928至1943年中共的對臺態度，可從其與中共領導者在中共所處的政治環境與多重構造中所做的政策性思考之關聯加以說明（森山—若林說），在前章所引用的 Frank S. T. Hsiao and Lawrence R. Sullivan 合著的 "The Chinese Communist Party and the Status of Taiwan, 1928-1943" 一文中，提出強調認識要因的見解，取決於政治要因，而非源自於中國文化中根深蒂固的民族觀和國家觀。以下試對此見解提出若干批判。

　　中國的政治秩序在傳達淵源於儒教的中國文化核心時，人就成了「中國人」。此即進入體現儒教價值的政治菁英＝文人官僚統治之下，在受到「以文教化」後，人即「中國化」。也就是說，「中國化（Sinicization）」是在與中國政治菁英接觸後透過「教化（Enculturation）」而完成。這雖然是中華帝國的同化主義傾向與一般性的認識，但反之亦為真，無論以何種理由離開中國政治菁英的「教化」圈內（de-enculturation），人就「非中國化」（de-sinicized）。

　　臺灣人因進入日本統治而被「教化」，致逃離了與保障『中國化』之中國政治菁英接觸之機。另一方面，因日本當局的「日本化」，雖不至於完全日本化，但形成不同於日本人與中國人的「臺灣之民族特質」（"Taiwanese" nationality）（此為 Hsiao 與 Sullivan 的論斷。在何種程度與狀態下才可認定出現新民族特質，此點頗有爭論）。中共和國民黨的領導者看到這個現象（兩黨的領導者在1928年以前是否了解日本統治下臺灣的情況，特別是該新民族特質的誕生，需要有深刻且微妙的洞察這點，讓人頗有疑問，但尚未見到

相關論證），採取同樣深植於彼等思想中的前述觀點，認為臺灣人是不同於中國人的民族——此即Hsiao與Sullivan的論述重點。[71]

但筆者不能接受此種說法。

確實，「（脫）教化」＝「（非）中國化」此種思考模式，是探討中國人民族觀、國家觀的重要因素。

然而，對於近代以降的中國人民族觀、國家觀的理解，無差別地套用是錯誤的。近代以來，無需贅言，帝國主義侵略所帶來的屈辱及對此的反擊（暫且稱之為廣義的反帝國主義）成為另一個要因。僅就前者，例如，華僑支援孫文的革命運動與康、梁的改革運動，或者說華僑自身實際加入參與，並不能解釋說孫文等人接受這種觀點。華僑，以前不是被鄙視為「天朝之棄民」？若受日本統治下的臺灣人立即「非中國化」的話，相同的，是否也發生在僅晚臺灣十年而受日本統治下的遼東半島住民，該地是否也逐漸產生「遼東人」的「民族性」？

Hsiao與Sullivan的論文似乎也斷然承認近代中國知識分子的民族觀與國家觀中之廣義反帝國主義意義。[72]但近現代中國知識分子的反帝國主義，即便如二人所言，結合了彼等對真摯弱小民族的同情，但這與視臺灣人為非中國人並未自動地相聯結。有些地方或許與二人所指出的觀念結合，但其他地方並未如此。如前章第三節的例證所示，在國民革命前後，因結合知識分子的反帝國主義活動，使得「臺灣同胞」的境遇因此受到注意。在那裡，反帝國主義意識發揮阻止對臺灣人忘卻與蔑視傾向（這或許可以說是二人所言「脫教化」＝「非中國化」機制所致）的作用，同時我們也必須說，「祖國派」臺灣人可以在大陸活動的思想起源也是肇因於此。

註釋

1. 日本官方之臺灣共產黨關係資料如下：

   （復刻・公開出版品）

   （1）臺灣總督府警務局編，《台湾社会運動史》，特別是第三章共產主義運動。

（2）內務省警保局安保課編，《台湾共産党検挙の概要》，1928 年 9 月，收入山邊健太郎編，《現代史資料 22・台湾 2》（東京：みすず書房，1971 年）。

（3）警視廳特別高等課內鮮高等組編，《日本共産党台湾民族支部東京特別支部員検挙顛末》（1929 年 5 月），收錄於同前書中。（未公開出版品）

（4）〈日本共產黨關係雜件：台湾共産党関係〉，《外務省文書》S9・4・5・2-35。共計有：給在上海總領事外務大臣的報告（同時也送交臺灣總督府警務局長）、廈門領事給外務省及臺灣總督府總務長官的報告、臺灣總督府警務局長給拓務省管理局長的報告（同時也送至外務省亞細亞局長）。領事報告中有臺共組黨前後的逮捕情形及沒收的文件，以及上海、廈門等地臺共關係者其後的動靜。由臺灣方面給日本國內的報告，則大略說明島內臺共的活動與逮捕情形。（4）的資料和（2）、（3）一樣，應是（1）敍述、編纂原始資料的一部分。關於黨員的動向，所使用被捕者的自白書以（1）較爲具體。本文雖也參照（4），但主要是以（1）（2）（3）的資料爲依據。

2.　【補註】關於參與反抗運動當事者之回憶錄，可參看本書第 259 頁之註 2。

3.　例如李稚甫，《台湾人民革命鬥爭史》（廣州：華南人民出版社，1955 年），頁 145；劉大年、丁名楠、余繩武，《台湾歷史概述》（北京：生活・讀書・新知三聯書店，1956 年），頁 72 等。

4.　《佐野學預審訊問調書・第 8 回》（山邊健太郎編，《現代史資料 20・社会主義運動 7》），頁 236。

5.　〈被告人謝氏阿女（謝雪紅の本名）外七名に対する治安維持違反事件判決の一部〉（司法省刑事局思想部發行，《思想月報》第 2 號（1933 年 9 月），頁 99-104）。依山邊健太郎之研究，此草案在 1929 年的逮捕中，在市川正一家中被發現（《現代史資料 22》解說）。確定當時有得到日本共黨中央某種程度的同意。

6.　前引〈判決の一部〉，《台湾社会運動史》，頁 588。兩人在東方勞動者共產主義大學的蹤影，爲張國燾夫人楊子烈及戰前一度是日本共產黨委員長的風間丈吉所目擊。楊子烈，《張國燾夫人回憶錄》（香港：自聯出版社，1970 年），頁 155-156；風間丈吉，《モスコー共産大学の思い出》（東京：三元社，1949 年），頁 34。

7.　《台湾社会運動史》，頁 588-589。

8.　《臺灣日日新報》，1934 年 11 月 10 日，朝刊，版 7。

9.　《台湾社会運動史》，頁 589。

10.　石堂清倫、山邊健太郎編，《コミンテルン・日本にかんするテーゼ集》（東京：靑木書店，1961 年），頁 8。

11.　石堂清倫、山邊健太郎編，《コミンテルン・日本にかんするテーゼ集》，頁 44。

12. 例如第三國際第四次大會所採行的「東方問題相關綱領」規定「擁有殖民地國家的共產黨，爲了殖民地的無產階級革命運動，必須負責組織系統性的精神與物質的援助」。日本國際問題研究所中國部會編，《中国共産党史資料集第 1 卷》（東京：勁草書房，1970 年），頁 199。

13. 《佐野學預審訊問調書·第 8 回》，頁 236。

14. 透過無產者新聞社，與代銷《無產者新聞》之留學生陳來旺、林兌、林添進等人接觸，打聽消息（〈陳來旺聽取書·第一回〉，收入《日本共產党台湾民族支部東京特別支部員檢舉顛末》，頁 85）。

15. 《台湾社会運動史》，頁 185。

16. 《台湾社会運動史》，頁 588、661。

17. 若林正丈，〈中國雜誌解題《台湾大衆時報》〉，頁 2。

18. 《台湾社会運動史》，頁 589。

19. 關於洪的部分，《台湾社会運動史》，頁 213。關於蔡的部分，見斯諾，《中共雜記》，頁 170。關於潘的部分，見黃師樵，《臺灣共產黨秘史第一輯》（桃園：1933 年），頁 34。

20. 《台湾社会運動史》，頁 589。

21. 〈陳來旺聽取書·第一回〉，《台湾共產党檢舉の概要》，頁 85-86。

22. 修正部分有加上簽條的地方（正確地說，簽條也是日本官廳所翻譯的），有一部分是引用《現代史資料 22》中的山邊健太郎之解說。

23. 收錄於《台湾社会運動史》頁 601-613 及《台湾共產党檢舉の概要》頁 261-271 的「政治綱領」，顯然是翻譯自同一原文；上述簽條的內容被編入內文，但並未根據〈台湾共產党成立大会記録〉（收人《台湾共產党檢舉の概要》，頁 245-257）中所載之中共代表在組織大會針對綱領提出的批評（無異議採行）進行修正，故這應該是組織大會中提出的草案（《台湾共產党檢舉の概要》所收錄的正確名稱是「政治大綱草案」）。「組織綱領」的情形也應該一樣。但彭榮的批評並不重要，是以將該「大綱」草案和大會所採行的大綱視爲是同一內容而加以討論是沒有問題的。

24. 《台湾社会運動史》，頁 613-657。

25. 許世楷認爲此中共代表彭榮即是在中共初期以農民運動指導者著名之彭湃。（《日本統治下の台湾》，頁 328）。然根據現今研究，並無證據可以指出彭榮即爲彭湃，例如：衛藤瀋吉，《東アジア政治史研究》（東京：東大出版會，1968 年），頁 143。森山昭郎也對此同表疑義（Moriyama, *The Issue of Formosa and the Chinese Communist Party*, p.9）。李稚甫之《台湾人民革命鬥爭史》雖述「彭湃同志與臺灣共產黨有密切的聯絡」（頁 145），但對時間與場所等具體事證全然未提，且亦未提出根據爲何。

26. 出席者有彭榮、林木順、謝雪紅、翁澤生、陳來旺、潘欽信、林日高以及住在上海的臺籍左翼激進分子謝玉葉、劉守鴻、楊金泉、張茂良等 11 名（《台湾社会運動史》，頁590）。

27. 《臺灣日日新報》，1934 年 11 月 1 日，朝刊，版 7。

28. 臺中人，1927 年 3 月成立的廣東臺灣革命青年團的倖存者。該青年團不久因國民黨「清黨」與日本政府的鎮壓，成員被迫四分五裂。（《臺灣日日新報》，1933 年 7 月 24 日，「臺灣共產黨事件號外」，版 2；張深切，《在廣東發動的臺灣革命運動史略》，頁 24）。

29. 括弧內爲筆者所推估的出席者身分。

30. 〈台湾共産党成立大会記録〉，《台湾共産党検挙の概要》，頁 246-256。

31. 《台湾社会運動史》，頁 592、657-658。

32. 基隆人。1926 年渡航廈門，參加勞工運動，隔年，大概是因爲逃避國民黨的鎮壓而返臺，其後於基隆開設書店。（黃師樵，《臺灣共產黨秘史第一輯》，頁 56）。

33. 〈台湾共産党成立大会記録〉，《台湾共産党検挙の概要》，頁 253。

34. 《台湾社会運動史》，頁 608。

35. 《台湾社会運動史》，頁 658。

36. 上海的日本總領事警察署獲悉上海左翼臺灣青年的積極活動，遂於 1928 年 3 月 12 日、31 日及 4 月 25 日，分三次進行逮捕。在第三次的逮捕行動中發現大綱草案等文件，參加籌組大會的人員中，有謝雪紅與張茂良遭逮捕。不過，日本政府最後並未能釐清被捕者與臺灣共產黨的關係。該事件稱之爲「上海讀書會事件」。（《台湾共産党検挙の概要》，頁 237-238；《台湾社会運動史》，頁 661-663）。

37. 《台湾社会運動史》，頁 667-669。

38. 在上海僥倖未遭逮捕的林木順於 1928 年秋到達東京，他指示東京特別支部黨員林兌要出席同年 12 月的臺灣農民組合全島大會，反映黨的方針。結果，全島大會宣言納入黨的革命戰略並秘密頒佈。日本官廳看到臺灣共產黨的活動透過農民組合加以展開，遂以違反出版法規爲藉口，於 1929 年 2 月 12 日天未亮時，一舉逮捕包含中央委員全體成員在內的農民組合幹部。當時文化協會本部與支部等地也遭到搜索。此一鎮壓，讓左派領導下的群眾運動受到巨大打擊（《台湾社会運動史》，頁 1098-1105）。

39. 《台湾社会運動史》，頁 595。

40. 《台湾社会運動史》，頁 659。

41. 《台湾社会運動史》，頁 601。

42. 《台湾社会運動史》，頁 605。

43. 臺灣爲受日本帝國主義強烈政治、經濟統治之殖民地，且因日本帝國主義本身無法拭除封建殘餘，以致臺灣社會也有許多封建殘餘。因此，當前革命的屬性定位爲，是從日本

帝國主義支配下獨立的民族革命，其社會性內容爲一掃封建殘餘的民主主義革命。此
外，還提出下面十三個項目做爲當前的口號。「一、打倒總督專制政治、打倒日本帝國
主義。二、臺灣民族獨立萬歲。三、臺灣共和國的建設。四、撤廢壓制工農的惡法。五、
勞動七小時——不勞動者不能吃飯。六、罷工、集會、結社、言論、出版的自由。七、
土地還給貧農。八、打倒封建殘餘勢力。九、制定失業保護法。十、反對鎭壓日本、朝
鮮無產階級的惡法。十一、擁護蘇維埃聯合。十二、擁護中國革命。十三、反對新帝國
主義戰爭」（《台湾共産党検挙の概要》，頁 261-271）。

44. 謝雪紅在 1924 年至大陸後受到中國共產主義者的影響，投入 1925 年的五三〇運動，
並於同年秋天進入上海大學。她應該是在這段時間內與中共組織保持某種形式的關係，
並得到中共推薦前往莫斯科。（《新中國人物誌》，週末報社，1950 年，頁 216；黃師樵，
《臺灣共產黨秘史第一輯》，頁 28）。

45. 《台湾社会運動史》，頁 661。

46. 松元幸子，〈コシンテルン第 6 回・第 7 回大会における民族・植民地問題〉，《歷
史学研究》第 402 號（1973 年 11 月），頁 33。

47. 松元幸子，〈コシンテルン第 6 回・第 7 回大会における民族・植民地問題〉，頁
36。

48. 「政治大綱」將臺灣的社會階級分成（1）日本帝國主義的資產階級、（2）反動的資產
階級、（3）進步的資產階級、（4）小資產階級、（5）大地主、（6）中地主、（7）
自耕農、（8）貧業及農村勞動者、（9）勞動者階級等九類，並指出在此當中（3）與（6）
這兩類「現在仍傾向支持革命」（《台湾社会運動史》，頁 604）。「農民問題的重要性」
中將農村地主階級分成：資本主義的農業大地主、封建大地主、中等地主等三類，並指
出當中的中等地主「表現出多多少少的革命性」（《台湾社会運動史》，頁 629）。

49. 《台湾社会運動史》，頁 606。

50. 《台湾社会運動史》，頁 607。

51. 《台湾社会運動史》，頁 611。

52. 《台湾社会運動史》，頁 674-675。

53. 《台湾社会運動史》，頁 671-676。

54. 《台湾社会運動史》，頁 740-741。

55. 日譯本，日本國際問題研究所中國部會編，《中国共產党史資料集第 4 卷》，資料
15，頁 179。

56. 越南勞動黨中央附屬黨史研究委員會，《越南勞動黨鬥爭三十五史》，日譯本《資料ベ
トナム解放史 1》（東京：勞働旬報社，1970 年），頁 179~182；古田元夫，《ベトナ
ムから見た中國》（東京：日中出版社，1979 年），頁 100。

57. J. H. Brimmel, *Communism in South East Asia: A Political Analysis*, Oxford Univ. Press, 1959, pp.93-94。

58. 《台湾社会運動史》，頁 723。

59. 《台湾社会運動史》，頁 722。

60. 「一、推翻帝國主義統治、臺灣獨立。二、沒收所有帝國主義的企業與銀行。三、沒收地主土地，分與貧農與中農使用。四、實行八小時工作制、失業國家救助，實施社會保險。五、廢除所有苛捐雜稅，實行統一累進稅。六、革命性集會、結社、言論、出版、罷工的絕對自由。七、建立工農民主專政的蘇維埃政權。八、國內民族一律平等。九、與日、華、印、韓的工農聯合。十、聯合蘇維埃聯邦與世界無產階級」（《台湾社会運動史》，頁 722）。

61. 「一、打倒帝國主義的支配。二、沒收外國企業、銀行。三、承認各民族自決權之後的國家統一。四、打倒軍閥與國民黨的權力。五、確立代表勞工、農民、士兵的蘇維埃權力。六、一天工作八小時、提高工資與援助失業社會保障。七、沒收大地主的全部土地並分配給農民與士兵。八、廢除政府、軍閥、地方的公共租稅，實行統一累進所得稅。九、與蘇維埃聯邦、世界布爾什維克黨結成同盟」（日譯本，日本國際問題研究所中國部會編，《中国共産党史資料集第 4 卷》，頁 186）。

62. 日譯本，日本國際問題研究所中國部會編，《中国共産党史資料集第 4 卷》，頁 189。

63. 第六次大會第 46 會議（1928 年 9 月 1 日），有關殖民地問題委員會的最終報告。Стенографическцй отчет V1 Конгресса Комцнтерна Выпуск 5，М：Л，1929,стр.134-135（俄文原文之引用部分的翻譯受益於高橋清治氏的幫忙）。

64. 古田元夫，《ベトナムから見た中国》，頁 100。

65. 《台湾社会運動史》，頁 736。

66. 《台湾社会運動史》，頁 766-808。

67. 依中國國民黨方面戰後的文獻，臺灣共產黨遭消滅後，中國共產黨福建省委書記羅明將逃至福建的（臺共）黨員收容至蘇區，將福建省籍的中共黨員送進臺灣。（郭乾輝，《臺共叛亂史》，臺北：內政部調查局，1955 年，頁 43）。此外，根據日本臺灣軍參謀本部的資料，1936 年王水進等五名臺灣人於廈門地方實施共產黨的再造運動時，因違反治安維持法而遭送法院。（《島內情報》，1937 年第 1 號，第 1-4，《陸海軍文書》T689）。再則，在東京，因四一六事件而遭檢舉的林兌，在 1931 年 12 月時，以東京的臺灣留學生組織某民族解放鬥爭團體，惟當時以朝鮮共產黨日本總部消滅（同年 10 月）爲中心而應採取的動作爲思考，也就是說對所謂「一國一黨」的原則提出反對意見。此後在東京臺灣左翼運動便轉往文藝運動方向。《台湾社会運動史》，頁 52-53。

68. 《台湾社会運動史》，頁 852-854。

69. Moriyama, *The Issue of Formosa and the Chinese Communist Party*, p.49.

70. 坂本是忠，《中国辺境と少数民族問題》（東京：アジア経済研究所，1970 年），頁 17。

71. Hsiao and Sullivan, "The Chinese Communist Party and the Status of Taiwan," p.459-460. 日譯本：吳新義譯，〈中国共産党と台湾の地位（1928-1943）〉，頁 76-78，但用語的翻譯爲若林。

72. Hsiao and Sullivan, "The Chinese Communist Party and the Status of Taiwan," p.461.

附篇

附篇一

總督政治與臺灣本地
地主資產階級

公立臺中中學校設立問題（1912-1915年）

前言

　　1915年5月1日，公立臺中中學校在臺中成立了，有100名新生在這一天入學。這個中學校有一個特點，入學的學生全都是日本殖民統治下的漢人（以下視情況也稱為「臺灣人」）子弟。當時，日本本國（以下稱內地）的中等教育機關為「中學校」，而殖民地臺灣及朝鮮的中學校僅提供給日本人子弟就讀。朝鮮人子弟的中等教育機關稱為高等普通學校，為四年制，入學資格、課程內容都比「內地」中學校的程度低，當然也不能銜接日本本國的學制。

　　公立臺中中學校的設立緣起十分特殊，當時臺灣的上層階級擔心他們的子女在臺灣所接受的殖民地教育不夠完善，將來將無法與日本人子弟競爭，因此向總督府要求設立專收臺灣子弟的私立中學校；爾後經過一番折衝，以設立公立中學校收場。

　　當時臺灣的漢族教育，從初等教育機關公學校畢業後，除了幾個實業學校之外，就只有臺灣總督府國語學校（以培養本地的公學校教員為主要目

的，該校師範部後來成為師範學校）和醫學校（即後來的臺北醫專與臺北帝大醫學部）。此外，為日本人子弟設置的小、中學校，不承認共學[1]，而公學校的教育則在「本島人〔日本當局對臺灣漢人的正式稱呼〕教育三綱要」的方針下（即「涵養國民性、練習國語、修練實用智能」[2]），不以升入上級學校為前提，而以教授日本語為主，將程度壓低。

因此，臺灣的有錢人如果希望子女接受更高的教育，只有一個辦法，便是讓子弟自初等階段之後就到「內地」的學校留學，或是到對岸廈門、福州由歐美傳教士所辦的教育機關留學。因留學生人數每年增加，而且經常發生許多問題（如難以監督以致不能完成學業等），於是臺灣的上層階級之間，漸有要求和日本人的小、中學校共學或設立臺灣人中學校的呼聲。[3]

最後，臺灣總督府採納臺灣上層階級的部分要求，由總督府設立以地方稅負擔的公立臺中中學校。而中部資產家、名望家所募集的25萬圓，則捐獻給總督府，作為設立、經營此中學的資金。

總督府在與捐獻設立資金的臺灣有志者協議後，總督府學務部內的最終決定案本來是將公立臺中中學校訂為五年制，教科內容也幾乎與「內地中學校一致」，預定於1914年4月成立。但是，在決定職員官制的階段，因中央政府的要求，雖勉強通過「中學校」的名稱，內容則與朝鮮的高等普通學校相同，並且整整遲了一年多才正式開始上課。設立時的制度是：這個學校為公立，由臺灣總督府特別會計中的地方稅來負擔（地方稅是帝國議會難以監督，具有強烈的「統治政策費」色彩的預算收入[4]），所以雖然在經費方面，總督能夠自行決定；但是教職員官制必須以敕令形式發布，亦即必須經由本國政府的閣議決定。

由以上臺中中學校設立的概略過程可知：第一，該校設置的緣起是日本治理掌控穩定之後，以臺灣人的教育要求為基礎，由臺灣人自主地發起私立中學校設立運動。矢內原忠雄早在昭和初期就指出，這個運動可以說是「本島人民族運動之第一聲」。[5]第二，最後學校成立時的樣貌姑且不論，在總督府內部討論階段決定設立「幾乎與內地人中學校一致」的本地中學校，這在當時是殖民地（包括朝鮮在內）教育體制的特例。因此，在臺灣近代史研究上，這是值得注目的事件，我們可以藉此觀察日本殖民主義當局內部在政策

與機構上的對立。

　　過去的研究中對這個問題處理得最詳細的是蔡培火、林柏壽、陳逢源、吳三連、葉榮鐘等合著的《臺灣民族運動史》[6]。該書實際執筆者葉榮鐘是私立中學校設立運動的重要人物林獻堂（自清代即和北部板橋林本源家族齊名的大資產家，中部霧峰林家的中心人物）晚年的秘書，一起列名的作者也都是 1920 年代追隨林獻堂參與臺灣議會設置請願運動、地方自治改革的運動者，屬於抗日民族運動右派的運動家；再加上從該書的書名也可以看得出來，他們都是繼承矢內原忠雄的論點，特別注意前述第一個面向，強調林獻堂的領導，承繼 1911 年梁啟超訪臺以及 1914 至 1915 年由板垣退助領導的臺灣同化運動之精神，而將之視為「臺灣近代民族運動的濫觴」。此外，張正昌《林獻堂與臺灣民族運動》[7]一書，也將焦點放在林獻堂與臺灣民族運動的關連，把私立中學校設立運動包含在林獻堂的民族運動之「嘗試活動時期（1910-1918）」來討論。他認為此運動的背景主要是前述那種殖民地臺灣人教育的不足和差別待遇，並且強調與中央政府交涉後的最後定案被日本背叛，暗示了進一步鬥爭的伏筆。

　　從臺灣近代史上最重要人物之一的林獻堂以及與他相關的民族運動來討論此事件，基本上，這樣的討論本身並沒有問題。日本統治確立後，臺灣本地地主資產階級（林獻堂為其政治上的人格象徵）在 1920 年代展開改良主義式的政治運動，以取得自治權、參政權為目標，而與臺灣的日本殖民主義當局產生新的政治關係，其淵源的確可上溯到臺中中學校設立的過程。

　　但是葉榮鐘、張正昌的觀點（特別是將分析的背景限於教育方面），無法完全說明當時為什麼在臺灣的日本殖民主義當局（臺灣總督府）最後背叛了捐款者，卻又不得不設立當時殖民地學校教育體系所無的「中學校」。因此對於這個運動的意義，乃至對林獻堂的理解也就會過度的天真。

　　另一方面，雖然在殖民地教育史研究中，制度史研究不多，但弘谷多喜夫發掘了總督府直接當事者（當時的學務部長隈本繁吉）的關係文書，初步指出這個問題的背景是總督府對原住民族（日本治下稱「蕃人」、「生蕃」，後來稱「高砂族」，戰後中國治下稱「高山族」）的「討伐事業」，[8]因此他把設立該中學校的決定，視為日本當局「企圖在體制內掌握民族的教育要求」

政策的發端。[9]

　　本文受到弘谷多喜夫這個啟示性發現的觸發，以總督府方面的資料（包括新發現的文書），探討公立臺中中學校設立的決策過程，探索總督府決定設立該中學校的原因，相信藉此可以描繪出後來近代民族運動展開期的總督政治（即在臺灣的日本殖民主義政治）結構的一斷面。但是，因為未見已知存在而未公開的林獻堂日記等臺灣人的一手資料，本文只是暫定的看法。本文若能更進一步引起資料的發掘，則更是望外之喜。[10]

一、臺灣漢族本地地主資產階級及其教育要求

（一）臺灣本地地主資產階級的形成

　　為了使探討公立臺中中學校設立的決策過程可以顯埸出總督政治結構的意義，筆者首先必須提出一個研究假設，即將「臺灣本地地主資產階級」視為總督政治結構的一部分，然後再分析中學校設立運動的成員。筆者以前曾著眼於臺灣議會設置請願運動（1921-1934年），為了說明該運動展開的政治史意義，曾提出「臺灣漢族本地地主資產階級」的概念，它是指日本權力對臺灣漢族進行支配時，在政治、經濟方面的媒介者，即漢族社會的上層部分（地主、資產家）。[11]在此，以該階級的形成過程為中心，再度提出這個概念。

　　從形成史來看，臺灣漢族本地地主資產階級，是清末形成的漢族移民社會之上層部分，在日本確立殖民地支配的過程（日本權力、資本由上而下地強勢推行殖民地式近代化的諸過程）中變形形成的。

　　在殖民地式近代化的基礎建設過程中，對於這個階級的形成特別重要的兩件事是臺灣社會治安之正式確立及土地調查事業的進行。前者是殖民政府以軍事力、警察力，排除激烈的抵抗，在領有七年後才完成；後者則是整理複雜的土地所有權關係，這些土地以漢族開墾的平地部分為主。

　　清末臺灣漢族社會上層部分的構成要素，可以分成如下三類：

A：土豪（開墾的領導者，擁有私人武力，在與原住民的抗爭或械鬥中，
　　指導並保護其勢力範圍內的居民，本身也是大地主。）

B：士紳（經由考試或購買官銜，而持有科舉資格或官位）

C：其他的地主、商人等資產家

當然，這是理論上的區別，實際上，一個家族所擁有的資產愈多，便會同時具有A或B的身分，或二者兼而有之。一個開拓、定居不久的邊境社會，具有A（土豪）要素者的比重必然比中國大陸來得高。這應該是臺灣漢族社會的特色。

不過，就如麥斯基爾女士（J. M. Meskill）關於霧峰林家的詳細研究中所顯示的，隨著開墾的進展，漢族居住地區逐漸擴大，清朝政府尾隨其後確立行政權力，而出現「土豪士紳化」的現象。[12]而且，根據舊中國社會的通性，一般地主、商人都會讓子弟參加科舉考試，藉由「士紳化」尋求全族的保障。

由來自對岸的移民在無政府的狀態下開墾、定居的過程，我們可以看到臺灣社會以土豪的士紳化為軸，在政治社會方面逐漸「中國化」，即中華王朝體制逐漸滲透臺灣。[13]

然而，對臺灣士紳來說，臺灣被割讓給日本，意味著他們的權威將被連根拔起，因此生員、貢生等下級士紳和土豪勢力結合，成為抗日游擊軍的領導者；而參與中華王朝體制較深，也就是具有進士、舉人等頭銜的人，多因厭惡日本統治而「內渡」。[14]日本當局鑑於留在臺灣的士紳，仍然對地方社會具有權威和影響力，除了嚴格監視，使他們不致轉化為反日勢力之外，同時，特別注意對他們採取籠絡政策。日本所採取的辦法是宣揚已刪除民族意義的儒教，從反面利用他們的權威（揚文會、饗老典、紳章制度等）。[15]但是，對士紳在刑法、稅法上的特權則嚴加排除。另一方面，中國本土也於1906年廢止科舉制度，1911年王朝體制崩潰。

土豪在其勢力範圍內具有極強大的影響力。臺灣民主國崩潰後，土豪勢力強大的地區，其向背是由土豪來決定的。1902年以前，不屈不撓地進行抗日而使日本本國出現「臺灣賣卻論」的武裝游擊隊主力，特別是北部諸勢力，便是這種土豪勢力。但是這個勢力最後也被幾近欺騙的所謂「土匪招降策」

與討伐行動一掃而空。

割讓前臺灣漢族社會的領導階層在日本統治確立的過程中，土豪被物理性地消滅或被剝奪了武力，而士紳特權被剝奪，權威大打折扣，最後變成在日本權力之下的資產家、名望家；即便是歸順而免於被物理性消滅的土豪，也不被允許保有私人武力，終不能免於被鎮壓游擊軍過程中所設的警察網所監視，以及保甲制度所規定的義務和相互監視所規範。1902 年以後，就不再有上層階級參與的反日起事行動或企圖。1907 年至 1915 年間間歇性的反日事件，可以視為在殖民地化之「基礎工程」建設的過程中，難耐苦痛的一般民眾因生活無著而起事。抗日游擊軍鎮壓的過程及其後不久，勢力遭到拔除、被迫改頭換面的舊領導層，即本地地主資產階級，可以說非常努力地在適應殖民地的近代化。

本地地主資產階級形成的另一個重要轉捩點是「土地調查事業」。這是整理以前的一田二主制，對大租權（開墾時的發起人，即「墾首」的殘存權利）的所有者（大租戶），以臺灣事業公債賞收其權利，承認土地所有權屬於實際業主的小租權者（小租戶），同時向他們徵課地租。配合專賣事業的實施，日本當局得以得到財政的穩定。對小租戶來說，他們的土地支配權得到保障，並且得到可以收取高比例佃租的保證。其後在殖民地式開發進展的過程中，雖然好處都被日本資本拿走，但對整個臺灣漢族來說，農村中過去的小租戶階層，其經濟地位並未動搖，而且在殖民地農業的發展中，達成了一定程度的累積，以此為基礎而在日本掌控的框架內，進行些微的資本家活動。從社會經濟的角度來說，這種殖民地體制的一定受益者，即小租戶階層及其後裔，實際上占筆者所謂的本地地主資產階級的大多數。

如上所述，日本當局一方面奪去了臺灣漢族社會舊領導層權力和權威的實質內容，另一方面，卻又不能盡奪他們的經濟基礎（他們仍然可以從地位不安定的佃農處收奪高額佃租），反而以近代的法律制度與治安維持能力加以保障。日本當局也利用這些「有資產、有名望」的人士對地方社會的影響力，順利地維持其統治。也就是說，按照他們的資產、名望以及對日合作的程度，下則使其擔任為派出所警察官跑腿的保甲役員（保正、甲長）或區長、庄長，上則給予高到廳參事的地方行政末端的職位，並授予「紳章」（後述）、

招待參加官廳的正式宴會或給予其他榮譽等。日本當局取代清朝官吏成為分配權威的泉源。當然，授予這些新權威榮譽的前提，是使這些名望家、資產家沒有任何不利日本統治之能力。然而，他們所擁有的對地方社會的影響力，必然也受到地方社會的利害、感情的規範，這種規範在異民族支配的情況下，不知何時會轉往反對日本支配的方向。再加上他們自己早就在適應殖民地近代化的過程當中，藉由高額佃租及其他方法從事經濟累積或投資子弟的教育，慢慢地培養實力，在這之間，重新意識到殖民地支配的桎梏。不管統治者方面如何不斷地培養其從屬性，即「御用紳士」性，我們仍可以清楚看到在他們的內部累積起反抗日本掌控的可能性——亦即阻礙自己這個資產階級成長的力量。

日本方面當然也清楚這種情形，因此對他們採取嚴格的監視和規制，利用金融面的強制、專賣品（鴉片、鹽、煙草）島內販賣特權的核發等手段控制他們；不只如此，日本當局經常把他們視為「政治問題」的最優先對象。

如下面所將分析的，在1912年左右浮出檯面的臺灣人中學校設立運動，是當時具有這種性質的本地地主資產階級所提出的要求。從這個中學校設立問題的政治過程，我們可以看到在上述意義上，臺灣的日本殖民主義政治（總督政治）結構之一端。

（二）中學校設立運動關係者的分析

捐款設立公立臺中中學校的臺灣人有力者，由葉榮鐘的調查可以明白其姓名、出身地別的人數以及捐款金額。其中出身地別人數和金額，如表一。

捐款人數、金額都以臺中廳最高。中部如果加上南投廳，則不論捐款的人數和金額都超過全部的六成以上。這一點也表現在設立發起運動結束後正式選出的創立委員的組成上。創立委員（11名）依地區劃分名單如下：[16]

臺北：林熊徵、李景盛
新竹：鄭拱辰
臺中：林烈堂、林獻堂、蔡蓮舫、吳鸞旂、辜顯榮

南投：林月汀

嘉義：徐杰夫

臺南：陳中和

表一　公立臺中中學校設立基金捐款、捐款者地方別一覽 [17]

	捐款者數	百分比（%）	捐款額	百分比（%）
臺北廳	30	14.7	67,760	27.4
桃園廳	3	1.5	1,500	0.6
新竹廳	11	5.4	18,050	7.3
臺中廳	99	48.5	140,850	57.0
南投廳	33	16.2	7,895	3.2
嘉義廳	26	12.7	4,270	1.7
臺南廳	2	1.0	7,000	2.8
計	204	100.0	247,325	100.0

　　此外，204 名捐款者當中有臺中霧峰林家的林烈堂、林獻堂、林階堂、林澄堂、林紀堂、林俊堂、林瑞騰、林幼春，臺北板橋林本源家的林熊徵、林柏壽、林祖壽、林松壽，鹿港的辜顯榮，清水的蔡蓮舫、蔡敏瀾、楊澄若，臺北市的李春生（李景盛之父），基隆的顏雲年，彰化的楊吉臣、吳汝祥，高雄的陳中和等，網羅了當時臺灣的大資產家、名望家。

　　張正昌在《林獻堂與臺灣民族運動》中指出，1901 年以中部的士紳、文人為中心組成的詩社櫟社（1910 年林獻堂也參加，成為有力的成員。櫟社也是 1911 年梁啟超訪臺時歡迎活動的主體），其成員也參加了這個中學校設立運動，張指出，這個運動是全島紳士、富豪的大結合，其主力是中部紳士，指導者是霧峰林家，主要的發起者其實是林獻堂。[18]

　　這個結論可以肯定，但尚欠具體性。從「臺灣本地地主資產階級的形成」所提出的觀點來看，我們必須探討捐款者在當時殖民地社會的位置；線索是《臺灣列紳傳》[19]（收錄被日本當局授與「紳章」的臺灣人略傳）的記述。「紳

章制度」是對「有學識資望〔資產與名望〕的臺灣人」，由臺灣總督府頒與榮譽「紳章」的一項制度。這是在1896年抗日游擊軍抵抗十分激烈的時期制定的，為籠絡舊士紳政策的一環，也有對協助日本當局的資產家、有力者賦予權威的目的。依規定，受領「紳章」者有經常佩戴的義務，但是後來民族運動興起，紳章被視為對日合作者「御用紳士」的象徵，被蔑稱為「臭狗牌」，便不再有人佩戴，總督府也在1926年以後停止頒發。[20]

對照《臺灣列紳傳》和臺中中學校設立基金的捐款者，可看出捐款者有76人是紳章受領者，占全部204名捐款者的37.3%，雖沒有過半數，但11名創立委員中有9名是紳章受領者。還有，林獻堂等主要的運動推進者在發起階段（1913年5月31日），呈給總督府學務當局看的28名預定捐款者中有17名（60.7%）是紳章受領者。由此看來，這76人可作為臺灣人中學校設立運動負責人的代表。

《臺灣列紳傳》的記述中，這76人的各項指標分布，如表二。

表二　公立臺中中學校設立基金捐款者中受領「紳章」者之社會地位

A 有科舉頭銜者⋯⋯⋯⋯⋯⋯⋯⋯⋯⋯⋯⋯⋯⋯⋯⋯⋯⋯⋯⋯⋯⋯⋯	16（21.1%）
（生員13名，其中1名武生員；貢生1，廩生2）	
B 有清朝官位者（全部都是因軍功得官）⋯⋯⋯⋯⋯⋯⋯⋯	3（3.9%）
C 接受日本教育者⋯⋯⋯⋯⋯⋯⋯⋯⋯⋯⋯⋯⋯⋯⋯⋯⋯⋯⋯⋯⋯	6（7.9%）
D 日本統治下有公職經驗者⋯⋯⋯⋯⋯⋯⋯⋯⋯⋯⋯⋯⋯⋯⋯	66（86.8%）
辦務署、廳參事⋯⋯⋯⋯⋯⋯⋯⋯⋯⋯⋯⋯⋯⋯　30	
街長、區長、庄長⋯⋯⋯⋯⋯⋯⋯⋯⋯⋯⋯⋯⋯　37	
保甲役員⋯⋯⋯⋯⋯⋯⋯⋯⋯⋯⋯⋯⋯⋯⋯⋯⋯⋯　10	
其他⋯⋯⋯⋯⋯⋯⋯⋯⋯⋯⋯⋯⋯⋯⋯⋯⋯⋯⋯⋯　21	
（同一層級經歷算一次，因為有人有數種經歷，因此總數不合）	
E 有關於協助鎮壓抗日軍、抗日游擊隊之紀錄者⋯⋯⋯	13（17.1%）
F 歸順的抗日游擊隊領袖⋯⋯⋯⋯⋯⋯⋯⋯⋯⋯⋯⋯⋯⋯⋯⋯	1
	共76人

A、B指標表示受領者和過去清朝體制相關，C以下則可以說和日本體制相關。表二的資料，一方面當然只不過確認了前述「紳章」的定義，但另一方面也可以說，它顯示臺灣人中學校設立運動的負責人，就是筆者所說的臺灣漢族本地地主資產階級的上層部分。

第一、曾經取得科舉頭銜或清朝官位的人（A＋B）幾乎都（18名）在日本統治下擔任公職。也就是說，76人中至少有將近四分之一的人，由於過去的頭銜或官位──雖然已失去過去的意義──而具有地方社會的聲望，因此被編入日本統治機構的末端。

第二、日本統治下有公職經驗者比例很高，而且有近半數的人是在當時地方行政單位中最大的「廳」擔任參事。這一點直接顯示這個運動乃是由本地地主資產階級的上層部分所進行。中心人物的霧峰林家林獻堂、其兄林烈堂（創立委員長）都是臺中廳參事；還有，擔任林獻堂等人與總督府高官間中介任務的辜顯榮也有臺中廳參事的經驗。辜原本是鹿港出身的小商人，是俠客型人物。1895年日軍登陸、南下之際，臺北城內有力紳商擔心城內的混亂狀態，便派遣辜至日本軍陣地，和預定擔任首任總督的樺山資紀會面。辜成為後來日軍南下的嚮導，得到日本方面的信任，並且受知於後來確立殖民地統治的後藤新平（第四任民政長官），成為後藤的臺灣人對策顧問，從事抗日軍的招降、鹽專賣的實施等工作，同時也獲得總攬島內食鹽專賣等特權，藉此成為後來被稱為臺灣五大家族[21]之一的富豪。辜顯榮巧妙利用從清朝到日本統治權力交替轉換期的機會，從一介俠客型的小商人變成大資產家。他因和歷任總督密切相關的活動經歷，所以在1920年代民族運動時期，被視為「御用紳士」之首席代表，受到批判，與身為民族運動人格象徵的林獻堂恰成對比。[22]

以下擬更進一步分析若干資料。《列紳傳》記載的各人資產額，76人中大部分有1萬圓以上的資產，近四成有10萬圓以上，其中8人有50萬圓以上（其中4人有100萬圓以上）。但是這76人中沒有包括實際上是臺灣人最大資產家的林本源家的人。他們是「臺灣人〔的〕特殊階級」（當時學務部長隈本繁吉所言[23]）。為了林家子弟的初等教育，佐久間總督還特別向學習院長乃木希典拜託，俾便其直接入學。

在鎮壓抗日游擊軍的過程中密布警察網，使總督府得以直接掌握一般人
民；然而對總督府來說，在「統治上」顯然不能忽視具有上述背景的臺灣有
力階層的動向。因此，這個臺灣本地資產階級，即使距離具有明確政治目標
的團結還相當遠，但他們這個有一定目的的集結，對殖民地臺灣的日本殖民
主義當局而言，在次節所探討的情況之下，必然也形成一個強烈的政治壓力。

（三）本地地主資產階級的教育要求

公立臺中中學校設立活動，在1912年底左右正式開始，但是實際上本
地地主資產階級的教育要求，在1911年左右就逐漸顯現出來。

教授臺灣兒童日本語為中心的公學校，被日本當局視為臺灣殖民地教育
的重心。1898年開始設置的公學校，在與臺灣舊有的教育機關書房競爭之下，
至1904年其學生數已超過書房（該年就學人數是23,178人），1911年倍增
（47,104人），就學率也從3.28%上升到6.06%。[24]就如派翠西亞・鶴見（Patricia
Tsurumi）指出的，在公學校教育普及的初期階段，學務當局的主要目標是
如何讓地方有力者對公學校設施捐獻金錢或土地，而且讓他們的子弟入學就
讀。[25]上述的數字顯示其努力逐漸收效，但是對於把子弟送到公學校就讀的
有力者們來說，子弟們自公學校畢業後的出路才是最現實的問題。另外，不
喜歡公學校的資產家、名望家依然不少；但以前不喜歡公學校還可以把子弟
送到書房，然而如今科舉既已廢止，要讓子弟升學，便只好求之於近代學校；
有財力者不得不自初等階段或中等階段起就讓子弟到日本去留學，這時對遠
方子弟的指導、保護就要煞費苦心。

教育要求的第一個表現是以資產家、名望家要求容許子弟在日本人的
小、中學校共學的形式出現。據隈本繁吉的資料，他於1911年3月視察臺灣
中南部時，林獻堂曾對此事提出陳情。其後，隈本鑑於赴日本或對岸（廈門、
福州等）的留學生增加，其中「歷歷有趨於非國民感情之事實」，[26]對「臺灣
統治」也不好，而發出了默認和日本人小、中學校共學的內部訓示，雖獲得
總督佐久間和民政長官內田嘉吉的諒解，但由於其他部長級高官的強烈反對
而未實現。[27]

　　教育要求的第二個表現是要求設立中學校。根據隈本的說法，1912年夏天廈門英華書院院長金禧甫（H.F. Rankin，英國人）來訪，提到臺灣紳士希望在臺北設英華書院分校，他來打聽設校方法。結果，因為金禧甫希望的是使用英語的高等普通教育，與要求使用「國語」（日本語）教育的總督府方針不合而沒有結果，但是隈本認為，這個動向是因為小、中學校共學的要求沒有實現才出現的。[28]

　　另外還有一事與臺中中學校問題的關係不明。中部彰化的名門施家，在把他們持有的水利設施「八堡圳」之權利讓渡給新設的水利組合之際，據說曾經要求在臺中設中學校以紀念「八堡圳」開鑿之祖施長齡的功績。[29]

　　第三個表現是獎勵子弟留學，並且有意自己成立一個保護、指導留學子弟的機關。此動向之主導者為林獻堂，這個動向直接和臺灣人中學校設立運動有關。1912年，林獻堂號召募集了以霧峰林家為中心的十萬餘圓，希望成立上述旨趣的「勸學會」。[30]林獻堂自己也在1910年讓長子和次子到東京留學。[31]這個運動如後所述，在中途轉換了方向。

　　以這樣的形態表現出來的教育要求，以前一般的說法多將此認定為反映「臺灣人近代化的志向」。[32]順著在「（一）臺灣本地地主資產階級的形成」中所提出的觀點鋪陳下去，關於這一點，可作如下的解釋。

　　本地地主資產階級在面對由上而下的殖民地近代化過程中，逐步被從屬地編入日本統治支配體制，也從屬於進入臺灣的日本資本；但是另一方面，他們也由殖民地產業分得了一定的利益，而且因為有較多接近日本人或日本制度文物的機會，在適應殖民地近代化上，是被統治民族中位於相對有利立場的一群人。他們的立場和一部分在強勢推行近代化的「基礎工程」時期，受到不良影響而被奪去謀生手段，嚴重犧牲甚而不得不走向絕望暴動的一般民眾之立場恰成對比。本地地主資產階級從相對有利的立場，獲得對自己有用的近代知識、技能而有效地適應日本人設定的近代化步調，得以伸張實力。

　　在這種認識的轉換中，他們了解到日本的、或說近代式的學校制度的有用性，他們看出這是代替過去的科舉制度，為社會上昇的階梯和強化自己的手段。[33]而且，在臺灣進行「基礎工程」的過程中，中國在1906年廢止科舉，1911年舊價值觀所在的王朝體制崩潰，這對改變臺灣漢族上層的認識，間接

地有很重大的意義。

二、公立臺中中學校設立的經緯及其背景

面對本地地主資產階級的上層部分提出的設置臺灣人中學校的要求，臺灣總督府為何同意，並決定設立在當時殖民地學校體系中是為異例的「中學校」呢？在此將探討其原因，並據此描繪總督政治的一斷面。但是在此之前，必須依據總督府學務部長，當時直接參與此問題的隈本繁吉留下的紀錄，[34] 解明公立中學校設立（從設立私立中學校轉變成由隈本發起以及此方針確立）的經緯。

（一）設立之前的經緯

我們關心的重點主要是臺灣內部的決定過程，其主角有三：（1）代表本地地主資產階級的願望，籌畫、捐款、陳情的林獻堂、辜顯榮等臺灣人有力者，（2）為了自己光榮退休而以完成「蕃地討伐五年事業」（1910-1914年）為最高目標的老將軍佐久間左馬太總督，以及附隨輔佐的「理蕃」當局（大津蕃務本署長、龜山警察本署長），（3）察覺到臺灣民心受辛亥革命影響而「變調」，而將臺灣人中學校設置問題作為對應之策的學務當局（隈本繁吉）。至於民政長官內田嘉吉在事件的重要時期為了議會備詢而上京，並沒有值得注意的重要影響。

如前所述，林獻堂等中部有力者在1912年計畫設立「勸學會」，但不久就改變方針。依據甘得中的說法，是因為有人提議「獎學團體只是消極的，應進一步設立私立中學」，[35] 但方針轉換的契機或許是因為這一年總督府得到東洋協會的協助，在東京的東洋協會專門學校（現拓殖大學）校地內興建臺灣留學生專用的高砂寮（5月開工，9月落成）。[36] 也就是說，留學生問題，被總督府搶先一步，因此勸學會設立的意義就減弱了，而且和總督府設施作對抗姿態，在當時也仍是一項顧忌。

改變方針之後，林獻堂等便對佐久間總督提出中學校設立的陳情。其提出時期沒有確切資料，我想大概在1912年末到1913年初。此時的陳情與協助「蕃地討伐事業」有著微妙的關係。其間的事情，隈本有如下的記述：

> 五年計畫的討蕃事業是佐久間總督在任中最重要的事件，雖銳意為之，成果卻未必能如預期。大正一、二年左右，進行大規模掃蕩，臺灣人的賦役及其他義務勞動並不容易配合。中部出身者為主的辜顯榮、林獻堂等鄉紳視此為大好機會，請求總督體諒致力於討蕃事業的島民赤誠，許可臺灣人子弟中學校的設立，並且表示若有幸得到許可，絕不敢推辭創設費。急欲完成理蕃事業的總督已內部承諾默認共學，所以對彼等的陳情亦予諒解。[37]

從前後的事情來看，佐久間此時的諒解，只是對設立「臺灣人子弟中學校」的一般性諒解。由於在具體內容還不確定時總督便已首肯，因此有兩個方向的活動出現。其一是總督府「理蕃」高官開始推動以臺灣人捐款、由西本願寺設立私立中學校的活動；其二是以學務部為中心，總督府官僚機構內開始從事對應方策的策定作業。以下先看前者。

日本領有臺灣後，日本佛教各派也來到臺灣，對在臺日本人從事傳教活動。但是對臺灣人的活動，除了協助「理蕃」事業的西本願寺派曾派遣宣教師到山地之外就沒有了。因此當時西本願寺輪番（負責駐錫臺灣之僧侶）紫雲玄範，希望西本願寺從事教育事業而和熟人商量。此時，正好辜顯榮的翻譯鉅鹿赫太郎獲知中部臺灣人有力者之間有設立私立中學校的事，便勸紫雲利用此形勢。紫雲於是向臺灣人方面提議，由臺灣人捐款，而由西本願寺在臺北大稻埕設立中學校。[38]

另一方面，「前記島民關於中學校設立方案的陳情，在討蕃事業的關係上，除了民政長官之外，大津蕃務〔本署〕總長及龜山警視〔警察本署〕總長等也聞知」，而且，大津、龜山以為「由於〔西本願寺的〕理蕃因緣，關於島民的中學校，總督府及中央政府應不會輕易答允公設，而毋寧使之私設、由紫雲負責」，而開始作紫雲的後援，並將這種想法向佐久間和隈本說

明。[39]

　　紫雲因鉅鹿的提示而向臺灣人方面提議以及大津、龜山等開始支持紫雲，二事的前後關係不明，但是時間應該相隔不久。

　　臺灣人方面附和紫雲。雖然他們後來對於隈本所提出的希望事項，即具有佛教色彩、設立場所在臺北等事頗不情願；但因為此事有大津、龜山等後援，因此他們認為除此之外似乎絕無實現的可能。[40]因此，1913年3月29日在臺北召開本願寺中學校設立的發起人會議；3月30日，以「主倡者」紫雲、「同盟者」鉅鹿、「贊成者」龜山、大津的名義發表趣意書。[41]

　　如此，臺灣人、西本願寺、總督府（特別是理蕃關係高官）的想法呈現一致，西本願寺設立私立中學校的態勢整然可見。但實際上並沒有進展，這件事到此為止。

　　原來，自從3月29日的發起人會議起，各方的步調便不一致。日本人方面，紫雲固不用說，大津、龜山以及被他們邀請來的其他數位總督府官僚和鉅鹿都出席了，但重要的學務部長隈本卻沒有出席，只在「純為瞭解情況的意義」下派遣一名下屬出席。臺灣人方面也只有辜顯榮和李景盛（基督教徒）出席，霧峰林家的人則「缺席」。[42]據說李景盛後來也有反對由西本願寺設立的言行；林獻堂先前曾在臺北會見紫雲，表示贊成的意思，但當日缺席，不久後再與佐久間會面，提出「希望和本願寺脫離關係而設立」的要求。[43]以後，日本人方面，關於中學校設立問題的主導權就移轉至學務部長隈本。因此，我們必須轉而注意總督府學務部內對應政策的制定過程。

　　首先，在1913年1月28日的「督府事務協調會議」（從參加的名單來看，是除了總督和民政長官以外的總督府內部局長以上高官的會議）上，共同決定今後將秘密討論臺灣人子弟和日本人小、中學校的共學問題以及中等教育問題。2月4日由總督正式對這個會議提出三項諮詢：（1）是否贊成小、中學校有條件共學；（2）是否設置中等程度的臺灣人學校；（3）如果贊成（2），其內容如何。在2月中召開的會議中，學務部提出的答案是（1）及（2）均贊成，（3）為四年制、課程以實業為主。此意見得到多數人的支持。[44]

　　但是，這個時候對於是以認可私立學校設立，還是由總督府設立的問題還不明確。其後，前述西本願寺方面的活動之後，在4月22日召開的協調會

議中，隈本所主張的方針是：（1）對西本願寺的計畫不加干涉，聽其自然，但是對特定宗派的計畫，個人身為總督府高官，並不適宜推動；（2）中等教育機關，接受臺灣人的捐款而由總督府出面設立、維持。因此，原先贊同紫雲之計畫、連署為發起人的官僚中，也有一些人辭退發起人名義。接著，28日隈本召喚臺灣人當中和本願寺案關係最深的辜顯榮，使其諒解前述方針，更在29日向佐久間報告事情經緯，得其諒解，然後由佐久間向龜山等暗中支持西本願寺的高官進行私下溝通。[45]

就這樣，由臺灣人捐贈創立資金，由總督府出面設立、維持的方針遂確定了下來。30日，隈本初次會見包括林獻堂在內的臺灣人有力者，傳達此意見。[46]

其後不久，在總督官邸召開招待辜顯榮等臺灣人有力者的晚餐會（5月2日）。隈本說，這個晚餐會「〔雖然沒有具體表明什麼事，但〕對於島民對討蕃事業的奉公和設立中等學校的希望能得諒解，卻是意義深遠的聚會」，據說「列席者對此都有共識」。[47]5月5日，總督府御用報紙《臺灣日日新報》的漢文欄中出現題為「督憲〔總督〕贊成中學」的小記事。我們可以認為總督府經由這種程序，向臺灣人提示「蕃地討伐事業」與允許設立臺灣人中學校兩事有關。

其後，學務當局一面聽取總督和臺灣人有志者的意向，同時以1914年4月成立為目標，開始策畫應向中央政府提出的官制案及預算案。這是臺灣人方面和總督府討價還價的結果。臺灣人方面在佐久間好意的諒解之下，希望這是與「內地人中學一致」的學校；而總督府官僚的立場則是：雖然不得不回應臺灣人要求，但希望這不會對不以升學為前提、以「國語教育」為本位之現行體制（以公學校為中心）造成太大傷害，極力壓低其程度。結果，握有總督諒解這張王牌的臺灣人方面勝利了。話雖如此，臺灣人是在接受中學校官設，也就是設立後完全在官方控制之下這種不情願的條件下勝利的。

以下略述其大致過程。

如前所述，隈本在4月22日之前，曾向總督府部內提示（1）官設，（2）四年制，（3）實業的教科內容等三個想法。5月17日的備忘錄中，關於（1）更具體提出3個方針：（A）設在中部地方，（B）公立中學校（非總督府立，

維持費由臺灣總督府特別會計中的地方費負擔），（C）設立資金（捐款）須有25萬。限本用這三項原則與臺灣人方面交涉。[48]對此，臺灣人方面起初並未放棄私立學校的意向，不久後就同意了前述（1）的（A）、（B）、（C），關於（2）、（3），則要求五年制，與「內地人中學校一致」，教授法律、經濟、英語。[49]

結果，受到臺灣人方面再度陳情而給予承諾的佐久間，指示限本：「為了與內地人中學校有同樣的修業年限及學科課程，即使如法制、經濟也加上去，以符島民之深切期望。」[50]因此，總督府內部於1914年1月決定了向中央政府提案的內容，主張設置在修業年限、教科內容和其他形式上幾乎和「內地人中學校一致」的「公立臺中中學校」。此後，總督府一方面進行與中央政府的交涉，同時，以4月成立為目標編製預算，接著進行學生招募和入學考試。[51]

但是，這個官制案向中央政府提出之後，由於法制局的強烈要求，延緩決定及公布，學校成立也整整遲了一年。這是少數可以讓我們了解殖民地政府與中央的交涉過程，以及中央對殖民地政策決定方式之事例，但因不是本文的課題，所以僅記其要點。

限本等擬定的「公立臺中中學校官制」案，立刻被送到法制局，但法制局主張須和朝鮮的中等教育機關（名稱是高等普通學校、四年制）平衡，因此提出以敕令發布準據朝鮮教育令之臺灣教育令的條件。但眼見4月學校就要成立，總督府向殖民地管轄官廳內務省求援，卻引起內務省和法制局之間的權限爭奪而又延遲了下來。接著，內閣由大隈內閣取代，新任書記官長[52]江木翼出面調停，此事卻又因江木與法制局間的權限紛爭再度延遲。好不容易到9月，程序問題才解決。但討論內容時，法制局最後只承認「公立中學校」的名稱，對於「與內地人中學校一致」的部分抱有不滿，不肯讓步。臺灣總督府方面則自始便堅持「從討蕃關係、保甲動員及將來的統治等方面考量，對中學校及其他事項做變更都是無意義的，還是維持府議，並可出席閣議說明」[53]，為了不讓佐久間總督下不了臺，無法作有效的讓步。

結果，10月下旬，佐久間雖然上京，但在閣議中被法制局阻撓，12月4日閣議決定「公立臺中中學校官制」：（1）年限四年，（2）入學資格十三歲以

上（修畢公學校四年以上。總督府主張五年），（3）英語為選修科目。[54]程度
明顯降低許多，除了「中學校」的名稱，其實和朝鮮的高等普通學校完全相
同。另外，還附帶條件，必須儘早根據朝鮮教育令制定臺灣教育令。[55]後來
這個教育令實際制定之後（1918年），「中學校」的名稱也就被刪除，改稱高
等普通學校。[56]

　　1915年2月，官制公布。5月，100位已經等了一年的入學考試合格者，
終於踏進與等待期間相似而又不全然相似的公立臺中中學校的校門。[57]

（二）總督府案決定的背景

　　以下，以佐久間和隈本對於這個問題的判斷為線索，探討問題的背景。
首先從隈本說起。

　　如前面所提及，隈本從日本人小、中學校的共學問題、臺灣人子弟的留
學問題及臺灣人中學校設置問題的背後，看到當時臺灣民心的「變調」，認
為應該在「統治上」予以對應，希望能設法消解問題。他從兩方面看出民心
「變調」。

　　首先是臺灣人與日本統治的關係，「至明治四十四年乃至大正元年
（1911-1912年），改隸當初新附之民，甘於所有屈辱已經十六、十七年，如
今已漸次習於我國統治的傾向」。隈本舉出兩個例子，其一，「至少鄉紳乃至
有識階級……在表面或背地裡都不無對與內地人的差別教育顯露出不滿之意
的實情」。（隈本認為從這裡產生共學問題、內地留學問題）；其二是1911年
「梁啟超來遊，與臺灣人士私下交歡」。[58]這些事情顯示，臺灣本地地主資產
階級已經適應殖民地的近代化，開始要求在殖民地統治框架中改善待遇，雖
然沒有發展為政治運動，但已開始展開非官方指導的自主性社會活動。

　　在此補充說明若干史實。梁啟超訪臺是林獻堂於1907年在日本與之邂
逅時慫恿他來。3月3日在臺北舉行的歡迎會由林獻堂主辦，沒有日本人出
席，散會後出席者受到警察官的訪問調查；在臺中舉行的櫟社歡迎會雖也有
關於政治問題的質問，但梁啟超顧忌當局干涉而迴避正面回答。梁啟超此次
訪臺，是在中部已有聲望、年輕的林獻堂（當時31歲）第一次登上全島性的

舞台，一手負責與梁啟超這種祖國著名人士的交流機會，更增加他的聲望。[59]

此外，補充說明對差別待遇的不滿，原總督府官僚的證言也指出，1912年5月，當時的內閣拓殖總裁元田肇視察之際，「土人的重要人物」曾提出關於臺灣人將來政治地位（是要給予國政參政權還是給予自治權）的質問。[60]

以上補充的這些事情，可以說是後來林獻堂等利用元勳板垣退助的聲望，企圖改善待遇的臺灣同化會運動（1914-1915年）的前兆。

關於民心「變調」的另一個面向是辛亥革命帶來的影響。隈本有如下的敘述：

> 在外，支那革命新成，中國南部的意氣頓振，島民的心理也起了
> 一種變調。爾後一、二年間急革辮髮纏足之弊風，與其說是皇化
> 使然，毋寧說受到彼等腦海中潛在的母國（即對岸支那）革命後
> 急急力行的斷髮放足的影響居多。此變調與大正2、3年的陰謀事
> 件有關。我作為學務當局者，自履任當初就提倡島民同化之策，
> 以浸染國語國風為急務，振興女子教育（國語學校附屬女學校的
> 獨立、擴張以及獎勵女童進入公學校就讀等），在陰謀事件爆發的
> 同時，得到總督〔民政〕長官的共鳴，以至於突然有獨立的臺灣
> 人女學校。此不待細說。[61]

這裡所說的「陰謀事件」是指1912-1913年被發覺的一連串反日暴動的企圖。日本官方的稱呼是：（括弧內是中心人物）

（1）土庫事件（黃朝）

（2）關帝廟事件（李阿齊）

（3）大湖事件（張火爐）

（4）南投事件（沈阿榮）

（5）苗栗事件（羅福星）

（6）東勢角事件（賴來）

關於這些事件的實態及詳細背景，目前還沒有深入研究，但皆是當時民眾（主要是農民）由於生活疾苦，或多或少受到辛亥革命影響而發生的。（1）的黃朝是從玄天上帝那裡接到獲命為臺灣國王的神敕，以迷信信仰號召支持者；（6）是在上海親見辛亥革命實態而歸臺的賴來企圖組織革命黨。（5）是這些企圖中規模最大者，中心人物羅福星是曾和黃興等一起行動的革命同盟會員；他和同志以臺灣北部為中心活動，據說組織了1500人左右。[62]

六個事件中，只有土庫事件是1912年被發覺處理，其他都是1913年以後，由於保甲民的密告（《保甲條例》規定連坐制，如果不密告，無關係者也有罪）或區長等的報告而被發現，自1913年10月至隔年1月全島大檢肅。（2）、（3）、（4）、（5）都是陰謀未遂就被鎮壓，而賴來在被發覺前就襲擊東勢角支廳（1913年12月2日）。為了對這些事件作法律處理，自1913年11月至1914年3月在苗栗開設臨時法院，（2）至（6）五個事件同時付諸公審。根據日本官方的紀錄，公審的結果，全部921名被檢舉者中，不起訴578名、死刑20名、有期徒刑284名、無罪34名。[63]

從這些事件的發生可以看出明顯的民心動搖。總督府法務部的《臺灣匪亂小史》中說：「本陰謀事件〔指（2）至（6）全部〕已如前述，其原因之一是受到支那革命的影響，與只由首魁一人以物質欲望美言煽動民眾者頗異其趣，可見彼等思想有必須拔除的根蒂。此外，犯罪的地區極廣，在發覺本陰謀的同時，進行全面性大檢舉，各處民心動搖，有前途暗澹不知所措之感。其間奇怪的傳聞傳播各處，致使庶民戰戰兢兢不得安居樂業。」[64]「奇怪的傳聞」在帝國議會也被提出。臨時法院開庭期間的1914年2月，在貴族院預算委員會的質詢中，田健治郎（1919-1923年任臺灣總督）被問到苗栗事件，據說有臺灣人懷恨日本人，而在橘子或麵中下毒及在臺北市的水源下毒等傳聞，就此質問臺灣當局的見解，內田民政長官承認社會上確實有毫無事實根據的傳聞流傳。[65]

如上所述，限本歸納臺灣上層階級有臺灣同化會運動，而下層階級有一連串的反日暴動企圖，可見民心「變調」。他想在自己的職責內，以增設臺灣人教育設施作為對應。因為他認為「新領土的教育，在統治的默契上，要斟酌緩急」，如果情況認識錯誤，「對島民過度的警戒威壓，墨守愚民的舊套，

那麼原本就難以同化的島民將不無產生更深刻的怨嗟乖離之虞。」[66]

限本對於民心的「變調」，雖然考慮增加一定限度的教育設施，然而對於以公學校為主的系統則不考慮作太大的更動。關於此次之中學校，也否定「與內地人一致」的提案，在各種意見書類中，多稱「中等教育機關」，而慎重地避免稱「中學校」。如前所述，臺灣總督府方面在決定「與內地人一致的中學」類似的「公立臺中中學校」設立案時，佐久間左馬太對臺灣人有力者表示好意的諒解是重要原因。若非如此，為了在中央政府階段能順利通過，總督府官僚或許會避免使用「中學校」的名稱。總督府部內便曾有「臺灣高等公學校」、及「臺灣中學」等提案。[67]

那麼，為什麼佐久間要給臺灣人有力者好意的諒解、而且對因此決定的案子在閣議敗北前一直不肯讓步呢？雖然這可能與佐久間左馬太的個人因素有關。他具有「古武士」風格，[68]認為「依所謂王者之道，不可對島民施以不同教育」。[69]但是更重要的決定性因素是如本節「（一）設立之前的經緯」所引的限本說法，此案與「理蕃事業」、具體地說是與佐久間以完成「理蕃事業」為至上目標的「蕃地討伐五年事業」有關。這有兩個層面。其一是花費龐大的財政問題，是非常迫切的問題；另一個層面是，為了進行討伐行動，必須從保甲徵調人夫。這兩點都需要本地地主資產階級合作或默從。

首先看財政問題。

臺灣全島土地所有權雖說被漢族慢慢地侵蝕，但在清末約百分之六十的山地依然是原住民所占領，其占有的山地被稱作「蕃界」，在行政上與平地分開處理。日本領臺之初，當局因為受到漢人激烈的抵抗，沒有餘力用兵山地，因此採取不刺激原住民的「撫育」方針，宣言所有「蕃界」均為國有地，同時繼承清朝的方式，視之為特別行政區。

但是，山地有樟腦的原料木材等豐富資源，為尋求這些利源而入山的人漸漸增多（特別是新加入的日本製腦業者），原住民對他們的侵入而作的反擊（被稱作「蕃害」）也增加。因此，1902年平地治安大致確立後，總督府為因應民間企業家「呼籲處理蕃人蕃地問題」[70]的要求而改採積極政策，由警察負責山地行政（自清代以來稱為「理蕃」，日本亦沿襲），進行居民和地勢的調查，同時視情況不同而從事招降「蕃社」（原住民部落）的工作，或進

行討伐、沒收槍炮，推進、延長隘勇線。

　　隘勇線自清代就存在，平地人（漢族）在與山地人（原住民）的交界處砍去樹木，形成帶狀（稱作「隘路」），並在重要地方設置哨舍（稱為「隘寮」），在此備置武裝的警備兵（稱作「隘勇」或「隘丁」，日本時代也幾乎都雇用漢人擔任）。日本統治時期，甚至在一些地方埋設地雷或張設鐵絲網，因為鐵絲網通有電流，不少原住民或他們的家畜被電死。隨著隘勇線的推進，居住在新線內側（靠平地方面）的原住民被迫移向更高的地方；在平地方面部分（稱為隘勇線的「內側」）被編入普通行政區，是林野整理事業的對象，成為更安全的利源之地，對平地人（日本人和漢人）開放。[71]

　　「蕃地討伐五年事業」是從1910至1914年五年間對還繼續抵抗、居住在中央山脈北部的原住民，大規模地進行如前述的槍枝沒收、隘勇線推進等工作，日本支配因此也在山地確立。此事業不只出動警察，也出動了軍隊，實際上，與其說是「事業」，不如說是日本國家對原住民的征服戰爭來得合適。

　　這個「戰爭」，在後來的文獻中被稱為「佐久間總督畢生的大事業」，[72]對於計畫終了時正好古稀之年（70歲）的佐久間來說，無論如何務必完成，以便作為其退休獻禮。結果，在犧牲2,200餘名傷亡者之後，隘勇線大幅推進，押收槍枝1萬8千餘挺，[73]但被稱為「蕃害」的原住民反抗並沒有就此告終，實際上距離「廓清蕃地」的目標還相當遠。

　　從財政面來看這個事業的話，除了官吏的俸給之外，以前由地方稅負擔的「理蕃費」改由國庫負擔；自1910年開始的五年討伐事業，支出了1,540萬圓。[74]這個需要龐大費用的事業，在政府內部從一開始就有很多批判的聲音。據說在決定計畫時，當時中央政府也有桂（太郎）首相以及對殖民政策尚有強大發言力的後藤新平（遞相）抱持批判態度，佐久間甚至一時死心。但是由於喜歡佐久間古武士人格的明治天皇好意的發言，桂首相反向議會提議而獲得通過。[75]因此，佐久間為了其後不久便去世的明治天皇，無論如何也要完成這個事業。

　　當初的計畫，在五年事業期間，每年的「理蕃費」從原來的100萬圓增至300萬圓左右（有官吏俸給、廳費、雜費、隘勇線維持費、掃蕩費等經費項目）。但隨著不斷的討伐，300萬圓也不足。例如，在進入山地進行討伐之

際，必需有和戰鬥人員（警察部隊，包括巡查〔大部分是日本人〕及隘勇〔臺灣人〕）人數相當的人夫，[76] 幾次下來，工資高漲。[77] 另外，為了鼓舞士氣而慰勞戰鬥人員等雜支也達相當數目。這個事業可說是發動整個臺灣的日本勢力所進行的「戰爭」，所以對行政等其他部門帶來的不良影響也不小。加上臺灣在1911、1912年連續兩年有暴風雨，總督府不得不支出總計1,500萬圓以上的災害復原費，並且因甘蔗受到極大打擊，大正元年度（1912）和二年度（1913）總督府以砂糖消費稅為主的歲入減少了很多。[78] 而且，從大正三年度（1914）開始，大隈內閣決定將砂糖消費稅從臺灣總督府特別會計中分離出來，編入一般會計。[79]

就這樣，直接、間接的「理蕃」準備費用對總督府來說，一年比一年緊縮，總督佐久間的立場非常困難，特別是關於「理蕃」事項。

這種困境的頂點表現在最後一個年度（即大正三年，1914年）與中央政府在預算上的折衝。

這一年預定在中央山脈西北部的深山進行最大規模的討伐。總督府估計即使改定預算計畫（總額增至1,624萬圓，最終年度從原來的274萬圓增至358萬圓。[80] 這部分已實現），也還不夠100萬左右。在最後決定預算案的1914年3月8日，佐久間（在臺灣）以電報指示在京的內田（嘉吉）民政長官：「決心於下年度在理蕃事業上做最用力一舉，不粉碎北蕃的抵抗決不停止」，要內田事先取得大藏省的諒解，從中央政府的預備金支出預計不足的100萬圓。[81] 但是，內田雖努力遊說，政府卻不同意，首相大隈甚至主張如果預算不足就停止討伐。[82] 因此，佐久間不得不決心從地方費中挪出100萬圓（討伐隊警察官津貼等轉由地方費負擔等等），以便照預定計畫實行討伐。[83]

為了緩和討伐費用的困境，總督府採取的手段，可以確認的有如下三種。

（1）挪用其他的預算經費項目。

（2）要求民間捐獻。

（3）增加保甲義務勞動的人夫比例。

其中，（2）可能也包括在臺日本資本家，但是（1）之「其他經費項目」的主要項目，從前述佐久間的對應來看，是挪用具有人頭稅性格的地方稅。也就是說，是將不足的部分轉嫁到臺灣人頭上。日本對原住民的這場「征服

戰爭」本來就有在討伐行動中強制漢族（隘勇和人夫）作最大犧牲的「以漢制蕃」的性格，[84]而這種解決費用問題困境的方法，是更強化「戰爭」的色彩。

漢族本地地主資產階級被要求對上述（2）、（3）合作。

首先談捐獻。關於此點，並沒有足以說明全貌的資料，但是，辜顯榮的傳記有如下的記載。「〔五年事業的〕最初二、三年間，募集擔任後方勤務的苦力並沒有特別困難，但是從第四年左右開始，因為漸漸進入深山，臺灣人開始逃避應募，應募者不及預期。雖然靠保甲儘量募集苦力，但是因為補給金很少，成果很難說得上『好』。因此辜氏自己拿出私人財產，應總督府希望，努力募集苦力。」[85]

還有對於討伐事業第二年，即1911年1至3月的「北勢蕃」討伐行動，有臺中廳內的有力者捐款的資料留下來，其中有17名捐獻者的名字：

500圓＝吳鸞旂
400圓＝林烈堂、林瑞騰
300圓＝楊澄若
200圓＝辜顯榮
100圓＝林獻堂、蔡蓮舫、楊瑤鄉、呂汝玉
50圓＝*蔡惠如、楊吉臣、吳汝祥、林紀堂、*楊子珪、*楊子浴、*蔡
　　　敏南、*王學潛

其中，除有*記號的5人外，其他都是後來與臺中中學校設立運動有關的人。[86]這17人的捐款合計2,600圓；同一份資料中，連其他如討伐隊歡迎費、戰死者祭典費、遺族慰問費等捐款加起來，總額達6,013圓。[87]而且林烈堂還在臺中廳的警察部隊（以廳長為隊長）出發之際，慰問討伐隊本部。[88]

其次看關於保甲民的義務勞動。

關於這個對原住民的征服戰爭，可以視為日本方面的戰史，由總督府警務局編纂的《理蕃誌稿》第三編，實際上有系統地省略了這場戰爭中「以漢制蕃」方面的資料，[89]所以徵發人夫之數目、工資、犧牲者數目等並不清楚。但是，如果由各項資料來看徵用實態，大概可作如下的整理。

徵用是分派給保甲內的壯丁（從17歲到50歲的男子）。因為討伐是在五年之中反覆進行，所以某些地區可能被分派不只一次。因為財政問題，官方支給的工資比一般行情壓低很多，據說差額由保甲負擔。某關係者的書簡中提到關於1914年的討伐，這一年曾一次徵發人夫超過2萬人，差額以一人1日1圓來算，討伐達90日的話，保甲便要負擔180萬圓。工資之外，禦寒工具、炊具等據說也由保甲負擔。[90]

比起保甲規約中列舉的「通常」保甲徵用（道路的擴張、整備、用水路的開鑿、整備、自然災害的復原等），進入深山的討伐隊人夫，極為辛苦及危險。他們首先面臨的就是生命的威脅。據說迎擊討伐隊的原住民，會讓隊列前面的戰鬥員通過，而襲擊人夫的部隊。[91]日本士兵、日本警官也有虐待人夫的事情。佐久間在最終年度討伐「太魯閣蕃」之際（5月6日），對陸軍部隊特別訓示：「行李或其他方面使用的人夫，幾乎都是由保甲義務徵用，應對彼等多加照顧，注意不要對將來本島的統治留下不良影響」，[92]但似乎沒有什麼效果。6月2日又特別針對輸送業務發出訓示，叱責部下：「……役使〔保甲的人夫〕並且加以照顧之法，尚有不少研究的餘地，特別是負責直接監視者，處置失當，對彼等虐使笞撻，時有所聞，甚感遺憾。」[93]

具有「以漢制蕃」特色的這場「戰爭」，也給漢族的一般大眾帶來極大痛苦。特別是在連續兩年的風災水災之後，被選去從事這種危險的勞役，對農家而言無疑是極大的痛苦。

即使我們認為日本統治下的治安確立，以及因此達成農業生產的發展，導致一般生活的提升；但這個「戰爭」所帶來的痛苦，也可以視為是辛亥革命後一連串「陰謀事件」的背景。羅福星被逮捕後在獄中所寫的手記中，列舉日本的十一項苛政，其中第七項就糾彈這種人夫徵用；另外在批判警察政治的第六項中，也抨擊用錢財物品迎合派出所警察官之意的保甲役員或區長等有力者，都因此可以免於分派人夫徵用的事實。[94]前記的「陰謀事件」，幾乎都以具體的行動轟擊或企圖襲擊派出所或支廳。「五年事業」反覆強迫保甲壯丁義務勞動，這些警察官的據點更是民眾怨恨的對象。

關於臺灣人上層人士對於人夫徵用具體行動的紀錄，似乎僅見於前引辜顯榮的文獻，如以下引用所述，各地似乎都成立有「保甲人夫後援會」。

前述的工資差額、禦寒工具及炊具的置辦，大概都是由這些因官方慫恿而組成的團體所負責。因此，這種團體如果沒有保甲役員及各地方有力者們的合作，根本不可能發揮機能。很明顯地，他們的合作態度與警察的權威，對於人夫的繼續徵用、及不穩氣氛的抑制等，都是不可或缺的。

如上所述，對於以達成「蕃地討伐五年事業」為至上命令的佐久間來說，確保本地地主資產階級的合作，緩和彼等的不滿，是不可或缺的。因此，如限本所說，臺灣有力者提出中學校問題的方法雖然極為巧妙，但在佐久間看來，只要答應一所中學校設置的要求——而且創立費還是他們自己出——真是求之不得的交易。總督府為了說服中央政府，在應是由佐久間授意而作成的報告書中說了下面一段話，大意是：認可「與內地人一致的中學校」顯然和島民的「中上階級」對討伐事業的合作有關，如果不以「與內地人一致」來報答其合作，恐怕會產生統治上的問題。

> ……雖然有像去秋〔1913年〕的陰謀事件之類的不祥事件，但這不過是目不識丁者或苦力受一二無賴漢煽動，中上階級人士則與此無關。而且前些日子的討蕃行動，島民之間到處成立保甲人夫後援會，保甲人夫甘於極少的報酬，日夜服勞役、攀險難、涉深淵，而不以為意。這不外是島民明白國民本旨，樂意作後援……因此，最近接受島民的懇請，開放對有資望者的子弟施以和母國人同等的中學教育，不僅合於同化的情勢，並且有利而無害。反之，若依法制局之意見，不設中學校，島民無法達成其期望，則將永久懷疑統治之真意，政府不論如何圖謀同化，標榜一視同仁以臨斯民，終致無效果。[95]

結語

如上所述，這個被視為「臺灣民族運動第一聲」的臺灣人中學校設立運

動的背景，其遠景是辛亥革命，近景則是「以漢制蕃」的日本帝國主義對原住民的征服戰爭。尤其是與後者的關係，在以往的研究中常被忽視。

在這個「戰爭」中，漢族本地地主資產階級協助日本當局。當然，其協助主要是因為他們既然已被編入日本殖民主義的支配體系中，這也是沒有辦法的事。但是他們的一部分，即使不是這個「戰爭」以及以戰爭成果為前提始得進行的林野整理事業（1914-1925年）之主要受益者，也是連帶受益者。[96] 就如在中學校問題的經緯所看到的，他們從積極的合作中得到利益。

「以漢制蕃」是日本當局所採用之分而治之的統治，這是日本支配異民族的老套。其分而治之統治政策的主要犧牲者是原住民與漢人下層大眾。本地地主資產階級所蒙受的犧牲相對地輕，而且他們的一部分也是從屬的受益者。就如羅福星所批評的，他們的一部分利用其保甲役員或其他地位可以迴避出公差等苦差事，而經由合作交換得來的中學校，可以進去就讀的，幾乎都是「中上階層」島民的子弟。[97]

的確，林獻堂等人在要求中學校設立之際自己出錢，而且「與內地人中學校一致」的願望也被背叛了，然而這件事也促使他們了解到獲得自己的政治權力有多麼重要。如果這樣考慮的話，此時我們便可以說林獻堂等人的運動是以配合日本「分而治之政策」的方式進行。

當然，帝國主義的殖民地支配及與之對抗的殖民地民族運動中，存在著被支配民族協助統治者的戰爭，以爭取某種民族利益的局面或傾向，從歷史上來看，一點也不奇怪。使殖民者承認臺灣人中學校之設立，可以說是爭取廣義的民族利益，因此，其為「臺灣民族運動第一聲」的評價不能否定。但是，就如本文所見，在總督政治結構和分而治之支配政策之下，其民族運動有著很大的限制，卻也不容忽視。

附記

本文乃根據筆者於1981年11月在由大阪外語大學主辦的アジア政經學會中的報告原稿潤飾而成。當日出席的會員諸君均曾給予寶貴的批判。報告

撰寫之際，由東大教養學部國際關係論平野研究室及立教大學戴國煇教授惠予借閱珍貴資料。部分內容在臺灣近現代史研究會及臺灣大學近代日本研究會發表，也得到一些評論。謹記以表謝意。

註釋

1. 【譯按】共學是指臺灣人與日本人就讀同一所學校。

2. 臺灣總督府學務部，〈公立臺中中學校設置問題〉，收於〈本島人教育上特ニ重キヲ置ケル点〉，《隈本繁吉文書》（東大教養學部國際關係論平野研究室藏）0301，第2節。

3. 葉榮鐘等，《臺灣民族運動史》（臺北：自立晚報社，1971年），頁44。

4. 關於地方稅的性質，見矢內原忠雄，《帝国主義下の台湾》（東京：岩波書店，《矢內原忠雄全集》卷2），頁262。原著出版於昭和四年（1929年）。

5. 矢內原忠雄，《帝国主義下の台湾》，頁378。

6. 葉榮鐘等，《臺灣民族運動史》。

7. 張正昌，《林獻堂與臺灣民族運動》（臺北：作者發行，1981年）。

8. 弘谷多喜夫、廣川淑子，〈日本統治下台湾・朝鮮における植民地教育の比較史的研究〉，《北海道大学教育学部紀要》第22號（1973年），頁25。

9. 弘谷多喜夫等，〈台湾・朝鮮における第二次教育令による教育体系〉，《教育學研究》第36卷第1號（1972年3月），頁53。

10. 【譯按】林獻堂之日記已由中央研究院臺灣史研究所出版為《灌園先生日記》，全27卷，另可於中研院臺史所臺灣日記知識庫閱讀全文。《灌園先生日記》始於1927年，止於1955年，缺1928及1936年，其中並沒有1910年的相關記載。

11. 參照若林正丈，〈黄呈聰における「待機」の意味──日本統治下台湾知識人の抗日民族思想〉，《台湾近現代史研究》第2號（1979年8月），頁78-80。；〈大正デモクラシーと台湾議会設置請願運動〉，若林正丈、春山明哲，《日本植民地主義の政治的展開1895-1934》（東京：アジア政經學會，1980年），頁93-95。當然，這個「本地地主資產階級」的用語，並不是根據對殖民地臺灣的社會結構做充分的實證研究，或某一個具體事項進行論證後的成果，而是受到許多先驅研究的啟發，為了掌握殖民地臺灣的政治、社會結構，所提出的研究假設。因此，概念的妥當性、有用性之實證性檢驗，以及與同時代的中國大陸或其他帝國主義殖民地之對抗部分作比較，並將此

概念更加精緻化，則是今後的課題。【編按】〈黃呈聰における「待機」の意味──日本統治下台湾知識人の抗日民族思想〉可參看本書第二篇第一章。

12. Johanna M. Meskill，*A Chinese Pioneer Family, the Lins of Wu-feng, Taiwan 1729-1895*, Princeton University Press, Princeton: New Jersey, 1979.【譯按】本書有中文譯本，王淑琤譯，《霧峰林家──臺灣拓荒之家》（臺北：文鏡出版社，1986 年）。

13. 李國祁強調臺灣「移墾社會」的「內地（指中國本土）化」。參照李國祁，〈清代臺灣社會的轉型〉，《中華學報》第 5 卷第 2 期（1978 年 7 月）。

14. 許世楷，《日本統治下の台湾》（東京：東大出版會，1972 年），頁 68。【譯按】本書有中譯：李明峻、賴郁君譯，《日本統治下的臺灣》（臺北：玉山社，2005 年）。

15. 關於此部分，暫請參照王詩琅，〈日據初期的籠絡政策〉，《日本殖民地體制下的臺灣》（板橋：臺灣風物雜誌社，1978 年）。

16. 葉榮鐘等，《臺灣民族運動史》，頁 50。

17. 根據葉榮鐘等，《臺灣民族運動史》，頁 49-50 的資料作成。

18. 張正昌，《林獻堂與臺灣民族運動》，頁 78。

19. 臺灣總督府編，《臺灣列紳傳》，1916 年 4 月。

20. 臺灣總督府警務局，《台湾総督府警察沿革誌第 2 編──領臺以後的治安狀況（上）》（1938 年），頁 393-696。

21. 清代以來就是大資產家的北部板橋林本源族系、中部霧峰林獻堂族系、南部因輸出砂糖致富的陳中和族系，進入日本統治時期後，和藤田組結合經營炭礦而致富的顏雲年族系，以及依附官府、以政商形態成長的辜顯榮族系。詳細參照涂照彥，《日本帝国主義下の台湾》（東京：東大出版會，1975 年），頁 418-424。

22. 《辜顯榮翁傳》（臺北：辜顯榮翁傳記編纂會，1939 年），頁 339。

23. 隈本繁吉，《台湾教育令制定由來》（1922 年執筆，手稿本藏東書文庫。《アジアの友》第 141 號，1976 年 4、5 月復刻，頁數據此），頁 8。

24. 弘谷多喜夫、廣川淑子，〈日本統治下台湾・朝鮮における植民地教育の比較史的研究〉，頁 26。

25. Patricia Tsurumi, *Japanese Colonial Education in Taiwan, 1895-1945*, Harvard University Press, Cambridge, Massachusetts, 1977, p.45.

26. 〈対島民子弟中等教育問題ニ就テ（小官意見）〉、〈本島人内地人共学問題本島人中等教育問題打合員意見〉（收於《隈本文書》0301）。

27. 隈本繁吉，《台湾教育令制定由來》，頁 7。

28. 隈本繁吉，《台湾教育令制定由來》，頁 9。

29. 葉榮鐘，《小屋大車集》（臺中：中央書局，1967 年），頁 99。

30. 〈本島人紳士学務部長訪問談話要領〉（《隈本文書》0303）。

31. 《林獻堂先生紀念集：卷一年譜》（1960 年），頁 19。

32. 弘谷多喜夫、廣川淑子，〈日本統治下台湾・朝鮮における植民地教育の比較史的研究〉，頁 26。

33. 在〈公立臺中中学校設置問題〉中，根據公立臺中中学校開學後對學生所做的調查，將學生入學的動機概括如下：「將來在社會上活動也好，繼續念上級學校也好，熟習國語也好，和內地人同化也好，進入最適合的學校就學，將來成為具有不使國民蒙羞的學力和身體、有品性的忠良國民，在現今的競爭場上立身興家以顯父母，作為本島人的先覺者，以舉島民同化之實，開發本島使與內地一樣……。」學生的動機也反映父兄的願望，將「同化云云」的部分拿掉的話，應該可以說是相當坦率地顯示出父兄的願望。

34. 關於這個問題的基本資料，已知有臺灣人方面的中心人物林獻堂精細的日記，遺憾的是至今還未公開。因為他（林獻堂）不只和歷代總督，還和日本本國的政治家、著名人士有很多接觸，因此他的日記不只是對臺灣民族運動史，即使對日本殖民主義的政治史研究而言，也是第一手重要的資料，希望早一日公開。【編按】林獻堂日記已出版，參見本文註 10（第 331 頁）。

35. 《林獻堂先生紀念集：卷三追思錄》，頁 27。

36. 臺灣教育會編，《臺灣教育沿革誌》（1939 年），附錄〈臺灣教育年表〉，頁 29。

37. 隈本繁吉，《台湾教育令制定由來》，頁 9-10。

38. 〈学務部長本島人紳士会談要領〉（《隈本文書》0306）。

39. 隈本繁吉，《台湾教育令制定由來》，頁 10。

40. 〈本島人紳士学務部長訪問談話要領〉（《隈本文書》0303）。

41. 隈本繁吉，《台湾教育令制定由來》，頁 10-11。

42. 隈本繁吉，《台湾教育令制定由來》，頁 11。

43. 添寫在〈5 月 31 日午後 3 時学務部長紫雲輪番会談要領〉（《隈本文書》0308）欄外。

44. 〈公立臺中中学校設置問題〉的第 1 章〈本島人中学校設立ノ沿革〉及隈本繁吉，《台湾教育令制定由來》，頁 12-13。

45. 隈本繁吉，《台湾教育令制定由來》，頁 11-12。

46. 〈本島人紳士学務部長訪問談話要領〉（《隈本文書》0303）。

47. 隈本繁吉，《台湾教育令制定由來》，頁 12。

48. 〈対本島人中等教育問題〉（《隈本文書》0305）。

49. 〈学務部長本島人紳士会談要領〉（《隈本文書》0306）；隈本繁吉，《台湾教育令制定由來》，頁 13-14。

50. 臺灣總督府學務部，〈公立臺中中学校設置問題〉第 1 章。

51. 隈本繁吉，《台湾教育令制定由來》，頁 14。

52. 【編按】日本內閣官房長官之前身，在第二次世界大戰前稱內閣書記官長。

53. 隈本繁吉，《台湾教育令制定由來》，頁 16。

54. 隈本繁吉，《台湾教育令制定由來》，頁 27。

55. 隈本繁吉，《台湾教育令制定由來》，頁 28。

56. 弘谷多喜夫、廣川淑子，〈日本統治下台湾・朝鮮における植民地教育の比較史的研
　　究〉，頁 27。

57. 隈本繁吉，《台湾教育令制定由來》，頁 28。

58. 隈本繁吉，《台湾教育令制定由來》，頁 8。

59. 張正昌，《林獻堂與臺灣民族運動》，頁 67-71。

60. 《第三十一帝国議会衆議院予算委員会第二分科会議事速記録（第四回）》，大正三
　　年（1914 年）2 月 5 日，久保通猷的質詢。

61. 隈本繁吉，《台湾教育令制定由來》，頁 8。

62. 陳在正，〈台湾與辛亥革命〉，《廈門大学学報（哲学社会科学版）》（1981 年 4 期），
　　頁 24。

63. 臺灣總督府法務部編，《台湾匪乱小史》，收於《現代史資料 21・台湾 1》（東京：
　　みすず書房，1971 年），頁 46-47。

64. 臺灣總督府法務部編，《台湾匪乱小史》，頁 49-50。

65. 《第三十一帝国議会貴族院予算委員会第六分科会議事速記録（第五回）》，大正三
　　年（1914 年）2 月 28 日。

66. 〈対島民子弟中等教育問題ニ就テ（小官意見）〉、〈本島人內地人共学問題本島人
　　中等教育問題打合員意見〉（收於《隈本文書》0301）。

67. 臺灣總督府學務部，〈公立臺中中学校設置問題〉第 1 章。

68. 小森德治，《佐久間左馬太》（臺北：臺灣救済團，1933 年），頁 17 等。

69. 臺灣總督府學務部，〈公立臺中中学校設置問題〉第 1 章。

70. 持地六三郎，〈蕃政問題ニ関スル意見書〉（明治 35 年 12 月），轉引自小島麗逸，〈日
　　本帝国主義の山地支配〉，收於戴國煇編，《台湾霧社蜂起事件：研究と資料》（東京：
　　社會思想社，1981 年），頁 51。【譯按】本書中譯本收入遠流出版社與南天出版社出
　　版之《戴國煇文集》（2002 年）。

71. 以上關於山地支配，根據小島麗逸，〈日本帝国主義の山地支配〉。

72. 臺灣總督府警務局編，《霧社事件誌》（收於戴國煇編《台湾霧社蜂起事件：研究と
　　資料》），頁 360。

73. 臺灣總督府警務局編，《霧社事件誌》，頁 360。

74. 臺灣總督府，《理蕃費參考書》（1909 年），頁 2。

75. 小森德治，《佐久間左馬太》，頁 525。

76. 例如，1912 年「北勢蕃」的臺中討伐隊是由巡查以上 600 名，隘勇 830 名，人夫 1,280 名組成。臺中廳蕃務課，《臺中廳理蕃史》（1914 年），頁 231。

77. 小森德治，《佐久間左馬太》，頁 532。

78. 《第三十帝国議会貴族院予算委員会第一分科会議事速記録（第三回）》，大正二年（1913 年）3 月 23 日，內田民政長官的答辯。

79. 矢内原忠雄，《帝国主義下の台湾》，頁 267。

80. 東郷實、佐藤四郎，《台湾植民発達史》（臺北：晃文館，1916 年），頁 145。

81. 電報副本，佐久間→內田，收於《鈴木三郎文書（暫稱）》（戴國煇氏藏。鈴木是當時佐久間的秘書官，他收集了經手的文書及其抄本。是註 96 的《鈴木三郎關係文書》的一部分。）

82. 內田→佐久間電報，4 月 9 日（收於《鈴木三郎文書（暫稱）》）。

83. 佐久間→內田電報，5 月 2 日（收於同前。雖然是「草案」，但蓋有佐久間的印章，表示佐久間同意此案）。

84. 小島麗逸，〈日本帝国主義の山地支配〉，頁 67。小島指出，也有把歸順的原住民放在討伐隊伍前頭的「以蕃制蕃」。

85. 《辜顯榮翁傳》，頁 529。

86. 《臺中廳理蕃史》，頁 341-342。

87. 《臺中廳理蕃史》，頁 343。

88. 《臺中廳理蕃史》，頁 338。

89. 《理蕃誌稿》〈凡例〉的第四項記有這個要點。

90. 木下宇三郎→奈良武次書簡（1914 年 8 月 14 日），國會圖書館憲政資料室藏，《岡市之助関係文書》2 冊 71 葉。此資料的存在承池田敏雄告知。

91. 佐藤儀一郎，《実歴三十年血涙の痕》（臺北：台湾警察協會，1928 年），頁 60。

92. 小森德治，《佐久間左馬太》，頁 681。

93. 小森德治，《佐久間左馬太》，頁 723。

94. 臺灣總督府法務部編，《台湾匪乱小史》，頁 34-35。

95. 〈台湾公立中学校創設ニ関スル上申〉，國會圖書館憲政資料室藏，《鈴木三郎關係文書》115。

96. 隘勇線的推進，提供了山製樟腦製造業的安定。經總督府認可的臺灣人製腦業者，在 1912 年時有 7 名（萩野敏雄，《朝鮮・満州・台湾林業発達史論》，林野弘済會，

1965 年，頁 446）。尚未發現可以直接確認其姓名的資料，但在《鈴木三郎文書（暫稱）》中有份文件，是關於總督主辦的一次宴會，其中與殖產局腦務課有關而受邀參加的臺灣人當中，有黃南球（新竹廳）、林烈堂、林瑞騰、劉慶業（臺中廳）四人是公立臺中中學校設立費用的捐款者。經總督府認可的製造業者稱作「業主」，當時臺灣人的山製樟腦製造者的結構中，業主之下的製腦承包者稱「腦長」、其下還有「股主」，很多資產家以此權利作爲資產（臺灣總督府史料編纂會，《台湾樟脳専売史》，1924 年，頁 127）。因此，中學校設立費用之捐款者中的樟腦關係者應該比前述四名還多。另外，林野整理事業開始以後，不只是整理對象的林野之關係者，由辜顯榮、蔡蓮舫及林本源家等富豪申請放領的例子也很多（萩野敏雄，《朝鮮‧満州‧台湾林業発達史論》，頁 405）。

97. 臺灣總督府學務部，〈公立臺中中学校設置問題〉第 3 章〈公立中学学校二関スル諸問題二就テ〉。

附篇二

一九二三年東宮臺灣行啓與「內地延長主義」

前言──「廷事天皇」與殖民主義

　　1923 年（大正十二年）4 月，日本皇太子裕仁（後來的昭和天皇）訪問了當時在日本殖民統治下的臺灣（以下稱「行啟」）。

　　統治戰前臺灣的日本國是君主制國家，而且是擁戴「天皇」這種特殊君主為主權者的天皇制國家。在這個天皇制國家的殖民地統治史中，並沒有天皇訪問殖民地（「行幸」）的例子，皇太子訪問殖民地也只有裕仁的臺灣及樺太（南樺太）行啟（1925 年 8 月）而已。大正天皇在還是皇太子時，曾訪問過朝鮮；但那是在剛締結第三次日韓協約之後，是併合朝鮮政略上的一環，其性質與戰前日本國家由天皇制人格象徵的天皇、皇族或王族在其正式領土上巡視，以便達成秩序、統合功能有所不同。[1]樺太居民從古早就有很多日本（大和族）移民，統治制度上的內地化比朝鮮、臺灣更早開始。[2]1923 年的東宮臺灣行啟，是由唯一、最高位階的天皇制人格象徵到日本人占少數、被統治者大多是異民族的殖民地巡視的例子。

　　研究宮廷在戰前日本政治中的角色的大衛・提圖斯（D. A. Titus）認為，

身為君主的天皇應有兩項基本任務：除了要裁決責任政府指導者的決定，扮演「國事天皇」（Emperor-in-State）之外，還要扮演「廷事天皇」（Emperor-in-Court）的角色。這是指天皇到地方巡幸、主持歌會開幕式等宮廷行事、在官幣社主持祭儀，還有採納穿著西服等新生活習慣、賜與金錢獎勵新產業或學藝等。天皇藉著這些事情象徵日本國民的統合、共同的文化遺產或技藝，以及天皇自己擔任大司祭的這個宗教共同體等，並代表日本所期待的近代化道路，即發揮「風俗教化之基準、制度文物之大本」的功能；而諸皇族主要是輔助天皇這方面的功能。政府是基於天皇的「裁可」所提示的「聖意」運營統治機構，負有發動「現實國體」（real polity）的責任；相對的，負責經營「廷事天皇」、維持「理念國體」（ideal polity）的，則是宮廷。[3]

如所周知，戰前的天皇制國家利用起源於日本特有歷史之皇室的神秘性與超越性，培養人民對天皇的尊崇心。不論是「廷事天皇」或是「國事天皇」，都是利用這種尊崇心引發人民最大限度恭順的一種展示。對於不同領域各個層級的統治者來說，天皇的確是方便的「神轎」（symbolic leader）。[4]

如果根據大衛·提圖斯的這種理論，1923年東宮臺灣行啟，是當時的宮廷和政府在異民族支配之地抬著「皇位上的皇子」（皇太子）這個神轎，代替「廷事天皇」（裕仁在1921年11月就任攝政）遊行，讓天皇象徵首次頻繁地出現在殖民地的異民族民眾之前，期待其發揮秩序、統合的機能。這是日本殖民主義史上罕見的（準）天皇行事。

不論在「內地」還是「外地」，抬出天皇制人格象徵，都是極好的統治道具，但是必須顧慮不能因此而損及天皇的至高性與皇室的超越性，所以，如何使之成為可能，也就成為統治的課題。這也就是為什麼我們要問：為什麼在1923年的殖民地臺灣，會需要東宮臺灣行啟這種天皇行事？此外，在天皇制本來的根據地（明治憲法制定時的領土）所形成而有效之「廷事天皇」的表演，在底層文化不同的異民族之地舉行的時候，是採取怎樣的象徵過程（如果對這個問題沒有一定的設想，不可能作出抬出天皇的決定）？

筆者過去曾初步探討「天皇制與日本殖民主義」這個問題，但當時太忽略「廷事天皇」的角色。根據該文指出，1923年東宮臺灣行啟這種「廷事天皇」的表演，有三層意義：（1）它表現兩種戰略的交互運用：第一種是天皇

制的儀式戰略：為了挽救因大正天皇生病而產生的君主制危機，並且彌補因各式各樣民眾運動所造成的國家秩序的破綻，而把健康的「皇位上的皇子」（皇太子裕仁）推到臺前（訪歐、攝政就任、結婚）；第二種是日本殖民主義統治體制的再編戰略：第一次世界大戰後，為了對應世界性民族自決的風潮以及朝鮮「三一獨立運動」等殖民地民族主義的挑戰而構想出來的戰略。(2)在這種儀式性表演的象徵過程中，其背後有一種〈狀況性脈絡〉，其中包括新修正的對臺統治體制戰略（「內地延長主義」）的各種政策及意識型態，以及以要求溫和的殖民地自治、展開「臺灣議會設置請願運動」為代表之臺灣民族自覺的興起。[5](3)其儀式性過程具有幾種象徵意義：對「內地延長主義」給予〈權威性蓋章〉、「國民道德」的〈象徵模範〉之巡視以及大和民族的〈征服儀式〉；此外，它也是一種〈通過儀式〉，讓「新附之民」的臺灣人在「在臺日本人」殖民者的示範之下，藉由這個儀式性過程變成「忠良的帝國臣民」。當然，這些都可以說是統治當局者在論述上的一種自我欺瞞。[6]

　　本文受到前作發表後天皇制（「廷事天皇」的側面）、日本殖民統治政策以及意識型態研究的啟發。第一，將前作作為分析前提的假設重新加以明確化，同時，概觀「廷事天皇」機制向殖民地臺灣延伸的過程；第二，在此基礎上，關於前述（2）、（3）部分，嘗試將這個天皇行事儀式之象徵過程重新再構成。如果在怎樣的條件下才能在殖民地抬出天皇制人格象徵是很重要的政治課題，那麼，我們便可以從這個「天皇行事」觀察此前日本殖民主義在臺灣的歷史，因此，本文的目標是大略描述在1923年——這是天皇制國家的殖民地支配開始約四分之一世紀的時點——天皇制對殖民主義的刻印。

一、天皇巡視行事的象徵構造

（一）天皇和民眾相互儀式的象徵性

　　天皇（或皇太子、皇族。以下同）的巡視，是以「民眾看天皇、天皇看民眾」（如果從「廷事天皇」的展示經營的立場來說，是讓民眾看見天皇，並

且把民眾放在天皇的視線中）這種相互行為的諸多儀式為中心而成立的。拿
「內地」行幸、行啟的例子太過迂迴，我們直接來看東宮臺灣行啟的例子吧。
表一（見頁359）記載了皇太子在臺灣的日程、訪問地及活動。這個（準）天
皇行事也可以看成這種相互儀式的集大成。

這種相互關係儀式可以放在以下兩個脈絡來看。一是，「天皇巡迴視察
各地之事，如果從象徵論來看，有著『蓋章』的機能」。[7]這是引用戰後「人
間天皇（普通人天皇）」巡視的研究；但把它拿來說明讓皇室戴上超越、神
秘面紗，使皇室成為準宗教存在的戰前天皇制人格象徵，應該更為妥當。被
展現在「象徵」之前的東西全部是蓋過「神聖印璽」的正統存在。在這個脈
絡上，讓民眾看到的天皇，是所有正統泉源的天皇；另一方面，讓天皇看見
的民眾，一定要是被放在秩序井然的階序中的「臣民」。因為至高無上的天
皇要看，所以，「世界在被看之前要先整理，根據某種價值座標布置」，「世
界為了『被看』而必須有秩序」。[8]天皇出現在這種秩序井然的空間展示之前，
對這個秩序給予權威，對其內部「各得其所」的「臣民」角色給予權威地認
可並再任命。我們可以把這種作用叫作「權威性蓋章」。

另一個脈絡是，身為主權者的天皇，其權力的目光（以及被授以這種目
光的天皇制以下各階層的中間指導者，即天皇這個神轎的中間負責人，也就
是「小天皇」的目光）所具有的規律及訓練（discipline）。在這個脈絡上，讓
民眾看見的天皇，是被當作〈象徵性模範〉來展示，這種象徵性模範是體現
儒教諸德目（如「教育敕語」中所盛言的那樣）或實現「富國強兵」所必需
的一切國民資質；另一方面，民眾則必須經過中間指導者的規律及訓練，以
具備負責「富國強兵」之「忠良臣民」的〈身體〉（不是物理存在的肉體，而
是一種具體的、文化的存在，例如知道什麼時候應該穿怎樣的衣服、適當的
禮儀[9]）。在節慶舉行儀式的緊張和激昂情緒中，做為〈象徵性模範〉被展示
的天皇殘像，天皇回宮（還幸）後也仍然繼續發揮其規訓作用，成為各領域
的中間指導者在從事〈臣民教化〉時的上好道具。

（二）天皇制人格象徵來訪的神話象徵性

天皇制人格象徵巡視行事的另一個象徵性，表現在行幸、行啟中一定要到巡視地的神社參拜中。

如所周知，戰前日本的國家神道是「結合神社神道和皇室神道，以宮中祭祀為標準，組合神宮、神社的祭祀而成立」，支配著民眾的精神。全國的神社，包含殖民地的神社在內，都在以伊勢神宮為首的階層制中區分等級。[10]天皇制人格象徵在巡視地參拜這種和皇室相結合、有等級區分的神社，展開〈權威性蓋章〉。天皇對該地祭祀的神進行儀式，也對該地民眾進行儀式。由天皇所作的〈權威性蓋章〉，不只是對眼前的秩序現況蓋章，也對該秩序的形成過程及其歷史蓋章，也就是象徵性地將其正當化，並且因為結合了天皇和神、天皇和民眾的儀式，而帶有神話象徵性。

換言之，由該地的「臣下」及「臣民」的作為而使秩序發展成為現況的歷史，由於天皇這種偉大人物的來訪，而象徵性地被天皇所代表的政治、準宗教共同體之歷史包含進去，或者是包含的再度確認。在此，大家期待的是天皇制〈象徵之傘〉（symbolic umbrella）的擴大、修補，也就是「廷事天皇」的統合機能。因此，由於天皇的來訪，該地被共同體價值唯一源泉的〈中央〉所認知，也再次確認了作為感應〈中央〉的〈地方〉的地位。

（三）「廷事天皇」機制向殖民地臺灣延伸

天皇制人格象徵的巡視是否能發揮這種作用，和象徵巡視之變成統治課題一樣，與「廷事天皇」機制在該地延伸到怎樣的程度有關。關鍵在於以下二者：（1）作為天皇祭祀據點的國家神道之神社，（2）把民眾捲入形塑天皇制意義空間的賜與、禮敬「天皇玉照（御真影）」、「教育敕語（謄本）」之系統。[11]因為前者在天皇制的象徵空間構成中，是這個象徵巡視不可或缺的舞台裝置；而後者則是官公廳、軍隊、學校層層下降分級負責，辦置抬天皇這個神轎者的系統。

　　天皇制人格象徵的巡視，如前述，是讓人民看見統治權所在、道德儀表
的天皇或皇族，同時也是把人民放在天皇的視線之下，給予規律、訓練的機
制，巡視本身是「廷事天皇」的第三關鍵，可以證明（1）、（2）的〈臣民教化〉
機能確實發揮作用，同時也可輔助前兩者。

　　以下為了準備主要論題，將很快地先看看「廷事天皇」機制在殖民地臺
灣延伸的情形。

　　臺灣的神社最早是由一個地方官僚於1897年提議，將原祭祀鄭成功的
廟宇增建改為開山神社，接著是1901年祭祀在臺南陣亡的近衛師團長北白
川宮能久和所謂「開拓三神」（大國魂命、大己貴命、少彥名命）的臺灣神社
（後述）。據橫森久美的研究，臺灣的神社計有68社。1923年東宮行啟前，
除上述2社之外，建有15神社，其中有臺中、嘉義、新竹、花蓮港、臺南州
虎尾5社列入縣社級。附帶一提，其後，到1936年新建造20社、升格9社，
1937年以後的「皇民化」政策期新建造31社、升格11社。[12]

　　「天皇玉照」以1896年4月，下賜給基隆要塞砲兵大隊和澎湖島要塞砲
兵大隊為開端；「教育敕語」是乃木希典總督時，分發其漢譯文給各學校，
1899年也將「教育敕語」謄本，分發給臺灣人子弟就讀的公學校（和日本人
子弟讀的小學校不同），1900年以總督府國語學校（臺北師範學校前身）為
首，也開始下賜「天皇玉照」。[13]臺灣教育史研究者弘谷多喜夫指出，學校
於1912年「確定了在儀式開始時齊唱《君之代》，而以奉讀敕語、儀式唱歌
結束」。[14]此後，可以把公學校兒童就學率視為顯示臺灣人兒童接觸這個機
制到何種程度的代用指標。1912年的就學率不過6.63%，在1919年超過二成，
東宮行啟的1923年是28.60%，至1929年超過三成。[15]

　　而輔助這些天皇制人格象徵的巡視如何進行呢？表二（見頁360）是基
於不完整的資料作成的日本統治下皇族到臺灣來訪的一覽表。東宮行啟以
前，到各地巡視的皇族來訪有五次。皇族來訪的正式化是在東宮行啟以後，
但是進入1930年代以後，幾乎都是作為軍人來訪。

二、〈權威性蓋章〉的展開
——「內地延長主義」的秩序劇

　　皇太子4月16日進入臺灣。次日的《臺灣日日新報》(臺灣總督府御用報紙)在標題刊載「……昨日在基隆港上陸,在萬歲場裡,如鶴御用車**將其軌跡刻在我們臺灣的大地上**,不勝敬畏」(重點號為引用者所加,以下未特別說明者同),以特大字體及大時代的修辭謳歌「千載一遇的盛事」。17日皇太子參拜臺灣神社後,行啟臺灣總督府,接受田健治郎總督的「府治言上」[16],以後南下臺灣島西部諸州,依循行政組織的系統和層級視察。返回(還啟)前夕(26日)皇太子下賜「御沙汰(文告)」給出總督,結束巡視。

　　歡迎皇太子的活動是以行政機關、學校、軍事機關,還有展覽會物品展示及運動會的〈身體〉展示,將各式各樣日常經營的成果「(由「臣民」)供(皇太子)台覽」或「(由皇太子)台覽」這種儀式為中心。以下將討論這個儀式中〈權威性蓋章〉之領收與分配的象徵意義。田總督的「府治言上」如果是這個蓋章領收、分配過程中,由臺灣最高位統治者的著手儀式,那麼皇太子這一次巡視臺灣各地接見很多官民,確認治績,而下賜的「御沙汰」就是分配到臺灣的〈權威性蓋章〉的最大印記,其中還提到這是由「**既往官民的和衷協力**」,「深心喜之」,「希望將來更加合作,共圖文化的發達、民生的安定,遠近均受康福,**以副皇上仁愛之盛意**」。附帶一提,皇太子初到臺灣的4月16日,以後被訂為「行啟記念日」,在官廳舉行這個「御沙汰」的「奉讀」儀式,變成舉辦各地學校聯合大運動會等的大日子。

　　由皇太子那裡接受〈權威性蓋章〉分配的各行政組織,是在第一次世界大戰後剛改換上日本殖民主義的「新衣裳」,即「內地延長主義」的統治組織:(1)臺灣方面扈從者最高位的臺灣總督,是因1919年總督官制改革而被分離軍權的第一任文官總督,初期「特別統治主義」(後述)武官總督時代的委任立法權(在臺灣有發布相當於法律的命令=「律令」的權限)雖然仍然保留下來,但在立法上以內地法延長施行為原則,被賦以新義務(1921年法三號)的總督;(2)皇太子閱兵的臺灣軍,是取代被分離兵權的文官總督而新任命

的軍司令官指揮下的臺灣軍；（3）在地方負責奉迎的地方官廳，是因1920年10月的地方制度改革，在西部5州、東部2廳之下置市街庄的行政體系（州、市、街、庄為新的地方公共團體，具有法人格，成員由官選，但分別設協議會作為諮詢機關，負責預算審議等事。附帶一提，1935年再度改制時，州、市設州會、市會作為決議機關，成員半數為民選，即限制選舉）；（4）皇太子訪問的學校，是根據1922年的「臺灣教育令」，廢除以前日本人、臺灣人兒童不同的學制（只有在初等教育機關，以「國語（日本語）常用」來分別學制：國語常用家庭的兒童到小學校、非常用家庭的兒童到公學校）、中等以上和日本內地的學制一致，使使升學成為可能變為可能，是在非軍事制度中最內地化的制度。還有（5）法院執行的法，是加上從1923年1月起在臺灣也延長施行的本國商法（全部）、民法（親族、繼承除外）；（6）擔任警衛的總督府警察可以援用的法律，也加上同樣自1923年1月起開始延長施行的《治安警察法》。[17]

　　由上述，皇太子〈權威性蓋章〉的展開是一齣〈秩序劇〉，就是將根據「內地延長主義」修改的殖民地統治體制和其下的秩序，透過「奉迎」、「台覽」，在空間上展示而正當化的〈秩序劇〉。我們可以看看在州廳所在地火車站的〈秩序劇〉及在州廳官衙的〈秩序劇〉，前者可說是天皇統治被「可視化」的典型，後者則是在空間展示根據「內地延長主義」所作出的殖民地階層制原理的典型。以下以4月19日行啟臺中市為例說明。

（一）車站秩序劇
──從臺灣的〈皇帝〉到臺灣的〈頭號臣民〉

　　皇太子一下州廳所在地的車站之後，在此展示的就是該州政治、社會階統秩序在空間上的配列。《臺灣日日新報》將臺中車站的場面，包含在現場的人的名字，作如下的詳細描寫。

　　　　《君之代》優妙的旋律在寧靜中響起，殿下的列車徐徐駛入臺中車
　　　　站內，此時大關站長打開車門，殿下英姿煥發地下車到月臺，由

新元鐵道部長先導，入江東宮侍從長、奈良東宮武官長、牧野宮
內大臣、珍田東宮大夫以下的文武供奉員、田總督、福田軍司令
官等扈從追隨於後，對通路左側在月臺口整齊列隊奉迎的內地人、
本島人有位帶動者舉手招呼，從門口臺階搭乘有菊紋章、金光閃
閃的汽車，由憲兵、瀧澤警部、細谷警部在前護衛，常吉知事先導，
由入江侍從長陪乘，東宮武官長、東宮侍從、東宮武官、八田侍醫、
接著是牧野內大臣、珍田東宮大夫、東宮職御用掛、東宮事務官、
接著是田總督、福田軍司令官扈從的車列，賀來總務長官、本間
州警務部長、憲兵隊長、東宮侍從、東宮武官等四輛汽車隨後，
大國旗高高地在空中飄揚，通過市的奉迎門，接受在道路兩旁左
右兩側堵列的臺中第三大隊、在鄉軍人、及因車站建築狹窄不能
進入月臺的高等官待遇者、各團體、新聞記者、官員、一般人民
的奉迎，一一鄭重舉手為禮，也不勝敬畏，往左通過櫻橋測候所，
往右通過郡役所前……。

在「大日本帝國」南端之島的地方車站，皇室（皇太子，當時伏見宮也
在）一宮廷（宮內大臣等）一臺灣總督府（總督、總務長官）一臺灣軍（軍
司令官）一州一市一街庄一保甲，[18] 這樣由中央權力的頂點，到殖民地統治
末端權力的階層制，沒有中斷地以空間展示在一般民眾的眼前。《臺灣日日
新報》的記事以如此詳細地描述在這個歡迎儀式中表現出的典型階層制。而
藉著報導皇太子在這個以空間所展示的階層秩序之前，每走一步就像蓋一個
章的儀式，《臺灣日日新報》也嘗試將這個秩序間接地刻印在全臺灣。日本
報紙派遣的記者們，將這一幕向國內報導，因而強化了由中央這個〈有意義
的他者〉對地方的認知。

在臺灣統治史的脈絡中，在皇太子以至高的「皇位上的皇子」形象，壓
倒性地出現之前，有決定性改觀的，是臺灣總督的出現形式。在日本殖民主
義的歷史中，本來總督制就是因為「新領土」殖民地的「特殊事情」，為切
斷殖民地統治和本國中央的政治過程而設計的「特別統治」制度，容許對政
治、軍事、立法均有極大權限的總督。[19] 當然，「新領土」的統治也是根據

天皇的統治大權，在天皇名下進行的。但是，在統治臺灣之初，占臺灣住民多數的漢族住民，將總督視為繼承清朝統治權力的〈皇帝〉形象，總督也認為此種印象為君臨統治之良策，因此，總督在任地出現之際，乘著特別從北京找來清朝大官用的轎子巡視，為這種形象操作煞費苦心。[20]

但是，現在的總督是沒有兵權的文官，與持有從總督分離出來的兵權之臺灣軍司令官，都跟在從本國來的一個青年後面，總督已經不再是臺灣住民的〈皇帝〉，而是天皇在臺灣的〈頭號臣民〉，在皇太子巡視的12天中，除了因過度疲勞而腹痛和發燒數小時休養的4月26日下午之外[21]，都和福田臺灣軍司令官一起執行扈從儀式。在殖民地民眾眼前展開的這個扈從儀式的過程，正是將「臺灣統治確實是在天皇統治之下」一事可視化、印象化，是一個展示權威的連續場面。

（二）州廳秩序劇
——展示「內地延長主義」的階層制

在州廳上演的秩序劇，是對應殖民地統治秩序中的地位和分工，由「臣下」、「臣民」依「單獨拜謁」—「列立拜謁」—「特殊列立拜謁（列立奉拜）」—「御通過奉拜」的順序排列，在差別化的空間中，向皇太子「拜謁」、「奉拜」的儀式為核心。車站秩序劇，是在開放的空間中，在奉迎的不特定的、不可數的一般民眾的直接視線之前，對他們展示權威的〈中央〉性（本國的中央和從屬於本國中央而被賦予權威的臺灣中央），讓他們感應到他們的〈地方〉是相對於價值與意義泉源之〈中央〉，而表現出天皇制下統合「帝國」的儀式戰略；相對於此，州廳秩序劇是在一般民眾不能直接看到的空間中，只有少數有資格的人對於皇太子的儀式；這個儀式在強化殖民地內秩序的目標較前者更為濃厚。殖民地內的階層制是透過具體的、空間的表現，顯示出與皇太子距離的等級差別，也就是〈和天皇距離〉的遠近，而被賦予權威。《臺灣日日新報》對於在臺中州廳的秩序劇有如下的描寫。這裡也有詳細人名的記錄，對登場人物而言是「光榮紀錄」，而此報導所描寫的正是階層制秩序。

……（皇太子）2時50分抵州廳，之前本山內務部長以下各高等官、判任官在庭前整列奉迎，殿下在玄關正面臺階下車，由常吉知事先導，安靜上階到位子上，臺中知事常吉德壽、眾議院議員坂本素魯哉、州內務部長本山文平、臺中市尹中子安次郎、州警務部長本間善庫、總督府評議員辜顯榮、楊吉臣、有力者蔡蓮舫、總督府評議會員松岡富雄、有力者林獻堂等十名得單獨拜謁。常吉知事鞠躬如搗，恭敬地上前奉呈臺中州奉迎文，接著奉呈臺中市奉迎文，報告州治概況，奉呈概況書。殿下心情舒坦，遂出到陽台，放眼四望，**遠望遠方雲際縹渺間的新高山，似乎想起這是明治大帝所命名之往事，感觸很深**。接著興趣益然地觀賞了其他房間的獻上品，到會議室接受土屋達太郎、臺中醫院長中川幸庵等高等官從六位勳六等以上者68名列立拜謁，又接受川畑芳太郎等市協議會員及元廳參事41名列立奉拜，離開時又在玄關內廊下接受紳章佩用者[22]50名的奉拜，3時10分離開州廳……」（標記重點號部分為原記事中以大型字體刊出的部分）

　　引文中，總督府評議會和市協議會是根據「內地延長主義」政策新設立的機關。關於後者前已提及。前者是對前述法三號制定時，保留下來的總督委任立法權，為了使有「民意上達」的形式，而設置的總督諮詢機關（無議決權，召集會議、諮詢事項的選擇是總督的專權事項），評議會員在總督府官吏之外，由總督從民間有學識經驗者中選任。

　　毋須贅言，總督府官僚、官吏是在天皇制一元化的官位、勳等系統之內。州廳秩序劇所代表的領收蓋章儀式，結合了（或說使「習合」）殖民地內部的階層制（現在因「內地延長主義」而整序），加上行啟途中所發表、包括很多臺灣人地方有力者在內的敘勳褒賞、表彰有功者等措置，其背景可以說是把後者象徵性地包含進了前者的儀式戰略。

三、〈象徵模範〉的巡視
——「內地延長主義」的教化劇

　　田健治郎總督關於東宮行啟事前事後的評論，反映了臺灣統治現地最高
責任者的立場，是關於這個天皇行事整體定位的評論；而其副手賀來佐賀太
郎總務長官的評論，則明確地將重點放在皇太子（〈象徵模範〉的主角）身
上。這可由還啟後賀來對下屬訓示中的一節窺其一端。

> 惟國民道德之淵源發於我皇室，殿下此次行啟明白體現此一事實，
> 以垂儀範於庶民。並且殿下富孝順友悌之德，寬大厚重，喜怒不
> 形於色，博愛仁恕，德及禽獸，儉素簡約垂範臣下等，殿下之言
> 行盡示此等道德之神髓，實不勝感激的是，對臣民絕無貴賤貧富
> 之別，均賜以溫容招呼。[23]

　　像這樣，皇太子是體現國民應有的「道德神髓」之「儀範」。東宮行啟
這個天皇行事，就是使這個「儀範」在人民面前巡視，期待人民「薰化」的〈教
化劇〉。[24] 為了這個重大的日子，民眾的〈身體〉要被規律、訓練。對這個重
大日子偉大人物（至高者）目光的記憶，就更加激勵「忠良臣民」的〈身體〉
規訓。

（一）作為〈臣民教化〉目標的學校

　　除了以視察海軍施設為主的澎湖島訪問之外，皇太子到各地訪問必先訪
問學校。其數共計13校：小學校4校、公學校2校、師範學校2校、中學校2
校、高等女學校2校及專門學校（醫學）1校。如表一所示，訪問學校之際，
該地方同系列的幾個學校都會派遣一部分學生和教員到巡視的學校，進行
「台覽授業」，或唱「奉迎歌」等演出。正如某教育界人士所 ，「台覽在教育
方面有一處也不遺漏的想法」。[25]

　　皇太子足跡未及之處，也間接地以行啟劇作為替代措置。例如，東部花蓮港廳管內「認為，參觀此盛儀，奉拜殿下的英姿，對負責國民教育的各學校職員是最重要的事，因此從管內各學校派校長或其他職員一人出席」。還有，「為了將此次盛儀讓本廳下周知，以資國民精神的涵養，宣揚殿下的盛德」，領取大阪朝日新聞社製作之行啟活動影片，交給相關課員，「在管內各地放映行啟的模樣，作關於殿下盛德的通俗演講」。[26]

　　此外，在學校以外的地方，兒童、學生也被安排和皇太子會面好幾次。不只有「御道」的奉送迎、揮旗遊行、提燈遊行等〈推戴式〉類型的活動，更且有全島學校聯合運動會和陸上競技大會等〈閱兵式〉類型的活動，動員了兒童、學生。

　　的確，在〈教化劇〉這種儀式戰略中，其目標很明確是針對兒童、學生。這是因為兒童、學生的儀式指導很容易，而且儀式的成果也容易確認。更且，藉由漸進地導入教育或地方制度等內地統治制度，期待異民族的「同化」，在這種「內地延長主義」體制的社會化（同化）戰略中，兒童、學生是最可期待其將來能「同化」，屬於戰略的年齡層。如前述，臺灣人子弟就讀的公學校就學率，在這一年接近三成。原敬倡議、在臺灣由田健治郎推動的「內地延長主義」政策，顯然是「漸進」的方式，但這三成弱的兒童、學生是不能置之不理的「同化」戰略的目標。

（二）〈象徵模範〉的出現和〈臣民教化〉道具的提供

　　皇太子除了到中央研究所及其他產業施設參觀時有提問題之外，在其他場合都沒有對其所見所聞敘述明確的感想，連訓話也沒有，而只有對人民的最敬禮或喊萬歲的方式作答禮。相較於皇太子這樣寡默的儀式演出，效忠儀式領導者（中間指導者）們在各個巡視場所作的「御拜察」發言及報紙對皇太子的儀式演出所作的報導或解釋實在是饒舌。[27]由《臺灣日日新報》記事的幾個例子可以顯示。

　　〔齋藤・高雄公學校校長〕（得到〔殿下〕蒞臨）是本校無上的光榮，

職員兒童都很緊張，像這次直接感知的事實，是學校訓練上的至
大刺激……拜奉殿下的姿勢，臨場中一動也不動，拜此御姿實恐
懼之至，我想以後以之為模範，作本校兒童訓練的中心。（4月23
日）

〔堀內次雄·總督府醫學專門學校校長〕這麼說誠不尊不孝，但我
推想到殿下的頭腦是何等有組織而且科學，……（隨便聽聽說明的
人也有，但）殿下決不露出這樣的態度，尊重學者專家的研究，
給予獎勵，明白地從其言語和態度推測其想法，我對此不能置一
言。（4月30日）

〔關於全島學校聯合運動會類似社論的評論〕深畏有辱皇太子殿下
台覽的臺灣教育展覽會的特別室內，陳列著從宮內省借來殿下的
用品以供一般觀覽者觀看，……陳列殿下在學習院在學時代所使
用的學用品，都很儉樸，不勝惶恐推想殿下只管增進學問之勤勉，
由原東宮學問所的照片，我等更牢記殿下如何重視體育運動，……
昨日在臺北圓山新設運動場瞻仰殿下臨場，殿下親自觀看約全島
二萬學校學生及兒童運動會，這種光榮是為了垂訓參加陪同參觀
者有關國民教育的真諦，其中吾等許久不能忘懷的是，殿下作為
領會運動家精神者的平素示範。（4月25日）

　　像這樣，由「推想」方面的立場或行事內容，可以看到皇太子表現了怎
樣的資質。皇太子定型化、形式化寡默的儀式演出才可以容許這些。藉此，
「御盛德」可以成為所有德目之參照基準，各個中間指導者可以依據其所屬
統治機構的課題運用，解釋什麼都沒說的皇太子表演。在這個殖民地臺灣
──異民族統治之地，象徵巡視的天皇行事，對天皇制國家的中間指導者們
來說，是可以達成各個課題的道具，特別是用來作為〈臣民教化〉的材料。
　　讓民眾（兒童、學生）看見皇太子這樣的事，同時，也是把民眾（兒童、
學生）可視化，放到皇太子的視線中。

〔雲林院祥次‧高雄第一尋常小學校長〕台覽上課的兒童52人中，在臺灣出生的占半數以上，是連宮城也不曾拜見過的人，其餘900名兒童也一樣，由於這次殿下行啟才得親拜英姿，所以特別提高了對皇室的尊崇和虔敬之念，相信我國未來帝王將深深印在他們的腦海中。同時，我也相信這對兒童的精神教育也帶來了非常的效果。（4月25日）

對中間指導者來說，深映在兒童眼中的皇太子的「英姿」，是投注在兒童身上的規訓目光，而受到深烙在兒童、學生腦海中的這種目光的規訓（教化），使兒童的〈身體〉變成「臣民」的〈身體〉。

四、〈通過儀式〉、〈征服儀式〉、〈和解儀式〉 ——「內地延長主義」的神話劇

如表一所顯示的，皇太子在基隆登陸之前，從所乘船艦向近衛師團登陸地點作遠望的儀式。通過九州南端後，以臺灣島東北角的三貂角為目標，一路南下而來的皇太子的艦隊，在4月16日上午6時半到達三貂角外海，從這裡遠望三貂灣內的澳底，其後諸艦一齊轉向基隆。[28]澳底是1895年5月29日，為了粉碎臺灣官民的抵抗（5月25日宣言「臺灣民主國」建國，表示反對割讓的意志），實行占領臺灣的日本軍，亦即皇族北白川宮能久率領的近衛師團最初登陸的地點。在未踏上臺灣之前，皇太子的臺灣行啟以再現過去日本占領臺灣的儀式開始。

眾所周知，從澳底登陸的日本軍，其後沒有遇到太大抵抗就進入臺北城，6月17日在臺北舉行了臺灣總督府的始政典禮，但此後到占領臺南，宣言平定臺灣島（11月18日）還有5個月（也是眾所周知的，實際上其後各地反抗紛起，到1902年各地均有游擊軍的抵抗）。占領臺灣如此困難的原因，是清朝軍逃亡大陸後，民軍在各地蜂起展開激烈的抵抗，以及以瘧疾為首的

疫病。率領近衛師團的師團長北白川宮能久也數次幾近浴於彈雨中，在行軍中得瘧疾，在進入臺南城前的10月19日發燒，28日死於臺南有力者吳汝祥宅。[29]

在明治以後獲得的領土之臺灣、這個征服戰爭中皇族陣亡的事實，朝向以下兩個方向被神話化了。

第一，是因天皇制國家而來。「以皇族之貴，立於硝煙彈雨之下」，[30]作為「鞏固我新版圖之領有，提振我臣民之士氣」的「國家柱石、天下模範」，[31]應「永久尊崇為鎮守新版圖之神」的能久，被當作神祭祀。1896年1月和3月，貴族院和眾議院先後通過決議案，同意在臺灣建立以能久為祭神的神社，1900年內務省正式決定以「開拓三神」和能久為祭神，建立官幣大社臺灣神社，神社建在臺北郊外的劍潭山，1901年10月邀請故北白川宮妃來臺，舉行鎮座式。[32]如表二所示，這位故北白川宮妃之來臺，是皇族來訪臺灣之濫觴。

橫森久美指出，日本在臺灣所建的神社共有68社，其中58社是以北白川宮能久、38社是以能久和「開拓三神」為祭神。[33]在新領土戰爭中病死的能久，跟日本建國神話的諸神同祀，在這個意義上，變成「總鎮守新版圖之神」。

以再現征服戰爭著手儀式開始臺灣行啟的皇太子，在依循統治機構系統開始一連串的〈權威性蓋章〉之前，先參拜了這個奉祀「總鎮守新版圖之神」的皇族和建國諸神的臺灣神社，其後南下訪臺南，到當時作為「御遺跡所」被保存，成為以後皇族及貴族訪臺必遊之地的能久陣亡地，進行「親手植樹」的儀式。「御遺跡所」接受此儀式後，被增建改築，建立臺南神社（1923年10月；1925年列入官幣中社）。[34]東宮臺灣行啟，因此染上了描繪由大和民族開拓、征服「新版圖」之跡的〈神話劇〉的象徵性。

能久之死神話化的另一個方向，是由臺灣民眾所作的一種對抗的神話化。能久死後，臺灣民間到處流傳著能久橫死之說，說能久不是如政府發表的那樣死於瘧疾，而是死於抗戰的民軍之手，或是因在與民軍的抗戰中負傷而死。這些傳說有幾個類型，在新竹、彰化、嘉義、虎尾等日本軍占領時有激烈抵抗的地方產生。[35]例如，其中在嘉義附近流傳的是，被日本軍捉去殺

掉的抗日民軍領袖實則還活著，潛伏在嘉義附近，暗殺了能久。[36]

在統治者的官方言說中，能久變成勝利的征服民族之神；能久橫死說的產生，是被迫以武力抵抗的臺灣民眾「精神上抵抗意識的象徵」。[37]如第一節所見，1923年將新領土臺灣編入天皇制〈象徵之傘〉的機制，可說隨著統治的進展相當地滲透。但是在被統治民眾之間的暗流是這種「對抗神話」，而另一方面，受近代教育的臺灣漢族知識分子則開始新的民族運動，在這種〈狀況性脈絡〉裡，〈民族〉的因素在東宮行啟的〈神話劇〉中，也就具有象徵意義，也因此，相應於此〈民族〉因素的「內地延長主義」這種意識型態也就具有象徵意義。

（一）作為自我欺瞞的〈通過儀式〉

「內地延長主義」無庸置疑地是「同化主義」的進路之一，期待隨著殖民地在法及制度方面的內地化，殖民地住民能和內地住民在文化上、精神上同質化，即達到同化。與此類似，東宮臺灣行啟也被期待一種〈通過儀式〉的意義，將純粹法範疇的「臣民」過渡到「帝國忠良臣民」。

〔臺灣軍司令官·福田雅太郎〕領臺後有許多機會需要官民一致協力提攜，但如這次自然流露，內臺人一致協力歡迎殿下，這是一個幾乎不可能的事，這場機會是彼我無形中自然而得的一大福音，殿下的高德如此，吾人衷心欣快，且祈將來更進一步融和縫合而漸次發展為完全的帝國臣民。（《臺灣日日新報》4月16日）

對這個〈通過儀式〉的象徵性的期待，具體而言，就是期待在迎接「象徵」的儀式之緊張和昂揚中，緩和被統治民族的淚腺。如以下所引用的，是被期待的儀式之樣貌。

〔花蓮港廳長·江口良三郎〕（看到從臺北車站到總督官邸沿道歡迎皇太子的行列）感激之極，眼底不禁湧出熱淚。更且17日，聖

上訪問總督府的時候，我們在府廳舍前廣場集合。臺北市內各學
校數千兒童學生，每個人手上拿著國旗奉迎，剎那間，那種嚴肅、
莊重之感，超越美之極點，產生一種聖想，念及從吾等國民之遠
祖，由血緣繼承的傳統信仰，此一念頭在此集團的每個心神中湧
現，不可言狀的形成聖美氣氛，在遙遠後方參觀的人們，一時之
間也都置身於忘我的境界。（《臺灣教育》1923 年 6 月號，頁 24）

　　管理行啟儀式過程的相關人員，即中間指導者們，決不是沒有意識到日
本人和臺灣人「淚腺構造」（政治文化）的差異。他們知道這點，而且要利用
此，把臺灣人捲入在臺日本人的「感泣」之渦中；而這些在臺日人早已被編
入天皇制下〈中央〉—〈地方〉的價值機制中，這可以說是他們的儀式戰略。
這個戰略在明白地加入臺灣人的場合，他們便宣稱這是「由血緣繼承的傳統
信仰」，以這種自我欺瞞的修辭展示權威；而在事後，對〈通過儀式〉的期
待是預定和諧的，同時也充滿著自我欺瞞。在此引用兩名臺灣位列頂端的中
間指導者的話。

　　〔臺灣總督・田健治郎〕歷代總督為了除去此障礙（內臺人間意志
　　與感情的疏隔），付出慘淡苦心，到今日也還未達其目的。然今日
　　殿下將其足跡印在本島上，使此等障礙物忽然煙消雲散，恰呈別
　　創天地之觀……（《臺灣日日新報》6 月 16 日）

　　〔總務長官・賀來佐賀太郎〕（行啟不過 12 日，但）對全島三百萬
　　生靈，渾然給予偉大薰化的事跡，永遠也不會消失，二十有八年
　　的臺灣統治史在此處畫一大階段，簡明直截地扶植了我國體之精
　　神。（《臺灣時報》1923 年 5-6 月號，頁 22）

　　不待言，這些言詞對上是對皇太子表示效忠的儀式，對下則是將這個天
皇行事正當化。

（二）〈征服儀式〉和〈和解儀式〉

　　但是如前面所確認的，由皇太子所作的〈權威性蓋章〉，即秩序象徵的正當化，不只對秩序的現況正當化，還對其形成的歷史正當化。首先便是權威地認知此地支配民族日本人在此之前的事業。這件事情與皇太子以過去日本軍征服臺灣的再現儀式開始，與臺灣行啟合起來，賦予這齣〈神話劇〉、〈征服儀式〉的象徵性。這點由皇太子參拜臺灣神社、訪問北白川宮能久陣亡地、「差遣御使」到芝山巖[38]等行動，以及對軍事有功者、戰傷病兵、公傷警察官的「點心（費）賜予」及獻上臺北城「北門模型」[39]給皇太子等儀式表現出來。同時，還出現一種說法：在「皇位上的皇子」來訪這種「千載一遇」的機會裡，在臺日本人及死於此地的「英靈」也可以得到心理的慰藉和滿足。臺灣軍司令官的「奉迎謹話」是其典型。

　　〔臺灣軍司令官・福田雅太郎〕吾人奉職本島，立於國防的第一線，欣喜得遇此一大盛儀之機會，同時，領臺以來因征服叛軍或討伐土匪及生蕃，或染惡疾為邦家犧牲，長眠於臺灣之地的數千英靈，也必因此次盛儀之光榮露出感激的笑容。顧彼等報國之偉業，定不勝歡喜，想起此萬感交集，不外是殿下之高德彌高，催人感淚。（《臺灣日日新報》6月16日）

　　福田的這種說法充分表現了在臺日本人、特別是可以藉著升遷系統回流到日本本國的上層官吏、財閥系企業職員以外的人，或在本國已經沒有足夠的社會關係的人之現實心理。這個現實心理，可由在皇太子抵臺當日《臺灣日日新報》所揭載的「奉迎和歌」和還啟後（4月28日）所揭載的「獻上和歌」要約之。茲引數例。

〈奉迎和歌〉

此島に住む甲斐ありて日の皇子の　出でまし今日仰く鴨

（居住此島也算是值了，今天能夠迎接皇太子來臺）

君が代に長らへにける甲斐ありて　日嗣ぎの皇子を仰く畏さ

（很高興在君上之時代已久，迎接皇太子，不勝敬畏）

〈獻上和歌〉

思ひきや日嗣ぎの宮の御車を　たかさご島にあふぎ見むとは

（以前怎麼可能想到，我有一天在高砂島能夠迎接皇太子搭乘的車
子）

高砂の島にあり経てためしなき　みゆき拝む今日の畏さ

（來到高砂島後，從未感到像迎接行啟的今天那麼敬畏）

　　在此極南之地的在臺日本人，不論時間或空間都被從唯一價值源泉的
〈中央〉剝離，而皇太子這種偉大人物來訪，減輕了他們心中身在漠然不安
之異民族地域，身為少數者的恐懼感，讓他們感到即使在此地也能共有「帝
國」的興奮。這是在這個天皇行事的神話劇中，最被期待的統合機能。

　　皇太子抵臺當日發表535名無期徒刑為主的服役者減刑的恩赦，這些人
是在所謂「西來庵事件」中因匪徒刑罰令連坐的「匪徒」。「西來庵事件」是
指1915年余清芳等結成反日革命結社，在其被發現後發生的武裝起事事件。
因他們以在臺南叫作西來庵的小廟為據點，故有此名。這個事件是1902年
自日本占領之初的武裝抗日勢力的鎮壓結束之後，除了原住民的霧社事件
（1930年）以外，日本統治期間最後最大的武裝暴動事件。在其鎮壓過程中，
因鎮壓過度（玉井村屠殺事件）及事後有近900名被判處死刑，而給臺灣民
眾刻下深刻的恐怖和傷痕。[40]

　　《臺灣日日新報》在行啟之際的恩赦報導中（3月26日）說，恩赦的對象
是「所謂臺灣的國事犯人」。當然，如同平常的天皇行事一樣，在此也推銷
作為〈仁惠者〉的天皇，這個恩赦也是在「聖恩及於匪徒」這種修辭下進行。

但是，其對象僅限於以「西來庵事件」為主、適用匪徒刑罰令的受刑者，可以說這個「聖恩」象徵著暗中〈和解〉的意義。雖然後來總督府當局取消「國事犯人」的用法，但恩赦對象曾經被如此報導，即因此故。

皇太子權威地承認並嘉勉在臺日本人之事業的儀式，結果是用儀式再現日本人征服臺灣的〈神話劇〉。這個神話劇既然在臺灣人的眼光裡、部分臺灣人也上演展開的話，它必然地帶有再度確認土著民族被征服的儀式（〈臣服儀式〉）的象徵性。這個〈征服儀式〉和〈臣服儀式〉的整套上演，把臣服狀況用儀式表現，會挑起被征服者對此事的苦惱或反抗意識，而損及儀式過程的整齊，這是儀式管理者所擔心的。

他們努力地用政治的、警察的方式，將已經顯明存在的〈民族〉緊張，從〈神話劇〉的場面中除去，[41]並且，為了處理〈民族〉潛在的緊張要因，在〈神話劇〉的象徵構造中，也上演〈和解儀式〉。

結語——東宮行啓和1923年在臺灣的日本殖民主義

以上以「內地延長主義」的〈秩序劇〉、〈教化劇〉、〈神話劇〉來分析1923年東宮臺灣行啟的象徵構造。由此可知，（1）藉由推動法律、制度的內地化加強本國和殖民地的統合，對應這個「內地延長主義」的目標，東宮行啟象徵著天皇統治和總督統治的連續性（這也是階層的連續），同時，也對基於「內地延長主義」諸措施而修改的殖民地內的秩序，權威地加以認知及正當化；（2）此天皇行事對應「內地延長主義」的「同化」目標，在「內地延長主義」漸進的「同化」過程中，確認了兒童、學生是戰略的目標，而學校是戰略機關。

（3）同樣是對應「內地延長主義」的「同化」目標，因為加入了被統治的臺灣人，所以期待這個天皇行事具有成為「忠良帝國臣民」的〈通過儀式〉這種象徵意義。但是，天皇行事必須是大和民族的〈神話劇〉，從而受領〈權威性蓋章〉的儀式群就有了〈征服儀式〉＝〈臣服儀式〉的象徵性；對應於此，〈通過儀式〉的象徵性表現於行啟中自我欺瞞的修辭，而不得不在儀式過程

中偷渡〈和解儀式〉這種象徵性。

　　構成1923年東宮臺灣行啟〈狀況性脈絡〉的「內地延長主義」政策，在其總設計者原敬的想法中，若要達到「同化」的目標，法律與制度的內地化，比對被支配民族的文化（乃至〈身體〉）直接〈教化〉更受重視。[42]不用說，原敬所說的「制度」也包含教育在內，決不是輕視〈教化〉。但是，原敬相信「使之（法律、制度）相同，則必得相同結果（同化）」。[43]他之所以重視法律與制度之內地化，是因為他相信體現內地法律與制度的〈文明〉之有效性與普遍性。對殖民地和日本本國的統合形態採取對立意見（「特別統治主義」）的後藤新平，與採「內地延長主義」的原敬，在這一點上並沒有什麼不同。[44]這是因為原敬和後藤新平一樣，都是日本在明治時代由於攝取〈文明〉形成近代國家的過程中，投身於此過程而立身的人物。

　　但是，大正後期近代的民族運動在殖民地興起之後，以這種〈文明〉的導入者作為統治異民族的正當性根據的言說不再有效。近代民族主義，就是自力近代化的信念，亦即對自己民族來說，自己導入的〈文明〉當然是最適當的。

　　另一方面，1923年的東宮臺灣行啟這個天皇行事所浮現的是一種意識形態，也就是將在臺灣這個地方存在著兩民族的意義，定位為一方對另一方征服的歷史，而以征服民族的政治及準宗教的象徵，儀式性地將之正當化。因此，基於自己也服膺的普遍性價值（這裡是指〈文明〉）而來的統治原理，並不採取和被統治民族的民族主義對決的姿態，以向上對皇太子（天皇）的效忠儀式，特別地採取自我欺瞞的〈通過儀式〉。這種自我欺瞞，對應這個時期的「內地延長主義」，即「同化主義」的「漸進主義」，並沒有被要求要得到任何具體的成果。雖然在本國也有一部分基於「自治主義」的傾向自由派之殖民政策批判，但是，1923年的日本殖民主義，可以說迴避了日本國家與基於對等〈文明〉原理之殖民地近代民族主義在原理上的對抗，而開始偏向天皇制國家的統合原理中統合異民族的方向。從這裡，我們可以說，侵略被統治民族〈身體〉的「皇民化政策」之道早就坦然而開。在殖民地現地，能夠暫時將其壓制住的，就只有靠被統治者自己的民族運動。

表一　皇太子日程、造訪處、行事一覽

月日	住宿地	造訪處、行事〔用語原則上依原資料〕
4.12	宿於艦中	橫須賀軍港出港【御召艦「金剛」，供奉艦「比叡」「霧島」】
4.16	臺北	抵臺灣東北角三貂角外海（遠望近衛師團【故北白川宮能久師團長】登陸地點→抵基隆港（總督、軍司令官出迎）/基隆車站【特別列車】→臺北車站「特別遊行隊伍」→宿舍＝總督官邸（拜謁/總督呈奉迎辭/晚餐/提燈遊行）/來自天皇：呈奉明治天皇遺物給臺灣神社，給社會事業、教育事業各10萬圓下賜金，匪徒刑罰令關係囚人535名減刑恩赦/由東宮下賜給孝子・節婦、義僕、學者、有功者、戰傷病兵、公傷警察官、蕃界警備員、高齡者金錢物品/發表敘勳（11名）、褒賞（7名）
4.17	臺北	宿舍【汽車遊行隊伍】→臺灣神社參拜→宿舍【特別遊行隊伍】→總督府（拜謁/上呈「府治概要」/兒童學生揮旗遊行）【特別遊行隊伍】→宿舍【汽車遊行隊伍】→臺灣生產品展覽會第一～四號館【汽車遊行隊伍】→宿舍（清樂鑑賞）【＊以下陸上移動之方法省略】
4.18	臺北	總督府中央研究所（所長報告/殿下巡視）→臺北師範學校（蕃人兒童集合奉迎/奉迎歌/參觀上課）→同校附屬小學校（市內各小學校教員兒童集合奉迎/奉迎歌/參觀上課）→太平公學校（市內各公學校教員兒童集合奉迎/奉迎歌/參觀上課）→臺灣軍司令部（軍司令官報告/午餐/親手植樹）→臺灣總督府高等法院（法院長、檢察長報告）→臺灣教育展覽會＝臺北第一中學校（臺北第二中學校、商業學校、高等學校教員學生集合奉迎/奉呈概況書/全臺灣教育關係品陳列/參觀上課）→臺灣總督府醫學專門學校（高等商業學校、高等農林學校教員學生奉迎，奉呈資料，陳列品，參觀上課）【＊以下學校行事同省略】→宿舍（接見有功者/臺北州知事奉呈奉迎文、州治報告書/蕃人舞蹈/活動寫真）
4.19	臺中	臺北車站→新竹車站→新竹州廳（拜謁/新竹州知事奉呈奉迎文、州治報告書/保甲壯丁團分列行進【＊以下各州廳略同省略】）→新竹小學校（國語演習會/旗體操）→新竹車站→臺中車站→臺中州廳（遠望新高山）→臺中第一小學校→臺中分屯大隊→臺中水道水源池→臺中第一中學校→宿舍＝州知事官舍（接見有功者/提燈遊行/燈籠跳舞/彰化煙火）
4.20	臺南	臺中車站→臺南車站→（中途嘉義車站停車）→臺南州廳→北白川宮御遺跡所→南門小學校→孔子廟→臺南師範學校→臺南市第一小學校→臺南市第一中學校→宿舍＝州知事官舍（接見有功者/臺灣式表演活動/提燈遊行）
4.21	高雄	安平海埔新生地→臺灣製鹽會社鹽田→養殖試驗場→臺灣步兵第二連隊（拜謁/守備隊司令官、連隊長、山砲中隊長報告/閱兵/親手植樹）→臺南車站→高雄車站→宿舍＝壽山貴賓館→高雄州廳→高雄第一小學校/高雄港（撒網、划龍舟競賽）→宿舍（接見有功者/提燈遊行/火把遊行/奉迎船/煙火）
4.22	高雄	高雄車站→屏東車站（遠望鳳山海軍無線電信所）→臺灣製糖會社工場→屏東車站→高雄車站→宿舍（壽山登山/板及竹筏/火把遊行/煙火）
4.23	宿於艦中	高雄港【「金剛」】→澎湖、馬公海軍要港部（拜謁/要港部司令官報告）→馬公港出發
4.24	臺北	基隆港入港（遠望海演）→基隆重砲大隊（拜謁/基隆要塞司令官、重砲大隊長報告/教練/親手植樹）→基隆車站→臺北車站→宿舍→參觀博物館→圓山運動場＝全島聯合運動會場→宿舍（臺灣料理/活動寫真）
4.25	臺北	臺灣表演/草山溫泉/北投溫泉→宿舍（賜茶）

月日	住宿地	造訪處、行事〔用語原則上依原資料〕
4.26	臺北	臺北步兵第一連隊（拜謁／守備隊司令官、連隊長、山砲中隊長報告／閱兵／親手植樹）→臺灣總督府專賣局（局長報告／陳列品／工場巡視）→臺北第一高等女學校→武德殿（參觀諸武術）→臺北第三高等女學校→圓山運動場＝臺北體育協會陸上競技大會→宿舍（臺灣表演／下賜文告／賜宴／煙火）→向總督、軍司令官以下數十名給予恩賜品
4.27	宿於艦中	宿舍→臺北車站→基隆車站→基隆港→「金剛」乘船、出港
5.1		抵達橫須賀軍港

資料來源：《臺灣時報》1923年5-6月號，頁60-101。

表二　皇族訪問殖民地臺灣一覽表

皇族	期間	目的等　備考
故北白川宮妃富子	1901.10.24-11.04	參加臺灣神社鎮座式、巡視各地／11.4抵臺南御遺跡所（北白川宮能久陣亡地）、「參觀遺品等，暗淚」
閑院宮載仁	1908.10.22-10.30	參加南北縱貫鐵道全通式、巡視各地／【陸軍中將】
北白川宮輝久	1910.06.16-06.18	臺南御遺跡所參拜
閑院宮載仁夫妻	1916.04.16-04.25	參加臺灣勸業共進會、赤十字臺灣支部大會／4.24在臺北宿舍「引見蕃人」（以後成為慣例）
北白川宮成久夫妻	1917.10.22-11.02	各地巡視
久邇宮邦彥夫妻	1920.10.20-11.01	以武德會總裁身分出席該會臺灣支部大會，各地巡視
東宮裕仁	1923.04.16-04.27	各地巡視，次高山、壽山命名
伏見宮博義	1923.04.16-04.27	各地巡視／與東宮裕仁同行
秩父宮雍仁	1925.05.30-06.03	留學歐洲途中經過，各地巡視／「三菱模範竹林事件」相關住民企圖告御狀事件
高松宮宣仁	1926.04.10-04.17	各地巡視／與海軍第一艦隊同道
故北白川宮妃富子	1926.10.27-11.01	參加臺灣神社大祭典，各地巡視
朝香宮鳩彥	1927.11.01-11.16	各地巡視／【陸軍大佐】
久邇宮朝融	1928.04.02-04.06	各地巡視／與海軍第一艦隊同道／在臺中受到朝鮮人襲擊

皇族	期間	目的等　備考
久邇宮邦彥	1928.04.27-06.01	以陸軍特命檢閱使身分檢閱部隊／各地巡視
高松宮宣仁	1928.05.05-05.07	參拜臺灣神社，練習艦隊南洋航海途中經過
東伏見宮妃周子	1929.10.23-11.02	以愛國婦人會總裁身分出席該會臺灣支部第二回總會，各地巡視
賀陽宮恆憲	1931.06.05-06.18	參觀／靜養／因陸軍參謀演習來臺
久邇宮朝融	1933.07.04-07.13	參觀／靜養／因聯合艦隊巡航來臺
伏見宮博英	1933.07.07-07.13	參觀／靜養／因聯合艦隊巡航來臺
高松宮宣仁	1933.07.09-07.13	參觀／靜養／因聯合艦隊巡航來臺／參拜琉球藩民墓（臺灣出兵古戰場）
伏見宮博恭	1934.09.23-09.27	各地巡視／因聯合艦隊演習來臺／【海軍軍令部長】
梨本宮守正	1934.10.01-10.15	參加國防義會聯合本部成立典禮、各地巡視、在鄉軍人學校學生分列式檢閱、出席臺灣武道大會
昌德宮李王垠	1935.01.17-02.01	各地、部隊巡視
久邇宮朝融	1935.02.26-03.01	參觀／靜養／因練習艦隊演習來臺
伏見宮博英	1935.02.26-03.01	參觀／靜養／因練習艦隊演習來臺
朝香宮正彥	1935.02.26-03.01	參觀／靜養／因練習艦隊演習來臺
東久邇宮稔彥	1936.06.07-06.17	以陸軍第二檢閱使【陸軍中將、航空本部長】身分檢閱飛行部隊／空路來臺
賀陽宮恆憲	1938.01.15-01.16	？
東久邇宮稔彥	1938.04.03-04.11	部隊檢閱
故竹田宮恆久妃昌子	1938.06.27-07.10	慰問傷病兵、視察後方狀況
朝香宮鳩彥	1939.03.20-？	視察部隊
竹田宮恆德	1940.02.21-03.01	各地視察／「南支方面軍狀視察回程途中」經過
閑院若宮夫妻	1941.03.10-03.26	各地視察？

資料來源：臺灣經世新報社編，《台灣大年表》1939年（復刻版，綠蔭書房，1992年）；臺灣總督府編，《台灣日誌》（《台灣日報》「日誌」欄的復刻，同前，1992年）；又吉盛清，〈沖繩・台灣に見る天皇と皇族（上）、（下）〉，《新沖繩文學》第88號（1991年夏）、第89號（1991年冬）。

出處：筆者所作。

註釋

1. 從而，皇太子在公開場合的出現形式也和「內地」不同。在仁川發行的日文報紙《朝鮮日報》，刊載著給民衆的公告，說在「奉迎」時「沿道別喊萬歲，也別唱君之代」（《朝鮮日報》，1908 年 10 月 5 日）。此外參照若林正丈，〈一九二三年東宮台湾行啓の「狀況的脈絡」──天皇制の儀式戰略と日本植民地主義・その 1〉，《教養学科紀要》（東京大学教養学部）第 16 號，1984 年，頁 35。

2. 從 1907 年設樺太廳時，法律卽施行內地法，地方制度也在 1929 年改爲和北海道一樣的町村制，1943 年完全「編入內地」。矢內原忠雄，〈植民及植民政策〉，《矢內原忠雄全集》第 1 卷（東京：岩波書店，1963 年），頁 281、308。遠山茂樹、安達淑子編，《近代日本政治史必携》（東京：岩波書店，1961 年），頁 102。

3. David A. Titus, *Palace and Politics in Prewar Japan*. Columbia University Press 1974. pp.51-55. 大谷堅志郎譯，《日本の天皇政治──宮中の役割の研究》（東京：サイマル出版會，1979 年），頁 62-65。

4. David A. Titus, Titus, *Palace and Politics in Prewar Japan*, p.302. 日譯，頁 317-318。

5. 若林正丈，〈一九二三年東宮台湾行啓の「狀況的脈絡」──天皇制の儀式戰略と日本植民地主義・その 1〉。

6. 若林正丈，〈一九二三年の東宮台湾行啓──天皇制の儀式戰略と日本植民地主義〉，平野健一郎編，《近代日本とアジア──國際関係論のフロンティア 2》（東京：東京大學出版會，1984 年）。

7. 坂本孝治郎，《象徵天皇がやって来る──戰後巡幸・国民体育大会・護国神社》（東京：平凡社，1988 年），頁 103。

8. 多木浩二，《天皇の肖像》（東京：岩波書店，1988 年），頁 86。

9. 多木浩二，《天皇の肖像》，頁 43。

10. 村上重良，《国家神道》（東京：岩波書店，1970 年），頁 1，包含引用部分。

11. 參照多木浩二，《天皇の肖像》第六章〈民衆と「御眞影」〉。

12. 橫森久美，〈台湾における神社〉，《台湾近現代史研究》第 4 號（1982 年），頁 215-221。

13. 又吉盛清，〈沖縄・台湾に見る天皇と皇族（下）〉，《新沖縄文学》第 89 號（1991 年冬），頁 166。

14. 弘谷多喜夫，〈台湾の植民地支配と天皇制〉，《歷史学研究》第 547 號（1985 年 10 月），頁 164。

15. E.P. Tsurumi, *Japanese Colonial Education in Taiwan, 1895-1945*. Cambridge: Harvard

University Press, 1977. p.148. 【譯按】此書有中譯本：林正芳譯，《日治時期臺灣教育史》（宜蘭：仰山文教基金會，1999 年）。

16. 【譯按】即「上報統治現況」之意。

17. 若林正丈，〈一九二三年東宮台湾行啓の〈狀況的脈絡〉〉，頁 30。

18. 保甲役員，與由市民代表選出者（月臺奉迎）以外的州‧市協議會員、在鄉軍人、婦人會、各學校學生等一起，從車站前一直到馬路上奉迎（《臺日》4 月 1 日）。保甲是「十戶爲甲，十甲爲保，即以百戶爲單位組織的本島人（漢族系住民）的地區鄰保團體，其成員是家長，在甲置甲長，保置保正」。處理的事務非常廣泛從戶口調查、村落出入者調查到道路橋梁的小破損之修繕與掃除、傳染病的預防。並且「保甲組織壯丁團，警戒預防風水害、火災、土匪強盜等非常急變事故」。各家長對這些事務負有連帶責任，經費自己負擔，「壯丁」的工作也是無償義務。保甲制度不適用於日本人及原住民族。其「本質不是住民的自治機關，接受警察官的指揮命令，爲下級警察及下級行政輔助機關」（矢內原忠雄，《帝国主義下の台湾》（東京：岩波書店〔復刻版〕，1988 年），頁 174-175。）。

19. 春山明哲，〈近代日本の植民地統治と原敬〉，《日本植民地主義の政治的展開1895-1934》（與若林正丈合著）（東京：アジア政經學會，1980 年），頁 2。

20. 若林正丈，〈一九二三年東宮台湾行啓の〈狀況的脈絡〉〉，頁 31。

21. 《田健治郎日記》，國立國會圖書館憲政資料室所藏，4 月 26 日條。

22. 紳章是領有臺灣之初，因住民抵抗十分激烈，而在 1898 年制定以懷柔方式對待漢族傳統士紳層的政策之一，而授與「臺灣住民中有學識資望者」。進入 1920 年代之後被認爲是協力日本的「御用紳士」之證，而被嫌惡稱爲「臭狗牌」，總督府於 1926 年以後停止授與新的紳章，參見本書頁 174、312。

23. 《臺灣時報》第 46 號，1923 年 5-6 月號（行啓記念號），頁 7-8。

24. 總務長官賀來佐賀太郎事後評論的話。參照四之 1 所引。

25. 《臺灣教育》第 252 號，1923 年 6 月號（行啓記念號），頁 27。

26. 《臺灣教育》第 252 號，頁 26。

27. 若林正丈，〈一九二三年の東宮台湾行啓〉，頁 218。

28. 《田健治郎傳記》（田健治郎傳記編纂會，1932 年），頁 508。

29. 尾崎秀樹，《旧植民地文学の研究》（東京：勁草書房，1971 年），頁 272-273。

30. 臺灣總督兒玉源太郎，〈台湾神社社格及社號之儀ニ付稟申〉，臺灣神社社務所編，《台湾神社誌》（臺北，1916 年），頁 47。

31. 〈国費を以て台湾に神社を建設するの建議案〉（貴族院），《台湾神社誌》，頁 45。

32. 〈国費を以て台湾に神社を建設するの建議案〉（貴族院），頁 45-57。

33. 横森久美，〈台湾における神社〉，頁 215-221。

34. 臺南神社社務所編，《臺南神社誌》（臺南，1928 年），頁 1-3。

35. 黃榮洛，〈北白川死在新竹〉，《臺灣風物》第 35 卷第 2 期，1986 年 6 月，頁 90-91。

36. 矢野一也，〈誰殺了〉，同《臺北車站》（東京：新評論，1986 年）。

37. 尾崎秀樹，《旧植民地文学の研究》，頁 275。

38. 芝山巖是臺北郊外士林地區的一個地名。總督府首任學務部長伊澤修二將學務部置於該地的廟中，並在那裏設學堂集合附近的臺灣人子弟，開始「國語」（日本語）講習。這是日本在臺灣殖民地教育的濫觴，但 1896 年元旦受到北部抗日武裝勢力的攻擊，六名學務部員被殺害。後來這六人之死就作爲「本島教育的基礎」被神話化，在師範學校提倡學習「芝山巖精神」。上沼八郎，〈台湾教育史〉，《世界教育史大系 2．日本教育史Ⅱ》（東京：講談社，1975 年），頁 276-278。

39. 1895 年占領臺灣之際，進擊的近衛師團從臺北北門進城。「皇軍雖然在北門進攻，但城壁很高，無法進入城內，但剛好有一個老婆婆看見，就架了一個梯子，我軍因此得入城內，完成占領。因爲曾有這麼一段有趣的歷史，所以（臺北市的奉迎）委員以此對臺北極富深意，就獻上此模型」（《臺日》2 月 26 日）。

40. 池田敏雄，〈柳田国男と台湾——西來庵事件をめぐって〉，《国分直一博士古稀記念論集——日本民族文化とその周辺》（下關：新日本教育圖書，1980 年），頁 471-474。

41. 田總督著手實現東宮臺灣行啓在宮廷正式展開運作是從 1922 年 7 月開始，但在此之前從同年 5 月開始破壞臺灣議會設置請願運動，9 月在其壓力下，該運動的中心人物，臺中州名望家林獻堂表示脫離運動。行啓期間中「各都市警察拘留所大客滿，在臺北無法收容，都在各自家中戴手銬」（臺灣社會主義者連溫卿給山川均的信。山川菊榮，《おんな二代の記》，東京：平凡社，1973 年，頁 345。），總督府以這種警察手段和前述政治手段，演出在歡迎「皇位上的皇子」時「民情的平靜」。詳見若林正丈，〈一九二三年東宮台湾行啓の〈狀況的脈絡〉〉，頁 32-34。

42. 參見本書頁 60-61。

43. 原敬，〈朝鮮統治私見〉（國立國會圖書館憲政資料室所藏「齋藤實文書」，929）。

44. 春山明哲，〈近代日本の植民地統治と原敬〉，頁 64。

試論如何建立日治時期臺灣政治史的研究

戰後日本研究成果的一個反思

前言

　　如所周知，臺灣史研究在臺灣政治環境發生重大變化的1980年代，似乎突然引起內外的關心，特別是在臺灣，這個學問領域彷彿急速地投入了相當多的人力及資源。但是，值得注意的是，在以往的研究中，有關日本殖民統治時期（以下簡稱日治時期）的研究似乎是其中較弱的一環。[1]此種現象其實有其歷史及政治背景。這是因為大部分的論述都僅注意到臺灣史中，統治者在短期間內的頻繁更替，而將「臺灣史解釋成臺灣島以外的人在這個島上發展的過程」；[2]這顯然是基於統治者的觀點及價值觀來討論臺灣史。如果根據這種論述，這個時期的臺灣史可以說是「被雙重剝奪了」。[3]也就是說，臺灣在日治時期，被當作「帝國南進」的跳板，處於被動的地位；而在戰後，又先驗地對日治時期給予負面的評價，因而阻礙了進一步研究的進展。

　　戰後的日本學界對於日治時期臺灣史的研究也累積了一定成果。雖然一般輿論界，仍然有人從過去殖民者的價值觀回顧歷史，但學界方面則極少有這類論述，並且很努力地企圖克服此類價值觀及歷史觀。儘管如此，日本學

界的這些研究也還不能說已經確立了「臺灣史」這樣的學問領域。這是因為
以前的研究幾乎都不是「臺灣」近代史的研究，而是將「在臺灣的日本帝國
主義／殖民主義」視為「日本」近代史的一部分，來進行研究。當然，「在
臺灣的日本帝國主義／殖民主義」的研究，對「臺灣」近代史研究不會毫無
意義；甚至不僅不會毫無意義，而且還是不可或缺的。但很顯然地，如果僅
是如此，也不能算是「臺灣」近代史研究。這一點，臺灣的學者也曾明白指
出。[4]那麼，什麼才是「臺灣」近代史研究呢？「臺灣」近代史研究與「在臺
灣的日本帝國主義／殖民主義」研究有什麼樣的關係呢？

　　在這篇文章中，筆者將從反省自己先前對「在臺灣的日本帝國主義／殖
民主義」研究的成果出發，考察此類「在臺灣的日本帝國主義／殖民主義」
研究究竟是採取怎樣的觀點，以及其是否能對「臺灣」近代政治史研究架構
起有建設性的關係。由於此「研究假設」（working hypothesis）形成的基礎主
要是基於筆者本身的研究成果，因此本文以「戰後日本研究成果的一個反思」
為副標題。

一、殖民地政策變動的政治力學
——春山明哲〈近代日本の植民地統治と原敬〉

　　筆者於1980年與春山明哲合著的《日本植民地主義の政治的展開1895-
1934》一書中，曾主張必須有「日本殖民主義的政治史」這樣的研究觀點。
此研究觀點於該書中春山的論文〈近代日本の植民地統治と原敬〉中，已有
充分開展。在此，我想藉由重新探討春山論文，嘗試將此研究觀點明確化，
同時，也想看看當時我們提出的「日本殖民主義的政治史」這樣的研究觀點，
到底發現了什麼。

　　在我們的書發表之前，戰後日本學界對於日本統治下殖民地的政治有
比較多累積的，主要是針對個別殖民地的抵抗鬥爭史或民族運動史方面的研
究。如果不懼單純化之譏，或許我們可以大膽地說，這些研究的前提觀點是
採「日本帝國主義」對「殖民地人民」二元對立的形式。因此，（1）這些研

究將直接面對殖民地人民抵抗或對峙的「現地權力」與「日本帝國主義」等同視之；（2）他們多半依據馬克思主義的階級論，將殖民地人民分成各種階級，然後放入與日本帝國主義（等同於現地權力）的互動關係中（圖一：「日本殖民主義的政治史研究」之問題意識：舊模式，見頁368。）

春山對於上述的（1）頗有異議。春山認為，以往基於舊模式的研究中，「雖然提及了個別殖民地統治機構」，但一直沒有「對於整個日本殖民地支配的研究」，因此「無法明瞭殖民統治支配體制究竟在整個日本國家體系中占有什麼樣的政治地位，因而，日本本國政治構造的變化與殖民地支配看來似乎並沒有多大關係。」[5]故春山將焦點放在對日本本國的政治體制之動向與殖民地統治體制之動向二者均有密切關係的政治領袖身上，藉此究明兩者的連動關係。春山的觀點，如果以圖示的話，大概可以以圖二（見頁368）表示。

春山所注意到的政治領袖即原敬。原敬從明治末年即擔任立憲政友會的領導者，使近代日本政治體制（圖二之a）朝向政黨政治轉型。他透過與藩閥勢力巧妙的妥協與抗爭，提升政黨在政治體制內部的地位，不僅成功地確立了政黨在帝國議會此一國家制度中的地位，也確立了政黨扮演整個國家統治主體的角色。大正中期以後，他則成為首任正式政黨內閣的閣揆。1918年9月原敬組織政友會內閣後不久，第一次世界大戰結束，半年後朝鮮三一獨立運動爆發，日本的殖民地統治體制深受衝擊。

春山探索原敬的思想及政治作為，發現原敬在進入政界之前就已經有後來被稱為「內地延長主義」的殖民地統治理念，[6]進入政界後，在對應殖民地政策之議論時也不改初衷；而在殖民地立法政策問題（所謂「六三問題」，即臺灣總督之委任立法權問題）與殖民地統治機構問題（殖民地總督武官專任制或文官總督制）中，原敬以政黨力量為背景，意圖將殖民地統治體制「政黨化」，即以政治手段削減已經藩閥化的殖民地統治體制之法律異域性（賦予總督委任立法權）與政治異域性（殖民地總督武官專任制）；擔任首相之後，他便撤廢了殖民地總督的武官專任制，並削減了殖民地總督委任立法權的範圍（法三號的制定）。

春山的論文以原敬這麼一位政治領袖的理念與行動（圖二之b）為媒介，究明了近代日本的政治體制與殖民地統治體制（圖二之c）之間的連動關係。

也就是說，春山採取新的觀點（圖二），證明以前二元對立的觀點（圖一）所無法看到的近代日本殖民地政策之政治力學的確存在，為與臺灣近代史息息相關之日本殖民地政策動向的研究開拓了新的空間。[7]

但是，無庸諱言，這「是日本近代史研究，而不是臺灣史的研究」。[8]如前所述，春山意圖藉由採取新觀點，來克服前述舊觀點之（1）的部分，至於（2）的部分則未逕觸及。因此，我們可以說，春山的研究對日本殖民統治時期的「臺灣」政治史研究來說，僅是對外部環境的改善作了些許貢獻。

圖一　「日本殖民主義的政治史研究」之問題意識：舊模式

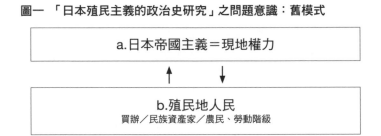

圖二　「日本殖民主義的政治史研究」之問題意識：新模式

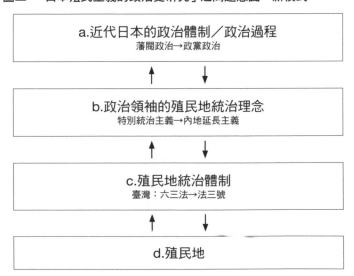

二、透過交換、仲介進行控制的機制——若林正丈「臺灣本地地主資產階級」的「研究假設」

接著想討論的是圖二的d部分，亦即進入殖民地臺灣政治內部構造的問題。這是在若林正丈〈總督政治と台湾土著地主資產階級——公立台中中學校設立問題1912-15年〉[9]及〈大正デモクラシーと台湾議會設置請願運動——日本植民地主義の政治と台湾抗日運動〉[10]二文中所展開的「臺灣本地地主資產階級」的「研究假設」，以及以此為前提，針對政治過程所進行之具體事例的研究。

前者檢討的是在日本領有臺灣初期，排除臺灣各地激烈反抗並確立統治權力的過程中，日本帝國主義的現地權力機構（臺灣總督府）為何不得不將臺灣上層階級（若林稱為「本地地主資產階級」）當作「政治控制的對象」。作者以「本地地主資產階級」的概念當作了解「總督政治」的過程之「研究假設」，以此概念為分析前提，探討1912年至1915年、被矢內原忠雄稱為「本島人民族運動的第一聲」[11]之臺中中學校設立運動。若林此文將焦點放在當時臺灣總督佐久間左馬太為什麼一開始會接受臺灣上層人士「與內地人中學校一致」的要求，（最後在與本國政府的折衝後，沒有全部實現）希望藉此究明公立臺中中學校設立的政治過程。

後者嘗試以前述春山論文的研究觀點與發現，並以「本地地主資產階級」的「研究假設」為前提，探討臺灣議會設置請願運動（1921-1934年）的政治過程。這個殖民地自治運動是臺灣知識分子從大正中期至昭和初期，以被形容成「大正民主」的日本中央為政治舞台所展開的一個民權運動。

那麼，「本地地主資產階級」的「研究假設」是什麼呢？根據若林的說法，「本地地主資產階級」是清末臺灣漢族社會的上層部分（土豪、士紳、地主．豪商等資產家）「在日本殖民地支配確立的過程——日本權力、資本由上而下強行殖民地式近代化之諸過程——中變形形成的」。[12]這個「階級」成立的重要契機是領有第七年才好不容易達成的治安確立，以及整理漢族開拓的平地部分複雜的土地所有關係之土地調查事業。

　　由於治安的確立，各地擁有私人武力的土豪勢力，不是在日本軍警的討伐中被物理性地消滅，就是被奪去武裝。在士紳方面，這些具有上層科舉頭銜者，亦即參與中華王朝體制較深者，於臺灣脫離中華王朝體制之際，率皆「內渡」；而留在臺灣的士紳，也不再享有清朝時期其在基層社會所擁有的政治權威。土地調查事業整理以往的一田二主制，除去大租權，保障實際業主小租戶的土地所有權，同時，讓他們得以繼續課收地租。日本當局藉由這些方法，配合專賣事業的實施，得到殖民財政的穩定。而小租戶方面，也因土地支配權受到臺灣新政權（殖民地政權）的法律保障，得以繼續向農民收取高額佃租。也就是說，清朝末期的上層部分，土豪被奪去武力，士紳喪失其在基層社會所享有的政治權威，均變成單純的「有資產、有名望」人士。其經濟基礎雖受到新政權支持，但僅在一定程度內保有其社會威信。[13]

　　而此「本地地主資產階級」與日本殖民地現地權力的關係如何呢？若林的論文是這麼說的：

　　　　日本當局一方面奪去了臺灣漢族社會舊指導層權力和權威的實質
　　　　內容，另一方面，卻又不能盡奪他們的經濟基礎（他們仍然可以
　　　　從地位不安定的佃農處收奪高佃租），反而以近代的法律制度與治
　　　　安維持力來加以保證。而且，日本當局也利用這些「有資產、有
　　　　名望」人士對地方社會的影響力，來圓滑地維持其支配。也就是
　　　　說，因應他們的資產、名望以及對日協力的程度，下則使其擔任
　　　　為警察官派出所跑腿的保甲役員（保正、甲長）或區長、庄長，
　　　　上則給予高到廳參事的地方行政末端的役職，授予「紳章」、招待
　　　　參加官廳的正式宴會或給予其他榮譽。日本當局取代清朝官吏成
　　　　為分配權威的泉源。當然，授予這些新權威及榮譽的前提，是不
　　　　能使這些名望家、資產家有任何不利日本統治的能力。然而，他
　　　　們所擁有的對地方社會的影響力，必然也受到地方社會的利害及
　　　　感情的規範，這種規範在異民族支配的情況下，不知何時會轉往
　　　　反對日本支配的方向。再加上，他們自己早就在適應殖民地的近
　　　　代化當中，藉由高佃租及其他方法從事經濟蓄積或對子弟的教育

投資，慢慢地培養實力，重新意識到殖民地支配的桎梏。不管統治者方面如何不斷地培養其從屬性（即「御用紳士」性），我們仍可以清楚看到在他們的內部累積起反抗日本支配——阻礙自己這個資產階級成長的力量——的可能性。[14]

　　以上是若林對「本地地主資產階級」的「研究假設」。若林基於此研究假設，對照公立臺中中學校的「創立委員」及「捐款者」名簿以及《臺灣列紳傳》（從臺灣總督處受領「紳章」者的名錄），結果顯示，該中學校設立運動的主體即是若林所謂的「本地地主資產階級」。同時，若林也利用《臺灣日日新報》及總督府官僚的內部文書，究明該中學設立的政策決定過程。文中論證當時臺灣總督佐久間左馬太在他視為最重要任務的所謂「蕃地討伐五年事業」（對臺灣北部山地原住民的征服戰爭）遂行之際，由於財政及軍夫動員上的困難，需要「本地地主資產階級」的協力。佐久間左馬太承諾設立「與內地人中學校一致」的中學，即是對其協力的報償。

　　若林處理臺灣議會設置請願運動的論文，乃著眼於此運動是以殖民地住民向殖民母國國會請願的形式；文中討論殖民地住民對民權、自治的要求，在被稱為「大正民主」的日本本國政治局勢中如何被處理（前述「日本殖民主義的政治史」研究觀點）。此外，該文也藉由「本地地主資產階級」的「研究假設」分析參與運動的人士及其與殖民地權力的關係，並且也嘗試對此「研究假設」本身作若干發展。在該文中，藉由總督府警察對臺灣議會設置請願連署者的學歷及擔任公職狀況的調查以及對運動幹部經歷的分析，證明了這個運動是由日本統治下受近代教育的「新興知識分子」（臺灣漢族第一代的近代知識分子）與「本地地主資產階級」的一部分人士合作而展開的。[15]若林由此來考察此運動中顯現的殖民地政治的內容。也就是說，「這種現象（「新興知識分子」與「本地地主資產階級」部分人士合作），意味著在日本獨占資本的進一步發展、近代思想對本地地主資產階級子弟一定的滲透力，以及民族自覺的高漲等各種條件下，原先在日本帝國主義的臺灣支配中扮演政治、經濟媒介者角色的本地地主資產階級，再度產生分化，開始分化成新興買辦與民族主義派」。[16]因此，「日本殖民地當局在第一次世界大戰後，

在強化本國與殖民地關係的努力上，面臨一個重要的政治課題，即如何化解他們在新條件下於臺灣議會設置請願運動中所表現的反抗，再度將他們捲入殖民地式支配構造的框架內，讓他們繼續扮演本地支配的媒介者角色；這可以說是日本殖民當局在第一次世界大戰後，面臨必須重新強化本國與殖民地結合重要的政治課題（因為其要求是向本國中央政府提出，因此不僅是現地總督府權力的課題）」[17]

從以上兩篇基於「本地地主資產階級」的「研究假設」而作出的論文，可以整理出下面兩個不同層次的主張。

第一，日本殖民主義的現地權力——臺灣總督府——與臺灣社會「有資產、有名望」人士之間，存在著一種政治交換關係。從公立臺中中學校設立過程可以看到其交換關係是：在遂行對山地原住民族的征服戰爭之際，臺灣有力者提供資金、人力動員的協助，而總督府提供的交換條件是對其教育要求的讓步。當然，這不是對等的交換關係。中學校成立之際，臺灣人方面自己籌措費用，而他們協力山地征服戰爭所得到的代價則僅是總督府的認可（而且，「與內地一致」的約定在中央政府階段還被背叛了）。總督府所拿出來的交換品，不過是由專賣品的販賣權、樟腦利權等獨占權力作成的一種租金（rent）。[18]

另一方面，從臺灣議會設置請願運動來看的話，這個運動是由「新興知識分子」與「本地地主資產階級」的一部分合作而展開的，這種現象可以解釋成：臺灣社會的「有資望、有名望」人士在與日本殖民主義現地權力的交換關係中，這些本地菁英並不滿足。因此，會有一部分本地菁英拒絕這種造就自己權力基礎的交換關係，而往臺灣社會大眾的方向靠近，也就是往民族主義的方向前進。

筆者認為這些發現或許可以為「在臺灣的日本殖民主義的政治」作出一個假設。亦即，日本殖民主義的現地權力——臺灣總督府——與臺灣社會「有資產、有名望」人士間的政治交換關係，存在一種統治機制；而這個機制與臺灣社會各種構成因素的相互作用關係正是殖民地臺灣政治（「總督政治」）的重要內容。當然，日本當局所要求的，不僅是「有資產、有名望」人士拿出財物而已。對統治來說，更重要的是他們的態度，也就是他們的「協

力」態度。殖民地權力希望他們的協力（這是透過一定的交換來實現）態度能透過其社會威信影響到一般民眾。殖民地權力的目標是透過他們的協力，即使不能使殖民地大眾更加臣服、服從，至少也能使他們默從。也就是說，殖民政府期望透過交換，使殖民地權力的威信被仲介而有效地達於社會底層。這種由交換而來的仲介機能，在建立起透過以保甲組織輔助、遍布全島的綿密警察網後，應該也發揮了重要機能。我把它稱為「透過交換、仲介進行控制的機制」。

第二，加入（被迫加入）這種「由交換、仲介進行控制的機制」的「有資產、有名望」人士，即是所謂的「本地地主資產階級」。當然，若林對這個用法頗有保留，僅是當作一種「研究假設」。這些人的存在形態是否真的可以以「地主資產階級」這樣的用語表現，應該還需要更進一步的實證研究加以證明。

但是，在此必須明白指出幾個重點。首先，有些人因具有某種資源而被日本殖民地權力認為應使其加入「交換、仲介的控制機制」，然而這些人是否確實加入則是另一個問題。實際上存在著各種不同的情況，有些人具有這種資產而沒有加入，相反的，有些人資產的形成與其對日本當局的協力有密切關係。這一點是在採取「在臺灣的日本殖民主義」這種日本方面的觀點時很容易忽略的問題，但對於「臺灣」近代政治史而言，卻是無論如何也不能忽略的重點。因為加入與否、自願加入或被迫加入、加入之後因不同情況而退出或沒有退出，以及是否開始攻擊交換、仲介機制本身——這些抉擇的累積正是「臺灣人」的「政治」。[19]究明某一個人在殖民地統治下具有一定「資產」、「名望」的過程，這是政治經濟學或政治社會學性質的研究；而透過上述那些抉擇的累積，究明殖民地「政治」的樣態則屬歷史學性質的研究（政治史研究）。二者間雖有密切關係，但內涵卻不相同。

其次，對「由交換、仲介進行控制的機制」有效的資源內容當然會隨著統治的進展而有所變化。例如，加入這種交換機制的人士，以繼承自傳統社會的資源為武器，爭取擴充殖民地的近代教育，而他們的子弟由於在新式教育機構中受教育而擁有新的文化資源，當他們再度被捲入這種政治交換機制時，其交換內容當然也和他們父親那一世代的交換品有所不同。正如若林及

吳文星所指出的，1920年代以降，「新興知識分子」將其批判火力集中於殖
民地基層行政中的人事政策上，即是由於這個因素。[20]有效資源的內容既然
發生了變化，當然，臺灣人對「交換、仲介機制」的抉擇也會有所變化。總
督府從1935年開始實施地方性選舉，有限地導入地方行政議決機關的構成
成員，也可以說是反映了這種「透過交換、仲介進行控制的機制」和本地社
會間交換條件的變化。

此外，隨著經濟水準或教育水準的提升，「透過交換、仲介進行控制的
機制」的對象也不得不開始擴散、擴大。這種擴散、擴大超越某個臨界點時，
以擁有一定資源者為對象的交換機制就會失去控制的機能，而不得不想辦
法導入另一種以具有一定客觀資格為對象的「透過參與、融合進行控制的機
制」。一般說來，國家到了不得不動員人民的生命（戰爭動員）時，導入這
種機制的速度會更加快速。[21]

三、透過規律、訓練進行控制的機制——若林正丈 「1923年東宮臺灣行啓」的研究

支配殖民地臺灣的戰前日本國家是擁戴天皇這種特殊君主為主權者的君
主立憲制國家，也就是所謂天皇制國家。在這個天皇制國家對殖民地支配的
歷史中，從來沒有天皇訪問（「行幸」）過殖民地，而皇太子（「東宮」）訪問
殖民地（「行啟」）則僅有大正天皇的皇太子裕仁（後來的昭和天皇）「行啟」
臺灣和樺太。由於樺太的居民大多是早期移居當地的日本人，因此1923年4
月皇太子裕仁的臺灣行啟，可以說是唯一一次由實際上最高位（當時皇太子
裕仁因天皇體弱而任攝政）的天皇制人格象徵到殖民地（異民族統治最重要
的政治課題）巡視的事例。[22]

天皇制人格象徵的巡視，是由一連串的天皇儀式所構成，這是一場由象
徵（天皇、皇太子、其他皇族）與「臣民」之間相互展示權威的儀式。若林
〈一九二三年東宮台湾行啓と「內地延長主義」〉即是嘗試在這個罕見事例中，
將天皇、臣民間的相互儀禮、儀式，當成天皇制國家對殖民地發動象徵性權

力、展示權威的一幕劇，由此解讀其象徵構造。根據若林的研究，這個日本殖民史中罕見的天皇行事，可以由三個側面來解讀。（1）秩序劇：展開對現存秩序蓋上「神聖印璽」的「權威性蓋章」；（2）教化劇：讓身為「象徵性模範」（天皇、皇室乃「風俗教化之基準、制度文物之大本」，也代表日本所期望之近代化路程）的天皇制人格象徵巡視，企圖藉此調度「臣民教化」的素材；（3）神話劇：透過臺灣神社（祭祀在臺灣征服戰爭中死亡的皇族北白川宮能久）的參拜及對西來庵事件入獄者的恩赦，表現「通過儀式」、「征服儀式」、「和解儀式」三種象徵意義。

其中，（3）比較偏向統治者單方面地將征服的歷史加以正當化的自我欺瞞，但（1）和（2）均象徵著與殖民地社會、政治秩序形成直接相關的機制。例如，（1）中，當天皇制人格象徵訪問某個統治機構時，必然在空間上展示該機構的階級秩序。天皇制人格象徵出現在這種展示之前，對這個秩序蓋上「神聖印璽」。但是，為了蓋這個「神聖印璽」，應該被認可的秩序就非得秩序井然不可，因此必須要求統治機構成員士氣高揚，而且為了防止出現不按秩序劇腳本演出的行動，必得有賴於警察、治安組織的取締力量。在此，天皇這種象徵性領袖，其巡視具有形成井然秩序的作用。前節所述加入或被迫加入「透過交換、仲介進行控制的機制」的「有資產、有名望」人士的一部分，在這個展示的階級空間中被置於從屬的位置，佇立著「奉迎」皇太子。[23]

關於（2），在這齣教化劇中，讓體現「風俗教化之基準、制度文物之大本」的皇太子在民眾面前展示，同時也把民眾放在皇太子（主權者的代理人）權力的目光（而且，由於其目光可以往下授予，因此便還包括在國家統治機構的階級制中，在各階級代表天皇目光的中間指導者，即所謂的「小天皇」）之前展示。為了展示在主權者的目光之前，民眾必須以「忠良臣民」的「身體」（不是生理學上的肉體，而是指在文化意義上，經常穿上某種外衣，以一定的禮儀行動的「身體」）出現，而這必須經由中間指導者的規律、訓練。皇太子臺灣行啟的「教化劇」之儀式設計中，有意識地讓學校的兒童、學生，普遍地以這種姿態出現在皇太子規訓的目光中。[24]

上面這篇論文是討論在1923年這個時點，日本天皇制國家藉由其人格象徵的巡視，「象徵性地掌握」[25]臺灣這塊領土。該文藉由描繪這個權力機制

的斷面圖，確認了在此象徵構造中，的確存在著「透過交換、仲介進行控制
的機制」，同時還存在著另一種不同的統治機制，此種機制並非針對具有一
定資源的菁英，而是在原理上針對所有居民（戰略上，重點放在學校兒童及
學生），由天皇及代表天皇的各級中間指導者藉由規律、訓練的目光而作出
的機制。筆者將這個機制稱為「透過規律、訓練進行控制的機制」。

　　Takashi Fujitani 指出，由明治政府的領導者所設計推動、以天皇為主角
的各種國家儀式或行事，「其『可視化』的企圖如果成功的話，一直把自己
當作被監視的對象、由內部產生自覺的近代國民便將由此誕生。」之所以如
此，是由於這樣的設計形成了一種「視覺性支配」。這種「視覺性支配」乃
來自於以下兩個不同方向：「近代日本的天皇超越了國內的差異，吸引所有國
民向心的『目光』，變成超越性的主體（subject）；而從相反的『視點』來說，
所有的帝國國民，全部都在獨一無二、具支配力、且可以遍觀所有國民的君
主之下被『可視化』，不受地方或階級差別的影響。」[26]我們前面所提出的「透
過規律、訓練進行控制的機制」，可以說就是 Takashi Fujitani 所謂的「近代日
本的視覺性支配」往殖民地的延伸。這種支配如何被延伸，當然是「日本」
近代史的問題；而在這種延伸之下，臺灣的「近代國民」如何誕生，抑或終
究沒有誕生，這樣的問題，一方面固然是日本近代史嚴肅的問題，同時也可
說是嚴肅的「臺灣」近代史的問題。在這種「透過規律、訓練進行控制的機
制」作用下，臺灣住民的「身體」能不能在某種程度內變成「日本臣民」呢？
抑或終究沒有變成「日本臣民」？其樣態是否因住民不同的文化、社會背景
（例如不同的族群）而有什麼樣的差異呢？臺灣本地的文化背景與這個機制
間的相互作用，能不能成功地形塑「臺灣認同（identity）」呢？如果可以的話，
是如何形塑呢？而其結果是不是某種程度的「近代國民」呢？這些問題，都
應該從「臺灣」近代政治史的觀點來考察。[27]

結語

　　以上我們從檢討春山的論文出發，確認了「在臺灣的日本殖民主義」的

政治史研究與「臺灣」近代政治史研究的「界線」所在，並且從若林二篇針對不同對象的論文，探討在殖民地臺灣發動統治權力的機制，在此抽繹出「透過交換、仲介進行控制的機制」與「透過規律、訓練進行控制的機制」，以此為前提，列舉了一些在「臺灣」近代政治史中應該被提出的問題。

當然，殖民地的統治權力機制不只這些，還有另一種機制存在，亦即統治權力獨占暴力，以此為背景實施懲罰，使被統治者明白懲罰的可能性，藉此來維持秩序。這種機制可以稱為「透過懲罰、威嚇進行控制的機制」。這是所有的國家權力不可或缺的機制，而且它可以確保前述二種機制的有效性。因而，日本在臺灣獨占暴力，確立此機制的過程，乃至其後機制的崩壞、另一個政權取而代之的過程等問題，也就是殖民地統治的軍事過程，也可以是廣義的「臺灣」近代政治史之研究對象。

綜合以上所論，可以以表一表示。

表一　殖民地臺灣的統治機制：概念圖

統治機制	對　象	制度／手段	目　標
透過交換、仲介進行控制的機制	菁英	地方行政、諮詢機關、專賣政策等／租金、利益的分配	調度菁英的協力，並藉此讓非菁英服從或默從
透過規律、訓練進行控制的機制	所有居民。在戰略上主要是學校兒童和學生	學校教育、保甲制度（壯丁團）等／皇族的巡視、各種儀式、運動會等	創造出「臣民」的身體，並藉此調度順從
透過懲罰、威嚇進行控制的機制	所有居民	軍隊、警察、監獄等／刑罰的執行	治安的維持

　　如果以上所述的觀點，可以有效地分析日本殖民統治時期的臺灣政治史的話，我們就應該將視野擴大至此時期的前後時期。

　　也就是說，我們應該去問是否可以在清末時期或戰後時期看到此時期所具有的這三種機制，如果不能的話，有沒有另外什麼樣的機制來達成控制機能？如果確有共通的機制，其具體樣態有怎樣的不同嗎？面對這種機制，臺灣住民以什麼資源為背景來做怎樣的對應？而這些對應是否使得各種機制產生怎樣的變質？我們或許可以藉由提出這類問題，尋求可以貫穿近代與現代政治史研究的觀點。例如，我們一定要問，清末對外貿易的急速發展所帶來的經濟變化，對臺灣社會的權力結構帶來如何的改變？戰後國民黨黨國體制的「二重侍從主義」[28]或「雙重派系結構」[29]，與日治時期的「透過交換、仲介進行控制的機制」有什麼樣的不同嗎？我們也可以反過來從這些觀點，更加明瞭日本殖民統治時期臺灣政治的特質。

附記

　　本報告的內容，曾在中央研究院近代史研究所及社會學研究所籌備處發表。此外，也在臺灣大學歷史研究所的研討課中與學生們討論相關問題。這些場合的討論，對於本報告的論點形成都頗有助益。又，本報告的中文乃由臺灣大學歷史研究所博士班學生許佩賢翻譯。謹記以表謝意。

註釋

1. 張炎憲，〈日治時代臺灣史研究之回顧與展望‧引言〉，《臺灣史田野研究通訊》第26期，1993年3月，頁15-16。

2. 吳密察，〈台湾史の成立とその課題〉，溝口雄三、濱下武志、平石直昭、宮嶋博史編，《アジアから考える3——周縁からの歴史》（東京：東京大學出版會，1994），頁229-230。【譯按】中文參見：吳密察，〈臺灣史的成立及其課題〉，《當代》100期，1994年8月。

3. 吳密察，〈台湾史の成立とその課題〉，頁 230。

4. 例如吳密察，〈日治時代臺灣史研究之回顧與展望‧殖民地政策〉，《臺灣史田野研究通訊》第 26 期，1993 年 3 月，頁 18；柯志明，〈日治時代臺灣史研究之回顧與展望‧殖民經濟〉，《臺灣史田野研究通訊》第 26 期，1993 年 3 月，頁 25。

5. 春山明哲，〈近代日本の植民地統治と原敬〉，收於若林正丈、春山明哲，《日本植民地主義の政治的展開 1895-1934：その統治体制と台湾の民族運動》（東京：アジア政經學會，1980），頁 1。

6. 日本領有臺灣後不久，爲了確立臺灣統治政策方針，在內閣設置了臺灣事務局（總裁爲首相伊藤博文），當時原敬以外務次官的身分參與其事。此時，原敬就已經有與當時實際決定的方針不同的想法，他認爲：「臺灣卽使和內地或多或少有制度上的差異，但不要把它當作殖民地」，「臺灣的制度最好盡量接近內地，最後可以達到和內地沒有區別。」見春山明哲，〈近代日本の植民地統治と原敬〉，頁 23。

7. 順著與春山約略相同的觀點所作的後續研究，吳密察，〈日治時代臺灣史研究之回顧與展望‧殖民地政策〉一文有簡潔的介紹。

8. 吳密察，〈日治時代臺灣史研究之回顧與展望‧殖民地政策〉，頁 18。

9. 若林正丈，〈總督政治と台湾土著地主資產階級——公立臺中中学校設立問題 1912-15 年〉，《アジア研究》第 29 卷第 4 號，1983 年。【譯按】此篇文章卽本書之附篇一，。

10. 若林正丈，〈大正デモクラシーと台湾議會設置請願運動——日本植民地主義の政治と台湾抗日運動〉，《臺灣抗日運動史研究》第一篇（東京：研文出版，1983 年）。【譯按】此篇文章卽本書之第一篇。

11. 矢內原忠雄，《帝国主義下の台湾》（東京：岩波書店，1988 年；原著 1929 年），頁 190。

12. 若林正丈，〈総督政治と台湾土著地主資產階級——公立臺中中学校設立問題 1912-15 年〉，頁 6。

13. 若林正丈，〈総督政治と台湾土著地主資產階級——公立臺中中学校設立問題 1912-15 年〉，頁 7-8。

14. 若林正丈，〈総督政治と台湾土著地主資產階級——公立臺中中学校設立問題 1912-15 年〉，頁 9。

15. 若林正丈，〈大正デモクラシーと台湾議會設置請願運動——日本植民地主義の政治と台湾抗日運動〉，頁 24-35（頁數爲日文原文之頁數，以下同）。

16. 若林正丈，〈大正デモクラシーと台湾議會設置請願運動——日本植民地主義の政治と台湾抗日運動〉，頁 38-39。

17. 若林正丈，〈大正デモクラシーと台湾議會設置請願運動——日本植民地主義の政治

と台湾抗日運動〉，頁39。（ ）內是原文。

18. 「國家機構可以利用各種政策工具來創造人爲的租金，包括利用國營政策、特許制度、限制進口、公部門的政策性採購、選擇性的分配財稅、信貸和外匯上的優惠措施、選擇性地適用管制性或懲罰性的法規等手段來讓少數生產者取得市場交易中的優勢地位而得以賺取超額的利潤。」朱雲漢，〈寡占經濟與威權政治體制〉，收錄於《壟斷與剝削》（臺北：臺灣研究基金會，1989），頁139-140。

19. 吳文星的「社會領導階層」研究以及近年臺灣盛行的「家族史」研究，應該可以對日本殖民統治時期這類問題提供重要的線索。例如，陳慈玉，〈日據時代基隆顏家與臺灣礦業〉，《近世家族與政治比較歷史論文集》（臺北：中央研究院近代史研究所，1992年）、許雪姬，〈日據時期的板橋林家——一個家族與政治的關係〉，《近世家族與政治比較歷史論文集》（臺北：中央研究院近代史研究所，1992）、黃富三，〈試論臺灣兩大家族的性格與族運——板橋林家與霧峰林家〉，林本源中華文教基金會「臺灣研究研討會」第100回研討會報告（1995）。

20. 見若林正丈，〈黃呈聰における「待機」の意味〉，《台湾抗日運動史研究》（東京：研文出版，1983年）；吳文星，《日據時期臺灣社會領導階層之研究》（臺北：正中書局，1992年）。【譯按】〈黃呈聰における「待機」の意味〉卽本書第二篇第一章。

21. 三谷太一郎，〈戦時体制と戦後体制〉，岩波講座《近代日本と植民地8——アジアの冷戦と脱植民地化》（東京：岩波書店，1993）。

22. 若林正丈，〈一九二三年東宮台湾行啓と「內地延長主義」〉，岩波講座《近代日本と植民地2——帝国統治の構造》（東京：岩波書店，1992年），頁87-88。【譯按】此篇文章卽本書之附篇二。

23. 若林正丈，〈一九二三年東宮台湾行啓と「內地延長主義」〉，頁102。

24. 若林正丈，〈一九二三年東宮台湾行啓と「內地延長主義」〉，頁103-107。

25. Takashi Fujitani 著，米山リサ譯，《天皇のページェント——近代日本の歴史民族誌から》（東京：日本放送出版協會，1994），頁57。

26. Takashi Fujitani 著，米山リサ譯，《天皇のページェント——近代日本の歴史民族誌から》，頁141。

27. 筆者此處所引用的 Takashi Fujitani 的議論也好，若林大量參考的多木浩二的論述也好，二者對於君主（天皇）「規律、訓練的目光」的理解，皆是依據傅柯（Michel Foucault）的理論。但是正如 Takashi Fujitani 所指出的，傅柯將「規律、訓練的權力」與專制君主的權力視爲相對的兩種權力（頁162-164）。也就是說，專制君主的權力是君主本身作爲權力中心，向民眾顯示「『上昇方向』的個人化」之機制；而在「規律、訓練的權力」中，權力是不可視的、匿名化的，反而是身爲權力施予對象的民眾被清

楚呈現，是屬於「『下降方向』的個人化」之機制。規律、訓練的權力不是來自於君主的巡視或目光，而是由不特定、不可視的監視者匿名的目光來行使。多木浩二指出，雖然傅柯也認爲也有像法國拿破崙一世那樣的例外，但是，「日本近代規訓社會的成立過程與日本的君主逐漸改變形象的過程正好相符」，在明治天皇的表演管理中，「由於巧妙地操縱複雜的天皇形象，意外地使得君主制權力與規律、訓練的權力二者發生融合的效果」（頁 166-167）。1923 年皇太子臺灣行啓這個天皇行事中，就如 Takashi Fujitani 對明治天皇的敍述所指出的那樣，向民眾展示的王權與規律、訓練的權力二者有融合的傾向。經過創造機制的明治時代，進入大正時期以後，仍然可以很明顯地看出前者的特徵，原因之一是由於此時期因大正天皇病重，無法扮演君主的角色，因而發生天皇制的「象徵危機」。對當時的日本政治領袖而言，1923 年東宮臺灣行啓是由年輕、健康的皇太子，出任攝政，以「皇位上的皇子」之身分，力求挽救「象徵危機」的 ‧個行動。參照：若林正丈，〈一九二三年東宮台湾行啓の〈狀況的脈絡〉〉，《（東京大学教養学部）教養学科紀要》第 16 號，1984 年。

28. 參見若林正丈，《台湾──分裂国家と民主化》（東京：東京大學出版會，1992 年），第三章。【譯按】本書有中譯本：洪金珠、許佩賢譯，《臺灣──分裂國家與民主化》（臺北：月旦出版社，1994 年）。

29. 陳明通，《派系政治與臺灣政治變遷》（臺北：月旦出版社，1995 年）第四章。【編按】此書有日譯本，由若林正丈監譯：《台湾現代政治と派閥主義》（東洋經濟新報社，1998 年）。

附篇四

臺灣的兩種民族主義
亞洲的區域與民族

前言

「區域」是什麼呢？「區域」是與住在那裡的人，或者是與其他「區域」之間有著什麼樣的關係才形成「區域」呢？

根據板垣雄三的說法，「區域」有各種不同的層次，對於活在這個世界的「我」而言，「區域」本身是一個完整的「整體」，同時也是相對另外一個「整體」的「部分」，就像兩面神雅努斯（Janus）一樣，同時具有「部分」與「整體」兩種面貌，並且各個層次的雅努斯也都具有階層性的多重結構。[1]「區域」這種雅努斯式的兩面性，與「區域」多重的階層性，未必能夠協調。現代世界各種層次的區域紛爭不斷發生即是明證。即使從個人層次來說，活在「區域」中的「我」，必須活在「區域」的多重階層結構中，因此必須具有數種不同層次的認同。然而，多重的認同構造並不一定永遠都是安定協調的。「區域」的雅努斯式兩面性與多重階層結構之間蘊含著矛盾。

身為區域研究者的筆者所研究的對象──「臺灣」這個區域，在這個意義上也有一連串特有的矛盾。我想藉由描繪這種矛盾的一個面向，來回應編者[2]所提出的課題──「亞洲的民族與區域」，而這也將會是對於「區域是什麼」這種一般性問題的回答，同時也是回答「臺灣是什麼」的一個嘗試。

　　將現在居住在臺灣的人依國族、民族、族群的層級分成不同層次，大概可以以表一來表示。根據川崎有三的說法，「民族」是指背後具有高度發達的複合文化及社會體系的集團，而族群是對應「民族」的複合性多重認同，在「民族」之下區分出來的範疇；被主流民族周緣化的民族集團或正在同化於主流民族途中的部族也包含在內。相對於此，「國族」是民族背後之文化或社會體系，在形成近代國家時的稱呼。[3]

　　正如表一的「國族」欄中所見的「中華民族」vs.「臺灣國族」，臺灣的民族及區域最大的爭執點即是在這個層次。這是在臺灣被稱為「統獨問題」（臺灣應該和中國統一或是獨立）的意識形態之爭。這個「統獨問題」之所以存在於現代臺灣的政治舞台，是由於新興的臺灣民族主義開始向中華民族主義挑戰的結果。中華民族主義是主張「臺灣是中國的一部分，中國只有一個，即使現在分裂，將來也應該統一」這種官方意識形態及國家體制；而臺灣民族主義是隨著政治民主化，臺灣居民形成主權的共同體，主張應該有對應於此形成一個國家的意識形態，也就是以臺灣這個區域來形成國族國家。「臺灣民族主義」的最高綱領為「建立臺灣共和國」，但是這一點一直沒有成為實際統治臺灣的中華民國（首都臺北）政府（執政黨中國國民黨）的官方政策；而中國共產黨統治的中華人民共和國（首都北京）政府，強硬表示反對「臺灣獨立」，並且隨時利用其優勢的外交地位，打擊臺北追求與北京具對等地位的外交行動。而至目前為止，也沒有任何一個外國政府公開肯定「臺灣獨立」。在這個意義上，「臺灣民族主義」現在仍是「次民族主義」（期待什麼時候可以把「次」拿掉）。[4]

表一　現代臺灣的國族、民族、族群

國族	民族	族群1	族群2
中華民族	漢族	外省人	福佬人
vs. 臺灣國族	（山地同胞）	本省人	客家人
vs. 臺灣原住民族	山地人	泰雅、阿美族等族[5]	

本表由筆者自製。

　　但是，從內部來看，揭舉「建立臺灣共和國」為黨綱的政黨——民主進步黨（民進黨），經由選舉擁有現在國會（立法院）約三分之一席次（161名中的52名），臺灣省管轄下的21縣市中的6位縣市長，成為臺灣最大在野黨（1994年時），「臺灣民族主義」主張的各種政策，即國會全面改選、政治菁英臺灣化、以提升國際地位、參加聯合國為目標而從事的務實外交等，都已經慢慢滲透政府的公定政策。在現在這個階段，「臺灣民族主義」雖然在對外正式的場合獲得自己國家的展望仍十分渺茫，但是同時，不論是共產黨版的中華民族主義，或是國民黨版的中華民族主義，似乎都無法在短期間內解消臺灣民族主義。此後的發展大概有兩個可能性，一是中華民族主義承認「臺灣獨立」（似乎不太可能），二是中國提出國家或國族統合的方法，解消「臺灣獨立」要求，在此之前，「統獨問題」繼續存在。

　　當然，與政治民主化及「臺灣民族主義」的興起連動，臺灣的「民族」問題之爭執點也出現在「國族」層次之外。例如對抗漢族而自稱「臺灣原住民」，將自己「民族化」的原住民之動向；因隨著民主化而來的「臺灣化」喪失過去少數優勢者地位（獨占政治、文化菁英）的「外省人」（戰後來自中國大陸的移民）之危機感；隨著「臺灣民族主義」高揚而興起的「臺灣文化熱」中，對於「本省人」中的多數派「福佬人」（祖籍為福建省南部者）之排他式愛國主義抱持戒心的「本省人」少數派「客家人」（人口約為福佬人的五分之一）。將這些都放入臺灣的民族與區域問題來討論，才更有全面性，但筆者對於這個部分還沒有充分準備。

　　因此，本文擬將這些問題納入視野，而將焦點集中在「國族」層次的問題。筆者過去曾提出「臺灣民族主義之二元性」，作為現代臺灣政治體制論的輔助視點。[6]在該文中，借用班納迪克・安德森（Benedict Anderson）在討論民族主義的起源與傳佈時提出的「朝聖圈」概念，指出在中華帝國的「士大夫朝聖圈」與因日本殖民統治而形成的『臺灣規模』[7]的朝聖圈」兩者，是現代臺灣二種民族主義對抗的歷史根源。但是，該文的議論十分簡略，安德森學說及史實的對應也不充分。臺灣史研究仍有許多死角，筆者本身的探究也還不夠充分，因此本文僅是對上述觀點作一試論。[8]

一、「士大夫朝聖圈」與臺灣

（一）臺灣的兩個朝聖圈

　　根據安德森的說法，國族這種社會學實體，是主權的、並且是有限的（並不是普遍的），它是「每個人心中描繪的想像的政治共同體」。這個「想像的共同體」，正是在根據聖經的共同體與宇宙論法則進行支配的王權崩潰，且彌賽亞式的時間與救贖之概念消失後的近代世界中，將過去共同體所保證的友愛、權力的正當性以及時間與救贖觀念，以新形態結合，喚起人們為此不惜一死的感情之「文化的人造物」。[9]

　　安德森的議論中對本文課題最有用的部分是：在近代，使人們去「想像」這種共同體的一種新形態的世俗「朝聖」（向中心進行具有創造性意義的旅程）以及「官方意識形態」的概念。

　　首先，先看前者。這種新形態世俗「朝聖圈」形成的前提，是具有單一中心的行政圈的成立。這種行政圈形成的同時，經常也透過同形態或具有相似結構的考試、學校體系，一群同質性高的人被選拔出來。這些人的人生，從地方的低階層行政職務開始，以最高中心地為目標，在行政機構的階層構造中螺旋式上升，這個過程可以視為世俗的朝聖。他們在世俗朝聖的過程中，與經歷同樣人生旅程的朝聖同伴相遇同行，形成「相互連結的意識」（我們為什麼一起在這裡呢）。在此，具有單一中心的行政圈，是吸引這些歷經相同人生之旅的人們共同關心的區域，而獲得社會統合。我借用日本的東南亞研究者的用法，將之稱為朝聖圈。[10]

　　後者是根據以下卓越的洞察而提出的，亦即十八世紀末「國族」的觀念，或以「構想、實現、並且發展（國族）為目標」之意識形態的民族主義，[11]其一旦成立並且發展之後，作為一種規格（被規格化而具有特殊功能並且可以交換的構成要素）被模仿。國族的觀念與民族主義，其登場之後多少有些自覺自己與相當多樣的、政治性的意識形態類型結合，但是國族的興起被壓抑，王朝權力及帝國權力為了加強正當性而穿上國族外衣的「官方意識形

態」，即是其模仿的代表。這是由「國家統制下的初等義務教育、國家組織的宣傳活動、國史的編纂、軍國主義」等政策而達成「國族與王朝帝國刻意的融合」，也就是「將與國族緊密貼合的皮膚拉扯開來，蓋在帝國巨大身體上的策略」。[12]安德森先以俄國的例子為「官方意識形態」的典型，同時也列舉了其他例子，舉證十分周延。例如他也指出成為殖民帝國的日本對殖民地人民的「同化政策」，或反殖民的民族主義者在成功獨立後所從事之由上而下的塑造國族政策（「領導革命成功的領導者繼承舊國家的配線」）等例。[13]這樣看來，中華民族主義雖然動員漢族對滿洲王朝的族群民族主義（ethno nationalism）而推翻清朝（辛亥革命），但是其後也理所當然地繼承作為中華帝國的清朝之最大領域及民族組成，因此儘管具有對外反帝國主義的色彩，但是對內也仍然具有濃厚的「官方意識形態」的性質。

作為區域的臺灣，包括隔著臺灣海峽（寬150-200公里）位於中國大陸福建省東邊的臺灣島（面積約36000平方公里）及其附近的澎湖群島。有著馬來玻里尼西亞系諸民族為原住民的臺灣本島，被納入中華王朝直接統治的領域是比較晚近的事。澎湖群島很早就有漢族漁民定居，元朝在此設置巡檢司，後因明朝為對付倭寇頒布海禁命令而廢止。漢人往臺灣島移民從十七世紀初開始，但是最早將國家式的統治機構帶進臺灣島的，並不是中國勢力，而是欲在亞洲建立貿易基地的荷蘭（有一時期西班牙也部分領有）。後來荷蘭被中國東南海上的武裝貿易集團、高舉「反清復明」旗號的鄭成功趕走，鄭成功在現在臺南市附近建「東都」，展開統治。這是臺灣本島由中國勢力統治的濫觴。

統一中國大陸的清朝，1683年（清康熙22年）派水軍進向澎湖群島及臺灣島，征服鄭氏政權，隔年將這個區域設置臺灣府，隸屬福建省。起初清朝對對岸向臺灣的漢人移民採取限制政策，但是移民潮不曾停止，整個清朝時期人口比初期增加約二十倍，達到250萬人。隨著歸順之原住民族的增加及漢人區域的擴大，清朝的官衙數也逐漸增加，起初僅有1府2縣，至清末「臺灣建省」（從福建省獨立，升格為臺灣省）之時，已經增加至3府11縣3廳1直隸州。但是1895年（清光緒21年），一直處於對外危機中的臺灣區域（以下僅稱臺灣），在日清戰爭之後被割讓給日本，開始半世紀的殖民地統治。

如後所述，在日本統治下，臺灣社會在殖民地偏頗的狀態下達成了一定程度的近代化。

1945年（民國34年），第二次世界大戰日本戰敗，臺灣被編入以南京為首都之中華民國的一省。但是不久後，國民黨與共產黨在中國大陸發生內戰，至1949年國民黨戰敗，中華民國中央政府逃至臺灣。1950年，因韓戰爆發，美國介入臺灣海峽重新開始援助臺灣，國民黨政權復活，與定都北京新成立的中華人民共和國成對峙之局。後來在東西冷戰下，分裂狀態固定下來，直至冷戰後的今日。

這樣的臺灣歷史，雖然是由陸續來自對岸中國大陸的漢人移民潮與不斷的統治者交替所組成，但是如果從「區域與民族的關係」這種觀點來看的話，形成現代臺灣社會骨架的是：清朝時期中國社會的確立（漢人移民社會的固定化及平地原住民的漢化）、日本殖民統治、戰後再度來自中國大陸的移民潮，以及在分裂國家狀態下由國民黨政權由上而下的再中國化。

那麼，我們可以如何理解具有這種歷史的臺灣區域的民族主義呢？順著朝聖圈的概念思考的話，臺灣就必須設定有兩種朝聖圈存在。一個是以北京為中心所形成的中華王朝（清朝）的「士大夫（文官）朝聖圈」；另一是以臺北為中心，於日本殖民統治時期，在日本殖民主義的「官方民族主義」意想之外而形成「臺灣規模」的臺灣人知識分子的朝聖圈。本章的問題是臺灣之中華民族主義與「臺灣民族主義」間的相互關係，而其歷史根源即在這兩個朝聖圈的重疊與錯離。首先先看前者。

（二）清朝統治臺灣的遺產與中華民族主義

在思考「士大夫朝聖圈」時，其實應該稍微擴充並修正安德森的朝聖圈概念。正如村田雄二郎指出，在中華帝國經過從鄉試到殿試用人考試之「旅」而任官，「縱橫移動於帝國的科舉官僚」也形成類似安德森所說的朝聖圈。[14]他們的文化是用漢字書寫而累積起龐大的文獻，雖然這種文化的確與近代國族觀念有本質上的不同，但是他們都說共同的「官話」，都熟悉透過科舉考試而標準化的統治意識形態（「文化主義」），這些科舉官僚及其預備軍所具

有的「相互連結意識」，擔保了廣大中華帝國政治統合的社會學實體。

　　正如白石昌也在談越南民族主義時所指出的，即使像亞洲這樣，民族主義在帝國主義及殖民主義的壓迫、支配下產生，但是使民族主義者誕生、民族主義成立之社會統合的朝聖圈，並不是僅由殖民國家提供，也有些原料是由之前即已存在的傳統王朝國家的、官僚的朝聖圈與官僚們的「共同體」傳統文化所提供。換言之，像東亞這樣存在著傳統朝聖圈的區域，在殖民地式朝聖圈確立以前，也透過傳統的朝聖圈，至少在理念上是有可能吸收起源於西歐的國族模式。[15] 更何況，近代中國雖然受到帝國主義的壓迫、侵略，但是沒有一個帝國主義國家將整個中華帝國納入其統一的支配下。（中國的「半殖民地化」）因此，中華民族主義之所以在近代中國發展起來，應該是源於中華帝國朝聖圈的「相互連結意識」與文化原料。換言之，從「相互連結意識」來看，中華民族主義的抬轎者是士大夫們直接的繼承者，在論述時被設定為「國族」（nation）的「中華民族」這種觀念，可以說是繼承了這種「相互連結意識」——也就是「士大夫的想像共同體」意識。

　　實際上，康有為、梁啟超、章炳麟等中華民族主義早期的鼓吹者，都是放棄科舉考試、轉向政治言論活動的士大夫。因此，正如前述，章炳麟等人的中華民族主義，喊出「驅除韃虜」這種族群民族主義式口號推翻清朝，然後走向一種特殊的「官方民族主義」之道——即對外高舉反帝國主義的大旗，對內擬繼承舊中華帝國的權力。清朝的「滿蒙藏回漢」這種帝國式的民族組成觀念，在孫文等人的論述中轉換為以「漢滿蒙回藏」為序的「五族共和」之「中華民族」概念，可以充分說明上述原委。

　　那麼，把這樣的想法拉到臺灣來看看。如前所述，臺灣在清朝時期編入中華帝國直接統治區域。科舉官僚被派遣至此進行統治，科舉也在臺灣實施，雖然相對上比較薄弱，但是到了清朝末期，臺灣社會也產生了士紳階層。至1894年為止，臺灣出身的舉人有251人、進士29人。[16] 很明顯地，臺灣是由「在帝國內縱橫移動的科舉官僚」來統治，並且他們有一定的升進管道（雖然真正當官者並不多），可以說臺灣在清朝時期結束前，雖然時間較晚，但也已經成為中華帝國文人官僚朝聖圈的一部分。這一個事實對於中華民族主義與臺灣的關係給予什麼樣的影響呢？對於這個問題，也許不是十分充分，

但至少可以提出以下二點。

第一是民族主義教義的一般性問題。中華民族主義中「國族」的範圍起初十分曖昧，中華民族主義的有力勢力（中國國民黨與中國共產黨）一起明確打出「臺灣是中國的一部分」，是1943年羅斯福（Franklin D. Roosevelt）、邱吉爾（Winston S. Churchill）及蔣介石三首腦提出「臺灣島及澎湖群島歸還中華民國」的《開羅宣言》以後的事。共產黨方面因同年5月共產國際解散，接受《開羅宣言》，放棄原本考慮臺灣獨立的主張，改為主張經由革命來建設中國，而與國民黨勢力收復臺灣的立場接近。[17] 但是，如前述，臺灣在清朝時代作為文人官僚朝聖圈一部分被統合至中華帝國，作為「士大夫共同體」一部分的記憶仍勉強留存，[18] 這樣的記憶在中華民族主義成為中國政治正統以後，「臺灣是中國的一部分」這種說法，遂成為各主流勢力正統教義一部分的一項歷史根據。

另一方面，臺灣方面在十九世紀後半，緩慢地形成士紳階層以後，即使進入日本統治時期以後，透過各地文人結成的文學、社交團體（詩社），以及由下級士紳擔任教師、更普及大眾的教育機關（書房）等管道，「士大夫共同體」的文化原料仍具有一定的影響力。這種文化原料的存在，與民眾的關帝信仰、媽祖信仰等與大陸民族文化共通的意識（「漢民族」意識）相配合，成為臺灣知識分子感受在日本殖民統治時期、於中國大陸誕生、發展的中華民族主義之基礎。辛亥革命以後，臺灣知識分子當中，有不少投身中華民族主義者，亦即投身當時的中華民族主義運動（參加「國民革命」、抗日戰爭、甚至「社會主義建設」等），也有人企圖將臺灣拉進這個潮流（1920年代導入中國白話文的「臺灣新文學運動」等）。其文化的根源，可以在這裡找到。換個角度來看，由於這種感受性的存在，中華民族主義在日本統治及戰後分裂國家化所作出的「臺灣規模」朝聖圈所產生的意識形態之外，提供了另一個選項。

二、「臺灣規模」朝聖圈的誕生
——日本殖民統治與抗日民族主義

（一）日本殖民統治與「臺灣規模」的朝聖圈

　　1895年，臺灣區域因日清戰爭的結果被割讓給日本。日本在臺北設置總督府，先有「臺灣民主國」[19]阻止占領的抵抗，接著又有各地土豪及下級士紳領導的游擊抵抗，在各種錯誤嘗試之後，終於在1902年平定這些執拗的反抗行動，壓制平地漢族居住的地區，接著便開始對也不曾臣服清朝的山地原住民區域展開「蕃地討伐五年事業」（1910-1914），終於大致控制全島。如果將平地的鎮壓行動視為第一次臺灣征服戰爭，那麼對原住民的討伐事業便可以說是第二次征服戰爭。征服戰爭的軍事主體當然是軍隊，但是最後在進行反抗的各地確立治安的是警察。透過征服戰爭，日本國家的官吏，上至臺灣總督，下至警察派出所巡查滲透到每一個村落。警察在行政體系的末端，不僅掌管普通的警察事務，衛生、戶籍、小規模土木事業的監督、農業技術的普及等殖產事務，都是警察管轄範圍（殖民地臺灣的「警察政治」）。此外也恢復了漢族傳統的保甲制度，作為警察的輔助機關，發揮極大作用。臺灣社會有史以來第一次由具有可以動員至村落階層能力的國家所滲透。

　　在這樣確立起來的統治上，開始進行矢內原忠雄所謂的「資本主義化的基礎工程」，[20]推進殖民地經濟開發。此處限於篇幅，無法詳述。在此特別要指出的是，安德森引用印尼的例子所說明的，讓殖民地民族主義成立的社會變化，幾乎也以同樣的形態在殖民地臺灣發生。也就是說，日本讓國家的力量滲透到末端村落而進行的統治與開發，是為了其帝國主義的政治、經濟利益，將臺灣建設為前進「華南、南洋」的基地，並且讓其扮演日本本國推進工業化時的食糧供應地、本國消費財工業的市場等補充性角色。但是因此而建立起來的近代交通、通信、行政機構、學校體系等機制，將以往被由中央山脈流出的多數急流所遮斷、而分別與中國大陸沿岸的港灣都市貿易結合的臺灣北、中、南及東北部各地，更加緊密的結合在一起，而實現了「臺灣

規模」的社會統合。

　　將臺灣各地以臺北為中心結合起來的各種基礎建設（instruction），是由在清末的對外危機中，「臺灣建省」時代首任臺灣巡撫、洋務派官僚劉銘傳開始著手，然而卻由日本殖民當局將總督府設在此時新成為省會的臺北，而更徹底推進。1905年底連結南北的幹線道路總長超過一萬公里；1908年，連結北部基隆港及南部高雄港的西部平原縱貫鐵路開通。電話自1900年起正式開通，1934年有71間交換所，普及率高達10,000人口對31.1人（日本內地是118.0人）。[21]在安德森所說的「印刷資本主義」[22]中扮演重要角色的近代媒體也被導入。1898年，在臺灣總督府特別關照下，《臺灣日日新報》創刊，通行全島，臺中、臺南等都市也發行地方報紙。1920年代以後，由臺灣漢族知識分子及實業家支持的抗日民族運動之文字媒體《臺灣新民報》等臺灣人自己的「印刷資本主義」也登場。這是1920年在東京的臺灣留學生為了文化啟蒙運動而發刊月刊誌《臺灣青年》、《臺灣》，後來移轉至臺灣發行《臺灣民報》週刊及《臺灣新民報》週刊，而成長為每日發行的報紙。[23]1930年起臺北放送局開設，開始有收音機廣播，1945年的聽眾數約98,000人（其中臺灣人約44,000人）。[24]

　　臺北自清末開港以後，由於臺灣北部快速的經濟發展與「臺灣建省」而開始具有臺灣社會中心的地位，日本在此設置臺灣統治的中樞──臺灣總督府，並且也在此設置臺灣內部學校體系的最高學府，這可以說是決定性的因素，此後其中心性未見動搖。《臺灣民報》的總社、臺灣人第一個政黨──臺灣民眾黨的本部也設在臺北，戰後二二八事件中，也是由在臺北的發起民眾從臺北的廣播電臺藉由收音機廣播呼籲各地起事而擴及全島。兩年後敗逃至臺灣的國民黨政府也以臺北為「臨時首都」，臺灣總督府的建築物原樣變成「中華民國總統府」。三十幾年後，反抗長期戒嚴令而高舉政治民主化及「臺灣前途由臺灣人民自決」口號而結成的民進黨，其「中央黨部」也設在臺北。

（二）抗日民族主義與「臺灣意識」的誕生

　　使這種「臺灣規模」的社會統合升格為臺灣人民族主義的，是「同化政策」這種殖民帝國日本的「官方民族主義」政策。

　　如前所述，日本從領有臺灣之初，即導入以初等教育為中心的近代學校教育，統治後期，接續日本本國的學校體系，在臺灣作出以臺北帝國大學為頂點的學校體系。殖民地支配即將結束的1944年，學齡兒童的就學率超過七成。[25]清朝時期即有科舉經驗的臺灣漢族對學校教育的意願極高，然而臺灣內部的學校體系對於住在臺灣的日本人子弟較為有利，而對臺灣人子弟較不利，因此，以上層階級子弟為中心，往日本本國的留學生人數漸增，1920年代以後也有人到教育體系逐漸完備的中國大陸留學，接受中、高等教育。

　　以赴日本、甚至中國大陸、歐美的留學生為頂點，教師、技師、醫師、律師、新聞記者等自由業者、在殖民地行政機關擔任中下級官吏者，雖然人數不多，但是開始形成輪廓明顯的知識分子階層。他們雖然進入日本體系，但是面對著各式各樣的差別待遇，即使自日本本國的「帝國大學」畢業，「帝國經營的重要幹部室」固不用說，連「臺灣經營的職員室」大門，從一開始就緊閉著。[26]殖民地臺灣的知識分子對此發起反動，從1920年代喊出「臺灣是臺灣人的臺灣」的自治運動到社會主義運動，他們主導著各式各樣的抗日民族運動以及連帶的文化運動。他們的運動可以說為「貼在」殖民地統治體系「背面」的「臺灣規模」之社會統合賦予主體性的內容。此時，他們所創始的臺灣人自辦的「印刷資本主義」，成為在「臺灣規模」朝聖圈中「想像」「臺灣人」這種共同體的強力媒體。如果說殖民帝國的「官方民族主義」媒體《臺灣日日新報》使「臺灣人」「想像」成負片（作為「大日本帝國」之「二等臣民」的「本島人」）的話，那麼從《臺灣青年》到《臺灣新民報》等臺灣人自辦的媒體出版，即是想將之轉為正片的努力。[27]

　　但是，在殖民地時期作為「想像出來的共同體」的「臺灣人」，和今日「臺灣民族主義」中的「臺灣人」完全不同。然而，他們卻沒有自覺，因為他們在「中華民族主義」中，與「被想像」的「中國人」並沒有什麼不相容之處。

這有幾個背景,例如前面也提過的,雖然人數不多,但當時也有一些臺灣知識分子投入當時正在中國大陸形成的中華民族主義朝聖圈;許多臺灣知識子對日本人強調自己的文化認同時,高舉「漢民族二千年的文化傳統」;日本戰敗後,臺灣被編入中華民國的一省,一時之間臺灣居民對蔣介石派遣來的接收人員表示盛大歡迎。也就是說,日本統治時期,自覺為「臺灣人」的共通內容當中,很明確的只有「被日本國家、日本人歧視、壓抑」的「臺灣人」,因此產生認同也只有「對抗這種歧視、壓抑(抗日)」的「臺灣人」認同。換言之,「臺灣認同」對「日本人」的界線是很清楚的,但是與「中國人」之間的界線並沒有被明白定義。因此,產生今日的中華民族主義 vs.「臺灣民族主義」這種對抗形態的,最直接的來源是戰後史的脈絡;[28] 而日本殖民統治時期的記憶,也會在這個脈絡中出現,發揮間接的作用。

日本統治時期對臺灣的民族主義之意義如下。在日本統治之下向「臺灣規模」朝聖圈旅行的臺灣知識分子(人數隨著教育普及而增加)的認同中,很清楚地烙印著「臺灣認同」,而他們在近代國族觀念的脈絡中,體驗了「中國/臺灣」的重層認同。例如,1930年代以後,開始有人對1920年代抗日文化運動中,將中國白話文導入臺灣的路線產生懷疑(主張建設臺灣話文)。[29] 正如此事所象徵的,這種「中國/臺灣」的重層認同結構,在日本統治期便已經蘊含著矛盾。只是,臺灣的知識分子還沒有自主的以主體性的辦法解決問題時,殖民地統治便告結束。

三、「臺灣規模」朝聖圈的再生──冷戰下中國國家的分裂與「臺灣民族主義」

(一)臺灣回歸中國與再中國化 ──中國國民黨的「官方民族主義」

1945年8月由於日本戰敗,臺灣雖然被編入中華民國的一省(臺灣省),但是四年後,臺灣再度被不同於中國大陸的政權──中國國民黨政權所統

治。國民黨因1950年代初期蔣介石斷行黨的改造，重新確立在內戰中失敗而動搖的統治集團，並以共產黨的威脅為理由，嚴格限制民眾的政治自由及實質參與，鞏固了威權主義政治體制。在經濟面，以強權為背景成功完成土地改革，利用日本統治後建立起來的豐厚農業基礎與交通運輸等基礎建設，以及韓戰爆發後轉為積極的美援，圖求經濟復興；而後在1950年代末期開始為了振興輸出，斷行經濟改革，將工業部門轉換為輸出重點，積極導入外資及技術，快速達成工業化，被稱為「臺灣奇蹟」。但是，對外方面，自1970年代初期，美中開始接近，臺灣失去在聯合國中的中國代表地位，只好退出聯合國，其後逐漸與日本等世界主要國家失去外交關係。在這樣的危機中，蔣介石將最高權力移轉給長子蔣經國，在蔣經國之下，國民黨開始措意臺灣建設，加強向內的姿態。1970年代末期再度受到對外危機（美中建交而與美斷交、美臺協防條約失效、中國開始展開「祖國和平統一」的政治攻勢）的衝擊時，威權主義的政治體制開始緩和。自1980年代中期起，在野黨成立、長期戒嚴令解除等正式的政治自由化；1988年蔣經國死去後，在繼承其位的第一位臺灣人總統李登輝之下，開始政治體制的民主化，以迄今日。

但是，如此在戰後臺灣直至今日仍繼續握有政權的中國國民黨，如所周知，是主導辛亥革命的孫文所組成的中國革命同盟會的後身，雖然最後敗給共產黨，但是曾在中國大陸主導中央政府，自認是中華民族主義的正統勢力。國民黨將體現其自身的中華民族主義之國家機構、意識形態、文化裝置以及可以充任的人員一起帶到臺灣。

關於戰後臺灣的民族主義，在此首先必須指出的是，由於在自認身為這種中華民族主義正統的國民黨政權統治之下，整個臺灣社會，不論深度或廣度，都是第一次正式受到中華民族主義的滲透。國民黨政權以及隨之而來的大陸菁英，在臺灣社會掀起一次二度中國化運動。中華民族主義的中心文化裝置之「國語」（中國標準語），在戰後也隨著確實普及、向上的學校教育體系著實增加密度，並且藉由嚴格統制下的印刷及電子媒體確實普及。言語的同化是國民黨政權下臺灣社會再中國化最成功的一面。此外，中華民族主義的教義與論述，充滿講臺及各種印刷品，其象徵物裝飾著所有的公共建築。這裡說的中華民族主義的教義及其象徵體系，當然是國民黨版的教義及象

徵，可以要約為「國家（中華民國）—主義（三民主義及反共）—國父（孫文）—領袖（蔣介石）」。如此一來，殖民地時代已經完成學校教育的臺灣人世代，在文化上便被周緣化，其子女的世代，則在國民黨政權的再中國化運動中被灌輸了「大中國」的意識。

（二）「臺灣規模」朝聖圈的再生與「臺灣民族主義」

但是，由國民黨與外省人菁英所做的這種由上而下的中華民族主義的滲透，雖然起初因為他們手上握有壓倒性的霸權而可以有相當好的成績，但是另一方面也具有明顯的極限。「臺灣認同」即從這個極限點重新「被想像」，不久便隨著政治民主化而使得「中國／臺灣」這種重層的國族認同所蘊藏的矛盾外顯出來。

第一，來自國民黨版的中華民族主義之再中國化運動，原本從起跑點開始就背負著歷史的沉重包袱——二二八事件。

日本戰敗後，臺灣人從殖民地統治解放，盛大歡迎來自中國大陸的接收人員及軍隊，但是立刻便感到失望。戰後不得不立刻與共產黨展開內戰的蔣介石，沒有餘裕考慮派遣比較優質的官僚與軍隊接收臺灣，被派來的官僚、軍人、士兵之無能、腐敗，使得即便不是如此也無法避免的戰後社會經濟混亂雪上加霜。此外，蔣介石任命的行政長官陳儀握有不下於日本統治期武官總督的專制權限，他以「被日本奴化」為由，將臺灣人排除在省政中心之外，此舉招致戰後期待可以積極參與建設新臺灣之知識分子及實業家之反感。二二八事件即是在這樣的狀況中發生，1947年2月底，因專賣局職員查緝私煙的行為不當，臺北市發生民眾反國民黨暴動，而後靠廣播呼籲而波及全島。臺北、臺中、臺南、高雄等地均由知識分子及地方上的有力者組成二二八事件處理委員會，對陳儀提出逮捕貪官汙吏、廢止行政長官公署、實施省自治、省政方面任用臺灣人等要求，但是一個星期後，蔣介石派遣的援軍抵達，陳儀以徹底的鎮壓回應臺灣人的要求。事件及事後的鎮壓過程中的死亡人數，現在一般認為有18,000人至28,000人（其中大部分是臺灣人）。[30]

提及二二八事件一事，在其後長期成為政治上的禁忌，對此事件正式的

學術研究到了1980年代末期才終於展開。但是即使如此,事件很明白地對於其後的臺灣政治具有正反兩面的影響。

二二八事件加上國家分裂後1950年代前半展開的「白色恐怖」(檢肅匪諜),在臺灣人心中深植對政治的恐懼感,而採取遠離政治的態度。而退出政治的人將他們的精力轉往經濟方面,因此,也不是不能說國民黨政權由於統治初期行使了激烈的政治暴力,而對後來誇稱的「安定與繁榮」以惡魔般的方式作出貢獻。即使從文化面來看,日本統治時期累積起來、具有知識、較優質的臺灣社會菁英,在二二八事件及「白色恐怖」中被消滅了肉體,而被迫精神隱居,這也使得隨著國民黨來臺的人基於中華民族主義取得霸權一事更加容易。

但是,另一方面,此一事件也成為「臺灣民族主義」的一個歷史泉源。二二八事件與國家分裂後,以「中國正統政權」為由而由大陸菁英獨占政治,足以使得大多數臺灣人知識分子開始對「中國國家」統治臺灣之正當性產生懷疑。在嚴厲的威權主義體制之下,大家都長期保持沉默,但是1980年代後半,隨著政治自由化,要求查明二二八事件真相、還受難者清白、國民黨謝罪之聲一時爆發,李登輝政權也不能無視於此而不得不接受其中大部分要求。說二二八事件是以今日意義上的「臺灣民族主義」之鬥爭,或是說事件「是由共產主義者煽動而起」,同樣違反史實。但是從結果來看,二二八事件深深烙印在臺灣人記憶之中,任何時候都可以喚起這種記憶,而為「臺灣民族主義」提供了臺灣人共同的受難經驗。

戰後臺灣的中華民族主義滲透極限的第二點,是因國家分裂本身所帶來的限制。

首先,國家分裂前後移居臺灣的大陸人,在臺灣社會終究只是無法再從母國補充人口的少數移民集團。此時期來自大陸的移民約有102萬(當時臺灣總人口約600萬),[31]而其中有數十萬士兵,其中又多是文盲,能說寫「國語」、充分傳達中華民族主義及其文化的人應該是少數人。而隔著臺灣海峽嚴格的政治、軍事對峙中,其後能夠移居者極少。因此,如前述外省人菁英作為握有國家權力的優勢集團,不得不寄身於國家制度及機構進行再中國化。[32]安德森說:「長期來看,對於被壓抑者語言巨大的隱私性,只有退卻、

或是殺戮。」[33]如前述,透過制度與機構的中國化可以說相當成功,但是國民黨的大陸人菁英終究對「被壓抑者的語言」——臺灣人的母語以及說母語的場所——家庭的「巨大的隱私性」基本上莫可奈何。長期戒嚴令解除之後,現在已經是在野黨的民進黨國會中頗具領導者地位的反對勢力活動家曾告訴筆者:「在臺灣,國民黨滲透、控制了各種團體,但是只有對長老教會[34]及臺灣人這種團體無可奈何。」孩子聽到母親說的話自然記得媽媽的話,看著父親的背影成長。二二八事件的記憶也可以說是在臺灣人的母語與家族「巨大的隱私性」中被傳遞下來(伴隨著對政治的恐怖)。

這種再中國化運動,因國家分裂之故,最後也與中國大陸以不同的形態推進。臺灣與中國大陸雖然雙方都藉由中華民族主義由上而下進行塑造國民的工程,但是從全中國來看,兩者形塑象徵的過程,也是具有些許差異的分裂過程。(中國大陸的中華民族主義象徵或許可以要約為「中華—社會主義—毛澤東」)

分裂國家的現實狀況中,再怎麼鼓吹「大中國」的觀念,對大部分臺灣人來說,具體的「中國」也仍然只在臺灣。1980年代初期,自由化運動開始胎動,「中國/臺灣」這種重層認同的不安定結構成為知識分子之間論爭的材料,「我的中國是指臺灣」這種論調的根據即在於此。[35]臺灣居民的行動範圍被侷限在臺灣,自己或其子女的人生設計中,與中國大陸的往來都沒有成為現實。即使考慮子女留學或移民等與臺灣以外的世界交流時,在1980年代後半與大陸來往解禁之前,中國大陸也不曾進入考慮範圍。如果說中華世界進入考慮範圍,那指的是香港、東南亞或美國的華人社會,將中國排除在外,在包括美國、日本在內的亞太地區中,設計他們的人生或家族的未來。此外,同樣作這個朝聖之旅的集團規模也變得非常大。由於日本統治以後學校教育的普及、交通通信的發達,加上日本統治末期的戰爭動員,接著國民黨統治下的徵兵制度等,都使得1920年代初期繼承「士大夫共同體」傳統文化原料,並且接受近代學校教育的少數雙語知識分子的這個集團,深化為「國族的規模」。

換言之,由日本殖民統治而產生的「臺灣規模」朝聖圈,「貼在」國民黨版的再中國化體系的「背面」,非正式的復活、並被繼承,且更加深化。

一直至今日，已經持續將近一世紀的「臺灣規模」朝聖圈，從社會深部產生出「想像」的「臺灣規模」、「具有主權的」政治共同體的衝動（「臺灣民族主義」）。

代結語──臺灣的民族主義之現在

如前言所述，「臺灣民族主義」隨著民主化興起，雖然仍然只是要加括弧的次民族主義，但是其所提出的政治主張滲透執政黨國民黨政策的狀況出現。因歷史的惡作劇（？）而出現，持續近一世紀且深化了的「臺灣規模」朝聖圈，是在臺灣區域的住民集團，讓作為底片的「想像的政治共同體」、即「臺灣國族」被顯像洗出的過程中的一個到達點。

回顧這近一世紀間「臺灣規模」朝聖圈作為輪廓明確的社會統合而存續下來，其實有其歷史條件，例如殖民主義、東西冷戰與內戰結合而與中國大陸隔絕等。前者在本世紀前半期已經崩壞，後者也於1990年代初期消滅。今日隨著頻繁的以經濟為中心的「民間交流」，中國與臺灣之間人的流動，若沒有政治統合，要形成「中國規模」的朝聖圈似乎不可能，但是與中國大陸具體的區域或人之間的關係，開始對臺灣居民的人生產生意義是無庸置疑的。「臺灣規模」的朝聖圈並沒有崩壞，但是將「臺灣民族主義」捲入的社會學式的大環境起了很大的變化。

在這種環境變化之中，「臺灣國族」這種底片，是不是真的可以獲得正片的畫像呢？

面向二十一世紀，中國國家認同也在更新；在近一世紀的歷史中被培養起來的「臺灣認同」是否能在「中國／臺灣」的重層認同中找到新的壁龕而逐漸安定呢？

答案還沒出來。

註釋

1. 板垣雄三，〈序章〉，板垣雄三編，《シリーズ世界史への問い8 ——歴史のなかの地域》（東京：岩波書店，1990年），頁2-3。

2. 【編按】本文原收錄於平野健一郎編，《講座現代アジア4 ——地域システムと国際関係》（東京大學出版會，1994年），因此此處之編者即平野健一郎，參見本書〈增補版後記〉之說明。

3. 川崎有三，〈部族・民族・エスニシティ〉，溝口雄三編，《アジアから考える1 ——交錯するアジア》（東京：東京大學出版會，1993年），頁112-114。

4. Benedict Anderson著，白石隆・白石さや譯，《想像の共同体 ——ナショナリズムの源起と流行》（東京：リプロポート，1987年），頁12。【譯按】本書有中譯：吳叡人譯，《想像的共同體——民族主義的起源與散布》（臺北：時報出版社，1999年初版，2010年二版）。【編按】「次民族主義」的英文原文是sub-nationalism，參見：吳叡人譯，《想像的共同體》（2010年二版），頁38。

5. 【編按】依行政院原住民族委員會之定義，目前（2020年）臺灣原住民族共有：阿美族、泰雅族、排灣族、布農族、卑南族、魯凱族、鄒族、賽夏族、雅美族（達悟族）、邵族、噶瑪蘭族、太魯閣族、撒奇萊雅族、賽德克族、拉阿魯哇族、卡那卡那富族等十六族。

6. 若林正丈，《台湾——分裂国家と民主化》（東京：東京大學出版會，1992年），頁28-34。【譯按】本書有中譯：洪金珠、許佩賢譯，《臺灣——分裂國家與民主化》（臺北：月旦出版社，1994年）。

7. 【譯按】日文原文爲「臺灣大」，參見本書頁72註15。

8. 關於此問題，日本學界已有一些前人研究成果。陳正醍，〈台湾における郷土文学論戦（1977-1978年）〉，《台湾近現代史研究》第3號（1980年），頁23-66；陳正醍，〈台湾における「中国意識」と「台湾意識」〉，《中国研究月報》第439號（1984年9月），頁35-48；松永正義，〈「中国意識」と「台湾意識」——揺れ動く中国／台湾イデオロギーの構図〉，若林正丈編，《台湾——転換期の政治と経済》（東京：田畑書店，1987年），頁267-363。這些都是從現代臺灣思想論的視角針對臺灣這兩種民族主義之論述邏輯進行整理及分析，相對於這些作品，本文雖不能說十分完備，但希望嘗試提出歷史社會學式的試論。此外，從不同觀點處理同樣問題，但僅及於日本統治期結束之前的著作有黃昭堂，〈台湾の民族と国家〉，《アジアの民族と国家》（日本国際政治学会編，《国際政治》84，1987年2月），頁62-79。

9. Benedict Anderson，《想像の共同体》第一章、第二章。

10. 筆者第一次看到此一用語是在古田元夫，〈インドシナの統合——植民地的インドシ

ナと新しい「インドシナ」〉，日本国際政治学会編，《アジアの民族と国家》，頁
44-61。

11. 土屋健治，〈ナショナリズム〉，土屋健治編，《講座東南アジア学 6 ── 東南ア
ジアの思想》（東京：弘文堂，1990 年），頁 148。

12. Benedict Anderson，《想像の共同体》，頁 150。

13. Benedict Anderson，《想像の共同体》，頁 166-167、278-279。

14. 村田雄二郎，〈中華ナショナリズムと「最後の帝国」──中国〉，蓮實重彦、山内
昌之編，《いま、なぜ民族か》（東京：東京大學出版會，1994 年），頁 30-49。

15. 白石昌也，《ベトナム民族運動と日本・アジア》（東京：巖南堂書店，1993 年），
頁 237-238、241-242。

16. 李國祁，〈清代臺灣社會的轉型〉，《中華學報》第 5 卷第 2 期（1978 年 7 月），頁
149。

17. 見本書，頁 257-259。

18. 對於包括割讓臺灣在內的日清戰爭講和條約案，當時齊集北京準備參加會試的舉人（公
車）反對講和，集體簽署由康有為起草的主戰意見書（公車上書）。這個事件對中華
民族主義與臺灣的關係十分具有象徵意義。雖然割讓臺灣這個事件，成為中華民族主
義上揚的節點，其後中華民族主義在中國大陸成長、發展，最後占有政治正統的地位。
但是，在軍閥混戰等持續混亂中，臺灣的存在反而被中國遺忘了。見本書頁 254-256，
以及松永正義，〈台湾の文学活動〉，《岩波講座：近代日本と植民地 7 ──異文化
と「日本精神」の交錯》（東京：岩波書店，1993 年），頁 219。【譯按】中譯見柳
書琴譯，〈臺灣的文學活動〉，《當代》第 87 期（1993 年 7 月）。

19. 《馬關條約》批准後不久，企圖吸引列強干涉，阻止割讓臺灣的臺灣現地之外交動向
中，由臺灣上層士紳及在臺清朝官僚所組成的臨時政權。雖然集結了各地民軍對日抗
戰意志，但還說不上是有組織性的國家體制。詳見黃昭堂，《台湾民主国の研究》（東
京：東京大學出版會，1970 年）。【譯按】本書有中譯：廖為智譯，《臺灣民主國之
研究》（臺北：現代學術研究基金會，1993 年）。

20. 土地調查事業（土地權利關係的單純化及土地稅制的改革）、度量衡的統一、貨幣的
統一等。見矢內原忠雄，《帝国主義下の台湾》（東京：岩波書店，1988 年再刊本），
第一篇第二章。

21. 井出季和太，《台湾治績志》（臺北：臺灣日日新報社，1937 年），頁 99、367。

22. 由於印刷技術的革新與資本主義結合，而大量生產、流通的書籍、雜誌、特別是報紙，
可以使一定範圍內互相不認識的人產生共通的認識、共通的感情。這種「印刷資本主
義」是「想像的共同體」成立的媒介。參見：Benedict Anderson，《想像の共同体》

第三章。

23. 洪桂己，《臺灣報業史研究》（臺北：臺北市文獻委員會，1968），第二章、第四章。

24. 臺灣總督府，《臺灣統治概要》（臺北，1945年），頁203-204。

25. Patricia Tsurumi, *Japanese Colonial Education in Taiwan, 1895-1945*. Harvard University Press, 1977. p.148.【譯按】本書有中譯：林正芳譯，《日治時期臺灣教育史》（宜蘭：仰山文教基金會，1999年）。

26. 對這些差別待遇的簡單敘述，可參考黃昭堂，《台湾総督府》（東京：教育社新書，1981年），頁249-258。【譯按】本書有中譯：黃英哲譯，《臺灣總督府》（臺北：前衛出版社，2002年、2013年）。

27. 這裡的「正片」、「負片」用法，是從土屋健治〈ナショナリズム〉文中得到的靈感。

28. 用法雖有很大的不同，但是黃昭堂也持約略相同的見解。見黃昭堂，〈台湾の民族と国家〉。

29. 由1920年代臺灣新文學運動導入的中國白話文，結果仍然脫離臺灣民眾，因此主張應該以臺灣民眾所說的臺灣話為準，用「臺灣話文」來從事文學創作。參考松永正義，〈郷土文学論争について〉，《一橋論叢》第101卷第3號（1989年3月），頁52-70。

30. 關於二二八事件，可參考吳密察，〈台湾人の夢と二・二八事件〉，《岩波講座：近代日本と植民地8——アジアの冷戦と脱植民地化》（東京：岩波書店，1993年），頁39-70。【譯按】中文版見吳密察，〈臺灣人的夢與二二八事件〉，《當代》第87期（1993年7月）。

31. 若林正丈，《台湾——分裂国家と民主化》，頁58。

32. Wang Fuchang, *The Unexpected Resurgence: Ethnic Assimilation and Competition in Taiwan, 1945-1988*. Ph. D. dissertation, The University of Arizona, 1989. p.241.

33. Benedict Anderson，《想像の共同体》，頁255-256。

34. 基督教長老教會從清末以來具有長久歷史（英國傳教士在南部自1865年、加拿大傳教士自1872年開始傳教）。該教會的信徒是臺灣社會中最早習於西歐文化的集團，由於其內部組織高度的民主性以及與海外的密切關係，據說是少數國民黨政權的情報機關無法滲透的組織。政治自由化以前，也常發表擁護人權、主張臺灣人民「自決」等宣言，在政治上扮演重要角色。

35. 陳正醍，〈台湾における「中国意識」と「台湾意識」〉，頁46。

補篇

補篇一

矢內原忠雄
與殖民地臺灣知識分子
殖民地自治運動言論同盟的形成與解體

一、前言

　　矢內原忠雄1893年生於日本的愛媛縣，1917年東京帝大法科大學政治學科畢業後，進入住友總本店，在別子鑛業所工作；因其恩師新渡戶稻造出任國際聯盟事務次長，矢內原忠雄於1920年3月回到東京帝大於經濟學部擔任助教授，接任新渡戶稻造留下的「殖民政策講座」教席。同年8月出發赴歐美留學，1923年2月回國，8月升任教授；1937年12月因發表批判日本侵略中國的言論而被攻擊，被迫辭去帝大教授之職。日本戰敗後，1945年12月回到東大擔任教授，其後歷任社會科學研究所長、經濟學部長、教養學部長，自1951年12月起擔任兩任東京大學校長。1961年4月因胃癌過世，享壽68歲。

　　有著這般經歷的矢內原忠雄，在日本現代史上主要因以下五個角色廣為人知。

　　第一，日本同時代殖民政策之批判者。如所周知，矢內原忠雄在可說是其殖民政策學之「理論篇」的大作《殖民及殖民政策》（植民及植民政策）一書中，將殖民政策分成「從屬主義」（堅持強力支配）、「同化主義」（促進與統治者的文化融合）及「自主主義」（獨立的社會群體相互提攜）三類型。他

以「自主主義」之殖民政策為理想型，使用馬克思主義的帝國主義論分析方法，調查、研究日本之殖民政策及殖民地現況，指出日本之殖民政策是從「從屬主義」往「同化主義」之道前進，而展開批判性的著述。以其代表作《帝國主義下之臺灣》為首，主要成果還有《滿洲問題》、《南洋群島之研究》、《帝國主義下之印度》等。[1]

第二，日本侵略中國政策之批判者。矢內原忠雄以1930年代初滿洲問題研究為契機，一方面基於基督教信仰「和平與正義」之信念，另一方面也是基於其殖民地研究或國際政治之觀察分析的判斷，而開始強烈批評日本侵略中國之政策。1937年8月，矢內原忠雄在《中央公論》月刊上發表論文〈國家之理想〉後，軍部、部分官廳及民間右翼勢力開始加強對他的攻擊，也對東京帝大施加強烈壓力。該年10月1日，矢內原忠雄以「神之國」為題演講時，提到「為了實現日本之理想，首先請埋葬這個國家」，結果在經濟學部教授會內也出現要求其辭職的聲音，最後，矢內原忠雄終於在12月2日辭去東大教授之職。這就是一般所謂的「矢內原事件」。

第三，繼承內村鑑三（1861-1930）之衣鉢，為無教會主義基督教主要的傳道者。矢內原忠雄於第一高等學校學生時代，加入內村鑑三的聖經研究會，而深化其對基督教的信仰；以1932年8月滿洲視察旅行之際的經驗為契機，創刊不定期刊行的個人刊物《通信》，辭去東大教職後，改題為《嘉信》，變成月刊，在警視廳的嚴格監視中，一直到戰時中也持續發行。此外，他也於週日舉辦聖經講授的家庭集會、主持「週六學校」、各地聖經講習會或演講會等，非常熱心地傳教。這些活動在戰後復歸東大後也沒有改變。

第四，第二次世界大戰後復興時期日本大學教育之擔綱者。如前所述，矢內原忠雄於戰後復職後，於重建期歷任東大重要職務。如果說戰後第一任東大校長南原繁形塑了新生的東大，繼承其後的矢內原忠雄可說是充實了東大的內涵。[2] 他在戰前自己進行的帝國主義研究及殖民地研究之基礎上，為將其轉化為戰後國際關係論，建構了一個起點。[3]

第五，戰後「和平國家」論的主要倡議者之一。此為前述第二個角色之延長。矢內原忠雄早在1945年12月，就於岩波書店出版題為《日本精神與和平國家》（日本精神と平和國家）的演講集，由此可以看到其投注於演講

及著述的精力。[4]

　　那麼，在日本現代史上扮演這些角色的矢內原忠雄，如果將其放在臺灣現代史，或是廣義地包括社會、文化相關領域的現代日臺關係史之脈絡中，會具有什麼樣的意義呢？本文即是希望探討矢內原忠雄與殖民地臺灣的知識分子之間具有什麼樣具體的人際關係，藉此初步探討此問題。這裡所謂廣義的現代日臺關係史，其起點設定在第一次世界大戰後，展開臺灣議會請願運動、臺灣文化協會運動、臺灣人自力發展「印刷資本主義」之起點──《臺灣青年》之發行等，所謂「後期抗日民族運動」展開的時期。[5]

　　前述矢內原忠雄在日本現代史上的五個角色，分別形塑了矢內原忠雄生命中五個不同的局面；其中，第一、二、三、五個局面，分別與蔡培火、林獻堂、葉榮鐘、陳茂源等殖民地臺灣人有交流。在這裡，並不僅僅是學術或宗教論著的作者矢內原忠雄與讀者，或是大學課堂或演講會、講座的講師矢內原忠雄與不特定聽眾的關係，而是存在著個別的、具體的人與人之間的交往、朋友關係或學術上、信仰上之師徒關係的交流。而關於第四個局面，亦即戰後就任新制東大要職的矢內原忠雄與臺灣人之間是否存在新的交流關係，目前無法確認；然而，他與殖民地時期交流過的臺灣人之間，在戰後也持續有所交流，此與第五個局面有關。

　　在這個意義上談矢內原忠雄與臺灣人的交流，矢內原伊作（矢內原忠雄之長子）在《矢內原忠雄傳》中曾特設一節述及，[6]筆者也曾受此啟發而寫過蔡培火與矢內原忠雄的關係。[7]不過，以上都主要談第一及第三部分，欠缺第二局面的探討，而且也幾乎沒有探討戰後時期。[8]既然要將矢內原忠雄置於現代日臺關係史中，就不能不探討此一時期。

　　因此，本文擬以第二局面為中心，在必要之處也言及第三局面，探討矢內原忠雄與殖民地統治下、乃至於脫離日本殖民統治後的第五局面中，矢內原忠雄與臺灣人的交流及相互關係。然而，受限於史料限制及筆者自己的研究尚未成熟之故，[9]本文只能說還在試論階段。

二、帝大殖民政策學教授與殖民地自治運動家
——矢內原忠雄與蔡培火

　　與矢內原忠雄可能是最早、而且也是最密切交往的殖民地臺灣人，應該是蔡培火。關於此二人之關係，在很多臺灣史文獻都已提及，在此不多贅述，僅於論述全體有必要的部分，最低限度地敘述。

　　蔡培火，1889年出生於現在雲林縣北港鎮，比矢內原忠雄大四歲。他是日本統治下臺灣抗日民族運動右派領導者之一，同時也是為了對抗「國語」（日文）中心的同化政策，而推動臺灣話羅馬字化運動、臺灣白話字運動的文化活動家，以這些身分，廣為人知。與同世代其他抗日運動家比起來，可說是相當長壽，於1983年過世，享壽94歲。

　　根據蔡培火的回憶，他最早認識矢內原忠雄是在1924年春天。他讀了《殖民及殖民政策》[10]，而認識到矢內原「政治思想之大略」；後來得到蔡培火信仰上的導師植村正久介紹，便與臺灣議會設置運動理論指導者、當時負責在東京發行《臺灣民報》編集的林呈祿（1886-1968），一起拜訪位於大森八景坂的矢內原宅。[11]在前一年底，才剛發生「治警事件」——因1923年年初《治安警察法》延長於臺灣施行，大舉拘捕臺灣議會請願運動的幹部，蔡培火也被逮捕，拜訪矢內原時，他正在保釋中（林呈祿因住在東京，沒有被拘留，直接被起訴）。

　　率先注意到新進殖民政策學者矢內原忠雄的，應該是林呈祿，[12]但其後積極地與矢內原交往的卻是蔡培火。可能是兩人對於日本殖民統治都是站在批判立場，而且有共同的信仰。[13]總之，這是在日本本國政界、知識界尋求支持者與知己的殖民地自治運動家，與批判日本本國政府之殖民政策的東京帝大新進學者的相遇。

　　這般開始的交友關係，如果從殖民地臺灣政治社會運動史研究的觀點來看，可說其基礎是批判同化政策、批判臺灣總督專制等言論上的盟友關係，再加上基於共通信仰的信賴關係。可以充分表現兩人言論同盟關係的，正是兩人的代表作——矢內原主要著作《帝國主義下之臺灣》，以及身為臺灣抗

日運動家的蔡培火所撰寫批判臺灣統治的代表作《與日本本國民書——殖民
地問題解決之基調》（日本々国民に与ふ——殖民地問題解決の基調）[14]——
之間的關係。

　　矢內原忠雄於1924年1月提出《殖民政策講義案》（後來出版為《殖民及
殖民政策》），開始進行日本殖民政策的實地研究，該年9月至10月，赴朝鮮、
滿洲調查旅行。1926年春發表關於朝鮮的兩篇論著，[15]應該是此時的成果。
關於臺灣，則於同年7月在《帝國大學新聞》發表〈二百萬市民與四百萬島
民〉，對於三菱竹林問題、臺灣香蕉內地移出問題，以及蔗農與當局因林本
源製糖會社甘蔗買收價格的衝突事件（二林事件）等表示關心。1924年春天
兩人認識以後，除了書信往來之外，蔡培火至少每次因臺灣議會設置請願上
京時，都會去拜訪矢內原。如所周知，《帝國主義下之臺灣》的內容主要來
自1927年春天矢內原忠雄到臺灣調查旅行；在這次旅行中，矢內原並不是
拿著介紹信拜訪總督府這樣從「正門」（表玄關）進入，而是從「後門」（裡
玄關）進入臺灣。所謂的「後門」，即是蔡培火及其人脈，可說蔡培火在此
之前就已經是矢內原研究臺灣殖民政策重要的訊息提供者。在臺灣調查旅行
中，蔡培火親自到基隆接送矢內原忠雄，行程中大部分也隨行。旅行的後半
段，矢內原幾乎是被蔡培火拉著到各地去演講。當時，抗日民族運動才剛發
生左右分裂，蔡培火是右派的中心人物之一，矢內原忠雄顯然被夾在左右兩
派中間兩面為難。[16]

　　回到東京以後，矢內原忠雄利用臺灣調查的成果，開始講課，後來出版
了《帝國主義下之臺灣》一書。在臺中接待矢內原的葉榮鐘（1900-1978），
於1927年8月底上京，得到許可旁聽課程，但那時候已經講完「帝國主義下
之臺灣」第一部，進入第二部「糖業帝國主義」。[17]

　　蔡培火於1928年4月在東京出版《與日本本國民書》，這是自費出版的
書，在版權頁上寫著「發行兼印刷者　臺灣問題研究會　代表楊肇嘉」、「經
銷　岩波書店」。矢內原忠雄與田川大吉郎[18]都為該書寫序，矢內原稱讚該
書為「（殖民地）被統治者中有識者之實感」之書，批判臺灣統治問題的中心，
為「缺乏政治上的自由」，而經常以「民族性」為拒絕「臺灣人解放運動、自
由要求」的口實，然而比較彼我，「單純只是因為內地人為支配者，而臺灣

人為被支配者之事實」，對統治民族的自以為是提出反省。雖然不是十分積極的論述，但也表明支持蔡培火心心念念的臺灣話羅馬字運動。[19]此外，根據安部能成的說法，岩波書店之所以同意經銷，是基於矢內原的介紹。[20]蔡培火後來也和岩波書店的負責人岩波茂雄（1881-1946）成為朋友，可以說也是由於這個契機。對蔡培火而言，岩波茂雄也是另一個意義上言論同盟的重要友人。[21]

蔡培火等人熱心推動的臺灣議會設置請願運動，早期有泉哲、山本美越乃，稍晚有矢內原忠雄等殖民政策學者支持；雖然受到「治警事件」鎮壓，但在臺灣島內熱度不減；然而在日本本國政治上來看，原敬以來的政黨內閣持續拒絕他們的要求，直到1927年，也沒有被採納到議會討論；而在這之間，臺灣的民族運動本身開始左右分裂。對林獻堂、蔡培火等臺灣本地地主資產階級為基礎的民族運動右派而言，可說是最初的政治挫折。

這段期間中，日本於1925年制定《普通選舉法》，準備於1928年實施第一次普通選舉。蔡培火在這本著作中，可以看到他在前述挫折中，重新向將成為有權者的「日本本國大眾諸君」說明殖民地統治之實情，將對改善統治的期待寄託在他們的支持下，在這樣的脈絡下批判臺灣統治。後來的歷史顯示，蔡培火的這種期待也落空，但蔡培火的這本小書，可說得以與臺灣民報社記者謝春木（1902-1969）《臺灣人如是觀》（台湾人は斯く観る，1929年）、《臺灣人之要求》（台湾人の要求，1931年）等並列為殖民統治下臺灣人以日文撰寫的批判日本統治之著作的代表性作品。

矢內原忠雄「帝國主義下之臺灣」的課程內容，於1928年中在《國家學會雜誌》及《經濟學論集》連載後，隔年（1929年）10月由岩波書店出版。矢內原在《帝國主義下之臺灣》中，引用了蔡培火著作中四處長文，且相當詳細地介紹蔡培火的民族運動及總督府的對應。

引用四處長文的第一處，是在第一部第二章「臺灣的資本主義化」第一節「土地問題」的註16中，提到林本源製糖會社在臺中州溪州的土地強制買收事件之實情，引用蔡著頁62-63共253字。[22]第二處是第一部第二章「臺灣的資本主義化」第五節「階級關係」註17中，明白地提到「內地人官界獨占對本島人的影響」，引用蔡著頁58-60，共673字。[23]第三處是第一部第三章

「教育問題」的正文中,如實地談到「言語同化政策」之實情,以及「本島人對此的抗議」,引用蔡著頁42-43、46、49-50、58-60四個地方共計812字。[24]最後是第一部第四章「政治問題」註10中,提及1921年設置總督之諮詢機關臺灣總督府評議會,並沒有緩和總督專制政治,對此事加以補充,引用蔡著頁84-85共213字。[25]

在詳細介紹蔡培火的民族運動的部分,矢內原忠雄提到,本島人中雖然有少數受高等教育者但很少被官廳、公司雇用,而被迫「高等遊民」化;而「這些有識見者之所以沒有成為『遊民』,是因為他們以其所習得的教育與語言,作為民族自覺的先鋒。前述蔡培火《與日本本國民書》能文雄辯,為其顯著實例」。矢內原還進一步舉出,蔡等人創設的臺灣文化協會,被總督府及在臺內地人視為危險團體,而蔡的臺語羅馬字運動受到總督府禁止,由這些事例可以證明「臺灣教育的現狀明顯是為了確保內地人作為支配者的地位」。[26]此外,蔡培火的名字,作為「治警事件」被告之一,[27]以及臺灣文化協會創設之主要人物之一,[28]數度被提及。

蔡培火的著作也好、矢內原忠雄的著作也好,似乎都得到統治者某種肯定。臺灣議會設置請願的眾議院介紹議員、同時也是媒體人的神田正雄指出,蔡著在臺灣被禁止發行,但大概總督府官員中「大抵所有高官」都讀過。[29]此外,根據林獻堂的日記,1934年4月4日,林獻堂和蔡培火一起到帝國大學研究室拜訪矢內原忠雄之前,與臺灣總督府警務局長井上英[30]見面時,矢內原著作也成為話題,井上說「矢內原所著之《帝國主義下之臺灣》,他所讀對臺灣之著書未有若是之善也,臺灣官吏若能多數讀之,對於統治上裨益不少」。[31]

但是,臺灣總督府對於帝國大學在職之殖民政策批判者與被統治民族菁英之言論同盟關係仍然感到強烈的警戒心。矢內原的著作也被總督府禁止在臺灣發行,在總督府《臺灣出版警察報》(第7號,1930年2月)中,提及禁止發行理由為「該書分為二編,第一編帝國主義下之臺灣,第二編臺灣糖業帝國主義,非難臺灣之資本主義式殖民政策,論及政治、教育、民族運動等,經常引用過去已禁止之蔡培火著《告〔與〕日本本國民書》等有偏見的觀察。」[32]可說明白地表現了總督府對蔡培火及矢內原忠雄言論同盟之不滿與戒心。

三、「花瓶的回憶」
──矢內原事件與林獻堂「祖國事件」

（一）「花瓶的回憶」──林獻堂與矢內原事件

與矢內原忠雄有最長期且深交的臺灣人應該是蔡培火，但從歷史的脈絡來說，讓蔡培火得以遇見矢內原的人物是林獻堂。

林獻堂（1881-1956）是臺灣中部名望家霧峰林家的領導者，1907年在日本的奈良遇到梁啟超，於1911年邀請梁啟超到臺灣，而全島知名。經過1912至1915年臺中中學校設立運動，以及意圖透過明治元勳板垣退助以減緩差別待遇的臺灣同化會運動（1914-1915年），確立其臺灣政治運動領導者之地位。其後在臺灣議會設置請願運動、臺灣文化協會等皆扮演重要角色。林獻堂並不是屬於大眾運動型的政治領袖，亦即他不是自己組織大眾，以此動員力量與統治者抗爭，或是追求自己權力的領導者；他比較偏向儒教的立場，基於士紳型社會菁英的責任感，對自己有共鳴的運動提供資金，或是被其支持者視為領導者的象徵型領袖。如果從與統治者之間的相互作用類型來說的話，他可以說是以自己的社會地位與運動基礎為條件，與當局交涉的名望家型領袖。

蔡培火自臺灣總督府國語學校師範部畢業後，擔任臺南第二公學校教員時，參加臺灣同化會運動，擔任為了該會成立而來臺的板垣退助演講之通譯，因此被迫離開教職。此時得到林獻堂知遇，在林獻堂的支援下留學東京高等師範學校。對蔡培火而言，林獻堂是如兄長般的支援者，同時也是殖民地自治運動的同志。蔡培火留學之際認識了植村正久，而信仰基督教。

林獻堂第一次與矢內原忠雄相遇，是矢內原來臺灣調查研究時。矢內原主動表示希望與林獻堂見面。1927年4月4日，林獻堂與葉榮鐘到臺中車站迎接矢內原，並且邀請他至霧峰自宅午餐。葉榮鐘推測矢內原拜訪林獻堂的目的在於，「一方面想知道臺灣民族解放運動之領袖林翁是什麼樣的人物，另一方面想到當時引起輿論，甚至在日本中央政界也受到注目的竹林事件現

場竹山調查，希望林獻堂介紹當地適合的協力者」。矢內原得到林獻堂的介
紹，隔日在葉榮鐘的陪同下，訪問竹山有力者林月汀，其後矢內原在臺南與
蔡培火再度會合，在其陪同下視察各地，並於各地演講。[33]

　　林獻堂與矢內原忠雄第二次見面是1929年3月。根據林獻堂的日記，林
為了臺灣議會設置請願活動於3月5日抵達東京，11日與臺灣新民報社專務
羅萬俥（1898-1963）一起到帝大研究室訪問矢內原，之後邀請矢內原一起到
燕樂軒（餐廳）午餐，但沒有記載談話內容。[34]

　　第三次是1934年4月。如前述，臺灣抗日民族運動於1927年左右分裂，
左派的運動在1931年滿洲事變（九一八事件）前後受到鎮壓而瓦解，隨著
五一五事件等軍國主義高漲，林獻堂、蔡培火等民族運動右派的活動空間也
逐漸限縮，1921年以來每年持續的臺灣議會設置請願運動也逐漸受到壓力。
1933年8月，被稱為「穿著軍服的亞洲民族主義者」之松井岩根就任臺灣軍
司令官，這種傾向更加強化。1934年1月，以松井岩根為中心，在東京設立
的大亞細亞協會臺灣支部成立。在這種狀況下，林獻堂與矢內原忠雄再次見
面。如前所述，這一年2月，矢內原的《滿洲問題》由岩波書店出版。

　　林獻堂於1934年3月25日因被日本人提起訴訟而到東京，此前蔡培火
也因要向帝國議會提出第15回臺灣議會設置請願而抵達東京。該次請願從
結果來說是最後一次。根據林獻堂日記，3月30日，因岩波茂雄邀約而與蔡
培火共赴晚餐，同席還有印度獨立運動家博斯（Rash Behari Bose, 1886-1944）
及朝鮮人朴錫胤；[35]次日甚至在博斯的介紹下，和蔡培火一起在新橋的料亭
「灘萬」（なだ万）與安岡正篤（1898-1983）見面。與前一日一樣，岩波、博斯、
朴錫胤同席。根據林獻堂日記，安岡表示「柳綠花紅各盡其性，是為王道主
義」，博斯問林的意見，林回答說：「現時所標榜之王道，皆是懸羊頭賣狗肉，
日本以武力侵中國為利益也，何有王道哉。」[36]

　　四日後，林獻堂與蔡培火一起到帝大研究室拜訪矢內原忠雄。當日日記
有如下記載：

　　　　三時訪矢內原於帝大教室，問安岡正篤之思想如何。他頗不滿，
　　　　謂其為右傾思想之第二線人物。培火述朴錫胤批評其所著之《滿

洲問題》立論無徹底，又言朴聞石原〔莞爾，1889-1949〕大佐之
言曰除天皇以外日本國民當對中國國民謝罪。矢內原聞之大怒，
謂石原是計劃佔滿洲之張本人，他當先切腹。余觀此一怒甚為感
動，既而他甚悔無修養，招余等到不二家飲茶。（〔〕內為引用者
補充，以下同。）[37]

　　朴錫胤批判《滿洲問題》之具體內容為何並不清楚，從此處的敘述可以
推測矢內原忠雄對此並沒有太大反應。林獻堂對矢內原對石原莞爾的強烈憤
怒頗有同感，從前引對安岡的回答也很容易理解。林獻堂看到矢內原憤怒的
模樣，很可能更加深對矢內原的信賴。而從矢內原忠雄因在客人面前發怒感
到慚愧，而招待他們喝茶的記述，也可以感受到林獻堂對矢內原的為人也抱
持好感。

　　林獻堂對矢內原忠雄之信念感到共鳴，且對其人格有好感一事，也與以
下這段兩人的小插曲互相呼應。那是1937年矢內原事件時的事。矢內原於
戰後林獻堂的追悼文集中，寫了一篇〈花瓶的回憶〉，回憶林獻堂生前兩度
造訪自宅之事。因為文章很短，以下全文引用。

　　　　林獻堂先生，在所知臺灣人士之中，所獲印象，為品格最高潔之
　　　先輩，其修長如鶴之體軀與風采，所貽人以清高絕俗之感覺，永
　　　遠留在我之記憶。

　　　　先生枉顧寒舍先後凡兩次，初次係一九三七年十二月，恰值我對
　　　日本軍國主義發表反對的言論，致辭去東京帝國大學教授之際，
　　　時先生攜贈一深碧色玻璃花瓶，專誠蒞舍慰問，一番盛情美意，
　　　令人感激不忘。自是以來，所贈花瓶成為我平素愛用之物，而每
　　　覩物思人，倍切感念先生為人之真誠與友情。

　　　　先生再次過訪，係為戰後臺灣之將來問題，徵求鄙見，而先生虛
　　　懷坦誠，始終未提己見，專心傾聽本人之陳述。

人之真誠與友情，實為超越國境，不分民族，彼此珍貴締交之鎖
鍊。我得結識如先生具有真誠、友誼、謙虛且思慮深遠之士，誠
為畢生之欣幸。

先生謝世忽閱數月，思慕之情彌篤，爰誌數語，謹表哀悼之忱。
（一九五七年一月）[38]

戰後的拜訪暫且不論。這裡寫說第一次拜訪是 1937 年 12 月，可能是矢
內原記憶有誤。林獻堂日記於 1937 年 10 月 6 日有如下記載：

培火同余三時往訪矢內原忠雄（自由ケ丘），於一日夜之講演愛平
和、愛正義，絕叫之聲令人感佩。雜談時事一時間，他料英、米
必出為和解之仲裁，然其時機在於何時，則不可知也。[39]

「深碧色玻璃花瓶」應該就是這時候帶去的吧。次節引用的 1951 年之日
記也曾提及此事。但林獻堂並未親自去聽矢內原於 10 月 1 日的這場演講。[40]
如所周知，其後 12 月初，矢內原終於不得不辭去帝大教授之職，而林
獻堂此時似乎提出想贊助他研究費。12 月 21 日的日記中，寫到矢內原忠雄
來林獻堂東京的住處拜訪，有如下記載：

新十二月二十一日　舊十一月十九日　火曜日　晴

……矢內原忠雄為反對戰爭之講演，旬日前被逼辭退帝大教授，
此後將專力於研究，余許援助其費用之一部分，特來道謝也。培
火與之同來，談論數十分間乃去。[41]

根據葉榮鐘的說法，林獻堂是從蔡培火那裡得到矢內原忠雄生活發生問
題的消息，而提出援助。但這個「援助」僅有一次，金額為 500 圓，後來因

為矢內原得到「日本方面的援助」，便辭退林獻堂的資助。[42]矢內原方面的
資料，無法確認這種說法。

這裡提到的「日本方面」，是指岩波茂雄。矢內原忠雄自己的回憶提到，
「我提出辭呈時，岩波立刻到我這裡來，有點不好意思的，拿出一個裝錢的
信封。[43]這時候岩波新書剛剛創刊，他就叫我寫林肯的傳記。」[44]但是，矢內
原並不想只寫林肯，就說想寫幾個人的評傳，也得到岩波茂雄的同意。後來，
岩波茂雄又拜託他翻譯司督閣（Dugald Christie）的 *Thirty Years in Moukden,
1883-1913*，並要先出版這一本翻譯書。這就是矢內原忠雄翻譯的《奉天三十
年》上下兩冊，於 1938 年 11 月為岩波新書的 1、2 號出版品。[45]前述「數人
的評傳」，後來於 1940 年出版《我所尊敬的人物》。[46]兩書都「印了相當多部，
我的生活因此有了著落。」[47]

12 月 27 日，林獻堂與岩波茂雄一起邀請矢內原共進晚餐，再度表示慰
勞之意。該日的日記有如下記載：

新十二月二十七日　舊十一月二十五日　月曜日　快晴

……［蔡］培火、［林］攀龍[48]、［高］天成[49]來，天成為余注射後，
四人乃一同往山水樓宴矢內原忠雄，以慰安其辭帝大教授也。主
人尚有岩波茂雄、陳茂源［後述］、吳三連[50]、劉明電[51]，賓主合
計九人，八時餘乃散會。[52]

殖民地臺灣人格高潔的長者，與他政治社會運動的同志、在東京的臺灣
菁英，以及共通的日本友人一起安慰長年批判臺灣總督專制、表明支持殖民
地臺灣的自治運動，並因為基於其學問上或信仰上之信念、批判侵略中國政
策之故而受到政治迫害之舊友、帝大少壯學者的一段小插曲。在日本現代史
中，矢內原事件與殖民地臺灣人的這層關係不太為人所知吧。

（二）林獻堂「祖國事件」與自由主義政治同盟的解體

那麼，這個插曲在臺灣現代史中訴說著什麼呢？林獻堂送給矢內原的「深碧色玻璃花瓶」象徵著什麼呢？

在此一定要問的是，1937年10月時，為什麼林獻堂和蔡培火在東京呢？當時的林獻堂和蔡培火所處的環境其實和矢內原一樣，甚至可以說比矢內原更嚴峻。

第一，林獻堂、蔡培火等人領導的臺灣右派民族運動，在1930年代初期左派被鎮壓解體後，遇到一連串挫折。如前所述，林獻堂與蔡培火在東京親眼目睹矢內原忠雄對石原莞爾「大怒」的情景，五個月後的1934年9月，臺灣議會設置請願運動不得不中止。林獻堂等人的這個讓步，可以說換到終於在1935年實施地方自治制度，然而與林獻堂等民族運動右派長期以來的要求有很大的差距。即使如此，該年實施的臺灣史上首次公職選舉，自治聯盟系的候選人有很好的成果。

根據近藤正己的研究，以1935年4月發生的珠諾號（Juno）事件[53]為契機，臺灣軍強化對殖民地政治的介入，總督府則逐漸屈服。[54]在臺日本人之間期待武官接任總督的論調也逐漸增強，結果1936年底預備役海軍大將小林躋造就任總督。如所周知，小林高唱「皇民化」、「南進基地化」，在臺灣也開始建構戰時動員體制。在這樣的氛圍中，對林獻堂等臺灣本地地主資產階級之政治勢力的壓力也逐漸增強，臺灣地方自治聯盟也在蘆溝橋事件爆發後不久，1937年7月15日被強制解散。林獻堂等人苦心經營的結果，好不容易在1932年取得發行日刊許可的《臺灣新民報》，也在蘆溝橋事件爆發後被廢止「漢文欄」。根據葉榮鐘的回憶，該年年初，臺灣軍參謀長荻洲立兵（1935.8.1-1937.2.28在任）向該報幹部強烈要求廢止漢文欄。4月1日，日本人經營的三家報社（《臺灣日日新報》、《臺灣新聞》、《臺南新報》）一起廢止漢文欄，《臺灣新民報》也不可能抵抗。[55]

第二，蔡培火在失意與焦燥之中，舉家移居東京。1920年代起蔡培火一直熱心推廣臺灣話羅馬字（基督教長老教會為了傳教，將《聖經》翻譯為臺

灣話的文字拼寫系統）普及運動，以啟蒙民眾，但是總督府並不認可，因此
無法隨意舉行講習會等。在前總督伊澤多喜男的建議下，他於1931年提出
獨特的臺灣白話字草案（以類似片假名的字母來注臺灣話的發音），並展開
推廣運動，然而雖然在臺灣島內及日本中央都致力疏通，結果仍然沒有得到
總督府的認可，講習會也無法舉辦，1935年春天不得不斷念。捨棄雖然規模
不大、但已一定程度普及的長老教會羅馬字，改用片假名字母，這是對總督
府的國語同化政策之妥協，然而這樣也沒有辦法得到總督府的容許。[56]

　　從殖民地臺灣人的立場來看，對一向高唱「文化上的祖國」中國與「政
治上的本國」日本之「日華親善」的蔡培火而言，滿洲事變以來日中對立深
化也很令他擔憂。1937年春，問題白熱化前一刻，蔡培火趕著在京都完成
《東亞之子如是想》（東亞の子斯く思ふ）之原稿，寄給岩波書店，書中吐露
了他對時局的危機感；而就在出版（7月15日）前幾天，中日戰爭爆發。此
外，這段時間中，自前一年起即臥病在床的妻子吳素卿病況惡化，在該書脫
稿（5月31日）後，6月15日他接到妻子病危的電報，緊急歸臺，然而吳素
卿於7月2日過世。《東亞之子如是想》卷頭題有謹將該書獻給妻子的文字，
並署名「愚夫培火泣記」，日期為7月5日。他曾寫航空郵件給岩波茂雄，信
中說希望能在妻子生前讓她看到書的出版，拜託他如果印製完成請用航空郵
件寄到臺灣，結果還是未能趕上，只能獻給妻子靈前。[57]

　　失意之餘，蔡培火於次月與子女一起移居東京。矢內原事件前後，他
應該正在為自己及家人的棲身之所奔走。隔年在岩波茂雄擔任保證人的情況
下，於杉並區高圓寺開設中華料理店「味仙」，而得到基本的生活保障。然
而，這段期間中，1938年1月18日因《東亞之子如是想》中的「反對軍國主
義的思想」嫌疑，被警視廳檢舉、拘留，在岩波茂雄、安部磯雄的奔走下，
擔任保證人，而得到不起訴處分，終於在2月3日被釋放。[58]矢內原事件前後，
矢內原的殖民地臺灣好朋友蔡培火在公私兩面都處於慘澹狀況。

　　第三，林獻堂受到被軍部煽動的日本人直接之暴力。這就是臺灣史上所
謂的林獻堂「祖國事件」。在東京發生二二六事件後不久，1936年2月28日，
林獻堂參加臺灣新民報社主辦之華南視察團，從臺灣出發，經廈門、福州、
香港、上海，於4月16日回到臺灣。這段期間中，林獻堂等人在上海受到前

臺灣新民報記者謝南光（謝春木）[59]等人接待，出席南洋華僑聯合會的歡迎會。林獻堂在致詞中提到「林某回到祖國」等語被刊載在3月21日的《上海日報》。何義麟指出，從臺灣總督府御用報紙《臺灣日日新報》等相關報導內容來看，林獻堂華南旅行的一言一行，都在領事警察的監視下，報告給臺灣總督府。事實上，林獻堂返臺後不久，立刻被叫到臺北憲兵隊開始調查。5月以後，《臺灣日日新報》引用此發言，開始攻擊林獻堂在上海時不尊重國體的失言。6月17日「臺灣始政紀念日」（1895年臺灣總督府在臺北正式展開統治之日）時，事件發生。這一天，林獻堂和楊肇嘉（1892-1976，自1930年起擔任臺灣地方自治聯盟常務理事）一起出席在臺中公園舉行的總督府紀念園遊會，突然有自稱是「愛國政治同盟員」的賣間善兵衛交給他名片和勸告文，要求他對在上海的「失言」謝罪，並且退出所有政治活動。該名男子要求林獻堂立刻答應，在林獻堂還在猶豫時，他便出手毆打林獻堂的臉頰。同席的楊肇嘉抱住該名男子，暴力行為才沒有繼續。該名男子被臺中警察署短暫拘留，不久後就被釋放。[60]

葉榮鐘指出，《臺灣日日新報》攻擊林獻堂是受到前述臺灣軍參謀長荻洲立兵等軍部的煽動，賣間善兵衛的行動也是受到荻洲立兵等人的唆使。[61]22日在臺中市召開批判林獻堂的「市民大會」，結果林獻堂在這一天表明辭去總督府評議員、臺灣地方自治聯盟顧問、東亞共榮協會顧問、《臺灣新民報》董事（取締役）等職，[62]不得不接受根本是暴徒的要求。矢內原忠雄曾回憶他被迫辭去東大教職時，自己的身體或家人並沒有直接受到攻擊，[63]然而他的殖民地臺灣朋友卻並非如此，連總督府都不得不表示尊敬的林獻堂，在氣焰高漲的軍部勢力之前，也無法例外。

其後，對林獻堂周遭人士找碴的動作仍然持續。根據葉榮鐘的回憶，1937年2月，霧峰林家的林松齡與林鶴年因為通常不會成為問題的喝酒等小事，被警察拘押19日；林資彬因持有獵槍，被拘押34日。[64]同月22日，「北部頭號御用紳士」（根據林獻堂日記，是指郭廷俊[65]）到霧峰拜訪林獻堂，提議為了避免日本人、特別是軍部的猜疑，希望在該年（1937年）臺灣始政紀念日時，「全臺各地重要人物」齊集臺北，參拜臺灣神社，同時向總督及臺灣軍司令官表明臺人「愛國之誠意」，希望林獻堂同意。[66]次日，臺中州警

察部長中平來訪，向林獻堂表示，雖然右翼人士或軍部壓迫臺灣人，但總督府與此並不同調。小林總督視臺人為日本帝國臣民之一部分，務其以至誠奉公，成為忠實之國民。[67]

「北部頭號御用紳士」郭廷俊與臺中州警察部長的行動就算不是約好的，「祖國事件」前後起，軍部的攻擊、警察對霧峰林家人士的猜忌等互相加乘，到了1936年底小林躋造總督就任以來高唱的「皇民化」運動，對林獻堂的包圍網越來越緊，林獻堂有這樣的感覺也並不奇怪。葉榮鐘還說，22日郭廷俊等人的拜訪，更堅定了林獻堂要去東京的想法。[68]5月18日，林獻堂終於帶著部分家人及佣人離開臺灣，於22日抵達東京。其後，也因林獻堂的宿疾在東京復發，雖然總督府數次邀請他回臺，但一直到1938年12月之前，[69]他都留在東京。

這一年的6月17日，以郭廷俊為首的臺灣人有力者果真一齊參拜臺灣神社，並與小林總督見面，對領有臺灣四十二年以來的「德政」表達感謝之意。葉榮鐘向在東京的林獻堂傳達此事，並說這些有力者總數和赤穗浪士一樣是47名，然後以此為題材將此行動寫成諷刺的「打油詩」。林獻堂自己也附和該詩詩韻，在日記中寫了如下的打油詩：「高砂此日拜神宮，赤穗當時熱血紅，百十年來同四七，報恩獻媚兩無窮。」（6月26日）[70]林將此詩寫在日記中的時候，正是前述蔡培火在病危的妻子身旁，滿心期待著作能早日刊行，同時心中擔憂日中關係惡化的時期。

前述蔡培火與矢內原的言論同盟關係，可說是以臺灣本地地主階級為基礎的抗日運動右派，希望能得到聲援，支持他們牽制總督府或支持殖民地自治的要求，而與日本本國自由主義政治家、言論界、知識界人士結成政治同盟的一環。

但是，殖民地也被戰爭動員波及，同樣受到超國家主義的狂嵐，最先受到打壓的是左翼勢力，其次便是軍部對殖民地政治的介入；採取合法路線，與當局折衝，重視與本國政界、言論界建立關係的臺灣本地地主資產階級民族派也接著受到壓迫。這同時也可以視為矢內原與殖民地臺灣知識人的言論同盟，從被警戒的對象，轉變為被敵視的對象。殖民地臺灣的林獻堂「祖國事件」，與日本本國的矢內原事件相繼發生，說明了臺灣抗日右派與日本本

國自由主義者的政治同盟，已經陷入無法活動的狀況。矢內原的活動被限定
在宗教方面。林獻堂於隔年12月歸臺後沉潛詩作，韜光養晦，但還是不得
不接受1941年4月成立的皇民奉公會所賦予的「中央本部參與」之頭銜。[71]
蔡培火雖然因經營「味仙」，勉強得以和家人在東京生活，但是仍然被視為
「甲種要視察人」，隨時在警察的監視下。之後，太平洋戰爭爆發一年餘後，
得到政界的幫忙，於1943年1月成功解除監視，便收起「味仙」，一個人到
上海去。[72]

　　林獻堂雖然是直接因「祖國事件」而到東京避難，事實上也帶有間接向
臺灣軍部或總督府抗議的意義；矢內原事件後，矢內原忠雄仍然發行個人雜
誌《嘉信》堅持傳道活動，可見矢內原也並不是屈服於時局。林獻堂送給矢
內原的「深碧色玻璃花瓶」，可說是具有歷史意義的紀念，象徵著同樣遭逢
危難之政治同盟的日臺友人之氣節。就林獻堂來說，這也象徵著不斷追求殖
民地自治的殖民地臺灣人之自尊，更是象徵著林獻堂本人士紳式的氣節。

四、失意的再會、苦澀的告別
──戰後的矢內原、林獻堂、蔡培火

　　1945年8月14日，日本政府通告接受聯合國《波茲坦宣言》，9月2日在
東京灣上的美國戰艦密蘇里號（USS Missouri）上簽訂降書。與此軍事上的
敗北同時，日本近代殖民帝國瞬間瓦解。日本與臺灣脫離殖民地支配國與
殖民地的關係。臺灣本地地主資產階級政治勢力與日本自由主義者之政治同
盟，是戰前建立在批判同化主義、總督專制，以及支持殖民地的自治要求之
上建立起來的；因此，在這樣的新局勢下，至少在理論上，有可能成為重設
（reset）戰後日臺關係的一個基礎。前文所見之林獻堂、蔡培火等人與矢內
原忠雄、岩波茂雄的言論同盟之朋友關係也是一樣。但是，可想而知，現實
並非如此。稍微誇張地說，上述政治同盟在戰後再度受到挫折。

　　戰後矢內原忠雄、蔡培火、林獻堂的關係也在這個挫折之中。雖然在臺
灣人關係者之間一直有人希望安排矢內原忠雄再度訪問臺灣，但最後沒有實

現，此事也可說是一個象徵。[73]若是矢內原能夠再訪臺灣，作為前述政治同盟一部分的日本自由主義知識人與臺灣知識人之間之言論同盟，就算無法形成重設的新日臺關係之部分基礎，至少也可以在這裡圓滿地畫上休止符。為什麼連這樣都不行呢？以下擬探討矢內原忠雄、林獻堂、蔡培火於戰後在東京再會的情形。

（一）失意的再會──林獻堂與矢內原忠雄

林獻堂在日本統治下的臺灣社會可說是「臺灣首號社會領袖」（黃富三的形容，後揭書），有極高聲望。他在日本統治結束後的戰後臺灣政治中，應該也會扮演某種重要角色才對，無論他自己或是旁人應該都會這麼想。但是，現實並非如此發展，如所周知，林獻堂最後客死東京。在1945年8月以後激烈變動的臺灣政局中，林獻堂雖然極為謹慎地行動，但以臺灣省行政長官陳儀為首的國民黨政府之臺灣施政仍然讓他感到不滿。黃富三《林獻堂傳》（2004年）利用當時尚未公開的林獻堂戰後日記生動地描述了此時的狀況。[74]從結果來說，1949年9月23日，他以治療暈眩宿疾為名目渡海到日本。此時正好是蔣介石心腹陳誠臺灣省主席（1949年1月就任）開始正式推動土地改革的時期。

客寓東京的林獻堂，之後不畏在聯合軍占領下的繁瑣手續，反覆申請延長居留許可，甚至為了繼續居留，不得不向聯合軍總司令部（GHQ）申請「政治難民」的身分，以獲得日本居留權。黃富三感嘆：「一個反殖民統治者最後竟離開其所仰慕的祖國與故鄉，而且以政治受難者的身分取得永居權，豈非一大諷刺。」[75]

這段期間中，林獻堂曾於1951年5月27日到東京自由之丘的矢內原宅拜訪他，即前引〈花瓶的回憶〉文中矢內原說的第二次拜訪自宅。矢內原忠雄此時擔任新設的東大教養學部第一任學部長，同年底被選為東大校長。在職務百忙之中，他仍然繼續到處演講及《聖經》講授的活動。

關於此次再會，在林獻堂的日記中有如下記載：

新五月二十七日　舊四月二十二日　日曜日　七十一度　雨　晴

……吳振南十一時來，午餐後余與瑞池同乘其車往東京自由丘，訪矢內原忠雄。他於昭和十三〔十二〕年軍部橫行之時，他在日比谷講演反戰，余深感佩，他猶記當時余贈之花瓶以作紀念。余問日本國家將來之建設。他言當學英國。談論時局數十分間，乃辭退。[76]

　　將此與前引1934年4月4日的日記比較參看。從1934年的記述，可以看到林獻堂看矢內原的眼光，充滿了自信與氣節，但是在1951年的記述卻感受不到。從林獻堂回顧自己第一次拜訪矢內原宅的敘述，更加深這種感覺。[77]過去一起對抗日本軍國主義壓迫，以「深碧色玻璃花瓶」做為友誼證物的兩人，到了軍國主義倒台的戰後，一方是得其居所意氣軒昂，另一方則是在自己過去抵抗其統治的前殖民母國，如同自我放逐一般地度日。

　　對林獻堂而言，「祖國事件」後1937年5月起避居東京，意味著對臺灣軍部迫害的間接抗議；這一次也一樣，是對蔣介石政府的間接抗議。然而，1949年5月19日陳誠在臺灣發布戒嚴令（至1987年7月15日才解嚴，是少見的長期戒嚴令），以林獻堂為首的臺灣本地地主資產階級在陳儀施政下受到政治、經濟方面的打擊，在此背景下實施土地改革，則更直接被剷除了經濟基礎。林獻堂等人至此已經無力挽回狂瀾。難以期待有像日本殖民帝國的軍事失敗的這種外部僥倖，而且韓戰爆發後，美國將支持蔣介石，對於美國介入臺灣海峽的期待也很渺茫。與矢內原之意氣軒昂對比，對林獻堂來說，想起過去贈送「花瓶」之事，再也沒有比這個更失意的再會了。然而，不理會回臺的勸誘、拒絕表明忠誠的表演，可說是他自己能夠勉力保持氣節的行動了。

（二）苦澀的告別──蔡培火與林獻堂

　　另一方面，前引5月27日日記中，與林獻堂一起到矢內原宅的吳振南是

臺獨運動家，當時擔任廖文毅（1910-1986）等人「臺灣民主獨立黨」的「經濟主任」。[78]二二八事件後，在香港與謝雪紅等人一起組織「臺灣再解放同盟」的廖文毅，與謝雪紅（進入解放區，組織臺灣民主自治同盟，參加中華人民共和國設立）分道揚鑣，1950年春經香港潛入日本，組織「臺灣民主獨立黨」開始活動。此時林獻堂已經滯留日本，廖文毅的組織向林進行各式各樣的運作遊說。[79]

林獻堂對此的反應是，雖然與他們來往，但不回應他們的邀約參加或支援獨立運動。對國民黨政府也是，不對外批判，致力於在表面上維持良好關係。但是，如同前述，不應邀回臺也是間接的抵抗；而「臺灣首號社會領袖」訪日不歸，並且與臺獨分子來往，外界傳聞紛飛，對國民黨政府而言十分困擾，萬一林獻堂正式參加臺獨組織，更是麻煩。因此，1953年以後，國民黨政府開始遊說他回國。同年8月以後，與林有交情的監察委員丘念台、情報局鄭介民、嚴靈峯等人輪流拜訪林宅，告訴他說想結合亡命美國的李宗仁，與「臺灣獨立黨」組成「反攻大陸」之「統一戰線」，或是召開「反共救國大會」等，想迫使林獻堂回國。根據黃富三的研究，這些工作背後是蔣經國在統籌，丘念台等人只是聽命行事，但林獻堂都沒有答應。[80]1955年7月次子林猶龍（1902-1955）於彰銀董事長在職中（自1951年繼承林獻堂職位）在臺灣過世。林獻堂受到很大的打擊，但強忍悲痛仍然沒有回國。[81]

國民黨政府最後的手段是派蔡培火來遊說。蔡培火如前述，於1943年單身移居上海，1945年聽聞日本戰敗的消息後，便赴重慶加入中國國民黨，1946年回到臺灣，1950年陳誠內閣時，被任命為行政院政務委員，至1956年為止一直在任。

廖文毅等人於1955年9月1日舉行「臺灣共和國臨時政府」成立大會，臺灣獨立運動在日本轉為活躍似為其直接動機。同月13日，蔡培火帶著嚴家淦、張群、丘念台等人的書簡來日，頻繁拜訪林宅嘗試說服林獻堂。[82]10月14日，林獻堂不耐其煩，終於告訴他真正理由。日記有如下的記載：

> 危邦不入，亂邦不居，曾受先聖人之教訓，豈敢忘之也。臺灣者，危邦、亂邦也，豈可入乎、居乎。非僅危亂而已，概無法律，一

任蔣氏之生殺與奪，我若歸去，無異籠中之雞也。[83]

林獻堂認為當時的臺灣是在蔣介石獨裁下、欠缺法治的「危邦」、「亂邦」。蔡培火不得不斷念，只好向陳誠（當時的行政院長）曖昧地報告說「臺灣政治若能改革，先生即歸去」，而於11月回國。這是四十年來殖民地自治運動的同志，於去殖民化後苦澀的告別。

林獻堂於10月31日寫了最後的日記，隔年（1956年）1月，因心臟衰弱和呼吸困難入院，始終無起色。最後，在得到病狀惡化之報趕到日本的夫人楊水心照顧下，9月8日於東京久我山的自宅中過世，享壽75歲。林獻堂最後由長子林攀龍攜帶遺骨，於9月21日抵達臺北松山機場。[84]

化為遺骨歸臺，可說是林獻堂過去對日本軍國主義、戰後對蔣介石政權堅守其氣節的表現。只是，對現實政治的發展沒有任何影響。林獻堂與蔡培火在東京苦澀的告別，以及林之遺骨回臺，都是對於臺灣本地地主階級勢力遲來的政治死亡通知。

（三）另一個苦澀的告別——蔡培火與矢內原忠雄

與蔡培火苦澀告別的，不只發生在與林獻堂之間，在與殖民地時期言論同盟的友人矢內原忠雄之間也可以看到。

蔡培火在投稿到《矢內原忠雄全集》月報的回憶文中提過：「八年前重溫舊交的我們兩人之間，親切地就一個嚴肅的問題交換意見」。[85]遊說林獻堂回國而訪日之際，蔡培火當然也拜訪了矢內原忠雄。根據矢內原寫給張漢裕的書信，蔡培火抵達東京的次日（9月14日）很快地就到東大拜訪矢內原，其後與他同車回到矢內原宅，與矢內原夫人也交流，共進晚餐；19日蔡培火再度拜訪矢內原忠雄，共進午餐。從1955年9月22日矢內原致張漢裕書簡[86]內容來判斷，14日可能只是久別重逢敘舊；上述的「意見交換」應該是19日午餐之際。兩人對於「日本再軍備此一大問題」意見相左。根據蔡培火的說法，這是戰後沒有邀請矢內原忠雄到臺灣的原因。蔡培火回憶如下：

這是日本再軍備此一大問題。我毫不客氣地向矢內原先生表示我
不同意他反對再軍備的意見。我戰後好幾次想邀請矢內原先生到
臺灣，與臺灣的同胞一起感謝、慰勞他，但因為他反對日本再軍
備的意見十分強烈，周遭的情況不允許，因此我的心願未能達成。
87

　　根據蔡培火的說法，矢內原忠雄論點的根據有二點，第一點是「日本
人幸或不幸在東亞戰爭中，徹底地學到了戰爭的非人道」；第二點是「戰後
日本國民墮入困苦的深淵，不應為了再軍備而減弱恢復生活的力氣」，而且
「日本舊軍閥復活，恐怕會再度讓無辜的日本民眾再次受苦」。88 只是，光看
這樣，還是很難了解矢內原忠雄再訪臺灣決定性的政治障礙為何。我們很難
推論蔡培火究竟如何考量當時整體政治狀況，但讓矢內原的臺灣摯友認為無
法再訪的唯一理由，應該是如下所見，蔡培火所寫矢內原對「共產國家」的
看法。

　　共產國家不會輕易發動戰爭，現在的共產國家與當時的日本軍閥
　　不同，其思想見識比日本軍閥更高段許多，請大家安心。暫時不
　　會有戰爭的。我們信仰的神必然會用某種方法，不論是不是共產
　　國家，必然會促進政策的修正，告訴我們迴避戰爭的方法。89

　　矢內原忠雄說出了如此「容共」式的發言，蔡培火站在與中華人民共和
國全面對峙、以「反共復國」為國是之政權的政務委員立場，自然無法安排
他訪問臺灣。1952 年 12 月 9 日矢內原給張漢裕的信中寫道：「我的臺灣訪問
將無限延期了。」90 因此可知，矢內原自己確認不可能再訪臺灣是在 1955 年 9
月 19 日午餐會談中，與蔡培火「意見的交換」之後。恐怕也是在這一天，在
蔡培火的認識中，此事明確化。其後不久，蔡與林獻堂的告別，可以說是與
過去殖民地自治運動、抵抗運動的同志之政治上的決裂。矢內原與蔡培火的
告別，可以說是戰後東亞國際政治激烈變化的環境中，確認兩人分道揚鑣的
苦澀告別。這可以說是對殖民地自治運動言論同盟遲來的死亡通知。矢內原

忠雄在日本現代史上的角色，於戰後的第五個局面中，與臺灣人沒有交集。

五、結語

　　以上將矢內原忠雄與蔡培火、林獻堂等人的交流關係視為臺灣抗日民族
運動右派與日本自由主義殖民政策批判者之政治同盟，基於這樣的假設，追
索從1920年代到戰後1950年代為止他們之間的相互作用關係。未來如果史
料條件改善、相關研究進展，也有可能在事實的面向上做修正，這裡暫時提
出以下諸點，作為結論。

　　第一，矢內原忠雄與蔡培火的關係，是從作為上述政治同盟之一環，亦
即批判同化政策、總督專制之言論同盟出發，加上信仰上的信賴關係而交往
的朋友關係。兩人的言論同盟關係，在各自的主要著作《帝國主義下之臺灣》
及《與日本本國民書》最明白地顯現，日本當局者雖然尊重其內容，但在政
治上卻十分警戒。

　　第二，1930年代隨著軍國主義勢力在日本本國政治及臺灣殖民地政治中
崛起，對批判殖民地統治的自由主義同盟，從警戒逐漸轉變為敵視，經過矢
內原事件、林獻堂「祖國事件」、蔡培火因「反對軍國主義思想」嫌疑而被
檢舉等事件，開始政治上的鎮壓，其後日臺友人皆陷於無法活動的狀態。本
文同時也留意林獻堂於矢內原事件時，送給矢內原「深碧色玻璃花瓶」所象
徵的，兩人所堅持的氣節。

　　第三，戰後臺灣脫離日本殖民統治，在歷史條件轉換中，矢內原忠雄、
蔡培火、林獻堂三人的關係也反映著批判殖民地統治的自由主義政治同盟關
係，他們嘗試透過矢內原再訪臺灣劃上圓滿的休止符，但結果無法實現。這
也象徵著脫離殖民地與殖民地支配國這樣的關係之後，日臺關係無法在新的
政治狀況中歸零重新開始而終於解體。

　　整體而言，本文透過探討1920年代至1950年代矢內原忠雄、蔡培火、
林獻堂的交流關係，觀察批判殖民地統治之自由主義同盟之形成、挫折乃至
最後解體的過程。

那麼，著有《帝國主義下之臺灣》這部「臺灣近代史最初的歷史敘述」，[91]在戰後意圖轉化為社會科學式殖民地研究之國際關係研究的矢內原忠雄，他自己如何看待這個自由主義同盟的命運呢？這是非常有趣的問題，但矢內原自己幾乎沒有留下直接的線索。關於此問題，可能必須從矢內原戰後言論整體、日本戰後思想界、知識界整體之去殖民化這樣的觀點來考察。

最後想以尊矢內原忠雄為師的學生世代——葉榮鐘與陳茂源（1903-1996）為線索，簡單說一下，在林獻堂、蔡培火等臺灣近代史上的有名人物與矢內原的交遊消滅之後，未必意味著矢內原與臺灣的關係也消滅。[92]

葉榮鐘因蔡培火的介紹，成為矢內原忠雄第一個「異邦人傳道」的對象，陳茂源因親眼見到矢內原向葉榮鐘講道，而加入矢內原的家庭講授。此二人發現矢內原這位「老師」的過程，在陳茂源的回憶中有十分令人感動的描述。

> 那時（在東京小石川楊肇嘉宅的新民會週日懇談會的中途，聽到葉榮鐘離席說要去矢內原家參加聖經講授），我自己忽然從什麼清醒似地，反射性地請求他也帶我一起去。那天晚上的大森八景坂上、矢內原家的景象終生難忘。我有如身在夢境，目擊了在孤燈下只對著一位異鄉青年講授《路加傳》的先生之認真身影。我的直覺有如感到，終於碰到了一直到現在都在暗中摸索的東西。……這一晚的講授結束之後，我取得了矢內原先生的同意，以後我也能夠參加，雖然因為職務（1932年起在松本擔任法官）的關係有時可能缺席。葉氏在那之後不久，也不得不返回臺灣，在銀座的資生堂舉行了只有兩個人的餞別。（葉氏）一面歡喜著終於得到打從心底尊敬的良師，從此要真正錘煉自己；一面訴苦著因為自己無父母兄弟、天涯孤獨，此時身不由己地回臺。那種情景，彷彿如同昨日。[93]

葉榮鐘在長期戒嚴令解除十六年前、也就是1971年由自立晚報社出版《臺灣民族運動史》，其中第四章「臺灣議會設置請願運動」，提及1927年矢內原忠雄的臺灣調查旅行，同時也特別用一小節介紹矢內原的經歷及其主要

著作《帝國主義下之臺灣》的意義。[94]其後很長一段時間，沒有同類書籍出版，因此該書長期被廣為閱讀參考。

葉榮鐘正準備執筆撰寫《臺灣民族運動史》的1967年夏，嫁到日本的長女病危，於10月過世。在此前後，葉榮鐘的日記寫著，他反覆閱讀矢內原忠雄的《耶穌傳》，[95]以及應該是1930年歸臺之際，矢內原送給他的內村鑑三《求安錄》等[96]。反覆閱讀與戰前相遇的「良師」有關的書，以此來緩解喪失愛女的悲痛，同時也減緩著手撰寫在長期戒嚴之下未必合當局之意的著述所產生的不安與緊張感。葉榮鐘在矢內原生前沒有表明信仰基督教，9月14日（長女離世前半個月）的日記中向家人告白入信基督教。[97]

陳茂源戰後回到臺灣，在臺灣大學（其前身為臺北帝國大學）法學院講授民法。陳茂源也是最早在臺灣將《帝國主義下之臺灣》翻譯成中文出版的人；[98]此外，他也間接地促成矢內原忠雄之《聖經》講授等著作之翻譯與出版。

首先是郭維租（1922-）。1943年留學東京帝大醫學部的郭維租，有一次去拜訪在千葉擔任法官的陳茂源──他們是在臺灣東大留學生校友會「赤榕會」認識──正好當天下午矢內原忠雄也要拜訪陳茂源，而得以認識矢內原。郭維租的傳記作者表示，郭在這裡遇到自己一生中的精神導師。1946年回臺後，郭維租與同為醫師的妻子王彩雲一起在臺北開業，一面認真從事醫療工作，一面熱心從事矢內原著作的翻譯與出版。[99]根據何義麟的統計，以《我所尊敬的人物》（余の尊敬する人物）為首，共出版了八本譯作。[100]

其次是涂南山（1926-2015）。涂南山在嘉義中學校畢業後，1944年升學「滿洲國立」建國大學，因日本戰敗而在畢業前回到臺灣，1948年重新進入臺灣大學工學院就讀。此時開始接觸馬克思主義的書籍，也參加讀書會。與臺灣大學教員陳茂源認識後，有一天聊到他對馬克思主義的興趣，陳茂源借給他矢內原忠雄的《馬克思主義與基督教》（マルクス主義とキリスト教），一方面也為了學習中文，他一邊翻譯一邊閱讀。1951年涂南山突然被逮捕，《馬克思主義與基督教》的翻譯原稿也被沒收，以此為由被判十年徒刑。在案件審理期間，他透過家人向陳茂源借了《羅馬書講義》在拘留所中閱讀，託該書之福，才能順利克服被刑求時面對招供與否的心理折磨。其後在被送到火燒島（綠島）之際，便是帶著矢內原的《耶穌傳》，透過閱讀該書，而

得到得以熬過長期牢獄生活的力量。[101] 出獄後，他將在獄中翻譯的《羅馬書講義》及《耶穌傳》中文譯本出版。[102]

註釋

1. 矢內原忠雄，《帝国主義下の台湾》（岩波書店，1929 年）、《満州問題》（岩波書店，1934 年）、《南洋群島の研究》（岩波書店，1935 年）、《帝国主義下の印度》（大同書院，1937 年）。關於朝鮮沒有專著，但在《植民政策の新基調》（1927 年，弘文堂）中收有〈朝鮮產米增殖計畫について〉、〈朝鮮統治の方針〉等論文（收入《矢內原忠雄全集：第 1 卷》，岩波書店，1963 年）。

2. 矢內原忠雄自己說道：「戰爭後的混亂期，與進駐軍折衝時，建立新制度是南原先生時期的工作；說到我自己的任務，不太需要對外交涉，主要是鞏固內部爲主，但事實上也不那麼簡單……。」矢內原忠雄，《矢內原忠雄──私の歩んできた道》（日本圖書センター，1997 年），頁 84。原著於 1958 年由東京大學出版會出版。

3. 今泉裕子，〈矢內原忠雄の国際関係研究と植民攻策研究──講義ノートを読む〉，《国際関係学研究》（津田塾大學）第 23 號（1997 年），頁 137-148；酒井哲哉，〈国際秩序と帝国秩序──「植民政策学」から「国際関係論」へ〉，淺野豐美、松田利彥編，《植民地帝国日本の法的展開》（信山社出版，2004 年），頁 3-28。

4. 這一系列的著作收入《矢內原忠雄全集》第 19、20 卷。

5. 蘇聯史家溪內謙指出，可以「追溯我們活著的『現在』之起源、成立經過及其後變化」的起點，就是現代史的起點，參見：溪內謙，《現代史を学ぶ》（岩波書店，1995 年），頁 2。對臺灣現代史而言，這個「現在」是指什麼，答案可以有很多個。首先想到的，是臺灣海峽政治分立狀況，以此爲「現在」的話，臺灣現代史的起點是美國正式介入臺灣海峽的 1950 年 6 月，或許可以做爲一個起點。但是，如果不用一般常用的外交、經濟關係來設限日臺關係，而是將社會與社會的關係，社會中人與人之間的關係也包含在內，廣義地思考現代史之起點的話，那個「現在」應該是「去殖民化」吧。如此一來，上述般第一次大戰後的時期也將成爲起點。此時期「民族運動同時且集中性地爆發，在全世界各地都可以看到，這可以視爲世界史規模的「去殖民化過程之萌芽」參見：木畑洋一，《イギリス帝国と帝国主義──比較と関係の視座》（有志舍，2008 年），頁 164。第一次大戰後臺灣人諸運動，也是構成了這種世界史規模過程的一部分。在現代日臺關係史的研究中，日本殖民主義如何對應這個「去殖民化過程之

萌芽」呢？日本的戰敗導致殖民帝國瓦解，這對日本與臺灣的關係帶來什麼樣的影響呢？或是對日本人與臺灣人而言，這是什麼樣的經驗？我們一定要追溯這些問題吧。

6. 矢內原伊作，《矢內原忠雄伝》（みすず書房，1998 年），頁 385-392。【編按】此書有中譯本，李明峻譯，《矢內原忠雄傳》（臺北：行人文化實驗室，2011 年）。

7. 若林正丈，〈解說〉，收入《矢內原忠雄「帝国主義下の台湾」精読》（岩波書店，2001 年），頁 337-383。

8. 以管見所及，僅有吳密察的論文曾討論，參見：吳密察，〈矢內原忠雄與蔡培火〉，收入簡炯仁編，《蔣渭水逝世六十周年紀念暨臺灣史學術研討會論文集要》（高雄：高雄縣政府，1991 年），頁 93-99。

9. 關於前者，例如臺灣人寫給矢內原忠雄的書信仍未被發掘；關於後者，例如關於臺灣抗日知識分子戰後的動向，筆者也不能說有充分的掌握。

10. 《植民及植民政策》正式刊行是 1926 年 6 月（有斐閣）。但是 1924 年 1 月其課程內容（講義錄）已經由有斐閣出版。二人讀的應該是講義錄。

11. 蔡培火，〈神の忠僕矢內原忠雄先生を憶う〉，收入南原繁等編，《矢內原忠雄──信仰・学問・生涯》（岩波書店，1965 年），頁 94。【編按】該文亦收錄於《蔡培火全集（一）家世生平與交友》（臺北：吳三連臺灣史料基金會，2000 年），頁 431-438。

12. 1921 年向帝國議會提出的臺灣議會設置請願書，明示或暗示地援用批判同化主義，對殖民地自治論表示善意之殖民政策學者山本美越乃（京都帝大）、泉哲（明治大學）之議論，其起草者即爲林呈祿。林呈祿於 1914 年自明治大學畢業後，進入該校高等研究所，到 1917 年爲止研究殖民政策學。這段期間，泉哲也在明治大學任教，很可能與林呈祿等明大在學的臺灣留學生有交往，參見本書第一篇第三章，頁 87-99。從這一點來看，林呈祿可能比較快就注意到，新進殖民政策學者矢內原忠雄對於殖民政策學的論調。

13. 蔡培火於戰後的回憶中，關於此點有如下的敍述。「矢內原先生對臺灣人抱著同情，希望日本的殖民政策能更文明而加以批判。而我和我的同志爲了臺灣人，致力於改善日本與臺灣之間的關係，因此有很多和他接觸的機會。矢內原先生認爲這些機會都表現了神的愛，我也在恩師植村正久牧師熱切的指引下相信神的愛，每天煩惱著如何從這裡出發，對解決臺灣問題貢獻薄力。如此這般，矢內原先生和我一樣，都是受到神之靈、神之愛所引導，我想這就是爲什麼我們二人的交情可以維持這麼久之故。」參見：蔡培火，〈神の忠僕矢內原忠雄先生を憶う〉，頁 94。

14. 蔡培火，《日本々国民に与ふ──殖民地問題解決の基調》（台湾問題研究会發行，岩波書店經銷，1928 年）。【編按】該文之日文版與中文版收錄於《蔡培火全集（三）

政治關係——日本時代（下）》（臺北：吳三連臺灣史料基金會，2000 年），頁 5-179。

15. 參考本文註 1。

16. 若林正丈，〈解說〉，收入《矢內原忠雄「帝国主義下の台湾」精読》，頁 367-369。

17. 葉榮鐘，〈矢內原先生と台湾〉，收入南原繁等編，《矢內原忠雄——信仰・学問・生涯》，頁 101-103。

18. 田川大吉郎（1869-1947），自明治時期起卽活躍於普通選舉運動等活動，在普通選舉實施前的帝國議會屬於最左派的自由主義政治家，也是屬於植村正久主持的東京富士見町教會之熱心基督徒。強力支持蔡培火的臺語羅馬字普及運動及臺灣議會設置請願運動，在議會請願運動中，只要他在眾議院有議席，一定擔任請願之介紹議員，參見：本書第一篇第三章，頁 100-107；許雪姬總策畫，《臺灣歷史辭典》（臺北：遠流出版，2004 年），頁 265。

19. 矢內原忠雄，〈矢內原忠雄序〉，收入蔡培火，《日本々国民に与ふ——殖民地問題解決の基調》，頁 16-19。

20. 安部能成，《岩波茂雄伝》（岩波書店，1959 年），頁 365。【編按】此書有中譯本，楊琨譯，《岩波茂雄傳：1881-1946》（香港：三聯書店，2013 年）。

21. 岩波書店收藏有蔡培火寫給岩波茂雄的書信 30 餘封，由這些信件可以看到兩人的交往關係。

22. 矢內原忠雄，《帝国主義下の台湾》，收入《矢內原忠雄全集：第 2 卷》（岩波書店，1963 年），頁 216。

23. 矢內原忠雄，《帝国主義下の台湾》，頁 296。

24. 矢內原忠雄，《帝国主義下の台湾》，頁 352-353。

25. 矢內原忠雄，《帝国主義下の台湾》，頁 370。

26. 矢內原忠雄，《帝国主義下の台湾》，頁 353。

27. 矢內原忠雄，《帝国主義下の台湾》，頁 379。

28. 矢內原忠雄，《帝国主義下の台湾》，頁 380。

29. 神田正雄，《動きゆく台湾》（海外社，1930 年），頁 212。

30. 井上英爲民政黨伊澤多喜男系的官僚，林獻堂等人努力很久的《臺灣新民報》日刊化得到臺灣總督府許可時的警務局長。但許可書發行（1932 年 1 月 9 日）前一年年底，在中央發生政變，變成政友會內閣，結果，許可發行三日後，井上英便與總務長官木下信一起被內閣命令停職。葉榮鐘將此解釋爲政友會內閣對《臺灣新民報》許可爲日刊發行的政治懲罰，參見：葉榮鐘，《葉榮鐘全集（1）：日據下臺灣政治社會運動史（下）》（臺中：晨星出版，2000 年），頁 627。岡本眞希子認爲這是爲了迫使同爲民政黨系的太田政弘總督辭職，參見：岡本眞希子，《植民地官僚の政治史——朝鮮・

台湾総督府と帝国日本》（三元社，2008 年），頁 362。【編按】本書有中譯本，郭婷玉、江永博、王敬翔譯，《殖民地官僚政治史——朝鮮、臺灣總督府與日本帝國》（臺北：臺大出版中心，2019 年）。

31. 林獻堂著、許雪姬主編，《灌園先生日記（七）：一九三四年》（臺北：中央研究院臺灣史研究所，2004 年），頁 135。

32. 轉引自若林正丈，〈解說〉，收入《矢內原忠雄「帝国主義下の台湾」精読》，頁 371。

33. 葉榮鐘，〈矢內原先生と台湾〉，頁 99-100。

34. 林獻堂著、許雪姬主編，《灌園先生日記（二）：一九二九年》（臺北：中央研究院臺灣史研究所籌備處，2001 年），頁 82。

35. 朴錫胤，1918 年生於朝鮮全羅南道，1922 年東京帝大法學部畢業，以朝鮮總督府在外研究員身分留學英國劍橋大學後，1930 年出任總督府御用報社《每日申報》副社長，滿洲事變後策畫結成高倡間島地區朝鮮人自治的親日團體「民生團」。1932 年離開每日申報社之後，擔任日內瓦裁軍會議日本代表團隨行員時，認識石原莞爾，對其東亞聯盟論感到共鳴；其後擔任「滿洲帝國外交部囑託」等職務。戰後在韓戰爆發前，在北朝鮮以「民族反逆者」之罪名被處死，參見：水野直樹，〈在満朝鮮人親日団体民生団について〉，河合和男等編，《論集・朝鮮近代史——姜在彦先生古稀記念論文集》（明石書店，1996 年），頁 341-346。

36. 林獻堂著、許雪姬主編，《灌園先生日記（七）：一九三四年》，頁 128。

37. 林獻堂著、許雪姬主編，《灌園先生日記（七）：一九三四年》，頁 135。

38. 矢內原忠雄，〈花瓶的回憶〉，葉榮鐘編，《林獻堂先生紀念集：卷三追思錄》（臺中，林獻堂先生紀念編集委員會，1960 年），頁 23（執筆日期：1957 年 1 月）。

39. 林獻堂著、許雪姬主編，《灌園先生日記（九）：一九三七年》（臺北：中央研究院臺灣史研究所，2004 年），頁 348。

40. 葉榮鐘，〈灌老與矢內原先生的交誼〉，收入《葉榮鐘全集（2）：臺灣人物群像》（臺中：晨星出版，2000 年），頁 207。原著收錄於葉榮鐘，《小屋大車集》（臺中：中央書局，1967 年）。

41. 林獻堂著、許雪姬主編，《灌園先生日記（九）：一九三七年》，頁 413。

42. 葉榮鐘，〈灌老與矢內原先生的交誼〉，頁 207。

43. 根據安部能成的研究，岩波茂雄「不問學者、文化人、政治家，只要是他有興趣或是敬仰的人物都會接近，並且請他們吃飯」，「交遊廣闊」，對這些人也經常提供「感謝金」（安部能成，《岩波茂雄伝》，頁 338）。矢內原忠雄也是其中一人，安部認爲「矢內原作爲學者，不屈服官僚或軍閥的毅然態度，當然會喚起岩波的共鳴。而昭和十三

〔十二〕年三〔十二〕月矢內原被免職後才二、三日後，岩波來訪，正好矢內原不在，他悄悄地、很不好意思將錢放著的態度，讓矢內原夫人深深感動。」（安部能成，《岩波茂雄伝》，頁 393）安部指出，蔡培火也是被致贈「感謝金」的對象之一。

44. 矢內原忠雄，《矢內原忠雄——私の歩んできた道》，頁 63-64。

45. 鹿野政直說，有人送給岩波茂雄司督閣著作的抄譯本（衛藤利夫述《滿洲生活三十年奉天の聖者クリスティの思出》），岩波讀了後深受感動，而想出版全譯本，參見：鹿野政直，《岩波新書の歷史》（岩波書店，2006 年），頁 12-13。

46. 矢內原忠雄，《余の尊敬する人物》（岩波新書赤版第 65 冊，1940 年）。

47. 矢內原忠雄，《矢內原忠雄——私の歩んできた道》，頁 34。

48. 林攀龍（1901-1983），林獻堂長子。東京帝大法學部畢業後，在英國牛津大學等地留學，1932 年回臺。在霧峰組成啓蒙團體一新會，1937 年口中戰爭爆發後被禁止（許雪姬總策畫，《臺灣歷史辭典》，頁 500）。

49. 高天成（1904-1964），林獻堂女婿，1928 年東京帝大醫學部畢業，1938 年東大醫學博士。1948 年回臺，其後歷任臺灣大學醫學院院長等要職（許雪姬總策畫，《臺灣歷史辭典》，頁 685）。

50. 吳三連（1899-1988），臺灣總督府國語學校、東京商科大學畢業後，進入大阪每日新聞社，1932 年日刊《臺灣新民報》創刊後，爲該社東京支社長。戰後歷任臺北市長、《自立晚報》發行人等（許雪姬總策畫，《臺灣歷史辭典》，頁 343-344）。

51. 劉明電（1901-1978），留學德國，在柏林大學取得博士學位。戰後二二八事件時，組織日本華僑，成立「二二八案處理委員會」。1948 年爲歡迎中國共產黨革命勝利，在日本華僑之間組織「民主促進會」，擔任委員長（林獻堂著、許雪姬主編，《灌園先生日記（九）：一九三七年》，頁 233-234 註 2）。

52. 林獻堂著、許雪姬主編，《灌園先生日記（九）：一九三七年》，頁 420。

53. 荷蘭籍的運油船因海難停靠澎湖群島的軍港馬公港，而被視爲間諜行爲判刑之事件。關於此事件之經緯及意義，可參考：近藤正己，《総力戦と台湾——日本植民地崩壊の研究》（刀水書房，1996 年）；駒込武，〈在台軍部と『反英運動』——ジュノー号事件を中心に〉，松浦正孝編著，《昭和・アジア主義の実像——帝国日本と台湾・「南洋」・「南支那」》（ミネルヴァ書房，2007 年），頁 259-285。【編按】近藤正己的這部著作有中譯本，林詩庭譯，《總力戰與臺灣——日本殖民地的崩潰（上）（下）》（臺北：臺大出版中心，2014 年）。

54. 近藤正己，《総力戦と台湾——日本植民地崩壊の研究》，頁 22-24。

55. 葉榮鐘，《葉榮鐘全集（2）：臺灣人物群像》，頁 148。

56. 陳培豐，《「同化」の同床異夢——日本統治下台湾の国語教育史再考》（三元社，

57. 蔡培火，〈致岩波茂雄書簡〉，1937 年 6 月 20 日，《東亞の子かく思ふ》（岩波書店，1937 年），頁 9。

58. 蔡培火，〈家系與經歷〉，收入張漢裕主編，《蔡培火全集（一）：家世生平與交友》（臺北，吳三連臺灣史料基金會，2000 年），頁 66（執筆日期：1968 年 5 月）；安部能成，《岩波茂雄伝》，頁 365。

59. 謝春木爲臺灣民眾黨幹部，該黨被禁後，1931 年舉家遷往上海，1933 年 12 月改名謝南光。同時期擔任南洋華僑聯合會書記（許雪姬總策畫，《臺灣歷史辭典》，頁 197）。

60. 何義麟，〈台湾知識人の苦悩──東亜共栄協会から大亜細亜協会台中支部へ〉，松浦正孝編著，《昭和・アジア主義の実像──帝国日本と台湾・「南洋」・「南支那」》（ミネルヴァ書房，2007 年），頁 296-297。

61. 葉榮鐘，〈林獻堂先生年譜〉，《葉榮鐘全集（2）：臺灣人物群像》（臺中：晨星出版，2000 年），頁 147，原著收入《林獻堂先生紀念集：卷一年譜》（林獻堂先生紀念編集委員會，1960 年）；葉榮鐘，〈一段暴風雨時期的生活記錄〉，《葉榮鐘全集（2）：臺灣人物群像》，頁 409，原著收入葉榮鐘，《小屋大車集》（臺中：中央書局，1967 年）。

62. 何義麟，〈台湾知識人の苦悩──東亜共栄協会から大亜細亜協会台中支部へ〉，頁 297。

63. 矢內原自己的回憶如下：「我雖然演講或著作受到當局的監視或處分，或是社會上有人反對，但一次也不曾收到威脅信或是直接遇到暴徒。處分或敵對都是公事，我的私生活一點也沒有受到影響。這是神對於我的特別保護，我非常感謝。」（矢內原忠雄，《矢內原忠雄──私の歩んできた道》，頁 121。）

64. 林獻堂日記 2 月 23 日有如下記載：「〔莊〕伊若昨日在鹿港，述該地之人觀新聞（臺日〔臺灣日日新報〕）報道〔林〕資彬密造銃器被家宅搜查之記事，大起恐慌，以爲霧峰從此滅族矣。新聞之惡宣傳，其影響人心如是，不解何故臺日社之痛恨霧峰如是也。」（林獻堂著、許雪姬主編，《灌園先生日記（九）：一九三七年》，頁 74。）另參見：葉榮鐘，《葉榮鐘全集（2）：臺灣人物群像》，頁 148。

65. 郭廷俊（1882-1943），臺北士林人，總督府國語學校畢業後，曾任臺灣總督府土地調查局職員等，1921 年地方制度改正後，歷任臺北市協議會員、總督府評議員等公職，此外也曾擔任臺北總商會會長、臺灣軌道株式外資取締役、稻江信用組合長等職（許雪姬總策畫，《臺灣歷史辭典》，頁 816）。

66. 林獻堂 2 月 22 日日記寫道：「〔郭〕廷俊言際此非常之時代，吾人對當局應表示愛國之誠意，萬一有事方好合作而免猜疑」，但此時郭廷俊還沒有明言要如何表示「愛國之誠意」（林獻堂著、許雪姬主編，《灌園先生日記（九）：一九三七年》，頁 73）。5 月 18 日林獻堂日記寫到，出發去東京前，郭來拜訪，「六月十七日將招集五州及市之議員並諸有力者作一感謝會，於是日參拜神社，然後對總督表四十二年來對島民統治之恩惠云云」（林獻堂著、許雪姬主編，《灌園先生日記（九）：一九三七年》，頁 182）。葉榮鐘舉出一同參拜神社的具體記錄，應該是追溯至此。參見：葉榮鐘，《葉榮鐘全集（2）：臺灣人物群像》，頁 148。

67. 葉榮鐘，《葉榮鐘全集（2）：臺灣人物群像》，頁 148-149。

68. 葉榮鐘，《葉榮鐘全集（2）：臺灣人物群像》，頁 149。

69. 例如，1938 年 11 月 4 日在東京的寓所，《臺灣日日新報》記者上田承總督府森岡總務長官之命前來拜訪，向其傳達值此非常時期，林獻堂不安居於臺灣，總督府很沒面子，希望他能早日歸臺。林獻堂在此之後一個月左右回臺，但根據年譜作者葉榮鐘表示，此次歸臺純粹是因家庭事務及避寒，與總督府的勸誘無關，參見：葉榮鐘，《葉榮鐘全集（2）：臺灣人物群像》，頁 152。

70. 林獻堂著、許雪姬主編，《灌園先生日記（九）：一九三七年》，頁 224。

71. 黃富三，《林獻堂傳》（南投：國史館臺灣文獻館，2004 年），頁 64。

72. 蔡培火，〈家系與經歷〉，收入張漢裕主編，《蔡培火全集（一）：家世生平與交友》，頁 78-79。

73. 戰前在東京帝大大學院，接受矢內原忠雄指導，而且也在矢內原介紹下與蔡培火的三女蔡慧玲結婚的張漢裕，在追悼矢內原的文章中有如下描述：「戰後，我離開東大回臺灣之時，老師……半開玩笑般地說『再過個五年左右，我也來去臺灣看看吧』；後來老師寫給我的信中也好幾次提到『要去臺灣，現在正是時候』，由此可以看到老師對其代表性學術著作研究對象的臺灣有多麼想念。然而，我竟然沒有辦法讓他在有生之年實現再度訪臺的願望，實在很對不起，謹在老師靈前致歉。」參見：張漢裕，〈《帝国主義下の台湾》刊行にちなんで〉，收入南原繁等編，《矢內原忠雄——信仰・学問・生涯》，頁 119。

74. 【譯按】林獻堂的日記《灌園先生日記》已由中央研究院臺灣史研究所自 2000 年起至 2013 年全數出版完畢，參見本書第 331 頁註 10 之說明。

75. 黃富三，《林獻堂傳》，頁 190。

76. 此段日記引文於本文寫作時，承許雪姬教授主持之中央研究院臺灣史研究所林獻堂日記解讀班提供，今可參看《灌園先生日記》（廿三）（臺北：中央研究院臺灣史研究所，2012 年），頁 209。

77. 此外，關於二人的話題，這裡寫著林獻堂問矢內原忠雄關於日本的將來之意見；如同前述，矢內原的回憶寫的是，林獻堂問他關於「戰後臺灣的將來」之意見而專心傾聽。矢內原對「戰後臺灣的將來」有多少了解呢？關於此點，也許可以發掘戰後臺灣人寫給矢內原的信件來探討。林獻堂的日記是會面後不久寫的，應該比較接近當時的實況。

78. 黃富三，《林獻堂傳》，頁 211。

79. 黃富三，《林獻堂傳》，頁 208-212。

80. 黃富三，《林獻堂傳》，頁 217-219。

81. 黃富三，《林獻堂傳》，頁 224。

82. 參見：黃富三，《林獻堂傳》，頁 221-224。林獻堂似乎並不是完全沒有歸國之念。根據許雪姬的研究，1955 年 9 月 21 日的日記，「臺灣現狀保持無變動矣，歸臺之念不禁攸然而生。」參見：許雪姬，〈《灌園先生日記》的史料價值〉，收入《灌園先生日記（一）：一九二七年》（臺北：中央研究院臺灣史研究所籌備處，2000 年），頁 4。

83. 轉引自黃富三，《林獻堂傳》，頁 222-223；另見《灌園先生日記（廿七）：一九五五年》（中央研究院臺灣史研究所，2013 年），頁 473。

84. 黃富三，《林獻堂傳》，頁 225。

85. 蔡培火，〈神の忠僕矢內原忠雄先生を憶う〉，頁 96。

86. 矢內原忠雄，〈1955 年 9 月 22 日付張漢裕宛封書〉，收入《矢內原忠雄全集：第 29 卷》（岩波書店，1965 年），頁 422。

87. 蔡培火，〈神の忠僕矢內原忠雄先生を憶う〉，頁 96。

88. 蔡培火，〈神の忠僕矢內原忠雄先生を憶う〉，頁 96-97。

89. 蔡培火，〈神の忠僕矢內原忠雄先生を憶う〉，頁 96。

90. 矢內原忠雄，《矢內原忠雄全集：第 29 卷》，頁 385。

91. 春山明哲，〈「台湾近代史」と 4 人の日本人——後藤新平、岡松參太郎、新渡戶稻造、矢內原忠雄〉，《師大臺灣史學報》第 25 期（2009 年），頁 255。

92. 張漢裕（1893-1998）是矢內原忠雄所指導的學生、蔡培火的女婿，關於他的研究，目前還沒有充分的資料。

93. 陳茂源，〈大森の家庭集會の頃〉，收入南原繁等編，《矢內原忠雄——信仰・学問・生涯》，頁 110-111。

94. 葉榮鐘等，《臺灣民族運動史》（臺北：自立晚報社，1971 年），頁 190-193。

95. 葉榮鐘，《葉榮鐘全集（6）：葉榮鐘日記》（臺中：晨星出版，2002 年），頁 323-328。

96. 葉榮鐘的回憶如下：「我於昭和五年五月左右回到臺灣，在這之前四月二十七日，爲

我做最後的講課，上完課後，老師從書架上抽出一本書，是內村鑑三先生所著的《求安錄》，老師在扉頁上以毛筆寫了幾句話送給我做臨別紀念。／1930 年 4 月 27 日　葉榮鐘君歸臺灣之際致贈／矢內原忠雄／凡從神生的，就勝過世界。使我們勝了世界的，就是我們的信心。」（葉榮鐘，〈矢內原先生と台灣〉，頁 105。）【譯按】「凡從神生的」一句，語出《新約・約翰一書》5：4。

97. 葉榮鐘，《葉榮鐘全集（6）：葉榮鐘日記》，頁 327。

98. 矢內原忠雄著，陳茂源譯，《日本帝國主義下之臺灣》（南投：臺灣省文獻委員會，1952 年）。此書在臺灣的中文譯本，除了陳茂源譯本之外，周憲文譯有五個版本：（1）1956 年，臺灣銀行刊（臺灣銀行經濟研究室編，臺灣研究叢刊 39）；（2）1985 年，帕米爾書店出版，初版；（3）1987 年，同前，再版；（4）1999 年，海峽學術出版社，初版；（5）2002 年，同前，再版。林明德譯有兩個版本：（1）2004 年，吳三連臺灣史料基金會，初版；（2）2007 年，初版第三刷。承何義麟告知陳茂源與郭維租、涂南山之關係，並且提供《矢內原忠雄及其帝國主義下之臺灣》未刊稿供筆者參考，謹記以表謝意。何著《矢內原忠雄及其帝國主義下之臺灣》已於 2011 年由臺灣書房出版。

99. 曹永洋，《都市叢林醫生——郭維租的生涯心路》（臺北：前衛出版社，1996），頁 112-116。

100. 此八冊如下（皆是人光出版社出版）：《我所尊敬的人物（余の尊敬する人物）》（1987）、《撒母耳記講義（サムエル記講義）》（1989）、《約翰福音講義（ヨハネ福音講義）》（1990）、《以賽亞書講義（イザヤ書講義）》（1992）、《羅馬書講義（ロマ書講義）》（1997）、《啓示錄講義（默示錄講義）》（1999）、《詩篇講義（詩篇講義）》（1999）、《信仰基督的本質：從耶穌到保羅（キリスト信仰の本質：イエスからバウロまで）》（2000），參見：何義麟，《矢內原忠雄及其帝國主義下之臺灣》（臺北：臺灣書房，2011 年），頁 129。

101. 涂南山，〈煉獄與天堂：涂南山口述史〉，胡慧玲、林世煜採訪記錄，《白色封印——人權奮鬥證言》（臺北：國家人權紀念館籌備處，2003），頁 63-104。

102. 何義麟，《矢內原忠雄及其帝國主義下之臺灣》，頁 138。

補篇二

葉榮鐘的「述史」之志
晚年書寫活動試論

一、前言

葉榮鐘（1900-1978），臺灣彰化鹿港出身。兒時玩伴洪炎秋（1899-1980）在葉榮鐘辭世之後，應其內弟施維堯之請，為他撰寫如下的墓誌銘：

> 葉先生榮鐘字少奇，日據時期畢業東京中央大學，即加入林獻堂翁的民族運動，因中日文都好，曾主持臺灣民報等報筆政，任東京支局長。光復後，任職省立臺中圖書館指導輔導部等部長；後轉彰化銀行，歷任科長、主任、協理、顧問等職。退休後，從事寫作，出有《臺灣民族運動史》等書。新近罹癌逝世，時在民國六十七年十二月二日，年七十九歲。老友洪炎秋為作銘說：少壯抗日，老寫文章，忽罹絕症，竟爾身亡，戚友聞耗，莫不悲傷。豹死皮留，人死名彰，民運一史，可垂無疆。[1]

這裡顯示了關於葉榮鐘生涯的簡潔記述，以及同時代友人給予他的評價，可謂訴說出臺灣現代史中葉榮鐘被人所理解的原型。在這個理解中，葉榮鐘這樣的人物，戰前，是臺灣殖民地時期林獻堂派抗日民族運動——即林

獻堂（1881-1956）所率領、資助的抗日民族運動右派陣營之知識分子；戰後，在戒嚴令仍長期實施中的1960年代後半以降，發表了《臺灣民族運動史》等一連串的著作，以1920年代抗日運動當事者的身分，將其經驗與記憶傳述至戰後，也因此留名後世。

筆者重新提起葉榮鐘，當然不是想對上述已經成為定論的理解提出異議，而是想將其晚年的書寫活動放在當時的歷史脈絡中再作探討。透過這樣的討論，想要觀察過往的日本殖民統治以及與之對抗的臺灣人歷史經驗，在戰後國民黨一黨支配體制的環境中，如何被論述、成為社會記憶一部分的過程。

事實上，葉榮鐘在這個過程中的形象，在社會學者蕭阿勤對1970年代「回歸現實」思潮，所周密進行的知識社會學之論述時曾作過點描。這個時期，戰後世代的知識分子及黨外民主運動人士，開始重新注目並審視日本殖民統治時期臺灣政治社會運動的經驗，也就是以《大學雜誌》的陳少廷（1932年生）為先驅，[2] 接著由康寧祥（1938年生）藉《臺灣政論》等展開推動，之後延續至彰顯蔣渭水的黃煌雄的言論，在這一連串的動向中，葉榮鐘成為傳遞過往歷史經驗的書寫者[3]而登場。[4]

本文受到蕭阿勤所描繪此一葉榮鐘形象的啟發，試圖重新審視1970年代思潮當中，葉榮鐘登場的過程。[5]將視點移到曾為抗日知識分子的葉榮鐘身上，討論他是在怎樣的歷程中，進一步地說，就是葉榮鐘在戰後經過了什麼樣的人生而走到如此的形象？這是本文的問題。

這也是刻畫臺灣抗日知識分子後殖民身影的嘗試之一。若以相當理想的形態來描述筆者想要嘗試的葉榮鐘研究，則包含具體釐清葉榮鐘晚年在戰後書寫活動的內涵與外延之雙面向。所謂的「內涵」，指葉榮鐘著述內容本身，以及與其著述活動直接相關的社會環境（家族、友人、媒體關係者等）和葉榮鐘的相互作用。「外延」則是指他的著述活動所新孕育出的人和思想的聯結、波紋（閱讀著述後前來拜訪的年輕人和編輯、新發表場域的出現，以及這些人的後續動向等等）。

1966年，葉榮鐘從長年服務的彰化商業銀行（1948年入行）退休。1960年代初重新開始他戰後的書寫，活動漸趨高峰是其退休後約當其晚年的十數

年。這個時期，對於葉榮鐘和妻子施纖纖（1931年結婚）而言，正是孩子們留學、就業、結婚成家的時期，也是為人父母扶持兒女自立的最後階段。這段期間，他也遭逢嫁給住在日本舊友之子的長女蓁蓁（1932-1967年）去世的不幸。在長期的戒嚴體制尚無解禁徵兆的時代中，一個退休的銀行員，亦為人父祖的昔日抗日知識分子，如何將其經驗向社會發話？他所發話、記述、傳達的過去經驗與記憶，又如何與下一個時代連結？本文將試以上述方法盡可能地探問這幾個問題。

但是，由於筆者的史料與資料收集、解讀工作始剛起步，現在這個階段所能敘述的部分極為有限。例如，後殖民時期進行文化活動的抗日知識分子，不用說當然不限於葉榮鐘一人，但是筆者現在能夠掌握的並不多。[6]因此，作為上述研究企圖的第一步，本稿根據葉榮鐘次女葉芸芸（1945-）、長男葉光南（1938-）等人整理的葉榮鐘日記與書信，追索其隨筆集《半壁書齋隨筆集》、《臺灣民族運動史》，以及收錄於《臺灣人物群像》等數篇文章，是如何執筆完成的。

二、「述史」之志

從葉榮鐘留下來的日記和家書等，可以看到他對歷史著述意志的幾個記述。

用葉榮鐘自己的說法加以分類，他所試圖寫作的，包括：（1）「臺灣政治運動史」或「臺灣民族運動史」、（2）「回憶錄」或「自傳」，（3）「臺灣先賢印象記」或「臺灣先賢群像」、（4）「國民黨統治下二十五年史」以及「日記」，此外尚有（5）「日本統治下之臺灣」。[7]這些或可總稱為（葉榮鐘的）「述史」之志。[8]由於這些都是與他自身相關的臺灣同時代史，因此葉榮鐘的「述史」之志，可以說是記述與傳達經歷過日本殖民統治的抗日知識分子歷史經驗的意志。

編輯《葉榮鐘全集》的葉芸芸指出，葉的書寫活動有過兩次高峰。一是在1930年代，1930年春天畢業於東京中央大學的同時，被林獻堂召回，一

方面擔任臺灣地方自治聯盟的書記長，一方面加入文學雜誌《南音》，揮舞健筆致力評論，隨後進入臺灣新民報社、擔任社論的寫作。這個時期的葉榮鐘，在臺灣近代文學史研究中經常被提及。第二個高峰則是前述1960年代以後到晚年的時期。[9]

葉榮鐘最初記下其「述史」之志，是在第一個高峰即將結束之際。葉在1938年8月6日的日記中，以日語寫下以下的文句：

> 非完成終生事業《臺灣政治運動史》不可。這不是現在才決心如此，然而到目前只有焦慮而沒有準備，感到非常慚愧。[10]

這一天的早晨，在臺北市內的喫茶店與楊雲萍（1906-2000）碰面。當時，楊雲萍於1933年自日本留學歸來，雖然尚未找到固定的工作，但是已經以《先發部隊》、《臺灣新民報》等為舞台展開了書寫活動。[11]葉榮鐘感覺到楊雲萍「舉止愈發展現大學者的氣度」，內心湧現對自己不夠努力的羞愧感，而在心裡立了種種計畫，其中之一就是寫在日記中的「臺灣政治運動史」。

其時，葉榮鐘於1935年年底正式進入臺灣新民報社，擔任通信部長兼論說委員，每週一次擔綱日文社論的寫作。從1920年代抗日運動的閱歷，以及當時的職業、社會地位看來，這是符合其執筆「臺灣政治運動史」的意志。再者，隨著當時1931年臺灣共產黨被鎮壓，臺灣文化協會、臺灣農民組合等左派抗日運動也遇瓦解；1934年9月，自1921年起持續進行的臺灣議會設置請願運動被迫中止；1937年7月，葉榮鐘自身擔任書記長的臺灣地方自治聯盟也被迫解散。就消極的意義而言，時期上也並非不適合。

閱讀此際前後時期的日記，可以得知葉榮鐘開始閱讀梁啟超的《先秦政治思想史》及《中國歷史研究法》、郭沫若的《中國古代社會研究》、稻葉岩吉的《支那近世史講話》、摩爾根（Louis Henry Morgan）的《古代社會》、多桑（Abraham C.M. d'Ohsson）的《蒙古史》、伯倫漢（Ernst Bernheim）的《何謂歷史學》（歷史學とは何ぞや／*Einleitung in die Geschichtswissenschaft*）等歷史書籍。如果執筆「臺灣政治運動史」為其「終生事業」的話，閱讀這些書籍或許是其準備、助跑的一環。但是，葉榮鐘並沒能開始寫作。這又是何以

如此？

　　在此一時期的日記中，也時常可見葉榮鐘言及對於自己的學業中途而廢感到遺憾。[12]1927年夏天開始的第二次留學生活中，葉榮鐘遇見了他仰之為師的人物矢內原忠雄（1893-1961）。葉榮鐘遵循林獻堂的指示，在1930年春天畢業後旋即回到臺灣，這就他與林獻堂之間亦師亦父的仰慕關係而言，於情於理皆屬當然，但就葉榮鐘而言，或許在心中也不無蘊含一種無可奈何之感。[13]因此葉榮鐘自身對於學業這樣的「半途而廢」，在他內心某處或許被當作不能寫作的理由也說不定。然而，最終還是跨越時間完成了「述史」之志，因此，與其說當時這種顧慮成為決定性的障礙，不如說外部嚴苛的政治環境才是使他不能克服顧慮、讓他致力「述史」之期盼無法成為現實的可能課題。

　　進入臺灣新民報社後，雖然葉榮鐘本身的社會地位可謂上昇且安定了，但是圍繞著臺灣新民報社的狀況卻走向惡化一途。葉進入臺灣新民報社的隔（1936）年6月，林獻堂因為「祖國事件」受辱而避難東京，臺灣新民報社也成為軍方的眼中釘，在1937年中日戰爭爆發之前，漢文欄被迫廢止，報社由於經營不善雪上加霜般地迫使社員減薪二成。在此之後，葉榮鐘的生活受到戰爭及其陰影的強烈擺佈。1939年以臺灣新民報社東京支局長的身分赴任，但在糧食供給惡化的情況中，妻子健康受損而舉家返臺。1941年就任臺中支局長，但是《臺灣新民報》受到當局的壓力，報紙名稱不得不改為符合時局的《興南新聞》。1943年隻身前往馬尼拉擔任《馬尼拉華僑日報》編輯次長，然而這是被日軍以《大阪每日新聞》特派員身分徵用前往的。任期結束總算得以安然返臺時，《興南新聞》已經被其他報紙合併成為《臺灣新報》，葉擔任其文化部長兼經濟部長。不過，1943年10月開始，聯合國軍隊的空襲漸趨激烈，不得已於1945年4月辭去《臺灣新報》職務，舉家疏散遷至臺中州鄉下，迎向日本的戰敗。[14]不論是赴任東京、或者前往馬尼拉、遭遇空襲等，若運氣不佳，葉榮鐘自己或其家人便極可能遭遇危險。這樣的時代當然不是「述史」的時候。甚至，之後的日本戰敗、脫離殖民地統治、「回歸祖國」，這樣臺灣歷史的大轉變，也未能立刻提供「述史」的環境。

　　隨著日本戰敗的消息傳來，林獻堂再度展開公眾活動，同時，葉榮鐘做

為林的幕僚，也開始忙碌周圍的事物。葉擔任「國民政府歡迎準備委員會」的總幹事，擔綱臺中市第一回臺灣光復節慶祝大會的司儀；在「臺灣省海外僑胞」的救援上，和林獻堂一起向臺灣省行政長官陳儀等陳情。1946年8月，加入林獻堂等人的「臺灣光復致敬團」，也訪問了南京、西安等地。這些活動中所用的文書，大多都是出自葉榮鐘之手。可以說，林獻堂的活動再度展開的同時，葉榮鐘所扮演的原抗日右派「文膽」（文書幕僚）的角色也再度復活。此外，當好友莊垂勝（字遂性，1897-1962）被派任為臺灣省立臺中圖書館館長時，葉榮鐘也擔任該館編譯組長兼研究輔導部長，與莊一同主辦各種文化講座、組織臺中知識分子的「談話會」等，盡力促進臺中地區文化活動的活化。[15]

　　二二八事件之時，莊垂勝被推舉為「臺中地區時局處理委員會」的主任委員，遵循臺北的作法，在處理委員會下設置了幾個次級部門，葉榮鐘成為其宣傳部長。但是，隨蔣介石派遣的鎮壓軍即將抵達的消息四起，3月11日晚上，莊垂勝等數名委員聚集，決定解散處理委員會。葉榮鐘以及率領「二七部隊」的謝雪紅（1901-1970）也都參加了這個會議。「二七部隊」在12日午後，為了避免臺中因巷戰造成市民犧牲，決定撤退至埔里。[16]當時九歲的長男葉光南，長大之後被父親的舊識告知，12日晚上聽到父親廣播的聲音，那是宣布「二七部隊」撤退至埔里、國軍部隊不久將進駐臺中市內，呼籲市民沉著應對絕不外出的廣播。[17]

　　事件之後，莊垂勝為憲兵隊逮捕，奇蹟似地在一週之後被釋放。葉榮鐘雖然未被逮捕，但是和莊一起被免去了圖書館職務。當時臺中師範學校校長、前述的洪炎秋也因為與事件有關而被免職。莊垂勝的長男林莊生（1930年生，1961年以後移居加拿大）認為莊垂勝被釋放的背景之一是林獻堂向軍隊當局陳情。[18]雖然沒有具體足資判斷的資料，但當局之手沒有伸向葉榮鐘，或許也是林獻堂的政治保護傘以某種形式發揮了作用。不過，根據葉芸芸的回憶，事件發生之後，友人好幾次勸說到鄉下避難，但是葉榮鐘都不肯。[19]

　　沒有工作的葉榮鐘，隔年在林獻堂的斡旋下，進入彰化商業銀行。[20]在此前後，葉雖然被國民政府推薦為臺灣省參議會議員，但是辭不肯受（1947年12月），由青年黨和民社黨聯合推為監察委員候選人（1948年5月），也未

接受。[21]

　　之後，如所周知，隨著國民黨在中國大陸的內戰情勢不利，實施戒嚴令等臺灣的治安體制日益強化，二二八事件以及後續的「白色恐怖」，迫使大多數的臺灣知識分子保持沉默，葉榮鐘也不例外。如同下文所述，這段時期葉榮鐘甚至連日記都沒寫。此際不是「述史」的時候。

三、書寫活動的重新展開與「自傳」

　　那麼，葉榮鐘的沉默如何被打破，「述史」之志是如何實現的？首先，表一是顯示到目前為止、以專書出版的葉榮鐘著作一覽。

　　根據葉芸芸的說法，葉榮鐘在二二八事件之後恢復書寫活動的關鍵，是為了紀念1956年客死於東京的林獻堂而編著《林獻堂先生紀念集》一事。[22]葉榮鐘在這個紀念集中，寫作長篇的〈林獻堂先生年譜〉，同時，也寫了〈杖履追隨四十年〉。之後不久開始寫隨筆，「批判社會陋習、記錄民俗文化之類的隨筆，在死去之前從無間斷地寫作，留下了四十五萬字的隨筆」。[23]如同表一所記，當初大部分文章都發表在一般人很少看得到的、也就是他工作單位刊行的《彰銀資料》（月刊）（最早的文章是1962年7月）。1965年3月，集結這些文章，由與莊垂勝有淵源的中央書局[24]以《半路出家集》刊行，也許是作為文學家的名聲開始稍稍為人所知，之後也被一般媒體《徵信新聞》（《中國時報》前身）、《出版月刊》、《中華雜誌》等邀稿，而這些文章和持續在《彰銀資料》寫作的隨筆，一起被收錄在第二本隨筆集《小屋大車集》之中。

　　《林獻堂先生紀念集》的編著，就葉榮鐘與林獻堂的關係、在林獻堂身旁的葉榮鐘所扮演的角色與位置，以及同世代中出類拔萃的中文書寫能力，再以重視氣節、有所不為而且不愛多事的個性等因素看來，當時除了葉榮鐘之外，別無其他人選。[25]這些因素也可以推測是後來蔡培火（1898-1983）、吳三連（1899-1988）邀請葉榮鐘執筆《臺灣民族運動史》的原因。在蔡培火等人的眼中，戰後的葉榮鐘可以說是當年抗日右派人士「永遠的文膽」。

　　抗日運動右派「前輩」們對葉的這種角色期待，和葉榮鐘本身的「述史」

表一　葉榮鐘著作專書一覽

出版年月	書名	出版商	全集編號	備註：初刊雜誌、報紙等
1965年3月	《半路出家集》 （半壁書齋隨筆第一輯）	臺中：中央書局	4上	所收隨筆在文末只記初刊年月。據全集編者葉芸芸所言，幾乎刊載於《彰銀資料》（只有〈一段暴風雨時期的生活紀錄〉刊於《民主評論》〔香港〕）。
1967年3月	《大屋小車集》 （半壁書齋隨筆第二輯）	臺中：中央書局	4下	所收的隨筆在文末都未記載初版年月、初刊報紙雜誌之名。其中三篇各刊載於《徵信新聞》（中國時報前身）、《中華雜誌》、《出版月刊》。其他刊載於《彰銀資料》的可能性極高。
1971年9月	《臺灣民族運動史》 （蔡培火、林柏壽、陳逢源、吳三連、葉榮鐘等著）	臺北：白立晚報社	1上、下	1970.4.1～1971.1.10 在《自立晚報》連載〈日據時期臺灣政治社會運動史〉（「撰述人」同前五人，計278 回，約五十萬字。手稿為〈日據下臺灣政治社會運動史〉（1970.3.1 脫稿），全集以葉榮鐘的名字收錄。
1977年8月	《美國見聞錄》	臺中：中央書局	4上	連載於《自立晚報》，一部分也發表於《彰銀資料》，相當於〈半壁書齋隨筆〉的第三輯。
1979年6月	《三友集》 （蘇薌雨、葉榮鐘、洪炎秋著）	臺中：中央書局	4下	《國語日報》、《彰銀資料》等。推測洪炎秋為編輯。
1985年8月	《臺灣人物群像》 （李南衡編）	臺北：帕米爾書店	2	再加上四篇於1995 年再版，葉芸芸、李南衡編，臺北：時報文化出版。
2000年8月	《葉榮鐘全集1：日據下臺灣政治社會運動史》（上、下冊）	臺中：晨星出版		葉芸芸、藍博洲主編
2000年8月	《葉榮鐘全集2：臺灣人物群像》	臺中：晨星出版		葉芸芸主編
2000年8月	《葉榮鐘全集3：日據下臺灣大事年表》	臺中：晨星出版		葉芸芸、藍博洲主編
2000年12月	《葉榮鐘全集4：半壁書齋隨筆》（上、下冊）	臺中：晨星出版		葉芸芸主編
2000年12月	《葉榮鐘全集5：少奇吟草》	臺中：晨星出版		葉芸芸主編、林瑞明校訂。生前自己以〈少奇吟草〉為題整理詩稿。逝世後遺族將包含未整理的晚年詩稿加以編輯，於1979 年刊行，分發知己友人。全集收錄、出版時，收錄了因當時時局之故而未收錄的〈哀哀美麗島〉（1961 年5月23日）和〈無題〉（1978年）。

出版年月	書名	出版商	全集編號	備註：初刊雜誌、新聞等
2002年3月	《葉榮鐘全集6：葉榮鐘日記》（上、下冊）	臺中：晨星出版		葉光南、葉芸芸主編
2002年3月	《葉榮鐘全集7：早年文集》	臺中：晨星出版		葉芸芸、陳昭瑛主編
2002年3月	《葉榮鐘全集8：近代臺灣金融經濟發展史》	臺中：晨星出版		徐振國主編，原題《彰化銀行六十年史》。
2002年3月	《葉榮鐘全集9：葉榮鐘年表》	臺中：晨星出版		葉光南、葉芸芸主編，也收錄給在美子女（葉光南、葉芸芸）的家書，徐復觀、王詩琅、洪炎秋、黃得時、葉光南的追悼、回想文。

之志並不是完全重疊。但是無論如何，可以推測，曾經萌芽於〈一段暴風雨時期的生活紀錄〉（後述）初期的「述史」之志，在《林獻堂先生紀念集》的編著過程中，作為可能實現的意志復甦了。其後，葉榮鐘在1967年6月7日寫給留學美國的長男葉光南的信中提到，「我決意寫《臺灣民族運動史》早在十餘年前就已下決心的」[26]可以作為佐證。

而「自傳」的部分。在上述的書寫活動重新展開後不久，1963年11月8日給葉光南的家書中，葉榮鐘提及：「我現在除每期為彰銀資料寫隨筆外，還自撰寫回憶錄，近日寫完一篇抗戰中的生活紀錄題為〈半壁書齋由來記〉」，記下了執筆「自傳」的意志和實際的進展。[27]從隔（1964）年8月31日同樣給葉光南的家書記述中可以得知，此一〈半壁書齋由來記〉經由臺中外省籍友人徐復觀（東海大學教授，1903-1982）的介紹，以〈一段暴風雨時期的生活紀錄〉為題，刊載於徐復觀在香港創辦的刊物《民主評論》。[28]

在同日的家書中，關於「自傳」，還記下了這樣的旨趣：

（a）已寫了出生到十八、十九歲左右之事；
（b）關於「光復前後」（1941-1946）寫了約兩萬五千字，寄給丘念台（1894-1967）請他看是否有發表的可能；
（c）從1920到1935年的部分，今後非找出空閒時間來寫不可。

（b）的部分，以〈臺灣省光復前後的回憶〉為題，刊載於《民主評論》1964年12月號，生前便收入前述的《小屋大車集》之中。（a）也確實寫完，在去世之後，以〈葉榮鐘先生回憶錄〉為題刊載於《文季》第1卷第3期（1983年9月），再收錄於李南衡編輯的《臺灣人物群像》（1985）。（c）似乎沒有被當作一篇獨立的文章來寫，但是1920-1935年正好是葉榮鐘追隨林獻堂參加臺灣議會設置運動、臺灣地方自治聯盟等政治運動的時期。相當於（c）的部分，可以說是融合在關於林獻堂的回憶以及《臺灣民族運動史》的記述之中。[29]這封信中沒有碰觸的，是關於二二八事件之後的時期。

四、「臺灣先賢印象記」

1964年7月14日寄給葉光南的家書，敘述了葉榮鐘「述史」的三階段計畫。這是受到好友莊垂勝的長男林莊生的勸說敦促。他寫道：

> 莊生日昨來信勸我用錄音保存我的講演：關於臺灣政治解放運動的經過，云分十次錄音，每次一小時半，共要十五小時，寫一本《臺灣民族運動史》我本有此計劃，唯資料尚未集齊故未動手。而且在這以前擬先寫完一本《臺灣先賢印象記》，把過去民族運動之重要角色描寫一下。現在已寫就六、七人，再加六、七人便可成書。這書出後應趕寫我的自傳，現已寫成三分之一。這兩書完成後才可著手寫民族運動史。[30]

根據〈家書〉，第一階段是論述1920年代抗日民族運動重要人物的事蹟，這時已經寫完的「六、七人」，應該包括林獻堂、莊垂勝、高天成、羅萬俥等人；「再加六、七人」的範圍則不明，但直至葉辭世為止，刊行的文章中有林呈祿、蔡惠如、林幼春、蔣渭水、楊肇嘉、施家本等人，葉辭世後以未刊稿發表的則有關於賴和、丘念台、吳三連等人的記述。[31]關於第二階段的「自傳」已經提及。「現已寫成三分之一」，應該是指前述所引的〈半壁書齋

由來記〉。

然後，這些文章都寫完、刊行之後，才打算著手撰寫《臺灣民族運動史》。但是如所周知，實際上葉榮鐘並沒有按照這樣的順序，「自傳」在形式上還未完成，第三階段的《臺灣民族運動史》就已經先完稿刊行，而被認為第一階段的部分，以《臺灣人物群像》為題，在其辭世之後，由認為葉榮鐘想要述史以傳承經驗的戰後世代文化人（李南衡，1940-）集結出版。

但是，為什麼要書寫臺灣人的歷史？我們可以找到兩個記述。一是1964年8月31日給葉光南家書中的一節。

> 臺灣人因過去五十年間的歷史關係，一般人對於國文的力量較差，致受輕視而吃大虧。但我有自信，臺人之才能絕不弱於任何民族，若能努力從事定有可觀。余現在不以老朽自棄，而孳孳以寫作為念者，第一是欲留一點記錄性文字以供將來修史者之參考；另一點是不願被人歧視臺人為不學無術之土包子。[32]

留下紀錄以供將來參考，而且證明臺灣人擁有不遜於他人的文化能力，這兩個是「述史」的理由。關於前者，葉榮鐘在一年多之後寫給林莊生的信中（1965年12月23日），更留下這樣的一段話：

> 日本統治下的臺灣解放運動，從結果看來，沒有一件是成功。但對當時的民眾，尤其是知識階級喚起當仁不讓之精神，確實起了作用。如果人類的文化不以現實之成敗做準則，而以提昇的精神水準來衡量，那麼，當時的運動是有一定的歷史地位。孔子、基督、釋迦之努力，以今日之狀況看來顯然是失敗，但歷史不能無視這些先賢的精神。我對記錄當時爭取自由之過程，感到一種使命感，而願意從這個觀點去寫臺灣之民族運動史。[33]

再者，葉榮鐘在1964年寫的詩中，已很明確表達其傳承歷史記憶的使命感：

　　先賢幾輩已歸休。餘緒誰能繼末流。
　　幽德闡揚後死責。勉揮禿筆寫從頭。[34]

　　何以寫作？在政治史上無法成為勝者的臺灣人，也有歷史、也有與時代為伍的拚鬥精神。致力於「述史」，正是為了非傳達這種精神不可。這也是面對廣大的臺灣社會全體，強烈地要求承認臺灣人的歷史與文化的對等。這正是希望康寧祥、黃煌雄等戰後世代繼承的意志，也是他向 1970 年代的公共空間發話的精神。

五、「臺灣政治運動史」

　　接下來討論前述三階段「述史」計劃的最終階段「臺灣政治運動史」。如同前述，與葉榮鐘本身的計劃相異，此一階段提前執行，是因為 1920 年代抗日運動右派的「前輩」們之間出現內部紛爭。1967 年 5 月 11 日寄給長男葉光南的信中，有如下的一節：

　　最近肇嘉伯出版《楊肇嘉回憶錄》，因內中對其養父批評太過火，又因吹牛吹得太離譜，致受各方面反感，……引起軒然大波。這是好名之累的實例。

　　因其回憶錄風波的影響，受蔡培火、吳三連兩先輩的慫恿寫《臺灣民族運動史》。現在正著手籌備，初步預定明年出書。[35]

　　如果閱讀 1967 年元旦重新開始的日記記述，可以得知葉開始積極地閱讀歷史書籍。從元旦開始閱讀《四書讀本》，[36] 次日開始讀《歷史雜談》（上、下卷），[37] 12 日讀完。10 日，之前訂購的井上清《日本歷史》（上、中、下卷）[38] 寄達，2 月 4 日讀完，從 3 月 19 日起開始抄錄要點，5 月 20 日結束。從 3 月

至4月之間，看了梁啟超《中國歷史研究法補編》、黎東方《細說元朝》及《細
說民國》（兩者都是上、下卷）。與1938年的日記第一次寫下「述史」之志的
時候相似，葉榮鐘本身已經開始正式暖身。這個時期，受王詩琅之託著手製
作《臺灣青年》的總目錄（3月20日開始），投稿《臺灣風物》，這也可以說
是助跑的一環。正在此時，《楊肇嘉回憶錄》（1967年）的事情發生了。

　　4月12日葉榮鐘收到蔡培火來信。這「不出所料係為肇嘉氏回憶錄問
題」。[39] 接著，25日蔡為了商討此事催促葉前來臺北的快遞送達，葉榮鐘在5
月2日於國賓大飯店，和蔡培火、吳三連共進午餐。[40] 由葉榮鐘執筆寫作《臺
灣民族運動史》一事，在這個時候已大致抵定。同月7日的日記，記載了楊
肇嘉之弟（楊天賦）在豐原召開記者會攻擊《楊肇嘉回憶錄》此事之新聞報
導的同時，也記載了「《臺灣民族運動史》漸次構成腹稿」。然後，這之後的
日記中，有對於此事已經由蔡培火取得陳逢源的同意（9日）、以及由吳三
連支付葉榮鐘寫作經費的提案（23日）的記述。接下來，終於在27日記道，
作為寫作的直接準備，開始製作年表。[41] 另外，在9月，成功地得到了《臺
灣總督府警察沿革志第二編：領臺以後的治安狀況（中卷）臺灣社會運動史》
這一重要的參考資料。[42]

　　年表的草稿完成於10月3日。[43] 但是，葉榮鐘並沒有立即著手寫作《臺
灣民族運動史》，那是因為嫁至東京的長女之死。長女蓁蓁因撫育兩個小孩，
再加上住家新建與搬遷的過度勞累，從6月以來一直臥病在床，7月之後發
燒不退而入院，被診斷為心臟瓣膜症，併發肺炎，9月時雖一度好轉，卻在
10月13日嚥下最後一口氣。[44] 此際又時值在美國留學的長男正準備博士論文
的資格考試，次女剛進入實踐家政專科學校就讀，葉榮鐘非支撐家人不可，
而總是散漫的次男蔚南（1950年生）的求學意志也非留意不可。妻子悲嘆度
日，即便心情姑且平復下來，但每當知己朋友前來安慰，傷痛又再度復燃，
終日以淚洗面。自己的心情也必須整理。11月10日開始寫作長篇隨筆〈蓁
兒最後的信〉，12月9日完成。[45] 接獲長女病危通知的時期，葉榮鐘對家人
宣布皈依基督教，反映出這個時候他的心境。[46]

　　11月11日動手進行已經謄寫好的「年表」的校訂作業（13日結束），新
年過後終於開始動筆。1968年1月7日的日記裡寫下了「目錄」，15日的日記

寫道完成第一章〈臺灣民族運動之濫殤〉之「臺灣同化會」部分的一千字。
[47]追溯他寫給長男家書之後的經緯可知：3月27日的信中提到第一章已經脫
稿，並已交給蔡培火和吳三連校閱，4月12日第二章「六三法撤廢運動」一
萬五千字脫稿，下週交給蔡培火校閱（13日的書信），5月26日第三章脫稿
（25日的書信）。接下來，隔（1969）年9月21日的信裡寫道第七章已經脫稿，
完成第八章的三分之一。1970年元旦的信中，表示第九章也已完成，只剩下
一章，並且預訂寫完草稿後重看，之後連載於《自立晚報》，等連載結束後
將出版專書。這封信中雖然說想要在1月中脫稿，[48]但是實際上草稿的脫稿
是3月11日。[49]

　　若製作「年表」是為了執筆所進行的直接準備作業，那麼他從1967年5
月27日起到同年的11月13日，花了將近六個月。又假若製作「目錄」算是
開始執筆，那麼真正的執筆階段，是從1968年1月7日到1970年3月11日為
止，花費兩年兩個月。連同製作「年表」的時間，總共花費兩年又八個月。
這段期間，葉榮鐘夫妻雖然遭逢喪失長女之痛，但是長男葉光南在1965年
與林妙芬結婚、1968年長子誕生，隔（1969）年取得美國喬治亞州立大學的
化學博士學位，讓夫妻兩老頗感欣喜。1970年草稿完成之後，次女芸芸從
實踐家政專科畢業，此時與東海大學助教陳文典開始交往，隔年結婚。1970
年8月，次男蔚南考取世界新聞專科學校。[50]葉榮鐘雖然遭受長女亡故異鄉
之痛，但在撰述自己代表作的同時，為人父的最終階段任務也正在一步步實
現。

　　《自立晚報》的連載，原訂在3月20日開始，但實際上變成在4月1日刊
出。[51]而後，於1971年1月10日結束連載，接著以《臺灣民族運動史》為書
名[52]出版專書。該書版權頁的刊行日期記為同年9月，但是根據日記，葉榮
鐘拿到該書是在11月8日。[53]

　　這樣，葉榮鐘「述史」之志的核心部分雖然完成，但是對葉榮鐘而言，
也有違背本意、成為某種憤慨根源的事，原因出在蔡培火。第一，在《自立
晚報》連載之際，由於蔡培火的主張，以蔡培火、林柏壽、陳逢源、吳三連、
葉榮鐘五人為共同編著者，標題變更為〈日據時期臺灣政治社會運動史〉。[54]
第二，在專書中，標題雖然改回原來的名稱，但是在編著者方面，葉榮鐘的

反對不被接受，結果還是由上述五人聯名為執筆者。[55]第三，專書的「序」中，寫著五人共同收集資料、決定執筆方針，「葉榮鐘君撰寫初稿」，但是在葉榮鐘的原稿之中並無「初稿」二字，可知這是蔡培火未經葉榮鐘的同意而最後加上的。[56]第四、刊載於《自立晚報》時，校閱的蔡培火和該報編輯大幅刪除、訂正和加註，變得「與本來面目大不相同」。[57]

關於第一、第二點，葉榮鐘雖壓抑不滿，最終卻仍接受了。其理由在1971年2月2日的家書中，對長男做了以下的敘述：

> 出書事因有種種顧慮不便破裂，第一是多年同志不忍到這麼大的
> 年紀弄到不歡而散。第二是臺灣最慘就是不能團結，現在為此鬧
> 翻恐要被人笑話。第三林柏壽是好人，他參加是出自善意的，一旦
> 破裂深恐使他蒙受池魚之殃，是故自己委屈息事寧人為得策也。[58]

但是，第三點卻無法忍受。葉榮鐘向《自立晚報》提出抗議書的同時，也寫了要寄給蔡培火的「絕交書」。[59]11月11日執筆，反覆推敲，17日給中央書局的張耀錡看，並在這一天定稿，送去打字。但是，20日從打字行拿回原稿，結果並沒有寄出，因為妻子施纖纖並不贊成。[60]根據葉芸芸的說法，施纖纖的勸阻如下：

> 母親認為出版著作權一事之所以不能達成協議，不只是蔡培火一
> 個人的堅持，吳三連的態度可能更為關鍵。而蔡、吳兩位皆為父
> 親多年同志且是前輩，為著作權事而破裂，實在令人遺憾。因此
> 她勸父親擱下此事，把精力投入新的寫作。[61]

戰前抗日運動時期的前、後輩這樣的人際關係，到戰後仍然留下影響，並且，一方是曾任行政院政務委員的中華民國紅十字會會長（蔡培火），以及曾任臺北市市長的自立晚報發行人、「臺南幫」的重要人物（吳三連），一方只不過是一介退休銀行員，存在著現實上的角力關係。葉榮鐘終究只有再度將滿腔憤恨吞入腹中。應該說妻子施纖纖比葉本人更清楚了解，丈夫在抗

日運動的後殖民期之人際網絡中被置放的角色，或者應該說作為葉的妻子，施纖纖只是將丈夫心知肚明的事情說破而已。夫妻兩人的選擇很可能是正確的。

六、「日記」與「國民黨統治下二十五年史」

1966年元旦，葉榮鐘在日記的開頭以日語這樣寫著，他自己宣言從今以後要寫「日記」。

> 自從十幾歲的時候，我就感到有記日記之必要，事實上，也買了不少日記簿，但都不能繼續，中途而廢。自嘆缺乏恆心，因而時時抑制這個念頭。光復以來特別是二二八以後這十七、八年間，極力避免慾〔原誤：欲〕記日記之心願，因怕庸人自擾也。現在我年六六，已是老朽，沒有人注意。寫一些心中之不滿概也不會引起麻煩才對；因此，重綴這份日記。[62]

這裡所提到的日記並不是一般意味的日記，而是葉榮鐘獨自賦與意義的「日記」。如果是類似每天的備忘錄之類的話，在 1966 年以前他確實也寫著日記。翻閱葉的家人捐贈給清華大學圖書館收藏的「葉榮鐘全集、文書及文庫珍藏資料」[63]，可以發現在二二八事件爆發的 1947 年到 1954 年的八年之間並未有日記，這段期間確實完全沒有寫日記，但是之後，雖有中斷，除了 1956 年（林獻堂逝世該年）及 1958 年 2-12 月之外，以商用手冊記下的筆記式日記一直持續到 1965 年為止。之後，1966 年只有包含上述引文的年初三天的日文日記，之後完全從缺。這一年葉榮鐘從彰化銀行退休，隔年的元旦起，除了 1977 年 6 月底到年末因癌症住院的期間之外，直到 1978 年癌症復發再度住院為止，從不間斷地寫日記，連 1974 年訪問美國、日本期間亦是如此。[64] 但這與 1965 年以前大致相同，基本上都僅是筆記式備忘錄程度的日記，承襲了 1965 年以前的形式。

因此，這裡所說的「日記」，指的不是葉榮鐘慣例形式的日記，而是包含「二二八事件以來，十七、八年之間有意識地」的避免書寫，寫的話可能變成「庸人自擾的結果」的事情之記述。也就是，在這一年年初，葉榮鐘試圖挑戰以日語寫下能記述政治上敏感內容的新形式之「日記」。但是，並未能夠持續。1966年元旦到3日為止的日記，也只是記下家人動向和家庭經濟狀況之類的筆記而已。為什麼馬上停止，也不得而知。

葉榮鐘曾經有過這樣的嘗試，顯示了他在前述「自傳」的計畫中未表明的二二八事件後的同時代史，也保持執筆寫作的意志。1971年1月10日日記的以下文字，可以確認這個意志：

> 今日頗思寫一本國民黨統治下的二十五年史。但茲事體大，一個
> 人之力恐不勝任。[65]

這一天剛好是從前年4月1日起連載於《自立晚報》的〈日據下臺灣政治社會運動史〉連載結束的日子。這正是結束一件工作、思考下一步的時候，但前一年的臺灣光復二十五周年，似乎帶給葉榮鐘一種感慨。臺灣的歷史性紀念日、從而在政治上也成為敏感日期的日記，是不是有著某些相關的記述？翻檢「退休生涯」的日記，在2月28日、6月17日（臺灣總督府始政紀念日）、8月15日（日本天皇宣布向盟軍投降）、9月3日（抗日戰爭勝利紀念日）的各個日記中，都沒有任何相關的記述。但是關於10月25日（光復節），在1970年突然出現了相關記述，在隔（1971）年也曾出現（其後皆無）。1970年是〈昨夜臨睡作新體詩一首，十月二十五日感想〉：

> 但願這是一場惡夢
> 一覺醒來月白風清
> 無恥與殘虐隨風消失
> 歧視與壓迫化於無形
> 憤怒不再動我的心火
> 醜惡不再污我的眼睛

啊！二十五年的惡夢[66]

1971 年同日，記的是〈晚成「十月二十五日」七絕一首〉：

年年此日最傷神，
追悔空教白髮新；
送虎迎狼緣底事，
可堪再度作愚民。[67]

　　在公開的文章中當然使用「光復」一語，但是在日記的這兩項記述中，很明顯的有意避開使用「光復」一語。在 1945 年，顯然即將結束的日本殖民統治最後時日出生的次女，葉榮鐘將之幼名取為「光復」。[68] 但在二二八事件之後，卻不得不感到 10 月 25 日是「年年此日最傷神」。他如何對待「二十五年的惡夢」之歲月呢？可以推測得知，對於葉來說，寫作「國民黨統治下的二十五年史」是其途徑之一。
　　1972 年，葉榮鐘有一題為〈十月廿五日〉[69] 的組詩：

〈其一〉
迎狼送虎一番新。
浪說同胞骨肉親。
軟騙強施雖有異。
後先媲美是愚民。

〈其二〉
鑄成大錯豈無因。
畢竟權宜誤我民。
悔禍天心猶未晚。
解鈴賴端繫鈴人。

回顧1970年代初期，1971年光復節同日，在臺灣的中華民國喪失了聯合國席位，接著1972年春天美國總統尼克森訪問中國，發表了〈上海公報〉，臺灣的國際處境也頓形艱難。如果〈其二〉，特別是後半詩句，可以解釋為葉榮鐘反映此一國際變局而期待國民黨統治階層有所反省的話語，他對寫作「國民黨統治下的二十五年史」的意欲就不減反增也未可知。1973年11月15日的日記中，他記述了想更進一步撰寫〈一段暴風雨時期之生活記錄〉續篇之想法。[70]

不過，歸根究柢，葉榮鐘想要在「臺灣民族運動史」之後，添加包括戰後自己所走過的時期的同時代史，其所剩時間不長了。結果，「國民黨統治下的二十五年史」和前述想用日文在日本出版的「日本統治下的臺灣」[71]同樣都未曾動筆。但是表明要寫下「國民黨統治下的二十五年史」的意志，顯示葉榮鐘「述史」之志的堅強。同時，這不僅止於要求承認「日本統治下」臺灣人的精神而已，還要求承認貫穿至「國民黨統治下」的臺灣人精神。

七、葉榮鐘與青年們：歷史記憶的傳承

葉榮鐘在執筆與出版《臺灣民族運動史》時的憤恨，只有自行吞飲，但即使如此，仍然完成了「述史」之志。而且，葉榮鐘的忍耐得到了回報。第一、書籍的銷售情況似乎不差。對左派抗日運動的相關記述非常地少，這一點或許會令以往的相關人物有所不滿，[72]儘管如此，這樣的書籍在戒嚴時期著述出版，可以說本身就是一個「事件」。當時坊間這類書籍流傳的很少，或許也是頗有銷路的原因之一。書籍的具體販賣冊數並不清楚，但是《臺灣民族運動史》發行的當年就進行第二刷（第一版），著者逝世之後也持續順利地再版印刷。[73]

第二、隨著時間，從海外以及臺灣內部都有相當的迴響傳遞給葉榮鐘。當時，臺灣的國際情勢已告蒙上烏雲，戰後世代的自我主張，即蕭阿勤所說的「回歸現實」的思潮，也即將採取更明確的形態。地方選舉中保有命脈的「黨外」人士批判國民黨的聲音，不久也獲得「中央民意代表增額選舉」這

樣的新政治競爭空間，以訴求鮮明的民主化運動呈現出來。在這之中，可以說《臺灣民族運動史》已經悄悄地吸引了目光。海外的迴響，首先是來自在美臺灣人、在日臺灣人的部分，關於後者，與在日學者戴國煇所主持的「臺灣近現代史研究會」的發展動向也有所關聯。[74]

在臺灣內部，不只得到身旁知已的好評，[75]也獲得來自戰後世代的回應。從葉榮鐘日記的1970年代前半部分可以窺見，陳少廷、康寧祥、李南衡這些1970年代「回歸現實」思潮或黨外民主運動的中堅人物接近葉榮鐘，到了1970年代後半，比他們再年輕些的世代，也就是美麗島事件後臺灣史再解釋時期的作家，還有1980年代後半以後掀起臺灣研究、臺灣史研究熱潮的學者們的名字，也散見在他的日記裡。當時是大學生、研究所學生的他們，有的或是讀了《臺灣民族運動史》、或是可能讀了《臺灣政論》中刊載的臺灣人物論，而前來拜訪葉榮鐘。

以下摘記葉日記相關部分，以便窺知他們與葉榮鐘互動的一二：

- 盧修一（1973年7月9日）：「下午三時半盧修一氏持黃得時兄介紹狀來見，請教有關臺灣民族運動諸問題，頭腦明晰儀表不俗語言亦伶俐，談約三個小時，六時餘歸去。」[76]

- 林載爵（1975年1月3日）：「晚林載爵君導留德梁君〔按：合理的推測是梁景峰〕及《臺灣時報》李君訪。」[77]

- 簡炯仁（1975年7月3日）：「上午十時餘到書局〔按：中央書局〕簡君已先在，乃帶他到經理室談約兩小時，他的論文題目是「抗日時期的臺灣智識階級」，簡君炯仁鳳山人中興大學畢業現在臺大政治研究所深造，關於臺灣民族運動之文獻似乎涉獵頗多。」[78]

- 林瑞明（1977年1月5日）：「三時許，林瑞明者持楊貴〔按：楊逵〕君名片來訪，稍後又有其同伴吳姓青年[79]來會談移時，將近六時辭去。林君借去日文書四冊及《三民主義》。」[80]

- 王世勛、吳乃德（1977 年 2 月 20 日）：「十時《臺灣時報》記者王世勛
  者偕吳生〔吳乃德〕如約來訪，他說受鍾肇政之託擬為國史館（聽說
  是秦孝儀主其事）撰寫《蔡惠如先生傳記》（至今年光復節將出版十
  人傳記），因他對日據時期的民族運動幾乎一無所知，所以請他先讀
  拙著《臺灣民族運動史》然後再來談。」[81]

- 張炎憲（1978 年 8 月 16 日）：「早上到順天醫院接受第二次注射。傍
  晚王詩琅君介紹張炎憲者來訪留飯。」[82]

　　《夏潮》總編輯蘇慶黎也曾前來拜訪葉榮鐘，並且邀稿（1976 年 8 月 8
日），[83] 根據葉芸芸的說法是由李南衡陪伴而來。這個時候開始，葉的健康
不佳，和李南衡約定書寫賴和的文章也未能完成，沒有投稿《夏潮》。[84]

　　現在尚未有足夠的材料，討論當時那些未來將成為學者的年輕學子、知
識分子與葉榮鐘之間的交流。正如上述，葉榮鐘日記對於來訪者，除了記下
名字以外，並沒有著墨太多。這些來訪者，除了李南衡之外，也未發表回想
文等。[85] 因此，在這裡只能簡單探討他與康寧祥——無論是在 1970 年代與葉
榮鐘的互動上，或是重新思考抗日歷史的行動上，都是最突出的戰後世代人
物——之間的交流。[86]

　　蕭阿勤以對康寧祥進行的口述訪問為基礎，認為康寧祥因為自身成長環
境的關係，早在從事政治活動之前就與知悉日本殖民地時期的「老世代臺灣
知識分子」熟識交往，對他們的經驗談耳熟能詳的同時，也接觸了殖民地時
期的歷史相關文獻。[87] 這裡所提到的「老世代臺灣知識分子」，應舉之為首
的就是王詩琅。康寧祥在臺北市萬華的住宅就在王詩琅住宅的後方，他們是
鄰居，輕易就能夠往來。

　　另一方面，根據葉榮鐘日記的記述，退休之後的晚年時期，葉榮鐘幾乎
每個月一次前往臺北，那時常常和洪炎秋、黃得時、王詩琅、丁瑞魚（1901-
1973）等住在臺北的友人們會面聊天。這些友人到中部時，也一定和葉榮鐘
聯絡、碰面。他們在臺北喜歡去的餐廳是延平北路的西式餐廳「波麗路」，

臺中通常都先在中央書局會合。葉和這些人的往來與蔡培火、吳三連、陳逢源等所謂抗日運動「前輩」的關係不同，完全是不須拘泥，知心友人同好的交遊。

康寧祥第一次出現在日記中是1974年12月8日。葉榮鐘因為妻子拔牙，從幾天前就待在臺北。[88]這一天早上，王詩琅陪著康寧祥一起到宿舍拜訪，共進早餐。[89]康寧祥和王詩琅有上述的鄰居關係，從王詩琅和葉榮鐘碰面的頻率來看，當時葉和康也許不是初次碰面。

在這之後一直到葉過世的日記中，他與康有十一次在臺北以及臺中會面的紀錄。最後一次會面在1978年5月5日，康寧祥陪姚嘉文、王拓以及陳宏正，拜訪葉在臺中的居處。[90]除此之外，1976年11月28日，八名青年由康寧祥介紹前來拜訪。他們都是讀了葉的《臺灣民族運動史》和其他文章，葉在日記中記下：「他們可以說是有心人也，近來年青人漸注意日本統治時期的事情，實屬可喜。」

康寧祥在1975年3月在立法院質詢，要求行政院長蔣經國尊重臺灣歷史。康從鄭成功以臺灣作為「反清復明」的基地的事蹟開始，依照官方的中國國族主義模型，回顧了直到十九世紀末日本占領之際的武裝抵抗之後，強調臺灣受到第一次大戰後美國總統威爾遜的民族自決論、中國五四運動等影響，進行了「臺灣文化協會」、「臺灣議會設置請願運動」、「臺灣民眾黨」、「臺灣地方自治聯盟」等抗日運動，臺灣同胞在日本殖民地統治下所付出的犧牲以及受到的苦痛「就算不勝於，也絕不少於大陸同胞的八年抗戰之苦」，論述當時抗日人士「思慕祖國之志」正是抗日最大憑藉。且認為臺灣人民的抗日歷史也是「中華民國歷史文化的貴重遺產」，要求將之寫入歷史教科書，應該讓本省人的學生知曉臺灣先人「思慕祖國與民族尊嚴」的事蹟。蔣經國對於「將臺灣、澎湖同胞的愛國事蹟編入教科書」，讓青年學生更進一步背負「反共復國的神聖任務」，以「非常贊成」回應。[91]康寧祥的這個要求，不用說當然是以得自王詩琅、葉榮鐘等人的知識作為背景，繼承了他們的精神。

之後，1975年8月康寧祥等人創辦了《臺灣政論》（康是臺灣政論社社長、黃信介為發行人、張俊宏任總編輯）。如同前述，由於康寧祥的邀請，葉榮鐘在創刊號、第3期、第5期投寄了三篇文章。從日記的記述中，可以

察知葉榮鐘對於這個戰後最早以本省人為中心編輯發行的政論期刊，其報導
抗日運動史一事非常高興，並且這種雜誌能夠發行的這件事本身也讓他感到
些許的興奮。雜誌每當發行，便由雜誌社郵寄送來，或者有時由康寧祥自己
順道帶來，葉榮鐘也會從街上的書店或者報亭買來，借給友人推薦閱讀，或
剪下其中希望閱讀的片段寄給在美國的子女。從張耀錡那兒聽到放在中央書
局的五十本（大概是第2期）在一天之內，賣到只剩下十幾本一事，還特地
記在日記裡（1975年9月22日）。[92]但是，轉瞬之間，《臺灣政論》在12月第
5期就遭到發行禁止的處分。

隨後，臺灣的政治、思想情況經過1970年代末期內外交織的危機（中
壢事件、對美斷交、美麗島事件等），為之一變。但是葉榮鐘已經無法得見
其貌，於1978年11月2日與世長辭了。

八、代結論

以上所論，儘管不全然充分，但嘗試探索出葉榮鐘如何在戰後1960年
代後半到1970年代，一步步實現1930年代心中萌芽的「述史」之志。

以此為基礎，將「如何」置換成「為何」，在某種程度上也是可能的吧。
為什麼非戰後世代的葉榮鐘，在1970年代「回歸現實」的思潮中現身？直率
地說，這是因為《臺灣民族運動史》受到注目。那麼，為什麼葉榮鐘會撰寫
《臺灣民族運動史》？那是因為蔡培火、吳三連等人要反駁楊肇嘉回憶錄的記
述。那麼，葉榮鐘又為什麼會被找來成為撰寫者呢？這是因為葉榮鐘曾經是
抗日運動右派，也就是臺灣本地地主資產階級民族派的「文膽」之故。林獻
堂逝世之後，他的「文膽」的「正式」角色，在數年之間都是編輯與製作幾
位辭世前輩同志的哀悼文集。這些經過葉榮鐘之手的哀悼文集，包括前述的
《林獻堂先生紀念集》之外，還有《羅萬俥哀榮錄》、《肇老（楊肇嘉）哀榮
錄》。其他收錄在李南衡所編的《臺灣人物群像》的數篇，自不待言也都是
為了哀悼辭世的前輩與友人、留住其記憶的經營。

但無論如何，葉榮鐘本人的「述史」之志可以說是不可或缺的。《林獻

堂先生紀念集》的編纂,可以視為戰後堅定其「述史」之志的契機。葉榮鐘作為「文膽」的角色,和「述史」的經營是重疊的。因此如同前述,為了民族運動史的著者署名問題,葉榮鐘雖然曾經一度到了寫下與蔡培火絕交書的地步,但終究沒有採取與臺灣本地地主資產階級民族派的網絡決裂的行動。就葉榮鐘看來,或許是他必須守護住自己所參與的抗日民族運動史(右派)潮流的名譽吧。

最後,這是進入到1980年代的事。臺灣史研究專家吳密察教授當時是支援康寧祥編輯雜誌的青年學者之一,對於蔡培火逝世(1983年1月4日)消息傳來後的情況,回憶如下:

> 當時康寧祥是少數對臺灣政治前輩有關心的人,他參加了這些人的追思會之後,經常就會打個電話給我:密察,又一個死了,你幫他寫一篇吧。我就這樣在黨外雜誌寫了幾篇「我流」的追悼文。[93]

而為了紀念逝世的抗日運動前輩,撰寫相關文章以公諸於世、傳承記憶的這種做法更被繼承在黨外雜誌之中,這也可說是葉榮鐘在1980年代後半臺灣史研究興盛之前,所留下來的遺產之一。

附記

本文初稿發表於中央研究院臺灣史研究所主辦「戰後臺灣社會與經濟變遷國際學術研討會」(臺北:中央研究院臺灣史研究所,2009年12月23-24日)。筆者感謝評論人陳芳明教授、與會學者,以及吳玲青女士(時為國科會人文學研究中心博士後研究員,現為高雄師範大學歷史文化及語言研究所副教授)協助翻譯。筆者以吳女士的中譯為底本,參考吳密察教授與顏杏如博士之意見修改而成。本文投稿後按照兩名匿名審查人提供的意見又做了些修改,在此一併感謝。在本文寫作過程中,資料收集、口述訪問、回覆詢問、調查旅行的支援等等,受到許多友人的幫忙。以下列記友人姓名,以誌謝意

（不依順序、敬稱省略）：葉芸芸、葉光南、施纖纖、陳培豐、柳書琴、吳密
察、林瑞明、康寧祥、陳清喜、葉國興、方昇茂、張耀錡、洪銘水。

註釋

1. 洪炎秋，〈悼念葉榮鐘先生〉，《臺灣文藝》第 62 期（1979 年 3 月），頁 240。
2. 陳少廷，〈林獻堂先生與「祖國事件」：兼論臺灣知識分子抗日運動的歷史意義〉，《大
   學雜誌》第 43 期（1971 年 7 月），頁 4-8。本文是題爲「七七事變與抗日運動」專輯
   中的第一篇論文。其參考文獻列出了葉榮鐘編著的《林獻堂先生年譜》和刊載於《自
   立晚報》的〈日據時代臺灣政治社會運動史〉。
3. 刊載於《臺灣政論》的三篇爲：葉榮鐘，〈臺灣民族運動的舖路人：蔡惠如〉，《臺
   灣政論》第 1 期（1975 年 8 月），頁 52-54；以凡夫爲筆名發表的〈臺灣民族詩人林
   幼春〉，《臺灣政論》第 3 期（1975 年 10 月），頁 66-69；凡夫，〈革命家蔣渭水〉，
   《臺灣政論》第 5 期（1975 年 12 月），頁 76-79。
4. 蕭阿勤，《回歸現實：臺灣 1970 年代的戰後世代與文化政治變遷》（臺北：中央研究
   院社會學研究所，2008 年），頁 285-288。
5. 關於同時期的葉榮鐘，臺灣文學研究學者廖振富有一系列的研究成果，值得參考，但
   他的焦點在做爲散文家以及古典詩詩人的葉榮鐘。參見廖振富，〈葉榮鐘「少奇吟草」
   所反映的師友情誼與現實關懷〉，《國文學誌》第 8 期（2004 年 6 月），頁 35-76；
   廖振富，〈論葉榮鐘詩作手稿及其相關資料之研究價值〉，《臺灣文學學報》第 9 期
   （2006 年 12 月），頁 13-43；廖振富，〈論葉榮鐘六〇年代散文創作及其文學史意義〉，
   收錄於東海大學中國文學系編，《苦悶與蛻變：六〇、七〇年代臺灣文學與社會》（臺
   北：文津出版社，2007 年），頁 611-664。
6. 舉例來說，就算只是探討葉榮鐘晚年的書寫活動，將王詩琅和其周邊納入視野也是不
   可欠缺的，但在現時點仍然無法充分進行。
7. 其他還顯示了寫作《臺灣民族運動史年表》的意志，參見〈附錄一、1972 年 1 月 18
   日寄林莊生書信〉，收錄於葉榮鐘著、葉芸芸總策劃，《葉榮鐘全集（6）：葉榮鐘日
   記（下）》（臺中：晨星出版社，2002 年），頁 1205）；《林獻堂傳》，參見 1972
   年 2 月 4 日日記，收錄於《葉榮鐘全集（6）：葉榮鐘日記（下）》，頁 717。後者並
   未動筆，前者實際著手，在執筆《臺灣民族運動史》之際完成臺灣的部分，之後追加
   「中國（大陸）」、「日本」、「國際」的部分。但是生前未能出版，去世後才以《葉

榮鐘全集（3）：日據下臺灣大事年表》（臺中：晨星出版社，2000年）刊行。

8. 葉榮鐘從十八歲開始作詩，之後的六十年間留下了600多首的舊體詩。這些詩作首先由莊幼岳校訂，1979年集結於《少奇吟草》，分發給親族、友人，後收錄於《葉榮鐘全集（5）：少奇吟草》（臺中：晨星出版社，2000年）時，因1979年當時的政治理由而無法收錄的1961年之作〈哀哀美麗島〉、1978年作的〈無題〉都得以收錄。從無中斷、持續創作的這些詩作，不只是重要的傳記資料而已，也可以說是「一頁詩史」（洪銘水，〈《少奇吟草》跨越世代的見證〉，收錄於《葉榮鐘全集全集（5）：少奇吟草》，頁44）。因此，這些詩作在筆者探討葉榮鐘「述史」的研究中也是不能忽視的，但是限於筆者的能力無法系統性地討論，只能部分地言及這些詩作，非常遺憾，不得不在此先加說明。

9. 葉芸芸，〈編輯報告〉，收錄於《葉榮鐘全集（1）：日據下臺灣政治社會運動史（上）》（臺中：晨星出版社，2000年），頁14-15。

10. 葉榮鐘著、葉芸芸總策劃，《葉榮鐘全集（6）：葉榮鐘日記（上）》，頁133。

11. 林春蘭所編〈楊雲萍年表〉說楊雲萍於1932年自日本留學歸來（林春蘭，《楊雲萍的文化活動及其精神歷程》〔臺南：臺南市立圖書館，2002年〕，頁219-221），但根據許雪姬之考證，他歸來的時間應為1933年。參見許雪姬，〈忘年之交：獻堂仙與雲萍師〉，《臺灣文獻》57卷1期（2006年3月），頁122-123。

12. 例如1939年2月9日的日記有以下的述懷：「讀河合〔河合榮次郎〕氏編的《學生と讀書》。從諸家的讀書經驗談，我並沒得到所期待的成果。但對他們每人在中學、高校時代看了很多書一事卻感到羨慕……對過去不用功感到很傷心……」（《葉榮鐘全集（6）：葉榮鐘日記》，頁163）。再者，戰後寄給至交好友莊垂勝的長男林莊生的書信（1968年4月27日）中，自述從年輕時起無法自主安排生活，而且由於職業（新聞記者等）的關係，知識偏向雜學，「到了這個年頭，沒有一樣真正屬於自己的專門的學問」。參見林莊生，《懷樹又懷人：我的父親莊垂勝、他的朋友及那個時代》（臺北：自立晚報社文化出版部，1992年），頁241。

13. 根據與葉榮鐘一起到矢內原忠雄自宅參加聖書講授的陳茂源（1903-1996）的證言。那是1929年的秋天：「那時（在東京小石川楊肇嘉宅的新民會周日懇談會的中途，聽到葉榮鐘離席說要去矢內原家參加聖書講授），我自己忽然從甚麼清醒似地，反射性的請求他也帶我一起去。那天晚上的大森八景坂上、矢內原家的景象終生難忘。我有如身在夢境，目擊了在孤燈下只對著一位異鄉青年講授「路加傳」的先生的認真身影。我的直覺有如感到，終於碰到了一直到現在都在暗中摸索的東西……。這一晚的講授結束之後，我取得了矢內原先生的同意，以後我也能夠參加，雖然因為職務（1932年起在松本擔任法官）的關係有時可能缺席。葉氏在那之後不久，也不得不返回臺灣，

在銀座的資生堂舉行了只有兩個人餞別。（葉氏）一面歡喜著終於得到打從心底尊敬的良師，從此要真正錘煉自己：一面訴苦著因爲自己無父母兄弟、天涯孤獨，此時身不由己地回臺。他那種情景，彷彿如同昨日。」參見陳茂源，〈大森の家庭集会の頃〉，收錄於南原繁等編，《矢内原忠雄：信仰‧学問‧生涯》（東京：岩波書店，1968 年），頁 110-111。

14. 葉榮鐘著、葉芸芸總策劃，《葉榮鐘全集（9）：葉榮鐘年表》（臺中：晨星出版社，2002 年），頁 46-52。

15. 葉榮鐘著、葉芸芸總策劃，《葉榮鐘全集（9）：葉榮鐘年表》，頁 52-54。

16. 行政院研究二二八事件小組編著，《二二八事件研究報告》（臺北：編者，1992），頁 93-94。

17. 葉芸芸，《餘生猶懷一寸心》（臺北：INK 印刻出版有限公司，2006 年），頁 354。

18. 林莊生，《懷樹又懷人：我的父親莊垂勝、他的朋友及那個時代》，頁 64-65。

19. 葉芸芸，《餘生猶懷一寸心》，頁 354。

20. 1905 年彰化銀行設立，1947 年改組爲彰化商業銀行，林獻堂是第一任董事長。林獻堂「亡命」東京之後，次男林猶龍（1902-1955 年）隨後承繼，但卻比父親林獻堂早先去世，由羅萬俥（1898-1963 年）承繼，羅在東京出席中日合作策進委員會時，因腦中風病倒、客死東京。直到羅萬俥任董事長爲止時，葉榮鐘被重用於人事部，但是張聘三擔任後任董事長時，就不再如此（2009 年 8 月 4 日葉光南直接告訴筆者的話，並見葉榮鐘日記的相關記述）。

21. 葉榮鐘著、葉芸芸總策劃，《葉榮鐘全集（9）：葉榮鐘年表》，頁 56-57。

22. 在這之前，《臺灣文獻》1953 年 6 月號中以「凡夫」的筆名，例外地寫了〈記辜耀翁〉一文。後收錄於《葉榮鐘全集（2）：臺灣人物群像》（臺中：晨星出版社，2000 年），頁 333-338。

23. 葉芸芸，〈編輯報告〉，收錄於《葉榮鐘全集(1)：日據下臺灣政治社會運動史(上)》，頁 13。

24. 1924 年自明治大學畢業、遍遊朝鮮半島及北京、上海而歸臺的莊遂性，一方面積極地參加臺灣文化協會的文化演講會，1925 年爲了振興文化事業，在臺中設立了中央俱樂部。作爲文化交流設施，兼設餐廳、宿舍的俱樂部和書店，是其經營的目標，但實際上實現的只有後者的角色，也就是中央書局。參見葉榮鐘，〈臺灣的文化戰士：莊遂性〉，收錄於葉榮鐘著、李南衡編，《臺灣人物群像》（臺北：帕米爾書店，1985 年），頁 154-156。翻閱葉榮鐘「退休生涯」時期的日記可以得知，當時的經營者是張耀錡，該書局是葉榮鐘購買書籍的重要管道之一，同時也發揮了臺中知識分子頻繁進出的沙龍機能。

25. 這一點在執筆《彰化銀行六十年史》時，可以說也是如此。該書於 2002 更名出版，即《葉榮鐘全集（8）：近代臺灣金融經濟發展史》（臺中：晨星出版社，2002）。

26. 葉榮鐘著、葉芸芸總策劃，《葉榮鐘全集 9：葉榮鐘年表》，頁 102。

27. 葉榮鐘著、葉芸芸總策劃，《葉榮鐘全集 9：葉榮鐘年表》，頁 86。

28. 葉榮鐘，〈一段暴風雨時期的生活紀錄〉，《民主評論》（1964 年 1 月）。此篇文章後來收錄於《葉榮鐘全集（2）：臺灣人物群像》，頁 405-425。

29. 在進入 1980 年代後，對於《臺灣民族運動史》一書出現了這是葉榮鐘所留下關於 1920 年代抗日運動的「見證」這樣的評價，參見〈紀念葉榮鐘〉，《暖流》第 2 卷第 1 期（1982 年 7 月），頁 42，而忠於原稿刊行的《葉榮鐘全集 (1)：日據下臺灣政治社會運動史》，比起依據連載於《白立晚報》而刊行的通行本，寫明是著者實際見聞而記下的部分更爲顯著。兩者的文本比較，請參見尹章義，〈捨我其誰的史家和客觀環境的互動：《手稿本日據下臺灣政治社會運動史》和報刊本、單行本《臺灣民族運動史》的比較研究〉，收錄於《葉榮鐘全集 (1)：日據下臺灣政治社會運動史》，下冊，頁 647-672。

30. 〈家書〉（1964 年 7 月 14 日），收錄於《葉榮鐘全集 (9)：葉榮鐘年表》，頁 87。

31. 皆收錄於葉榮鐘著、李南衡編，《臺灣人物群像》，頁 131-134、169-176、187-198。

32. 〈家書〉（1964 年 8 月 31 日），收錄於《葉榮鐘全集（9）：葉榮鐘年表》，頁 89。

33. 原文爲日文。參見林莊生，《懷樹又懷人：我的父親莊垂勝、他的朋友及那個時代》，頁 240-241。

34. 〈索居滿興四續〉組詩其六，收錄於《葉榮鐘全集（5）：少奇吟草》，頁 229。感謝審查人之一提醒此詩的存在及其意義。

35. 葉榮鐘著、葉芸芸總策劃，《葉榮鐘全集（9）：葉榮鐘年表》，頁 101。

36. 《四書讀本》有許多版本，葉榮鐘在這個時期所讀的是哪個版本，並不清楚。家族寄贈給清華大學圖書館的藏書目錄中同樣也沒有該書書名。

37. 應該是池島信平編，《歷史よもやま話：日本篇》（東京：文藝春秋社，1966），上、下冊。

38. 岩波新書，1963-1966 年刊行。葉榮鐘戰後所讀的日文書，按日記記載，除了到臺北時在三省堂書店等購買之外，大都經由居住東京郊外的女婿張東亮替他購買寄送。

39. 葉榮鐘著、葉芸芸總策劃，《葉榮鐘全集（6）：葉榮鐘日記（上）》，頁 293。

40. 葉榮鐘著、葉芸芸總策劃，《葉榮鐘全集（6）：葉榮鐘日記（上）》，頁 295、297。

41. 葉榮鐘著、葉芸芸總策劃，《葉榮鐘全集（6）：葉榮鐘日記（上）》，頁 298-303。

42. 9 月 21 日在臺北與王詩琅一起拜訪黃得時而借得（《葉榮鐘全集（6）：葉榮鐘日記

（上）》，頁 328）。之前，1967 年 5 月向高日文借書，做了若干資料的抄寫等，但是似乎只借了約一個月左右（《葉榮鐘全集（6）：葉榮鐘日記（上）》，頁 300-309）。戰後臺灣知識分子在什麼樣的狀況下能夠保存、以及閱覽 1920 年代抗日運動史基本資料的《臺灣社會運動史》一書，是非常有興趣的後殖民文化現象之一。

43. 葉榮鐘著、葉芸芸總策劃，《葉榮鐘全集（6）：葉榮鐘日記（上）》，頁 331。

44. 葉榮鐘，〈蓁兒最後的信〉，收錄於蘇薌雨、葉榮鐘、洪炎秋，《三友集》（臺中：中央書局，1979 年），頁 202-207。

45. 葉榮鐘著、葉芸芸總策劃，《葉榮鐘全集（6）：葉榮鐘日記（上）》，頁 347。

46. 葉榮鐘在戰前的 1929-1930 年之間，曾經參加過是無教會主義的基督徒矢內原忠雄在自己家裡講授的聖書講義。那個時候他尚未入教。1967 年 8 月長女病危的消息傳來時，葉閱讀了 1930 年歸臺之際矢內原贈送的內村鑑三所著的《求安錄》，希望得到神的庇佑的記述見於日記（8 月 27 日，葉榮鐘著、葉芸芸總策劃，《葉榮鐘全集（6）：葉榮鐘日記（上）》，頁 323）。在 9 月 14 日的日記中，出現了晚餐後告訴家人他已信奉耶穌的記述（《葉榮鐘全集（6）：葉榮鐘日記（上）》，頁 327）。一週後赴臺北之際，也告訴了蔡培火（葉榮鐘，〈蓁兒最後的信〉，頁 205）。

47. 葉榮鐘著、葉芸芸總策劃，《葉榮鐘全集（6）：葉榮鐘日記（上）》，頁 354、356。

48. 葉榮鐘著、葉芸芸總策劃，《葉榮鐘全集（9）：葉榮鐘年表》，頁 111。

49. 葉榮鐘著、葉芸芸總策劃，《葉榮鐘全集（9）：葉榮鐘年表》，頁 112。

50. 家人的動向是依照《葉榮鐘全集（6）：葉榮鐘日記》與《葉榮鐘全集（9）：葉榮鐘年表》的記述。

51. 同日日記，《葉榮鐘全集（6）：葉榮鐘日記（上）》，頁 539。

52. 但是在筆者手邊的「初版」版本，在所有偶數欄頁中記載的書名是《臺灣近代民族運動史》。

53. 由葉榮鐘撰寫的「序」的原稿中，「序」的日期是「中華民國 60 年 6 月 17 日」（葉榮鐘，〈原序〉，收錄於《葉榮鐘全集（1）：日據下臺灣政治社會運動史（下）》，頁 674），但是如同後述，最後經過蔡培火之手的《臺灣民族運動史》初版的「序」變成「中華民國 60 年 6 月□日」，日期是空白的。6 月 17 日是 1895 年臺灣總督府開始正式在臺灣展開業務的日子，總督府將此作為「始政紀念日」，但是 1920 年代在東京留學的一部分臺灣青年人將這個日子視為「恥政記念日」而加以抨擊。實際上的「序」的日期空白的原因不明，但這樣一來確實消去了葉榮鐘給「6 月 17 日」附上的象徵性意義。

54. 〈家書〉（1970 年 3 月 28 日），收錄於《葉榮鐘全集（9）：葉榮鐘年表》，頁

113。

55. 葉榮鐘的主張是「葉榮鐘著，蔡培火、林柏壽、陳逢源、吳三連監修」（葉榮鐘「原序」，收錄於《葉榮鐘全集（1）：日據下臺灣政治社會運動史（下）》，頁674），蔡培火提案由《自立晚報》以4萬元向葉榮鐘買下（著作權）的方式，但是遭到葉榮鐘拒絕。見給葉光南的〈家書〉（1971年1月15日），收錄於《葉榮鐘全集（9）：葉榮鐘年表》，頁117。

56. 1971年11月8日日記，收錄於《葉榮鐘全集（6）：葉榮鐘日記（下）》，頁691。

57. 〈家書〉（1971年1月15日），收錄於《葉榮鐘全集（9）：葉榮鐘年表》，頁117。

58. 葉榮鐘著、葉芸芸總策劃，《葉榮鐘全集（9）：葉榮鐘年表》，頁118。

59. 葉榮鐘著、葉芸芸總策劃，《葉榮鐘全集（1）：日據下臺灣政治社會運動史（下）》，頁674。

60. 葉榮鐘著、葉芸芸總策劃，《葉榮鐘全集（6）：葉榮鐘日記（下）》，頁693-694。

61. 葉芸芸在2009年11月24日給筆者的電子郵件。

62. 此篇日記原以日文書寫，中譯參見；《葉榮鐘全集（6）：葉榮鐘日記（上）》，頁269。

63. 【編按】此批資料已上網建置為「葉榮鐘全集、文書及文庫數位資料館」，參見：http://archives.lib.nthu.edu.tw/jcyeh/index.htm。

64. 《葉榮鐘全集》將此作為「第二部：退休生涯（1966-1978）」，收錄於《葉榮鐘全集（6）：葉榮鐘日記》之中。

65. 葉榮鐘著、葉芸芸總策劃，《葉榮鐘全集(6)：葉榮鐘日記（下）》，頁615。

66. 葉榮鐘著、葉芸芸總策劃，《葉榮鐘全集(6)：葉榮鐘日記（上）》，頁584。

67. 葉榮鐘著、葉芸芸總策劃，《葉榮鐘全集(6)：葉榮鐘日記（下）》，頁688。

68. 葉榮鐘，〈臺灣省光復前後的回憶〉，收錄於《葉榮鐘全集（2）：臺灣人物群像》，頁432。另外，葉榮鐘詩作中如何（不）使用「光復」一詞的解釋，也值得參考。參見廖振富，〈論葉榮鐘詩作手稿及其相關資料之研究價值〉，頁35-38。

69. 葉榮鐘著、葉芸芸總策劃，《葉榮鐘全集（5）：少奇吟草》，頁239-240，但日記裡無記載。

70. 葉榮鐘著、葉芸芸總策劃，《葉榮鐘全集(6)：葉榮鐘日記（下）》，頁878。

71. 1971年3月24日給葉光南的書信中敘述道：「我現在計劃用日文寫一本《日本統治下之臺灣》。前在自立晚報發表的《日據時期臺灣政治社會運動史》係站在臺灣人的立場，寫臺灣反抗日本爭取民權的事實。現在計劃中的書擬換一個角度，寫日本的支配者如何虐待臺人，榨取臺人膏血的事實。不過日文光復後除通信以外幾乎沒有機會

執筆，是否應付得來，不無疑問」（《葉榮鐘全集 (9)：葉榮鐘年表》，頁 119）。一年後在給林莊生的信（1972 年 3 月 25 日）中雖然提到，原稿完成的話會寄到東京，目標在岩波等書店出版（林莊生，《懷樹又懷人：我的父親莊垂勝、他的朋友及那個時代》，頁 245），但是原稿並未執筆。

72. 在《臺灣民族運動史》的「凡例」之「三」，提到「臺灣近代民族運動史係資產階級與知識分子領導。是故左翼的抗日運動與階級運動均不在敍述之列」。這是因爲作者葉榮鐘和後援者兼校閱者的蔡培火、吳三連等人都是屬於抗日右派人物，而且更重要的是在長期戒嚴下執筆、出版的結果。且與《全集 1：日據下臺灣政治社會運動史》中所附尹章義整理的葉榮鐘原稿作一比較，大多數與左派相關的記述在公開時就被刪除。參見尹章義，〈捨我其誰的史家和客觀環境的互動：《手稿本日據下臺灣政治社會運動史》和報刊本、單行本《臺灣民族運動史》的比較研究〉，頁 662-666。

73. 1971 年最初以「自立晚報叢書」印刷的是「初版」，但是同年「一版」就被印出，1982 年「再版」、1983 年「三版」問世。在這期間，臺北的學海出版社出版了類似的海盜版。自立晚報的部分，從 1987 年的「四版」改爲「本土系列 2-1」，增刷了「五版」。「初版」之後從印刷了「一版」起，實際上應該是印了「六刷」。之後似乎變更說法爲增刷次數，1993 年出版的書籍以「一版七刷」記載。並且，如同上述，根據葉榮鐘當初的原稿更改書名爲《日據下臺灣政治社會運動史》，於 2000 年作爲《葉榮鐘全集 (1)》刊行。

74. 從日本來的反應首先是池田敏雄（戰前《民俗臺灣》編輯者），大概是王詩琅的介紹，寄來了很長的書信（1972 年 1 月 12 日），內容可能是肯定《臺灣民族運動史》吧，那一天的日記記著「早上接東京池田敏雄一封長信使余一天興奮不已」（《葉榮鐘全集 (6)：葉榮鐘日記 (下)》，頁 709）。之後戴國煇來訪（同年 8 月 13 日），再之後戴、池田等在東京所成立的臺灣史研究群的日本碩、博士班學生一個接一個來訪，筆者也是其中一人（日記，1973 年 3 月 6 日）。之後的「臺灣近現代史研究會」與葉榮鐘的交流，還需等待當時與葉榮鐘往來最多的臺灣文學史研究家河原功（當時日本成蹊大學研究生）的回憶發表，再作探討。

75. 雖然不能稱作是「好評」，在 1972 年 2 月 11 日的日記中，記述了帶著青年前來自家訪問的作家吳濁流告知，也有人將書名解讀爲「臺灣民族、運動史」（《葉榮鐘全集 (6)：葉榮鐘日記 (下)》，頁 720）。筆者也從與筆者同世代的臺灣友人口中曾經聽過，最初看到該書的書名時這樣解讀之語。此外，這雖然也算不上是「好評」的例子，但在臺灣大學圖書館所藏的「孫運璿專藏文庫」中有該書一冊，後來成爲國民黨政府行政院長的孫運璿也似乎對該書有所關心。

76. 葉榮鐘著、葉芸芸總策劃，《葉榮鐘全集 (6)：葉榮鐘日記 (下)》，頁 854。

77. 葉榮鐘著、葉芸芸總策劃，《葉榮鐘全集（6）：葉榮鐘日記（下）》，頁957。

78. 葉榮鐘著、葉芸芸總策劃，《葉榮鐘全集（6）：葉榮鐘日記（下）》，頁992。

79. 這位「同伴吳姓青年」，根據林瑞明教授給筆者的電子郵件指出，「幾可斷定吳姓青年是常以計程車載楊逵出入的調查局特務！當天，亦是尾隨我而來，想探知與葉榮鐘談些什麼。後來我警覺到了，提醒楊逵，才不再接受他載出載入」。葉榮鐘是否察知這件事，不得而知。與不是舊識見面會有這樣的政治風險，這無異是葉榮鐘這一世代的知識分子所感受到的身體感覺。這也是他的日記裡言及其他政治關係，以及對新認識的年輕人的記述，只停留在非常簡單的程度的一個理由吧。

80. 葉榮鐘著、葉芸芸總策劃，《葉榮鐘全集（6）：葉榮鐘日記（下）》，頁1132。

81. 葉榮鐘著、葉芸芸總策劃，《葉榮鐘全集（6）：葉榮鐘日記（下）》，頁1143。

82. 葉榮鐘著、葉芸芸總策劃，《葉榮鐘全集（6）：葉榮鐘日記（下）》，頁1198。

83. 葉榮鐘著、葉芸芸總策劃，《葉榮鐘全集（6）：葉榮鐘日記（下）》，頁1092。

84. 葉芸芸，《餘生猶懷一寸心》，頁343-344。

85. 李南衡在〈葉榮鐘先生不原諒我〉回憶曾經兩度訪問葉榮鐘宅。參見李南衡，〈葉榮鐘先生不原諒我〉，《暖流》第2卷第1期（1983年7月），頁47-50。

86. 葉榮鐘的日記當中，活躍於《大學雜誌》的陳少廷之名也常常出現。每一號的《大學雜誌》都由陳寄贈。陳是在1973年1月3日，由其妹夫施維堯陪同，前來訪問葉宅。這之後也有面會往來，其具體內容有再作探討的必要。

87. 蕭阿勤，《回歸現實：臺灣1970年代的戰後世代與文化政治變遷》，頁285。

88. 葉榮鐘與戰後世代、以及與同時代日本學界的關聯，無疑是王詩琅帶來契機的。兩人如何認識尚未確定，根據葉芸芸的說法（2009年11月24日給筆者的電子郵件），兩人在日本殖民統治期間已經認識，但是密切往來則是從王詩琅任職臺灣省文獻委員會（所在地臺中）開始的（1961年就任該組編輯組長）。參見：葉瓊霞，《王詩琅研究》（臺南：國立成功大學歷史語言研究所碩士論文，1991年），頁99。

89. 葉榮鐘著、葉芸芸總策劃，《葉榮鐘全集（6）：葉榮鐘日記（下）》，頁952。

90. 葉榮鐘著、葉芸芸總策劃，《葉榮鐘全集（6）：葉榮鐘日記（下）》，頁1186。

91. 蕭阿勤，《回歸現實：臺灣1970年代的戰後世代與文化政治變遷》，頁279-281；若林正丈，《台湾の政治——中華民国台湾化の戦後史》（東京：東京大學出版會，2008年），頁151。【編按】此書有中文譯本，洪郁如等譯，《戰後臺灣政治史：中華民國臺灣化的歷程》（臺北：臺大出版中心，2014年初版、2016年再版）。

92. 葉榮鐘著、葉芸芸總策劃，《葉榮鐘全集（6）：葉榮鐘日記（下）》，頁1008。

93. 2009年9月16日吳密察給筆者的電子郵件。吳密察所寫的這類追悼文，有蔡培火、陳逢源、葉榮鐘的三篇（吳氏於2009年11月30日給筆者的電子郵件）。與這種活動

有關聯的當時年輕作者與編輯，並不只有吳氏。筆者希望包括吳氏在內的這些人將來都會撰寫回憶文章。

後記

　　陳若曦（臺灣出身的女性作家、定居美國）有篇題為〈老人〉的短篇小說。[1]小說舞台是北京的某四合院，時間是1976年，四月五日天安門事件發生後不久的某一天。

　　這部小說吸引我的地方，並不只因為她生動地描寫了四五天安門事件前後，北京庶民生活的縮影。作者把主角設定為臺灣出身的老共產黨員，在一幕又一幕因四五天安門事件隨後所進行的批判鄧小平政治活動而動蕩不安的北京庶民生活中，非常精采地刻劃出這位「老人」的境遇，用冷靜但又溫情的筆調，描寫出二十世紀投身於臺灣和臺灣人解放事業的臺灣知識分子，那充滿坎坷的來時路及滄海桑田的心事，更吸引著我。

　　「老人」出身於有美麗的夕陽餘輝照映田園的臺灣南部平原。他反抗日本殖民統治下的壓迫，在留學日本的時候加入共產黨，其後在臺灣被捕，關進總督府的監獄。戰後，他參加「二二八事件」，遭到國民黨政權追捕，因而留下妻小渡航至大陸。書中暗示他在大陸是從事對外關係的工作。他原本就是中國共產黨員，無可倖免地，經歷了無數次反右派鬥爭中的政治鬥爭。

　　反右派鬥爭發生在「大鳴大放」的階段，「老人」提出意見書，直率地

批判黨對臺工作的缺點，因而一度情況危急，但他進行自我批判，總算度過了危機。當然，他在這之後的言行轉為極其慎重。然而，儘管如此，他還是逃不過「文革」的暴風雨。「在臺灣從事共產主義運動，可以活著走出日本的監獄，一定是出賣了同志」，他被貼上「變節者」、「背叛者」的標籤，被送到黑龍江省的「五七幹部學校」。儘管他想要證明自己沒有出賣同志，但他手上連一件臺灣總督府當時的文件都沒有。而且，日本殖民主義當局遵守惡法亦法的法治主義，即便是違反《治安維持法》的共產主義者，只要服完刑期，就會按照判決讓他活著出獄。這些都得不到當時的「造反派」的理解。在黑龍江的寒風中，年輕時在臺灣從事地下鬥爭而罹患的風溼症，如刺骨般的疼痛深深地苦惱著他，忍耐了數年，「老人」以從所屬單位退休的形式，終於回到了北京。然而，他又碰上四五天安門事件——批判鄧小平。住在同一四合院的居民，密告「老人」在四月初連續幾天前往天安門。這一天，「老人」一早就被街道委員會主任及地區黨委的負責人要求提出自我批判書，「老人」回說「明天一早就交出」。晚餐過後，「老人」即坐在書桌前，不過家人半夜醒來卻發現，老人趴在桌上睡著了，稿紙上只留下「四月五日天氣晴」這七個字。——這是小說〈老人〉的梗概。

這位「老人」的原型據稱是前臺灣共產黨員，於「二二八事件」後前往大陸的蘇新。我的判斷也是如此。蘇新（1907年出生於臺南佳里）在1981年11月13日病逝於北京。香港雜誌《七十年代》刊載一篇署名李黎的〈記蘇新〉一文，深切地悼念他。對照文中所述及蘇新在大陸的經歷，也可以確認前述的推斷。不過我覺得，光是從這位和蘇新同樣是臺灣出身的作家，在文學作品裡所表現的文學性真實，也足以證明這點。我第一次閱讀這部小說時的這個印象，現在也沒有改變。陳若曦在作品中安排「老人」回憶起留學日本時參與共產主義運動，完全是基於「光復臺灣、解放中國」這個理念。我對於日本統治下臺灣人知識分子的企盼以這種濃縮的方式呈現，覺得非常感動。

中文裡有句話說「見面三分情」。我想起戴國煇在批評戰後日本的臺灣研究文章中，在警惕研究者不可過度從被研究者的角度思考之脈絡下，曾引用這句話。然而，筆者在本書所收錄的，以日本統治下的臺灣人知識分子的動向為焦點的研究中，對於「光復臺灣、解放中國」這個口號所凝聚與象徵

的1920年代的臺灣青年的理想，以及他們如同蘇新的境遇所象徵的崎嶇人生，我就不禁有了「三分情」。

我是屬於戰後世代的日本人，在畢業論文以臺灣抗日運動關係為研究主題之前，對於臺灣我一無所知，除了是過去殖民統治臺灣的民族的後裔外，跟臺灣完全沒有個人淵源。這樣的我竟有如此的感慨，或許臺灣人會覺得很奇怪。但是回想起來，在僅打著「臺灣」這個名稱乃至象徵，將很難討論其研究意義的研究現況之下，我的這個「三分情」，似乎也成了讓我執著於「臺灣研究」的原動力之一。當然，做學問，對於研究對象要保持冷靜，但我對這「三分情」並不引以為恥，而且今後也不打算與其切斷緣分。

我還記得學生時候所閱讀的國際關係理論教科書，在正文內的定義之外，還在後記裡提到，「所謂國際關係理論，是經常讓人感慨在歷史學、社會學等鄰近學科的知識不足以涵蓋的學問」。套用這個說法，所謂臺灣近代史研究，可以說是經常讓人抱怨在中國近代史、日本近代史的知識不足以涵蓋的一個研究領域。研究者在探究臺灣近代史的時候，如果只把視野放在臺灣這個島嶼，那麼就無法完整掌握這個課題。本書是筆者吸收日、中兩國近代史研究成果，把焦點放在「臺灣」進行惡戰苦鬥的成果之一。我在中國近代史研究和日本近代史研究方面，還是個門外漢。如果本書在歷史學上有些成就的話，那是因為我在惡戰苦鬥之際，一直執著於要把兩國的近代史在「臺灣」之上，做有機的結合之故。話說如此，本書的目的當然不是為了提出一個定論，而是對照研究進展遲緩的臺灣研究現況，提出一個探討的緣由與誘因。懇切希望讀者兄姊與先學們提出批評與指教。

毋庸贅言，即便是這樣有所限的「成果」，也是受到很多人的指教、協助與激勵才得以完成的（當然，所有的缺點與錯誤還是由筆者負責）。特別是，十數年來我的臺灣研究場所臺灣近現代史研究會的成員、東京大學國際關係論的老師、從事中國相關工作的東大中國語科的前輩們，以及臺灣的友人們，深表謝意。而在這其中，下面這幾位我必須具體地指出名字才足以表達我內心的感謝之意——臺灣近現代史研究會的戴國煇教授（立教大學）、小島麗逸先生（亞洲經濟研究所）、已故的池田敏雄先生、春山明哲先生、松永正義先生、河原功先生、宇野利玄先生、東京大學的上原淳道先生（現

任職關東學院大學）、衛藤瀋吉先生、平野健一郎先生、古島和雄先生（現任職大東文化大學）、松井透先生、石井明先生、臺灣已故的吳濁流先生、已故的葉榮鐘先生、W（王詩琅）先生、Y（楊逵）先生、臺灣大學的H（許介鱗）教授、W（吳密察）學兄、臺灣師範大學的W（吳文星）學兄、C（張正昌）學兄、臺南的L（梁華璜）教授、L（林瑞明）學兄、高雄的Y（葉石濤）先生。

最後，感謝研文出版的山本實先生懇切地指導生性懶散的筆者出版本書。本書獻給在艱困的時期與我愉快地渡過的妻子——惠子。

若林正丈　於　相模原寓所

1982年12月

増補版後記

本書是1983年出版的拙著《台湾抗日運動史研究》，再加上和本書大致在同一時間或之後發表的臺灣近代史相關論著四篇作為「附篇」，以增補版的形式出版。前者在出版後數年即宣告絕版，之後出版社陸續詢問筆者有無再版的可能。出版已十數年，印刷的數量也不少，而且在臺灣，前書出版之後，臺灣近代史研究日趨興盛，即便沒有中文譯本，研究生甚至學習日文打算好好研讀，而將該書整本影印。因而，就研究現況而言，前書的內容不能說全都是老舊的，我認為在增進相關方面的研究上，仍然有作為參考文獻的價值存在。

因此，我判斷再版的時間差不多到了，於是跟負責出版的研文出版社山本實先生商量，決定將後來發表的相關論文加上去，以增補版的形式出版。

前者部分，對於明顯的誤植與誤記首先做了修訂，後來各方指正與經過確認的錯誤也予以訂正，除此之外，對於論旨未做任何訂正。「附篇」收錄的論文也是如此，僅有其中一篇的註的標題不對，但也未做更動。另外，在當時的情況之下所撰寫的謝辭，也直接收錄。再來，本書第二篇的序章在前書發表後得到一些批評，筆者針對該部分做了再探討，請參照〈台湾抗日ナ

ショナリズムの問題状況・再考〉（《東京大學教養學部教養學科紀要》第17號，1985年。拙著《海峽——台湾政治への視座》，研文出版，1985年）。該論文的中文翻譯〈臺灣抗日運動中的「中國座標」與「臺灣座標」〉刊載於臺北發行的《當代》第17期（1987年9月）。

　　我在前面雖然說前書的內容並非全都是老舊的，當然不是指該書出版後相關的研究沒有進展。特別是日本殖民統治時期裡臺灣人在中國大陸的抗日運動，進藤正己《総力戦と台湾——日本植民地崩壊の研究》〈第二部　台湾光復運動の展開〉（刀水書房，1996年）有新的水準之作。對這個部分有興趣的讀者，請務必參考。此外，臺灣共產黨方面，有陳芳明《謝雪紅評傳》（臺北：前衛出版社，1991年）[2]綿密地探討其中心人物之一臺灣女性革命家謝雪紅的一生。該書後來由森幹夫翻譯為日文（《謝雪紅・野の花は枯れず——ある台湾人女性革命家の生涯》，社會評論社，1998年）。該書雖然呈現出作者一定的政治傾向，但內容並不全然是謝雪紅個人的評傳，主要談論的是之前較不受重視的左翼運動，也是臺灣近現代史的書寫（洪郁如書評，《圖書新聞》第2409號，1998年10月10日），值得一讀。

　　如果再放大視野，關於本書「本地地主資產階級」的假設，有從另一種角度的研究，吳文星的《日據時期臺灣的社會領導階層》（臺北：正中書局，1992年），是臺灣近代史研究必讀之書。不過很可惜地，沒有日文譯本。[3]另外，包含「附篇」在內，本書諸論考中，對於文化統治和意識形態統治的問題，筆者雖然很關心，但並未做深入的研究，相關研究有：駒込武，《植民地帝国の文化統合》（岩波書店，1996年），以及在該書所拓展的基礎上撰寫的陳培豐，《「同化」の同床異夢——日本統治下台湾の国語教育史再考》（三元社，2001年）。還有所持問題意識與這些完全不同的小熊英二，《〈日本人〉の境界——沖縄・アイヌ・台湾・朝鮮植民地支配から復帰運動まで》（新曜社，1998年）。筆者至今全然不曾關心的女性史方面，有未公開出版的洪郁如，《近代台湾女性史序說——日本植民統治下における「新女性」の誕生》（東京大學大學院總合文化研究科博士論文，2000年度）。[4]另有蔡錦堂的研究《日本帝国主義下台湾の宗教政策》（同成社，1994年）。這些書單一寫起來就沒個完結，在此不再多舉，但我還是要指出，教育史的相關研究以及反

映臺灣人思想的同時也反映了臺灣人心情和感情歷史的文學歷史,其相關研究也有很大的進展。(以上是略覽書架後所做的列表,如有疏漏,敬請見諒)。

「附篇」所收錄的四篇論文在此做簡單的解說。

〈一、總督政治與臺灣本地地主資產階級——公立臺中中學校設立問題(1912-1915年)〉,刊載於《アジア研究》(亞洲政經學會刊)第29卷第4號(1983年1月)。筆者有關探討「臺灣本地地主資產階級」的假設原始發表於此。其後,在收錄本書第一篇有關臺灣議會設置請願運動的相關論文時,將這個研究假設做了些修改。因此,這個部分的論述有重複之處。

本論文使用「高山族」,這是當時一般對臺灣先住民的稱呼,現在,日語應該是要用「先住民族」。論文發表後,臺灣展開先住民族權利與尊嚴的復權運動,當時的國民黨政府所使用的「山地同胞」稱呼和本論文中所使用的「高山族」稱呼,都遭到批判。先住民族自稱為「臺灣原住民」、「臺灣原住民族」,並且也要求社會這樣稱呼他們。結果,在1994年修憲的時候,「原住民族」一語正式用在《憲法》增修條文中。

又,本論文中所使用的《隈本繁吉文書》其後為國立教育研究所阿部洋研究室收藏。該資料由教育史研究家上沼八郎進行整理,並於《高千穗論叢》及《高千穗總合研究》發表介紹。

〈二、一九二三年東宮臺灣行啟與「內地延長主義」〉的原始出處為《岩波講座:近代日本と植民地(2)——帝国統治の構造》(岩波書店,1992年)。本論文的源頭是:〈1923年東宮台湾行啓の〈状況的脈絡〉——天皇制の儀式戰略と日本植民地主義·その1〉(《東京大學教養學部教養學科紀要》第16號,1984年)以及〈1923年の東宮行啓——天皇制の儀式戰略と日本植民地主義〉(平野健一郎編,《近代日本とアジア——国際関係論のフロンティア2》,東京大學出版會,1984年)。後者另有英文版:Wakabayashi Masahiro, "The Imperial Visit of the Crown Prince to Taiwan in 1923:How the Japanese Authority Managed the Tour," *Journal of the Japan-Netherlands Institute*, Vol. II , 1990。

對於包括臺灣的神社、皇族的訪問、運動會等的管理在內,「大日本帝國」的天皇統治機構(其制度、組織、意識形態等)在臺灣的殖民統治是如

何具體地展開，當初我是抱著宏偉（？）的企圖心，想要開拓這個問題領域，但後來這方面的研究並未有太大的進展。在這樣的情境之下，本論文是受到多木浩二《天皇の肖像》（岩波書店，1988年）的論點刺激，而再做的論述。

〈三、試論如何建立日治時期臺灣政治史的研究——戰後日本研究成果的一個反思〉是發表於「臺灣史研究百年回顧與專題研究會」（中央研究院臺灣史研究所籌備處、臺灣大學共同舉辦，1995年，臺灣大學）。其後收錄於黃富三、古偉瀛、蔡采秀編，《臺灣史研究一百年——回顧與研究》（臺北：中央研究院臺灣史研究所籌備處，1997年）。原以〈試論如何建立日治時期臺灣政治史的研究——戰後日本研究成果的一個反思〉為題以中文發表，日文版收錄於本書。從1980年代後期開始，我把精力放在臺灣現代政治的研究上，我一直在思考，與其相關聯的日本殖民統治時期的臺灣政治要如何掌握的問題。這篇論文中，我評論自己的論文，想要找到概念性的線索。

〈四、臺灣的兩種民族主義——亞洲的區域與民族〉原始出處是：平野健一郎編，《講座現代アジア（4）——地域システムと国際関係》（東京大學出版會，1994年）。該文是從研究臺灣現代政治之必要性為出發而撰寫的，在探討臺灣民主化時期的政治舞台上所出現的臺灣民族主義的歷史背景方面，借用了班納迪克・安德森（Benedict Anderson）的理論，來探究臺灣近現代史上臺灣民族主義和中國民族主義傳布的背景。本文有英文版：Masahiro Wakabayashi, "Two Nationalism Concerning Taiwan: A Historical Retrospect and Prospects," in Jaushieh Joseph Wu ed., *Divided Nations：The Experience of Germany, Korea, and China*, Taipei: Institute of International Relations, National Chengchi University, 1995。本文有蕭阿勤的批評：A-chin Hsiau, *Contemporary Taiwanese Cultural Nationalism*, London and New York: Routledge, pp.9-10。

最後，我覺得前書發表之後，臺灣研究和臺灣史研究都有很大的改變，變化之一端也可以從上述簡單的書單發現，而臺灣社會也改變很多，這個變化主要是政治的民主化所帶來的。前書的〈後記〉中，我對在臺灣給我照顧的人士表達謝意，當時還處於漫長的戒嚴時期（1949-1987年），臺灣近代史研究是政治敏感的領域，我很擔心對這些人士造成困擾，必須用羅馬字代替姓氏的首字母。不過，現在已無此必要了。我很高興出版增補版時可以直接

使用真實姓名。然而，這些人士當中，上原淳道先生、戴國煇先生、楊逵先生都去世了，讓人感覺無限地寂寞。謹為其冥福祈禱。

　　增補版也同樣受到研文出版的山本實先生很多的照顧，在此謹表感謝之意。

若林正丈　於　相模原市寓所

2001年4月

2007年中譯本出版後記

　　若林正丈教授的《台湾抗日運動史研究》在臺灣史的學術界早已享有盛名，但遺憾的是一直沒有中譯本。自赴東京在若林老師門下獲得指導以來，筆者便下定決心將來一定要把這本巨著翻譯成中文，只是這樣的「決心」到真正實踐竟也經過了十數年。若林老師說他撰寫本書時處於「惡戰苦鬥」的狀態，在中譯本付梓的前一刻，回顧整個翻譯過程，不禁感慨這也是一場「惡戰苦鬥」。

　　事實上，很早就聽聞，有人下定決心要翻譯本書，從遲遲未見中文譯本出版，可推知大概是中途放棄了。其原因不難理解，因為這本書分量極多，文筆細膩，對於人、事、物都有綿密的說明與分析，若非具備相當的中日文功力與文史學素養，加上一定的時間，實在很難完成。2000年筆者留學返國就職後，開始將先前所下的決心付諸行動，思考如何在最短的時間內完成具有一定水準的翻譯工作。於是選擇了一項權宜的辦法，就是找一群臺灣史學界的青年學者和學子，向教育部顧問室申請一項補助計畫，組成「臺灣史日文史料典籍研讀會」，開始共同研讀並翻譯這本著作。如果我們的成果還具有一些可讀性的話，那是因為所有參與者懷抱熱情一直努力付出，因此本書

的譯者決定掛名「臺灣史日文史料典籍研讀會」，既是表達負責的態度，也可以喚起進入那段「惡戰苦鬥」之前的初心。同時也感謝教育部顧問室的補助，讓我們能跨出著手翻譯的第一步。

本書的翻譯並非從頭開始，最早翻譯本書論文的是許佩賢，因此「附篇」中的部分文章，早已先翻譯並正式發表，第二篇之論文也在研讀會結束後陸續發表，已發表的譯稿（按發表時間順序）及發表處如下：

（1）附篇三：許佩賢譯，〈試論如何建立日治時期臺灣政治史的研究——戰後日本研究成果的一個反思〉，收錄於黃富三、古偉瀛、蔡采秀編《臺灣史研究一百年——回顧與研究》，臺北：中央研究院臺灣史研究所籌備處，1997年。

（2）附篇一：許佩賢譯，〈總督政治與臺灣本地地主資產階級——公立臺中中學校設立問題（1912-1915年）〉，《臺灣風物》第52卷第4期，2002年12月。

（3）第二篇第二章：陳怡宏譯，〈追尋遙遠的連帶——中國國民革命與臺灣青年〉，《臺灣風物》第53卷第2-3期，2003年6月、9月。

（4）第二篇第一章：何義麟譯，〈黃呈聰抱持「待機」之意涵——日本統治下臺灣知識分子的抗日民族思想〉，《臺灣風物》第54卷第3-4期，2004年9月、12月。

透過「臺灣史日文史料典籍研讀會」一年多的研讀活動，有關本書中譯文之格式與重要名詞，大致上都已形成共識。但是，正式進行翻譯出版工作後又發現，翻譯時間拖太長，部分譯稿已先後發表，以致編輯校對全書時，譯文格式與用語又花了不少時間。中譯本的編輯基本原則是：「格式統一、用詞一致」；譯文的部分，校譯編輯人員除了校訂誤譯，也進行初步的潤飾，希望譯文能更加流暢且具有可讀性。當然，其中的缺點和錯誤還是由譯者及校訂者負責。譯文修改後，增補譯註多寡不一，且仍保留個別譯者之風格，這些存有差異之現象留待讀者自行評斷。由於本書出版甚早，許多參考文獻若有中譯版或其他有必要加上說明之處，中譯在適當的註腳處以「譯按」加

以說明，若無法在原註下補充說明，則增加譯註。此外，中譯本刻意保留了許多原書的名詞，包括「臺灣賣卻論」、「日本殖民地主義」、「臺灣大」、「支配」等特殊用語，是考慮到中文讀者應可理解其意思，而予以保留。

全書第一篇與第二篇，翻譯初稿完成後，由傅玉香協助校譯，最後由譯者與筆者共同校訂（其中，第三章「一、大正民主志士與殖民地問題」由顏杏如翻譯，「二、帝國議會與殖民地問題」由陳文松翻譯）。附篇部分，除〈一九二三年東宮臺灣行啟與「內地延長主義」〉由富田哲翻譯初稿，再由許佩賢定稿之外，全部由許佩賢單獨進行最後之校訂。全書格式編排、用語之統一與索引等編輯校對之工作，則由許旭輝負責。這本譯書可以說是純手工打造，不論翻譯、文句潤飾與校訂一再推敲琢磨，不斷遭到挫折，但在這過程中，大家也深刻地感受到若林老師嚴謹的研究態度與論述風格，可謂獲益良多。筆者相信，閱讀這本中譯本專書，不僅可以吸收到其內含之知識，更重要的是可以體會作者的學術研究精神與方法，若能達到這樣的效果，對於提升國內臺灣研究品質必定大有助益。

全書第一篇與第二篇，發表時間都已超過二十年以上，然而環顧今日號稱顯學且早已毫無禁忌的臺灣史或本土研究學界，似乎還無法找到超越若林老師這本書研究主題之相關成果，中譯本太晚出版可能是原因之一。戰後，島內的臺灣史研究環境不佳，在政治環境的限制之下，直到1980年代後半才開始風氣大開。在這段空白期內，日本有一批留日的臺灣學者，提出許多重要的臺灣史相關之研究成果，包括戴國煇、劉進慶、黃昭堂、許世楷、涂照彥、戴天昭等人，以及一批隨後步入學界的日本年輕世代學者，開始展開臺灣研究。近十餘年來，前述早期留日學者之成果皆已經翻譯成中文，部分戰後世代日本學者的研究成果也陸續有中譯本問世。加上近年來日治時期知識分子之日記、回憶錄與全集等豐富的史料出版，例如：林獻堂日記、葉榮鐘全集、蔡培火全集、張深切全集、賴和全集、楊逵全集等，均已出版。如今，若林老師最具代表性的著作翻譯出版，戰後曾出現一段空白期的臺灣研究，已經大致獲得了彌補。近年來，臺灣研究相關著作之出版也相當迅速，例如：若林老師在增訂版後記中提到陳培豐的日文專書，如今已發行中文版：《「同化」的同床異夢——日治時期臺灣的語言政策、近代化與認同》（臺

北：麥田出版，2006年）；另一本洪郁如之博士論文，也已在日本正式出版：《近代台湾女性史——日本の植民統治と「新女性」の誕生》（東京：勁草書房，2001年）。這表示臺灣研究正快速地進展，也讓我們感受到壓力，必須盡快出版若林老師這本專書之中譯本。

出版過程中，最大助力是來自財團法人交流協會。由於獲得松金公正先生熱心的聯繫，讓筆者得以有機會向交流協會申請2006年度之出版補助，申請過程中承蒙交流協會日臺交流中心岡崎清所長、鈴木哲造先生、楊雅雯與賴雅婷小姐大力幫忙，以及國史館張炎憲館長與臺灣大學歷史學系吳密察教授的推薦，在此謹表謝意。有關版權的洽談，研文出版山本實社長爽快允諾，播種者出版社編輯負責人黃信瑜、何靜茹小姐專業盡職，都讓人極為敬佩。當然，沒有翻譯者共同的努力就不會有這本中譯版著作，從開始到最後學友陳培豐、許佩賢不斷給予鼓勵與協助，編輯校對過程中傅玉香、許旭輝付出最多的心力，在此表示個人衷心的謝意。

何義麟
2007年2月28日

臺灣抗日運動史研究 / 若林正丈著；何義麟等譯. -- 初
版. -- 新北市：大家，遠足文化，2020.03
　　面；　公分. -- (Common；57)

ISBN 978-957-9542-89-0(平裝)
1.臺灣史 2.臺灣民族運動 3.日據時期
733.28　　　　　　　　　　109002016

Common 57

臺灣抗日運動史研究（全新增補版）

作　　　者	若林正丈	
譯　　　者	何義麟、陳怡宏、李承機、顏杏如、陳文松	
	鄭麗玲、葉碧苓、鄭政誠、許佩賢、富田哲	
責任編輯	官子程	
封面設計	倪旻鋒	
內頁編排	吳郁嫻	
行銷企畫	陳詩韻	
總 編 輯	賴淑玲	

社　　　長　　郭重興
發行人暨
出版總監　　曾大福
出　　版　　大家／遠足文化事業股份有限公司
發　　行　　遠足文化事業股份有限公司
　　　　　　231新北市新店區民權路108-2號9樓
電　　話　　(02) 2218-1417
傳　　眞　　(02) 8667-1065
劃撥帳號　　19504465　戶名・遠足文化事業股份有限公司
法律顧問　　華洋法律事務所　蘇文生律師

Ｉ Ｓ Ｂ Ｎ　　978-957-9542-89-0
定　　價　　600元
初　　版　　2020年3月

TAIWAN KONICHI UNDOSHIKENKYU
by WAKABAYASHI MASAHIRO
Copyright © Kenbunshuppan 1983, 2001
All rights reserved.
Originally published in Japan in 2001 by Kenbunshuppan
Complex Chinese translation rights reserved by Common Master Press, a Division of Walkers Cultural Enterprises Ltd.,
under the license from Kenbunshuppan through Power of Content Ltd.